■■■ VERLAG
■ ÖSTERREICH

elements
Das schlaue Lernsystem

Tina Ehrke-Rabel

elements
Steuerrecht

3. Auflage

2017

Lehrbuch

Univ.-Prof. Dr. Tina Ehrke-Rabel
Institut für Finanzrecht, Karl-Franzens-Universität Graz

Das Werk ist urheberrechtlich geschützt.
Die dadurch begründeten Rechte, insbesondere die der Übersetzung, des Nachdruckes, der Entnahme von Abbildungen, der Funksendung, der Wiedergabe auf photomechanischem oder ähnlichem Wege und der Speicherung in Datenverarbeitungsanlagen, bleiben, auch bei nur auszugsweiser Verwertung, vorbehalten. Die Wiedergabe von Gebrauchsnamen, Handelsnamen, Warenbezeichnungen usw. in diesem Buch berechtigt auch ohne besondere Kennzeichnung nicht zu der Annahme, dass solche Namen im Sinne der Warenzeichen- und Markenschutz-Gesetzgebung als frei zu betrachten wären und daher von jedermann benutzt werden dürfen.

Produkthaftung: Sämtliche Angaben in diesem Fachbuch/wissenschaftlichen Werk erfolgen trotz sorgfältiger Bearbeitung und Kontrolle ohne Gewähr. Eine Haftung der Autorin oder des Verlages aus dem Inhalt dieses Werkes ist ausgeschlossen.

© 2013, 2014 und 2017 Verlag Österreich GmbH, Wien
www.verlagoesterreich.at
Gedruckt in Deutschland

Satz: Reemers Publishing Services GmbH, 47799 Krefeld, Deutschland
Druck: Strauss GmbH, 69509 Mörlenbach, Deutschland

Download: Die Lösungen zu den Übungsbeispielen können von unserer Homepage www.verlagoesterreich.at/downloads heruntergeladen werden
Passwort: E45D8by9

Gedruckt auf säurefreiem, chlorfrei gebleichtem Papier

Mit 34 Abbildungen

Bibliografische Information der Deutschen Nationalbibliothek
Die Deutsche Nationalbibliothek verzeichnet diese Publikation in der Deutschen Nationalbibliografie; detaillierte bibliografische Daten sind im Internet über http://dnb.d-nb.de abrufbar.

ISSN 2309-5733
ISBN 978-3-7046-6725-0 2. Aufl Verlag Österreich
ISBN 978-3-7046-7613-9 3. Aufl Verlag Österreich

Vorwort zur 3. Auflage

Die vorliegende dritte Auflage des Lehrbuchs wurde den gesetzlichen Änderungen seit der letzten Auflage angepasst und steht nun auf dem Stand des EU-Abgabenänderungsgesetzes 2016.

Die Erfahrungen, die Lehrende und StudienassistentInnen mit diesem Buch in den letzten Jahren gemacht haben, haben zu Verbesserungen in der Darstellung einzelner Bereiche geführt. Insbesondere wurde ein Überblick über die Gebühren und die Grunderwerbsteuer in ein eigenes Kapitel aufgenommen. Die Grundzüge des Finanzstrafrechts werden nunmehr in einem Exkurs zum Abgabenverfahren dargelegt.

Jede Neuauflage eines Buches ist eine neue Herausforderung nicht nur für die Verfasserin, sondern auch für deren Mitarbeiterinnen und Mitarbeiter. Ohne deren tatkräftige Unterstützung wäre auch die vorliegende Auflage nicht gelungen. Für die Vorarbeiten zur Neuauflage und das Mitdenken danke ich Ass.-Prof. Dr. *Barbara Gunacker-Slawitsch*, Mag. *Sandra Grill*, Mag. *Richard Kettisch*, Dr. *Wiebke Peperkorn*, Mag. *Daniela Rotter* und Mag. *Marcus Schinnerl* sehr herzlich. Für die konsequente und gewissenhafte Fahnendurchsicht und die Unterstützung bei diversen manipulativen Aufgaben gebührt mein Dank Ass.-Prof. Dr. *Barbara Gunacker-Slawitsch*, Mag. *Karoline Rumpf*, Dott.[ssa] *Luisa Scarcella*, Mag. *Marcus Schinnerl* und Mag. *Martin Sumper*!

Für Anregungen bin ich Ihnen, werte Leserin und werter Leser, an tax@uni-graz.at dankbar!

Graz, im Oktober 2016   *Tina Ehrke-Rabel*

Vorwort der 1. Auflage

Das vorliegende Buch ist eine Einführung in die Welt des Steuerrechts. Es soll der Leserin und dem Leser einen fundierten Einblick in die Stellung des Steuerrechts in der österreichischen Rechtsordnung, seine verfassungsrechtlichen Grundlagen und das diesbezügliche Verfahren bieten. Die wesentlichen materiellen Steuern wie die Einkommensteuer, die Körperschaftsteuer und die Umsatzsteuer sind umfassend dargestellt. Die mit typischen Sachverhalten in diesen Bereichen in Zusammenhang stehenden sonstigen Abgaben (Dienstgeberbeitrag zum Familienlastenausgleichsfonds, Kommunalsteuer, Grunderwerbsteuer, Gesellschaftsteuer und Rechtsgeschäftsgebühren) werden überblicksmäßig als Exkurs abgehandelt.

Das Verständnis des Steuerrechts soll durch praktische Beispiele mit umfassenden Lösungsvorschlägen und grafischen Darstellungen erleichtert werden.

Entstanden ist das vorliegende Werk aus meiner Lehrtätigkeit, die vor allem inhaltlich wesentlich durch den Unterrichtsstil meines akademischen Lehrers em. o. Univ.-Prof. DDr. *Hans Georg Ruppe* geprägt wurde. So ist nicht auszuschließen, dass einzelne Beispiele in abgewandelter Form bereits den Schülern und Schülerinnen meines akademischen Lehrers bekannt waren. Außerdem hat dieses Buch einen Vorläufer, der hier weiterentwickelt wurde: Mein Kollege aus AssistentInnenzeiten Univ.-Prof. MMag. *Johannes Heinrich* und ich hatten über mehrere Jahre das „Basiswissen Steuerrecht" verfasst.

Für die Umsetzung meiner händischen Grafiken danke ich *Michaela Paier* von der BDO Graz Wirtschaftsprüfungs- und Steuerberatungs GmbH ganz herzlich.

Dieses Buch hätte ohne die gewissenhafte und kritische Unterstützung meiner wissenschaftlichen Mitarbeiterinnen und Mitarbeiter nie entstehen können. Dafür danke ich Ass.-Prof. Dr. *Barbara Gunacker-Slawitsch*, Mag. *Sandra Grill*, Mag. *Richard Kettisch* und Mag. *Wiebke Peperkorn* ganz herzlich. Herrn Mag. *Marcus Schinnerl* danke ich für die Vorbereitung der Lösungsskizzen zu den Übungsfragen. Ich danke auch meinen studentischen Mitarbeiterinnen und Mitarbeitern Mag. *Marco Thorbauer*, *Romina Pitscheider* und *Johanna Wieser* für die kritische Lektüre aus Studierenden-Sicht und die wertvollen Inputs.

Neben einer Unterstützung durch die kritische Auseinandersetzung mit den Inhalten des vorliegenden Buchs und vor allem einer Unterstützung bei der Verfassung der Lösungsskizzen zu den Beispielen braucht das Entstehen eines solchen Werkes auch die manipulative Unterstützung durch engagierte Sekretärinnen. Danke an *Gundula Karasek-Schwarz* und *Eleonora Huljek* für die unzähligen Scans, Kopien und Ordnungsaufgaben, die ihr erfüllt habt.

Graz, im Oktober 2013   *Tina Ehrke-Rabel*

Benutzerhinweise

Die neue Lehrbuchreihe *elements* gestaltet durch didaktische Einflüsse das Lernen und Studieren noch einfacher und übersichtlicher. Zweifarbigkeit und eine gute Strukturierung mit Beispielen, Fragen, Lösungen, Hinweisen und Grafiken helfen dabei, die Inhalte anschaulich zu vermitteln.

Durch ein übersichtliches Leitsystem mit Schlagworten, Symbolen und farbigen Hervorhebungen ist der Stoff leichter verständlich und bleibt besser im Gedächtnis. Schnelle Orientierung gewährleistet dabei das durchgängige Daumenregister; durch die Schlagworte wird ein rasches Suchen und Finden ermöglicht.

Herzstück des *elements*-Konzeptes sind die blauen Symbole in der Marginalspalte, die eine rasche Orientierung ermöglichen.

Die Symbole und ihre Bedeutung im Überblick:

 Definition: Definitionen von Rechtsbegriffen in kompakter Form.

 Fragen und Fälle: Unter dieser Rubrik ist Platz für Fragen und Fälle zum bereits bearbeiteten Thema, um den Stoff zu wiederholen und das Erlernte zu festigen.

 Beachte: Besonders hervorzuhebende Punkte bzw solche von besonderem Interesse, auf die (nochmals) aufmerksam gemacht werden soll.

 Beispiel: Unter diesem Symbol ist Platz für Beispiele, um Erklärtes besser zu verstehen bzw nochmals zu verdeutlichen.

Die Kapitel enden mit Kontrollfragen, mit denen man das Gelernte überprüfen kann. Kleine Fälle mit kurzen Lösungshinweisen schließen das Kapitel ab und zeigen praxisorientiert die Anwendung des zuvor Gelernten auf. Die Kontrollfragen bieten darüber hinaus ein gutes Mittel für die schnelle Wiederholung vor der Prüfung.

Die **Lösungen** zu den Kontrollfragen finden Sie unter **www.verlagoesterreich.at/downloads** und können dort mit dem Passwort E45D8by9 heruntergeladen werden.

Inhaltsverzeichnis

Benutzerhinweise VII
Verzeichnis weiterführender Literatur XIX

1 Standort des Steuerrechts 1
  1.1 Steuerwissenschaften 3
  1.2 Bedeutung von Steuern 3
    1.2.1 Primäre Einnahmequelle des Staates – Abgabenquote 3
    1.2.2 Zweck von Steuern 4
    1.2.3 Steuern als Massenphänomen 4
  1.3 Steuerrecht als Teil der Rechtsordnung 6
    1.3.1 Steuerrecht als Teil des öffentlichen Rechts 6
    1.3.2 Vernetzung mit anderen Rechtsdisziplinen 7
  1.4 Abgabenbegriff 7
    1.4.1 Der finanzwissenschaftliche Abgabenbegriff 7
    1.4.2 Der finanzverfassungsrechtliche Abgabenbegriff 8
  1.5 Systematisierung der Steuern 8

2 Verfassungsrechtliche Grundlagen des österreichischen Steuerrechts ... 13
  2.1 Kompetenzverteilung 15
  2.2 Verteilung der Besteuerungsrechte und Abgabenerträge 15
    2.2.1 Überblick 15
    2.2.2 Abgabenhoheit 16
      2.2.2.1 Abgabenerfindungsrecht des Bundes 16
      2.2.2.2 Eingeschränktes Abgabenerfindungsrecht der Länder .. 17
      2.2.2.3 Kein Abgabenerfindungsrecht der Gemeinden 17
      2.2.2.4 Einschränkung des Abgabenerfindungsrechts durch das Unionsrecht 18
    2.2.3 Ertragshoheit 18
      2.2.3.1 Grundsätze 18
      2.2.3.2 Aufteilung des Ertrages an gemeinschaftlichen Bundesabgaben ... 19
    2.2.4 Verwaltungshoheit (§ 11 F-VG) 20
  2.3 Verfassungsprinzipien der Besteuerung 20
    2.3.1 Grundsatz der Gesetzmäßigkeit der Besteuerung 20
    2.3.2 Rechtsschutz 21
    2.3.3 Gleichheitssatz 21
    2.3.4 Schutz des Privateigentums 23
    2.3.5 Freiheit der Erwerbsbetätigung 23
    2.3.6 Schutz der Privatsphäre 23
    2.3.7 Faires Verfahren vor unabhängigen Gerichten 24

2.4	Europäisches Steuerrecht		24
	2.4.1	Primäres Unionsrecht betreffend Zölle und Steuern	24
	2.4.2	Sekundäres Unionsrecht betreffend Zölle und Steuern	26
	2.4.3	Verhältnis Unionsrecht – nationales Recht	27
2.5	Rechtsquellen des Steuerrechts		28
	2.5.1	Stufenbau der Rechtsordnung	28
	2.5.2	Gesetze im formellen Sinn	28
	2.5.3	Verordnungen	29
	2.5.4	Völkerrecht	29
	2.5.5	Rechtsprechung der Höchstgerichte	29
	2.5.6	Erlässe und Richtlinien der Finanzverwaltung	30
	2.5.7	Auskünfte der Finanzverwaltung	31
		2.5.7.1 Bedeutung	31
		2.5.7.2 Formlose Auskünfte	31
		2.5.7.3 Auskunftsbescheid	32

3 Rechtsanwendung im Steuerrecht ... 35
3.1	Subsumtion und Steuerplanung		37
3.2	Auslegung des Steuerrechts		38
	3.2.1	Interpretationsmethoden	38
	3.2.2	Rechtsfortbildung durch Lückenschließung	39
3.3	Wirtschaftliche Betrachtungsweise		39
3.4	Umgehung (Missbrauch) und Scheingeschäft		41
	3.4.1	Überblick	41
	3.4.2	Missbrauch (Steuerumgehung)	41
	3.4.3	Scheingeschäft und andere Scheinhandlungen	42
3.5	Verbotenes und verpöntes Verhalten		43
3.6	Nichtigkeit und Anfechtbarkeit von Rechtsgeschäften		43
3.7	Zurechnung von Wirtschaftsgütern		44

4 Einkommensteuer ... 47
4.1	Charakterisierung und Rechtsgrundlage			49
4.2	Der Einkommensteuertatbestand			52
	4.2.1	Persönliche Seite des Einkommensteuertatbestandes		52
		4.2.1.1	Unbeschränkte Steuerpflicht	52
		4.2.1.2	Beschränkte Steuerpflicht	53
		4.2.1.3	Beginn und Ende der Steuerpflicht	54
		4.2.1.4	Zurechnung der Einkünfte	54
	4.2.2	Steuergegenstand (sachliche Seite)		56
		4.2.2.1	Überblick	56
		4.2.2.2	System der Einkommensteuer	58
		4.2.2.3	Zeitliche Zuordnung der Einkünfte	60
	4.2.3	Steuerbefreiungen		61
4.3	Die betrieblichen Einkünfte			62
	4.3.1	Überblick		62
	4.3.2	Einkünfte aus Land- und Forstwirtschaft (§ 21 EStG)		62
	4.3.3	Einkünfte aus selbständiger Arbeit (§ 22 EStG)		63

	4.3.4	Einkünfte aus Gewerbebetrieb (§ 23 EStG)		64
	4.3.5	Gewinnermittlung (§§ 4–14 EStG)		66
		4.3.5.1	Gewinnermittlungsarten (§ 4 Abs 1 und Abs 3, § 5 Abs 1 EStG)	66
		4.3.5.2	Steuerrechtliche Buchführungspflicht	67
		4.3.5.3	Begriffe der Gewinnermittlung	68
		4.3.5.4	Gewinnermittlung durch Bilanzierung	83
		4.3.5.5	Bewertung	92
		4.3.5.6	Gewinnermittlung durch Einnahmen-Ausgaben-Rechnung (§ 4 Abs 3 EStG)	108
		4.3.5.7	Wechsel der Gewinnermittlungsart (§ 4 Abs 10 EStG)	115
		4.3.5.8	Gewinnfreibetrag (§ 10 EStG)	119
4.4	Die außerbetrieblichen Einkunftsarten			122
	4.4.1	Überblick		122
	4.4.2	Einkünfte aus nichtselbständiger Arbeit (§§ 25 und 26 EStG)		124
		4.4.2.1	Umfang der Einkünfte aus nichtselbständiger Arbeit	124
		4.4.2.2	Tarif (§ 66 Abs 1 und 2, § 67 Abs 1 und 2 EStG)	126
		4.4.2.3	Sonstige Abgaben- und Beitragspflichten bei Dienstverhältnissen	127
	4.4.3	Einkünfte aus Kapitalvermögen		133
		4.4.3.1	Überblick	133
		4.4.3.2	Umfang der Einkünfte	134
		4.4.3.3	Besteuerung der Einkünfte aus Kapitalvermögen	137
		4.4.3.4	Im Betriebsvermögen gehaltene Kapitalanlagen	147
	4.4.4	Einkünfte aus Vermietung und Verpachtung		154
		4.4.4.1	Umfang der Einkünfte	154
		4.4.4.2	Ermittlung der Einkünfte	155
	4.4.5	Sonstige Einkünfte		157
		4.4.5.1	Überblick	157
		4.4.5.2	Einkünfte aus Grundstücksveräußerungen	159
		4.4.5.3	Spekulationsgeschäfte (§ 31 EStG)	170
4.5	Gemeinsame Vorschriften (§ 32 EStG)			172
4.6	Betriebsübergang			174
	4.6.1	Überblick		174
	4.6.2	Entgeltliche Betriebsübertragung		175
	4.6.3	Unentgeltlicher Betriebsübergang		181
4.7	Ermittlung des Einkommens (§ 2 Abs 2 EStG)			182
	4.7.1	Überblick		182
	4.7.2	Verlustausgleich (§ 2 Abs 2 EStG)		182
	4.7.3	Einschränkungen des Verlustausgleichs		183
	4.7.4	Sonderausgaben (§ 18 EStG)		187
	4.7.5	Außergewöhnliche Belastungen (§ 34 EStG)		190
4.8	Berechnung und Erhebung der Einkommensteuer			195
	4.8.1	Steuersatz (Tarif; § 33 EStG)		195
	4.8.2	Absetzbeträge		196
	4.8.3	Erhebung der Einkommensteuer		198
		4.8.3.1	Überblick	198
		4.8.3.2	Selbstberechnung und Abfuhr durch Dritte	203

4.9		Besteuerung von Mitunternehmerschaften (Personengesellschaften)	205
	4.9.1	Grundsätze	205
	4.9.2	Einkunftsarten und Einkünfteermittlung.	207
	4.9.3	Gründung einer Mitunternehmergesellschaft aus ertragsteuerrechtlicher Sicht	209
	4.9.4	Überlassung von Wirtschaftsgütern durch den Gesellschafter zur Nutzung	209
	4.9.5	Leistungsvergütungen der Mitunternehmerschaft an den Mitunternehmer	210
	4.9.6	Gewinnfeststellungs-Verfahren (§ 188 BAO)	212

5 Körperschaftsteuer ... 217

5.1	Charakterisierung der Körperschaftsteuer		219
5.2	Subjektive Körperschaftsteuerpflicht (§§ 1 und 2 KStG).		219
	5.2.1	Überblick	219
	5.2.2	Unbeschränkte Körperschaftsteuerpflicht	220
	5.2.3	Beschränkte Körperschaftsteuerpflicht	223
5.3	Sachliche Körperschaftsteuerpflicht (Steuergegenstand; § 7 und § 8 KStG)		224
5.4	Besteuerung von Kapitalgesellschaften		225
	5.4.1	Überblick.	225
	5.4.2	Gewinnermittlung bei Kapitalgesellschaften (§ 7 bis § 12 KStG)	227
	5.4.3	Ertragsteuerrechtliche Folgen von „Beziehungen" zwischen Kapitalgesellschaften und ihren Gesellschaftern	230
		5.4.3.1 Vorbemerkung	230
		5.4.3.2 Beziehungen, die ihre Ursache im Gesellschaftsverhältnis haben	231
		5.4.3.3 Leistungsbeziehungen zwischen Gesellschaft und Gesellschaftern	238
	5.4.4	Körperschaftsteuerrechtliche Behandlung von Konzernen	243
		5.4.4.1 Überblick	243
		5.4.4.2 Beteiligung an inländischen Körperschaften	244
		5.4.4.3 Beteiligung an ausländischen Körperschaften.	245
		5.4.4.4 Kapitalertragsteuerabzug im Konzern	250
		5.4.4.5 Teilwertabschreibungen von Konzernbeteiligungen	251
	5.4.5	Gruppenbesteuerung (§ 9 KStG)	254
		5.4.5.1 Überblick	254
		5.4.5.2 Formale Voraussetzungen der Gruppenbesteuerung	255
		5.4.5.3 Gruppenmitglieder	256
		5.4.5.4 Wirkung der Gruppenbesteuerung	257
		5.4.5.5 Ermittlung des Gruppenergebnisses	257
		5.4.5.6 Steuerumlage	258
	5.4.6	Auflösung und Abwicklung von Kapitalgesellschaften (§ 19 KStG)	258
		5.4.6.1 5.4.6.1 Überblick	258
		5.4.6.2 Ermittlung des Abwicklungsgewinns	259
		5.4.6.3 Folgen der Abwicklung auf Ebene des Gesellschafters	260
5.5	Tarif, Tarifermäßigungen und Freibeträge (§§ 22, 23, 23a KStG)		260
5.6	Besteuerung von Privatstiftungen nach dem Privatstiftungsgesetz		266
	5.6.1	Zivilrechtliche Grundlagen	266

		5.6.2	Steuerrechtliche Folgen der Gründung einer Privatstiftung	266
			5.6.2.1 Zuwendungen an die Privatstiftung	266
			5.6.2.2 Laufende Besteuerung der eigennützigen Privatstiftung (§ 13 KStG)	267
			5.6.2.3 Besteuerung von Zuwendungen an Begünstigte	269
			5.6.2.4 Steuerliche Konsequenzen des Widerrufs einer Privatstiftung	270
	5.7	Beschränkte Steuerpflicht der zweiten Art (§ 1 Abs 3 Z 2 und Z 3 KStG)		270
		5.7.1	Überblick	270
		5.7.2	Steuerabzugspflichtige Einkünfte	271
		5.7.3	Veranlagungspflichtige andere Einkünfte	271

6 Grundzüge des internationalen Steuerrechts ... 273

	6.1	Einführung		275
	6.2	Österreichisches Außensteuerrecht		276
		6.2.1	Überblick	276
		6.2.2	Die beschränkte Steuerpflicht nach § 98 EStG	277
			6.2.2.1 Beschränkt steuerpflichtige Einkünfte	277
			6.2.2.2 Erhebung der Einkommensteuer	282
		6.2.3	Die beschränkte Steuerpflicht von Körperschaften iSd KStG (§ 21 Abs 1 KStG iVm § 98 EStG)	286
			6.2.3.1 Beschränkt steuerpflichtige Einkünfte	286
			6.2.3.2 Ermittlung der Einkünfte	287
	6.3	Das Recht der Doppelbesteuerungsabkommen		289
		6.3.1	Doppelbesteuerung	289
		6.3.2	Doppelbesteuerungsabkommen	290
			6.3.2.1 Rechtliche Einordnung	290
			6.3.2.2 Vermeidung der Doppelbesteuerung	290
			6.3.2.3 Aufbau von Doppelbesteuerungsabkommen	291
			6.3.2.4 Wirkung von Doppelbesteuerungsabkommen	293
			6.3.2.5 Die Zuteilungsregeln des OECD-MA	293
			6.3.2.6 Die Methodenartikel des OECD-MA	298
		6.3.3	Einseitige Maßnahmen zur Vermeidung der Doppelbesteuerung (§ 48 BAO)	301

7 Umsatzsteuer ... 305

	7.1	Charakterisierung der Umsatzsteuer		307
		7.1.1	Unionsrechtlicher Hintergrund	307
		7.1.2	Rechtsgrundlage und Charakteristika	307
	7.2	Überblick über den Umsatzsteuertatbestand		309
	7.3	Aufbau des Umsatzsteuertatbestands		310
		7.3.1	Unternehmer	310
		7.3.2	Inlandsumsatz	310
		7.3.3	Steuerpflicht	311
		7.3.4	Steuerbefreiungen	311
	7.4	Der Unternehmer (§ 2 UStG)		312
		7.4.1	Definition des Unternehmers	312
		7.4.2	Die Unternehmereigenschaft von juristischen Personen des öffentlichen Rechts	313

		7.4.3	Beginn und Ende der unternehmerischen Tätigkeit.	315
			7.4.3.1 Beginn der unternehmerischen Tätigkeit	315
			7.4.3.2 Ende der unternehmerischen Tätigkeit	316
		7.4.4	Rechtsformneutralität des Unternehmers	316
		7.4.5	Grundsatz der Unternehmenseinheit	316
7.5	Lieferungen und sonstige Leistungen			318
		7.5.1	Abgrenzung zwischen Lieferung und sonstiger Leistung	318
		7.5.2	Grundsatz der Einheitlichkeit der Leistung.	319
		7.5.3	Ort der Lieferung und der sonstigen Leistung	320
			7.5.3.1 Vorbemerkung.	320
			7.5.3.2 Ort der Lieferung (§ 3 Abs 7 bis 9 UStG).	321
			7.5.3.3 Ort der sonstigen Leistung.	323
7.6	Innergemeinschaftlicher Erwerb			333
		7.6.1	Überblick.	333
		7.6.2	Gegenstand des innergemeinschaftlichen Erwerbs	334
			7.6.2.1 Erwerb durch einen Unternehmer	334
			7.6.2.2 Erwerb durch eine juristische Person für außerunternehmerische Zwecke.	334
			7.6.2.3 Ort des innergemeinschaftlichen Erwerbs	336
7.7	Einfuhr (§ 1 Abs 1 Z 3 UStG)			336
7.8	Entgelt			337
		7.8.1	Funktion des Entgelts in der Umsatzsteuer	337
		7.8.2	Leistungsaustausch als Voraussetzung für die Entgeltlichkeit	338
		7.8.3	Definition des Entgelts	339
		7.8.4	Abweichende Bemessungsgrundlage Normalwert (Mindestbemessungsgrundlage)	339
7.9	Steuerbefreiungen (§ 6 UStG)			341
		7.9.1	Überblick.	341
		7.9.2	Steuerbefreiungen mit Vorsteuerabzug („echte" Befreiungen; § 6 Abs 1 Z 1 bis Z 6 UStG)	343
		7.9.3	Steuerbefreiungen mit Verlust des Vorsteuerabzuges („unechte" Befreiungen; § 6 Abs 1 Z 7 ff UStG)	345
7.10	Steuersätze (§ 10 UStG)			347
7.11	Steuerschuldner			348
		7.11.1	Steuerschuldner im Regelfall (§ 19 Abs 1 UStG).	348
		7.11.2	Übergang der Steuerschuld auf den Leistungsempfänger (Reverse-Charge) .	349
7.12	Entstehen der Steuerschuld (§ 19 Abs 2 UStG)			350
		7.12.1	Sollbesteuerung	350
		7.12.2	Istbesteuerung	351
7.13	Fälligkeit und Umsatzsteuervoranmeldung (§ 21 UStG)			351
7.14	Änderung der Bemessungsgrundlage (§ 16 UStG)			352
7.15	Umsatzsteuerjahreserklärung			352
7.16	Rechnung (§ 11 UStG).			353
		7.16.1	Verpflichtung und Berechtigung zur Rechnungsausstellung	353
			7.16.1.1 Verpflichtung zur Rechnungsausstellung.	353

	7.16.1.2	Rechnungsausstellung in Reverse-Charge-Fällen................	353
	7.16.1.3	Freiwillige Rechnungsausstellung...........................	354
7.16.2		Inhaltliche Anforderungen an die Rechnung	354
7.16.3		Unrichtiger Steuerausweis	355
7.16.4		Unberechtigter Steuerausweis	355
7.17 Vorsteuerabzug (§ 12 Abs 1 und 2 UStG)...............................			356
7.17.1		Grundsätze	356
7.17.2		Leistung für das Unternehmen als zwingende Voraussetzung für den Vorsteuerabzug...	357
7.17.3		Ausschluss vom Vorsteuerabzug	358
	7.17.3.1	Spezifisch österreichischer Ausschluss für bestimmte Umsätze....	358
	7.17.3.2	Allgemeiner Ausschluss (§ 12 Abs 3 UStG)...................	359
7.17.4		Vorsteuerabzug bei gleichzeitiger Verwendung für steuerpflichtige und unecht steuerbefreite Umsätze...................................	360
7.17.5		Nachträgliche Berichtigung des Vorsteuerabzuges (§ 12 Abs 10 bis 13 UStG) .	360
7.18 Besteuerung des unternehmerischen Konsumverhaltens: der Eigenverbrauch			363
7.18.1		Überblick...	363
7.18.2		Entnahmeeigenverbrauch (§ 3 Abs 2 UStG)	363
7.18.3		Nutzungs- oder Verwendungseigenverbrauch, Eigenverbrauch durch sonstige Leistung (§ 3a Abs 1a UStG).............................	365
7.18.4		Aufwandseigenverbrauch (§ 1 Abs 1 Z 2 UStG)	366
7.19 Internationales Umsatzsteuerrecht......................................			368
7.19.1		Überblick...	368
7.19.2		Umsatzsteuer im Verkehr mit Drittstaaten	368
7.19.3		Umsatzsteuer im Binnenmarkt	369
	7.19.3.1	Vorbemerkung...	369
	7.19.3.2	Lieferungen – Exportsituation.............................	370
	7.19.3.3	Lieferungen – Importsituation	373
	7.19.3.4	Lieferungen im privaten Reiseverkehr	377
	7.19.3.5	Sonderfall Lieferung neuer Fahrzeuge	377
	7.19.3.6	Lieferung verbrauchsteuerpflichtiger Waren.................	378
7.19.4		Sonstige Leistungen im Binnenmarkt	378
7.19.5		Formale Verpflichtungen	379
7.19.6		Vorsteuererstattung...	379
7.20 Exkurs: Grundstücke in der Umsatzsteuer			381
7.20.1		Lieferung von Grundstücken: Umsätze iSd GrEStG.................	381
7.20.2		Vermietung von Grundstücken	382
7.20.3		Gemischte Nutzung von Grundstücken...........................	383

8 Gebühren und Verkehrsteuern 385
- 8.1 Gebühren nach dem Gebührengesetz 387
  - 8.1.1 Überblick... 387
  - 8.1.2 Feste Gebühren 387
  - 8.1.3 Rechtsgeschäftsgebühren 387
- 8.2 Grunderwerbsteuer 389

9 Abgabenverfahrensrecht 395
9.1 Organisation, Aufgaben, Zuständigkeiten der Finanzbehörden 397
9.1.1 Überblick. 397
9.1.2 Bundesminister für Finanzen. 397
9.1.3 Die Finanzverwaltung. 397
9.1.3.1 Überblick 397
9.1.3.2 Sachliche Zuständigkeit 398
9.1.3.3 Örtliche Zuständigkeit 400
9.2 Das Steuerschuldverhältnis 402
9.2.1 Vorbemerkung 402
9.2.2 Entstehen der Abgabenschuld 403
9.2.3 Fälligkeit 404
9.2.3.1 Grundsatz. 404
9.2.3.2 Hinausschieben der Fälligkeit 404
9.2.3.3 Säumnis. 405
9.2.3.4 Anspruchszinsen 405
9.2.4 Erlöschen der Abgabenschuld 406
9.2.5 Verjährung (§§ 207, 208 BAO; § 238 BAO) 406
9.2.5.1 Festsetzungs- bzw Bemessungsverjährung 406
9.2.5.2 Absolute Verjährung (§ 209 Abs 3 BAO) 406
9.2.5.3 Einhebungsverjährung (§ 238 BAO) 408
9.3 Zusammenwirken zwischen Abgabenbehörde und Abgabepflichtigem bei der Ermittlung der Besteuerungsgrundlagen 408
9.3.1 Formelles Zusammenwirken 408
9.3.1.1 Grundsatz der Amtswegigkeit des Verfahrens und Untersuchungsgrundsatz 408
9.3.1.2 Mitwirkungspflichten des Abgabepflichtigen ... 411
9.3.1.3 Der Grundsatz des Parteiengehörs 413
9.3.1.4 Informelles Zusammenwirken zwischen Finanzverwaltung und Abgabepflichtigem. 414
9.3.2 Der Gang des Ermittlungsverfahrens 414
9.3.3 Die Festsetzung der Abgaben – Der Abgabenbescheid 415
9.4 Rechtsschutz 417
9.4.1 Überblick. 417
9.4.2 Die Bescheidbeschwerde 418
9.4.3 Beschwerdevorentscheidung 420
9.4.4 Vorlageantrag 421
9.4.5 Beschwerdeentscheidung durch das Verwaltungsgericht .. 422
9.4.5.1 Allgemeines 422
9.4.5.2 Das Verfahren vor dem Verwaltungsgericht 423
9.4.5.3 Maßnahmenbeschwerde 424
9.4.5.4 Säumnisbeschwerde 425
9.4.5.5 Vorabentscheidungsverfahren beim EuGH 426
9.4.5.6 Entscheidungspflicht der Verwaltungsgerichte .. 426
9.4.5.7 Formalerfordernisse an Erkenntnisse und Beschlüsse 426

	9.4.6	Das Verfahren vor dem VwGH	427
		9.4.6.1 Überblick	427
		9.4.6.2 Revision	427
		9.4.6.3 Sonstige Entscheidungen	429
	9.4.7	Beschwerde an den Verfassungsgerichtshof	429
		9.4.7.1 Überblick	429
		9.4.7.2 Erkenntnisbeschwerde	429
		9.4.7.3 Individualantrag auf Normenkontrolle	430
9.5	Änderungen von Bescheiden außerhalb des Rechtsmittelverfahrens		431
	9.5.1	Formelle und materielle Rechtskraft	431
	9.5.2	Änderung nach den § 293 bis § 299 BAO	432
		9.5.2.1 Berichtigung von Schreib-, Rechen- und EDV-Fehlern (§ 293 BAO)	432
		9.5.2.2 Unrichtiger Bescheidspruch (§ 299 BAO)	432
		9.5.2.3 Begünstigende Bescheide (§ 294 BAO)	432
		9.5.2.4 Anpassung abgeleiteter Bescheide (§ 295 BAO)	432
		9.5.2.5 Ereignis mit abgabenrechtlicher Wirkung für die Vergangenheit (§ 295a BAO)	433
	9.5.3	Die Wiederaufnahme des Verfahrens (§§ 303 ff BAO)	433
	9.5.4	Wiedereinsetzung in den vorigen Stand (§ 308 BAO)	434
9.6	Änderung von Erkenntnissen und Beschlüssen des Verwaltungsgerichts		435
9.7	Verfahrenskosten		435
	9.7.1	Abgabenverfahren und Verfahren vor dem Verwaltungsgericht	435
	9.7.2	Beschwerden bzw Revisionen an die Gerichtshöfe öffentlichen Rechts	436
9.8	Exkurs: Finanzstrafrecht		436
	9.8.1	Sachlicher Anwendungsbereich	436
	9.8.2	Finanzvergehen	437
	9.8.3	Strafbarer Personenkreis	437
	9.8.4	Allgemeine Grundsätze des Strafrechts	437
	9.8.5	Allgemeine Voraussetzungen für die Strafbarkeit	437
	9.8.6	Strafformen	438
	9.8.7	Verjährung	438
	9.8.8	Straftatbestände (§ 33 bis § 52 FinStrG)	439
	9.8.9	Besondere Strafaufhebungsgründe	439
	9.8.10	Überblick über das Finanzstrafverfahren	440

10 Stichwortverzeichnis ... 443

Verzeichnis weiterführender Literatur

Monographien

Achatz, Fachwörterbuch zum Steuerrecht², Wien 2013
Bertl/Deutsch-Goldoni/Hirschler, Buchhaltungs- und Bilanzierungshandbuch⁹, Wien 2015
Doralt/Ruppe, Steuerrecht I¹¹, bearbeitet von Doralt/Ruppe/Mayr, Wien 2013
Doralt/Ruppe, Steuerrecht II⁷, bearbeitet von Ehrke-Rabel/Summersberger, Wien 2014
Tumpel, Fachlexikon Steuern, Wien 2007
Ehrke-Rabel (Hrsg), Rechtsmittelverfahren in Abgabensachen, Wien 2013

Kommentare

Achatz/Kirchmayr, Kommentar zum Körperschaftsteuergesetz, Wien 2015
Bauer/Quantschnigg/Schellmann, Kommentar zum Körperschaftsteuergesetz, Loseblattsammlung
Doralt, Kommentar zum Einkommensteuergesetz, Loseblattsammlung
Hofstätter/Reichel, Kommentar zum Einkommensteuergesetz, Loseblattsammlung
Kanduth-Kristen/Laudacher/Lenneis/Marschner/Vock, Jakom Einkommensteuergesetz 2016⁹, Wien 2016
Kotschnigg, Beweisrecht der BAO, Wien 2011
Lang/Rust/Schuch/Staringer, Körperschaftsteuergesetz Kommentar², Wien 2016
Leitner/Plückhahn, Finanzstrafrecht kompakt³, Wien 2015
Melhardt/Tumpel, UStG Kommentar², Wien 2015
Ritz, BAO⁵, Wien 2014
Ruppe/Achatz, Kommentar zum UStG⁴, Wien 2011
Stoll, BAO, Wien 1994

1 Standort des Steuerrechts

Inhaltsübersicht

1.1 Steuerwissenschaften
1.2 Bedeutung von Steuern
1.3 Steuerrecht als Teil der Rechtsordnung
1.4 Abgabenbegriff
1.5 Systematisierung der Steuern

1.1 Steuerwissenschaften

In den Steuerwissenschaften werden drei Teildisziplinen unterschieden, das Steuerrecht, die betriebswirtschaftliche Steuerlehre und die Finanzwissenschaft.

Das Steuerrecht als rechtswissenschaftliche Disziplin befasst sich mit der rechtlichen Ausgestaltung eines Steuerrechtssystems oder eines Einzelsteuergesetzes und mit deren Interpretation unter rechtsdogmatischen Gesichtspunkten.

Steuerrecht

Die betriebswirtschaftliche Steuerlehre analysiert die Wirkungen von steuerrechtlichen Normen auf betriebliche Entscheidungen.

Betriebswirtschaftliche Steuerlehre

Die Finanzwissenschaft als Teil der Volkswirtschaftslehre weitet den Betrachtungshorizont auf alle in der Ökonomie relevanten einzel- und gesamtwirtschaftlichen Fragen der Besteuerung aus. Sie befasst sich mit der Wirkung von Steuern auf das Verhalten der Wirtschaftssubjekte. Daraus wird abgeleitet, welche Steuern auf welche Weise erhoben werden sollten, um die gesellschaftliche Wohlfahrt (die den Nutzen aller Individuen einer Gesellschaft berücksichtigt) zu maximieren. Der finanzwissenschaftliche Ansatz versucht – über den juristischen und rein betriebswirtschaftlichen Ansatz hinausgehend – Steuersysteme aufzuzeigen, die die Erreichung gesellschaftlicher Ziele zu möglichst geringen Kosten ermöglichen.

Finanzwissenschaft

1.2 Bedeutung von Steuern

1.2.1 Primäre Einnahmequelle des Staates – Abgabenquote

Die Erfüllung der Staatsaufgaben ist mit einer Vielzahl an Aufwendungen verbunden. Ein Staat benötigt zur Erhaltung seiner Funktionsfähigkeit daher Einnahmen. Steuern stellen die weitaus **wichtigste Einnahmequelle** des Staates dar. Weitere Einnahmequellen des Staates sind ua Kapitalerträge, Erträge aus der Beteiligung an Unternehmen, Sozialversicherungsbeiträge und Geldstrafen.

In diesem Zusammenhang gibt die **Abgabenquote** als volkswirtschaftliche Kennzahl den Anteil von Steuern und Sozialabgaben an der Wirtschaftsleistung (Bruttoinlandsprodukt, BIP) eines Staates in Prozent an. Sie wird häufig zum Vergleich zwischen Staaten, aber auch zu einem intertemporalen Vergleich herangezogen und ist Gegenstand politischer Diskussionen über den sinnvollen Umfang der Staatstätigkeit in einer Volkswirtschaft.

1.2.2 Zweck von Steuern

Einnahmen-beschaffung

Steuern verfolgen den primären Zweck, den Gebietskörperschaften eines Staates Einnahmen zu verschaffen (sog **Fiskalzweck**).

Umverteilung

Darüber hinaus werden Steuern als Maßnahme zur Erreichung politischer Ziele eingesetzt. Steuern sind in einem Sozialstaat neben den Sozialversicherungsbeiträgen die wichtigste Maßnahme für die (Um-)Verteilungspolitik. In stark ausgeprägten Sozialstaaten ist üblicherweise die Einkommensteuer als progressive Steuer ausgestaltet. Dies bedeutet, dass mit steigendem Einkommen die durchschnittliche Steuerbelastung überproportional steigt (vgl dazu ausführlicher S 54).

Verhaltens-steuerung

Steuern können auch im Rahmen der Konjunkturpolitik (zB generelle Begünstigung von Investitionen, Steuersenkung zur Steigerung des Konsums) oder Wachstumspolitik (Begünstigung von Forschung und Entwicklung) eingesetzt werden. Überhaupt können Steuern dazu genutzt werden, das Verhalten der Bürger in eine bestimmte Richtung zu lenken (Lenkungsabgaben).

Grenzen der Verhaltens-steuerung

Die im Bundes-Verfassungsgesetz (B-VG) geregelte Kompetenzverteilung zwischen den Gebietskörperschaften setzt der Nutzung von Abgaben zu Lenkungszwecken Grenzen. Ein Bundesland kann beispielsweise keine Lenkungsabgabe einführen, die einen Zweck verfolgt, für den der Bund die Regelungskompetenz besitzt (zB war die Wiener Abgabe auf leerstehenden Wohnraum, durch die die Eigentümer zur Vermietung gezwungen werden sollten, verfassungswidrig, weil das Volkswohnwesen hinsichtlich der Gesetzgebung in die Kompetenz des Bundes fällt; vgl VfSlg 10.403/1985).

1.2.3 Steuern als Massenphänomen

Steuern sind ein Massenphänomen. In keinem Rechtsgebiet begegnet der Bürger dem Staat häufiger als im Steuerrecht. Die Steuerrechtsfähigkeit natürlicher Personen beginnt mit der Geburt und endet mit dem Tod. Das Bewusstsein über die steuerlichen Implikationen des täglichen Lebens (Verwirklichung wirtschaftsrelevanter Sachverhalte, Konsum) hängt wesentlich davon ab, wie jemand sein Einkommen auf dem Markt erzielt: Unselbständig Erwerbstätige sind weit weniger bewusst mit Steuern befasst als selbständig Erwerbstätige. Die auf den Lohn entfallenden Steuern von unselbständig Erwerbstätigen werden nämlich durch den Arbeitgeber einbehalten und an den Fiskus abgeführt. Ähnliches gilt für Steuerpflichtige, deren Einkommen zum Großteil aus Gewinnausschüttungen aus GmbH, Dividenden und Sparbuchzinsen (sog Kapitalerträgen) besteht: Die auf diese Einkünfte entfallende Steuer wird im Regelfall durch die den Ertrag auszahlende Stelle (die Kapitalgesellschaft oder das Kreditinstitut) einbehalten und an den Fiskus abgeführt. Auch die Umsatzsteuer, die den Konsum belasten soll, wird nicht vom Konsumenten geschuldet, sondern von demjenigen, der die konsumierte Leistung anbietet (dem Unternehmer). Dadurch verpflichtet das Massenphänomen Steuern nur wenige Menschen direkt gegenüber dem Staat. Für den Fiskus erleichtert die Bündelung eines Großteils der administrativen Verpflichtungen bei einer relativ geringen Zahl von Personen die Kontrolle.

Herr A ist Angestellter bei der B-GmbH, die ihren Sitz in Wien hat. Am frühen Abend fährt er mit dem Auto in die Grazer Innenstadt, um mit einem Freund bei einem Bier einem Konzert in einem Lokal zu lauschen. Er parkt er in der gebührenpflichtigen Kurzparkzone. Die Parkgebühr entrichtet er mittels eines Parkscheines, den er an einem Parkautomaten kauft.

Mit seinen Einkünften ist Herr A einkommensteuerpflichtig. Die Einkommensteuer wird als Lohnsteuer von der B-GmbH als Dienstgeberin einbehalten und an den Fiskus abgeführt. Zusätzlich hat die B-GmbH vom Lohn des Herrn A Kommunalsteuer, den Beitrag zum Familienlastenausgleichsfonds und den Wohnbauförderungsbeitrag zu entrichten. Als weitere Belastungen, die allerdings nicht als Abgaben gelten, knüpfen an den Lohn die Sozialversicherungsbeiträge sowie der Zuschlag zum Dienstgeberbeitrag, der der Finanzierung der Landeswirtschaftskammern dient, an.

Sein versteuertes Einkommen gibt Herr A für Konsumzwecke aus. Im Zusammenhang mit seinem PKW stehen folgende Abgaben: Umsatzsteuer und Normverbrauchsabgabe bei der Anschaffung des PKW, Versicherungssteuer und motorbezogene Versicherungssteuer für die Dauer der Verwendung des PKW, Umsatzsteuer und Mineralölsteuer auf den Treibstoff, Abgabe nach der Grazer Parkgebührenordnung für das Parken in der Kurzparkzone. Der Veranstalter des Konzerts hat stmk. Vergnügungssteuer zu entrichten, die er wahrscheinlich über den Eintrittspreis auf die Konzertbesucher überwälzt, zusätzlich fällt auf das Eintrittsentgelt Umsatzsteuer an. Im Preis für das Bier sind die Biersteuer und die Umsatzsteuer enthalten.

Jegliches Handeln von Herrn A löst eine Steuerschuld aus. Er selbst zahlt aber kein einziges Mal unmittelbar Steuern an den Fiskus. Dort, wo Herr A von Gesetzes wegen Schuldner der Steuer ist (Einkommensteuer, [motorbezogene] Versicherungssteuer), sind andere zur Abfuhr verpflichtet (Dienstgeber, Versicherungsunternehmen). Die Umsatzsteuer, NoVA, Biersteuer und Vergnügungssteuer sind indirekte Steuern, die die Unternehmer oder Produzenten schulden, die A aber wirtschaft-

lich zu tragen hat. Die an die Lohnsumme anknüpfenden Abgaben (KommSt, DB zum FLAF) schuldet der Dienstgeber. Den Wohnbauförderungsbeitrag schulden der Dienstgeber und der Dienstnehmer je zur Hälfte. Wer der wirtschaftliche Träger dieser sog Lohnnebenkosten ist, ist umstritten. Die Höhe der Lohnnebenkosten hat ohne Zweifel einen indirekt proportionalen Einfluss auf die Höhe der Bruttolöhne. Eine Erhöhung oder Senkung der Lohnnebenkosten dürfte sich aber nicht eins zu eins in den Bruttolöhnen niederschlagen.

Abgaben als Kostenfaktor

Aus Sicht der Unternehmer stellen Abgaben einen wesentlichen Kostenfaktor dar. Da sich aus den unterschiedlichen Lebenssachverhalten sehr unterschiedlichen Steuerrechtsfolgen (mit unterschiedlich hoher finanzieller Belastung) ergeben können, sehen sich Steuerpflichtige veranlasst, ihr wirtschaftliches Handeln so zu gestalten, dass die Steuerlasten möglichst gering sind. Soweit das Steuerrecht die unterschiedlichen Belastungen direkt oder indirekt an zivilrechtliche Gestaltungen knüpft, beeinflusst das Zivilrecht die steuerrechtliche Gestaltung (zur Abgrenzung zwischen legaler Steuerplanung, Missbrauch und Abgabenhinterziehung vgl später S 41 ff).

1.3 Steuerrecht als Teil der Rechtsordnung

Das Steuerrecht ist die Gesamtheit der Rechtsnormen, die Rechte und Pflichten im Steuerschuldverhältnis regeln. Das Steuerrecht gliedert sich in das materielle und das formelle Steuerrecht.

Materielles Steuerrecht

Unter dem materiellen Steuerrecht versteht man all jene Normen, in denen die Steuertatbestände geregelt sind. Materielle Steuerrechtsnormen stellen beispielsweise die Bestimmungen des Einkommensteuer- (EStG) oder des Umsatzsteuergesetzes (UStG) dar.

Formelles Steuerrecht

Das formelle Steuerrecht regelt das Verfahren zur Einhebung von Steuern. Dieses ist zum Großteil in der Bundesabgabenordnung (BAO) geregelt.

1.3.1 Steuerrecht als Teil des öffentlichen Rechts

Steuerrecht ist **öffentliches Recht**, denn die Normen des Steuerrechts sind den Trägern der hoheitlichen Gewalt (konkret den Gebietskörperschaften als Steuergläubigern) und den verwaltenden Behörden zugeordnet. Das Steuerrecht ist ein Teil des öffentlichen Finanzrechts. Das **öffentliche Finanzrecht** umfasst ua das Finanzverfassungsrecht, das Finanzausgleichsrecht, das Abgabenrecht, das Haushaltsrecht sowie das Recht über das Kassen-, Rechnungs- und Kreditwesen von Körperschaften des öffentlichen Rechts. Das **Abgabenrecht** besteht aus dem

Steuerrecht, dem Recht der Gebühren, Beiträge, Sonderabgaben sowie dem Abgabenrecht der EU (zum Abgabenbegriff siehe gleich).

Das Steuerrecht ist besonderes **Verwaltungsrecht**. Dieser Charakter wird insbesondere im Abgabenverfahrensrecht deutlich. Die Finanzbehörden handeln durch Verwaltungsakte (va Bescheid), die sie selbst vollstrecken können (s Abgabenexekutionsordnung; AbgEO). Innerhalb des Verwaltungsrechtes bildet das Steuerrecht ein teilweise verselbständigtes System mit umfangreicher Gesetzgebung, die sich weitgehend einer eigenen Terminologie bedient, mit eigenständigen Verwaltungsbehörden (zB Finanzämter, Bundesfinanzgericht) und einem eigenen Verwaltungs- und Rechtsmittelverfahren (BAO).

1.3.2 Vernetzung mit anderen Rechtsdisziplinen

Zwischen dem materiellen Steuerrecht und anderen juristischen Disziplinen bestehen enge Verflechtungen. Im Bereich des Internationalen Steuerrechts hat es teils die Qualität von Völkerrecht und Europarecht. Speziell im Bereich der Verkehrsteuern knüpft der Gesetzgeber häufig direkt an zivilrechtliche Begriffe oder Rechtsgeschäfte an. Besonders enge Beziehungen bestehen zum Unternehmens- und Gesellschaftsrecht. So ist etwa für steuerliche Zwecke buchführungspflichtig, wer nach UGB rechnungslegungspflichtig ist (§ 124 BAO). Im Bereich der Unternehmensbesteuerung besteht eine unmittelbare Anknüpfung an die als Träger des Unternehmens gewählte Rechtsform (Personen- oder Kapitalgesellschaft). Im Bereich der Erwerbstätigkeit kommt das Steuerrecht gemeinsam mit sozialversicherungsrechtlichen Normen zur Anwendung, teils knüpft das Sozialversicherungsrecht unmittelbar an das Steuerrecht an (zB neue Selbständige gem § 2 Abs 1 Z 4 GSVG; Beitragsbefreiungen, zB § 49 Abs 3 ASVG). Die Rechtsanwendung wird hier dadurch erschwert, dass die Bestimmungen im Detail voneinander abweichen.

1.4 Abgabenbegriff

1.4.1 Der finanzwissenschaftliche Abgabenbegriff

In der Finanzwissenschaft wird der Begriff Abgabe als Überbegriff für Steuern, Beiträge und Gebühren verwendet. Steuern sind Geldleistungen, die an den Staat zu entrichten sind, ohne dass dafür eine konkrete Gegenleistung gewährt wird (zB Einkommensteuer).

Steuern

Beiträge — Beiträge sind Geldleistungen, die demjenigen auferlegt werden, der an einer staatlichen Leistung ein besonderes Interesse hat (zB Anliegerbeitrag für die Straßenerrichtung).

Gebühren — Gebühren stellen ein öffentlich-rechtliches Entgelt für eine besondere, vom Bürger unmittelbar in Anspruch genommene Leistung einer Gebietskörperschaft dar (zB Kanalbenützungsgebühr).

Die österr Gesetzessprache ist uneinheitlich und folgt nicht der finanzwissenschaftlichen Terminologie. So handelt es sich bei den Rechtsgeschäftsgebühren nach dem Gebührengesetz mangels Gegenleistung des Staates um eine Steuer. Ebenso sind die Dienstgeberbeiträge zum Familienlastenausgleichsfonds keine Beiträge im finanzwissenschaftlichen Sinn, sondern eine zweckgebundene Steuer.

Abgaben		
Steuern	Beiträge	Gebühren

Abb 1. Abgaben

1.4.2 Der finanzverfassungsrechtliche Abgabenbegriff

Öffentliche Abgaben — Das österr Verfassungsrecht enthält keine Legaldefinition des Begriffes Abgabe. Nach der Rechtsprechung des VfGH sind unter öffentlichen Abgaben iSd Verfassung nur Geldleistungen zu verstehen, die die Gebietskörperschaften (Bund, Länder und Gemeinden) kraft öffentlichen Rechts zur Deckung ihres Finanzbedarfs erheben.

keine Abgaben — Bei den folgenden Leistungen handelt es sich um keine Abgaben: Ableistung des Wehrdienstes (keine Geldleistung); Sozialversicherungsbeiträge (Sozialversicherungsträger sind keine Gebietskörperschaften); Kirchenbeitrag (Kirchen sind keine Gebietskörperschaften); Geldstrafen (dienen nicht der Deckung des Finanzbedarfs); Mautgebühren nach dem Bundesstraßen-Mautgesetz 2002.

1.5 Systematisierung der Steuern

Abgaben lassen sich nach unterschiedlichen Gesichtspunkten systematisieren.

Bundes-, Landes- und Gemeindeabgaben — Je nachdem, welche Gebietskörperschaft zur Erhebung der Abgabe legitimiert ist, wird zwischen Bundesabgaben, Landesabgaben und Gemeindeabgaben unterschieden. Die entsprechende Systematisierung einer konkreten Abgabe ergibt sich aus dem F-VG in Verbindung mit dem jeweils geltenden FAG (seit 1.1.2017: FAG 2017, BGBl 2016/116). Diese Einteilung ist daher finanzverfassungsrechtlicher Natur (siehe dazu ausführlich S 16 ff).

Bundesabgaben: Einkommensteuer, Umsatzsteuer, Körperschaftsteuer, Mineralölsteuer.
Landesabgaben: Feuerschutzsteuer, Jagd- und Fischereiabgaben, Fremdenverkehrsabgaben, Sportförderungsabgaben, Interessentenbeiträge von Grundstückseigentümern und Anrainern.
Gemeindeabgaben: Kommunalsteuer, Grundsteuer, Zweitwohnsitzabgaben, Lustbarkeitsabgaben ohne Zweckwidmung, Abgaben für das Halten von Tieren, Abgaben von freiwilligen Feilbietungen, Abgaben für den Gebrauch von öffentlichem Grund in den Gemeinden und des darüber befindlichen Luftraumes, Abgaben für das Abstellen mehrspuriger Kfz in Kurzparkzonen.

Bei Subjektsteuern (Personensteuern) sind Steuergegenstand und Steuerhöhe durch personenbezogene Merkmale (Wohnsitz, Familienstand, Alter) bestimmt. Typisch für Personensteuern ist die Unterscheidung zwischen unbeschränkter und beschränkter Steuerpflicht (vgl dazu S 56 ff). Bei Objektsteuern (Sachsteuern) wird die Steuerhöhe grundsätzlich nur durch objektbezogene Merkmale bestimmt.

Subjektsteuern

Subjektsteuern: Einkommensteuer, Körperschaftsteuer, früher: Erbschaftsteuer, Vermögensteuer.
Objektsteuern: Umsatzsteuer, Mineralölsteuer, Erdgasabgabe, Elektrizitätsabgabe, Alkoholsteuer.

Bei Abschnittsteuern (laufend erhobene Steuern) werden in einem bestimmten Zeitabschnitt verwirklichte Tatbestände periodisch als Gesamtheit erfasst. Die Besteuerungsperioden schließen lückenlos aneinander an.

Abschnittsteuern

Die einmaligen Steuern werden jeweils im Anschluss an die einzelne Tatbestandsverwirklichung erhoben. Die Unterscheidung ist von verfahrensrechtlicher Bedeutung.

einmalig erhobene Steuern

Abschnittsteuern: Einkommensteuer, Körperschaftsteuer, Umsatzsteuer, Kommunalsteuer, Grundsteuer
Einmalig erhobene Steuern: Gebühren nach dem GebG, Grunderwerbsteuer, Zölle

Veranlagung bedeutet Festsetzung der Steuerschuld mittels förmlichen Bescheids nach Durchführung eines förmlichen Verfahrens und auf Grund der Offenlegung des steuerlich relevanten Sachverhaltes durch den Steuerpflichtigen mit Hilfe einer Steuererklärung.

Veranlagungssteuern

Ist für eine Abgabe die Selbstbemessung vorgesehen, hat der Abgabepflichtige die Abgabenschuld selbst zu ermitteln und die Abgabe ohne bescheidmäßige Vorschreibung durch das Finanzamt selbständig und

Selbstbemessungssteuern

zeitgerecht abzuführen. Es gibt Abgaben, bei denen beide Erhebungsformen (teils alternativ, teils konsekutiv) vorgesehen sind. Die Umsatzsteuer beispielsweise ist unterjährig eine Selbstbemessungsabgabe, für das Kalenderjahr ist eine Steuererklärung abzugeben, sodass eine Jahresveranlagung erfolgt. Die Grunderwerbsteuer kann entweder im Wege der Veranlagung oder durch Selbstbemessung entrichtet werden.

Veranlagungsabgaben: Einkommensteuer, Körperschaftsteuer, Umsatzsteuer eines Kalenderjahres, Grundsteuer.

Selbstbemessungssteuern: Lohnsteuer, Kapitalertragsteuer (als Erhebungsformen der ESt), Umsatzsteuer im Rahmen der unterjährigen Umsatzsteuervoranmeldungen, Versicherungssteuer.

Direkte und indirekte Steuern

Ob es sich bei einer Steuer um eine direkte oder eine indirekte Steuer handelt, hängt davon ab, wer die Steuerschuld nach der Ausgestaltung des jeweiligen Materiengesetzes letztendlich wirtschaftlich zu tragen hat.

Bei den **direkten Steuern** handelt es sich bei demjenigen, der die Steuer gegenüber dem Fiskus schuldet und demjenigen, der die Steuer wirtschaftlich zu tragen hat, um dieselbe Person. Bei den **indirekten Steuern** sind Steuerschuldner und Steuerträger nicht identisch. Der Steuerschuldner kann die Steuer offen weiterverrechnen (§ 11 UStG) oder zumindest als Preisbestandteil an den Abnehmer überwälzen (Verbrauchsteuern). Eine Steuer kann auch teils als direkte und teils als indirekte Steuer ausgestaltet sein. Der Schuldner der Feuerschutzsteuer ist etwa der Versicherer, der nach § 5 Abs 3 FeuerschutzStG berechtigt, einen Teil der Steuer an den Versicherungsnehmer weiter zu verrechnen.

Abfuhrsteuern wie die Lohnsteuer, die Kapitalertragsteuer oder die Versicherungssteuer sind keine indirekten Steuern! Die zur Abfuhr verpflichtete Person ist nämlich nicht Schuldnerin der Abgabe. Sie führt lediglich die Abgabe für Rechnung des Steuerschuldners ab. Die Abfuhrverpflichteten haften nach den einschlägigen Materiengesetzen regelmäßig für die ordnungsmäßige Abfuhr und werden durch die Geltendmachung der Haftung zu Solidarschuldnern mit dem Primärschuldner (§ 7 Abs 1 BAO).

Direkte Steuern: Einkommensteuer, Körperschaftsteuer, Versicherungssteuer.

Indirekte Steuern: Umsatzsteuer, Mineralölsteuer, Alkoholsteuer, Biersteuer, Tabaksteuer.

Allgemeine Steuern

Das Aufkommen allgemeiner Steuern steht zur Finanzierung sämtlicher Staatsaufgaben zur Verfügung.

Zwecksteuern

Bei Zwecksteuern sind die Erträge durch Gesetz bestimmten Zwecken gewidmet. Von Zwecksteuern zu unterscheiden sind allgemeine Steuern, bei denen durch entsprechende Ausgestaltung der Tatbestände Lenkungszwecke verfolgt werden (zB Investitionsbegünstigungen im Rahmen der Einkommensteuer).

Zwecksteuern: Dienstgeberbeitrag zum Familienlastenausgleichsfonds, Wiener Dienstgeberabgabe (U-Bahn-Steuer), zum Teil der Altlastensanierungsbeitrag.

Systematisierung nach der wirtschaftlichen Anknüpfung (Steuergegenstand)

Nach dem Steuergegenstand kann zwischen Ertragsteuern, Vermögensteuern, Verkehrsteuern und Verbrauchsteuern unterschieden werden.

Ertragsteuern: Einkommensteuer, Körperschaftsteuer.
Vermögensteuern: Grundsteuer, Abgabe von land- und forstwirtschaftlichen Betrieben, Bodenwertabgabe.
Verkehrsteuern: Grunderwerbsteuer, Kapitalverkehrsteuer (Gesellschaftsteuer), Versicherungssteuer, Feuerschutzsteuer.
Verbrauchsteuern: Umsatzsteuer, Tabaksteuer, Mineralölsteuer, Alkoholsteuer, Biersteuer, Erdgasabgabe, Kohleabgabe, Zölle.

2 Verfassungsrechtliche Grundlagen des österreichischen Steuerrechts

Inhaltsübersicht

2.1 Kompetenzverteilung
2.2 Verteilung der Besteuerungsrechte und Abgabenerträge
2.3 Verfassungsprinzipien der Besteuerung
2.4 Europäisches Steuerrecht
2.5 Rechtsquellen des Steuerrechts

2.1 Kompetenzverteilung

Österreich ist ein Bundesstaat, der aus neun selbständigen Ländern gebildet wird (Art 2 B-VG). Die Zuständigkeiten des Bundes und der Länder auf dem Gebiet des Abgabenwesens werden durch ein eigenes Bundesverfassungsgesetz, das Finanz-Verfassungsgesetz (F-VG) geregelt (Art 13 B-VG).

Finanz-Verfassungsgesetz

Das F-VG legt zunächst fest, dass der Bund und die übrigen Gebietskörperschaften den Aufwand tragen, der sich aus der Besorgung ihrer Aufgaben ergibt (§ 2 F-VG, sog Konnexitätsgrundsatz, Verknüpfung von Aufgaben- und Ausgabenverantwortung).

Konnexitätsgrundsatz

Abweichend vom Konnexitätsgrundsatz kann der zuständige Gesetzgeber Kostenabwälzungen und Kostenübernahmen verfügen. Kostenübernahmen sind nach hA nur vom Bund auf die Länder oder die Gemeinden oder von den Ländern auf die Gemeinden zulässig, nicht jedoch umgekehrt.

Kostenabwälzungen und -übernahmen

2.2 Verteilung der Besteuerungsrechte und Abgabenerträge

2.2.1 Überblick

Die Verteilung der Besteuerungsrechte und der Abgabenerträge zwischen dem Bund und den Ländern bzw den Gemeinden wird durch einfaches Bundesgesetz geregelt, indem bestimmte Abgabengegenstände den in § 6 F-VG vorgesehenen Abgabentypen zugeordnet werden (§ 3 Abs 1 F-VG; sog Kompetenz-Kompetenz des Bundesgesetzgebers). Sie erfolgt durch ein im Regelfall auf vier Jahre befristetes **Finanzausgleichsgesetz** (das FAG 2008 ist mit 31.12.2016 außer Kraft getreten; ab 1.1.2017 gilt das FAG 2017, BGBl I 2016/116, das grundsätzlich gem § 31 Abs 1 leg cit bis zum 31.12.2021 gelten soll), bei dessen Gestaltung den Ländern, dem Städte- und dem Gemeindebund weitreichende Mitwirkungsrechte zukommen (paktierter Finanzausgleich § 4 F-VG).

Kompetenz-Kompetenz

Darüber hinaus kann der Bund den nachgeordneten Gebietskörperschaften aus allgemeinen Bundesmitteln Finanzzuweisungen für deren Verwaltungsaufwand überhaupt und Zuschüsse für bestimmte Zwecke gewähren (§ 3 Abs 1 F-VG; sog Bedarfszuweisungen, Schlüsselzuweisungen und Zweckzuweisungen).

Zuweisungen des Bundes

Die Länder sind ihrerseits berechtigt, durch Landesgesetze ihren durch eigene Einnahmen nicht gedeckten Bedarf auf die Städte, Gemeinden und gegebenenfalls Gemeindeverbände umzulegen und von ihnen eine sog Landesumlage zu erheben. Der Bundesgesetzgeber kann für die Landesumlage ein Höchstausmaß festsetzen (§ 3 Abs 2

Landesumlagen

F-VG). Bei der Verteilung der Besteuerungsrechte, der Festsetzung der Zuweisungen und der Landesumlage ist auf die Lastenverteilung der öffentlichen Verwaltung Bedacht zu nehmen. Außerdem sind die Grenzen der Leistungsfähigkeit der Gebietskörperschaften zu beachten (§ 4 F-VG).

Bei der Verteilung der Besteuerungsrechte und Abgabenerträge ist zwischen der Abgabenhoheit, der Ertragshoheit und der Verwaltungshoheit zu unterscheiden.

Abgabenhoheit Die Abgabenhoheit besteht in dem Recht, Abgaben durch Gesetz oder – im Fall der Gemeindeabgaben kraft freien Beschlussrechts (dazu gleich S 17) – durch Verordnung materiell zu regeln.

Ertragshoheit Als Ertragshoheit wird das Recht bezeichnet, über den Abgabenertrag im eigenen Haushalt zu verfügen.

Verwaltungshoheit Die Verwaltungshoheit umfasst die Zuständigkeit zur Bemessung, Einhebung und zwangsweisen Einbringung von Abgaben.

	Abgabenhoheit	Ertragshoheit	Verwaltungshoheit
ausschließliche Bundesabgaben	Bund	Bund	Bund
geteilte Bundesabgaben	Bund	Bund, Länder und Gemeinden	Bund
ausschließliche Landesabgaben	Land	Land	Land
geteilte Landesabgaben	Land	Land und Gemeinden	Land

ausschließliche Gemeindeabgaben	• Bund/Land
	• Gemeinde VO
	  – Bundesermächtigung
	  – Landesermächtigung
		Gemeinden	Gemeinden

Abb 2. Verteilung der Besteuerungsrechte und Abgabenerträge

2.2.2 Abgabenhoheit

Als Abgabenhoheit wird das Recht einer Gebietskörperschaft bezeichnet, Abgaben selbständig auszuschreiben.

2.2.2.1 Abgabenerfindungsrecht des Bundes

Der einfache Bundesgesetzgeber verfügt auf Grund seiner Kompetenz-Kompetenz über ein weitreichendes Abgabenerfindungsrecht. Daher darf er unter Wahrung der Typologie des § 6 F-VG neue Abgabentatbestände für seinen Bereich schaffen, also neue Steuern erfinden (aus jüngerer Zeit etwa die Stiftungseingangssteuer und die Stabilitätsabgabe). Das Abgabenerfindungsrecht des Bundes wird nur durch das B-VG und durch das Unionsrecht beschränkt.

2.2.2.2 Eingeschränktes Abgabenerfindungsrecht der Länder

Das Abgabenerfindungsrecht der Länder ist eingeschränkt: Sie dürfen im Rahmen der Typologie des § 6 F-VG neue Abgabentatbestände schaffen, soweit es sich dabei nicht um gleichartige Abgaben von demselben Besteuerungsgegenstand wie bei bestehenden Bundesabgaben handelt. Gleichartige Abgaben dürfen nur mit bundesgesetzlicher Ermächtigung erhoben werden (§ 8 Abs 3 F-VG). So hat sich etwa der Bund im FAG 2017 das Recht vorbehalten, die Vermögensteuer einzuheben (§ 7 Z 1 FAG 2017), wenngleich eine solche zuletzt für das Jahr 1994 erhoben wurde. Durch diese Regelung im FAG verhindert der Bund, dass die Länder ohne bundesgesetzliche Ermächtigung eine Vermögensteuer einheben können.

Bei der Aufzählung der Landesabgaben im FAG (§ 16 FAG 2017) handelt es sich um eine demonstrative Aufzählung die auf einer Ermächtigung des Bundes beruht.

2.2.2.3 Kein Abgabenerfindungsrecht der Gemeinden

Den Gemeinden kommt kein Abgabenerfindungsrecht zu. Sie können jedoch vom Bund (§ 7 Abs 5 F-VG) oder den Ländern (§ 8 Abs 5 F-VG) ermächtigt werden, bestimmte Abgaben mittels Beschlusses der Gemeindevertretung (Verordnung) auszuschreiben (sog Abgaben auf Grund freien Beschlussrechts). Die Ausschreibung einer Abgabe durch die Gemeinde auf Grund bundesgesetzlicher Ermächtigung erfolgt mittels gesetzesvertretender Verordnung. Im Unterschied zur bundesgesetzlichen Ermächtigung sind im Fall einer landesgesetzlichen Ermächtigung die wesentlichen Merkmale der betreffenden Abgabe, insb ihr zulässiges Höchstausmaß, zu bestimmen. Jene Abgaben, die der Bund gem § 7 Abs 5 F-VG in das freie Beschlussrecht der Gemeinden übertragen hat, finden sich in § 16 Abs 2 iVm § 17 FAG 2017 (zB die Hebesätze der Grundsteuer, die Lustbarkeitsabgaben, die Benützungsgebühren für Gemeindeeinrichtungen, die Interessentenbeiträge, die Hundeabgaben).
Abgaben kraft freien Beschlussrechts

Der Bund kann die Überlassung von Abgaben an die Länder oder Gemeinden davon abhängig machen, dass deren Regelung dem Bund vorbehalten bleibt (§ 7 Abs 3 F-VG). Dies hat er bei der Grundsteuer, der Kommunalsteuer und der Feuerschutzsteuer getan. Bei der Grundsteuer (mit Ausnahme der Hebesätze zur Grundsteuer, die aus-
Ermächtigung durch den Bund

schließliche Gemeindeabgaben kraft freien Beschlussrechts sind) und Kommunalsteuer handelt es sich um ausschließliche Gemeindeabgaben, die durch Bundesgesetz geregelt werden. Die Feuerschutzsteuer ist eine durch Bundesgesetz geregelte ausschließliche Landesabgabe.

Ermächtigung durch das Land

Die Länder können im Rahmen ihres Abgabenerfindungsrechts Abgaben zu ausschließlichen Gemeindeabgaben erklären.

2.2.2.4 Einschränkung des Abgabenerfindungsrechts durch das Unionsrecht

Sämtliche Gebietskörperschaften müssen bei der „Erfindung" von Abgaben unionsrechtliche Vorgaben berücksichtigen. So sind etwa die inhaltliche Ausgestaltung von Abgaben auf die Ansammlung von Kapital (Gesellschaftsteuer, abgeschafft in Österreich mit 1.1.2016) oder die inhaltliche Ausgestaltung der Verbrauchsteuern (zB Tabaksteuer, Mineralölsteuer, Schaumweinsteuer) oder der Mehrwertsteuer (Umsatzsteuer) an unionsrechtliche Vorgaben gebunden. Das Unionsrecht verbietet den Mitgliedstaaten außerdem, Abgaben zu erheben, die ähnlich ausgestaltet sind wie die Mehrwertsteuer. Die Gemeinden müssen bei der Ausgestaltung ihrer Benützungsgebühren die Wasserrahmen-RL der EU beachten. Darüber hinaus sind va die Grundfreiheiten des AEUV und das EU-Beihilfeverbot zu beachten.

2.2.3 Ertragshoheit

2.2.3.1 Grundsätze

§ 6 F-VG unterscheidet hinsichtlich der Ertragshoheit zwischen folgenden Abgabentypen:
- ausschließliche Bundesabgaben (der Ertrag fließt allein dem Bund zu; zB Dienstgeberbeitrag zum FLAF, Stempel- und Rechtsgebühren);
- zwischen Bund und Ländern (Gemeinden) geteilte Abgaben (zB Einkommensteuer, Körperschaftsteuer, Umsatzsteuer), innerhalb dieser Kategorie ist zwischen gemeinschaftlichen Bundesabgaben, Zuschlagsabgaben und Abgaben von demselben Besteuerungsgegenstand zu unterscheiden (§ 6 Abs 1 Z 2 F-VG);
- ausschließliche Landesabgaben (zB Feuerschutzsteuer, Fremdenverkehrsabgaben, Jagd- und Fischereiabgaben);
- zwischen Ländern und Gemeinden geteilte Abgaben (derzeit nur in einzelnen Ländern von Bedeutung; zB Landschaftsschutzabgabe in Vorarlberg), innerhalb dieser Kategorie ist wiederum zwischen gemeinschaftlichen Landesabgaben, Zuschlagsabgaben und

Abgaben von demselben Besteuerungsgegenstand zu unterscheiden (§ 6 Abs 1 Z 4 F-VG);
- ausschließliche Gemeindeabgaben (zB Grundsteuer, Kommunalsteuer, Vergnügungssteuern, Hundesteuer, Gebühren für die Benützung von Gemeindeeinrichtungen).

Die Abgabenhoheit und die Ertragshoheit können sich nur bei den ausschließlichen Bundes- und Landesabgaben decken. Für gemeinschaftliche Bundesabgaben obliegt dem Bundesgesetzgeber die Abgabenhoheit, die Ertragshoheit ist zwischen Bund, Ländern und Gemeinden geteilt. Bei gemeinschaftlichen Landesabgaben obliegt die Abgabenhoheit dem Bund oder den Ländern, der Ertrag wird zwischen den Ländern und den Gemeinden geteilt. Die Ertragshoheit über die ausschließlichen Gemeindeabgaben kommt den Gemeinden zu.

2.2.3.2 Aufteilung des Ertrages an gemeinschaftlichen Bundesabgaben

Die Aufteilung der gemeinschaftlichen Bundesabgaben erfolgt nach dem FAG 2017 in einem dreistufigen Verfahren. Aufgeteilt wird das Nettoaufkommen, das sich gem § 9 Abs 2 FAG 2017 aus dem Reinertrag der Abgaben abzüglich bestimmter Beträge ergibt.

Dreistufiges Verfahren

Dieses Aufkommen wird zunächst in einem bestimmten **Hundertsatzverhältnis** auf den Bund, die Länder als Gesamtheit und die Gemeinden als Gesamtheit verteilt (§ 10 Abs 1 FAG 2017).

Danach werden die auf die Gesamtheit der Länder und auf die Gesamtheit der Gemeinden entfallenden Ertragsanteile auf die neun Bundesländer und auf die Gemeinden eines Landes als Gesamtheit aufgeteilt (§ 10 Abs 7 FAG 2017). Wichtige Aufteilungsschlüssel sind dabei die **Volkszahl**, der abgestufte Bevölkerungsschlüssel und das örtliche Aufkommen. Der **abgestufte Bevölkerungsschlüssel** sieht für Gemeinden mit größerer Einwohnerzahl einen höheren Vervielfacher vor als für Gemeinden mit geringerer Einwohnerzahl. Die Beteiligung größerer Gemeinden am Abgabenaufkommen ist daher überproportional höher als jene kleinerer Gemeinden.

Der länderweise Ertragsanteil der Gemeinden wird auf die einzelnen Gemeinden eines Landes seinerseits nach dem abgestuften Bevölkerungsschlüssel aufgeteilt.

2.2.4 Verwaltungshoheit (§ 11 F-VG)

Die Bundesabgaben werden grundsätzlich durch die Organe der Bundesfinanzverwaltung bemessen, eingehoben und zwangsweise eingebracht. Ob und inwieweit Organe anderer Gebietskörperschaften mitzuwirken haben, richtet sich nach den jeweiligen Materiengesetzen.

Mit Ausnahme der Zuschlagsabgaben werden die übrigen Abgaben der Länder und Gemeinden grundsätzlich durch Organe jener Gebietskörperschaft bemessen und eingehoben, für deren Zwecke sie ausgeschrieben werden. So wird etwa die Kommunalsteuer, die als ausschließliche Gemeindeabgabe für Zwecke der Gemeinden erhoben wird, auch von den Gemeinden bemessen, eingehoben und zwangsweise eingebracht.

1. Ordnen Sie die Kommunalsteuer/Umsatzsteuer/Flugabgabe/den Wohnbauförderungsbeitrag systematisch zu und gehen Sie auf deren finanzverfassungsrechtliche Stellung ein.
2. Welches Organ ist für die Regelung der folgenden Maßnahmen zuständig?
    a) Die Entscheidung, ob der Ertrag der Grunderwerbsteuer dem Bund oder den Ländern zukommen soll.
    b) Die Erhöhung von Sozialversicherungsbeiträgen.
    c) Die Anhebung des Einkommensteuertarifs.
    d) Die Ermächtigung von Gemeinden, zukünftig eine Steuer auf die Benützung von Radwegen zu erheben.
    e) Die Erhebung einer festen Steuer auf Dienstverhältnisse, die von den Arbeitgebern an die Gemeinden zu entrichten ist.
    f) Die Erhöhung des Steuersatzes der Hundesteuer.
    g) Die Regelung der Kanalbenützungsgebühren in den steirischen Gemeinden.

2.3 Verfassungsprinzipien der Besteuerung

2.3.1 Grundsatz der Gesetzmäßigkeit der Besteuerung

Legalitätsprinzip

Nach Art 18 Abs 1 B-VG darf die gesamte staatliche Verwaltung nur auf Grund der Gesetze ausgeübt werden. Der Verpflichtung der Verwaltung, nur auf Grundlage der Gesetze zu handeln, steht die Verpflichtung des Gesetzgebers, diese Grundlagen hinreichend zu determinieren, gegenüber. Der Grundsatz der Gesetzmäßigkeit bedeutet daher sowohl Vorbehalt als auch Vorrang des Gesetzes: Auf das Steuerrecht bezogen dürfen Abgaben nur vorbehaltlich einer gesetzlichen Ermächtigung erhoben werden und der belastende Eingriff in das Privateigentum bedarf eines gesetzlichen Tatbestandes, an dem sich die Vollziehung zu orientieren hat.

Die Finanzverwaltung ist bei der Bemessung, Einhebung und zwangsweisen Einbringung von Abgaben an die Gesetze gebunden. Dem Legalitätsprinzip entsprechend entsteht auch der Abgabenanspruch mit der Verwirklichung des Tatbestands, an den das Gesetz die Abgabenpflicht knüpft (§ 4 Abs 1 BAO).

Der Grundsatz der Gesetzmäßigkeit der Besteuerung wird auch als Begründung für die grundsätzliche **Unzulässigkeit von Vereinbarungen** zwischen dem Abgabenpflichtigen und der Abgabenbehörde herangezogen: Der Abgabenanspruch steht nicht zur Disposition von Abgabepflichtigem und Abgabenbehörde (eine Ausnahme können aus Billigkeitserwägungen die Nachsicht nach § 236 BAO oder aus verwaltungsökonomischen Erwägungen die Löschung nach § 235 BAO darstellen).

2.3.2 Rechtsschutz

Wesentliches Kennzeichen eines Rechtsstaates ist, dass die Einhaltung des objektiven Rechts und der Schutz der subjektiven Rechte gewährleistet werden. Für das Abgabenrecht sieht die Bundesabgabenordnung in Kombination mit dem Bundesfinanzgerichts- und dem Verwaltungsgerichtshofsgesetz ein nach den rechtsstaatlichen Prinzipien und unter Berücksichtigung der rechtstaatlichen Garantien ausgestaltetes Rechtsschutzsystem vor (VfGH 11. 12. 1986, G 119/86, VfSlg 11.196/1986). – Zum Rechtsschutzsystem im Detail S 417 ff.

2.3.3 Gleichheitssatz

Aus dem Gleichheitssatz wird für das Abgabenrecht als einem Teil der Eingriffsverwaltung eine Vielzahl von Garantien abgeleitet.

Der Grundsatz der Rechtssicherheit verlangt, dass behördliche Entscheidungen vorhersehbar sind. Der Steuertatbestand muss daher hinreichend bestimmt sein. Ein Tatbestand ist dann ausreichend bestimmt, wenn er so formuliert ist, dass der Steuerpflichtige die steuerlichen Folgen seines Verhaltens abschätzen kann. **Unbestimmte Gesetzesbegriffe** sind unbedenklich, sofern sie einen bestimmbaren Inhalt haben. Auch **Ermessensbestimmungen** verstoßen nicht gegen das Bestimmtheitsgebot, wenn überprüft werden kann, ob die Ermessensübung im Sinne des Gesetzes erfolgt ist. Das Ermessen der Abgabenbehörden ist daher insoweit gebunden, als es im Rahmen der Grenzen, die das Gesetz für das Ermessen zieht, nach Billigkeit und

Grundsatz der Rechtssicherheit

Zweckmäßigkeit unter Berücksichtigung aller in Betracht kommenden Umstände zu üben ist (vgl § 20 BAO).

Verbot echter Rückwirkungen

Ein anderer Aspekt des Grundsatzes der Rechtssicherheit ist der **Schutz vor plötzlichen Änderungen** bestehender Verhältnisse durch gesetzliche Eingriffe oder behördliche Entscheidungen. Gesetzliche Bestimmungen, die nachträglich an früher verwirklichte Tatbestände rechtliche Folgen knüpfen und dadurch die Rechtsposition des Steuerpflichtigen rückwirkend verschlechtern (sog **echte Rückwirkung**), verstoßen gegen den Gleichheitssatz, wenn die Normunterworfenen durch einen Eingriff von erheblichem Gewicht in einem berechtigten Vertrauen auf die Rechtslage enttäuscht wurden und nicht besondere Umstände eine solche Rückwirkung verlangen (stRsp VfGH beginnend mit VfGH 5. 10. 1989, G 228/89, VfSlg 12.186/1989; vgl dazu ausführlich *Ehrke-Rabel* in Doralt/Ruppe, Steuerrecht II⁷ Tz 35). Ein ausdrückliches Rückwirkungsverbot, wie etwa im Strafrecht, ist der Verfassung in Abgabenrechtssachen jedoch nicht zu entnehmen.

Zurücknahme von Behördenakten

Dem Grundsatz der Rechtssicherheit entsprechend ist die Zurücknahme von Behördenakten mit Wirkung für die Vergangenheit nur unter den gesetzlich vorgesehenen Bedingungen zulässig. Bescheide, gegen die ein Rechtsmittel nicht mehr zulässig ist (formelle Rechtskraft), können daher nur bei Vorliegen eines sogenannten Rechtskraftdurchbrechungsgrundes geändert werden. Die BAO eröffnet eine Vielzahl von Möglichkeiten der Rechtskraftdurchbrechung während des Laufs der Verjährungsfrist (vgl dazu später Kap *Abgabenverfahren* S 438 ff). Der Gesetzgeber hat sich daher – im Rahmen seines gesetzgeberischen Gestaltungsspielraums – dafür entschieden, dem Grundsatz der Rechtsrichtigkeit eines Behördenaktes mehr Bedeutung beizumessen als dem Vertrauen des Steuerpflichtigen in die Bestandskraft des Behördenaktes.

Grundsatz von Treu und Glauben

Aus dem Grundsatz der Rechtssicherheit folgt auch, dass der VfGH den Grundsatz von Treu und Glauben in besonders gelagerten Konstellationen für insoweit erheblich erachtet, als eine rückwirkende Änderung behördlichen Verhaltens als Verstoß gegen den Gleichheitssatz gewertet wird. Unter bestimmten Voraussetzungen ist die Abgabenbehörde daher an ihre Verwaltungsübung oder an eine einmal erteilte (nicht bescheidförmliche) Auskunft gebunden, auch wenn sich diese nachträglich als unrichtig erweist.

Gleichmäßigkeit der Besteuerung

Der Gleichheitssatz gebietet die Gleichmäßigkeit der Besteuerung. Er bindet sowohl die Gesetzgebung als auch die Vollziehung: Der Gesetzgebung verbietet er, Gleiches ohne hinreichenden Grund ungleich zu behandeln. Differenzierungen, die einer sachlichen Rechtfertigung nicht zugänglich sind und die, sollten sie einer sachlichen Rechtfertigung zugänglich sein, nicht verhältnismäßig ausgestaltet wurden, verstoßen daher gegen den Gleichheitssatz. Der Vollziehung verbietet der Gleichheitsgrundsatz unsachliche, willkürliche Entscheidungen.

2.3.4 Schutz des Privateigentums

Art 5 StGG erklärt das Eigentum für unverletzlich. Nach Art 1 1. ZPEMRK hat jede natürliche und juristische Person Anspruch auf Achtung ihres Eigentums. Das Eigentum ist auch nach Art 17 EU-Grundrechtecharta geschützt. Dieses Grundrecht steht jedoch unter Gesetzesvorbehalt.

Die Vorschreibung von Steuern sowie ihr vorgelagerte Grundlagenbescheide stellen einen Eingriff in das Eigentumsgrundrecht dar. Da Besteuerung auf Basis der Gesetze erfolgt, stellt sie grundsätzlich keinen Eingriff in das Grundrecht auf Eigentum ein. Ein verfassungswidriger Eingriff ist jedoch anzunehmen, wenn (a) das (Steuer-)Gesetz selbst verfassungswidrig ist oder wenn (b) der (behördliche) Eingriff gesetzlos erfolgt, wobei eine zum Schein gegebene oder sonst denkunmögliche Gesetzesanwendung der Gesetzlosigkeit gleichzuhalten ist.

2.3.5 Freiheit der Erwerbsbetätigung

Die Freiheit der Erwerbsbetätigung stellt ein nach Art 6 Abs 1 StGG und Art 16 EU-Grundrechtecharta verfassungs- und unionsrechtlich garantiertes Grundrecht dar. Sie steht unter Gesetzesvorbehalt. Im Abgabenrecht kann die Erwerbsfreiheit eine Rolle spielen.

2.3.6 Schutz der Privatsphäre

Die Privatsphäre wird durch Art 8 EMRK und Art 7 EU-Grundrechtecharta geschützt. Dieses Grundrecht spielt vor allem im Abgabenverfahren eine Rolle, wenn es um die Offenbarung von Umständen geht, die die Privatsphäre des Abgabepflichtigen oder eines dritten Abgabepflichtigen berühren (VfSlg 12.689/1991; VfSlg 14.065/1995). Auch Steuerdaten werden von diesem Grundrecht erfasst. Auf einfachgesetzlicher Ebene schützt das Steuergeheimnis (§ 48a BAO) die Privatsphäre des Einzelnen. In Zeiten vermehrten Austauschs personenbezogener (Steuer-)Daten zwischen Abgabenbehörden verschiedener Staaten aber auch zwischen den österreichischen Abgabenbehörden und anderen österreichischen Behörden gewinnt das Grundrecht auf Datenschutz, das sowohl im Datenschutzgesetz als auch in

Art 17 EUGRC explizit (als Unterform des Grundrechts auf Schutz der Privatsphäre) verankert ist, zunehmend an Bedeutung.

2.3.7 Faires Verfahren vor unabhängigen Gerichten

Nach Art 6 EMRK hat im Zivil- und Strafverfahren jedermann Anspruch auf ein faires Verfahren vor einem unabhängigen und unparteiischen Gericht. Diese Organisations- und Verfahrensgarantien gelten auch für das behördliche Finanzstrafverfahren, nicht jedoch für das allgemeine Abgabenverfahren. Art 47 EU-GRC garantiert das Recht auf ein faires Verfahren jedoch auch für das Rechtsschutzverfahren vor den Verwaltungsgerichten. In den Bereichen der mittelbaren Vollziehung von Unionsrecht (etwa in der Mehrwertsteuer oder im Anwendungsbereich der Mutter-Tocher-Richtlinie) gilt daher Art 6 EMRK über Art 47 EU-GRC iVm Art 52 EU-GRC auch im Bereich des Abgabenrechts.

2.4 Europäisches Steuerrecht

Unter Europäischem Steuerrecht versteht man die steuerrechtlich relevanten Bestimmungen im Recht der **Europäischen Union**. Österreich hat seit dem EU-Beitritt (1. 1. 1995) die Rechtsakte der Union als supranationales Recht zu beachten. Das Unionsrecht steht daher im Stufenbau der Rechtsordnung über dem Verfassungsrecht. Sämtliche staatliche Organe haben das Unionsrecht innerhalb ihres Aufgabenbereichs zu berücksichtigen.

Die grundlegenden unionsrechtlichen Bestimmungen zu Steuerfragen sind im Vertrag über die Arbeitsweise der Europäischen Union (AEUV) zu finden.

Zu unterscheiden sind primäres und sekundäres Unionsrecht. Das primäre Unionsrecht ist im EUV, im AEUV und in der EU-GRC verankert. Das sekundäre Unionsrecht besteht im Wesentlichen aus den Verordnungen und Richtlinien des Rates bzw der Kommission der EU, die auf Grundlage des primären Unionsrechts erlassen werden.

2.4.1 Primäres Unionsrecht betreffend Zölle und Steuern

Zollunion

Eines der zentralen Ziele der Gründung der Europäischen Wirtschaftsgemeinschaft (EWG) im Jahr 1957 war die Schaffung einer **Zollunion**. Art 28 Abs 1 AEUV bestimmt: „Die Union umfasst eine Zollunion, die sich auf den gesamten Warenaustausch erstreckt; sie umfaßt das Verbot, zwischen den Mitgliedstaaten Ein- und Ausfuhrzölle und Abgaben gleicher Wirkung zu erheben, sowie die Einführung eines Gemeinsamen Zolltarifs gegenüber dritten Ländern."

Steuerliche Vorschriften enthalten die Art 110–113 AEUV, wobei die Art 110–112 AEUV die Vorschriften über die Zollunion und die Warenverkehrsfreiheit ergänzen.

Nach Art 110 AEUV ist es den Mitgliedstaaten untersagt, diskriminierende (Satz 1) oder protektionistische Abgaben (Satz 2) zu erheben. Eine Abgabe ist diskriminierend, wenn sie auf Waren aus einem anderen Mitgliedstaat höher ist als auf vergleichbare inländische Waren. Eine Abgabe auf Waren aus einem anderen Mitgliedstaat ist protektionistisch, wenn sie geeignet ist, inländische Produktionen mittelbar zu schützen.

Verbot diskriminierender oder protektionistischer Abgaben

Art 111 AEUV verbietet bei Ausfuhren in andere Mitgliedstaaten Steuerrückvergütungen, die den Betrag der mittelbar oder unmittelbar erhobenen inländischen Abgaben übersteigen. Nach Art 112 AEUV sind gewisse Abgabenrückvergütungen im Zusammenhang mit der Ausfuhr und Ausgleichsabgaben bei der Einfuhr befristet möglich, wenn ihnen der Rat nach Vorschlag der Kommission vorher mit qualifizierter Mehrheit zustimmt.

Art 113 AEUV enthält für **Umsatzsteuern**, **Verbrauchsabgaben** und sonstige **indirekte Steuern** im Interesse des Gemeinsamen Marktes einen Harmonisierungsauftrag: Der Rat erlässt im Wege eines besonderen Gesetzgebungsverfahrens und nach Anhörung des Europäischen Parlaments und des Wirtschafts- und Sozialausschusses einstimmig Bestimmungen zur Harmonisierung der Rechtsvorschriften auf dem Gebiet der genannten Abgaben. Diese Vorschriften ergehen nur, „soweit diese Harmonisierung für die Errichtung und das Funktionieren des Binnenmarkts und die Vermeidung von Wettbewerbsverzerrungen notwendig ist." Die Umsatzsteuer, die Verbrauchsteuern und die Kapitalverkehrsteuern werden daher ganz maßgeblich durch Richtlinien der EU geprägt.

Harmonisierungsgebot

Grundlage für eine Harmonisierung der Vorschriften über die **direkten Steuern** in der EU ist Art 115 AEUV. Danach ist eine Harmonisierung jener Rechts- und Verwaltungsvorschriften der Mitgliedstaaten zulässig, die sich unmittelbar **auf das Funktionieren des Gemeinsamen Marktes auswirken**.

Einziges Hindernis auf dem Weg zur Harmonisierung der Steuern in der Union ist das sowohl in Art 113 AEUV als auch in Art 115 AEUV vorgesehene Einstimmigkeitserfordernis.

Die Erhebung der direkten Steuern in den Mitgliedstaaten fällt nach der stRsp des EuGH (etwa EuGH 17. 1. 2008, C-256/06, *Jäger*, Slg 2008, I-123, Rn 23) zwar in die Zuständigkeit der Mitgliedstaaten, diese haben ihre Befugnisse jedoch unter Wahrung des Unionsrechts

Diskriminierungsverbot

auszuüben. Dabei haben die Mitgliedstaaten insbesondere die **Grundfreiheiten** (freier Warenverkehr, Arbeitnehmerfreizügigkeit, Niederlassungsfreiheit, freier Dienstleistungs- und Kapitalverkehr) und das **Beihilfeverbot** (Art 107 ff AEUV) zu beachten. Die direkten Steuern werden daher vor allem im Rahmen jener Bestimmungen, die Sachverhalte mit Auslandsbezug betreffen, durch die Rechtsprechung des EuGH mittelbar harmonisiert.

2.4.2 Sekundäres Unionsrecht betreffend Zölle und Steuern

Das EU-Primärrecht ermächtigt die Organe der EU, generelle oder individuelle Rechtsnormen zu erlassen. Dabei handelt es sich um Verordnungen, Richtlinien und Entscheidungen (**sekundäres EU-Recht**). Darüber hinaus können die Organe Empfehlungen aussprechen oder Stellungnahmen abgeben (Art 288 AEUV).

Verordnungen

Verordnungen sind EU-Rechtsakte, die allgemeine Geltung haben; sie sind in allen Teilen verbindlich und gelten unmittelbar in jedem Mitgliedstaat (Art 288 Satz 2 AEUV). Verordnungen der EU sind somit mit Veröffentlichung im Amtsblatt der EU bzw ab dem dort angegebenen Datum in Österreich **unmittelbar anwendbares Recht**, das auf Gesetzesstufe steht und in seinem sachlichen Geltungsbereich entgegenstehende österreichische Normen verdrängt. Auf dem Gebiet des Steuerrechts sind insb der Zollkodex, die Zollbefreiungs-Verordnung sowie die Amtshilfe-Verordnung im Bereich der indirekten Steuern relevant. Neben Verordnungen erlässt die EU auch sog „Durchführungsverordnungen". Sie sollen die einheitliche Umsetzung der Richtlinien innerhalb der Mitgliedstaaten sicherstellen, indem sie bestimmte Begriffe aus Richtlinien für die Mitgliedstaaten unmittelbar verbindlich definieren. Im Bereich des Mehrwertsteuerrechts hat die MehrwertsteuerdurchführungsVO besondere Bedeutung.

Richtlinien

Richtlinien sind an die Mitgliedstaaten gerichtet. Sie sind hinsichtlich des zu erreichenden Zieles verbindlich, überlassen jedoch den innerstaatlichen Stellen die Wahl der Form und der Mittel der Umsetzung (Art 288 Satz 3 AEUV). Grundsätzlich bedürfen Richtlinien zu ihrer Wirksamkeit der **Umsetzung in nationales Recht**.

Einstimmigkeitserfordernis

Für die Maßnahmen im Bereich der Steuerrechtsangleichung gilt nach wie vor das Einstimmigkeitserfordernis (Art 113, 115 AEUV). Auf dem Gebiet des Steuerrechts sind Richtlinien im Bereich der Umsatzsteuer (= Mehrwertsteuer) und der Verbrauchsteuern von besonderer Bedeutung. Darüber hinaus gibt es Richtlinien zur Vermeidung einer internationalen Doppelbesteuerung (zB Mutter-Tochter-RL, Fusions-RL, Zins-/Lizenzgebühren-RL), zur Sicherstellung einer Besteuerung von grenzüberschreitenden Zinszahlungen (Sparzinsen-RL), zur Kooperation zwischen den Abgabenbehörden der Mitgliedstaaten bei der Bemessung und Einhebung von Abgaben (EU-Amtshilfe-RL, EU-Beitreibungs-RL).

2.4.3 Verhältnis Unionsrecht – nationales Recht

Zum **Verhältnis zwischen Unionsrecht und nationalem Recht** hat der Europäische Gerichtshof (EuGH) verschiedene Grundsätze entwickelt:

Verordnungen der EU sind in den Mitgliedstaaten unmittelbar wirksam und unmittelbar anwendbar.

Grundsatz der unmittelbaren Anwendbarkeit

Richtlinien der EU begründen grundsätzlich keine Rechte und Pflichten für die einzelnen Bürger, sondern nur für die Mitgliedstaaten. Sie sind daher in den Mitgliedstaaten nicht unmittelbar wirksam. Der einzelne Bürger (Steuerpflichtige) kann sich jedoch in allen Fällen, in denen Bestimmungen einer Richtlinie inhaltlich als unbedingt und hinreichend bestimmt erscheinen, gegenüber dem Staat auf diese Bestimmungen berufen, wenn dieser die Richtlinie nicht fristgemäß oder nur unzulänglich in innerstaatliches Recht umgesetzt hat und die Anwendung der Richtlinienbestimmung für den Betroffenen günstiger wäre als die Anwendung des richtlinienwidrigen nationalen Rechts (**Grundsatz der unmittelbaren Anwendbarkeit**). Einzelne Bestimmungen des AEUV, insb das EU-Beihilfeverbot und die EU-Grundfreiheiten sind ebenfalls unmittelbar anwendbar, dh der Einzelne kann sich auf diese Bestimmungen berufen, wenn die Mitgliedstaaten gegen sie verstoßen.

Nationale Gerichte und Behörden haben nationales Recht, das Richtlinien der EU umsetzt, im Lichte des Wortlauts und des Zwecks der Richtlinie auszulegen (**Grundsatz der richtlinienkonformen Auslegung**). Dasselbe gilt ganz allgemein auch für die Auslegung anderer nationaler Rechtsnormen mit unionsrechtlichem Bezug (etwa Normen, die zwischen innerstaatlichen und grenzüberschreitenden Sachverhalten unterscheiden; **Grundsatz der unionsrechtskonformen Auslegung**).

Unionsrechtskonforme Interpretation

Ist eine unionsrechtskonforme Interpretation nationalen Rechts nicht möglich, sind Verwaltung und Gerichte der Mitgliedstaaten verpflichtet, aus eigener Entscheidungsbefugnis jene Bestimmungen des nationalen Rechts unangewendet zu lassen, die mit dem (unmittelbar anwendbaren) Unionsrecht nicht in Einklang stehen; eine Beseitigung der Vorschrift muss weder beantragt noch abgewartet werden (**Anwendungsvorrang des Unionsrechts**). Dieser Anwendungsvorrang besteht nach hA auch gegenüber dem innerstaatlichen Ver-

Anwendungsvorrang

fassungsrecht, soweit es sich nicht um die Grundprinzipien der Verfassung handelt.

Vorabentscheidungsersuchen

Bestehen Zweifel bezüglich des Inhaltes des Unionsrechts bzw der Unionsrechtskonformität einer auf Unionsrecht beruhenden innerstaatlichen Norm, so können bzw müssen unter bestimmten Voraussetzungen die mitgliedstaatlichen Gerichte im Wege eines Vorabentscheidungsverfahrens nach Art 267 AEUV Klärung beim EuGH suchen (s auch Kap *Abgabenverfahren* S 426).

Vertragsverletzungsverfahren

Hält sich ein Mitgliedstaat nicht an die Vorgaben des Unionsrechts, etwa weil er eine Richtlinie nicht ordnungsgemäß in nationales Recht umsetzt oder eine allgemeingültige Rechtsprechung des EuGH ignoriert, kann die Kommission ein Vertragsverletzungsverfahren nach Art 258–260 AEUV gegen ihn einleiten.

2.5 Rechtsquellen des Steuerrechts

2.5.1 Stufenbau der Rechtsordnung

Stufenbau der Rechtsordnung
Baugesetze der Verfassung / EU-Grundrechtecharta
primäres Unionsrecht
sekundäres Unionsrecht
Verfassungsrecht
einfache Gesetze
Verordnungen
Bescheide

Abb 3. Stufenbau der Rechtsordnung

2.5.2 Gesetze im formellen Sinn

Der Eingriff der Abgabenverwaltung in das Privateigentum des Steuerbürgers bedarf einer gesetzlichen Grundlage (Art 18 Abs 1 B-VG; § 5 F-VG). Gesetze im formellen Sinn bilden demnach das „Rückgrat" des Steuerrechts. In Betracht kommen EU-Verordnungen, Verfassungsgesetze (zB Endbesteuerungsgesetz, BGBl 1993/11 idF BGBl I 2015/103) und einfache Gesetze in Form von Bundes- oder Landesgesetzen. Der Anwendungsvorrang von Unionsrecht kann unionsrechtswidriges österreichisches Steuerrecht verdrängen.

2.5.3 Verordnungen

Verordnungen sind generelle Rechtsnormen, die von Verwaltungsbehörden erlassen werden und Rechtsverbindlichkeit im Außenverhältnis entfalten. Zur Erlassung von Durchführungsverordnungen sind die Abgabenbehörden schon nach der allgemeinen Ermächtigung des Art 18 Abs 2 B-VG berechtigt. Sowohl das allgemeine als auch das besondere Steuerrecht enthalten darüber hinaus zahlreiche Spezialermächtigungen bzw -verpflichtungen (vgl zB § 17 EStG hinsichtlich Gewinnpauschalierungen). Gesetzesvertretende Verordnungen sieht die Verfassung im Rahmen der freien Beschlussrechtsabgaben von Gemeinden vor; siehe dazu bereits S 18.

2.5.4 Völkerrecht

Nach Art 9 B-VG sind die allgemein anerkannten Regeln des Völkerrechts Bestandteil des Bundesrechts, binden also unmittelbar die Verwaltung. Auf dem Gebiet des Steuerrechts ist das Recht der Staatsverträge, speziell der bilateralen Staatsverträge in Form der Doppelbesteuerungsabkommen (DBA), von besonderer Bedeutung.

2.5.5 Rechtsprechung der Höchstgerichte

Entscheidungen der obersten Gerichtshöfe des öffentlichen Rechts (VwGH und VfGH) in Steuersachen sind keine generellen Rechtssätze. Sie erzeugen Recht nur für den Einzelfall. Die über den Einzelfall hinausreichende Bedeutung ergibt sich aus dem Umstand, dass die Gerichtshöfe künftig gleich gelagerte Fälle im Allgemeinen gleich entscheiden bzw – soweit es den VwGH betrifft – gleich entscheiden müssen, sofern nicht die für ein Abgehen von der bisherigen Rechtsprechung vorgesehenen prozessualen Voraussetzungen (Befassung eines verstärkten Senates) eingehalten werden. Auch die Abgabenbehörden halten sich im Allgemeinen in gleichgelagerten Fällen an die Entscheidungen der Höchstgerichte. Voraussetzung ist freilich, dass wirklich ein gleich gelagerter Sachverhalt vorliegt. Oft werden der Judikatur Rechtssätze entnommen, die nicht in der behaupteten Allgemeinheit formuliert, sondern nur auf die besondere Sachverhaltsgestaltung bezogen sind.

2.5.6 Erlässe und Richtlinien der Finanzverwaltung

Praktische Bedeutung

Große praktische Bedeutung für die Rechtsanwendung im Steuerrecht haben die vom BMF im Internet mit der Kennzeichnung „Amtliche Veröffentlichung" in der Findok (www.findok.bmf.gv.at/) kundgemachten **Erlässe, Richtlinien und Erläuterungen**. Bis zum 31.12.2013 wurden diese im Amtsblatt der österreichischen Finanzverwaltung kundgemacht. Sie richten sich an einen generellen Adressatenkreis und betreffen entweder Steuergesetze als Ganzes (etwa Einkommensteuer-, Körperschaftsteuer-, Lohnsteuer-, Umsatzsteuerrichtlinien), setzen sich mit der Besteuerung bestimmter Rechtsformen im Sinne einer Querschnittsbetrachtung auseinander (zB Vereins-RL, Stiftungs-RL) oder ergehen zu Spezialfragen (etwa Liebhaberei-RL, RL zum Grundsatz von Treu und Glauben).

Keine Rechtsquellenqualität

Diese Äußerungen haben aus Sicht des VwGH mangels Kundmachung im BGBl und aus Sicht des VfGH mangels Absicht des BMF zur verbindlichen Regelung nicht den Charakter einer bindenden (generellen) Rechtsnorm. Den Erlässen und Richtlinien des BMF ist nämlich in den Regel eine Erklärung vorangestellt (zum Teil findet sich diese Erklärung als „Hinweis" auch im Erlass selbst), in der der BMF feststellt, dass der Erlass lediglich einen Auslegungsbehelf darstellt und, dass über die gesetzlichen Bestimmungen hinausgehende Rechte und Pflichten aus dem Erlass nicht abgeleitet werden können. Der VfGH hat in seiner Rechtsprechung diesen sog **Unverbindlichkeitsvorbehalt** anerkannt. Dies hat zur Folge, dass den Erlässen und Richtlinien des BMF keine normative Wirkung zukommt. Aus diesem Grund binden sie weder die Steuerpflichtigen noch die Finanzbehörden. Auch die Gerichte sind nicht an die Erlassauffassungen gebunden. Die Steuerpflichtigen können daher aus Erlässen und Richtlinien des BMF keine subjektiven Ansprüche ableiten.

Vertrauensschutz

Ein gewisser Vertrauensschutz wird den Abgabepflichtigen über die Verordnung des BMF betreffend die **Unbilligkeit der Einhebung** im Rahmen einer Nachsicht iSd § 236 BAO (BGBl II 2005/435 idF BGBl II 2013/449) gewährt. Gem § 236 BAO können fällige Abgabenschuldigkeiten ganz oder zum Teil nachgesehen werden, wenn ihre Einhebung nach der Lage des Falles unbillig wäre. Eine sachliche Unbilligkeit iS dieser Bestimmung liegt nach der VO unter anderem vor, wenn und soweit die Geltendmachung des Abgabenanspruchs in Widerspruch zu nicht offensichtlich unrichtigen Rechtsauslegungen steht, die vom BMF im Amtsblatt der österreichischen Finanzverwaltung (AÖF) oder im Internet als Amtliche Veröffentlichung in der Findok veröffentlicht wurden. Voraussetzung ist außerdem, dass der

Abgabepflichtige im Vertrauen auf die betreffende Veröffentlichung für die Verwirklichung des die Abgabepflicht auslösenden Sachverhalts bedeutsame Maßnahmen gesetzt hat (§ 3 Z 2 lit b VO BGBl II 2005/435). Der Abgabepflichtige kann sich also gegen eine den Richtlinien oder Erlässen des BMF widersprechende (bescheid- und rechtmäßige) Abgabenfestsetzung nicht mit Erfolg zur Wehr setzen. Die an die Festsetzung anschließende Einhebung kann aber nach Maßgabe der VO BGBl II 2005/435 unbillig sein und zu einer zumindest teilweisen Reduktion der Abgabenschuld führen.

2.5.7 Auskünfte der Finanzverwaltung

2.5.7.1 Bedeutung

Neben den Erlässen und Richtlinien des BMF kommt **Individualauskünften** der Finanzbehörden große praktische Bedeutung zu. Ist sich ein Steuerpflichtiger über die steuerrechtliche Beurteilung seiner wirtschaftlichen Vorhaben nicht im Klaren, richtet er in der Praxis oft eine entsprechende Anfrage an das zuständige Finanzamt oder an den Bundesminister für Finanzen. Dadurch möchte er sich Sicherheit hinsichtlich der rechtlichen Beurteilung seiner geplanten wirtschaftlichen Aktivitäten verschaffen. Individualauskünfte bergen die Gefahr einer Sonderbehandlung einzelner Steuerpflichtiger in sich. Sie können daher gegen das unionsrechtliche Beihilfeverbot verstoßen. Die Mitgliedstaaten der EU haben sich daher durch eine Änderung der EU-Amtshilferichtlinie verpflichtet, ab September 2017 (Österr ab 2018) an grenzüberschreitend tätige Steuerpflichtige erteilte Individualauskünfte untereinander auszutauschen.

2.5.7.2 Formlose Auskünfte

Auskünfte der Finanzverwaltung ergehen im Regelfall nicht in Bescheidform und entfalten daher **keine formelle Bindungswirkung**.
Die Gerichtshöfe öffentlichen Rechts erkennen aber in bestimmten Fällen einen gewissen Schutz des Abgabepflichtigen nach dem Grundsatz von Treu und Glauben an. Voraussetzung für diesen **Vertrauensschutz** ist, dass die Auskunft von der sachlich und örtlich zuständigen Behörde erteilt wurde. Auskünfte des BMF als zuständiger Oberbehörde begründen daher keinen Vertrauensschutz. Die Rechtsprechung der Gerichtshöfe öffentlichen Rechts hat in § 3 Z 2 lit a VO betreffend die Unbilligkeit der Einhebung iSd § 236 BAO (BGBl II 2005/435) Niederschlag gefunden. Danach ist die Geltendmachung eines Abgabenanspruches sachlich **unbillig** und kann daher (zumin-

Keine Bescheidform

Treu und Glauben

dest teilweise) nachgesehen werden, wenn und soweit sie in Widerspruch zu nicht offensichtlich unrichtigen Rechtsauslegungen steht, die dem Abgabepflichtigen gegenüber von der für ihn zuständigen Abgabenbehörde geäußert wurden. Der Abgabepflichtige muss jedoch im Vertrauen auf eine nicht offenkundig unrichtige Rechtsauskunft disponiert und dadurch einen Schaden erlitten haben.

Express-Antwort-Service — Im Bereich des **internationalen Steuerrechts** ist beim BMF ein Auskunftsservice eingerichtet, der in der steuerrechtlichen Beurteilung konkreter (abstrahierter) Sachverhalte besteht (sog Express-Antwort-Service oder EAS). Diese Auskünfte ergehen individuell und nicht in Bescheidform. Sie werden (abstrahiert) auf der Homepage des BMF veröffentlicht und sind damit jedermann zugänglich. Mangels Bescheidform entfalten sie keinerlei Bindungswirkung. Ein Vertrauensschutz nach dem Grundsatz von Treu und Glauben kommt mangels Stellungnahme zu einem konkreten Sachverhalt und mangels Veröffentlichung als Amtliche Veröffentlichung nicht in Betracht.

2.5.7.3 Auskunftsbescheid

In bestimmten Bereichen des Steuerrechts besteht ein Bedürfnis nach erhöhter Planungssicherheit: § 118 BAO kommt diesem Bedürfnis nach und sieht das Rechtsinstitut des Auskunftsbescheides vor.

Gegenstand — Gegenstand von Auskunftsbescheiden können Rechtsfragen im Zusammenhang mit Umgründungen, Unternehmensgruppen und Verrechnungspreisen sein. Dabei muss es sich um im Zeitpunkt des Antrages noch nicht verwirklichte Sachverhalte handeln. Über schriftliche Anträge betreffend derartige Rechtsfragen hat das zuständige Finanzamt mit Auskunftsbescheid abzusprechen.

Wirkung — Der Adressat eines Auskunftsbescheides hat nach § 118 Abs 7 BAO einen Rechtsanspruch darauf, dass die im Auskunftsbescheid vorgenommene abgabenrechtliche Beurteilung der Erhebung der Abgaben zugrunde gelegt wird, wenn der verwirklichte Sachverhalt von jenem, der dem Auskunftsbescheid zugrunde gelegt worden ist, nicht oder nur unwesentlich abweicht. Der Rechtsanspruch auf auskunftskonforme Besteuerung erlischt insoweit, als sich in Folge der Aufhebung oder Änderung der dem Auskunftsbescheid zugrunde gelegten Abgabenvorschriften die abgabenrechtliche Beurteilung ändert (§ 118 Abs 8 BAO). Eine Änderung der Rechtslage durch Gesetzgebungsakt oder auch durch Erlassung einer Verordnung gem Art 18 Abs 2 B-VG, die eine Änderung der abgabenrechtlichen Beurteilung des dem Auskunftsbescheid zugrunde gelegten Sachverhalts nach sich zieht, macht den Auskunftsbescheid insoweit gegenstandslos. Außerhalb der durch Gesetzesänderung herbeigeführten geänderten Beurteilung des auskunftsgegenständlichen Sachverhaltes entfaltet der Abgabenbescheid für die Abgabenbehörde insoweit absolute Bindungswirkung, als sie ihre Rechtsansicht – so dies dem Begehren des Abgabenschuldners entspricht – dem nachträglich tatsächlich auskunftskonform verwirklichten Sachverhalt zugrunde legen muss.

Eine Aufhebung des Bescheides durch die Abgabenbehörde von Amts wegen kommt nur unter den in § 118 Abs 9 BAO genannten Voraussetzungen in Betracht und steht im Ermessen der Behörde. Ein Auskunftsbescheid kann von Amts wegen jederzeit abgeändert werden, wenn sich der Spruch des Bescheides als nicht richtig erweist. Diese Aufhebung darf jedoch grundsätzlich nicht rückwirkend erfolgen. Eine rückwirkende Änderung von Amts wegen kommt nur in Betracht, wenn die Voraussetzungen für eine Berichtigung wegen offenkundiger Schreib-, Rechen- oder Datenverarbeitungsfehler vorliegen, wenn die Unrichtigkeit des Auskunftsbescheides offensichtlich ist oder wenn der Auskunftsbescheid durch eine strafbare Tat herbeigeführt worden ist. Für die Partei, dh für den Adressaten des Auskunftsbescheides, ist der Auskunftsbescheid nicht bindend, soweit sich die abgabenrechtliche Beurteilung zu ihrem Nachteil als nicht richtig erweist (§ 118 Abs 8 S 2 BAO). Dementsprechend kann ein Auskunftsbescheid auch im Zuge einer Beschwerdevorentscheidung, eines Erkenntnisses des zuständigen Gerichts oder nach Maßgabe der §§ 293 ff BAO auf Antrag der Partei rückwirkend geändert oder aufgehoben werden.

Für die Erteilung einer Auskunft nach § 118 BAO ist ein Verwaltungskostenbeitrag zu entrichten. Dieser beläuft sich auf mindestens EUR 1.500,– und erhöht sich abhängig von der Höhe der Umsatzerlöse des Antragstellers dem Gesetz entsprechend auf bis zu EUR 20.000,–.

Verwaltungskostenbeitrag

1. Was versteht man im innerstaatlichen Recht bzw im Unionsrecht unter Verordnungen und Richtlinien?
2. Welchen rechtlichen Stellenwert haben EU-Verordnungen und EU-Richtlinien?
3. Welche rechtlichen Konsequenzen hat es, wenn ein Erlass des BM für Finanzen in den Rang einer Verordnung erhoben wird?

3 Rechtsanwendung im Steuerrecht

Inhaltsübersicht

3.1 Subsumtion und Steuerplanung
3.2 Auslegung des Steuerrechts
3.3 Wirtschaftliche Betrachtungsweise
3.4 Umgehung (Missbrauch) und Scheingeschäft
3.5 Verbotenes und verpöntes Verhalten
3.6 Nichtigkeit und Anfechtbarkeit von Rechtsgeschäften
3.7 Zurechnung von Wirtschaftsgütern

3.1 Subsumtion und Steuerplanung

Steuergesetze müssen auf den durch sie geregelten Sachverhalt angewandt werden. Als Rechtsanwendung bezeichnet man die Subsumtion eines Lebenssachverhaltes unter einen gesetzlichen Tatbestand. Erfüllt ein Sachverhalt sämtliche gesetzliche Tatbestandsmerkmale, ergibt sich daraus eine bestimmte Rechtsfolge.

Subsumtion

Für die Subsumtion ist zunächst der konkret vorliegende Sachverhalt vollständig zu ermitteln. Für diesen Sachverhalt ist der entsprechende gesetzliche Tatbestand zu finden. Dies bedarf im Regelfall der Auslegung der bestehenden Gesetzesnormen. Aus der Subsumtion des maßgeblichen Sachverhaltes unter einen bestimmten gesetzlichen Tatbestand ergibt sich schließlich die Rechtsfolge.

Die Praxis sieht etwas anders aus: Stehen komplexe und investitionsintensive wirtschaftliche Vorhaben vor ihrer Verwirklichung, versucht der bewusste Wirtschaftsteilnehmer seine Steuerbelastung im Voraus abzuschätzen. Angesichts der verschiedenen Möglichkeiten, die das wirtschaftliche Umfeld in einer globalisierten und hoch-technologisierten Welt auf der einen Seite und die Rechtsordnungen auf der anderen Seite eröffnen, um bestimmte Vorhaben zu realisieren, trachtet ein bewusster Wirtschaftsteilnehmer danach, seine steuerliche Belastung unter optimaler Ausnutzung der ihm zur Verfügung stehenden rechtlichen und tatsächlichen Gegebenheiten möglichst gering zu halten. Er wird daher vor Verwirklichung seines „Lebenssachverhaltes" über die Art und Weise seiner Verwirklichung nachdenken, um jene Steuertatbestände zur Anwendung zu bringen, welche die am wenigsten belastenden Steuerrechtsfolgen nach sich ziehen. Dieses Verhalten nennt man „Steuerplanung". Je nachdem, wie „kreativ" sich steuerplanerisches Verhalten manifestiert, inwieweit es etwa Regelungslücken und Vorteile, die sich aus grenzüberschreitenden Wirtschaftsaktivitäten und damit aus der Anwendung verschiedener Steuerrechtsordnungen und aus der Anwendung völkerrechtlicher Verträge ergeben, bewusst nützt, spricht man auch von „aggressiver Steuerplanung". Sie wird zunehmend als unerwünscht qualifiziert, was vor allem die OECD dazu veranlasst, nationale Maßnahmen zur Bekämpfung aggressiver Steuerplanung vorzuschlagen. Aggressive Steuerplanung ist von einem Staat grundsätzlich in Kauf zu nehmen, dh sie ist zulässig. Von der grundsätzlich legalen Steuergestaltung durch bewusstes Nutzen von Handlungsalternativen ist die Steuerhinterziehung zu unterscheiden. Einer strafbaren Abgabenhinterziehung macht sich schuldig, wer vorsätzlich unter Verletzung einer abgabenrechtlichen Anzeige-, Offenlegungs- oder Wahrheitspflicht eine Abgabenver-

Steuerplanung

Abgabenhinterziehung

kürzung bewirkt (§ 33 FinStrG). Zwischen legaler (wenn auch aggressiver) Steuerplanung und Abgabenhinterziehung ist der steuerlich motivierte Missbrauch von Gestaltungsmöglichkeiten angesiedelt: Er ermächtigt die Abgabenbehörde zur Umdeutung des Sachverhalts, stellt aber grundsätzlich (noch) kein strafbares Verhalten dar. Die Übergänge zwischen noch legaler aggressiver Steuerplanung und unzulässigem Missbrauch sind fließend. Zur Bekämpfung von Missbrauch haben Staaten unterschiedliche Strategien entwickelt. In Österreich werden vor allem die wirtschaftliche Betrachtungsweise sowie die allgemeinen Bestimmungen betreffend die Bekämpfung von Scheingeschäften und Missbrauch sowie spezielle Missbrauchsverbote herangezogen (dazu später S 44). In bestimmten Fällen kann Missbrauch in ein finanzstrafrechtlich vorwerfbares Verhalten münden (Abgabenhinterziehung oder Abgabenbetrug).

3.2 Auslegung des Steuerrechts

3.2.1 Interpretationsmethoden

Wortlautinterpretation — Für die Auslegung von Steuerrechtsnormen gelten die allgemeinen Auslegungsmethoden, die in §§ 6 und 7 ABGB ihren gesetzlichen Niederschlag gefunden haben. Ausgangspunkt für jede Auslegung ist zunächst der Wortlaut. Er bestimmt auch die Grenzen der Auslegung (Wortlautinterpretation). Eine Auslegung gegen den möglichen Wortsinn ist grundsätzlich unzulässig.

Systematische Interpretation — Ist der Wortlaut mehrdeutig, so ist die Norm in ihrem systematischen Kontext zu analysieren (systematische Interpretation).

Teleologische Interpretation — Außerdem ist der Zweck der Bestimmung heranzuziehen (teleologische Interpretation).

Historische Interpretation — Auch die Entstehungsgeschichte, der historische Kontext einer Norm kann zu deren Auslegung herangezogen werden (historische Interpretation).

Unionsrechtskonforme Interpretation — Rechtsnormen, die entweder in Umsetzung von Richtlinien der EU ergangen sind oder die in Kombination mit einem bestimmten Sachverhalt in den Anwendungsbereich des primären Unionsrechts fallen, sind so auszulegen, dass die unionsrechtlichen Vorgaben erfüllt werden (Grundsatz der unionsrechtskonformen Auslegung). Aus dem Unionsrecht können sich auch für bestimmte Steuerrechtsmaterien besondere Auslegungsgrundsätze ergeben: Befreiungen von der Umsatzsteuer sind etwa nach der ständigen Rechtsprechung des EuGH eng auszulegen, weil sie eine Abweichung von dem Grundsatz der Besteuerung von Umsätzen darstellen.

Stehen mehrere Auslegungsmöglichkeiten zur Wahl, hat der Rechtsanwender jene Variante zu wählen, die die Norm nicht verfassungswidrig erscheinen lässt (Grundsatz der verfassungskonformen Interpretation). Die Grenze ist sowohl bei der unions- als auch bei der verfassungsrechtskonformen Interpretation der mögliche Wortsinn.

Verfassungskonforme Interpretation

3.2.2 Rechtsfortbildung durch Lückenschließung

Kommt der Rechtsanwender zu dem Ergebnis, dass eine Auslegung nicht möglich ist, hat er zu prüfen, ob der Gesetzestext in Hinblick auf den Gesetzeszweck unvollständig ist. Ist dies der Fall und handelt es sich bei der Unvollständigkeit um eine **planwidrige Lücke**, ist der Versuch zu unternehmen, diese Lücke durch Argumente der juristischen Logik zu beseitigen. Als Instrumente der Lückenschließung kommen vor allem der Umkehrschluss (argumentum e contrario), Erst-recht-Schlüsse (argumentum a fortiori), die teleologische Reduktion und die teleologische Extension in Betracht. Die Zulässigkeit von Lückenschließung im Steuerrecht durch Analogie ist differenziert zu betrachten: Ein Analogieverbot gilt für das Steuerrecht jedenfalls nicht. Analogie zu Lasten des Abgabepflichtigen kann im Einzelfall jedoch unter dem Gesichtspunkt des Bestimmtheitsgebots (Legalitätsprinzips) verfassungsrechtlich problematisch sein.

Lückenschließung

3.3 Wirtschaftliche Betrachtungsweise

In engem Zusammenhang mit steueroptimierendem Verhalten (Steuerplanung) steht die Frage, ob ein Steuergesetz für die Subsumtion wirtschaftlichen Verhaltens unter seine Tatbestandsmerkmale an Kategorien und Institutionen anderer Rechtsgebiete anknüpft oder sich einer eigenständigen Terminologie oder zumindest eines von anderen Rechtsgebieten losgelösten Begriffsverständnisses bedient.

Gibt der Steuergesetzgeber den Tatbestandsmerkmalen einer Bestimmung eine erkennbar eigenständige Bedeutung (zB der Begriff der „Leistung" im UStG), so spricht man von einer direkten wirtschaftlichen Anknüpfung.

Direkte wirtschaftliche Anknüpfung

Umschreibt der Gesetzgeber aber die von ihm ins Auge gefassten Vorgänge mit Hilfe von Begriffen, die in anderen Rechtsgebieten Verwendung finden, stellt sich die Frage, ob er diese auch in der Bedeutung der anderen (Heimats-)Rechtsdisziplin versteht oder nur zur Umschreibung eines umfassender verstandenen wirtschaftlichen Geschehens verwendet. Im ersten Fall spricht man von einer rechtlichen

Rechtliche Anknüpfung Indirekte wirtschaftliche Anknüpfung

(oder formalen) Anknüpfung, im zweiten Fall von einer indirekten wirtschaftlichen Anknüpfung.

1. Der Begriff der „Vermietung und Verpachtung" in § 28 EStG ist zwar dem bürgerlichen Recht entlehnt, hat aber eine eigenständige, viel umfassendere Bedeutung im Steuerrecht. Der Gesetzgeber knüpft hier somit indirekt wirtschaftlich an.
2. Der Begriff des „Bestandvertrages" in § 33 TP 5 GebG umfasst hingegen nur Bestandverträge im Verständnis des bürgerlichen Rechts. Der Gesetzgeber hat sich hier somit der formalen Anknüpfung bedient.

Im Wege der Auslegung einer Steuerrechtsnorm ist zunächst zu ermitteln, ob der Gesetzgeber den Gesetzestatbestand formal an ein anderes Rechtsgebiet (etwa das Zivilrecht) oder wirtschaftlich nach dem Inhalt der Gestaltung anknüpft.

Die formale Anknüpfung wurde tendenziell im Bereich der Verkehrsteuern gewählt. In diesen Fällen sind die in einem gesetzlichen Tatbestand verwendeten Rechtsbegriffe grundsätzlich so wie in ihrer Heimatdisziplin zu verstehen (§ 21 Abs 2 BAO).

Wirtschaftliche Betrachtungsweise

Hat sich der Gesetzgeber der wirtschaftlichen Anknüpfung bedient, so kommt die wirtschaftliche Betrachtungsweise zum Tragen: Gem § 21 Abs 1 BAO ist für die Beurteilung abgabenrechtlicher Fragen in wirtschaftlicher Betrachtungsweise der wahre wirtschaftliche Gehalt und nicht die äußere Erscheinungsform des Sachverhaltes maßgebend. Die wirtschaftliche Anknüpfung dominiert auf dem Gebiet der Ertragsbesteuerung, ist aber keineswegs durchgängig verwirklicht.

1. Im Körperschaftsteuerrecht gilt nach hA das Prinzip der Maßgeblichkeit der Rechtsform (rechtliche Anknüpfung). Eine Einmann-GmbH kann daher nicht in wirtschaftlicher Betrachtungsweise in ein Einzelunternehmen umgedeutet werden. Sehr wohl könnten aber die Einkünfte der Einmann-GmbH unter bestimmten Voraussetzungen (etwa dann, wenn die GmbH über keine Infrastruktur zu Erbringung der ihr zugerechneten Leistungen verfügt) dem Einmann-Gesellschafter direkt zugerechnet und (nur) bei ihm der Einkommensteuer unterworfen werden (§ 2 Abs 4a EStG, dazu Kap *Einkommensteuer* S 61).
2. Darlehen, die die Gesellschafter einer Kapitalgesellschaft gewähren und die grundsätzlich als Fremdkapital zu qualifizieren sind, werden unter bestimmten Voraussetzungen in wirtschaftlicher Betrachtungsweise als Eigenkapital gedeutet.

3.4 Umgehung (Missbrauch) und Scheingeschäft

3.4.1 Überblick

Ein fundamentales Ziel des Steuerrechts ist die Besteuerung der verwirklichten Sachverhalte nach ihrer wahren wirtschaftlichen Gestalt. Daher versucht der Steuergesetzgeber Verhaltensweisen zu unterbinden, die der Erzielung von Steuervorteilen dienen können ohne einen eigenständigen wirtschaftlichen Gehalt aufzuweisen.

3.4.2 Missbrauch (Steuerumgehung)

Durch Missbrauch von Formen und Gestaltungsmöglichkeiten des bürgerlichen Rechts kann die Abgabepflicht nicht umgangen oder gemindert werden (§ 22 Abs 1 BAO). Liegt ein Missbrauch vor, sind die Abgaben nach § 22 Abs 2 BAO so zu erheben, wie sie bei einer den wirtschaftlichen Vorgängen, Tatsachen und Verhältnissen angemessenen rechtlichen Gestaltung zu erheben wären.

Der Missbrauch ist vom normalen Gebrauch bürgerlich-rechtlicher Formen und Gestaltungsmöglichkeiten abzugrenzen. Der Steuerpflichtige ist nicht daran gehindert, Formen und Gestaltungsmöglichkeiten des bürgerlichen Rechts so einzusetzen, dass er die geringste Steuerbelastung erzielt. Dies gilt aber dann nicht länger, wenn der gewählte Weg ausschließlich dem Zweck der Steuerersparnis dient.

Als Missbrauch qualifiziert der VwGH eine rechtliche Gestaltung,
- die im Hinblick auf den angestrebten wirtschaftlichen Erfolg ungewöhnlich und unangemessen ist und
- ihre Erklärung nur in der Absicht der Steuervermeidung findet, also keine andere wirtschaftliche Rechtfertigung aufweist.

Erscheint der gewählte Weg nicht mehr sinnvoll, wenn man den abgabensparenden Effekt wegdenkt oder wäre er ohne das Resultat der Steuerminderung einfach unverständlich, so liegt Missbrauch vor. Missbrauch setzt darüber hinaus das Vorliegen eines subjektiven Moments voraus: Der Abgabepflichtige muss bewusst in dem Willen handeln, seine Steuerbelastung zu verringern oder zumindest einen Steueraufschub zu bewirken.

Liegt Missbrauch vor, so entfallen die Steuerrechtsfolgen, die formal an die unangemessene Gestaltung geknüpft werden. Die Steuern sind so zu erheben, als wäre eine angemessene rechtliche Gestaltung gewählt worden. Der Besteuerung wird somit ein anderer Sachverhalt zugrundegelegt als jener, den der Steuerpflichtige tatsächlich verwirklicht hat.

3.4.3 Scheingeschäft und andere Scheinhandlungen

Scheingeschäfte und andere Scheinhandlungen sind für die Erhebung von Abgaben ohne Bedeutung. Im Unterschied zur Umgehung sollen beim Scheingeschäft die wirtschaftlichen Wirkungen nicht oder nur zum Teil eintreten.

Wird durch ein Scheingeschäft ein anderes Rechtsgeschäft verdeckt, so ist das verdeckte Rechtsgeschäft für die Abgabenerhebung maßgebend (§ 23 Abs 1 BAO).

Absolutes Scheingeschäft Werden Willenserklärungen im wechselseitigen Einverständnis zum Schein abgegeben, dh in der Absicht, keine Wirkung zu entfalten, liegt ein absolutes Scheingeschäft vor.

Der Unternehmer U schließt mit seiner Frau einen Dienstvertrag, um den Lohn als Betriebsausgabe abziehen zu können. Eine Mitarbeit der Frau war nie beabsichtigt.

Relatives Scheingeschäft Ein verdecktes (relatives) Scheingeschäft ist anzunehmen, wenn durch das abgeschlossene Rechtsgeschäft ein anderes Geschäft verdeckt werden soll.

Der Vater schließt mit dem Sohn einen Kaufvertrag über den Betrieb. Der vereinbarte Kaufpreis wird zunächst gestundet und später erlassen. Gewollt war eine unentgeltliche Betriebsübergabe (verdecktes Geschäft). Der Kauf wird vorgetäuscht, um eine Aufwertung des Anlagevermögens zu erreichen.

Scheingeschäfte sind schon zivilrechtlich unwirksam (§ 916 ABGB). Das verdeckte Geschäft ist wirksam, wenn es den Erfordernissen eines gültigen Rechtsgeschäfts entspricht. Auch steuerrechtlich sind Scheingeschäfte unerheblich. Dies gilt sowohl für Steuertatbestände, die der rechtlichen als auch für jene, die der wirtschaftlichen Anknüpfung folgen.

Ein zwischen einem Ehepaar zum Schein abgeschlossenes Mietverhältnis löst keine Gebührenpflicht nach § 33 TP 5 GebG aus.

Im Fall eines verdeckten Scheingeschäftes ist das verdeckte Geschäft entsprechend seinen wirtschaftlichen Wirkungen zu besteuern.

Nahe Angehörige Die umfangreiche Judikatur des VwGH zur Anerkennung von Verträgen zwischen nahen Angehörigen trägt dem Gedanken Rechnung, dass durch Scheingeschäfte nicht Abgabepflichten umgangen werden können indem Geldflüsse, die in Wahrheit rein privat veranlasst sind, in die steuerlich relevante Sphäre verlagert werden (vgl dazu S 60).

Verletzt jemand eine abgabenrechtliche Anzeige-, Offenlegungs- oder Wahrheitspflicht und verkürzt er dadurch Abgaben, so begeht er eine nach § 33 FinStrG strafbare Abgabenhinterziehung. Begeht jemand eine Abgabenhinterziehung unter Verwendung eines Scheingeschäftes und beläuft sich der Verkürzungsbetrag auf mehr als EUR 100.000,–, so verwirklicht er – bei Erfüllung der subjektiven Tatseite und bei Fehlen von Rechtfertigungs- oder Entschuldigungsgründen – einen Abgabenbetrug gem § 39 FinStrG, der zwingend mit einer Freiheitsstrafe zu ahnden ist.

Abgabenbetrug

Vorschriften des materiellen Rechts können Vorrang vor § 23 Abs 1 BAO haben: So entsteht etwa die Steuerschuld auf Grund der Rechnung nach § 11 Abs 14 UStG auch dann, wenn es sich um ein Scheingeschäft handelt.

3.5 Verbotenes und verpöntes Verhalten

Die Erhebung einer Abgabe wird nicht dadurch ausgeschlossen, dass ein Verhalten (ein Handeln oder ein Unterlassen), das den abgabepflichtigen Tatbestand erfüllt oder einen Teil des abgabepflichtigen Tatbestandes bildet, gegen ein gesetzliches Verbot oder gegen die guten Sitten verstößt (§ 23 Abs 2 BAO).

Folgen Steuergesetze der formalen Anknüpfung, so entsteht im Fall eines verbotenen oder verpönten Rechtsgeschäftes keine Steuerschuld, da das Rechtsgeschäft nach § 879 ABGB nichtig ist. § 23 Abs 2 BAO kann daher nur im Rahmen jener Rechtsnormen gelten, die dem Prinzip der wirtschaftlichen Anknüpfung folgen.

Im Bereich der Ertragsteuern ist jedoch zu berücksichtigen, dass die Abzugsfähigkeit von Aufwendungen, die in Zusammenhang mit strafbarem Verhalten stehen, durch § 20 Abs 1 Z 5 EStG (Aufwendungen, deren Annahme oder Gewährung mit Strafe bedroht ist, können nicht als Betriebsausgabe geltend gemacht werden) und durch § 162 BAO (kein Betriebsausgaben-/Werbungskostenabzug mangels Empfängerbenennung) eingeschränkt wird.

3.6 Nichtigkeit und Anfechtbarkeit von Rechtsgeschäften

Folgt ein Steuertatbestand dem Prinzip der wirtschaftlichen Anknüpfung, so ist der eintretende wirtschaftliche Erfolg für die Besteuerung maßgebend. Das Vorliegen eines formgültigen Rechtsgeschäfts hat höchstens Indizwirkung. Daher ist die Nichtigkeit eines Rechtsgeschäfts wegen eines Formmangels oder wegen eines Mangels der Rechts- oder Handlungsfähigkeit insoweit und so lange ohne Bedeu-

Nichtigkeit von Rechtsgeschäften

tung, als die am Rechtsgeschäft beteiligten Personen dessen wirtschaftliches Ergebnis eintreten und bestehen lassen (§ 23 Abs 3 BAO). Werden wirtschaftliche Effekte einer nichtigen Vereinbarung rückwirkend (ex tunc) aus der Welt geschafft, kann dies grundsätzlich steuerrechtlich nur ex nunc wirken.

Bei Tatbeständen, die der zivilrechtlichen Anknüpfung folgen, stellt sich die Frage der steuerrechtlichen Rückgängigmachung nicht, da mangels Vorliegens eines formgültigen Rechtsgeschäfts auch der Steuertatbestand nicht erfüllt wurde.

Anfechtbarkeit eines Rechtsgeschäfts

Auch die Anfechtbarkeit eines Rechtsgeschäfts ist für die Erhebung von Abgaben insoweit und so lange ohne Bedeutung, als die Anfechtung nicht mit Erfolg durchgeführt wurde (§ 23 Abs 4 BAO). Auch sie kann nur ex nunc wirken. Die spätere Anfechtung und Aufhebung eines Rechtsgeschäfts ist daher auch bei Tatbeständen, die der zivilrechtlichen Anknüpfung folgen, ohne Bedeutung für die Erhebung der Abgaben, weil die Rechtsfolgen an den Abschluss des Rechtsgeschäfts geknüpft sind (vgl zB § 17 Abs 5 GebG). Ausnahmen von der Anordnung des § 23 Abs 4 BAO ergeben sich vor allem aus einzelnen Materiengesetzen im Bereich der Verkehrsteuern (zB § 11 Abs 12 und § 16 UStG; § 17 GrEStG).

3.7 Zurechnung von Wirtschaftsgütern

Wirtschaftliche Anknüpfung

Knüpfen Abgabentatbestände Steuerfolgen an wirtschaftliche Verhältnisse und Gegebenheiten an, hat das zivilrechtliche Eigentum für die persönliche Zurechnung eines Wirtschaftsgutes allenfalls Indizwirkung. Für die tatsächliche Zurechnung sind nämlich primär wirtschaftliche Gesichtspunkte maßgeblich. Entscheidend für die persönliche Zurechnung eines Wirtschaftsgutes ist daher, wem die umfassende wirtschaftliche Verfügungsmacht darüber zukommt. § 24 BAO zählt in diesem Sinn Situationen auf, in denen es bei wirtschaftlich anknüpfenden Abgabentatbeständen zu einer vom zivilrechtlichen Eigentum abweichenden persönlichen Zurechnung kommt.

Wirtschaftliches Eigentum

In folgenden Fällen wird von **wirtschaftlichem Eigentum** gesprochen:
- Wirtschaftsgüter, die zum Zweck der Sicherung übereignet worden sind, werden demjenigen zugerechnet, der die Sicherung einräumt (§ 24 Abs 1 lit a BAO).
- Wirtschaftsgüter, die zu treuen Handen übereignet oder erworben worden sind, werden dem Treugeber zugerechnet (§ 24 Abs 1 lit b und c BAO).

- Wirtschaftsgüter, über die jemand die Herrschaft gleich einem Eigentümer ausübt, werden diesem zugerechnet (§ 24 Abs 1 lit d BAO; wirtschaftliches Eigentum im engeren Sinn).

In der Praxis ist vor allem bei der Einräumung von Fruchtgenussrechten und bei Leasingverträgen im Einzelfall zu prüfen, ob das zivilrechtliche und das wirtschaftliche Eigentum auseinanderfallen. Zu berücksichtigen ist dabei, wem Wertsteigerungen des Wirtschaftsgutes zukommen, wen Wertminderungen bzw Verlust oder Zerstörung des Wirtschaftsgutes treffen würden, und wem, gegebenenfalls, Erträge aus dem Wirtschaftsgutes zufließen.

Die Grundsätze betreffend die wirtschaftliche Zurechnung gelten nicht für Steuertatbestände, die dem Prinzip der rechtlichen Anknüpfung folgen. Der VwGH nimmt dies grundsätzlich bei der GrESt und bei den Rechtsgeschäftsgebühren nach dem GebG an.

Von der Zurechnung von Wirtschaftsgütern ist die Zurechnung der Einkünfte zu unterscheiden!

4 Einkommensteuer

Inhaltsübersicht

4.1 Charakterisierung und Rechtsgrundlage
4.2 Der Einkommensteuertatbestand
4.3 Die betrieblichen Einkünfte
4.4 Die außerbetrieblichen Einkunftsarten
4.5 Gemeinsame Vorschriften (§ 32 EStG)
4.6 Betriebsübergang
4.7 Ermittlung des Einkommens
4.8 Berechnung und Erhebung der Einkommensteuer
4.9 Besteuerung von Mitunternehmerschaften (Personengesellschaften)

4.1 Charakterisierung und Rechtsgrundlage

Rechtsgrundlage des österreichischen Einkommensteuerrechts ist das Einkommensteuergesetz 1988, BGBl 1988/400, das mit 1. 1. 1989 in Kraft getreten und bis Dezember 2015 150 mal novelliert worden ist. In Konkretisierung des Einkommensteuergesetzes sind eine Reihe von Verordnungen ergangen (zB Zweitwohnsitzverordnung, Sachbezugsverordnung). Von großer praktischer Bedeutung bei der Rechtsanwendung sind die in Erlass- oder Richtlinienform publizierten Äußerungen der Finanzverwaltung zur Auslegung des Einkommensteuerrechts (zB Einkommensteuerrichtlinien, Lohnsteuerrichtlinien; zur eingeschränkten Bindungswirkung dieser Äußerungen vgl vorher Kap *Rechtsquellen* S 30).

<small>Rechtsgrundlagen</small>

Finanzverfassungsrechtlich handelt es sich bei der Einkommensteuer um eine gemeinschaftliche Bundesabgabe (§ 6 Abs 1 Z 2 lit a F-VG iVm § 9 Abs 1 FAG 2017; vgl dazu vorher Kap *Verfassungsrechtliche Grundlagen* S 15 ff).

<small>Finanzverfassungsrechtliche Einordnung</small>

Das Aufkommen an Einkommensteuer belief sich im Jahr 2014 auf EUR 33,536 Mrd und im Jahr 2015 auf EUR 35,940 Mrd (Summe der veranlagten Einkommensteuer, EU-Quellensteuer, Kapitalertragsteuer, Kapitalertragsteuer auf Zinsen, Lohnsteuer). Die Einkommensteuer ist somit die aufkommensstärkste Abgabe.

Wirtschaftlich handelt es sich bei der Einkommensteuer um eine allgemeine Abgabe auf das Einkommen natürlicher Personen. Da die Einkommensteuer die natürliche Person als Steuerschuldner und Steuerträger erfasst, ist sie eine Personensteuer und eine direkte Steuer.

<small>Wirtschaftliche Einordnung</small>

Die Einkommensteuer ist durch das Leistungsfähigkeitsprinzip geprägt. Obgleich es sich dabei nicht um einen verfassungsrechtlich verankerten Grundsatz handelt, wird er vom VfGH aus dem Gleichheitssatz abgeleitet und bei der Überprüfung einzelner einkommensteuerrechtlicher Bestimmungen auf deren Verfassungskonformität herangezogen. Dem Leistungsfähigkeitsprinzip wohnen die Prinzipien der persönlichen und der sachlichen Universalität sowie das objektive und das subjektive Nettoprinzip inne.

<small>Leistungsfähigkeitsprinzip</small>

Nach dem **Prinzip der persönlichen Universalität** soll jede natürliche Person, die Einkommen bezieht, ungeachtet ihrer Handlungsfähigkeit der Einkommensteuer unterworfen werden.

Nach dem **Prinzip der sachlichen Universalität** soll einerseits das gesamte Einkommen einer natürlichen Person der Steuer unterworfen werden, andererseits soll der Begriff des Einkommens möglichst breit und umfassend sein.

Dem **objektiven Nettoprinzip** liegt der Gedanke zugrunde, dass nur jener Betrag besteuert werden soll, der dem Steuerpflichtigen nach Abzug jener Aufwendungen (Betriebsausgaben und Werbungskosten), die er zur Sicherung oder zum Erwerb seines Einkommens tätigt, verbleibt. Das objektive Nettoprinzip ist in Österreich nicht mehr vollständig verwirklicht, da im Zusammenhang mit Kapitalerträgen (sowohl laufende Erträge als auch Veräußerungsgewinne) und Gewinnen aus der Veräußerung von Immobilien die Einkommensteuer auf den Bruttobetrag der Einkünfte, dh grundsätzlich ohne Abzug von Aufwendungen, erhoben wird.

Nach dem **subjektiven Nettoprinzip** soll zumindest das Existenzminimum nicht besteuert werden. Das steuerliche Existenzminimum ist jener Betrag, den die einzelne steuerpflichtige natürliche Person jedenfalls zur Abdeckung ihrer grundlegenden Lebensbedürfnisse benötigt. Es beträgt derzeit EUR 11.000,– (§ 33 EStG). Außerdem berücksichtigt das subjektive Nettoprinzip individuelle Verhältnisse, wie beispielsweise Unterhaltspflichten und besondere Aufwendungen etwa wegen Krankheit. Diesem Prinzip entsprechend kann einem Steuerpflichtigen mit unter dem Existenzminimum liegendem Einkommen eine betragsmäßig negative Einkommensteuerschuld verbleiben (Steuergutschrift), dh er kann im Zuge der Veranlagung ohne je Einkommensteuer entrichtet zu haben, eine solche erstattet erhalten (§ 33 Abs 8 EStG, siehe dazu später S 198).

Synthetische Einkommensteuer Schedulenbesteuerung

Dem Prinzip der sachlichen Universalität und dem objektiven Nettoprinzip entsprechend ist die österreichische Einkommensteuer grundsätzlich eine **synthetische Einkommensteuer**. Das bedeutet, dass sämtliche Einkünfte, die eine natürliche Person aus unterschiedlichen Quellen bezieht, gemeinsam nach denselben Grundsätzen besteuert werden. Diese Synthetik erfährt jedoch beim Großteil der Kapitalerträge und bei den Einkünften aus der Veräußerung von Immobilien eine Durchbrechung zu Gunsten einer **Schedulenbesteuerung**. Solche Einkünfte werden nach eigenen für sie geltenden Regeln und ohne Berücksichtigung der übrigen Einkünfte besteuert. Dass die synthetische Besteuerung dennoch das Grundprinzip des österreichischen Einkommensteuerrechts darstellt, zeigt sich in dem Recht auf die Schedulenbesteuerung zu verzichten (siehe dazu später S 142 und S 147).

1. X erzielt Einkünfte aus der Vermietung mehrerer Wohnungen, aus einer unselbständigen Beschäftigung als Verwaltungsjurist und aus selbständiger Arbeit als Vortragender bei Fachveranstaltungen.
Dem Prinzip der synthetischen Einkommensteuer entsprechend werden die Einkünfte aus allen drei Quellen zusammengerechnet.

Die persönlichen Umstände von X werden beim Gesamtbetrag dieser Einkünfte berücksichtigt, der danach verbleibende Betrag unterliegt einem einheitlichen (progressiven) Steuersatz.

2. X bezieht zusätzlich Dividenden aus Aktien, Zinsen aus festverzinslichen Wertpapieren sowie einen Gewinn aus dem Verkauf eines geerbten Grundstücks.
Diese Einkünfte werden nicht beim Gesamtbetrag der Einkünfte berücksichtigt. Ihre Besteuerung richtet sich vielmehr nach eigenen Regeln (für Kapitalerträge einerseits und Immobilienverkäufe andererseits). Damit werden diese Einkünfte völlig unabhängig von den übrigen Einkünften des X jeweils in einer eigenen Schedule besteuert. X kann jedoch freiwillig die Berücksichtigung seiner Kapital- und Immobilieneinkünfte gemeinsam mit den anderen Einkünften beantragen.

Technisch erfolgt die Einkommensbesteuerung abschnittsweise: Der Einkommensteuer unterliegt das in einem Kalenderjahr (in bestimmten Fällen in einem Wirtschaftsjahr, siehe dazu später S 106) bezogene Einkommen. **Abschnittsteuer**

Besteuert wird die einzelne natürliche Person. Österreich hat sich für das System der Individualbesteuerung entschieden. Unterhaltspflichten werden über Absetzbeträge, Sonderausgabenabzüge und außergewöhnliche Belastungen berücksichtigt. **Individualbesteuerung**

Der Steuersatz ist bei jenen Einkünften, die synthetisch besteuert werden, progressiv. Er steigt mit steigendem Einkommen überproportional. Für die ersten EUR 11.000,– ist keine Einkommensteuer zu entrichten, danach folgen Grenzsteuersätze von 25%, 35%, 42%, 48% und 50%. Der maximale Grenzsteuersatz beläuft sich auf 55% für Einkommensteile über EUR 1 Mio und ist befristet bis 2020 anwendbar (vgl § 33 Abs 1 EStG). Für die in der Schedule besteuerten Kapitalerträge und Erträge aus Immobilienveräußerungen bestehen einheitliche, flache Steuersätze von 25% oder 27,5% bzw 30% (§§ 27a Abs 1 und Abs 6, 30a Abs 1 und Abs 3 EStG). **Tarif**

Durch die Ausnutzung der niedrig besteuerten Progressionsstufen, die Inanspruchnahme von Steuerbegünstigungen wie des Gewinnfreibetrags (§ 10 EStG) oder des begünstigten Jahressechstels (§ 67 EStG) unterliegt ein Einkommen von EUR 90.000,– einem Durchschnittssteuersatz von 36,53%. Dieser nähert sich bei höheren Einkommen dem Grenzstcuersatz von 50%. Im Vergleich dazu unterliegen die Gewinnausschüttungen von Kapitalgesellschaften (Vollausschüttungen) einer Steuerbelastung von 45,625% (kombinierte Belastung Körperschaftsteuer und Kapitalertragsteuer).

4.2 Der Einkommensteuertatbestand

4.2.1 Persönliche Seite des Einkommensteuertatbestandes

4.2.1.1 Unbeschränkte Steuerpflicht

Grundsatz Einkommensteuerpflichtig sind natürliche Personen, die Einkünfte im Sinne des EStG erzielen und in einem Naheverhältnis zu Österreich stehen. Wird dieses Naheverhältnis zu Österreich durch den **Wohnsitz oder gewöhnlichen Aufenthal**t begründet, ist die natürliche Person in Österreich unbeschränkt steuerpflichtig (§ 1 Abs 2 EStG). Die unbeschränkte Steuerpflicht begründet eine so starke Bindung zu Österreich, dass der Einkommensteuer in Österreich das gesamte Welteinkommen (dh sämtliche Einkünfte, die innerhalb eines Kalenderjahres weltweit bezogen werden) unterliegt. Dies gilt unabhängig davon, ob ausländische Einkünfte auch im Ausland besteuert werden (Welteinkommens- oder Territorialitätsprinzip).

Die Besteuerung des gesamten Welteinkommens in dem Staat, in dem unbeschränkte Steuerpflicht besteht, ist in der Praxis eine Seltenheit. Das universelle Besteuerungsrecht des Wohnsitz- oder Aufenthaltsstaates wird im Regelfall durch völkerrechtliche Verträge zur Vermeidung der Doppelbesteuerung, sog Doppelbesteuerungsabkommen (kurz: DBA), eingeschränkt (vgl dazu später S 285 ff).

Wohnsitz Den Wohnsitz im Sinne des Abgabenrechts hat jemand dort, wo er eine Wohnung unter Umständen innehat, die darauf schließen lassen, dass er die Wohnung beibehalten und benutzen wird (§ 26 Abs 1 BAO). Die Meldung des Wohnsitzes hat in diesem Zusammenhang Indizfunktion, ist aber nicht allein ausschlaggebend für die Beurteilung. Auch auf die rechtliche Verfügungsmacht am gemeldeten Wohnsitz kommt es nicht an. Maßgeblich sind allein die tatsächlichen Verhältnisse. Ein Wohnsitz muss nicht zwangsläufig mit der unbeschränkten Steuerpflicht einhergehen: Kann der Inhaber eines Wohnsitzes nachweisen, dass dieser nur in untergeordnetem Ausmaß (nicht mehr als 70 Tage im Jahr) genutzt wird, führt dieser Wohnsitz nicht zur unbeschränkten Steuerpflicht in Österreich (vgl Zweitwohnsitzverordnung, BGBl II 2003/528).

Gewöhnlicher Aufenthalt Seinen gewöhnlichen Aufenthalt hat jemand dort, wo er sich unter Umständen aufhält, die erkennen lassen, dass er an diesem Ort oder in diesem Land nicht nur vorübergehend verweilt. Die unbeschränkte Steuerpflicht wird jedenfalls dann durch einen gewöhnlichen Aufenthalt begründet, wenn sich jemand in Österreich länger als sechs Monate aufhält. In diesem Fall erstreckt sich die Abgabepflicht auch auf die ersten sechs Monate (§ 26 Abs 2 BAO).

1. Eine leerstehende Wohnung kann keinen Wohnsitz begründen.
2. Eine eingerichtete Ferienwohnung kann einen Wohnsitz begründen, wenn nicht die Zweitwohnsitzverordnung zur Anwendung gelangt.
3. Ein Arbeitnehmer, der täglich von seiner Arbeitsstätte in Österreich in seine Heimat (außerhalb von Österreich) zurückkehrt, begründet keinen gewöhnlichen Aufenthalt in Österreich. Hält er sich hingegen unter der Woche in Österreich (auch im Hotel!) auf und kehrt nur an den Wochenenden in seine Heimat zurück, so begründet dies einen gewöhnlichen Aufenthalt in Österreich.
4. Y, der gemeinsam mit seiner Familie in Österreich lebt, bezieht Einkünfte aus einer unselbständigen Beschäftigung bei einem österreichischen Unternehmen und Mieteinkünfte aus einer in Deutschland gelegenen Wohnung, die er von der Urgroßtante geerbt hat.
Y hat seinen Wohnsitz in Österreich und ist daher in Österreich unbeschränkt steuerpflichtig. Österreich ist berechtigt, Einkommensteuer sowohl von den österreichischen Einkünften aus unselbständiger Arbeit als auch von den Einkünften aus der Vermietung der in Deutschland gelegenen Wohnung zu erheben. Der Umfang des tatsächlichen Besteuerungsrechts auf die ausländischen Einkünfte hängt jedoch von dem zwischen Österreich und Deutschland abgeschlossenen Doppelbesteuerungsabkommen ab.

4.2.1.2 Beschränkte Steuerpflicht

Ein Steuerpflichtiger, der weder Wohnsitz noch gewöhnlichen Aufenthalt in Österreich hat, aber Einkünfte aus einer österreichischen Einkunftsquelle bezieht, unterliegt in Österreich der sog beschränkten Steuerpflicht, wenn und soweit seine Einkünfte in § 98 EStG angeführt sind. Die beschränkte Steuerpflicht unterscheidet sich von der unbeschränkten insofern, als für erstere ein Wohnsitz oder gewöhnlicher Aufenthalt nicht gegeben sein darf, jedoch Einkünfte mit einem qualifizierten Bezug zu Österreich vorliegen müssen (§ 1 Abs 3 EStG; sog Territorialitätsprinzip).

Z lebt in Frankreich. Sie betreibt dort ein Einzelunternehmen, das im Jahr 01 schöne Gewinne abwirft. Im Jahr 01 verkauft sie außerdem ein in Österreich gelegenes Ferienhaus, das sie in den vergangenen Jahren nie genutzt hat. Der Veräußerungserlös übersteigt die Anschaffungskosten des Ferienhauses bei weitem.

Z hat weder einen Wohnsitz noch einen gewöhnlichen Aufenthalt in Österreich. Sie erzielt einen Überschuss aus einer in Österreich gelegenen Ferienwohnung. Diese Einkünfte unterliegen gem § 1 Abs 3 iVm § 98 Abs 1 Z 7 EStG der beschränkten Steuerpflicht in Österreich. Ob und inwieweit Österreich diesen Veräußerungsgewinn tatsächlich besteuern darf, richtet sich nach dem zwischen Frankreich und Österreich abgeschlossenen Doppelbesteuerungsabkommen.

Zu den Besonderheiten der Besteuerung von beschränkt Steuerpflichtigen und zur Option auf unbeschränkte Steuerpflicht s Kap *Internationales Steuerrecht* S 276 ff.

Persönliche Steuerpflicht von natürlichen Personen	
Wohnsitz oder gewöhnlicher Aufenthalt in Österreich	**kein Wohnsitz oder gewöhnlicher Aufenthalt in Österreich**
↓	↓
unbeschränkte Steuerpflicht in Ö Besteuerung nach dem **Welteinkommensprinzip**	**beschränkte Steuerpflicht in Ö** Besteuerung der Einkünfte aus österr Quellen (§ 98 EStG) **Territorialitätsprinzip**

Abb 4. Persönliche Steuerpflicht von natürlichen Personen und Personengemeinschaften

4.2.1.3 Beginn und Ende der Steuerpflicht

Die Steuerpflicht ist unabhängig von der Rechtsfähigkeit einer natürlichen Person, beginnt mit ihrer Geburt und endet mit dem Tod.

4.2.1.4 Zurechnung der Einkünfte

Der Einkommensteuer unterliegt jene natürliche Person, die einen vom EStG umfassten Tatbestand der Einkünfteerzielung am Markt verwirklicht. Zurechnungssubjekt von Einkünften ist derjenige, der aus der Tätigkeit das Unternehmerrisiko trägt und die Möglichkeit besitzt, sich bietende Marktchancen auszunützen, Leistungen zu erbringen oder zu verweigern.

1. X bezieht Einkünfte aus nichtselbständiger Arbeit. Zur Vereinfachung ihrer Lebensgewohnheiten bittet sie ihren Dienstgeber, die Hälfte ihres Gehalts auf das Konto ihres Mannes zu überweisen.
Mit dieser Bitte an den Dienstgeber verfügt X über den von ihr erwirtschafteten und somit ihr zustehenden Gehaltsanspruch (sog Einkommensverwendung). Die Überweisung des Gehalts ohne Umwege auf ein fremdes Konto ändert nichts daran, dass die Einkünfte

ihr in voller Höhe zuzurechnen und auch in voller Höhe bei ihr zu besteuern sind.

2. Schon vor einigen Jahren hat Y zur Geldanlage eine Eigentumswohnung erworben, die er seitdem vermietet hat. Y hat eine unterhaltsberechtigte Tochter. Er überlegt, ihr die Wohnung und/oder die Mieteinkünfte zukommen zu lassen.
   Schenkt Y seine Mietwohnung der Tochter und bezieht fortan die Tochter die Mieteinkünfte, kommt es zu einer Änderung der Zurechnung: Ab dem Zeitpunkt der Schenkung sind die Mieteinkünfte der Tochter zuzurechnen.
   Schenkt Y hingegen die Mietwohnung der Tochter, behält sich aber gleichzeitig den Fruchtgenuss an der Mietwohnung zurück (sog Vorbehaltsfruchtgenuss), wechselt zwar das zivilrechtliche Eigentum an der Mietwohnung, die Einkünfte daraus sind aber weiterhin Y zuzurechnen.
   Umgekehrt kann beim Zuwendungsfruchtgenuss (Y behält das zivilrechtliche Eigentum an der Wohnung, wendet der Tochter aber die Mieteinkünfte daraus zu) auch die Zurechnung der Einkünfte von Y auf die Tochter wechseln.

Verträge zwischen nahen Angehörigen sind nach der Rechtsprechung und Verwaltungspraxis – um Missbräuchen durch die Änderung der Einkünftezurechnung vorzubeugen – nur insoweit steuerlich anerkannt, als sie nach außen hinreichend zum Ausdruck kommen, einen eindeutigen Inhalt aufweisen und zu fremdüblichen Bedingungen abgeschlossen werden.

Nahe Angehörige

1. Facharzt Dr. B (Jahresgewinn EUR 150.000,–) beschäftigt in seiner Praxis A, seine Ehefrau, als Ordinationshilfe. A bezieht ein Jahresgehalt von EUR 50.000,–, während andere vergleichbare Ordinationshilfen von Dr. B nur Gehälter von rund EUR 20.000,– erhalten. Weitere Einkünfte hat A nicht.
   Sofern A einen Arbeitsvertrag mit Dr. B abgeschlossen hat und auch nachweislich die Tätigkeiten einer Ordinationshilfe erfüllt, liegt ein nach außen zum Ausdruck kommendes Dienstverhältnis mit eindeutigem Inhalt vor. Das Gehalt von A ist jedoch nicht fremdüblich, sondern um EUR 30.000,– höher als das Gehalt von vergleichbaren anderen ArbeitnehmerInnen. In Höhe von EUR 30.000,– erhält A also eine Geldzuwendung ihres Ehemannes, ohne eine adäquate Gegenleistung zu erbringen. Würde das Gehalt in dieser vereinbarten Höhe von EUR 50.000,– anerkannt werden, hätte dies zur Folge, dass ein Teil der Einkünfte von Dr. B bei dessen Gattin besteuert

würde, wo sie – wegen der Einstufung in einer niedrigeren Progressionsstufe – einer deutlich geringeren Steuerbelastung unterliegen.
Das Arbeitsverhältnis zwischen Dr. B und seiner Ehefrau wird daher ertragsteuerrechtlich nur im fremdüblichen Ausmaß anerkannt. Dr. B hat die nicht fremdüblichen EUR 30.000,– des an seine Frau bezahlten Bezuges als Teil seines eigenen Gewinns zu versteuern, während seine Ehefrau A Einkommensteuer (in Form der Lohnsteuer) nur für einen Betrag von EUR 20.000,– zu entrichten hat.

Zwischenschaltung einer GmbH

2. Universitätsprofessorin C hält neben ihrer Tätigkeit für die Universität auch Vorträge an externen Fortbildungseinrichtungen. Die Honorare, die sie von diesen Einrichtungen bezieht, rechnet sie über eine eigens gegründete GmbH ab, deren alleinige Gesellschafterin und Geschäftsführerin sie ist. Die GmbH verfügt darüber hinaus über keine weiteren Arbeitnehmer.
Die Lehrtätigkeit an einer Bildungseinrichtung ist nach Auffassung der Finanzverwaltung eine höchstpersönliche Tätigkeit, die nicht von einer juristischen Person erbracht werden kann, sondern nur von C selbst. Universitätsprofessorin C hat die Honorare aus ihrer Vortragstätigkeit daher als eigene Einkünfte einer natürlichen Person gem § 2 Abs 4a EStG der Einkommensteuer zu unterwerfen. Eine Besteuerung auf Ebene der GmbH ist ausgeschlossen.

4.2.2 Steuergegenstand (sachliche Seite)

4.2.2.1 Überblick

Einkommen

Der Einkommensteuer unterliegt das Einkommen, das innerhalb eines Kalenderjahres bezogen wird. Einkommen ist nach § 2 Abs 2 EStG der Gesamtbetrag der Einkünfte aus den in § 2 Abs 3 EStG aufgezählten Einkunftsarten nach Ausgleich mit Verlusten, die sich aus den einzelnen Einkunftsarten ergeben, nach Abzug der Sonderausgaben (§ 18 EStG) und außergewöhnlichen Belastungen (§§ 34 und 35 EStG) sowie der Freibeträge nach den §§ 105 und 106a EStG.

Ausgangspunkt für die Ermittlung des Einkommens sind die **Einnahmen** aus den im Gesetz aufgezählten Einkunftsarten. Diese Einnahmen sind dem objektiven Nettoprinzip entsprechend um die Aufwendungen (Betriebsausgaben oder Werbungskosten) zu verringern. Die sich daraus ergebende Größe wird als Einkünfte bezeichnet. Erst die Summe dieser Einkünfte nach Abzug diverser Posten, die dem Leistungsfähigkeitsprinzip Rechnung tragen, ergibt das zu besteuernde Einkommen.

Einkommen,
das innerhalb eines Kalenderjahres bezogen
Summe der 7 Einkunftsarten
nach Ausgleich mit Verlusten
minus
Sonderausgaben
minus
außergewöhnliche Belastungen
minus
Freibeträge gem § 105 und § 106a EStG

Abb 5. Sachliche Seite des Einkommensteuertatbestandes

Für die Fälle, in denen das EStG eine Besteuerung in der Schedule zu einem festen Steuersatz vorsieht, gilt § 2 Abs 2 EStG nicht. Aufwendungen sind – wenn überhaupt – nur eingeschränkt abzugsfähig, eine Saldierung mit Einkünften aus anderen Einkunftsarten erfolgt grundsätzlich nicht und auch ein Abzug von Sonderausgaben, außergewöhnlichen Belastungen und Freibeträgen nach §§ 105 und 106a EStG ist ausgeschlossen.

Besonderheit: Schedulenbesteuerung

Für das Vorliegen von Einkünften im Sinne des EStG ist Voraussetzung, dass die entsprechende Tätigkeit durch die Absicht veranlasst ist, einen Gesamtgewinn oder einen Gesamtüberschuss der Einnahmen über die Aufwendungen zu erzielen. Diese Absicht muss anhand objektiver Umstände nachvollziehbar sein.

Gewinnerzielungsabsicht

Keine Einkünfte, sondern Liebhaberei liegt vor, wenn Verluste entstehen aus (a) der Bewirtschaftung von Wirtschaftsgütern, die sich nach der Verkehrsauffassung in besonderem Maß für eine Nutzung im Rahmen der Lebensführung eignen (zB Wirtschaftsgüter, die der Sport- oder Freizeitausübung dienen, Luxuswirtschaftsgüter) und typischerweise einer besonderen in der Lebensführung gelegenen Neigung entsprechen, (b) aus Tätigkeiten, die typischerweise auf eine besondere in der Lebensführung gelegene Neigung zurückzuführen sind oder (c) aus der Bewirtschaftung von Eigenheimen, Eigentumswohnungen und Mietwohnungen mit qualifizierten Nutzungsrechten (vgl § 1 Abs 2 Liebhaberei-VO, BGBl 1993/33 idF BGBl II 1999/15). Bei diesen als Liebhaberei bezeichneten Tätigkeiten besteht die sog **Liebhabereivermutung**, die der betroffene Steuerpflichtige durch Prognoserechnungen, die nachweisen, dass innerhalb eines absehbaren Zeitraums ein Gesamtüberschuss erzielt wird, widerlegen kann.

Liebhaberei

Wird eine Tätigkeit als einkünftebegründend iSd EStG anerkannt, sind grundsätzlich auch Verluste aus dieser Tätigkeit einkommensteuerrechtlich relevant: Im Rahmen der Ermittlung des Einkommens können negative Einkünfte aus einer Tätigkeit mit positiven Einkünften aus einer anderen Tätigkeit ausgeglichen werden. Verluste aus betrieblichen Einkunftsarten können sogar in zukünftige Perioden vorgetragen werden (siehe dazu später S 189) und mindern so die Bemessungsgrundlage für die Einkommensteuer.

Die Annahme von Liebhaberei verhindert, dass Verluste ertragsteuerrechtlich berücksichtigt werden können. In der Praxis ist die Frage der Liebhaberei vor allem im Bereich der sog „kleinen Vermietung" von großer Bedeutung (vgl dazu genauer *Doralt/Ruppe*, Steuerrecht I¹¹ Tz 48).

X ist Rechtsanwalt. Er und seine Familie sind begeisterte Reiter. Das Reiten ist eine kostspielige Angelegenheit. Er beschließt, aus seinem Hobby eine Nebenbeschäftigung zu machen und errichtet einen Reitstall samt für die Turnierreiterei erforderlicher Einrichtungen, bringt dort seine fünf Pferde unter, engagiert Stallburschen und auch einen Trainer. Außerdem stellen zwei andere Personen ihre beiden Pferde gegen Bezahlung einer monatlichen Einstellgebühr bei ihm ein und nehmen die Leistungen des Trainers in Anspruch. Die Einnahmen, die X aus seinen Leistungen gegenüber diesen beiden Personen erzielt, liegen bei weitem unter den für den Betrieb des Stalls notwendigen Aufwendungen.

Würde der Reitstall als einkünftebegründende Tätigkeit anerkannt, könnten die Verluste aus dessen Betrieb mit den positiven Einkünften aus der Rechtsanwaltstätigkeit ausgeglichen werden und würden die Bemessungsgrundlage für die Einkommensteuer des X verringern. Er hätte dann sein Hobby insofern lukrativ zum Beruf gemacht, als er die Einkommensteuer für seine Anwaltstätigkeit verringert hätte. Um dies zu verhindern, werden derartige Betätigungen unter den hier geschilderten Voraussetzungen nicht als Einkunftsquellen anerkannt, sondern als steuerlich unbeachtliche Liebhaberei qualifiziert. Dies hat zur Konsequenz, dass die Verluste aus dem Betrieb des Reitstalls ertragsteuerrechtlich unbeachtlich sind und mit den Einkünften aus der Anwaltstätigkeit nicht verrechnet werden können.

4.2.2.2 System der Einkommensteuer

Basis für das zu besteuernde Einkommen ist die Summe der sieben Einkunftsarten nach Ausgleich mit Verlusten. Die sieben Einkunftsarten sind in § 2 Abs 3 EStG aufgezählt und werden in den §§ 21 ff EStG näher definiert. Sie lassen sich in zwei Gruppen, in betriebliche und außerbetriebliche Einkünfte, sowie nach ihrem Verhältnis zueinander in Haupt- und Nebeneinkünfte gliedern. Da sich Einkünfte dem objektiven Nettoprinzip entsprechend aus dem Saldo von Erträgen und Aufwendungen ergeben, wird die die Einkünfte begründende Größe bei den betrieblichen Einkünften „**Gewinn**", bei den außerbetrieblichen Einkünften „**Überschuss der Einnahmen über die Werbungskosten**" genannt. Einnahmen aus Tätigkeiten, die keiner der sieben Einkunftsarten zuordenbar sind, sind keine Einkünfte im Sinne des EStG und daher nicht einkommensteuerbar.

	Einkünfte aus	
Betriebliche Einkünfte *Gewinn*	Land- und Forstwirtschaft (§ 21)	Haupt-einkünfte
	selbständiger Arbeit (§ 22)	
	Gewerbebetrieb (§ 23)	
Außerbetriebliche Einkünfte *Überschuss Einnahmen über Werbungskosten*	nicht-selbständiger Arbeit (§ 25)	Nebeneinkünfte
	Kapitalvermögen (§ 27)	
	Vermietung und Verpachtung (§ 28)	
	Sonstige Einkünfte (§ 29) • bestimmte Renten • Einkünfte aus privaten Grundstücksveräußerungen • Spekulationsgeschäfte • Leistungen • Funktionsgebühren	

Abb 6. Die sieben Einkunftsarten

Ihrem Besteuerungsregime zufolge können die sieben Einkunftsarten unterteilt werden in Einkünfte, die nach dem Grundsatz der **Synthetik** ermittelt und zum progressiven Tarif besteuert werden, und in Einkünfte, die in einer eigenen Schedule zu einem festen Tarif besteuert werden. Im Rahmen der **Schedulenbesteuerung** ist der Abzug von Aufwendungen nur sehr eingeschränkt zulässig und Verluste können nur eingeschränkt ausgeglichen werden. Dieses System der Trennung von synthetischen und in der Schedule zu besteuernden Einkünften ist insofern durchlässig, als dem Steuerpflichtigen der Wechsel von der Schedulenbesteuerung zur synthetischen Besteuerung offensteht (vgl dazu später S 137 und 162).

Einkünfte aus „aktiver" Tätigkeit	Einkünfte iZm „Kapitalanlagen"	Einkünfte aus Grundstücksveräußerungen
betriebliche Einkünfte (ausg Grundstücks- und Kapitalanlagenverkäufe)	Kapitalvermögen iSv § 27 EStG	private Grundstücksveräußerungen
nicht-selbständige Arbeit	betriebl Einkünfte aus Kapitalanlagen iSv § 27	Veräußerung von Betriebsgrundstücken, wenn nicht best Ausnahmen
Vermietung und Verpachtung	*ausgenommen:* stille Beteiligung, Privatdarlehen	
Renten, Leistungen, Funktionsgebühren und Spekulationsgeschäfte	• Schedulenbesteuerung • besonderer Steuersatz von 25% • kein Werbungskostenabzug • eingeschränkter Verlustausgleich innerhalb der Schedule • Option auf Regelbesteuerung zum progressiven Tarif im System der synthetischen Steuer zulässig	
Beteiligung als stiller Gesellschafter, Privatdarlehen		
• synthetische Besteuerung • progressiver Tarif		

Abb 7. System der Einkommensteuer

4.2.2.3 Zeitliche Zuordnung der Einkünfte

Die zeitliche Zuordnung der Einkünfte erfolgt nach zwei unterschiedlichen Prinzipien, von denen das eine auf den Zeitpunkt von Zufluss oder Abfluss einer Zahlung abstellt (sog **Zufluss-Abfluss-Prinzip**), das andere auf den Zeitraum, dem ein Aufwand oder Ertrag wirtschaftlich zuzurechnen ist (**Grundsatz der wirtschaftlichen Zurechnung**).

Zufluss-Abfluss-Prinzip

Das Zufluss-Abfluss-Prinzip kommt für sämtliche außerbetrieblichen Einkünfte (§ 19 EStG) sowie für diejenigen betrieblichen Einkünfte (§ 4 Abs 3 EStG) zur Anwendung, die nicht durch doppelte Buchführung ermittelt werden. Vom Zufluss-Abfluss-Prinzip gibt es Ausnahmen: Regelmäßig wiederkehrende Beträge, die kurz vor oder nach dem Jahreswechsel zu- oder abfließen, sind jener Periode zuzuordnen, in die sie wirtschaftlich gehören (§ 19 Abs 1 Z 1 und Abs 2 EStG). Vorauszahlungen von Beratungs-, Bürgschafts-, Fremdmittel-, Garantie-, Miet-, Treuhand-, Vermittlungs-, Vertriebs- und Verwaltungskosten sind gleichmäßig auf den Zeitraum der Vorauszahlung zu verteilen, außer sie betreffen lediglich das laufende und das folgende Jahr (§ 4 Abs 6 EStG für die betrieblichen Einkünfte; § 19 Abs 3 EStG). Weitere Abweichungen vom Zufluss-Abfluss-Prinzip für bestimmte Einnahmen sieht § 19 Abs 1 Z 2 und Z 3 EStG vor.

1. X ermittelt seinen Gewinn durch Überschussrechnung (siehe dazu später S 108 ff) und bezahlt im Dezember 01 die Mieten für die Jahre 02 bis 03 im Voraus.
Die Mietvorauszahlung betrifft nicht nur das laufende und das darauffolgende Jahr, sie mindert daher trotz ihres Abflusses im Jahr 01 nicht den Gewinn des Jahres 01. Die Aufwendungen sind vielmehr erst im Jahr 02 und im Jahr 03 zu berücksichtigen.
2. X bezahlt im Dezember 01 nur die Miete für das Jahr 02 im Voraus.
Dieser Aufwand betrifft nur das darauffolgende Jahr und ist daher entsprechend dem Zufluss-Abfluss-Prinzip im Jahr 01 bereits gewinnwirksam (mindert den steuerpflichtigen Gewinn des Jahres 01).

Nach dem Grundsatz der wirtschaftlichen Zurechnung sind Zahlungsflüsse unerheblich. Aufwendungen und Erträge sind jenen Besteuerungszeiträumen zuzurechnen, zu denen sie wirtschaftlich gehören. Das ist jene Besteuerungsperiode, in der die Ursache für einen Aufwand oder Ertrag liegt.

Grundsatz der wirtschaftlichen Zurechnung

Ein Wirtschaftstreuhänder erbringt eine Beratungsleistung im November 01 und stellt auch noch im November 01 eine Honorarnote. Der Klient begleicht die Honorarnote erst Ende Jänner 02.
Weil das Honorar erst Ende Jänner 02 zufließt, kann es nach dem Zufluss-Abfluss-Prinzip nur im Kalenderjahr 02 steuerwirksam werden. Nach dem Grundsatz der wirtschaftlichen Zurechnung wurde die Leistung im Jahr 01 erbracht, die Bezahlung der Honorarnote im Jänner 02 betrifft also wirtschaftlich eine Leistung des Jahres 01 und ist daher noch im Jahr 01 steuerwirksam (ungeachtet des Zuflusses erst im Jahr 02; vgl dazu im Detail S 92 ff).

4.2.3 Steuerbefreiungen

Einnahmen sind **steuerbar**, wenn sie einen Einkommensteuertatbestand erfüllen, dh unter eine der sieben Einkunftsarten fallen. Nicht einkommensteuerbar sind etwa Lotteriegewinne, Schenkungen und Erbschaften, Einkünfte aus Liebhaberei oder Leistungen des Arbeitgebers iSv § 26 EStG (zB bestimmte Reisekostenersätze, die Beförderung des Arbeitnehmers im Werkverkehr, Beiträge zu Pensionskassen). Steuerbare Einkünfte können aufgrund gesetzlicher Anordnung von der Einkommensteuerpflicht befreit sein (Steuerbefreiungen). Sie sind dann zwar steuerbar, aber nicht steuerpflichtig.

Nach § 3 EStG sind bestimmte Bezüge, Beihilfen und Subventionen aus öffentlichen Mitteln, bestimmte Einkünfte aus im Ausland verrichteten Tätigkeiten, bestimmte Zuwendungen seitens des Dienstgebers, ortsübliche Trinkgelder, Zuschüsse des Dienstgebers zur Kinderbetreuung des Dienstnehmers und ähnliches befreit.

4.3 Die betrieblichen Einkünfte

4.3.1 Überblick

Zu den betrieblichen Einkünften zählen die Einkünfte aus Land- und Forstwirtschaft, aus selbständiger Arbeit und aus Gewerbebetrieb. Der Saldo aus Erträgen und Aufwendungen wird als Gewinn bezeichnet und bildet die jeweiligen Einkünfte ab. Je nach Einkunftsart und Höhe des Umsatzes ist der Gewinn durch Überschuss der Einnahmen über die Betriebsausgaben oder durch Bilanzierung zu ermitteln. Eine Verpflichtung zur Bilanzierung besteht für die Einkünfte aus Gewerbebetrieb, für Land- und Forstwirte und die Einkünfte aus sonstiger selbständiger Arbeit, wenn sie gewisse Umsatz- oder Einheitswertgrenzen überschreiten. Sind Gewerbetreibende (§ 23 EStG) zur Rechnungslegung verpflichtet, gelten für sie (und nur für sie!) besondere Buchführungsvorschriften, die mit dem UGB in Zusammenhang stehen. Jeder Steuerpflichtige, der betriebliche Einkünfte erzielt und nicht nach besonderen Vorschriften rechnungslegungspflichtig ist, kann seinen Gewinn freiwillig durch doppelte Buchführung ermitteln. Für Personen mit betrieblichen Einkünften besteht unter bestimmten Voraussetzungen außerdem die Möglichkeit einer vereinfachten Gewinnermittlung durch Pauschalierung der Betriebsausgaben.

Seit 1. 4. 2012 gelten auch für betriebliche Einkünfte aus gelegentlichen Grundstücksverkäufen und gelegentlichen Verkäufen von Kapitalanlagen sowie für die steuerliche Berücksichtigung von Wertänderungen derartiger Vermögensgegenstände besondere Vorschriften, auf die in einem eigenen Kap (S 159 ff und 137 ff) gesondert eingegangen wird.

4.3.2 Einkünfte aus Land- und Forstwirtschaft (§ 21 EStG)

Einzelunternehmer

Zu den Einkünften aus Land- und Forstwirtschaft zählen vor allem Einkünfte aus Landwirtschaft, Forstwirtschaft, Weinbau, Gartenbau, Gemüsebau, Obstbau, ferner aus Tierzucht- und Tierhaltungsbetrieben (sofern für die Tiere überwiegend selbst erzeugte Futtermittel verwendet werden), Binnenfischerei, Fischzucht und Jagd.

Abgrenzungsprobleme, insb zu den Einkünften aus Gewerbebetrieb, ergeben sich zB bei Nebenbetrieben, Vermietung von „Fremdenzimmern" und gewerblicher Tierhaltung.

Wird die land- und forstwirtschaftliche Tätigkeit in der Form einer Mitunternehmerschaft (Personengesellschaft) ausgeübt, beziehen die Mitunternehmer mit ihrer Tätigkeit ebenfalls Einkünfte aus Land- und Forstwirtschaft (§ 21 Abs 2 Z 2 EStG). – Zur Besteuerung von Gewinnen aus Mitunternehmerschaften vgl im Detail später S 205 f. *Mitunternehmerschaft*

Zu den Einkünften aus Land- und Forstwirtschaft gehören auch die Gewinne aus der Veräußerung eines Betriebes, Teilbetriebes oder Mitunternehmerschaftsanteils (§ 24 EStG), aus dem Einkünfte aus Land- und Forstwirtschaft bezogen wurden (§ 21 Abs 2 Z 3 EStG). *Veräußerungsgewinne*

Für nicht buchführungspflichtige Land- und Forstwirte gibt es umfangreiche Vereinfachungsnormen betreffend die Gewinnermittlung (Gewinnpauschalierung als Prozentsatz des Einheitswertes des land- und forstwirtschaftlichen Betriebes; § 17 Abs 4 und Abs 5 EStG). Im Übrigen gelten die allgemeinen Gewinnermittlungsvorschriften (§ 4 Abs 3 und § 4 Abs 1 EStG). Eine Teilpauschalierung von Betriebsausgaben im Rahmen der Gewinnermittlung nach § 4 Abs 3 EStG ist auch für Land- und Forstwirte möglich. *Gewinnermittlung*

4.3.3 Einkünfte aus selbständiger Arbeit (§ 22 EStG)

§ 22 EStG enthält eine abschließende Aufzählung all jener Einkünfte, die als Einkünfte aus selbständiger Arbeit gelten.

Zu den Einkünften aus selbständiger Arbeit zählen die Einkünfte aus einer freiberuflichen Tätigkeit. Eine solche liegt nur (!) in folgenden Fällen vor: *Freiberufliche Einkünfte*

- Einkünfte aus wissenschaftlicher, künstlerischer, schriftstellerischer, unterrichtender und erzieherischer Tätigkeit (zB auch Tanzschulen, Fahrschulen), unter bestimmten Voraussetzungen Einkünfte aus Stipendien für derartige Tätigkeiten (s im Detail § 22 Z 1 lit a EStG idF AbgÄG 2016);
- Einkünfte aus der Berufstätigkeit als Ziviltechniker, Arzt, Tierarzt, Rechtsanwalt, Notar, Wirtschaftstreuhänder, Unternehmensberater, Versicherungsmathematiker, Schiedsrichter im Schiedsgerichtsverfahren, Bildberichterstatter, Journalist, Dolmetscher, Übersetzer;
- Einkünfte von Psychologen, Hebammen sowie aus Tätigkeiten im Krankenpflegefachdienst, im physiotherapeutischen Dienst, im Diätdienst, im ergotherapeutischen Dienst sowie im logopädisch-phoniatrisch-audiologischen Dienst.

All diese Tätigkeiten müssen **selbständig** ausgeübt werden. Ein in einem Krankenhaus angestellter Arzt erzielt daher nicht Einkünfte aus selbständiger Arbeit, sondern Einkünfte aus nichtselbständiger Arbeit. Der Freiberufler darf sich der Mithilfe fachlich vorgebildeter Arbeitskräfte bedienen. Er muss jedoch – abgesehen vom Fall einer vorübergehenden Verhinderung – selbst auf Grund eigener Fachkenntnisse leitend und eigenverantwortlich tätig werden.

Sonstige selbständige Arbeit

Einkünfte aus selbständiger Arbeit sind außerdem jene aus „sonstiger selbständiger Arbeit". Dazu zählen die
- Einkünfte aus einer **vermögensverwaltenden Tätigkeit** (zB Hausverwalter, aber auch Aufsichtsratsmitglied, Stiftungsvorstand, selbständige Geschäftsführer von Kapitalgesellschaften);
- Gehälter, die Dienstnehmern von Kapitalgesellschaften, die zugleich zu mehr als 25% an der Gesellschaft beteiligt sind (zB wesentlich beteiligte **Gesellschafter-Geschäftsführer**), für ihre sonst alle Merkmale eines Dienstverhältnisses aufweisende Beschäftigung gewährt werden. Dienstnehmer mit einer Beteiligung von 25% oder darunter beziehen Einkünfte aus nichtselbständiger Arbeit (siehe dazu S 124).

Mitunternehmerschaft

Wird eine selbständige Arbeit in der Rechtsform einer **Personengesellschaft** (Mitunternehmerschaft) ausgeübt (zB Wirtschaftstreuhänder OG, Rechtsanwälte OG), beziehen die Gesellschafter mit ihren Gewinnanteilen ebenfalls Einkünfte nach § 22 EStG (Z 3 leg cit). – Zur Besteuerung der Gewinne von Mitunternehmerschaften vgl im Detail später S 205 ff.

Veräußerungsgewinn

Zu den Einkünften aus selbständiger Arbeit zählen auch Gewinne aus der Veräußerung eines Betriebes, Teilbetriebes oder Mitunternehmerschaftsanteils (§ 24 EStG), aus dem Einkünfte aus selbständiger Arbeit bezogen wurden (§ 22 Z 5 EStG). – Zur Besteuerung von Gewinnen aus der Beteiligung an einer Mitunternehmerschaft vgl im Detail später S 205 ff.

Gewinnermittlung

Personen, die Einkünfte aus freiberuflicher selbständiger Arbeit erzielen, sind niemals zur Gewinnermittlung durch doppelte Buchführung verpflichtet. Sie haben ihren Gewinn stets durch Überschuss der Einnahmen über die Betriebsausgaben zu ermitteln (§ 4 Abs 3 EStG). Unter bestimmten Voraussetzungen ist die pauschale Ermittlung eines Teiles der Betriebsausgaben zulässig (§ 17 EStG). Freiwillig kann der Gewinn auch durch doppelte Buchführung ermittelt werden (§ 4 Abs 1 EStG).

4.3.4 Einkünfte aus Gewerbebetrieb (§ 23 EStG)

Ein Gewerbebetrieb im steuerrechtlichen (!) Sinn liegt vor, wenn eine Tätigkeit

- selbständig (mit Unternehmerwagnis; nicht weisungsgebunden),
- nachhaltig (wiederholt oder länger andauernd, nicht nur gelegentlich),
- mit Gewinnerzielungsabsicht und
- unter Beteiligung am allgemeinen wirtschaftlichen Verkehr, dh für einen unbestimmten Personenkreis

ausgeübt wird und nicht eine land- und forstwirtschaftliche Tätigkeit oder selbständige Arbeit iSd § 22 EStG darstellt. Außerdem liegen Einkünfte aus Gewerbebetrieb nur vor, wenn die Betätigung über die bloße Verwaltung eigenen Vermögens hinausgeht.

Jede Tätigkeit, die selbständig ausgeübt wird und weder den Einkünften aus Land- und Forstwirtschaft noch jenen aus selbständiger Arbeit zuzurechnen ist, führt ertragsteuerrechtlich zu Einkünften aus Gewerbebetrieb. Völlig unbeachtlich für diese Einordnung ist, ob aus gewerberechtlicher Sicht ein Gewerbeschein zu lösen ist oder nicht.

Ein im Rahmen eines echten Werkvertrages tätiger Studierender erzielt Einkünfte aus Gewerbebetrieb; dasselbe gilt für ein im Rahmen eines echten Werkvertrages tätiges Model oder einen Unterhaltungsmusiker.

Wird ein Gewerbebetrieb in der Rechtsform einer **Personengesellschaft** (Mitunternehmerschaft) geführt (zB OG oder KG), beziehen die Gesellschafter mit ihren Gewinnanteilen ebenfalls Einkünfte nach § 23 EStG (Z 2 leg cit). – Zur Besteuerung von Gewinnen einer Mitunternehmerschaft vgl im Detail später S 205 ff.

Mitunternehmerschaft

Zu Einkünften aus Gewerbebetrieb führen auch Gewinne aus der Veräußerung eines Betriebes, Teilbetriebes oder Mitunternehmerschaftsanteils (§ 24 EStG), wenn der Steuerpflichtige aus dem Betrieb gewerbliche Einkünfte erzielt hat (§ 23 Z 3 EStG).

Veräußerungsgewinne

Besteht Rechnungslegungspflicht nach dem UGB, ermitteln Steuerpflichtige, die Einkünfte aus Gewerbebetrieb erzielen, ihren Gewinn nach § 5 Abs 1 EStG, dh durch doppelte Buchführung unter Berücksichtigung der Rechnungslegungsvorschriften des UGB. Im Übrigen ermitteln sie ihren Gewinn durch Überschuss der Einnahmen über die Betriebsausgaben (§ 4 Abs 3 EStG), wobei auch für Einkünfte nach § 23 EStG die pauschale Ermittlung eines Teils der Betriebsausgaben in Betracht kommt (§ 17 EStG). Besteht eine Rechnungslegungspflicht nach UGB nicht, ist außerdem eine Gewinnermittlung durch freiwillige Buchführung nach § 4 Abs 1 EStG möglich.

Gewinnermittlung

4.3.5 Gewinnermittlung (§§ 4–14 EStG)

4.3.5.1 Gewinnermittlungsarten
(§ 4 Abs 1 und Abs 3, § 5 Abs 1 EStG)

Für jeden Betrieb im Rahmen der betrieblichen Einkunftsarten ist ein Gewinn zu ermitteln. Dies wird als steuerrechtliche Gewinnermittlung bezeichnet. Der Gewinn kann durch Überschuss der Einnahmen- über die Betriebsausgaben (Einnahmen-Ausgaben-Rechnung) oder durch Betriebsvermögensvergleich zu ermitteln sein.

Pauschalierung

Gewerbetreibende und Selbständige können im Rahmen einer Einnahmen-Ausgaben-Rechnung nach Maßgabe des § 17 EStG und den dazu ergangenen Verordnungen ihre Betriebsausgaben mit einem **Durchschnittssatz** ermitteln (VO BGBl 1990/55 für nichtbuchführende Gewerbetreibende, VO BGBl II 2012/488 für das Gaststättengewerbe, VO BGBl II 1999/228 idF BGBl II 2003/633 für den Lebensmitteleinzel- und Gemischtwarenhandel, VO BGBl II 1999/229 für Drogisten, VO BGBl II 2000/95 idF BGBl II 2003/635 für Handelsvertreter, VO BGBl II 2000/417 idF BGBl II 2003/636 für Künstler und Schriftsteller).

Für kleinere land- und forstwirtschaftliche Betriebe ist eine Gewinnpauschalierung anhand der Einheitswerte vorgesehen (**Vollpauschalierung**, § 17 EStG iVm LuF-PauschVO 2015, BGBl II 2013/125 idF 2014/164).

Einnahmen-Ausgaben-Rechnung

Ein Steuerpflichtiger, für den weder das Abgabenrecht (§ 124 und § 125 BAO) noch das UGB (§ 189 UGB) oder andere bundesgesetzliche Vorschriften eine Buchführungspflicht (Rechnungslegungspflicht) vorsehen, hat seinen Gewinn durch Überschuss der Einnahmen über die Betriebsausgaben zu ermitteln (§ 4 Abs 3 EStG). Der Einnahmen-Ausgaben-Rechner ist zur Führung von Aufzeichnungen über seine Betriebseinnahmen und Betriebsausgaben und eines Anlageverzeichnisses (AVZ) verpflichtet (§ 7 Abs 3 EStG, § 126 BAO). Er kann aber auch freiwillig Bücher führen und unterwirft sich damit selbst den steuerrechtlichen Buchführungspflichten des § 4 Abs 1 EStG.

Doppelte Buchführung

Steuerpflichtige, die auf Grund gesetzlicher Vorschriften zur Buchführung verpflichtet sind, ermitteln ihren Gewinn durch Betriebsvermögensvergleich. Dabei handelt es sich um die präziseste Form der Gewinnermittlung, weil nicht nur Zahlungsflüsse, sondern auch Veränderungen im Vermögensbestand berücksichtigt werden. Der Betriebsvermögensvergleich wird bei rein steuerrechtlicher Buchführungspflicht oder bei freiwilliger Buchführung nach steuerrechtlichen Vorschriften vorgenommen (sog **einfacher Betriebsver-**

mögensvergleich gem § 4 Abs 1 EStG). Ist ein Steuerpflichtiger hingegen nach UGB oder anderen bundesgesetzlichen Vorschriften rechnungslegungspflichtig (buchführungspflichtig) und erzielt er Einkünfte aus Gewerbebetrieb, hat er seinen Gewinn unter Berücksichtigung der unternehmensrechtlichen Bewertungsvorschriften nach § 5 Abs 1 EStG zu ermitteln (sog **qualifizierter Betriebsvermögensvergleich**).

Der durch Betriebsvermögenvergleich ermittelte Gewinn ist der durch doppelte Buchführung ermittelte Unterschiedsbetrag zwischen dem Betriebsvermögen am Schluss des Wirtschaftsjahres und am Schluss des vorangegangenen Wirtschaftsjahres. Der Gewinn wird durch Entnahmen nicht gekürzt und durch Einlagen nicht erhöht (vgl § 4 Abs 1 EStG).

Gewinn

4.3.5.2 Steuerrechtliche Buchführungspflicht

Als Buchführungspflicht bezeichnet das Steuerrecht die Verpflichtung zur Gewinnermittlung durch Betriebsvermögensvergleich basierend auf einer doppelten Buchführung. Diese besteht in der Darstellung des Vermögens in Form einer Bilanz und der Darstellung der Aufwendungen und Erträge in Form der Gewinn- und Verlustrechnung.

Zur Führung von Büchern sind verpflichtet:

- Personen, die nach dem Unternehmensgesetzbuch oder anderen gesetzlichen Vorschriften zur Führung von Büchern oder Aufzeichnungen verpflichtet sind (§ 124 BAO);
- Unternehmer für einen land- und forstwirtschaftlichen Betrieb oder einen wirtschaftlichen Geschäftsbetrieb (§ 31 BAO),
  - dessen Umsatz in zwei aufeinander folgenden Kalenderjahren jeweils EUR 550.000,– überstiegen hat, oder
  - dessen (Einheits-)Wert zum 1. Jänner eines Jahres EUR 150.000,– überstiegen hat (§ 125 BAO).

Buchführungspflicht nach BAO

Umsätze sind solche nach dem UStG zzgl Auslandsumsätze, ausgenommen sind ua Umsätze, die nicht unmittelbar dem Betriebszweck dienen (§ 125 Abs 1 BAO).

Nach dem Unternehmensgesetzbuch zur Rechnungslegung verpflichtet sind gem § 189 UGB:
- Kapitalgesellschaften und unternehmerisch tätige Personengesellschaften, bei denen kein unbeschränkt haftender Gesellschafter eine natürliche Person ist (**Rechnungslegungspflicht kraft Rechtsform**; zB GmbH & Co KG),

Rechnungslegungspflicht nach UGB

- Unternehmer iSd UGB, deren Umsatzerlöse im Geschäftsjahr EUR 700.000,– überschreiten (zur erstmaligen Rechnungslegungspflicht im Detail vgl § 189 Abs 2 ff UGB).

Unternehmen iSd UGB

Unternehmer iSd UGB ist, wer ein Unternehmen betreibt (§ 1 Abs 1 UGB). Ein Unternehmen ist jede auf Dauer angelegte Organisation selbständiger wirtschaftlicher Tätigkeit, mag sie auch nicht auf Gewinn gerichtet sein (§ 1 Abs 2 UGB). Unternehmer kraft Rechtsform sind gem § 2 UGB Aktiengesellschaften (AG), Gesellschaften mit beschränkter Haftung (GmbH), Erwerbs- und Wirtschaftsgenossenschaften, Versicherungsvereine auf Gegenseitigkeit, Sparkassen, Europäische wirtschaftliche Interessenvereinigungen (EWIV), Europäische Gesellschaften (SE) und Europäische Genossenschaften (SCE).

Ausnahmen von der Rechnungslegungspflicht nach UGB

Bestimmte Unternehmer sind nach § 189 Abs 4 UGB von der Rechnungslegungspflicht ausgenommen. Das sind Angehörige der freien Berufe, Land- und Forstwirte sowie Unternehmer, die außerbetriebliche Einkünfte beziehen (Vermögensverwaltung) und zwar auch dann, wenn die Tätigkeit in Gestalt von Personengesellschaften ausgeübt wird (außer an der Gesellschaft ist keine natürliche Person als voll haftender Gesellschafter beteiligt).

Land- und Forstwirte sind daher nur nach Maßgabe des § 125 BAO für Zwecke der Einkommensteuer zur Buchführung verpflichtet. Bei Personen mit Einkünften nach § 22 EStG ist zu unterscheiden: Angehörige der **freien Berufe** (zB Rechtsanwälte, Wirtschaftstreuhänder, Notare) sind weder nach dem UGB rechnungslegungs- noch nach § 125 BAO buchführungspflichtig. Sie haben ihren Gewinn grundsätzlich unabhängig von der Höhe ihrer Umsätze durch eine Einnahmen-Ausgaben-Rechnung zu ermitteln (§ 4 Abs 3 EStG). Eine Gewinnermittlung durch doppelte Buchführung (§ 4 Abs 1 EStG) ist freiwillig möglich. **Andere Personen mit Einkünften nach § 22 EStG** können nach dem UGB rechnungslegungspflichtig und damit auch steuerrechtlich zur Buchführung verpflichtet sein (§ 124 BAO iVm § 4 Abs 1 EStG).

4.3.5.3 Begriffe der Gewinnermittlung

4.3.5.3.1 Betriebsvermögen – Privatvermögen

Der steuerrechtliche Gewinn ergibt sich aus dem Unterschied zwischen dem Betriebsvermögen am Bilanzstichtag des vorangegangenen Jahres im Verhältnis zum Betriebsvermögen am Bilanzstichtag des laufenden Jahres. Bei Einnahmen-Ausgaben-Rechnern ergibt sich der steuerrechtliche Gewinn aus der Differenz zwischen betrieblichen

Erträgen und betrieblich veranlassten Aufwendungen. Die Höhe des Gewinns hängt daher vom Umfang des Betriebsvermögens ab. Zudem sind nur Aufwendungen als Betriebsausgaben abzugsfähig, die in Zusammenhang mit Betriebsvermögen stehen. Für die Gewinnermittlung ist daher das Betriebsvermögen vom Privatvermögen abzugrenzen. Dieses Betriebsvermögen ist zu bewerten, um die Gewinnermittlung zu ermöglichen.

> Das **Betriebsvermögen** umfasst alle Wirtschaftsgüter, die dem Betrieb des Steuerpflichtigen dienen und in dessen wirtschaftlichen Eigentum (vgl dazu Kap *Rechtsanwendung* S 50 f) stehen. Wirtschaftsgüter, die dem Betriebsvermögen zuzuordnen sind, zählen je nach ihrer Verwendung im Betrieb zum Umlaufvermögen oder zum Anlagevermögen. Wirtschaftsgüter, die dazu bestimmt sind, im Betrieb nur kurzfristig zu verweilen, etwa weil sie verkauft (Handelswaren) oder im Rahmen des Betriebes verbraucht (zB Büromaterial) werden sollen, werden dem **Umlaufvermögen** zugeordnet (§ 198 Abs 4 UGB).
> Dem **Anlagevermögen** werden Wirtschaftsgüter zugeordnet, die dem Geschäftsbetrieb nicht nur vorübergehend (dh länger als ein Jahr) dienen sollen (§ 198 Abs 2 UGB).
> **Wirtschaftsgüter** sind im wirtschaftlichen Verkehr nach der Verkehrsauffassung selbständig bewertbare Güter jeder Art, nicht bloß Sachen (körperliche Gegenstände), sondern auch rechtliche und tatsächliche Zustände. Selbständig bewertbar sind Wirtschaftsgüter, für die im Rahmen des Gesamtkaufpreises eines Unternehmens üblicherweise ein gesondertes Entgelt angesetzt wird. Wirtschaftsgüter können weiters in **materielle** oder **immaterielle** (zB Beteiligung, Know-how, Erfindungen, Software) Wirtschaftsgüter unterteilt werden. Verlieren Wirtschaftsgüter durch ihre Verwendung im Betrieb an Wert, handelt es sich um **abnutzbare** Wirtschaftsgüter, im entgegengesetzten Fall um **nicht-abnutzbare** Wirtschaftsgüter (zB Grund und Boden, Beteiligungen an Kapitalgesellschaften, sonstige Wertpapiere). Nicht nur **aktive Werte** sind Wirtschaftsgüter. Auch **Passiva**, wie etwa Verbindlichkeiten, kommen als Wirtschaftsgüter in Betracht.

Jedes Wirtschaftsgut kann nur entweder Betriebs- oder Privatvermögen sein. Nur Wirtschaftsgüter des Betriebsvermögens sind im Rahmen des Betriebsvermögensvergleichs zu berücksichtigen: Die im Zusammenhang mit Betriebsvermögen anfallenden Aufwendungen oder zufließenden Erträge werden bei der Gewinnermittlung grundsätzlich als Betriebsausgaben und Betriebseinnahmen berücksichtigt (Ausnahmen bestehen im Zusammenhang mit sog Entnahmen, vgl dazu gleich S 85 f). Es sind auch nur Wertminderungen und Wertsteigerungen des Betriebsvermögens, welche die Höhe des Gewinns beeinflussen können. Aufwendungen und Erträge im Zusammenhang mit Privatvermögen sind grundsätzlich nicht zu berücksichtigen, es sei denn, das Privatvermögen wird (vorübergehend) für betriebliche Zwecke verwendet (sog Einlage, vgl dazu gleich S 87 f).

Notwendiges Betriebsvermögen sind jene Wirtschaftsgüter, die objektiv dem Betrieb zu dienen bestimmt sind.

Zum **notwendigen Privatvermögen** zählen Wirtschaftsgüter, die objektiv erkennbar der privaten Bedürfnisbefriedigung dienen (zB die Eigentumswohnung für die eigenen Wohnbedürfnisse, die Armbanduhr, das Ballkleid).

Als **gewillkürtes Betriebsvermögen** werden Wirtschaftsgüter bezeichnet, die weder notwendiges Privatvermögen noch notwendiges Betriebsvermögen darstellen (neutrale Nutzung, zB unbebautes oder vermietetes Grundstück), aber durch einen Akt des Steuerpflichtigen (Aufnahme in die Bücher) zu Betriebsvermögen erklärt werden können. Gewillkürtes Betriebsvermögen ist nur bei Gewinnermittlung nach § 5 Abs 1 EStG möglich (zB ein Zinshaus wird als gewillkürtes Betriebsvermögen in die Bücher aufgenommen).

Bei Wirtschaftsgütern, die sowohl betrieblich als auch privat genutzt werden (sog gemischt genutzte Wirtschaftsgüter), ist auf die **überwiegende Nutzung** abzustellen. Wird ein Wirtschaftsgut zu mehr als 50% betrieblich genutzt, ist es Betriebsvermögen, wird es zu mehr als 50% privat genutzt, zählt es zum Privatvermögen. Die jeweils untergeordnete Nutzung ist ertragsteuerrechtlich als Entnahme oder Einlage zu berücksichtigen (dazu im Detail S 85 f und 87 f).

1. Ein PKW wird zu 40% privat und zu 60% betrieblich verwendet.
   Da der PKW überwiegend betrieblich genutzt wird, stellt er zur Gänze notwendiges Betriebsvermögen dar und wird daher zunächst bei der Gewinnermittlung zur Gänze als Betriebsvermögen berücksichtigt. Die private Nutzung ist durch eine Entnahme zu neutralisieren (vgl dazu später S 85 f).
2. Der PKW wird zu 60% privat und zu 40% betrieblich verwendet.
   Da der PKW überwiegend privat genutzt wird, stellt er zur Gänze notwendiges Privatvermögen dar und ist bei der Gewinnermittlung nicht zu berücksichtigen. Die betriebliche Nutzung des Privat-PKW stellt jedoch eine Einlage dar, die den Gewinn nicht erhöhen darf. Die auf die betriebliche Nutzung des PKW entfallenden Aufwendungen mindern daher als Betriebsausgaben den Gewinn.

Für **Grundstücke** besteht eine Ausnahme vom sog Überwiegensprinzip: **Grundstücke (Gebäude)**, die zum Teil betrieblich und zum Teil privat verwendet werden, sind in einen betrieblichen und in einen privaten Teil aufzuteilen. Etwas anderes gilt nur, wenn eine der beiden Nutzungsarten nicht die Geringfügigkeitsgrenze von 20% übersteigt.

Ein Gebäude wird zu 40% als Kanzlei, zu 60% als privates Wohnhaus genützt.
Im Ausmaß der privaten Nutzung (60%) liegt notwendiges Privatvermögen, im Ausmaß der betrieblichen Nutzung (40%) liegt notwendiges Betriebsvermögen vor. Nur 40% des Gebäudes sind im Rahmen der Gewinnermittlung zu berücksichtigen.

4.3.5.3.2 Betriebseinnahmen und Betriebsausgaben

Betriebseinnahmen sind alle durch den Betrieb veranlassten Zugänge an Geld oder Sachwerten. Sie erhöhen den Gewinn, wenn sie nicht nach § 3 EStG von der Einkommensteuer befreit sind (zB bestimmte Subventionen).

Betriebseinnahmen

Betriebsausgaben sind Aufwendungen oder Ausgaben, die durch den Betrieb veranlasst sind (§ 4 Abs 4 EStG). Notwendigkeit, Zweckmäßigkeit oder Angemessenheit des Aufwandes sind grundsätzlich kein Kriterium für die Qualifikation eines Aufwandes als Betriebsausgabe, es sei denn, ein Abzugsverbot des § 20 EStG (zB Repräsentationsaufwand; dazu gleich) oder eine andere gesetzliche Einschränkung (zB Reisekosten; dazu gleich) kommt zum Tragen.

Betriebsausgaben

Als Betriebsausgaben in Betracht kommen insbesondere Löhne und Gehälter, der Handelswareneinsatz, Büromaterial, Mieten, Betriebssteuern und -versicherungen, Kreditzinsen, Absetzung für Abnutzung (dazu gleich), Reisekosten innerhalb der gesetzlichen Grenzen.

Nach § 4 Abs 4 EStG sind jedenfalls die eigenen Beiträge des Steuerpflichtigen zur Sozialversicherung, Zahlungen an Pensions- und betriebliche Unterstützungs- und Hilfskassen Betriebsausgaben. Zu den Betriebsausgaben zählen auch Aufwendungen für die Aus- und Fortbildung des Steuerpflichtigen, soweit sie im Zusammenhang mit der vom Steuerpflichtigen ausgeübten beruflichen Tätigkeit stehen oder umfassende Umschulungsmaßnahmen darstellen, die auf die tatsächliche Ausübung eines anderen Berufes abzielen (§ 4 Abs 4 Z 7 EStG).

Zu den zentralen Betriebsausgaben im Zusammenhang mit abnutzbaren Wirtschaftsgütern zählt die Absetzung für Abnutzung (sog AfA): Aufwendungen für die Anschaffung oder Herstellung von Wirtschaftsgütern sind – hinsichtlich Wirtschaftsgütern des Anlage-

Anschaffung von Vermögen

vermögens jedenfalls, hinsichtlich Wirtschaftsgütern des Umlaufvermögens nur bei Gewinnermittlung durch Bilanzierung – nicht sofort in voller Höhe als Betriebsausgaben abzugsfähig. Deren Anschaffung oder Herstellung bewirkt zunächst eine Vermögensumschichtung (Zahlungsmittel werden verringert, das Anlage- oder Umlaufvermögen steigt) und ist daher gewinnneutral.

Aktivierung

Steuerpflichtige, die ihren Gewinn durch Bilanzierung ermitteln, haben daher ihr angeschafftes **Anlage- und Umlaufvermögen** in ihrer Bilanz zu aktivieren (auf der Vermögensseite auszuweisen). Gewinnmindernd ist die Wertminderung des Anlagevermögens, die durch dessen Inbetriebnahme in Gang gesetzt. Das **Umlaufvermögen** wird durch dessen Verbrauch (zB Handelswareneinsatz) gemindert. Ein Aktivierungsverbot besteht für selbsthergestellte **immaterielle Wirtschaftsgüter** (zB Patente, Markenrechte). Dürfen Wirtschaftsgüter nicht in der Bilanz aktiviert werden, sind die damit in Zusammenhang stehenden Aufwendungen sofort in voller Höhe als Betriebsausgaben abzugsfähig.

Aktivierungsverbot

Wird der Gewinn durch **Einnahmen-Ausgaben-Rechnung** ermittelt, ist nur das Anlagevermögen in ein Anlageverzeichnis aufzunehmen (§ 7 Abs 3 EStG). Gewinnmindernd ist die Wertminderung des Anlagevermögens, die durch dessen erstmalige Nutzung in Gang gesetzt wird. Die Anschaffung von Umlaufvermögen mindert sofort in voller Höhe den Gewinn.

Absetzung für Abnutzung

Der **Wertminderung des Anlagevermögens** wird durch den gewinnmindernden Ansatz der AfA Rechnung getragen. Aus steuerrechtlicher Sicht ist die Ermittlung der AfA in den §§ 7 und 8 EStG geregelt. Danach sind die Anschaffungs- oder Herstellungskosten für Wirtschaftsgüter, deren Verwendung oder Nutzung zur Erzielung von Einkünften durch den Steuerpflichtigen sich erfahrungsgemäß auf einen Zeitraum von mehr als einem Jahr erstreckt, gleichmäßig verteilt auf die betriebsgewöhnliche Nutzungsdauer abzusetzen (§ 7 Abs 1 EStG). Die betriebsgewöhnliche Nutzungsdauer bemisst sich nach der voraussichtlichen Gesamtdauer der Verwendung oder Nutzung des Wirtschaftsgutes im Betrieb.

Für einkommensteuerrechtliche Zwecke kann somit nur eine **lineare AfA** geltend gemacht werden, die sich aus der Division der Anschaffungs- oder Herstellungskosten durch die Nutzungsdauer ergibt. Beginnt die Nutzung eines Wirtschaftsgutes erst im zweiten Halbjahr eines Steuerjahres oder wird es im ersten Halbjahr verkauft, steht in jenem Jahr nur die Hälfte der AfA zum Abzug zu (§ 7 Abs 2 EStG).

Das Unternehmensrecht lässt – anders als das Steuerrecht – jede planmäßige Abschreibung zu (§ 204 Abs 1 UGB), zB auch die degressive AfA (fallende Jahresbeträge) oder die progressive AfA (steigende Jahresbeträge).

Anschaffungskosten sind die Aufwendungen, die geleistet werden, um ein Wirtschaftsgut zu erwerben und es in betriebsbereiten Zustand zu versetzen (§ 203 Abs 2 UGB, siehe später S 98 f).

Anschaffungskosten

Grundlage für die Berechnung der AfA von im Betrieb selbst hergestellten Wirtschaftsgütern sind die Herstellungskosten (siehe später S 95).

Herstellungskosten

Die betriebsgewöhnliche Nutzungsdauer ist jener Zeitraum, während dessen das Wirtschaftsgut nach objektiven Gesichtspunkten im Betrieb nutzbar sein wird. Sie ist zu **schätzen**, wenn das EStG nicht eine unwiderlegbare Vermutung betreffend die Nutzungsdauer enthält: Für **PKW** ist grundsätzlich eine Nutzungsdauer von mindestens acht Jahren zwingend vorgeschrieben (§ 8 Abs 6 EStG). Der derivative **Firmenwert** eines land- und forstwirtschaftlichen Betriebes oder eines Gewerbebetriebes ist zwingend auf fünfzehn Jahre abzuschreiben (§ 8 Abs 3 EStG). Betrieblich genutzte **Gebäude** sind – wenn nicht eine kürzere Nutzungsdauer nachgewiesen wird – nach den Sätzen des § 8 Abs 1 und Abs 2 EStG abzuschreiben (grundsätzlich 2,5%, jedoch 1,5%, wenn das Gebäude zu Wohnzwecken überlassen wird).

Betriebsgewöhnliche Nutzungsdauer

Ausnahmsweise können die Anschaffungs- oder Herstellungskosten eines Wirtschaftsgutes des Anlagevermögens sofort in voller Höhe als Betriebsausgabe abgezogen werden, wenn es sich um ein geringwertiges Wirtschaftsgut handelt. Ein solches liegt vor, wenn die Anschaffungs- oder Herstellungskosten für das einzelne Wirtschaftsgut EUR 400,– nicht übersteigen (§ 13 EStG, § 204 Abs 1a UGB). Wirtschaftsgüter, die aus Teilen bestehen, sind als Einheit aufzufassen, wenn sie nach ihrem wirtschaftlichen Zweck oder nach der Verkehrsauffassung eine Einheit bilden (zB eine einheitliche, aufeinander abgestimmte Möbelgarnitur; ein PC mit Monitor, nicht aber zugehörige EDV-Geräte wie Drucker, Maus, Modem oder Lautsprecher).

Geringwertige Wirtschaftsgüter

Ist der Steuerpflichtige zum Abzug der Umsatzsteuer aus Vorleistungen berechtigt (sog Vorsteuerabzug, dazu später S 356 ff), ist der Nettobetrag der Anschaffungs- oder Herstellungskosten ausschlaggebend, ist er hingegen nicht zum Vorsteuerabzug berechtigt, ist der Bruttobetrag heranzuziehen (§ 6 Z 11 EStG; siehe S 95).

§ 13 EStG ist keine zwingende Bestimmung (arg „kann"). Der Steuerpflichtige kann daher auch geringwertige Wirtschaftsgüter mit ihren

Anschaffungs- oder Herstellungskosten aktivieren und auf die Nutzungsdauer verteilt gewinnmindernd abschreiben.

Bestimmte freigebige Zuwendungen

Spenden zu begünstigten Zwecken an begünstigte Einrichtungen werden insoweit als Betriebsausgaben anerkannt, als sie 10% des Gewinnes vor Berücksichtigung des Gewinnfreibetrages (dazu später S 119 ff) nicht übersteigen und wenn sowohl der Zweck als auch die Einrichtung die Begünstigungsvoraussetzungen des § 4a EStG erfüllen.

Nicht abzugsfähige Aufwendungen

Unabhängig von ihrer betrieblichen Veranlassung sind bestimmte **Aufwendungen jedenfalls nicht** als Betriebsausgaben **abzugsfähig**. Sie werden in § 20 EStG taxativ aufgezählt:

- Aufwendungen für den **Haushalt** des Steuerpflichtigen und für den Unterhalt seiner Familienangehörigen (Unterhaltsleistungen können jedoch in eingeschränktem Umfang als außergewöhnliche Belastungen geltend gemacht werden; § 34 Abs 7 bis Abs 9 EStG; vgl S 190 ff).
- Aufwendungen für die **Lebensführung**, selbst wenn sie die wirtschaftliche oder gesellschaftliche Stellung des Steuerpflichtigen mit sich bringt und sie zur Förderung des Berufes oder der Tätigkeit des Steuerpflichtigen erfolgen (zB ein Designeranzug eines Unternehmensberaters).
- Sog **Luxusaufwendungen**: Betrieblich oder beruflich veranlasste Aufwendungen oder Ausgaben, die auch die Lebensführung des Steuerpflichtigen berühren, und zwar insoweit als sie nach allgemeiner Verkehrsauffassung unangemessen hoch sind. Dies gilt nur für Aufwendungen in Zusammenhang mit Personen- und Kombinationskraftwagen, Personenluftfahrzeugen, Sport- und Luxusbooten, Jagden, geknüpften Teppichen, Tapisserien und Antiquitäten. Die Angemessenheit für Aufwendungen auf derartige Wirtschaftsgüter wird für PKW und Kombinationskraftwagen durch Verordnung festgelegt und beläuft sich auf EUR 40.000,– (§ 1 VO BGBl II 2004/466), für die übrigen Wirtschaftsgüter werden Angemessenheitsgrenzen (unverbindlich, siehe dazu vorher Kap *Rechtsquellen* S 30) in den Einkommensteuerrichtlinien definiert.

Steuerberater A kauft einen Porsche um EUR 80.000,–, den er überwiegend für berufliche Fahrten nutzt.
Der Porsche ist wegen der überwiegend betrieblichen Nutzung zur Gänze Betriebsvermögen. Da es sich aber um ein Luxuswirtschaftsgut iSd § 20 Abs 1 Z 2 lit b EStG handelt, sind damit in Zusammenhang stehende Aufwendungen nur insoweit abzugsfähig als sie sich nicht auf Anschaffungskosten von mehr als EUR 40.000,– belaufen. Daraus ergibt sich, dass A

die Absetzung für Abnutzung (sog AfA) nur von EUR 40.000,– gewinnmindernd als Betriebsausgabe ansetzen darf. Zu aktivieren ist der PKW jedoch mit seinen tatsächlichen Anschaffungskosten (dieser Vorgang ist steuerneutral und daher von § 20 EStG nicht erfasst). Laufende Aufwendungen für den PKW, die wertabhängig sind, also solche, die durch den gehobenen Standard des Wirtschaftsgutes besonders hoch ausfallen (bei einem Sportwagen etwa Versicherungsprämien), sind ebenfalls nur in einem den angemessenen Aufwendungen entsprechenden Verhältnis als Betriebsausgaben abzugsfähig. Im vorliegenden Fall können sie daher nur in Höhe der Hälfte der tatsächlichen Aufwendungen gewinnmindernd geltend gemacht werden.

Nicht abzugsfähige Aufwendungen

Aus umsatzsteuerrechtlicher Sicht ist der Vorsteuerabzug für Personen- und Kombinationskraftfahrzeuge von vornherein zur Gänze ausgeschlossen (§ 12 Abs 2 Z 2 lit b UStG), es sei denn, es handelt sich um Personen- oder Kombinationskraftfahrzeuge mit einem Emissionswert von 0 g/km (§ 12 Abs 2 Z 2a UStG; vgl dazu Kap Umsatzsteuer S 360). Für die Berechnung der einkommensteuerrechtlich abzugsfähigen Aufwendungen ist daher grundsätzlich von den Bruttobeträgen auszugehen.

- Aufwendungen oder Ausgaben für ein **im Wohnungsverband gelegenes Arbeitszimmer** und dessen Einrichtung, sofern dieses nicht den Mittelpunkt der gesamten betrieblichen und beruflichen Tätigkeit bildet.

*1. Ein Musiker benötigt zwingend einen Raum zum Üben. Er kann daher die Aufwendungen für ein im Wohnungsverband gelegenes Übungszimmer und dessen Einrichtung als Betriebsausgaben berücksichtigen.
2. Für einen Lehrer stellt ein Arbeitszimmer im Wohnungsverband hingegen nicht den Mittelpunkt seiner beruflichen Tätigkeit dar. Dieser liegt vielmehr im Lehrsaal, wo er vorträgt. Er kann mit einem solchen Zimmer in Zusammenhang stehende Aufwendungen daher grundsätzlich nicht in Abzug bringen.*

Anders ist die Rechtslage in Deutschland, wo das deutsche Bundesverfassungsgericht ein Abzugsverbot im deutschen EStG für verfassungswidrig befunden hat, soweit das Abzugsverbot Aufwendungen für ein häusliches Arbeitszimmer auch dann umfasst, wenn für die betriebliche oder berufliche Tätigkeit kein anderer Arbeitsplatz zur Verfügung steht (s BVerfG vom 6. 7. 2010, 2 BvL 13/09).

- **Repräsentationsaufwendungen.** Darunter fallen auch Geschäftsessen. Weist der Steuerpflichtige nach, dass das Geschäftsessen der Werbung dient und weitaus überwiegend betrieblich veranlasst ist,

nicht abzugsfähige Aufwendungen

können derartige Aufwendungen zur Hälfte abgezogen werden (Vorsteuerabzug allerdings in voller Höhe).

1. Rechtsanwalt X lädt seine Top-Klienten zu einem Konzert im Rahmen der Salzburger Festspiele ein.
   Ist X nicht Sponsor der Veranstaltung, wird diese Einladung als nicht abzugsfähiger Repräsentationsaufwand qualifiziert.
2. Der Industrielle Y lädt einen potentiellen Kunden zum Mittagessen ein.
   Kann Y nachweisen, dass das Geschäftsessen überwiegend beruflich veranlasst war und der Werbung gedient hat (etwa, weil der Kunde ihm kurz nach dem Geschäftsessen einen Auftrag erteilt hat), dann sind die auf dieses Essen entfallenden Aufwendungen zur Hälfte abzugsfähig. Aus umsatzsteuerrechtlicher Sicht kann der Vorsteuerabzug zur Gänze geltend gemacht werden (dazu später S 358).

- Rentenzahlungen auf Grund einer **Unterhaltsrente**.
- **Geld- und Sachzuwendungen**, deren Gewährung oder Annahme mit gerichtlicher Strafe bedroht ist; Verbandsgeldbußen nach dem Verbandsverantwortlichkeitsgesetz; Strafen oder Geldbußen, die von Gerichten, Verwaltungsbehörden oder den Organen der Europäischen Union verhängt werden; Abgabenerhöhungen nach dem Finanzstrafgesetz; Leistungen aus Anlass der Diversion.

Die Verkehrsstrafe wegen Fahrens mit überhöhter Geschwindigkeit zu einem Kliententermin oder die Parkstrafe wegen ärztlicher Hilfeleistung im Notfall sind unabhängig von ihrer betrieblichen Veranlassung und unabhängig vom Ausmaß des Verschuldens nicht als Betriebsausgabe abzugsfähig (§ 20 Abs 1 Z 5 EStG)

- Kosten für Fahrten zwischen Wohnsitz am Arbeits- (Tätigkeits)ort und Familienwohnsitz sind grundsätzlich durch den **Verkehrsabsetzbetrag** abgegolten. Wenn zwischen Arbeitsort und Familienwohnsitz bestimmte Distanzen überschritten werden und/oder die Benützung eines Massenbeförderungsmittels nicht zumutbar ist, steht zusätzlich (als Betriebsausgaben oder Werbungskosten) das einfache oder erhöhte **Pendlerpauschale** zu (vgl § 16 Abs 1 Z 6 lit c und lit d EStG). Im Fall des familiär bedingten Doppelwohnsitzes können die Aufwendungen für den zweiten Wohnsitz unter bestimmten Voraussetzungen als Betriebsausgaben oder Werbungskosten geltend gemacht werden (sog **Familienheimfahrt**).
- **Personensteuern** (zB Einkommensteuer), die anlässlich einer unentgeltlichen Grundstücksübertragung anfallende Grunderwerbsteuer, Eintragungsgebühren und andere Nebenkosten sowie die

Umsatzsteuer auf den Lieferungen und sonstigen Leistungen gleichgestellte Umsätze (Eigenverbrauch) sind nicht als Betriebsausgaben oder Werbungskosten abzugsfähig (§ 20 Abs 1 Z 6 EStG).

Nicht abzugsfähige Aufwendungen

- **Reisekosten** sind nur innerhalb der Grenzen des § 4 Abs 5 EStG abzugsfähig (§ 20 Abs 1 Z 2 lit c EStG). Als Reisekosten erkennt das EStG grundsätzlich Mehraufwendungen für Unterkunft und Verpflegung bei ausschließlich betrieblich veranlassten Reisen und die darauf entfallenden Fahrtkosten an. Für die **Unterkunft** können die tatsächlich nachgewiesenen Aufwendungen in voller Höhe gewinnmindernd angesetzt werden. Kann ein Nachweis über die Unterkunftskosten nicht erbracht werden, steht ein Pauschale iHv EUR 15,– pro Nacht zum Betriebsausgabenabzug zur Verfügung (§ 4 Abs 5 iVm § 26 Z 4 lit c EStG). Der Verpflegungsmehraufwand ist mit EUR 26,40 pro Tag bei Inlandsdienstreisen (§ 4 Abs 5 iVm § 26 Z 4 lit b EStG) und mit dem täglichen Höchstsatz der Auslandsreisesätze für Bundesbedienstete bei Auslandsreisen gedeckelt (§ 4 Abs 5 iVm § 26 Z 4 lit d EStG). Das volle Tagesgeld steht nur zu, wenn die betrieblich veranlasste Reise 24 Stunden dauert (§ 4 Abs 5 EStG). Dauert eine Reise länger als drei Stunden, kann für jede angefangene Stunde ein Zwölftel angesetzt werden (§ 4 Abs 5 iVm § 26 Z 4 lit d EStG).

Als **Fahrtkosten** können die tatsächlich angefallenen Kosten für Bahn oder Flugzeug angesetzt werden. Für Fahrten mit dem eigenen dem Privatvermögen zuzuordnenden PKW kann höchstens das amtliche Kilometergeld (EUR 0,42) angesetzt werden.

Wenn die Reise voneinander abgrenzbare, einerseits durch die Einkünfteerzielung und andererseits **privat veranlasste Zeitanteile** enthält, stellen die durch die Einkünfteerzielung veranlassten Teile Betriebsausgaben bzw Werbungskosten dar, wobei eine qualitativ oder zeitmäßig völlig untergeordnete Mitveranlassung die Beurteilung nicht beeinflusst. Notwendige Voraussetzung für eine Aufteilung der Aufwendungen ist allerdings, dass sich betrieblich bzw beruflich veranlasste Reiseabschnitte klar und einwandfrei von privat veranlassten Reiseabschnitten trennen lassen. Sind Reiseabschnitte nicht trennbar, kommt eine Aufteilung nicht in Betracht und die Aufwendungen sind zur Gänze nicht abzugsfähig.

- Aufwendungen oder Ausgaben für das Entgelt für Arbeits- oder Werkleistungen sind als Betriebsausgaben nur insoweit abzugsfähig, als sie einen Betrag von EUR 500.000,– pro Person und Wirtschaftsjahr nicht übersteigen (§ 20 Abs 1 Z 7 EStG, „überhöhte" Jahresgehälter). Von diesem Abzugsverbot betroffen sind Entgelte, die entweder an einen aktiven oder ehemaligen Dienstnehmer oder an eine vergleichbar organisatorisch eingegliederte Person geleistet werden. Dem Dienstnehmer vergleichbar sind etwa der Vorstand einer AG oder der Geschäftsführer einer GmbH, der nicht auf Basis eines Dienstverhältnisses tätig wird. Vom Entgelt umfasst sind grundsätzlich alle Geld- und Sachleistungen (Bruttobezüge), nicht aber die Lohnnebenkosten (KommSt, DB und Zuschlag zum DB; zu weiteren Details vgl § 20 Abs 1 Z 7 EStG). Vom Entgeltbegriff umfasst sind auch Entgelte, die für eine Arbeitsüberlassung geleistet werden (dazu im Detail § 20 Abs 1 Z 7 lit a EStG).

Diese Bestimmung wurde mit AbgÄG 2014, BGBl I 2014/13 eingeführt. Sie ist systematisch schwer zu begründen, jedoch wurde ihre Verfassungskonformität durch den VfGH bestätigt (VfGH 9.12.2014, G 136/2014, G 166/2014, G 186/2014).

- Einem Abzugsverbot unterliegen auch Aufwendungen und Ausgaben für Entgelte, die beim Empfänger als **sonstige Bezüge** bei oder nach Beendigung des Dienstverhältnisses anfallen, wie bspw freiwillige Abfertigungen und Abfindungen (§ 67 Abs 6 EStG), soweit sie nicht mit dem Steuersatz von 6% zu versteuern sind (§ 20 Abs 1 Z 8 EStG).

Entgelte, die für die Erbringung von **Bauleistungen** iSd 82a EStG gezahlt werden, müssen, soweit der jeweilige Betrag EUR 500,– übersteigt, im Überweisungsverkehr entrichtet werden. Werden solche Entgelte in **bar** geleistet, sind die Aufwendungen nicht als Betriebsausgaben abzugsfähig (§ 20 Abs 1 Z 9 EStG).

1. Der Klagenfurter Zivltechniker DI F hat in letzter Zeit folgende Ausgaben getätigt, die für seine Gewinnermittlung zu prüfen sind:
   a) Im Februar nahm DI F an einem dreitägigen Fortbildungsprogramm in Wien teil, nach dessen Ende er noch zwei weitere Tage privat in Wien verbrachte.
   Ist das Fortbildungsprogramm tatsächlich berufsspezifisch und entspricht es in seinem zeitlichen Umfang einem normalen Arbeitstag, so können die Kosten des Fortbildungsprogramms (zB Seminargebühr) als Betriebsausgaben angesetzt werden. Aufwendungen für Nächtigungen in Wien kann DI F entweder in Höhe der tatsächlich nachweisbaren Kosten (zB Hotelrechnung), oder ohne Nachweis der tatsächlichen Kosten pauschal mit höchstens EUR 15,– pro Nächtigung als Betriebsausgaben abziehen. Weiters kann DI F an Verpflegungsmehraufwand ohne Nachweis grundsätzlich bis zu EUR 26,40 pro ganzem Tag anset-

zen, nachweisbar höhere Kosten können nicht berücksichtigt werden. Außerdem könnte DI F seine Fahrtkosten mit dem privaten PKW – entsprechende Aufzeichnungen vorausgesetzt – in Form des Kilometergeldes iHv EUR 0,42 pro km als Betriebsausgabe ansetzen, falls DI F lieber mit der Bahn reist, stattdessen die Kosten der Bahnfahrkarte. Die zwei privaten Tage seines Aufenthalts in Wien kann DI F allerdings einkommensteuerlich nicht berücksichtigen, Nächtigungs- und Verpflegungsmehraufwand können insoweit nicht angesetzt werden und die Reisekosten sind im Ausmaß der privaten Veranlassung zu kürzen. Sie sind somit nur im Ausmaß von drei Fünftel abzugsfähig.

b) Stundungszinsen für die antragsgemäß für fünf Monate gestundete Einkommensteuerzahllast.
   Bei den Stundungszinsen handelt es sich um einen Nebenanspruch zur Einkommensteuer. Die Einkommensteuer ist eine Personensteuer und als solche gem § 20 Abs 1 Z 6 EStG nicht als Betriebsausgabe abzugsfähig. Die Stundungszinsen teilen das rechtliche Schicksal der dazugehörigen Steuer und sind daher ebenfalls nicht abzugsfähig.

c) DI F hat in seinem Wohnhaus ein Arbeitszimmer eingerichtet, um fallweise auch noch abends Arbeiten erledigen zu können.
   Aufwendungen für ein im Wohnungsverband gelegenes Arbeitszimmer sind nur dann abzugsfähig, wenn das Arbeitszimmer den Mittelpunkt der beruflichen Tätigkeit bildet. Das tut es im vorliegenden Fall nicht, weil DI F über eine eigene Kanzlei verfügt.

d) Im April kaufte DI F einen Schutzhelm und einen Staubschutzoverall für Besuche auf Baustellen, weiters einen neuen Anzug, um bei der Jahreshauptversammlung der Ziviltechnikerkammer einen guten Eindruck zu hinterlassen.
   Kleidung, die nicht typische Berufs- oder Arbeitsschutzkleidung darstellt (zB Arbeitsmantel, Labormantel eines Arztes, Kochmütze, Talar eines Richters, Kleidung im „Corporate Design" eines Unternehmens), zählt zu den Kosten der privaten Lebensführung und ist daher nicht abzugsfähig. DI F kann also die Kosten seines neuen Anzugs nie als Betriebsausgabe berücksichtigen (auch nicht, wenn der Anzug seine alltägliche Berufskleidung darstellen würde), wohl aber die Kosten für den Schutzhelm und den Staubschutzoverall.

e) DI F hat anlässlich des Besuches einer von ihm zu überwachenden Baustelle eine Organstrafverfügung wegen Falschparkens erhalten.

Geldstrafen sind nie als Betriebsausgaben abzugsfähig, auch dann nicht, wenn sie im Rahmen einer betrieblichen Tätigkeit anfallen (§ 20 Abs 1 Z 5 lit b EStG).

2. Frau B, die bisher den Haushalt führte (2 Kinder), nimmt eine Haushaltshilfe und ein Kindermädchen auf, um einer Erwerbstätigkeit nachgehen zu können. Den Aufwand für die Haushaltshilfe und das Kindermädchen möchte sie als Werbungskosten geltend machen. Ist dies möglich?
Nach § 20 Abs 1 Z 1 EStG sind für den Haushalt aufgewendete Beträge nicht abzugsfähig, worunter auch die Kosten für eine Haushaltshilfe fallen. Nach der Rsp sind die Kosten für eine Haushaltshilfe selbst dann nicht als Werbungskosten abzugsfähig, wenn sie notwendig sind, um einer Erwerbstätigkeit nachgehen zu können. Die Erziehung von Kindern ist ebenfalls der Privatsphäre zuzuordnen, sie wird aber in Hinblick auf das Leistungsfähigkeitsprinzip durch einen monatlichen Kinderabsetzbetrag (§ 33 Abs 3 EStG) und einen jährlichen Kinderfreibetrag (§ 106a EStG) berücksichtigt, gegebenenfalls auch durch einen Alleinverdiener- oder Alleinerzieherabsetzbetrag (dazu noch später S 196). Seit 2009 können Kinderbetreuungskosten unter bestimmten Voraussetzungen bis zu einem Betrag von EUR 2.300,– pro Kind als außergewöhnliche Belastung abgesetzt werden (§ 34 Abs 9 EStG).

4.3.5.3.3 Entnahmen (§ 4 Abs 1, § 6 Z 1 und Z 4 EStG)

Entnahmen sind alle nicht betrieblich veranlassten Abgänge von Werten des Betriebsvermögens (zB von Bargeld, Waren, Erzeugnissen und anderen Wirtschaftsgütern des Umlaufvermögens, von Leistungen, von Wirtschaftsgütern des Anlagevermögens oder der Nutzung solcher Wirtschaftsgüter). Entnahmen dürfen den Gewinn nicht mindern. Ihr Wert ist daher dem Gewinn hinzuzurechnen. Durch die sog Entnahmebesteuerung wird verhindert, dass der Steuerpflichtige seine privaten Bedürfnisse aus dem Betrieb gewinnmindernd stillt.

Bewertung — Entnahmen sind grundsätzlich (zu den Abweichungen im Zusammenhang mit Grund und Boden s später S 167) mit dem Teilwert im Zeitpunkt der Entnahme anzusetzen (§ 6 Z 4 EStG). **Teilwert** ist der Betrag, den der Erwerber eines ganzen Betriebes im Rahmen des Gesamtkaufpreises für das einzelne Wirtschaftsgut ansetzen würde, wobei davon auszugehen ist, dass der Betrieb vom Erwerber fortgeführt wird (sog Going-Concern-Prinzip; § 6 Z 1 vierter Satz EStG). Bei Sachentnahmen entspricht der Teilwert in der Regel den Wiederbeschaffungskosten im Zeitpunkt der Entnahme, bei Nutzungsentnahmen den auf die Nutzung des Gegenstands entfallenden Kosten.

Bei jedem Abgang von Vermögenswerten aus dem Betriebsvermögen ist nach der Veranlassung zu fragen: Ist er betrieblich veranlasst, liegt eine gewinnmindernde Betriebsausgabe vor. Ist er nicht betrieblich veranlasst, liegt eine Entnahme vor, die dem Gewinn wieder hinzuzurechnen ist, um ihre steuerliche Neutralität zu gewährleisten.

1. Die Schuhhändlerin Ilse schenkt ihrem Sohn im Jahr 02 ein Paar Schuhe aus ihrem Warenbestand. Anschaffungskosten im Jahr 01 EUR 200,–; Wiederbeschaffungskosten im Jahr 02 EUR 120,–.
   Die für den Weiterverkauf bestimmten Schuhe (Umlaufvermögen) werden nicht betrieblich veranlasst dem Betriebsvermögen von Ilse dauerhaft entzogen. Es handelt sich um eine Sachentnahme. Ilse hat EUR 120,– dem Gewinn hinzuzurechnen.
2. Der Busunternehmer U überlässt seiner Tochter einen Kleinbus für die Dauer ihrer Urlaubsreise und erhält dafür kein Entgelt.
   Der Kleinbus (Anlagevermögen) wird vorübergehend dem Betriebsvermögen des U entzogen, ohne dass er dafür ein Entgelt erhält. Es liegt eine Nutzungsentnahme vor. U hat die auf die Nutzung des Klein-LKW entfallenden Kosten, dh die anteilige AfA und die anteiligen Betriebskosten, dem Gewinn hinzuzurechnen.
3. X nutzt ihren PKW, den sie um EUR 32.000,– erworben hat, zu 60% für ihre betrieblichen, zu 40% zu privaten Zwecken.
   Aufgrund der überwiegend betrieblichen Nutzung zählt der PKW zum Betriebsvermögen von X. Die mit der Nutzung des PKW in Zusammenhang stehenden Aufwendungen (AfA, Betriebskosten) stellen daher Betriebsausgaben dar. Da der PKW zum Teil privat verwendet wird, wird er zum Teil aus nicht betrieblichen Gründen dem Betriebsvermögen entzogen. Insoweit liegt daher eine Nutzungsentnahme vor. X hat 40% der Jahres-AfA (40% von EUR 4.000,–) und 40% der laufenden Aufwendungen für den PKW dem Gewinn hinzuzurechnen.
4. Steuerberater C schenkt seinem Sohn einen PC aus seiner Kanzlei, der bereits voll abgeschrieben ist. Ein vergleichbarer PC vergleichbaren Alters wäre im Zeitpunkt der Schenkung noch um EUR 100,– zu bekommen.
   Ein Gegenstand des Anlagevermögens wird dauerhaft dem Betriebsvermögen entzogen. Es liegt eine Sachentnahme vor. Sie ist mit dem Teilwert im Zeitpunkt der Entnahme zu bewerten, das sind EUR 100,–. Die EUR 100,– sind dem Gewinn hinzuzurechnen. Da der Buchwert des PC 0 ist (er ist voll abgeschrieben), kommt es durch die Entnahme zur gewinnerhöhenden Aufdeckung stiller Reserven.

4.3.5.3.4 Einlagen (§ 4 Abs 1 EStG, § 6 Z 1 und Z 5 EStG)

Einlagen sind alle Zuführungen von Wirtschaftsgütern aus dem außerbetrieblichen Bereich. Einlagen erhöhen damit das Betriebsvermögen, ohne dass dafür Vermögen aus dem Betriebsvermögen aufgewendet (bezahlt) wird. Da Einlagen den Gewinn nicht erhöhen dürfen, sind mit ihnen in Zusammenhang stehende Aufwendungen als Aufwand anzusetzen.

Bewertung Einlagen sind grundsätzlich mit dem Teilwert zu bewerten (§ 6 Z 5 lit d EStG); besondere Bewertungsvorschriften gelten für Kapitalanlagen, für Grundstücke, grundstücksgleiche Rechte und Gebäude (vgl dazu später S 153 und 167). Die Bewertung mit dem Teilwert stellt sicher, dass stille Reserven (= Wertsteigerung seit der Anschaffung des Wirtschaftsgutes) aus dem Privatbereich nicht im Betriebsvermögen versteuert werden.

Bei jedem Zugang von Vermögenswerten ist nach der Veranlassung zu fragen. Ist der Zugang betrieblich veranlasst, liegt eine gewinnerhöhende Betriebseinnahme vor. Ist der Zugang nicht betrieblich veranlasst und stammt er somit aus dem außerbetrieblichen Bereich, ist eine (steuerneutrale) Einlage gegeben.

1. Nach Abschluss ihres Studiums macht sich B als Dolmetscherin selbständig und verwendet dafür den Laptop, den sie zwei Jahre zuvor um EUR 1.200,– zur Verfassung ihrer Masterarbeit erworben hat. Im Zeitpunkt der Aufnahme ihrer betrieblichen Tätigkeit würde ein vergleichbarer Laptop vergleichbaren Alters um EUR 900,– zu erwerben sein.
Mit der Aufnahme ihrer betrieblichen Tätigkeit wird der Laptop nicht mehr privat, sondern betrieblich verwendet. Er wird dem Betriebsvermögen von B aus ihrem Privatvermögen zugeführt. Daher liegt eine Einlage vor, die mit dem Teilwert im Zeitpunkt der Einlage zu bewerten ist, also mit EUR 900,–. Als betrieblich genutztes Wirtschaftsgut kann der Laptop in der Folge abgeschrieben werden.
2. B verwendet ihren überwiegend privat genutzten PKW gelegentlich für Fahrten zu Kunden.
Die betriebliche Nutzung des Privat-PKW stellt eine vorübergehende Zuführung von außerbetrieblichem Vermögen zum Betriebsvermögen dar und ist daher eine Einlage (Nutzungseinlage). Sie ist mit den auf die betriebliche Nutzung des PKW entfallenden Kosten zu bewerten. Aus Vereinfachungsgründen lässt die Finanzverwaltung, ein ordnungsgemäßes Fahrtenbuch vorausgesetzt, den Ansatz des amtli-

chen Kilometergeldes zu. Dieses ist daher als Betriebsausgabe gewinnmindernd anzusetzen.

4.3.5.4 Gewinnermittlung durch Bilanzierung

4.3.5.4.1 Das System der doppelten Buchführung

Die Gewinnermittlung durch Bilanzierung hat durch doppelte Buchführung zu erfolgen. Erfasst werden das Vermögen, die Schulden, das Eigenkapital und deren Veränderungen sowie der Aufwand und die Erträge. Die doppelte Buchführung beruht auf dem Prinzip, dass jeder Geschäftsfall doppelt erfasst und der Erfolg in zweifacher Weise ermittelt wird. Jeder Geschäftsfall wird auf einem Konto im Soll und auf einem anderen Konto im Haben verbucht. Er wird einerseits chronologisch im Journal (Grundbuch) und andererseits systematisch im Hauptbuch auf einzelnen Konten erfasst. Ermittelt wird der Erfolg einerseits durch einen Vergleich des Reinvermögens (Eigenkapitals) am Anfang der Gewinnermittlungsperiode mit dem Reinvermögen am Ende der Gewinnermittlungsperiode, andererseits durch die Gegenüberstellung von Aufwendungen und Erträgen in der sog Gewinn- und Verlustrechnung (GuV-Rechnung). Das Ergebnis der beiden Rechnungen muss das gleiche sein.

Für Details zur doppelten Buchführung vgl *Bertl/Deutsch-Goldoni/Hirschler*, Buchhaltungs- und Bilanzierungshandbuch[9] (2015) 20 ff.

Für die rein steuerrechtliche Gewinnermittlung durch Bilanzierung (vgl dazu vorher S 70 f) enthält das EStG hinsichtlich ihrer Form – abgesehen von besonderen Bewertungsvorschriften – lediglich den Hinweis, dass „die Vermögensübersicht (Jahresabschluss, Bilanz) nach den allgemeinen Grundsätzen ordnungsgemäßer Buchführung zu erstellen ist" (§ 4 Abs 2 EStG). Für den sog **qualifizierten Betriebsvermögensvergleich** (vgl dazu vorher S 71) nach § 5 Abs 1 EStG sind die unternehmensrechtlichen Grundsätze ordnungsgemäßer Buchführung maßgeblich, außer das Steuerrecht sieht zwingend etwas anderes vor.

Soweit das UGB die allgemeinen Grundsätze ordnungsgemäßer Buchführung kodifiziert, sind dessen Bestimmungen ein Orientierungsmaßstab für den einfachen Betriebsvermögensvergleich (nach § 4 Abs 1 EStG), wenn auch eine Bindung an das UGB wie im Fall der Gewinnermittlung nach § 5 Abs 1 EStG (dazu später S 99 ff) nicht besteht.

Ein nach UGB rechnungslegungspflichtiger Gewerbetreibender erwirbt eine Maschine um EUR 100.000,– und begleicht die Rechnung

von seinem Bankkonto. Die Nutzungsdauer der Maschine beläuft sich auf zehn Jahre.
Die Verbuchung erfolgt folgendermaßen:
Die Anschaffung der Maschine ist gewinnneutral, der Gewerbetreibende verringert sein Bankguthaben, das Umlaufvermögen darstellt, und erhöht sein Anlagevermögen in gleicher Höhe in Form der Aufnahme (Aktivierung) der Maschine in der Bilanz. Er verbucht daher EUR 100.000,– auf der Sollseite des Kontos „Anlagevermögen" und denselben Betrag im Haben auf dem Konto „Bank".
Gewinnmindernd wirkt sich erst die AfA aus: Zu diesem Zweck bucht er auf der Sollseite des Aufwandskontos „Abschreibungen" EUR 10.000,– und auf der Habenseite seines Kontos „Maschinen" EUR 10.000,–. Dadurch verringert sich der Buchwert der Maschine um EUR 10.000,–.

4.3.5.4.2 Vermögensübersicht (Bilanz) und Jahresabschluss

Inventar Zu Beginn seiner unternehmerischen Tätigkeit hat der Unternehmer die seinem Unternehmen gewidmeten Vermögensgegenstände und Schulden genau zu verzeichnen und deren Wert anzugeben (Inventar). Eine solche Vermögensaufstellung ist auch für den Schluss eines jeden Geschäftsjahres (im Regelfall des Kalenderjahres) vorzunehmen (§ 191 UGB).

Inventur Die Vermögensgegenstände sind daher zum Schluss jedes Geschäftsjahres und im Regelfall im Wege einer körperlichen Bestandsaufnahme zu erfassen (Inventur; vgl im Detail § 192 UGB).

Eröffnungsbilanz Außerdem hat der Unternehmer zu Beginn seines Unternehmens eine Eröffnungsbilanz nach den Grundsätzen ordnungsgemäßer Buchführung aufzustellen (§ 193 Abs 1 UGB).

Jahresabschluss Für den Schluss jedes Geschäftsjahres, das zwölf Monate nicht überschreiten darf, hat der Unternehmer einen Jahresabschluss zu erstellen (§ 193 Abs 2 und 3 UGB). Dieser ist stets in den ersten neun Monaten des darauffolgenden Geschäftsjahres zu erstellen (§ 193 Abs 2 UGB). Der Jahresabschluss besteht aus der Bilanz und der Gewinn- und Verlustrechnung; er ist in Euro und in deutscher Sprache aufzustellen (§ 193 Abs 4 UGB). Wer dagegen den Gewinn nach § 4 Abs 1 EStG ermittelt, hat (nur) seiner Steuererklärung eine Vermögensübersicht (Jahresabschluss, Bilanz) und eine Gewinn- und Verlustrechnung beizufügen (vgl EStR Rz 7552), da die unternehmensrechtlichen Vorschriften lediglich für Steuerpflichtige gelten, die ihren Gewinn nach § 5 Abs 1 EStG ermitteln.

4.3.5.4.3 Begriff und Gliederung der Bilanz

Die **Bilanz** ist die wertmäßige Gegenüberstellung des Vermögens auf der Aktivseite und der Schulden und des Kapitals auf der Passivseite in Form eines Kontos (zum steuerrechtlichen Betriebsvermögensbegriff siehe oben S 73 ff). Die Inhaltserfordernisse an eine Bilanz sind in § 198 UGB geregelt, die Gliederungsvorgaben an die Bilanz enthält § 224 UGB.

Aktiva	Passiva
A. **Anlagevermögen** • Immaterielle Vermögensgegenstände • Sachanlagen • Finanzanlagen B. **Umlaufvermögen** • Vorräte • Forderungen und sonstige Vermögensgegenstände • Wertpapiere und Anteile • Kassenbestand, Guthaben bei Kreditinstituten C. **Rechnungsabgrenzungsposten**	A. **Eigenkapital** • Nennkapital • Kapitalrücklagen • Gewinnrücklagen • Bilanzgewinn (-verlust) B. **Rückstellungen** C. **Verbindlichkeiten** D. **Rechnungsabrenzungsposten**
Bilanzsumme	**Bilanzsumme**

Abb 8. Bilanz

Gewinn- und Verlustrechnung (Gesamtkostenverfahren)	
1. Umsatzerlöse	14. Aufwendungen aus 13.
2. Bestandsveränderungen fertige und unfertige Erzeugnisse	15. Zinsen und ähnliche Aufwendungen, betrieblich verbundener Unternehmen
3. andere aktivierte Eigenleistungen	16. Zwischensumme 10 - 15
4. sonstige betriebliche Erträge	17. Ergebnis vor Steuern (Ergebnis der gewöhnlichen Geschäftstätigkeit; Zwischensumme 9 und 16)
5. Aufwendungen für Material und sonstige bezogene Herstellungskosten	18. Steuern vom Einkommen und Ertrag
6. Personalaufwand	19. Ergebnis nach Steuern
7. Abschreibungen	20. Sonstige Steuern (soweit nicht in 1 bis 19 enthalten)
8. sonstige betriebliche Aufwendungen	21. Jahresüberschuss/ Jahresfehlbetrag
9. Zwischensumme 1 bis 8	22. Auflösung von Kapitalrücklagen
10. Erträge aus Beteiligungen, davon aus verbundenen Unternehmen	23. Auflösung von Gewinnrücklagen
11. Erträge aus anderen Wertpapieren, aus verbundenen Unternehmen	24. Zuweisung zu Gewinnrücklagen
12. sonstige Zinsen und ähnliche Erträge	25. Gewinnvortrag/ Verlustvortrag aus dem Vorjahr
13. Erträge aus dem Abgang von und der Zuschreibung zu Finanzanlagen und Wertpapieren des Umlaufvermögens	26. Bilanzgewinn/Bilanzverlust

Abb 9. Gewinn- und Verlustrechnung (Gesamtkostenverfahren)

Für die Gewinnermittlung nach § 4 Abs 1 EStG scheidet eine Bindung an §§ 198 ff und § 224 UGB aus. Rechnungslegungspflicht nach UGB besteht gerade nicht. Bei Gewinnermittlung nach § 4 Abs 1 EStG sind aber die allgemeinen Grundsätze ordnungsmäßiger Buchführung (GoB) zu beachten. Diese Grundsätze ordnungsmäßiger Buchführung finden ihren Ausdruck (auch) in den einschlägigen Bestimmungen des UGB, darüber hinaus in der zu Gewohnheitsrecht gewordenen allgemein anerkannten kaufmännischen Praxis und in Gutachten der Kammer der Wirtschaftstreuhänder. Bei der Gewinnermittlung nach § 4 Abs 1 EStG ist deshalb eine Orientierung an §§ 198 ff UGB zweckmäßig.

Aktivseite der Bilanz Auf der Aktivseite der Bilanz werden das Anlagevermögen und das Umlaufvermögen sowie die aktiven Rechnungsabgrenzungsposten ausgewiesen.

Anlagevermögen sind die Gegenstände, die bestimmt sind, dauernd dem Geschäftsbetrieb zu dienen (zB Maschinen, Gebäude; § 198 Abs 2 UGB).

Umlaufvermögen sind Gegenstände, die nicht bestimmt sind, dauernd dem Geschäftsbetrieb zu dienen (zB Handelswaren, Bank, Kassa, Büromaterial; § 198 Abs 4 UGB).

Auf der Passivseite sind das Eigenkapital, das Fremdkapital, die Rückstellungen und die passiven Rechnungsabgrenzungsposten auszuweisen.

Passivseite der Bilanz

Im **Eigenkapital** sind einerseits die übernommenen Einlagen (Nennkapital) und andererseits die Rücklagen auszuweisen. **Rücklagen** werden neben dem Nennkapital auf eigenen Konten ausgewiesen.

- In eine Kapitalrücklage werden ua der bei der Ausgabe neuer Anteile über den Nennbetrag der Anteile hinausgehende Betrag (Agio) oder Zuzahlungen von Gesellschaftern eingestellt (§ 229 Abs 2 UGB).
- Als Gewinnrücklage dürfen nur Beträge ausgewiesen werden, die im Geschäftsjahr oder in einem früheren Geschäftsjahr aus dem Jahresüberschuss gebildet worden sind (§ 229 Abs 3 UGB).

Rückstellungen sind für ungewisse Verbindlichkeiten und für drohende Verluste aus schwebenden Geschäften zu bilden, die am Abschlussstichtag wahrscheinlich oder sicher, aber hinsichtlich ihrer Höhe oder des Zeitpunkts ihres Eintritts unbestimmt sind (§ 198 Abs 8 UGB).

In **Rechnungsabgrenzungsposten** sind Ausgaben (aktiver Rechnungsabgrenzungsposten auf der Aktivseite der Bilanz) und Einnahmen (passiver Rechnungsabgrenzungsposten auf der Passivseite der Bilanz), die vor dem Bilanzstichtag ab- bzw zugeflossen sind und Aufwendungen oder Erträge des nächsten Geschäftsjahres betreffen, auszuweisen (§ 198 Abs 5 und 6 UGB).

4.3.5.4.4 Prinzip der wirtschaftlichen Zurechnung

Für die Gewinnermittlung durch Betriebsvermögensvergleich gilt das **Prinzip** der **wirtschaftlichen Zurechnung** (vgl dazu schon S 92). Bei der Zuordnung von Aufwendungen und Erträgen ist unerheblich, wann die Zahlung (der Zahlungsfluss) stattfindet, entscheidend ist stattdessen, in welchem Geschäftsjahr eine Aufwendung bzw ein Ertrag ihre Ursache hat.

Das Prinzip der wirtschaftlichen Zurechnung findet in folgenden Positionen des Jahresabschlusses seinen Ausdruck:
- Ausweis von Forderungen und Verbindlichkeiten aus Lieferungen und Leistungen,
- Aktivierung von Anschaffungs- und Herstellungskosten und darauf folgend die Berücksichtigung der Absetzung für Abnutzung (planmäßige Abschreibung),
- Bildung von Rückstellungen,
- Bildung von Rechnungsabgrenzungsposten.

Forderung Ein Geschäftsvorfall ist realisiert, wenn das wirtschaftliche Eigentum an einem Gegenstand auf den Käufer übergegangen ist oder die Leistung erbracht worden ist. In diesem Zeitpunkt entsteht auch der Anspruch auf das vereinbarte Entgelt. In der Bilanz ist im Umlaufvermögen eine Forderung zu aktivieren. Sie erhöht in dem Ausmaß den Gewinn, in dem der dem Käufer in Rechnung gestellte Betrag den Buchwert des veräußerten Gegenstandes übersteigt. Die tatsächliche Bezahlung des Entgelts bewirkt nur einen Zugang auf dem Bankkonto und den Entfall der Forderung. Da zwei Positionen auf der Aktivseite der Bilanz „getauscht" werden, ist dieser Vorgang gewinnneutral.

Verbindlichkeit Solange der Empfänger einer Lieferung oder einer sonstigen Leistung noch nicht bezahlt hat, hat er – so er den Gewinn durch Bilanzierung ermittelt – auf der Passivseite der Bilanz (im Fremdkapital) eine Verbindlichkeit auszuweisen. Durch die Verbindlichkeit mindert sich im Jahr ihrer Entstehung der Gewinn. Die spätere Begleichung der Verbindlichkeit ist gewinnneutral.

Anlagevermögen Die Anschaffung oder Herstellung eines Gegenstandes des Anlagevermögens mindert nicht das Betriebsvermögen. Es wird bloß Vermögen umgeschichtet. Bei Gegenständen des abnutzbaren Anlagevermögens wird der Wertverlust durch dessen Verwendung mittels einer planmäßigen Abschreibung (AfA; Absetzung für Abnutzung) gewinnmindernd berücksichtigt (vgl dazu schon vorher S 76 ff).

Umlaufvermögen Die Anschaffung von Gegenständen des Umlaufvermögens ist gewinnneutral. Auch hier kommt es nur zu einem Vermögenstausch. Erst deren Verkauf, Wertminderung oder Untergang ist gewinnwirksam.

Wertminderungen Wertminderungen von Gegenständen des Anlagevermögens oder des Umlaufvermögens, die nicht auf die bloße gewöhnliche Verwendung dieser Gegenstände zurückzuführen sind, sind im Wege einer **außerplanmäßigen Abschreibung** bzw einer Teilwertabschreibung gewinnmindernd zu berücksichtigen (vgl dazu später S 94).

Ein nach UGB rechnungslegungspflichtiger Kunsthändler kauft am 1.12.01 ein Gemälde um EUR 10.000,– von einem Privaten. Die Zahlung erfolgt bar. Am 20.12.02 verkauft er das Gemälde um EUR 20.000,– an einen Rechtsanwalt für dessen Büro. Der Rechtsanwalt lässt das Gemälde sofort von einem Transportunternehmen abholen, überweist den Kaufpreis vereinbarungsgemäß aber erst am 10.1.03.

Die Anschaffung des Gemäldes durch den Kunsthändler im Jahr 01 hat keine Auswirkungen auf seinen Gewinn. Der Kunsthändler erhöht sein Umlaufvermögen und verringert seinen Kassenbestand. Mit Abschluss des Kaufvertrages und Übergabe des Gemäldes am 20.12.02 geht das (wirtschaftliche) Eigentum an dem Gemälde auf den Rechtsanwalt über, das Geschäft gilt als realisiert. Da der Rechtsanwalt zu diesem Zeitpunkt noch nicht bezahlt hat, hat der Kunsthändler eine Forderung iHv EUR 20.000,– zu verbuchen. Das Gemälde verlässt außerdem seinen Warenbestand. Dies stellt einen Abgang in Höhe des Buchwerts des Gemäldes (entspricht im vorliegenden Fall den Anschaffungskosten von EUR 10.000,–) dar (sog Handelswareneinsatz). Der Handelswareneinsatz mindert den Gewinn, die Forderung erhöht ihn, insgesamt erzielt der Kunsthändler durch den Verkauf des Gemäldes im Jahr 02 einen Gewinn in Höhe von EUR 10.000,–.

Die Vereinnahmung des Entgelts im Jahr 03 hat keine Auswirkungen auf den Gewinn des Jahres 03. Es handelt sich um eine bloße Vermögensumschichtung: Die Forderung wird „ausgebucht" und in gleicher Höhe erhöht sich der Bestand auf dem Bankkonto.

Der Rechtsanwalt hat – so er seinen Gewinn freiwillig durch Bilanzierung ermittelt – das Gemälde im Zeitpunkt des Erwerbs des wirtschaftlichen Eigentums im Jahr 02 mit den Anschaffungskosten von EUR 20.000,– als (nicht abnutzbares) Anlagevermögen zu aktivieren. Die Anschaffung hat keine Auswirkungen auf den Gewinn. Solange der Rechtsanwalt den Kaufpreis nicht entrichtet, ist auf der Passivseite der Bilanz eine Verbindlichkeit in Höhe von EUR 20.000,– auszuweisen, die im Ergebnis im Jahr 02 den Gewinn mindert. Begleicht er die Verbindlichkeit im Jahr 03, ist dieser Vorgang für das Jahr 03 gewinnneutral.

Variante: *Ermittelt der Rechtsanwalt seinen Gewinn nach § 4 Abs 3 EStG durch Einnahmen-Ausgaben-Rechnung, hat er das Gemälde zwar in sein Anlageverzeichnis aufzunehmen, sodass sich dessen Anschaffung gewinnneutral auswirkt, er hat aber keine Verbindlichkeit auszuweisen.*

Wenn es sich bei dem erworbenen Gegenstand um ein antikes Gemälde handelt, gelangt ertragsteuerrechtlich § 20 Abs 1 Z 2 lit b EStG zur Anwendung, sodass Aufwendungen (etwa Restaurationsaufwendungen) für das Gemälde nur im angemessenen Ausmaß den steuerrechtlichen Gewinn mindern würden.

Rückstellungen Rückstellungen für ungewisse Verbindlichkeiten aus drohenden Verlusten oder schwebenden Geschäften (vgl dazu schon vorher S 92) sind auf der Passivseite der Bilanz auszuweisen. Dadurch mindert sich der Gewinn. Da die Ursache für den (nicht unwahrscheinlichen) Eintritt der Verbindlichkeit zu einem späteren Zeitpunkt aber in der laufenden Periode liegt, ist der Gewinn auch in der Periode, in der ihre Ursache liegt, zu mindern. Dies geschieht durch Dotierung einer Rückstellung. Entsteht der Aufwand dann tatsächlich in einer späteren Periode, ist die Rückstellung gegen die Verbindlichkeit aufzulösen. Der Vorgang ist in dieser späteren Periode gewinnneutral. Entsteht der Aufwand hingegen nicht, weil die Verbindlichkeit nicht schlagend wird, ist die Rückstellung in dieser späteren Periode gewinnerhöhend aufzulösen.

Der nach UGB rechnungslegungspflichtige Gewerbetreibende A wird im Jahr 01 in einen Gewährleistungsprozess verwickelt. Sollte A den Prozess verlieren, hat er mit Prozesskosten iHv EUR 15.000,– zu rechnen. Der Prozess wird voraussichtlich im auf den Bilanzstichtag folgenden Jahr sein Ende finden.

A ist unternehmensrechtlich verpflichtet, eine Rückstellung für Prozesskosten zu bilden (§ 198 Abs 8 Z 1 UGB). Diese Rückstellung mindert im Jahr ihrer Verursachung, dh im Jahr 01, den Gewinn. Gewinnt A den Prozess im Jahr 02, sodass keine Prozesskosten anfallen, ist die Rückstellung gewinnerhöhend aufzulösen. Verliert A den Prozess im Jahr 02 und fallen tatsächlich Prozesskosten iHv EUR 15.000,– an, steht im Jahr 02 der Zahlung von EUR 15.000,– eine Verwendung der Rückstellung in gleicher Höhe gegenüber. Insgesamt hat der Vorgang im Jahr 02 keine Auswirkungen auf den Gewinn. Betragen die tatsächlichen Prozesskosten EUR 16.000,– und wurde eine Rückstellung iHv EUR 15.000,– dotiert, wirkt sich die Bezahlung der EUR 15.000,– auf Grund der Auflösung der Rückstellung gewinnneutral aus, die EUR 1.000,– stellen einen im Jahr 02 gewinnmindernden Aufwand dar.

Die unternehmensrechtliche Verpflichtung zur Bildung einer Rückstellung im vorliegenden Fall gilt über das Maßgeblichkeitsprinzip (§ 5 Abs 1 EStG, dazu später S 100) auch für das Steuerrecht, sodass der Gewinn im vorliegenden Beispiel auch steuerrechtlich bereits im Jahr 01 um EUR 15.000,– gemindert wird. Zu den Besonderheiten des Steuerrechts im Zusammenhang mit Rückstellungen siehe später S 104 f. Ermittelt ein Steuerpflichtiger seinen Gewinn hingegen freiwillig oder nur auf Grund abgabenrechtlicher Verpflichtungen durch Bilanzierung, dh ermittelt er seinen Gewinn gem § 4 Abs 1 EStG, ist er nicht zur Bildung von Rückstellungen verpflichtet. Er hat diesbezüglich ein Wahlrecht (§ 9 EStG).

Rechnungs-abgrenzungsposten

Dem Prinzip der wirtschaftlichen Zurechnung entsprechend dürfen Zahlungen, die vor dem Bilanzstichtag geleistet bzw empfangen wurden, die aber einen Aufwand oder einen Ertrag des nachfolgenden Geschäftsjahres betreffen, erst in dem späteren Geschäftsjahr gewinnwirksam werden. Es handelt sich dabei um Zahlungen, die in einer Gewinnermittlungsperiode fließen, obwohl sie wirtschaftlich erst einer späteren Gewinnermittlungsperiode zuzurechnen sind.

Derartige tatsächliche Zahlungsströme sind in der Bilanz eines nach UGB rechnungslegungspflichtigen Unternehmens durch Rechnungsabgrenzungsposten zu neutralisieren. Anzahlungen, die der Unternehmer leistet und die einen Anspruch auf eine Leistung im folgenden Geschäftsjahr begründen, sind auf der Aktivseite der Bilanz in einem **aktiven Rechnungsabgrenzungsposten** (ARA) auszuweisen (§ 198 Abs 5 UGB). Dieser neutralisiert den Aufwand und bewirkt damit, dass die Anzahlung zunächst gewinnneutral ist. Im Jahr, zu dem die Zahlung tatsächlich wirtschaftlich gehört, ist der Rechnungsabgrenzungsposten aufzulösen. Damit wirkt sich die Zahlung als Aufwand in diesem Jahr gewinnmindernd aus.

Fließen dem Unternehmer Zahlungen zu, die ihn zur Erbringung einer Leistung in einem folgenden Geschäftsjahr verpflichten, ist auf der Passivseite in Höhe dieses Zuflusses ein **passiver Rechnungsabgrenzungsposten** (PRA) auszuweisen (§ 198 Abs 6 UGB). In demjenigen späteren Geschäftsjahr, in dem der Unternehmer zur Leistung verpflichtet ist, ist der passive Rechnungsabgrenzungsposten aufzulösen, der Zufluss aus der vorangegangenen Periode wirkt sich damit gewinnerhöhend in der Periode aus, zu der er wirtschaftlich zählt.

Geleistete **Anzahlungen** für die Anschaffung von Wirtschaftsgütern des Anlage- oder Umlaufvermögens sind unter der jeweiligen Vermögensposition in der Bilanz auszuweisen. Erhaltene Anzahlungen auf eigene Warenlieferungen sind unter den Verbindlichkeiten auf der Passivseite der Bilanz auszuweisen (vgl das Bilanzgliederungsschema des § 224 Abs 2 und Abs 3 UGB).

Auf Grund der Maßgeblichkeit des Unternehmensrechts für das Steuerrecht bei nach UGB rechnungslegungspflichtigen Gewerbetreibenden gilt die Verpflichtung zur Bildung von Rechnungsabgrenzungsposten auch für die steuerrechtliche Gewinnermittlung (§ 5 Abs 1 EStG). Steuerpflichtige, die ihren Gewinn nach § 4 Abs 1 EStG ermitteln, haben in den Fällen des § 4 Abs 6 EStG verpflichtend einen Rechnungsabgrenzungsposten zu bilden (etwa bei Vorauszahlungen für Beratungsaufwand, Mietaufwendungen, außer sie betreffen lediglich das laufende und das folgende Jahr; vgl dazu vorher S 65). Im Übrigen haben sie diesbezüglich ein Wahlrecht.

1. Der nach UGB rechnungslegungspflichtige Gewerbetreibende Max bezahlt die Geschäftsmiete für die Monate Jänner bis April 02 bereits im November 01.
   Die Ausgabe ist – dem Prinzip der wirtschaftlichen Zurechnung entsprechend – durch Bildung eines aktiven Rechnungsabgrenzungspostens im Jahr 01 zu neutralisieren. Eine gewinnmindernde Auflösung des Rechnungsabgrenzungspostens hat im Jahr 02 zu erfolgen.
2. Der Stromlieferant Moritz (ebenfalls ein nach UGB rechnungslegungspflichtiger Gewerbetreibender) erhält von einem Kunden Anzahlungen für die Stromlieferungen der Monate Jänner bis April 02 bereits im November 01.
   Der Zufluss im Jahr 01 ist dem Prinzip der wirtschaftlichen Zurechnung entsprechend im Jahr 01 durch Bildung eines passiven Rechnungsabgrenzungspostens zu neutralisieren. Im Jahr 02 ist dieser aufzulösen, sodass sich die Zahlung im Jahr 02 gewinnerhöhend auswirkt.

4.3.5.5 Bewertung

4.3.5.5.1 Überblick

Um einen qualifizierten Vergleich des Betriebsreinvermögens am Schluss des Wirtschaftsjahres mit dem Betriebsreinvermögen am Schluss des vorangegangenen Wirtschaftsjahres anstellen zu können, ist zu jedem Bilanzstichtag eine Vermögensaufstellung zu erstellen (Inventar). Das inventarisierte Vermögen ist zu bewerten. Die Bewertung beeinflusst unmittelbar die Höhe des Gewinns.

Das UGB enthält Bewertungsvorschriften, die für nach UGB rechnungslegungspflichtige Unternehmer zwingend zu beachten sind. Darüber hinaus enthält das EStG für Zwecke der Ermittlung des steuerpflichtigen Gewinnes (der mit dem unternehmensrechtlichen Gewinn nicht übereinstimmen muss) in den §§ 6 ff EStG eigene Bewertungsvorschriften. Steuerpflichtige, die ihren Gewinn nach § 5 Abs 1 EStG ermitteln, haben die unternehmensrechtlichen Bewertungsvorschriften auch für die Ermittlung des steuerpflichtigen Gewinns als maßgeblich heranzuziehen, es sei denn, das Steuerrecht sieht zwingend Abweichendes vor (sog **Maßgeblichkeitsprinzip**). Dies ist vor allem bei der Bewertung bestimmter Rückstellungen, bei außerplanmäßigen Abschreibungen auf Kapitalanlagen und Grundstücke sowie im Rahmen von Einlagen und Entnahmen im Zusammenhang mit Grundstücken und Kapitalanlagen der Fall.

Steuerpflichtige, die ihren Gewinn nach § 4 Abs 1 EStG ermitteln, haben nur die steuerrechtlichen Bewertungsvorschriften zu beachten.

Im Unterschied zu den Bewertungsvorschriften nach UGB räumt das Steuerrecht eine Vielzahl von Wahlrechten bei den Bewertungsansätzen ein.

4.3.5.5.2 Bewertungsgrundsätze

Die Bewertung richtet sich nach den Verhältnissen am Bilanzstichtag (**Stichtagsbewertung**). Wertänderungen, die nach dem Bilanzstichtag (aber vor Bilanzerstellung) eingetreten sind, sind nicht zu berücksichtigen (wertbeeinflussende Umstände). Umstände, die nach dem Bilanzstichtag bekannt werden und Auskunft über die Wertverhältnisse am Bilanzstichtag geben (werterhellende Umstände), müssen jedoch berücksichtigt werden.

Bewertungsstichtag

Der Grundsatz der Bewertungsstetigkeit verbietet, von einmal gewählten Bewertungs- und Bilanzierungsmethoden willkürlich abzugehen oder – bei gleich bleibenden Verhältnissen – die Abschreibungsdauer zu ändern (§ 201 Abs 2 Z 1 UGB).

Bewertungsstetigkeit

Bei der Bewertung ist von der Fortführung des Unternehmens auszugehen, solange dem nicht tatsächliche oder rechtliche Gründe entgegenstehen (§ 201 Abs 2 Z 2 UGB). Der Grundsatz der Unternehmensfortführung schlägt sich in der Definition des Teilwertes wieder.

Going-Concern-Prinzip

Die Vermögensgegenstände und Schulden sind zum Abschlussstichtag einzeln zu bewerten (§ 201 Abs 2 Z 3 UGB). Im Steuerrecht kommt der Grundsatz der Einzelbewertung in § 6 EStG zum Ausdruck: „Für die Bewertung der einzelnen Wirtschaftsgüter des Betriebsvermögens gilt …". Abweichend vom Grundsatz der Einzelbewertung ist eine Sammelbewertung gleichartiger Wirtschaftsgüter zulässig (zB Gegenstände des Finanzanlagevermögens oder des Vorratsvermögens, Bewertung bei schwankenden Anschaffungskosten mit dem gewogenen Durchschnittspreis). Für abnutzbare Wirtschaftsgüter des Anlagevermögens kann – abweichend vom Grundsatz der Einzelbewertung – die **Festwertmethode** gewählt werden. Dabei wird der Bestand von Wirtschaftsgütern, die dauernd benötigt und regelmäßig ersetzt werden (zB Bettwäsche oder Besteck eines Hotels) mit einem gleich bleibenden Wert angesetzt, der Ersatz abgenutzter Teile des Bestandes wird dafür sofort als Aufwand verbucht. Voraussetzung für die Anwendung der Festwertmethode ist, dass der Bestand in seiner Größe, seinem Wert und seiner Zusammensetzung voraussichtlich nur geringen Veränderungen unterliegt und der Gesamtwert nicht wesentlich ist (vgl § 209 Abs 1 UGB).

Einzelbewertung

Auf Grund der kaufmännischen Vorsicht dürfen noch nicht realisierte Gewinne nicht ausgewiesen werden (**Realisationsprinzip**; § 201 Abs 2 Z 4 lit a UGB). Drohende Verluste sind hingegen sofort

Vorsichtsprinzip

auszuweisen. Bei Lieferungen und Dienstleistungen ist der Gewinn realisiert, wenn der Steuerpflichtige seine Leistung erbracht hat (und damit seinen Anspruch auf die Gegenleistung erworben hat; in diesem Moment ist daher die Forderung auszuweisen). Dem Vorsichtsprinzip entsprechend dürfen Wirtschaftsgüter (des Anlage- und des Umlaufvermögens) in der Bilanz maximal mit ihren (fortgeschriebenen) Anschaffungskosten ausgewiesen werden (**Anschaffungskostenprinzip**). Wertsteigerungen (mit Ausnahme von Wertaufholungen bis zu den historischen Anschaffungskosten) beeinflussen daher den Gewinn erst, wenn das Wirtschaftsgut tatsächlich veräußert wird. Verluste mindern hingegen das Vermögen auch dann, wenn sie noch nicht realisiert sind. Drohenden Verpflichtungen und Verlusten aus schwebenden Geschäften ist durch Bildung einer Rückstellung Rechnung zu tragen; außerplanmäßige Wertverluste des Betriebsvermögens sind – nach Maßgabe des § 204 und des § 207 UGB bzw des § 6 EStG – auszuweisen (außerplanmäßige Abschreibung, Teilwertabschreibung). Wegen der gegensätzlichen Behandlung von nicht realisierten Verlusten und nicht realisierten Gewinnen spricht man hier auch vom **Imparitätsprinzip**. Das Imparitätsprinzip ist Ausfluss des Vorsichtsprinzips.

Im Betriebsvermögen befinden sich die Beteiligungen A und B, die jeweils um 100 angeschafft wurden (Buchwert in der Eröffnungsbilanz 100). Zum Jahresende ist der Wert der Beteiligung A auf 120 gestiegen, der Wert der Beteiligung B ist nachhaltig auf 80 gesunken.
Würde man die Beteiligungen A und B zusammen bewerten, wäre das Vermögen zu Beginn und Ende des Geschäftsjahres gleich hoch. Eine derartige Bewertung verstößt aber gegen den Grundsatz der Einzelbewertung. Auf Grund des Vorsichtsprinzips ist die Beteiligung A weiterhin mit 100 in der Bilanz auszuweisen, die Beteiligung B hingegen ist auf den niedrigeren Wert von 80 abzuwerten, sodass die Beteiligungen insgesamt in der Bilanz mit 180 auszuweisen sind, wenngleich der kumulierte Wert 200 beträgt.

Bilanzzusammenhang — Die Eröffnungsbilanz des Geschäftsjahres muss mit der Schlussbilanz des vorhergehenden Geschäftsjahres übereinstimmen (§ 201 Abs 2 Z 6 UGB).

4.3.5.5.3 Bewertungsmaßstäbe

Anschaffungskosten — Anschaffungskosten sind jene Aufwendungen, die geleistet werden, um einen Vermögensgegenstand zu erwerben und ihn in einen betriebsbereiten Zustand zu versetzen, soweit sie dem Vermögensgegenstand einzeln zugeordnet werden können. Zu den Anschaffungskosten gehören auch die Nebenkosten (zB Montage-, Vertragserrichtungskosten und Grunderwerbsteuer) sowie die nachträglichen Anschaffungskosten (§ 203 Abs 2 UGB). Finanzierungsaufwendungen zählen grundsätzlich nicht zu den Anschaffungskosten. Wenn die im Kaufpreis und in den Nebenkosten enthaltene Umsatzsteuer als Vorsteuer abziehbar ist, zählt sie steuerrechtlich nicht zu den Anschaffungskosten (vgl § 6 Z 11 EStG).

Herstellungskosten sind die auf die Herstellung eines Wirtschaftsgutes entfallenden Selbstkosten (Material, Fertigungslöhne, Materialgemeinkosten, Fertigungsgemeinkosten). Kosten der allgemeinen Verwaltung und des Vertriebes dürfen nicht in die Herstellungskosten einbezogen werden (§ 203 Abs 3 UGB). Sowohl unternehmensrechtlich als auch steuerrechtlich sind angemessene Teile der Material- und Fertigungsgemeinkosten zwingend zu aktivieren (§ 203 Abs 3 UGB; § 6 Z 2 lit a letzter Satz EStG). Nicht zu den Herstellungskosten zählen der allg Verwaltungsaufwand sowie Vertriebskosten.

Herstellungskosten

Teilwert ist der Betrag, den der Erwerber des ganzen Betriebes im Rahmen des Gesamtkaufpreises für das einzelne Wirtschaftsgut ansetzen würde; dabei ist davon auszugehen, dass der Erwerber den Betrieb fortführt (§ 6 Z 1 EStG). Der Teilwert orientiert sich grundsätzlich an den Wiederbeschaffungskosten (in der Regel am Einkaufspreis) zum jeweils maßgeblichen Bilanzstichtag. Beim Teilwert handelt es sich um einen steuerrechtlichen Begriff. Das UGB verwendet den Begriff des beizulegenden Werts (zur Definition § 189a UGB). Dieser entspricht in der Regel dem Teilwert.

Teilwert

Der gemeine Wert wird durch den Preis bestimmt, der im gewöhnlichen Geschäftsverkehr bei einer Einzelveräußerung des Wirtschaftsgutes zu erzielen wäre (§ 10 Abs 2 BewG). Der gemeine Wert ist anzusetzen, wenn nichts Abweichendes geregelt ist.

Gemeiner Wert

4.3.5.5.4 Unternehmensrechtliche Bewertungsvorschriften

Für nach dem UGB rechnungslegungspflichtige Gewerbetreibende knüpft der steuerrechtliche Betriebsvermögensvergleich an die Unternehmensbilanz an. Die Grundsätze ordnungsmäßiger Buchführung des UGB sind gem § 5 Abs 1 EStG für die steuerrechtliche Gewinnermittlung maßgeblich, sofern das Steuerrecht nicht zwingend etwas anderes vorsieht (sog Maßgeblichkeitsprinzip). Ein nach UGB rechnungslegungspflichtiger Gewerbetreibender erstellt seinen Jahresabschluss daher nach den Vorschriften des UGB. Der steuerrechtliche Gewinn weicht von dem unternehmensrechtlichen Gewinn dort ab, wo das Steuerrecht zwingend vom UGB abweichende Bewertungsvorgaben macht. Der steuerrechtliche Gewinn wird vom unter-

Maßgeblichkeitsprinzip

nehmensrechtlichen Gewinn abgeleitet, indem abweichende Bewertungsansätze durch die sog „Mehr-Weniger-Rechnung" korrigiert werden (vgl dazu später S 101 ff).

Anlagevermögen

Gegenstände des Anlagevermögens – sowohl abnutzbare als auch nicht abnutzbare – sind grundsätzlich mit den Anschaffungs- oder Herstellungskosten anzusetzen (§ 203 Abs 1 UGB). Die Anschaffungs- oder Herstellungskosten sind bei den Gegenständen, deren Nutzung zeitlich begrenzt ist, um planmäßige Abschreibungen zu vermindern (§ 204 Abs 1 UGB). Geringwertige Wirtschaftsgüter dürfen bereits im Jahr der Anschaffung zur Gänze abgeschrieben werden (§ 204 Abs 1a UGB). Ein Abwertungszwang (außerplanmäßige Abschreibung) besteht, wenn eine voraussichtlich dauerhafte Wertminderung eingetreten ist (§ 204 Abs 2 UGB). In anderen Fällen darf nicht abgeschrieben werden (**bedingtes Niederstwertprinzip**), es sei denn, es handelt sich um Finanzanlagen, die keine Beteiligungen sind. Auf sie dürfen außerplanmäßige Abschreibungen auch vorgenommen werden, wenn die Wertminderung voraussichtlich nicht von Dauer ist (§ 204 Abs 2 UGB).

Umlaufvermögen

Für das Umlaufvermögen gilt das **strenge Niederstwertprinzip**. Gegenstände des Umlaufvermögens sind zunächst mit den Anschaffungs- oder Herstellungskosten anzusetzen (§ 206 UGB). Ergibt sich am Bilanzstichtag jedoch ein niedrigerer Zeitwert, ist zwingend dieser beizulegende Zeitwert anzusetzen. Lässt sich der beizulegende Zeitwert (§ 189a Z 4 UGB) nicht ermitteln und übersteigen die Anschaffungs- oder Herstellungskosten den beizulegenden Wert, ist zwingend auf diesen abzustellen (§ 207 UGB).

Verbindlichkeiten

Verbindlichkeiten sind mit ihrem Erfüllungsbetrag anzusetzen (§ 211 Abs 1 UGB). Steigt dieser – etwa bei Fremdwährungsverbindlichkeiten infolge einer Kurssteigerung – ist verpflichtend der höhere Wert anzusetzen (**Höchstwertprinzip**).

Wertaufholung

Stellt sich in einem späteren Geschäftsjahr heraus, dass die Gründe für die außerplanmäßige Abschreibung nicht mehr vorliegen, besteht nach § 208 Abs 1 UGB grundsätzlich eine Pflicht zur Wertaufholung (Aufwertung) unter Berücksichtigung der planmäßigen Abschreibungen, die inzwischen vorzunehmen gewesen wären. Eine Wertaufholung ist maximal im Ausmaß der zuvor erfolgten außerplanmäßigen Abschreibung zulässig. Die Zuschreibungspflicht gilt nicht bei Abschreibungen des Firmenwerts (§ 208 Abs 2 UGB).

Einlagen und Entnahmen

Einlagen und Zuwendungen sowie Entnahmen sind mit dem Wert anzusetzen, der ihnen im Zeitpunkt ihrer Leistung beizulegen ist, soweit sich nicht aus der Nutzungsmöglichkeit im Unternehmen ein geringerer Wert ergibt (§ 202 Abs 1 UGB).

4.3.5.5.5 Einkommensteuerrechtliche Bewertungsvorschriften

Abnutzbares Anlagevermögen ist zum Bilanzstichtag mit den Anschaffungs- oder Herstellungskosten (AHK) vermindert um die Absetzung für Abnutzung (AfA) anzusetzen. Ist der Teilwert niedriger, kann dieser angesetzt werden; es besteht also steuerrechtlich ein Wahlrecht zwischen den fortgeschriebenen Anschaffungs- und Herstellungskosten und dem niedrigeren Teilwert (§ 6 Z 1 EStG). Wurde ein niedrigerer Teilwert angesetzt und steigt dieser in einer späteren Periode wieder, ist eine Aufwertung grundsätzlich unzulässig (sog **uneingeschränkter Wertzusammenhang**; § 6 Z 1 letzter Satz EStG). Eine Ausnahme besteht nach § 6 Z 13 EStG für nach UGB zur Rechnungslegung verpflichtete Unternehmer: Werden auf Grund unternehmensrechtlicher Vorschriften für Anlagegüter Zuschreibungen vorgenommen, sind diese auch für den steuerrechtlichen Wertansatz maßgebend (§ 6 Z 13 EStG).

Abnutzbares Anlagevermögen

Zur Zuschreibung vgl Bsp S 100.

1. Die Transport-AG schafft im Jänner 01 um EUR 60.000,– einen LKW an (planmäßige Nutzungsdauer 6 Jahre), der im Jahr 03 bei einem Verkehrsunfall schwer beschädigt wird. Der LKW kann zwar wieder fahrtüchtig gemacht werden, Unfallautos erzielen aber in der Regel deutlich geringere Preise und aus Sicherheitsgründen kann der LKW auch nur noch zur Hälfte beladen werden. Auf dem Markt sind vergleichbare LKW um EUR 15.000,– zu haben.
Der LKW ist im Jahr 01 mit EUR 60.000,– im Anlagevermögen der Transport-AG zu aktivieren. Zum Jahresabschluss 03 würde der Buchwert EUR 30.000,– betragen (von der planmäßigen Nutzungsdauer von sechs Jahren ist für drei Jahre die volle AfA iHv EUR 10.000,– zu berücksichtigen). Der beizulegende Wert des LKW zum Abschlussstichtag 31.12.03 ist jedoch wegen des Unfalles geringer, sodass gemäß § 204 Abs 2 UGB zusätzlich zur planmäßigen Jahres-AfA von EUR 10.000,– zwingend auch eine außerplanmäßige AfA in Höhe von EUR 15.000,– vorzunehmen ist. Der LKW weist in der Bilanz zum 31.12.03 daher einen Buchwert von EUR 15.000,– auf. Steuerrechtlich hat die Transport-AG gemäß § 6 Z 1 3. Satz EStG zwar ein Abwertungswahlrecht, auf Grund des Maßgeblichkeitsprinzips ist auch für das Steuerrecht die gemäß UGB zwingende Abwertung zu übernehmen.
Variante: *Hätte nicht die (kraft Rechtsform nach UGB rechnungslegungspflichtige) Transport-AG, sondern der freiwillig nach § 4 Abs 1 EStG seinen Gewinn ermittelnde Einzelunternehmer Y den LKW in seinem Betriebsvermögen, würde kein Abwertungszwang bestehen.*

Der Einzelunternehmer Y hätte das Abwertungswahlrecht gemäß § 6 Z 1 3. Satz EStG.

2. Die Maschinenbau-GmbH erwirbt im September 01 eine computergesteuerte Fertigungsmaschine um EUR 100.000,– (planmäßige Nutzungsdauer zehn Jahre). Wegen erst im Jahr 02 zu Tage tretender Mängel an der Steuerungssoftware kann die Maschine jedoch nur mit 50% ihrer planmäßigen Kapazitäten arbeiten. Eine Behebung der Mängel ist nicht absehbar. Als Konsequenz entscheidet die GmbH darum im Jahr 02, die Maschine zusätzlich zur normalen AfA auf 50% ihres Buchwertes abzuschreiben. Im Jahr 04 können die Mängel durch ein Softwareupdate des Herstellers mehr als behoben werden: Die Maschine arbeitet nun nicht nur mit ihrer ursprünglich geplanten Kapazität, sondern kann diese Kapazität noch um 20% steigern. Dank der Kapazitätssteigerung könnte die GmbH für die Maschine im Falle einer Veräußerung zumindest EUR 80.000,– erzielen.

Zum Jahresabschluss 01 beträgt der Buchwert der Maschine EUR 95.000,– (Halbjahres-AfA wegen Anschaffung im zweiten Halbjahr), 02 würde er unter Berücksichtigung der planmäßigen AfA für das (volle) Jahr 02 EUR 85.000,– betragen. Durch die darüber hinaus vorgenommene außerplanmäßige Abschreibung auf 50% des Buchwertes steht die Maschine zum 31.12.02 aber nur noch mit EUR 42.500,– in der Bilanz der Maschinenbau-GmbH. Zum 31.12.03 beträgt der Buchwert, wiederum abzüglich einer Ganzjahres-AfA, EUR 37.500,–, zum 31.12.04 würde er EUR 32.500,– betragen. Weil aber die Gründe für die im Jahr 02 berücksichtige Wertminderung zum 31.12.04 nicht länger bestehen, hat die GmbH gemäß § 208 Abs 1 UGB eine Zuschreibung vorzunehmen. Diese (gewinnerhöhende) Zuschreibung hat bis zu einem Buchwert von EUR 65.000,– zu erfolgen (vgl § 208 Abs 1 UGB). Zuschreibungen über die fortgeschriebenen Anschaffungs- oder Herstellungskosten hinaus – wie insbesondere auf einen gegebenenfalls höheren Verkehrswert – sind nicht zulässig.

Steuerrechtlich normiert § 6 Z 1 EStG zunächst, dass bei Wirtschaftsgütern, die bereits im vorangegangenen Wirtschaftsjahr zum Anlagevermögen gehört haben, im Zuge der Bewertung der letzte Bilanzansatz nicht überschritten werden darf. § 6 Z 13 leg cit stellt aber eine Ausnahme von diesem Grundsatz dar und verlangt eine Zuschreibung bei Steuerpflichtigen, welche nach unternehmensrechtlichen Grundsätzen ordnungsmäßiger Buchführung zuschreiben mussten (also bei Rechnungslegungspflicht nach § 189 UGB). Es besteht somit für die Maschinenbau-GmbH gemäß § 208 Abs 1 UGB eine Pflicht zur Zuschreibung, welche gem § 6 Z 13 EStG auch für den steuerrechtlichen Wertansatz maßgebend ist. Die Maschinenbau-GmbH hat die Fertigungsmaschine bis zu den fortgeschriebenen Anschaffungskosten aufzuwerten (also unter Berücksichtigung der Abschreibung, die inzwischen vorzunehmen gewesen wäre). Dies erhöht ihren unternehmensrechtlichen und steuerrechtlichen Gewinn.

Nicht abnutzbares Anlagevermögen und Umlaufvermögen sind mit den Anschaffungs- oder Herstellungskosten anzusetzen. Ist der Teilwert niedriger, kann dieser angesetzt werden (§ 6 Z 2 lit a EStG; steuerrechtliches Wahlrecht). Anders als beim abnutzbaren Anlagevermögen sind beim nicht abnutzbaren Anlagevermögen und beim Umlaufvermögen Zuschreibungen auch über den letzten Bilanzansatz hinaus, jedoch maximal bis zu den Anschaffungs- oder Herstellungskosten, zulässig (**eingeschränkter Wertzusammenhang**; § 6 Z 2 lit a EStG). Für Teilwertabschreibungen im Zusammenhang mit Kapitalanlagen und Grundstücken sehen § 6 Z 2 lit c und lit d EStG Abweichendes vor (dazu später S 150 f und 167 f).

Nicht abnutzbares Anlagevermögen und Umlaufvermögen

1. Die Warenhandels-AG hat für im Juni 01 erbrachte Lieferungen eine Forderung in Höhe von EUR 10.000,– gegenüber ihrem Kunden X. Kunde X gerät im November 01 in ernste wirtschaftliche Schwierigkeiten, sodass die Forderung der Warenhandels-AG voraussichtlich nur zur Hälfte einbringlich sein wird.
Die Forderung stellt Umlaufvermögen der Warenhandels-AG dar. Die Warenhandels-AG hat die Forderung unternehmensrechtlich zwingend auf den niedrigeren beizulegenden Zeitwert von EUR 5.000,– abzuwerten (§ 207 2. Satz UGB). Auf Grund des Maßgeblichkeitsprinzips (§ 5 Abs 1 EStG) gilt diese Abwertung auch für das Steuerrecht. Das nach § 6 Z 2 lit a 2. Satz EStG grundsätzlich bestehende Abwertungswahlrecht kann die Warenhandels-AG nicht in Anspruch nehmen.

2. Einzelunternehmer U, der im Baugewerbe seit vielen Jahren Jahresumsätze in Millionenhöhe macht, ist zu 100% an der Bau-GmbH beteiligt, er hält diese Beteiligung im Anlagevermögen. Die Anschaffungskosten der Beteiligung betrugen im Jahr 01 EUR 100.000,–. Im Jahr 04 sinkt der Wert der Beteiligung wegen einer Krise in der Baubranche auf EUR 50.000,–. Erst im Jahr 09 erholt sich die Bau-GmbH, ihr Wert steigt auf EUR 110.000,–.
Im Jahr 04 ist unternehmensrechtlich eine außerplanmäßige Abschreibung auf den beizulegenden Wert von EUR 50.000,– vorzunehmen (§ 204 Abs 2 UGB). Zwar sieht § 6 Z 2 lit a EStG grundsätzlich ein Wahlrecht zur Abschreibung auf den niedrigeren Teilwert

vor, aufgrund des Maßgeblichkeitsprinzips ist aber auch steuerrechtlich zwingend auf den niedrigeren Wert abzuschreiben. Im Jahr 09 hat unternehmensrechtlich eine mit den Anschaffungskosten begrenzte Zuschreibung stattzufinden (§ 208 Abs 1 UGB). § 6 Z 13 EStG bestimmt, dass Zuschreibungen iSd § 208 Abs 1 UGB auch für das Steuerrecht maßgeblich und somit zwingend vorzunehmen sind. Der Bilanzansatz der Bau-GmbH im Anlagevermögen von U beträgt am 31.12.09 daher EUR 100.000,–, da eine Zuschreibung über die Anschaffungskosten hinaus nicht erfolgen darf.

Verbindlichkeiten

Verbindlichkeiten sind mit den „Anschaffungskosten" (Nennwert) zu bewerten (§ 6 Z 3 EStG). Eine Verbindlichkeit darf erst dann aus der Bilanz ausgeschieden werden, wenn sie getilgt oder erlassen worden ist. Sie darf nicht mehr bilanziert werden, wenn mit dem Versuch der Durchsetzung der Forderung durch den Gläubiger nicht mehr zu rechnen ist. Ein höherer Teilwert (zB durch Kurssteigerungen bei Fremdwährungsverbindlichkeiten) darf steuerrechtlich angesetzt werden. Ein unter den Anschaffungskosten liegender Teilwert (etwa infolge eines Kursverfalls bei Fremdwährungsverbindlichkeiten) darf nicht angesetzt werden. Dies ergibt sich aus dem Vorsichtsprinzip.

Der nach UGB rechnungslegungspflichtige A hat im Dezember 01 Lieferungen von einem Schweizer Großhändler bezogen, die Lieferverbindlichkeit in Schweizer Franken wurde zum 31.12.01 mit EUR 5.000,– bewertet. Auf Grund des Wertgewinns des Schweizer Franken wären zur Begleichung der zum 31.12.02 immer noch offenen Lieferverbindlichkeit nunmehr EUR 6.000,– erforderlich.

Verbindlichkeiten gegenüber seinem Lieferanten hat A auf der Passivseite seiner Bilanz mit ihrem Erfüllungsbetrag anzusetzen (§ 211 Abs 1 UGB). Erhöht sich dieser Erfüllungsbetrag, ist auch die in der Bilanz ausgewiesene Verbindlichkeit zu erhöhen. Steuerrechtlich ist die Verbindlichkeit mit ihren Anschaffungskosten anzusetzen (§ 6 Z 3 iVm § 6 Z 2 lit a EStG), es besteht ein Aufwertungswahlrecht auf den höheren Teilwert. Die Aufwertung darf aber nicht über die fortgeschriebenen Anschaffungskosten hinausgehen. Aufgrund der Gewinnermittlung nach § 5 Abs 1 EStG und dem damit verbundenen Maßgeblichkeitsprinzip ist auch für das Steuerrecht die Aufwertung zwingend vorzunehmen.

Variante: Der Schweizer Franken verliert gegenüber dem Euro an Wert, A hätte zur Begleichung seiner Verbindlichkeit zum Stichtag 31.12.02 nur EUR 4.500,– aufzuwenden.

Eine (gewinnerhöhende) Abwertung der Verbindlichkeit ist wegen § 201 Abs 2 Z 4 lit a UGB nicht zulässig. Steuerrechtlich gilt ein Abwertungs-

wahlrecht auf den niedrigeren Teilwert, das im Fall der Gewinnermittlung nach § 5 Abs 1 EStG der unternehmensrechtlichen Bewertung zu folgen hat.

Beachte: Würde es sich in diesem Beispiel an Stelle des nach UGB rechnungslegungspflichtigen A um den freiwillig seinen Gewinn nach § 4 Abs 1 EStG ermittelnden B handeln, hätte er ein Wahlrecht.

Entnahmen sind mit dem Teilwert zu bewerten (§ 6 Z 4 EStG; siehe dazu bereits S 80 f). Abweichendes gilt für Entnahmen von Grund und Boden (§ 6 Z 4 Satz 2 und Satz 3 EStG; dazu später S 167).

Entnahmen

Einlagen sind mit dem Teilwert zu bewerten, wenn sie weder Kapitalanlagen noch Grundstücke betreffen (§ 6 Z 5 lit d EStG; siehe dazu bereits S 82 f). Zu den Abweichungen betreffend Kapitalanlagen und Grundstücke s später.

Einlagen

Beim **Tausch** von Wirtschaftsgütern liegt jeweils eine Anschaffung und eine Veräußerung vor. Als Veräußerungspreis des hingegebenen Wirtschaftsgutes und als Anschaffungskosten des erworbenen Wirtschaftsgutes ist jeweils der gemeine Wert des hingegebenen Wirtschaftsgutes anzusetzen (§ 6 Z 14 lit a EStG). Die Einlage oder die Einbringung von Wirtschaftsgütern und sonstigem Vermögen in eine Körperschaft iSd § 1 KStG außerhalb des Umgründungssteuergesetzes gilt als Tausch (§ 6 Z 14 lit b EStG; dazu Kap KöSt S 231).

Tausch

Der nach UGB rechnungslegungspflichtige Gewerbetreibende G bringt ein Grundstück aus seinem Gewerbebetrieb (Buchwert EUR 300.000,–; gemeiner Wert EUR 500.000,-) in die A-GmbH ein und erhält als Gegenleistung Anteilsrechte an der GmbH.
Die Einbringung eines Wirtschaftsgutes in eine Körperschaft im Sinne des KStG gegen die Gewährung von Anteilen gilt als Tausch und ist somit ein entgeltliches Rechtsgeschäft. Der Veräußerungsgewinn für das Grundstück beträgt EUR 200.000,- (Differenz zwischen gemeinem Wert und Buchwert des Grundstücks), er ist im Rahmen der Einkünfte aus Gewerbebetrieb von G zu besteuern. Die Anschaffungskosten für die GmbH-Beteiligung betragen EUR 500.000,- (= gemeiner Wert des hingegebenen Wirtschaftsgutes, hier also des Grundstücks). Mit diesem Wert ist die Beteiligung an der GmbH im Anlagevermögen der Bilanz von G auszuweisen.

4.3.5.5.6 Verhältnis von unternehmens- zu steuerrechtlichen Bewertungsvorschriften

Für die Ermittlung des steuerpflichtigen Gewinns von Personen, die Einkünfte aus Gewerbebetrieb erzielen und nach UGB zur Rech-

Grundsatz der Maßgeblichkeit

nungslegung verpflichtet sind, gilt der Grundsatz der Maßgeblichkeit der unternehmensrechtlichen Grundsätze ordnungsgemäßer Buchführung. Dieser Grundsatz steht unter dem Vorbehalt, dass zwingende Bestimmungen des EStG nicht von den unternehmensrechtlichen Grundsätzen abweichen.

Der maßgebliche Bewertungsansatz für die steuerrechtliche Gewinnermittlung ist daher davon abhängig, inwieweit Unternehmens- und Steuerrecht zwingende Vorgaben enthalten:

Unternehmens- und steuerrechtliches Wahlrecht

Besteht unternehmens- und steuerrechtlich bei der Bewertung ein Wahlrecht, ist wegen des Grundsatzes der Maßgeblichkeit des Unternehmensrechts die steuerrechtliche Bewertung vom Wertansatz in der Unternehmensbilanz abhängig (§ 5 Abs 1 EStG).

1. Der nach UGB rechnungslegungspflichtige Gewerbetreibende Y hält in seinem Anlagevermögen eine echte stille Beteiligung. Diese steht mit EUR 500,– zu Buche. Am Bilanzstichtag ist der Teilwert dieser Beteiligung jedoch auf Grund eines vorübergehenden Auftragseinbruchs bei der Aktiengesellschaft auf EUR 400,– gesunken. Y ermittelt seinen Gewinn nach § 5 Abs 1 EStG. Aus unternehmensrechtlicher Sicht besteht bei Finanzanlagen, deren Wertminderung nur vorübergehend ist, ein Abwertungswahlrecht (§ 204 Abs 2 UGB). Auch steuerrechtlich besteht für die Abwertung von nicht abnutzbarem Anlagevermögen ein Wahlrecht (§ 6 Z 2 lit a EStG). Je nachdem, wie Y sein Wahlrecht unternehmensrechtlich ausübt, bestimmt dies auch den steuerrechtlichen Gewinn. Entscheidet sich Y zur Abwertung, besteht auf Grund der Maßgeblichkeit der Unternehmensbilanz für die Steuerbilanz auch steuerrechtlich ein Abwertungszwang. Der Gewinn wird daher sowohl unternehmens- als auch steuerrechtlich um EUR 100,– gemindert. Behält er den ursprünglichen Bilanzansatz bei, so gilt dieser auf Grund des Maßgeblichkeitsprinzips auch für das Steuerrecht.

2. Y hält bei sonst gleichem Sachverhalt in seinem Anlagevermögen nicht eine stille Beteiligung, sondern Aktien.
Unternehmensrechtlich besteht ein Wahlrecht (§ 204 Abs 2 EStG). Steuerrechtlich beschränkt sich das Wahlrecht auf die Vornahme der Teilwertabschreibung dem Grunde nach (§ 6 Z 2 lit a EStG). Der Höhe nach ist die Teilwertabschreibung jedoch zwingend abweichend vom unternehmensrechtlichen Ansatz vorgesehen (§ 6 Z 2 lit c EStG; dazu später S 150 f). Das bedeutet: Entscheidet sich Y aus unternehmensrechtlicher Sicht für die Teilwertabschreibung, hat er sie auch steuerrechtlich dem Grunde nach (auf Grund des Maßgeblichkeitsprinzips) zwingend vorzunehmen. Die Höhe der Abschrei-

bung ist jedoch gem § 6 Z 2 lit c EStG zwingend abweichend vom UGB geregelt. Insoweit greift die Maßgeblichkeit des Unternehmensrechts nicht. Aus steuerrechtlicher Sicht kann Y nur dann die volle Abschreibung in Höhe von EUR 100,– geltend machen, wenn er in zumindest gleicher Höhe zB über betriebliche Einkünfte aus realisierten Wertsteigerungen verfügt. Andernfalls können nur 55%, dh EUR 55,– gewinnmindernd angesetzt werden (vgl dazu später genauer S 150 f). Die vom Unternehmensrecht abweichende steuerrechtliche Bewertung erfolgt praktisch über die Mehr-Weniger-Rechnung. Y erstellt somit keine eigene Steuerbilanz, sondern passt den unternehmensrechtlichen Gewinn den steuerrechtlichen Bestimmungen an, indem er – für den Fall, dass er über keine betrieblichen Einkünfte aus realisierten Wertsteigerungen verfügt – seinem unternehmensrechtlichen Gewinn den steuerrechtlich nicht abzugsfähigen Abschreibungsbetrag hinzurechnet.

Verzichtet Y unternehmensrechtlich auf die Teilwertabschreibung, gilt dies wegen des Maßgeblichkeitsgrundsatzes auch für das Steuerrecht.

Besteht unternehmensrechtlich eine Verpflichtung zu einem bestimmten Wertansatz, steuerrechtlich aber ein Wahlrecht, ist der unternehmensrechtliche Ansatz auch für das Steuerrecht maßgebend.

Unternehmensrechtlich Zwang, steuerrechtlich Wahlrecht

X handelt mit Trockenfrüchten. Zum Bilanzstichtag hat er Trockenfrüchte zu Anschaffungskosten von EUR 5.000,– auf Lager. Auf Grund eines Stromausfalls in Teilen des Lagers, haben Teile der Früchte massiv an Qualität eingebüßt, sodass sich ihr Wiederbeschaffungswert (Teilwert, beizulegender Wert) zum Bilanzstichtag nur mehr auf EUR 3.500,– beläuft.

Für Umlaufvermögen gilt unternehmensrechtlich das strenge Niederstwertprinzip. Gem § 207 UGB sind die Trockenfrüchte zwingend auf den niedrigeren beizulegenden Wert, dh auf EUR 3.500,– abzuwerten. Steuerrechtlich besteht gem § 6 Z 2 lit a EStG für Umlaufvermögen grundsätzlich ein Abwertungswahlrecht. Auf Grund der Maßgeblichkeit des Unternehmensrechts für das Steuerrecht ist zwingend auf den niedrigeren Teilwert abzuschreiben. Der unternehmens- und der steuerrechtliche Gewinn werden beide gleichermaßen um EUR 1.500,– gemindert.

Sieht das Steuerrecht zwingend einen anderen Bewertungsansatz vor als das Unternehmensrecht, greift die Maßgeblichkeit der Unternehmensbilanz für die Steuerbilanz nicht. Für das Steuerrecht ist – abweichend vom Unternehmensrecht – der zwingend vorgesehene steuerrechtliche Ansatz zu wählen.

Steuerrechtlicher Zwang

Steuerrechtlicher Zwang

Zwingende Abweichungen des Steuerrechts vom Unternehmensrecht bestehen in den folgenden Fällen:

Rückstellungen für drohende Verbindlichkeiten sind unternehmensrechtlich in voller Höhe anzusetzen (§§ 198 Abs 8 iVm 201 Abs 2 Z 4 lit b UGB). Steuerrechtlich besteht für die Bildung von Rückstellungen dem Grunde nach einerseits ein Wahlrecht (§ 9 Abs 1 EStG), andererseits dürfen nur bestimmte Arten von Rückstellungen gebildet werden. Dies sind nur Rückstellungen für

- Anwartschaften auf Abfertigungen,
- laufende Pensionen und Anwartschaften auf Pensionen,
- sonstige ungewisse Verbindlichkeiten, wenn die Rückstellungen nicht Jubiläumsgelder, Abfertigungen oder Pensionen betreffen,
- drohende Verluste aus schwebenden Geschäften.

Ist daher unternehmensrechtlich die Bildung einer Rückstellung zwingend geboten, greift der Grundsatz der Maßgeblichkeit nur insoweit, als es sich um eine steuerrechtlich zulässige Rückstellung handelt. In allen anderen Fällen ist die Bildung einer Rückstellung (abweichend vom Unternehmensrecht) für das Steuerrecht nicht zu berücksichtigen.

Der Höhe nach kann der Rückstellungsbetrag steuerrechtlich vom unternehmensrechtlichen Ansatz abweichen, wenn es sich um eine Rückstellung aus sonstigen ungewissen Verbindlichkeiten oder um eine solche für drohende Verluste aus schwebenden Geschäften handelt, deren Laufzeit zum Bilanzstichtag mehr als zwölf Monate beträgt. In diesem Fall ist der mit einem Zinssatz von 3,5% abgezinste Teilwert anzusetzen (§ 9 Abs 5 EStG). Nach § 211 Abs 2 UGB sind Rückstellungen mit einer Restlaufzeit von mehr als einem Jahr hingegen mit einem „marktüblichen Zinssatz" abzuzinsen (§ 211 Abs 2 UGB. Da der marktübliche Zinssatz aufgrund des (zurzeit) niedrigen Marktzinsniveaus idR unter dem steuerrechtlichen Pauschaldurchschnittszinssatz von 3,5% liegen wird, sind Abweichungen der Steuer- von der Unternehmensbilanz weiterhin denkbar.

Der rechnungslegungspflichtige Gewerbetreibende A wird Ende des Jahres 01 in einen Gewährleistungsprozess verwickelt. Verliert er den Prozess, hat er mit Kosten in Höhe von EUR 10.000,– zu rechnen. Der Prozess wird voraussichtlich erst Anfang des Jahres 03 beendet sein.
A droht eine Verbindlichkeit, deren Eintritt nicht ganz unwahrscheinlich ist. Er ist daher gem §§ 198 Abs 8 iVm 201 Abs 2 Z 4 lit b UGB zur Bildung einer (gewinnmindernden) Rückstellung verpflichtet. Da zum Bilanzstichtag am 31.12.01 die Restlaufzeit der Rückstellung noch mehr

als ein Jahr beträgt, ist sie in Höhe von EUR 10.000,– (abgezinst um einen marktüblichen Zinssatz) anzusetzen (§ 211 Abs 2 UGB). Steuerrechtlich besteht ein Wahlrecht (§ 9 Abs 1 EStG), das sich dem Grunde nach auf Grund der Maßgeblichkeit des Unternehmensrechts auch steuerrechtlich in einen Zwang wandelt. Da zum Bilanzstichtag am 31.12.01 der Prozess voraussichtlich länger als ein Jahr dauert, ist der mit einem Zinssatz von 3,5% abgezinste Teilwert anzusetzen (§ 9 Abs 5 EStG). Entspricht der unternehmensrechtliche „marktübliche Zinssatz" dem steuerrechtlichen Pauschalzinssatz iHv 3,5%, unterbleibt eine Mehr-Weniger-Rechnung. Liegt der marktübliche Zinssatz niedriger und wird somit unternehmensrechtlich der Rückstellungsbetrag um diesen niedrigeren Zinssatz abgezinst, muss A – zur Ermittlung des steuerrechtlichen Gewinns – in der Mehr-Weniger-Rechnung seinem Gewinn den dem Zinssatzunterschied entsprechenden Betrag hinzurechnen.

Steuerrechtlicher Zwang

Variante: Der Gewährleistungsprozess wird bei gleicher Sachverhaltskonstellation voraussichtlich binnen zwölf Monaten erledigt sein.
In diesem Fall gilt der Grundsatz der Maßgeblichkeit in vollem Umfang für das Steuerrecht. Auch steuerrechtlich mindert sich der Gewinn um EUR 10.000,–.

Pauschalrückstellungen: Abweichend vom Unternehmensrecht dürfen Rückstellungen steuerrechtlich nicht pauschal gebildet werden. Eine Bildung von Rückstellungen ist steuerrechtlich nur zulässig, wenn konkrete Umstände nachgewiesen werden können, nach denen im jeweiligen Einzelfall mit dem Vorliegen oder dem Entstehen einer Verbindlichkeit (eines Verlustes) ernsthaft zu rechnen ist (§ 9 Abs 3 EStG).

Pensions- und Abfertigungsrückstellungen: Für rechtsverbindlich zugesicherte (Betriebs-)Pensionen und künftige gesetzliche oder kollektivvertragliche Abfertigungen enthält § 14 EStG die steuerrechtlichen Details betreffend die Rückstellungsbildung. Wirtschaftlich gesehen bilden Abfertigungen und Betriebspensionen einen Aufwand, der den Perioden zuzurechnen ist, in denen die Arbeitnehmer im Unternehmen aktiv tätig sind.

Rückstellungen für die Verpflichtung zu einer Zuwendung anlässlich eines **Firmenjubiläums** dürfen steuerrechtlich nicht gebildet werden (§ 9 Abs 4 EStG).

Forderungsabschreibung: Hinsichtlich der Forderungsabschreibung ist – abweichend vom Unternehmensrecht – steuerrechtlich eine pauschale Wertberichtigung nicht zulässig (§ 6 Z 2 lit a EStG).

Abschreibung von bestimmten Kapitalanlagen: Für die Teilwertabschreibung auf im Betriebsvermögen gehaltene Kapitalanla-

Steuerrechtlicher Zwang

gen, deren Veräußerungsgewinne dem besonderen Steuersatz unterliegen (§ 6 Z 2 lit c EStG), sieht das EStG zwingende Abweichungen vor (siehe dazu später 4.4.3.4).

Abschreibungen auf Grundstücke: Auch für Abschreibungen auf im Betriebsvermögen gehaltene Grundstücke weicht das EStG vom UGB zwingend ab (§ 6 Z 2 lit d EStG, dazu später 4.4.6.2.3).

PKW und Kombi: Personenkraftwagen und Kombinationskraftwagen, die nicht im Rahmen einer Fahrschule oder eines Taxiunternehmens genutzt werden, sind steuerrechtlich zwingend auf acht Jahre verteilt abzuschreiben (§ 8 Abs 6 Z 1 EStG). Wird unternehmensrechtlich für einen kürzeren Zeitraum abgeschrieben, ist das Ergebnis im Wege der Mehr-Weniger-Rechnung steuerrechtlich zu korrigieren. Außerdem ist bei PKW und Kombi die Luxustangente zu berücksichtigen (§ 20 Abs 1 Z 2 lit b EStG; vgl S 79 ff).

Firmenwert: Der entgeltlich erworbene Firmenwert eines Gewerbetreibenden oder eines Land- und Forstwirtes muss im Steuerrecht auf 15 Jahre verteilt abgeschrieben werden (§ 8 Abs 3 EStG). Nach dem UGB ist ein entgeltlich erworbener Firmenwert ebenfalls verpflichtend zu aktivieren, planmäßig jedoch längstens auf die Geschäftsjahre zu verteilen, in denen er voraussichtlich genutzt wird. Kann der Firmenwert nicht verlässlich geschätzt werden, ist dieser über zehn Jahre verteilt abzuschreiben (§ 203 Abs 5 UGB). Die zwingende Abweichung des Steuerrechts vom Unternehmensrecht ist wiederum im Zuge der Mehr-Weniger-Rechnung zu berücksichtigen.

4.3.5.5.7 Unterschiede zwischen der Gewinnermittlung nach § 4 Abs 1 EStG und § 5 Abs 1 EStG

Bewertungswahlrechte

Wer seinen Gewinn nach § 4 Abs 1 EStG ermittelt, hat lediglich die steuerrechtlichen Bewertungsvorschriften zu berücksichtigen. Ihm sind damit im Ergebnis mehr Bewertungswahlrechte eingeräumt als einem Steuerpflichtigen, der seinen Gewinn nach § 5 Abs 1 EStG zu ermitteln hat, weil die Ausübung seiner Wahlrechte nicht durch die Bestimmungen des UGB vorgegeben ist.

Gewillkürtes Betriebsvermögen

Für Personen, die ihren Gewinn nach § 4 Abs 1 EStG ermitteln, besteht keine Möglichkeit, Wirtschaftsgüter, die nicht dem notwendigen Betriebs- und auch nicht dem notwendigen Privatvermögen zuzuordnen sind, zum gewillkürten Betriebsvermögen zu machen.

Abweichendes Wirtschaftsjahr

Ein vom Kalenderjahr abweichendes Wirtschaftsjahr kann unter den Voraussetzungen des § 2 Abs 5 EStG nur von buchführungspflichtigen Land- und Forstwirten oder von rechnungslegungspflichtigen Gewerbetreibenden gewählt werden. Dem abweichenden Wirtschaftsjahr muss das Finanzamt mit Bescheid zustimmen (§ 2 Abs 7

EStG). Das Wirtschaftsjahr umfasst grundsätzlich einen Zeitraum von zwölf Monaten (§ 2 Abs 6 EStG). Unter bestimmten Voraussetzungen umfasst das Wirtschaftsjahr einen kürzeren Zeitraum (sog Rumpfwirtschaftsjahr, § 2 Abs 6 UnterAbs 2 EStG). Ein längerer Zeitraum als zwölf Monate kommt im Fall der Liquidation in Betracht (vgl dazu S 259).

Übungsbeispiele

A handelt mit Kleidung und erzielt schon seit Jahren Umsätze von rund einer Million EUR jährlich. Wie wirken sich die nachfolgenden Geschäftsvorfälle auf seinen Gewinn aus?

1. Anschaffung einer neuen Registrierkasse um EUR 3.000,–. Voraussichtliche Nutzungsdauer drei Jahre.
2. Zum Bilanzstichtag hat A noch Waren im Wert von EUR 10.000,– auf Lager. Auf Grund einer grundlegenden Änderung der modischen Ausrichtung der folgenden Wintersaison haben diese Waren nur mehr einen Wiederbeschaffungswert von EUR 6.000,–.
3. Ein Ballkleid, das er im Vorjahr um EUR 500,– eingekauft hat, hat wegen des Aufstieges des Designers in den Modeolymp zum Bilanzstichtag einen Wiederbeschaffungswert von EUR 800,–.
4. A hält eine echte stille Beteiligung am Unternehmen der B-GmbH, das auch in der Modebranche tätig ist. Er hat sich mit einer wertgesicherten Einlage von EUR 50.000,– beteiligt. Zum Bilanzstichtag beträgt der maßgebende Index 110% der Ausgangsgröße. Wie ist die Beteiligung (Einlage) bei der B-GmbH und bei A zu bewerten?
5. In seinem Betrieb ist ein Kopierapparat im Einsatz, den A im April 01 äußerst günstig um EUR 2.000,– erwerben konnte (Nutzungsdauer fünf Jahre). Zum Bilanzstichtag 01 will A das Gerät mit EUR 2.400,– ansetzen, weil gleichwertige Geräte inzwischen einen Neupreis von EUR 4.000,– haben.
6. Ein Lieferant hat Ende des Jahres 01 gegen A Klage erhoben, weil A einen Teil des Kaufpreises für mangelhafte Ware zurückbehalten hat. Verliert A den Prozess, hat er mit Kosten in Höhe von EUR 5.000,– zu rechnen. Es ist davon auszugehen, dass der Prozess erst Anfang des Jahres 03 ein Ende finden wird.
7. *Variante zu Bsp 6:* Ändert sich an der steuerrechtlichen Beurteilung etwas, wenn davon auszugehen ist, dass der Prozess im auf den Bilanzstichtag folgenden Kalenderjahr beendet sein wird?
8. Durchschnittlich macht ein Prozent der Kunden von A jährlich Gewährleistungsmängel geltend. A erwägt die Bildung einer Rückstellung.

9. A hat im Jahr 01 ein Darlehen von EUR 20.000,– in einer Fremdwährung aufgenommen. Der Erfüllungsbetrag entwickelt sich auf Grund von Kursschwankungen wie folgt:
   – 31.12.02 EUR 21.000,–
   – 31.12.03 EUR 23.000,–
   – 31.12.04 EUR 21.000,–
   – 31.12.05 EUR 18.000,–
   – 31.12.06 EUR 21.000,–
10. *Variante zu Bsp 9:* Welche Bilanzansätze wären zu wählen, wenn es sich dabei um eine Fremdwährungsforderung handeln würde?

4.3.5.6 Gewinnermittlung durch Einnahmen-Ausgaben-Rechnung (§ 4 Abs 3 EStG)

Zufluss-Abfluss-Prinzip

Der Überschuss der Betriebseinnahmen über die Betriebsausgaben ist als Gewinn anzusetzen, wenn weder eine gesetzliche Verpflichtung zur Buchführung besteht noch freiwillig Bücher geführt werden. Die Geschäftsvorfälle werden nach dem Zufluss-Abfluss-Prinzip erfasst. Für die Ermittlung des Gewinns ist daher maßgeblich, in welchem Kalenderjahr Betriebseinnahmen tatsächlich zufließen und Betriebsausgaben tatsächlich abfließen (sog **Einnahmen-Ausgaben-Rechnung**).

Im Rahmen einer Einnahmen-Ausgaben-Rechnung sind Einnahmen und Ausgaben zu berücksichtigen, die zu einer durch den Betrieb veranlassten Vermögensänderung führen. Die Zuzählung eines Darlehensbetrages ist keine Betriebseinnahme, weil in gleicher Höhe eine Verbindlichkeit entsteht. Die Anschaffung von Anlagevermögen ist auch für den Einnahmen-Ausgaben-Rechner keine Betriebsausgabe, weil sich die Höhe des Vermögens durch die Anschaffung nicht verändert. Auch für den Einnahmen-Ausgabenrechner wirken sich nur die durch die Nutzung des Anlagevermögens eintretenden Wertminderungen im Wege der AfA gewinnmindernd aus. Zuführungen von üblicherweise privat verwendeten Wirtschaftsgütern in das Betriebsvermögen und die private Verwendung von dem Betriebsvermögen zugeordneten Wirtschaftsgütern sind – wie bei der Gewinnermittlung durch Bilanzierung – als Einlagen bzw Entnahmen zu berücksichtigen.

Bestimmte Vorauszahlungen

In Abweichung vom Zufluss-Abfluss-Prinzip sind nicht aktivierungspflichtige Vorauszahlungen von Beratungs-, Bürgschafts-, Fremdmittel-, Garantie-, Miet-, Treuhand-, Vermittlungs-, Vertriebs- und Verwaltungskosten gleichmäßig auf den Zeitraum der Vorauszahlung zu verteilen, wenn die Vorauszahlungen nicht nur das laufende und das folgende Jahr betreffen. Diesfalls ist ein sofortiger Abzug des gesamten Betrages im Abflussjahr nicht möglich (§ 4 Abs 6 EStG).

§ 4 Abs 6 EStG beinhaltet Regelungen für die Vorauszahlungen, die der Steuerpflichtige selbst tätigt. Vorauszahlungen, die er für seine Leistungen erhält und die bei ihm Einnahmen darstellen, sind unabhängig davon, welche Zeiträume sie betreffen, stets im Jahr des Zuflusses in voller Höhe zu erfassen.

Die Anschaffung von **Anlagevermögen** ist – wie bei der Gewinnermittlung durch Bilanzierung – gewinnneutral. Das Anlagegut ist in ein Anlageverzeichnis aufzunehmen (§ 7 Abs 3 EStG). Der durch die Verwendung bedingte Wertverzehr ist im Wege der planmäßigen Abschreibung (AfA) als Betriebsausgabe gewinnmindernd anzusetzen. Die Anschaffung von geringwertigen Wirtschaftsgütern (§ 13 EStG) kann auch bei der Einnahmen-Ausgaben-Rechnung sofort in voller Höhe gewinnmindernd angesetzt werden.

Anlagevermögen

Der Verkauf von Wirtschaftsgütern des Anlagevermögens führt, soweit der Kaufpreis die fortgeschriebenen Anschaffungskosten übersteigt, wie bei der Gewinnermittlung durch Bilanzierung, zur (grundsätzlich steuerpflichtigen) Aufdeckung stiller Reserven.

Investitionsbegünstigungen (zB Gewinnfreibetrag gem § 10 Abs 1 EStG; Übertragung stiller Reserven gem § 12 EStG und Forschungsprämie gem § 108c Abs 1 EStG) können auch bei Gewinnermittlung durch Einnahmen-Ausgaben-Rechnung in Anspruch genommen werden.

Auch der Einnahmen-Ausgaben-Rechner hat das Recht, außerplanmäßige Abschreibungen für außergewöhnliche technische oder wirtschaftliche Abnutzung vorzunehmen (§ 8 Abs 4 EStG). Im Unterschied zur Teilwertabschreibung ist eine reine Wertminderung (zB Preisverfall) nicht als Abschreibung zu berücksichtigen. Für eine außerplanmäßige Abschreibung muss die Nutzung des Wirtschaftsgutes beeinträchtigt werden. Beispiele für eine außerplanmäßige Abschreibung sind Substanzverluste durch Beschädigung, Brand, Bruch, aber auch durch übermäßige Nutzung eines Wirtschaftsgutes.

Außerplanmäßige Abschreibungen

Für Abschreibungen nach § 8 Abs 4 EStG gelten ab der Veranlagung für das Kalenderjahr 2016 dieselben Einschränkungen der Höhe nach wie für Teilwertabschreibungen auf Grundstücke (vgl § 6 Z 2 lit d EStG idF AbgÄG 2016 iVm § 124b Z 313 EStG; dazu näher 168).

Die Anschaffungskosten von **Umlaufvermögen** sind im Rahmen einer Einnahmen-Ausgaben-Rechnung sofort als Betriebsausgaben zu berücksichtigen. Eine Aktivierung von selbst hergestellten Wirtschaftsgütern des Umlaufvermögens kommt nicht in Betracht.

Umlaufvermögen

1. Der selbständige Zahnarzt Dr. Z bezahlt am 31. 10. 01 das Pauschalhonorar seines Steuerberaters für das laufende Jahr, außerdem auch die Pauschalhonorare für die Jahre 02 und 03 im Voraus. Dr. Z ermittelt seinen Gewinn durch Einnahmen-Ausgaben-Rechnung.

Dr. Z erzielt im Rahmen seiner Zahnarztpraxis Einkünfte aus selbständiger Arbeit gem § 22 Z 1 lit b TS 2 EStG. Er ermittelt seinen Gewinn gem § 4 Abs 3 EStG durch den Überschuss der Einnahmen über die Betriebsausgaben, sofern er ihn nicht freiwillig durch Bilanzierung nach § 4 Abs 1 EStG ermittelt. Die Vorauszahlungen an seinen Steuerberater hat Dr. Z gem § 4 Abs 6 EStG auf die Jahre 02 und 03 aufzuteilen.

Würde Dr. Z nur die Honorare für 01 und 02 bezahlen, könnte er den gesamten Aufwand bereits im Jahr 01 als Betriebsausgabe geltend machen.

Würde Dr. Z seinen Gewinn durch Bilanzierung (§ 4 Abs 1 EStG) ermitteln, könnte er im Fall der Vorauszahlung nur für das Jahr 02 freiwillig einen aktiven Rechnungsabgrenzungsposten bilden. Im Fall der Vorauszahlung für beide Jahre, 02 und 03, hätte Dr. Z auf Grund von § 4 Abs 6 EStG einen aktiven Rechnungsabgrenzungsposten für den Aufwand der Jahre 02 und 03 zu bilden.

2. Welche Auswirkungen haben folgende Geschäftsfälle auf den steuerrechtlichen Gewinn des Jahres 01 des nach UGB rechnungslegungspflichtigen Großhändlers G einerseits sowie alternativ des Einzelhändlers H, der seinen Gewinn nach § 4 Abs 3 EStG durch Überschuss der Betriebseinnahmen über die Betriebsausgaben ermittelt? Beide handeln mit Waren.

   Sowohl Großhändler G als auch Einzelhändler H erzielen Einkünfte aus Gewerbebetrieb, weil der Handel mit Waren nicht zu den Einkünften nach § 22 EStG zählt und somit in den Anwendungsbereich von § 23 EStG fällt (Subsidiarität von § 23 EStG zu § 22 EStG). G ermittelt seinen Gewinn nach § 5 Abs 1 EStG. Im Rahmen der Bilanzierung gilt der Grundsatz der periodengerechten Gewinnermittlung, für die Wertansätze gilt das Maßgeblichkeitsprinzip: Die Wertansätze in der Unternehmensbilanz sind maßgeblich für die Steuerbilanz, soweit nicht das Steuerrecht zwingend anderes vorsieht. Der Einzelhändler H ermittelt seinen Gewinn nach § 4 Abs 3 EStG. Für ihn gilt das Zufluss-Abfluss-Prinzip.

   a) Großhändler G/Einzelhändler H ist Ende des Jahres 01 von einem Mitarbeiter auf die Zahlung angeblich ausstehender Entgelte für laufende Überstunden geklagt worden. Das Gerichtsverfahren wird voraussichtlich bereits im Jahr 02 abgeschlossen werden können, die Rechtslage ist allerdings nicht eindeutig, sodass der Ausgang des Prozesses nicht vorhersehbar ist. Im Fall einer Niederlage vor Gericht würden Kosten iHv EUR 5.000,– auf G bzw H zukommen.

Großhändler G: Die drohende Nachzahlung an Arbeitsentgelten, die durch die angeblich falsche Abrechnung der Überstunden im Jahr 01 verursacht wurde, ist wirtschaftlich dem Jahr 01 zuzurechnen. Diese drohende Nachzahlung ist in der Bilanz als Rückstellung zu berücksichtigen: G ist gemäß §§ 198 Abs 8 iVm 201 Abs 2 Z 4 lit b UGB unternehmensrechtlich zur Bildung einer Rückstellung verpflichtet, die im Jahr 01 seinen unternehmensrechtlichen Gewinn mindert. Steuerrechtlich besteht nach § 9 EStG hinsichtlich der Bildung von Rückstellungen ein Wahlrecht. Auf Grund der Gewinnermittlung nach § 5 Abs 1 EStG gilt das Maßgeblichkeitsprinzip: G ist also auch steuerrechtlich zur Bildung einer Rückstellung verpflichtet, weil das UGB dazu verpflichtet und das Steuerrecht diesbezüglich ein Wahlrecht einräumt. Die Rückstellung wird unternehmens- und steuerrechtlich in voller Höhe angesetzt, da die Laufzeit des Gerichtsverfahrens voraussichtlich nicht mehr als ein Jahr, gerechnet ab dem Bilanzstichtag des Jahres 01, beträgt (§ 211 Abs 2 UGB; § 9 Abs 5 EStG). Die Bildung der Rückstellung wirkt sich daher im Jahr 01 in voller Höhe gewinnmindernd aus.

Einzelhändler H: Für H gilt das Zufluss-Abfluss-Prinzip. Die durch das Gerichtsverfahren entstehenden Kosten können von H erst im Jahr der tatsächlichen Zahlung, dh ihres tatsächlichen Abflusses, als Betriebsausgaben gewinnmindernd geltend gemacht werden (voraussichtlich im Jahr 02).

Variante: Das Gerichtsverfahren wird voraussichtlich erst Anfang des Jahres 03 abgeschlossen werden können.

Großhändler G: Wäre das Ende des Gerichtsverfahrens erst für Anfang des Jahres 03 absehbar, ist die Rückstellung im Jahr 01 unternehmensrechtlich mit einem marktüblichen Zinssatz abzuzinsen (§ 211 Abs 2 UGB). Steuerrechtlich müsste die Abzinsung zwingend zu einem Zinssatz von 3,5% erfolgen (§ 9 Abs 5 EStG). Im Fall einer allfälligen Zinssatzdifferenz (marktüblicher Zinssatz iSd § 211 Abs 2 UGB ist in der Regel niedriger als der steuerrechtliche Pauschalzinssatz iHv 3,5%) ist der unternehmensrechtlichen Gewinn für die Ermittlung des steuerrechtlichen Gewinns des Jahres 01 im Wege der Mehr-Weniger-Rechnung entsprechend zu erhöhen.

Zum Bilanzstichtag im Jahr 02 ist die Rückstellung erneut zu bewerten. Da nunmehr das Gerichtsverfahren bereits Anfang des Jahres 03 endet und die Laufzeit der Rückstellung nicht mehr länger als ein Jahr beträgt, ist der Rückstellungsbetrag (Teilwert bzw Erfüllungsbetrag) nicht mehr abzuzinsen, sondern in voller Höhe (EUR

5.000,–) anzusetzen. Das bedeutet, dass die im Jahr 01 gebildete Rückstellung sowohl unternehmens- als auch steuerrechtlich um den jeweiligen Abzinsungsbetrag auf den aktuellen Teilwert bzw Erfüllungsbetrag (EUR 5.000,–) zu erhöhen ist. Dieser Betrag ist im Jahr 02 gewinnmindernd. Endet der Prozess tatsächlich im Jahr 03 und wird G zur Zahlung von EUR 5.000,– verpflichtet, ist die Zahlung im Jahr 03 durch Auflösung der Rückstellung gewinnneutral. Endet der Prozess hingegen bereits im Jahr 02 und wird G zur Zahlung iHv EUR 5.000,– verpflichtet, wirkt sich die Zahlung im Jahr 02 insoweit gewinnmindernd aus, als diese den Betrag der im Jahr 01 angesetzten Rückstellung übersteigt.

Der Ansatz der Rückstellung in Höhe des mit einem Zinssatz von 3,5% abgezinsten Teilwertes für die steuerrechtliche Gewinnermittlung beeinflusst die unternehmensrechtliche Gewinnermittlung nicht: In der Unternehmensbilanz ist die Rückstellung abgezinst um einen marktüblichen Zinssatz, der durchaus vom steuerrechtlichen Pauschalzinssatz iHv 3,5% abweichen kann, auszuweisen.

Einzelhändler H: So lange H keine Zahlung leistet oder empfängt, bleibt sein Gewinn unverändert. Wird er beispielsweise im Jahr 01 geklagt, im Jahr 02 vom Gericht zur Zahlung verurteilt und überweist er in weiterer Folge den Geldbetrag im Jahr 03, mindert die Bezahlung erst seinen Gewinn des Jahres 03.

b) Großhändler G/Einzelhändler H mietet Anfang des Jahres 01 einen LKW für die Zustellung von Handelswaren. Unter der Bedingung, dass das Mietentgelt für drei Jahre im Voraus entrichtet wird, hat der Vermieter einen großzügigen Rabatt auf den Mietpreis gewährt.

Großhändler G: Der Aufwand für die Anmietung des LKW ist demjenigen Geschäftsjahr zuzuordnen, zu dem er wirtschaftlich gehört. Weil das Mietentgelt nur zu einem Drittel zum Jahr 01 gehört, darf auch nur ein Drittel des Mietentgelts den Gewinn des Jahres 01 mindern. Um eine periodengerechte Zuordnung des Mietaufwands für den LKW zu erreichen, ist in Höhe von zwei Drittel des Mietentgelts ein aktiver Rechnungsabgrenzungsposten zu bilden. Dieser aktive Rechnungsabgrenzungsposten ist gleichmäßig über die Dauer des durch die Vorauszahlungen abgedeckten Mietverhältnisses verteilt aufzulösen, das heißt für die Jahre 02 und 03 jeweils zur Hälfte.

Einzelhändler H: Das Mietentgelt ist gleichmäßig auf den Zeitraum der Vorauszahlung zu verteilen, weil es nicht bloß das laufende Jahr 01 und das folgende Jahr betrifft, sondern auch das zweitfolgende Jahr 03 (§ 4 Abs 6 EStG). Ein Rechnungsabgrenzungsposten kann allerdings bei Gewinnermittlung nach § 4 Abs 3 EStG nicht gebildet werden.

c) Großhändler G/Einzelhändler H beschäftigt in seinem Betrieb eine äußerst versierte Buchhalterin. Diese Buchhalterin erledigt innerhalb ihrer Arbeitszeit neben den laufenden Arbeiten für den Handelsbetrieb auch die Einkommensteuererklärungen für die Ehepartnerin und die studierende Tochter von G bzw H, wobei auch Druck- und Portokosten anfallen.
Für G und H gilt gleichermaßen: Die Arbeitsleistung der Buchhalterin ist ein Wert des Betriebsvermögens, der für unternehmensfremde Zwecke genutzt wird (konkret für den privaten Lebensbereich des Unternehmers). Es liegt daher hinsichtlich der Arbeitskraft der Buchhalterin und hinsichtlich der anfallenden Druck- und Portokosten eine Entnahme vor, die den Gewinn des Unternehmers nicht mindern darf (§ 4 Abs 1 Satz 2 EStG). Die Entnahme ist mit ihrem Teilwert anzusetzen (§ 6 Z 4 EStG), im Fall der Arbeitsleistungen entspricht dieser Teilwert den anteiligen Lohnkosten.

Variante: *Würde G bzw H die Steuererklärung für seine Angehörigen persönlich erledigen, hätte er lediglich die Druck- und Portokosten als Entnahmen zu berücksichtigen.*

d) Großhändler G/Einzelhändler H hat im September 01 an die C-GmbH Waren zu einem Preis von EUR 5.000,– geliefert. Die C-GmbH hat zum Bilanzstichtag noch nicht gezahlt. Als die C-GmbH in eine finanzielle Schieflage gerät, beantragt sie im August 02 ein Insolvenzverfahren. Es ist damit zu rechnen, dass im Insolvenzverfahren Verbindlichkeiten nur in Höhe von rund 5% befriedigt werden können.
Großhändler G: Der Geschäftsfall der Warenlieferung ist dem Jahr 01 zuzurechnen (Grundsatz der periodengerechten Gewinnermittlung): Der Wareneinsatz hat den Gewinn des Jahres 01 gemindert, während die im Gegenzug dafür vorgenommene Einbuchung der Forderung den Gewinn des Jahres 01 erhöht hat. Stellt sich in einem späteren Geschäftsjahr heraus, dass die Forderung nicht oder nur noch teilweise werthaltig ist, ist G gemäß § 207 Satz 2 UGB unternehmensrechtlich zur Abwertung der Forderung gezwungen (Vorsichtsprinzip). Unternehmensrechtlich hat G daher eine Abwertung auf EUR 250,– vorzunehmen, die im Jahr 02 seinen Gewinn mindert. Steuerrechtlich besteht

gemäß § 6 Z 2 lit a EStG ein Abwertungswahlrecht, wegen des bei Gewinnermittlung nach § 5 Abs 1 EStG geltenden Maßgeblichkeitsprinzips ist aber auch steuerrechtlich abzuwerten.

Einzelhändler H: H hat weder im Jahr 01 noch im Jahr 02 eine Zahlung erhalten – erhält er im Jahr 03 eine Quote von 5%, erhöht dieser Zufluss seinen Gewinn des Jahres 03.

e) G/H erwirbt im Jänner 01 für sein Unternehmen einen Kleinbus (Nutzungsdauer fünf Jahre). Nach Ablauf der fünfjährigen Nutzungsdauer erwirbt er einen neuen Kleinbus, den alten Kleinbus nutzt er nicht länger für den Gewerbebetrieb, sondern baut ihn zu einem Wohnmobil um.

Großhändler G: Ein Kleinbus stellt abnutzbares Anlagevermögen dar, das im Jahr der Anschaffung in der Bilanz mit den Anschaffungskosten zu aktivieren und auf seine Nutzungsdauer verteilt abzuschreiben ist. Die Anschaffung selbst ist gewinnneutral, die AfA in den Jahren 01 bis einschließlich 05 stellt eine Betriebsausgabe für G dar. Nutzt der Unternehmer den Kleinbus nach Ablauf der fünfjährigen Nutzungsdauer nicht länger im Unternehmen, sondern für seine Freizeitaktivitäten, liegt eine Entnahme vor. Der Kleinbus ist in der Bilanz des G nach Ende seiner Nutzungsdauer zur Gänze abgeschrieben, stellt aber weiterhin einen zum Unternehmen gehörigen Vermögensgegenstand mit einem wirtschaftlichen Wert dar (er enthält stille Reserven). Wird der Vermögensgegenstand verkauft oder entnommen, kommt es zur Aufdeckung dieser stillen Reserven. Die Entnahme des Kleinbusses durch G in seinen privaten Bereich ist mit dem Teilwert anzusetzen (§ 6 Z 4 EStG).

Einzelhändler H: H aktiviert den Kleinbus nicht in einer Bilanz (H ist nicht Bilanzierer), sondern nimmt ihn in sein Anlageverzeichnis auf (§ 7 Abs 3 EStG). Wie auch bei G ist die Anschaffung gewinnneutral, die AfA bildet eine Betriebsausgabe des H. Im Zuge der Entnahme kommt es wie bei G zur Aufdeckung der stillen Reserven.

Hätte G/H hier nicht einen Kleinbus, sondern einen PKW oder Kombinationskraftwagen erworben, hätte er diesen steuerlich zwingend auf (mindestens) 8 Jahre verteilt abschreiben müssen (§ 8 Abs 6 Z 1 EStG).

f) Als im September 02 der PC des Großhändlers G/Einzelhändlers H einen irreparablen Kurzschluss erleidet, verwendet er als Ersatz seinen privaten, gerade erst angeschafften Laptop für den Gewerbebetrieb. Er nutzt den Laptop aber auch weiterhin noch zu ungefähr einem Drittel privat. Der Laptop hat einen Wert von rund EUR 900,– und eine voraussichtliche Nutzungsdauer von 3 Jahren.

Großhändler G: Die überwiegend betriebliche Nutzung des Laptops stellt eine Einlage dar (Überwiegensprinzip), die in der Bilanz mit dem Teilwert im Zeitpunkt der Zuführung zu aktivieren ist (§ 6 Z 5 lit d EStG). Die Einlage darf den Gewinn von G nicht erhöhen. G kann bereits für das Jahr 02 gewinnmindernd eine AfA in Höhe von EUR 150,– von seinem Laptop geltend machen (halbe Jahres-AfA wegen erstmaliger betrieblicher Nutzung in der zweiten Jahreshälfte). Sofern G den Laptop weiterhin auch noch für seine privaten Zwecke nutzt, liegt in diesem Umfang eine Entnahme vor (Nutzungsentnahme). Die auf die private Nutzung entfallenden Aufwendungen sind dem Gewinn des G wieder hinzuzurechnen, hier ein Drittel der AfA (EUR 50,–), sowie ein Drittel der anfallenden Betriebskosten (zB allfällige Reparaturkosten, Zubehör).

Einzelhändler H: H nimmt den Laptop in sein Anlageverzeichnis auf (§ 7 Abs 3 EStG; vgl bereits oben). Im Übrigen gilt dasselbe wie für G.

Variante: Es liegt eine betriebliche Nutzung nur im Umfang eines Drittels vor.

Der Laptop bleibt Privatvermögen, da er weiterhin überwiegend privat genutzt wird. Die auf die betriebliche Nutzung entfallenden Kosten kann G bzw H als Nutzungseinlage von seinem Gewinn abziehen.

4.3.5.7 Wechsel der Gewinnermittlungsart (§ 4 Abs 10 EStG)

Je nach Gewinnermittlungsart sind das steuerrechtliche Ergebnis und damit der zu versteuernde Jahresgewinn unterschiedlich hoch.

Die Unterschiede in den Gewinnermittlungsarten ergeben sich:

Unterschiede in den Gewinnermittlungsarten

- aus der **unterschiedlichen zeitlichen Erfassung** gewinnwirksamer Vorgänge: Bei der Gewinnermittlung durch Bilanzierung werden Forderungen und Verbindlichkeiten für Lieferungen und Dienstleistungen berücksichtigt, Rückstellungen für ungewisse Verbindlichkeiten gebildet und Aufwendungen und Erträge durch Rechnungsabgrenzungsposten neutralisiert. Für Einnahmen-Ausgaben-Rechner werden Aufwendungen und Erträge grundsätzlich nur nach ihrem Ab- und Zufluss berücksichtigt (striktes Zufluss-Abfluss-Prinzip mit wenigen Ausnahmen);

- aus der **unterschiedlichen Bewertung** von Bilanzansätzen je nach Gewinnermittlung nach § 4 Abs 1 oder § 5 Abs 1 EStG: Bewertungswahlrechte können auf Grund des Maßgeblichkeitsprinzips der Unternehmensbilanz im Fall der Gewinnermittlung nach § 5 Abs 1 EStG nur sehr eingeschränkt wahrgenommen werden, während bei Gewinnermittlung nach § 4 Abs 1 EStG die Ausübung der Bewertungswahlrechte dem Steuerpflichtigen freigestellt ist;
- aus dem **unterschiedlichen Umfang des Betriebsvermögens** (gewillkürtes Betriebsvermögen nur bei Gewinnermittlung nach § 5 Abs 1 EStG).

Zu- und Abschläge

Bei einem Wechsel der Gewinnermittlungsart ist durch Zu- und Abschläge auszuschließen, dass Veränderungen des Betriebsvermögens (Betriebseinnahmen, Betriebsausgaben) nicht oder doppelt berücksichtigt werden (§ 4 Abs 10 Z 1 EStG).

Außerdem ist durch Zu- und Abschläge und durch entsprechende Bilanzansätze sicherzustellen, dass sonstige Änderungen der Gewinnermittlungsgrundsätze mit dem Wechsel der Gewinnermittlungsart berücksichtigt werden (§ 4 Abs 10 Z 2 EStG).

Übergangsgewinn oder -verlust

Ergeben die Zu- und Abschläge einen Überschuss (**Übergangsgewinn**), so ist dieser beim Gewinn des ersten Gewinnermittlungszeitraumes nach dem Wechsel zu berücksichtigen. Ergeben sie einen **Übergangsverlust**, ist dieser, beginnend mit dem ersten Gewinnermittlungzeitraum nach dem Wechsel, zu je einem Siebentel in den nächsten sieben Gewinnermittlungszeiträumen zu berücksichtigen (Verteilung über sieben Jahre). Bei der Veräußerung oder Aufgabe eines Betriebes, eines Teilbetriebes oder eines Mitunternehmeranteils sind die Übergangsgewinne oder (restliche) Übergangsverluste beim Gewinn des letzten Gewinnermittlungszeitraumes vor der Veräußerung oder Aufgabe zu berücksichtigen (§ 4 Abs 10 Z 1 EStG).

1. Übergang von einer Einnahmen-Ausgaben-Rechnung auf eine Gewinnermittlung durch Bilanzierung:

C betreibt einen Baumarkt. Er ist auf Grund seiner geringen Umsätze weder unternehmensrechtlich noch steuerrechtlich zur Buchführung verpflichtet. Bisher ermittelte C seinen Gewinn durch Einnahmen-Ausgaben-Rechnung, möchte ab 1.1.02 aber zur Gewinnermittlung durch Bilanzierung wechseln. Im Jahr 01 haben sich die folgenden Geschäftsfälle ereignet, die bei der Ermittlung des Übergangsgewinns zum 31.12.01 zu berücksichtigen sind:

a) Ein Kunde von C hat eine Rechnung für die Lieferung von Werkzeug in Höhe von EUR 1.000,– noch nicht bezahlt.
   C hat seine Leistung im Jahr 01 erbracht. Bei Gewinnermittlung durch Einnahmen-Ausgaben-Rechnung ist für die Realisierung des

Gewinnes nicht die Erbringung der Leistung entscheidend, sondern nur der Zahlungsfluss. Bei Gewinnermittlung durch Bilanzierung gilt dagegen die Erbringung der Leistung als Zeitpunkt der Realisierung des Gewinnes. Wechselt C zur Gewinnermittlung durch Bilanzierung, hat er die Forderung gegenüber seinem Kunden dem Jahr 01 zuzuordnen, woraus sich ein Zuschlag von EUR 1.000,– ergibt. Ab dem Jahr 02 hat C dafür eine Forderung in Höhe von EUR 1.000,– in seinen Büchern, deren spätere Bezahlung eine gewinnneutrale Vermögensumschichtung (Aktivtausch) darstellt.

b) Für die laufende Pflege seiner Geschäftsräumlichkeiten im Jahr 01 schuldet C einer Reinigungsfirma noch EUR 1.500,–.
   Im Jahr 01 waren die Leistungen der Reinigungsfirma gewinnneutral, weil es noch zu keinem Zahlungsfluss gekommen ist. Wechselt C zur Gewinnermittlung durch Bilanzierung, hat er die Verbindlichkeit dem Jahr 01 zuzuordnen, woraus sich ein Abschlag von EUR 1.500,– ergibt.

c) Mit der Gestaltung, dem Druck und der Verteilung von Werbeprospekten für seinen Baumarkt hat C dauerhaft eine Werbeagentur beauftragt. Diese Vertriebskosten in Höhe von EUR 3.000,– hat C bereits im Jahr 01 für das erste Halbjahr 02 im Voraus bezahlt.
   Bei Gewinnermittlung durch Einnahmen-Ausgaben-Rechnung hat die Bezahlung der Leistung bereits im Jahr 01 den Gewinn von C gemindert. Im Rahmen der Bilanzierung sind die Vertriebskosten aber demjenigen Zeitraum zuzuordnen, zu dem sie wirtschaftlich gehören, also zum Jahr 02. C hat daher einen Zuschlag in Höhe der bereits gewinnmindernd abgeflossenen Vertriebskosten hinzuzurechnen. Seine Bilanz hat dann einen aktiven Rechnungsabgrenzungsposten für die bereits bezahlten Vertriebskosten zu enthalten, der im Jahr der Inanspruchnahme der Leistung gewinnmindernd aufzulösen ist.

d) Im September 01 hat C um EUR 8.000,– Bauholz gekauft, das er noch in demselben Monat bezahlt hat, bisher aber noch nicht weiterverkaufen konnte.
   Die Bezahlung von Umlaufvermögen stellt bei einem Einnahmen-Ausgaben-Rechner eine gewinnmindernde Betriebsausgabe dar. Aus dem bereits als Betriebsausgabe abgezogenen Kaufpreis ergibt sich daher ein Zuschlag von EUR 8.000,–. In seiner folgenden Bilanz hat C die Handelsware Bauholz in das Umlaufvermögen aufzunehmen, ein späterer Abgang – etwa im Wege des Verkaufs – würde den Gewinn von C mindern.

e) C besitzt zum Warentransport einen Klein-LKW in seinem Betriebsvermögen (Anschaffungskosten EUR 40.000,–, planmäßige Nutzungsdauer acht Jahre, von der zum 31.12.01 bereits vier Jahre vergangen sind; Teilwert EUR 28.000,–).
Bisher hat C den LKW (als Wirtschaftsgut des abnutzbaren Anlagevermögens) in seiner Anlagekartei geführt (§ 7 Abs 3 EStG), er weist zum 31.12.01 einen Buchwert von EUR 20.000,– auf. Bei Gewinnermittlung durch Bilanzierung ändert sich daran nichts, der LKW ist in die Bilanz des C aufzunehmen, die Abschreibungen sind in derselben Form weiterzuführen. Die im Klein-LKW enthaltenen stillen Reserven von EUR 8.000,– werden nicht aufgedeckt, weil der LKW nach wie vor Teil des Anlagevermögens von C ist. Der Wechsel der Gewinnermittlungsart bringt also keine Veränderung. Hinsichtlich des LKW ergibt sich daher weder ein Zuschlag noch ein Abschlag.

Zusammenfassung: *Der Übergangsgewinn wird erhöht durch die Zuschläge für die spätere Bezahlung der Lieferforderung durch den Kunden (Bsp a, +EUR 1.000,–), die von C im Voraus bezahlten Vertriebskosten (Bsp c, +EUR 3.000,–) sowie den bereits bezahlten Handelswarenbestand (Bsp d, +EUR 8.000,–) und gemindert durch den Abschlag für die spätere Bezahlung der Verbindlichkeit für an C erbrachte Leistungen (Bsp b, –EUR 1.500,–), während die Fortführung des Anlagevermögens (in einer Bilanz an Stelle der Anlagekartei) keine Auswirkungen hat. In Summe ergibt sich für C durch den Wechsel der Gewinnermittlungsart also ein Übergangsgewinn in Höhe von EUR 10.500,–. Den Übergangsgewinn hat C beim Gewinn des ersten Gewinnermittlungszeitraumes nach dem Wechsel der Gewinnermittlungsart zu berücksichtigen (§ 4 Abs 10 Z 1 Satz 2 EStG). Nachdem C im Jahr 02 erstmalig seinen Gewinn durch Bilanzierung ermittelt, ist der Übergangsgewinn also dem Ergebnis dieses Gewinnermittlungszeitraumes hinzuzurechnen.*

2. Übergang von Bilanzierung auf Einnahmen-Ausgaben-Rechnung
C hat für einige Jahre seinen Gewinn freiwillig durch Bilanzierung ermittelt, möchte nun aber zur einfacheren Einnahmen-Ausgaben-Rechnung zurückkehren. Wie wären die Sachverhalte a) bis e) zu beurteilen?

a) *Im Rahmen der Gewinnermittlung durch Bilanzierung ist für die Gewinnrealisierung nicht entscheidend, wann eine Rechnung bezahlt wird, sondern wann der Anspruch auf das Entgelt wirtschaftlich entsteht. Sofern C durch seine eigene Leistung bereits im Jahr 01 einen Anspruch auf das Entgelt gegenüber dem Kunden erworben hat, hat diese Forderung auch bereits im Jahr 01 den Gewinn von C erhöht, während* eine spätere Bezahlung gewinnneutral bleiben würde. Im Rahmen der Einnahmen-Ausgaben-Rechnung ab dem Jahr 02 wird allerdings die Begleichung der Forderung durch den Kunden den Gewinn von C erhöhen, sodass hier ein Abschlag von EUR 1.000,– anzusetzen ist.

b) Die Verbindlichkeit gegenüber seinem Dienstleister hat den Gewinn von C bereits im Jahr 01 gemindert, was er durch deren Verbuchung auf der Passivseite der Bilanz berücksichtigt hat. Allerdings wird die spätere Begleichung der Verbindlichkeit im Rahmen der Einnahmen-Ausgaben-Rechnung den Gewinn von C mindern, sodass ein Zuschlag von EUR 1.500,– zu berücksichtigen ist.

c) Die Bezahlung der Vertriebskosten eines nachfolgenden Jahres hat C im Jahr 01 durch die Bildung eines aktiven Rechnungsabgrenzungspostens neutralisiert, dessen Auflösung im Jahr der Inanspruchnahme der Werbeleistungen seinen Gewinn (im Rahmen der Gewinnermittlung durch Betriebsvermögensvergleich) gemindert hätte. Dagegen wird im Jahr 02 aber im Rahmen der Einnahmen-Ausgaben-Rechnung die Erbringung der Werbeleistung den Gewinn von C nicht mehr beeinflussen. C hat daher einen Abschlag von EUR 3.000,– zu berücksichtigen.

d) Der Kauf von Handelsware stellte im Jahr 01 einen gewinnneutralen Aktivtausch dar. Dagegen wird C die spätere Veräußerung bei der Einnahmen-Ausgaben-Rechnung als gewinnerhöhende Betriebseinnahme verbuchen. Er hat daher einen Abschlag von EUR 8.000,– zu berücksichtigen.

e) Dieser Sachverhalt ist bei Wechsel der Gewinnermittlungsart in beide Richtungen gleich zu bewerten.

Zusammenfassung: Die Beurteilung bei einem Wechsel von der Gewinnermittlung durch Bilanzierung zur Einnahmen-Ausgaben-Rechnung vollzieht sich spiegelbildlich zu oben, C würde also einen Übergangsverlust von EUR 10.500,– erzielen. Dieser Verlust ist beginnend mit dem ersten Gewinnermittlungszeitraum nach dem Wechsel zu je einem Siebentel in den nächsten sieben Gewinnermittlungszeiträumen zu berücksichtigen (§ 4 Abs 10 Z 1 Satz 3 EStG). C hat also beginnend mit dem ersten Siebentel für das Jahr 02 den Verlust in den nachfolgenden Gewinnermittlungszeiträumen zu berücksichtigen.

4.3.5.8 Gewinnfreibetrag (§ 10 EStG)

Bei **natürlichen Personen** kann für die Gewinnermittlung ihres Betriebes ein Gewinnfreibetrag von bis zu 13% des Gewinnes, maximal jedoch EUR 45.350,– berücksichtigt werden.

Grundlagen

Bei **Mitunternehmerschaften** steht der Gewinnfreibetrag den Gesellschaftern zu. Er beträgt für die gesamte Mitunternehmerschaft höchstens EUR 45.350,– und steht den Mitunternehmern in Höhe des ihrem Beteiligungsverhältnis entsprechenden Anteils zu (§ 10 Abs 2 EStG).

Bemessungsgrundlage für den Gewinnfreibetrag ist der Gewinn des jeweiligen Veranlagungszeitraumes. Nicht zum Gewinn zählen für Zwecke der Ermittlung des Gewinnfreibetrages die Gewinne aus der Veräußerung eines Betriebes, Teilbetriebes oder Mitunternehmeranteils (Einkünfte nach § 24 EStG) und Einkünfte aus Kapitalanlagen, soweit sie einem besonderen Steuersatz (vgl dazu später S 142 ff) unterliegen (§ 10 Abs 1 Z 1 EStG). Der Gewinnfreibetrag ist mit EUR 45.350,– gedeckelt.

Der Gewinnfreibetrag beträgt:
- Für die ersten EUR 175.000,– des Gewinnes 13%.
- Für die nächsten EUR 175.000,– des Gewinnes 7%.
- Für die nächsten EUR 230.00,– des Gewinnes 4,5%.

Grundfreibetrag Bis zu einem Gewinn von EUR 30.000,– steht jedem Steuerpflichtigen mit betrieblichen Einkünften ein Gewinnfreibetrag von höchstens EUR 3.900,– zu, ohne dass er eine Investition tätigen muss (sog Grundfreibetrag; § 10 Abs 1 Z 3 EStG).

Investitionsbedingter Gewinnfreibetrag Übersteigt der Gewinn die EUR 30.000,– steht ein investitionsbedingter Gewinnfreibetrag insoweit zu, als der Steuerpflichtige begünstigte Wirtschaftsgüter im jeweiligen Veranlagungsjahr angeschafft oder hergestellt hat (§ 10 Abs 1 Z 4 und Z 5 EStG).

Wird der Gewinn durch Pauschalierung ermittelt, steht der investitionsbedingte Gewinnfreibetrag nicht zu (§ 10 Abs 1 Z 6 EStG).

Zu den **begünstigten Wirtschaftsgütern** zählen (§ 10 Abs 3 EStG):
- Abnutzbare körperliche Wirtschaftsgüter des Anlagevermögens mit einer gewöhnlichen Nutzungsdauer von mindestens vier Jahren, die inländischen Betrieben oder inländischen Betriebsstätten zuzurechnen sind.
- Wohnbauanleihen (iSd § 10 Abs 3 Z 2 EStG), die dem Anlagevermögen eines inländischen Betriebes oder einer inländischen Betriebsstätte mindestens vier Jahre gewidmet werden. Für Wirtschaftsjahre, die nach dem 31.12.2016 beginnen, entfällt die Beschränkung von Wertpapieren auf Wohnbauanleihen. Ab diesem Zeitpunkt zählen wieder Wertpapiere iSd § 14 Abs 7 Z 4 EStG, die dem Anlagevermögen eines inländischen Betriebes oder einer inländischen Betriebsstätte mindestens vier Jahre gewidmet werden, zum Kreis begünstigter Wirtschaftsgüter (vgl § 124b Z 252 EStG).

Für gewisse Wirtschaftsgüter wie zB PKW, geringwertige Wirtschaftsgüter (§ 13 EStG) oder gebrauchte Wirtschaftsgüter ist die Geltendmachung des Freibetrages explizit ausgeschlossen (§ 10 Abs 4 EStG).

Scheidet ein Wirtschaftsgut, für das ein Freibetrag geltend gemacht wurde, innerhalb der Mindestbehaltedauer von vier Jahren aus dem Betrieb aus oder wird es in eine Betriebsstätte außerhalb des EU/EWR-Raumes verbracht, ist der geltend gemachte Investitionsfreibetrag im Jahr des Ausscheidens gewinnerhöhend anzusetzen (sog Nachversteuerung). Bei Wohnbauanleihen unterbleibt der gewinnerhöhende Ansatz, wenn in demselben Kalenderjahr begünstigte abnutzbare körperliche Anlagegüter angeschafft werden (sog Ersatzbeschaffung). Die Frist von vier Jahren wird dadurch nicht unterbrochen (§ 10 Abs 5 EStG).

Nachversteuerung

Bei optimaler Nutzung des Gewinnfreibetrags reduziert sich der Grenzsteuersatz für betriebliche Einkünfte bis zu einer Höhe von ca EUR 770.000,– auf 43,5% und entspricht damit dem Grenzsteuersatz für Einkünfte aus nichtselbständiger Arbeit bei optimaler Ausnutzung von Sonderzahlungen (13. und 14. Gehalt; Grenzsteuersatz 42%) und der kumulierten Einkommen- und Körperschaftsteuerbelastung von ausgeschütteten Körperschaftsgewinnen (45,625%).

DI B betreibt selbständig ein Ziviltechnikerbüro, er ermittelt seinen Gewinn freiwillig nach § 4 Abs 1 EStG. Im Jahr 01 erwirtschaftet er mit seinem Ziviltechnikerbüro einen Gewinn von EUR 200.000,–. Er hat im Jahr 01 unter anderem folgende Investitionen getätigt (Anmerkung: diese Investitionen wurden – soweit zulässig – als Betriebsausgaben berücksichtigt, der angegebene Gewinn stellt bereits die Bemessungsgrundlage für die Einkommensteuer dar): ein Bodenradargerät (Anschaffungskosten EUR 18.000,–, Nutzungsdauer 6 Jahre), einen Geländewagen (Anschaffungskosten EUR 40.000,–, Nutzungsdauer acht Jahre) und ein GPS-Gerät (Anschaffungskosten EUR 350,–, Sofortabschreibung).

Für seinen Gewinn von EUR 200.000,– kann B einen Gewinnfreibetrag für die ersten EUR 175.000,– von 13%, für die weiteren EUR 25.000,– von 7% in Anspruch nehmen, in Summe also höchstens EUR 24.500,– (§ 10 Abs 1 Z 2 EStG). Der Grundfreibetrag von maximal EUR 3.900,– steht ohne Nachweis von Investitionen zu (§ 10 Abs 1 Z 3 EStG), darüber hinaus kann die Differenz zum höchstmöglichen Betrag gem § 10 Abs 1 Z 2 EStG, nämlich EUR 20.600,– (EUR 24.500,– abzüglich des jedenfalls zustehenden Grundfreibetrages) soweit beansprucht werden, wie Investitionen in begünstigte Wirtschaftsgüter getätigt wurden. Ein begünstigtes Wirtschaftsgut liegt im Fall des Bodenradargerätes vor (ein

abnutzbares körperliches Wirtschaftsgut des Anlagevermögens mit einer betriebsgewöhnlichen Nutzungsdauer von mindestens vier Jahren), dagegen sind die Anschaffung von Geländewagen und GPS-Gerät nicht begünstigt, sie sind ausdrücklich vom Kreis der begünstigten Wirtschaftsgüter ausgeschlossen (§ 10 Abs 4 TS 1 und 3 EStG). Den investitionsbedingten Freibetrag von höchstens EUR 20.600,– kann B daher nur bis zu einer Höhe von EUR 18.000,– ausschöpfen. In Summe kann B also EUR 21.900,– vom maximal möglichen Gewinnfreibetrag von EUR 24.500,– geltend machen. Würde er weitere begünstigte Wirtschaftsgüter für zumindest EUR 2.600,– anschaffen, könnte er den Gewinnfreibetrag in der höchstmöglichen Höhe ausschöpfen.

4.4 Die außerbetrieblichen Einkunftsarten

4.4.1 Überblick

Einkunftsarten Zu den außerbetrieblichen Einkünften (§ 2 Abs 3 Z 4 bis 7 EStG) zählen
- die Einkünfte aus nichtselbständiger Arbeit (§ 25 und § 26 EStG),
- die Einkünfte aus Kapitalvermögen (§ 27 EStG),
- die Einkünfte aus Vermietung und Verpachtung (§ 28 EStG) und
- die sonstigen Einkünfte (§§ 29 ff EStG), die sich folgendermaßen unterteilen:
    - wiederkehrende Bezüge (§ 29 Z 1 EStG),
    - Einkünfte aus privaten Grundstücksveräußerungen (§ 29 Z 2 iVm § 30 EStG),
    - Spekulationsgeschäfte (§ 29 Z 2 EStG iVm § 31 EStG),
    - Einkünfte aus Leistungen (§ 29 Z 3 EStG),
    - bestimmte Funktionsgebühren (§ 29 Z 4 EStG).

Quellentheorie Bei den Einkünften aus nichtselbständiger Arbeit, den Einkünften aus wiederkehrenden Bezügen, den Einkünften aus Leistungen und bei bestimmten Funktionsgebühren werden bei der Ermittlung der Einkünfte nur die laufenden Erträge (Früchte), nicht aber allfällige Wertänderungen der Einkunftsquelle (des Vermögensstammes) berücksichtigt.

Zu den Einkünften aus Vermietung und Verpachtung zählen nur die laufenden Erträge, nicht aber Überschüsse aus der Veräußerung des Mietobjekts. Wertminderungen des Mietobjekts sind jedoch im Wege der AfA oder der außergewöhnlichen Abnutzung nach Maßgabe des § 8 Abs 4 EStG zu berücksichtigen.

Die Einkünfte aus Kapitalvermögen erfassen sowohl die Früchte als auch Überschüsse aus der Veräußerung der Einkunftsquelle. Wertänderungen der Einkunftsquelle während aufrechten Besitzes derselben werden steuerlich jedoch nicht berücksichtigt. Nur die Einkunftsquelle und nicht die Früchte werden im Rahmen der Einkünfte aus privaten Grundstücksveräußerungen und im Rahmen der Spekulationsgeschäfte berücksichtigt.

Die außerbetrieblichen Einkünfte ermitteln sich als der Überschuss der Einnahmen über die Werbungskosten (§ 2 Abs 4 Z 2 EStG).

Einnahmen liegen vor, wenn dem Steuerpflichtigen Geld oder geldwerte Vorteile im Rahmen der außerbetrieblichen Einkunftsarten zufließen (§ 15 Abs 1 EStG). Geldwerte Vorteile (zB Wohnung, Heizung, Beleuchtung, Kleidung, Kost, Waren, Überlassung von Kfz zur Privatnutzung) sind mit den um übliche Preisnachlässe verminderten üblichen Endpreisen des Abgabeortes anzusetzen (§ 15 Abs 2 EStG). Für die gängigen Sachbezüge (PKW, Unterkunft und Verpflegung) wird die Höhe der geldwerten Vorteile durch die Sachbezugsverordnung (VO BGBl II 2001/416 idF VO BGBl II 2015/395) konkret festgelegt, die der BMF im Einvernehmen mit dem Bundesminister für Arbeit, Soziales und Konsumentenschutz erlässt (§ 15 Abs 2 Z 2 EStG). Die Veräußerung von Wirtschaftsgütern (der Einkunftsquelle) führt nur dann zu Einnahmen, wenn dies ausdrücklich angeordnet ist (§ 15 Abs 1 EStG).

Werbungskosten sind alle Aufwendungen zur Erwerbung, Sicherung oder Erhaltung der Einnahmen (§ 16 Abs 1 EStG). Ausdrücklich als Werbungskosten sind genannt zB Beiträge zu Interessenvertretungen, Sozialversicherungsbeiträge, Aufwendungen für Arbeitsmittel oder Reisekosten. Aufwendungen für mehrjährig nutzbare Arbeitsmittel (zB Laptop) können auch im Rahmen der außerbetrieblichen Einkünfte nur im Wege der Absetzung für Abnutzung geltend gemacht werden (§ 16 Abs 1 Z 7 iVm Z 8 EStG).

Wie bei der Gewinnermittlung nach § 4 Abs 3 EStG sind die Einnahmen und Werbungkosten im Rahmen der außerbetrieblichen Einkunftsarten nach dem **Zufluss-Abfluss-Prinzip** zeitlich zuzuordnen (§ 19 EStG). Vorauszahlungen von Beratungs-, Bürgschafts-, Fremdmittel-, Garantie-, Miet-, Treuhand-, Vermittlungs-, Vertriebs- und Verwaltungskosten, die nicht nur das laufende und das folgende Jahr betreffen, sind jedoch – wie nach § 4 Abs 6 EStG bei den betrieblichen Einkünften – gleichmäßig auf den Zeitraum der Vorauszahlung aufzuteilen (§ 19 Abs 3 EStG).

Sind die Werbungskosten höher als die Einnahmen eines Jahres, entsteht ein Verlust. Verluste aus außerbetrieblichen Einkünften können grundsätzlich mit anderen Einkünften (in demselben Kalenderjahr) ausgeglichen werden. Davon gibt es verschiedene Ausnahmen. So können etwa Verluste aus privaten Grundstücksveräußerungen nur mit Gewinnen aus privaten Grundstücksveräußerungen oder Einkünften

Ermittlung der Einkünfte

Zeitliche Zuordnung

Verluste

aus Vermietung und Verpachtung, nicht aber mit anderen Einkünften ausgeglichen werden (vgl dazu später S 165 f). Verluste aus der Veräußerung von Kapitalanlagen dürfen nur mit bestimmten anderen Einkünften aus Kapitalvermögen, nicht aber mit anderen Einkünften ausgeglichen werden (vgl dazu später S 139 f).

Verluste aus außerbetrieblichen Einkünften sind nicht vortragsfähig (§ 18 Abs 6 EStG e contrario; eine Quasi-Ausnahme besteht für bestimmte Verluste im Rahmen der Einkünfte aus Vermietung und Verpachtung, siehe dazu später S 156).

4.4.2 Einkünfte aus nichtselbständiger Arbeit (§§ 25 und 26 EStG)

4.4.2.1 Umfang der Einkünfte aus nichtselbständiger Arbeit

Die Einkünfte aus nichtselbständiger Arbeit werden in § 25 Abs 1 EStG taxativ aufgezählt. Zu ihnen zählen insb:
- Bezüge aus einem bestehenden oder früheren Dienstverhältnis (auch eine Firmenpension);
- Bezüge und Vorteile, die an Kapitalgesellschaften nicht wesentlich beteiligte Gesellschafter (Beteiligung von nicht mehr als 25%) von der Kapitalgesellschaft im Rahmen eines Dienstverhältnisses erhalten, auch wenn Weisungsgebundenheit fehlt (im Regelfall Gesellschafter-Geschäftsführer);

Ein nicht wesentlich beteiligter Gesellschafter, der in einem Dienstverhältnis zu seiner Kapitalgesellschaft steht und an Weisungen gebunden ist, bezieht Einkünfte aus nichtselbständiger Arbeit gem § 25 Abs 1 Z 1 lit a EStG; ist die Weisungsbindung nicht gegeben, sind aber im Übrigen alle Merkmale eines Dienstverhältnisses gegeben, bezieht er Einkünfte nach § 25 Abs 1 Z 1 lit b EStG.

- Pensionen aus der gesetzlichen Sozialversicherung (unabhängig von der Art der früheren Tätigkeit);
- Bezüge bestimmter politischer Funktionäre (zB von Nationalratsabgeordneten oder Bürgermeistern);
- Bezüge, Auslagenersätze und Ruhebezüge von Vortragenden, Lehrenden und Unterrichtenden an Bildungseinrichtungen unter bestimmten Voraussetzungen, die nicht schon Dienstnehmer nach § 25 Abs 1 Z 1 EStG sind (sog fiktive Dienstnehmer, § 25 Abs 1 Z 5 EStG).

Dienstverhältnis Schuldet der Arbeitnehmer dem Arbeitgeber seine Arbeitskraft, liegt ein Dienstverhältnis vor. Dies ist der Fall, wenn die tätige Person in der Betätigung ihres geschäftlichen Willens unter der Leitung des Arbeitgebers steht oder im geschäftlichen Organismus des Arbeitgebers dessen Weisungen zu folgen verpflichtet ist (§ 47 Abs 2 EStG). Für die nichtselbständige Ausübung einer Tätigkeit sprechen persönliche Weisungsgebundenheit, Einordnung in den Betrieb, geregelte Arbeitszeit, geregelte Urlaubszeit, erfolgsunabhängiger Lohn sowie das Fehlen von Unternehmerwagnis.

Für die Frage nach dem Bestehen eines Dienstverhältnisses kommt es im Einzelfall nicht auf die von den Vertragspartnern gewählte Bezeichnung wie „Dienstvertrag" oder „Werkvertrag" an. Vielmehr sind die tatsächlich verwirklichten vertraglichen Vereinbarungen entscheidend (wirtschaftliche Betrachtungsweise).

Nicht in einem Dienstverhältnis stehen Personen, die im Rahmen eines echten **Werkvertrages** tätig werden. Sie schulden ein Werk und damit einen bestimmten Erfolg und nicht bloß ihre Arbeitskraft und beziehen daher betriebliche Einkünfte.

Auch der sog **freie Dienstnehmer** (§ 4 Abs 4 ASVG) bezieht Einkünfte aus einer betrieblichen Tätigkeit. Der freie Dienstnehmer ist für Zwecke der Lohnnebenkosten (Kommunalsteuer, Dienstgeberbeitrag zum Familienlastenausgleichsfonds; dazu später S 130 ff) jedoch Dienstnehmer.

Die Einkommensteuer auf die Einkünfte aus nichtselbständiger Arbeit wird grundsätzlich monatlich durch den Arbeitgeber im Rahmen des sog Lohnsteuerabzuges erhoben (vgl §§ 47 ff EStG). Daher muss sich der Arbeitnehmer im Regelfall (sofern er darüber hinausgehend keine Einkünfte bezieht) nicht mit steuerlichen Belangen befassen, während durch den Arbeitgeber die richtige Berechnung und pünktliche Abfuhr der Steuer gewährleistet ist (vgl dazu später S 198 f).

Lohnsteuerabzug

Wurden Abgaben für Rechnung eines Abgabepflichtigen ohne dessen Mitwirkung vom Dienstgeber **zu Unrecht einbehalten** und abgeführt, sind diese Abgaben auf Antrag des Abgabepflichtigen vom Finanzamt zurückzuzahlen. Der Antrag kann bis zum Ablauf des fünften Kalenderjahres, das auf das Jahr der Einbehaltung folgt, gestellt werden (§ 240 Abs 3 BAO).

Arbeitnehmerveranlagung

Hat der lohnsteuerpflichtige Arbeitnehmer Werbungskosten, Sonderausgaben oder außergewöhnliche Belastungen, welche vom Arbeitgeber beim Lohnsteuerabzug nicht berücksichtigt wurden, so hat er die Veranlagung innerhalb von fünf Jahren ab dem Ende des jeweiligen Veranlagungszeitraumes (Kalenderjahres), in dem die Aufwendungen angefallen sind, zu beantragen (sog **Antragsveranlagung**, § 41 Abs 2 EStG).

Darüber hinaus besteht trotz lohnsteuerpflichtiger Einkünfte eine **Verpflichtung zur Veranlagung** unter den Voraussetzungen des § 41 Abs 1 EStG (siehe dazu später S 200 f).

4.4.2.2 Tarif (§ 66 Abs 1 und 2, § 67 Abs 1 und 2 EStG)

Regeltarif

Der Lohnsteuertarif ist aus dem Einkommensteuertarif (§ 33 EStG) abgeleitet und wird auf die gängigen Lohnzahlungszeiträume umgerechnet.

Tarifermäßigungen

In § 67 und § 68 EStG sind Tarifermäßigungen für sonstige Bezüge, Abfertigungen und bestimmte Zulagen (zB Schmutz- und Erschwerniszulage) und Zuschläge (zB Überstundenzuschlag) vorgesehen.

Sonstige Bezüge sind Bezüge, die der Arbeitnehmer neben dem laufenden Arbeitslohn von demselben Arbeitgeber zusätzlich erhält. Dazu zählen insb das 13. und 14. Monatsgehalt, betriebliche Abfertigungen und Prämien.

Die sonstigen Bezüge sind in mehrfacher Hinsicht begünstigt:
- Bis zum Betrag von EUR 620,– bleiben sonstige Bezüge steuerfrei (Freibetrag).
- Die nächsten EUR 24.380,– sind mit 6% zu versteuern, die nächsten EUR 25.000,– mit 27%, die nächsten EUR 33.333,– mit 35,75%. Erst soweit die sonstigen Bezüge das Jahressechstel oder einen Gesamtbetrag von EUR 83.333,– überschreiten, werden sie wie ein laufender Bezug im Zeitpunkt des Zufließens nach dem Lohnsteuertarif des jeweiligen Kalendermonats besteuert (Einschleifregelung, § 67 Abs 2 iVm Abs 10 EStG).
- Die Besteuerung unterbleibt, wenn das Jahressechstel höchstens EUR 2.100,– beträgt (Freigrenze; § 67 Abs 1 EStG).

Für sonstige Bezüge, die bei oder nach Beendigung eines Dienstverhältnisses anfallen, trifft § 67 Abs 6 EStG eine Sonderregelung. Ähnliches gilt für auf Vergleichen beruhende Zahlungen sowie für Kündigungsentschädigungen, Urlaubsersatzleistungen etc (vgl § 67 Abs 8 EStG).

Übungsbeispiele

Wie sind die folgenden Vorgänge einkommensteuerrechtlich zu beurteilen?

1. Die Angestellte B darf ihren Dienstwagen auch für Privatfahrten benützen.

2. Y ist arbeitslos und bezieht Arbeitslosengeld.
3. C erhält von seinem Arbeitgeber zusätzlich zum Lohn EUR 250,– monatlich für Kinderbetreuung.
4. Z ist als Kellnerin beschäftigt und erhält von ihren Gästen Trinkgelder in Höhe von EUR 5.000,– pro Jahr.
5. Der in einem Architekturbüro beschäftigte X erhält von Bauunternehmen öfter Provisionen für eine Bevorzugung bei Auftragsvergaben.
6. Ein unselbständig beschäftigter Maurer arbeitet am Wochenende im „Pfusch".
7. Studentin X arbeitet nebenbei als Promoterin.

4.4.2.3 Sonstige Abgaben- und Beitragspflichten bei Dienstverhältnissen

4.4.2.3.1 Sozialversicherung

Dienstnehmer, die im Inland beschäftigt sind, unterliegen mit ihren Einkünften bis zur Höchstbeitragsgrundlage der Versicherungspflicht nach dem Allgemeinen Sozialversicherungsgesetz (ASVG). Sie sind grundsätzlich in der Kranken-, Unfall- und Pensionsversicherung versichert. Die Beiträge zur Sozialversicherung werden vom Dienstgeber und vom Dienstnehmer anteilig getragen. Der Arbeitgeberanteil an den Sozialversicherungsbeiträgen stellt daher für diesen eine Betriebsausgabe dar, der Arbeitnehmeranteil an den Sozialversicherungsbeiträgen zählt zu den Werbungskosten des Arbeitnehmers und mindert dessen Lohnsteuerbemessungsgrundlage.

Grundlagen

Der Dienstgeber hat sowohl die auf den Versicherten, als auch die auf ihn selbst entfallenden Beiträge zu entrichten (§ 58 Abs 2 ASVG). Er hat die Beiträge ohne gesonderte Vorschreibung selbst zu berechnen und bis zum letzten Tag des Kalendermonates, in den das Ende des Beitragszeitraumes fällt (Fälligkeitstag), an den zuständigen Sozialversicherungsträger abzuführen (§ 58 Abs 1 und 4 ASVG; beispielsweise an eine Gebietskrankenkasse oder die Versicherungsanstalt öffentlich Bediensteter).

Ein Dienstgeber, der Beiträge des Dienstnehmers dem berechtigten Versicherungsträger vorenthält, macht sich gemäß § 153c StGB strafbar.

Die Höchstbeitragsgrundlage für die Berechnung der Sozialversicherungsbeiträge beläuft sich im Jahr 2016 auf EUR 4.860,– Arbeitslohn pro Monat (bezogen auf 14 Gehälter; § 45 ASVG; EUR 5.670,– ohne Berücksichtigung des 13. und 14. Monatsgehalts). Aus der

Höchstbeitragsgrundlage

Höchstbeitragsgrundlage ergibt sich, dass die Sozialversicherungsbeiträge maximal von einer Bemessungsgrundlage in Höhe der Höchstbeitragsgrundlage geschuldet werden.

 Bezieht ein Arbeitnehmer ein über die Höchstbeitragsgrundlage hinausgehendes Gehalt, sind die Sozialversicherungsbeiträge nur von der Höchstbeitragsgrundlage zu entrichten.

Geringfügige Beschäftigung

Bei geringfügiger Beschäftigung entfällt die Sozialversicherungspflicht. Der Dienstgeber hat nur den Unfallversicherungsbeitrag iHv 1,3% zu entrichten. Die **Geringfügigkeitsgrenze** liegt im Jahr 2016 bei EUR 415,72 pro Monat. Dienstgeber, die mehrere Personen geringfügig beschäftigen, haben eine pauschale Dienstgeberabgabe iHv 16,4% der Sozialversicherungsbeitragsgrundlage zu entrichten (siehe Dienstgeberabgabegesetz – DAG, BGBl I 2003/28 idF BGBl I 2009/84).

Freie Dienstverträge

Freie Dienstverträge (vgl dazu vorher S 125) sind dadurch gekennzeichnet, dass sich ein Beschäftigter verpflichtet, Dienstleistungen über einen längeren Zeitraum im Wesentlichen persönlich und ohne eigene Betriebsmittel zu erbringen (zB Konsulententätigkeit; § 4 Abs 4 ASVG). Freie Dienstverhältnisse sind sozialversicherungsrechtlich echten Dienstverhältnissen weitestgehend gleichgestellt.

Echte Werkverträge

Echte Werkvertragsnehmer (vgl dazu vorher S 125) unterliegen der Versicherungspflicht nach § 2 Abs 1 GSVG, sie haben ihre Tätigkeit bei der gewerblichen Sozialversicherungsanstalt zu melden und in weiterer Folge ihre Beiträge unmittelbar an diese zu entrichten. Die Abgabenbehörden sind verpflichtet, die Höhe der Einkünfte automatisch an den Sozialversicherungsträger mitzuteilen (§ 229a GSVG bzw § 3 VO BGBl II 1998/107).

4.4.2.3.2 Abfertigung

Für Personen, deren Arbeitsverhältnis nach dem 1. 1. 2003 begonnen hat (sowie Personen, die freiwillig in dieses System gewechselt sind), hat der Dienstgeber verpflichtend einen Beitrag in Höhe von 1,53% des monatlichen Entgelts sowie allfälliger Sonderzahlungen an eine sog **Betriebliche Vorsorgekasse** zu entrichten (vgl § 6 Abs 1 und § 47 Abs 1 Betriebliches Mitarbeiter- und Selbständigenvorsorgegesetz, BMSVG). Dem Dienstnehmer steht aus diesen Beiträgen bei Beendigung seines Dienstverhältnisses ein Abfertigungsanspruch zu, der nach seiner Wahl ausbezahlt, durch die Vorsorgekasse weiterveranlagt oder auf eine neue Vorsorgekasse, ein Versicherungsunternehmen oder eine Pensionskasse übertragen wird (§ 17 Abs 1 BMSVG). In Ausnahmefällen kann der Dienstnehmer nicht sofort über seinen Abfertigungsanspruch verfügen, insb bei Kündigung oder vorzeitigem Austritt durch den Dienstnehmer, der verschuldeten Entlassung oder wenn noch nicht 36 Monate seit der erstmaligen Beitragsleistung vergangen sind (vgl § 14 Abs 2 BMSVG). In diesen Fällen geht dieser Anspruch jedoch nicht verloren. Der Dienstnehmer kann zu einem späteren Zeitpunkt darüber verfügen (vgl im Detail § 14 Abs 3 bis Abs 4 BMSVG).

Für den Dienstgeber handelt es sich bei den Beiträgen zur Betrieblichen Mitarbeitervorsorgekasse um Betriebsausgaben. Für den Dienstnehmer liegt ein Vorteil aus dem Dienstverhältnis vor, der nach § 26 Z 7 lit d EStG nicht zu den Einkünften aus nichtselbständiger Arbeit zählt. Erst die Auszahlung kann – je nachdem, in welcher Form sie erfolgt – zu steuerpflichtigen Einkünften führen.

4.4.2.3.3 Wohnbauförderungsbeitrag

Dienstnehmer in entgeltpflichtigen Dienstverhältnissen auf Grund eines privat- oder öffentlich-rechtlichen Dienstverhältnisses oder als Heimarbeiter und Dienstgeber beitragspflichtiger Dienstnehmer haben monatlich den Wohnbauförderungsbeitrag zu entrichten (§ 2 Abs 1 Bundesgesetz über die Einhebung eines Wohnbauförderungsbeitrages BGBl 1952/13 idF BGBl 1996/600). *Steuertatbestand*

Der Wohnbauförderungsbeitrag stellt bis zum Ablauf des Jahres 2017 eine gemeinschaftliche Bundesabgabe dar (§ 9 Abs 1 FAG 2017). Der Bund hat sowohl die Abgaben- als auch die Verwaltungshoheit (§§ 7 Abs 1, 11 Abs 1 F-VG), der Ertrag ist zwischen Bund und Ländern geteilt (§ 10 Abs 1 FAG 2017). *Finanzverfassungsrechtliche Einordnung*

Gegenstand des Wohnbauförderungsbeitrags sind die den Dienstnehmern gebührenden Entgelte. Von der Beitragspflicht ausgenommen sind beispielsweise Lehrlinge und Dienstnehmer in bestimmten Betrieben der Land- und Forstwirtschaft. *Steuergegenstand*

Beitragsgrundlage ist die Bemessungsgrundlage der gesetzlichen Krankenversicherung, mangels einer Krankenversicherungspflicht die allgemeine Bemessungsgrundlage in der gesetzlichen Pensionsversicherung, ansonsten der Arbeitsverdienst aus dem Dienstverhältnis, für das der Beitrag zu entrichten ist (§ 3 Abs 1 BG über die Einhebung eines Wohnbauförderungsbeitrages). *Beitragsgrundlage*

Steuerschuldner sind der Dienstnehmer und der Dienstgeber jeweils in Hinblick auf ihre eigene Beitragspflicht. Die Beiträge des Dienstnehmers bzw Heimarbeiters sind bei der Zahlung des Entgelts vom Dienstgeber einzubehalten und abzuführen. Der Dienstgeber haftet dafür. *Steuerschuldner*

Der Steuersatz beträgt 0,5% der Beitragsgrundlage, gedeckelt mit 0,5% der Höchstbeitragsgrundlage gemäß ASVG (zur Höchstbeitrags- *Steuersatz* grundlage bereits oben S 127 f). Sowohl Dienstnehmer als auch Dienstgeber schulden je 0,5% der Bemessungsgrundlage (insgesamt 1%).

Entstehen der Steuerschuld und Entrichtung

Soweit für die beitragspflichtigen Dienstnehmer Beiträge zu einer gesetzlichen Kranken- oder Pensionsversicherung zu leisten sind, sind die Beiträge gemeinsam mit den Beiträgen zur Kranken- oder Pensionsversicherung vom zuständigen Träger der gesetzlichen Krankenversicherung einzuheben, der den Wohnbauförderungsbeitrag an den Bundes-Wohn- und Siedlungsfonds abzuführen hat, in den übrigen Fällen haben die Dienstgeber die Beiträge unmittelbar an den Bundes-Wohn- und Siedlungsfonds abzuführen (vgl § 5 Abs 1 und 6 Abs 1 BG über Einhebung eines Wohnbauförderungsbeitrages). Für den Arbeitnehmer mindert er als Werbungskosten die Einnahmen (§ 16 Abs 1 Z 5 EStG) und wird daher vom Arbeitgeber bei der Berechnung der Lohnsteuer in Abzug gebracht (§ 9 BG über die Einhebung eines Wohnbauförderungsbeitrages; § 16 Abs 1 Z 5 EStG). Der Arbeitgeber kann den auf ihn entfallenen Anteil als Betriebsausgaben geltend machen.

4.4.2.3.4 Kommunalsteuer

Steuertatbestand

Arbeitslöhne, die jeweils in einem Kalendermonat an die Dienstnehmer einer im Inland gelegenen Betriebsstätte des Unternehmens gewährt wurden, unterliegen gem § 1 Kommunalsteuergesetz (KommStG) der Kommunalsteuer.

Finanzverfassungsrechtliche Einordnung

Bei der Kommunalsteuer handelt es sich um eine ausschließliche Gemeindeabgabe (§ 16 Abs 1 Z 2 iVm Abs 2 FAG 2017). Die Ertrags- und die Verwaltungshoheit liegen bei der Gemeinde. Die Abgabenhoheit hat sich der Bund gem § 7 Abs 3 F-VG vorbehalten, sodass die Kommunalsteuer im gesamten Bundesgebiet einheitlich geregelt ist. Das Gesamtaufkommen an Kommunalsteuern belief sich im Jahr 2014 auf EUR 2,089 Mrd. Die Kommunalsteuer zählt zu den aufkommensstärksten eigenen Abgabeneinnahmen der Gemeinden.

Steuergegenstand

Gegenstand der Kommunalsteuer sind die **Arbeitslöhne**, die in einem Kalendermonat an die Dienstnehmer einer inländischen Betriebsstätte geleistet werden. **Dienstnehmer** im Sinne des KommStG sind gem § 2 KommStG vor allem lohnsteuerrechtliche Dienstnehmer (§ 47 Abs 2 EStG), freie Dienstnehmer nach § 4 Abs 4 ASVG und die an Kapitalgesellschaften wesentlich beteiligten Gesellschafter, wenn sie in einem Dienstverhältnis nach § 22 Z 2 EStG stehen (vgl dazu bereits S 64). Das KommStG kennt einen eigenen Betriebsstättenbegriff (§ 4 KommStG).

Bemessungsgrundlage der KommSt ist der **Arbeitslohn**, der in § 5 KommStG definiert wird. Dazu zählen insb die Vergütungen nach § 25 EStG sowie die Vergütungen an freie Dienstnehmer iSd § 4 Abs 4 ASVG und die Vergütungen, die Gesellschaftern nach § 22 Z 2 EStG bezahlt werden. § 5 Abs 2 KommStG enthält eine Reihe von Ausnahmen vom Arbeitslohnbegriff. *Bemessungsgrundlage*

Steuerschuldner ist der **Unternehmer**, in dessen Unternehmen die Dienstnehmer beschäftigt werden (§ 6 KommStG). Der Unternehmer ist in § 3 KommStG eigenständig, jedoch in Anlehnung an § 2 UStG, definiert. *Steuerschuldner*

Die Kommunalsteuer beträgt 3% der Bemessungsgrundlage (§ 9 KommStG). Bis zu einer Bemessungsgrundlage von EUR 1.460,– besteht ein Freibetrag iHv EUR 1.095,– (§ 9 KommStG). *Steuersatz*

Die Steuerschuld entsteht mit Ablauf des Kalendermonats, in dem die Löhne ausbezahlt wurden und ist bis zum 15. des auf die Lohnzahlung folgenden Kalendermonats vom Unternehmer selbst zu berechnen und an die Gemeinde, in deren Sprengel die Betriebsstätte gelegen ist, abzuführen (§ 11 KommStG). Bis Ende März des Folgejahres ist eine Kommunalsteuerjahreserklärung abzugeben. *Entstehen der Steuerschuld und Entrichtung*

Verkürzungen von Kommunalsteuer fallen weder unter das Finanzstrafgesetz noch unter landesgesetzliche Strafbestimmungen. § 15 KommStG enthält vielmehr eigene Strafbestimmungen (im Detail *Ehrke-Rabel* in Doralt/Ruppe, Steuerrecht II[7] Tz 1178). *Strafbestimmungen*

4.4.2.3.5 Dienstgeberbeitrag zum Familienlastenausgleichsfonds

Alle Dienstgeber, die im Bundesgebiet Dienstnehmer beschäftigen, haben den Dienstgeberbeitrag zu leisten (§ 41 Abs 1 FLAG). Der Dienstgeberbeitrag dient der Finanzierung des Familienlastenausgleichsfonds, aus dem verschiedene Beihilfen (zB die Familienbeihilfe, Schülerfreifahrten, unentgeltliche Schulbücher) gewährt werden. *Steuertatbestand*

Beim Dienstgeberbeitrag handelt es sich um eine zweckgebundene ausschließliche Bundesabgabe (§ 7 Z 1 FAG 2008). Der Bund hat sowohl die Abgaben- als auch die Ertrags- und die Verwaltungshoheit. Das Gesamtaufkommen an Dienstgeberbeiträgen belief sich im Jahr 2015 auf EUR 5,62 Mrd. *Finanzverfassungsrechtliche Einordnung*

Gegenstand des Dienstgeberbeitrages ist die Summe der Arbeitslöhne, die jeweils in einem Kalendermonat an im Bundesgebiet beschäftigte Dienstnehmer geleistet werden (§ 41 Abs 3 FLAG). Dienstnehmer sind gem § 41 Abs 2 FLAG die lohnsteuerrechtlichen Dienstnehmer (§ 47 Abs 2 FLAG), freie Dienstnehmer nach § 4 Abs 4 ASVG und die an Kapitalgesellschaften wesentlich beteiligten Gesellschafter, *Steuergegenstand* wenn sie in einem Dienstverhältnis nach § 22 Z 2 EStG stehen (vgl dazu bereits 59).

Bemessungsgrundlage

Bemessungsgrundlage des Dienstgeberbeitrags ist der Arbeitslohn, der in § 41 Abs 3 FLAG wie im KommStG definiert wird. Ausnahmen vom Arbeitslohnbegriff enthält § 41 Abs 4 FLAG. Diese entsprechen im Wesentlichen den Ausnahmen des KommStG.

Steuerschuldner

Steuerschuldner ist der Dienstgeber (§ 41 Abs 1 FLAG).

Steuersatz

Der Dienstgeberbeitrag beträgt 4,5 % der Bemessungsgrundlage (§ 41 Abs 5 FLAG). Bis zu einer Bemessungsgrundlage von EUR 1.460,– besteht ein Freibetrag iHv EUR 1.095,– (§ 41 Abs 4 letzter Unterabsatz FLAG).

Entstehen der Steuerschuld und Entrichtung

Die Steuerschuld entsteht mit Ablauf des Kalendermonats, in dem die Löhne ausbezahlt wurden und ist bis zum 15. des auf die Lohnzahlung folgenden Kalendermonats vom Dienstgeber selbst zu berechnen und mit der Lohnsteuer an das für die Lohnsteuer zuständige Betriebsstättenfinanzamt abzuführen (§ 43 FLAG iVm § 20 Abs 2 Z 3 AVOG 2010).

Die Bemessungsgrundlagen für die Kommunalsteuer und den Dienstgeberbeitrag stimmen überein. Auch die Fälligkeit beider Abgaben und die Freibeträge sind identisch. Ein Unterschied besteht allerdings in der erhebungsberechtigten Gebietskörperschaft: Die KommSt wird von der Gemeinde erhoben, in dessen Sprengel die Betriebsstätte gelegen ist, der Dienstgeberbeitrag vom Lohnsteuerfinanzamt (Bund).

4.4.2.3.6 Dienstgeberzuschlag zum Familienlastenausgleichsfonds

Die **Bundeswirtschaftskammer und die Landeswirtschaftskammern** können zur Bedeckung ihrer Aufwendungen von ihren Mitgliedern eine von den Arbeitslöhnen abhängige Umlage erheben (Zuschlag zum Dienstgeberbeitrag; § 122 Abs 7 und 8 WKG).

Bemessungsgrundlage ist die Beitragsgrundlage für den Dienstgeberbeitrag. Die Umlage beläuft sich in der Steiermark auf 0,39%. Obwohl es sich bei dem Zuschlag um **keine Abgabe** im finanzwissenschaftlichen Sinn handelt (sie dient nicht der Finanzierung einer Gebietskörperschaft), wird der Dienstgeberzuschlag vom Finanzamt gemeinsam mit der Lohnsteuer und dem Dienstgeberbeitrag eingehoben.

F ist Seniorpartnerin und Geschäftsführerin der „Werbeagentur GmbH", an der sie auch zu 60% beteiligt ist. F bezieht ein Monatsgehalt von EUR 6.000,– (14 Mal jährlich), obwohl branchenüblich nur ein Gehalt von EUR 4.000,– ist. Außerdem ist bei der „Werbeagentur GmbH" im Rahmen eines Dienstverhältnisses die Juniorpartnerin E beschäftigt, die ebenfalls zur Geschäftsführerin bestellt ist, allerdings nur über eine Beteiligung von 10% verfügt.

Seniorpartnerin F: F erzielt als wesentlich beteiligte Gesellschafter-Geschäftsführerin Einkünfte aus selbständiger Arbeit gem § 22 Z 2 EStG. Ihren Gewinn ermittelt sie gem § 4 Abs 3 EStG. Für F sind Dienstgeberbeitrag zum Familienlastenausgleichsfonds (DB), Zuschlag zum Dienstgeberbeitrag (DZ) und Kommunalsteuer zu entrichten, ihre Einkünfte sind aber nicht durch Lohnsteuerabzug, sondern im Veranlagungsweg zu erfassen. F ist als Mehrheitsgesellschafterin nach GSVG sozialversicherungspflichtig, ihre Sozialversicherungsbeiträge hat sie selbst zu entrichten. Leistungsbeziehungen zwischen einer GmbH und ihren Anteilseignern werden allerdings nur anerkannt, soweit sie fremdüblich sind. Hinsichtlich des fremdüblichen Teils des Gehaltes liegt bei der GmbH eine (gewinnmindernde) Betriebsausgabe vor, hinsichtlich des nicht fremdüblichen Teils liegt eine verdeckte Gewinnausschüttung vor, die steuerlich wie eine offene Gewinnausschüttung zu behandeln ist (dazu später Kap Körperschaftsteuer 239 f).*

Juniorpartnerin E: E bezieht Einkünfte aus nichtselbständiger Arbeit, sie ermittelt ihre Einkünfte als Überschuss der Einnahmen über die Werbungskosten nach dem Zufluss-Abfluss-Prinzip. Die GmbH hat als Arbeitgeberin den Lohnsteuerabzug vorzunehmen. Die GmbH hat monatlich Lohnsteuer, die Sozialversicherungsbeiträge der Arbeitnehmerin, Kommunalsteuer, DB, DZ, den Wohnbauförderungsbeitrag, die Arbeiterkammerumlage, den Beitrag nach BMSVG, den Dienstgeberanteil zur Sozialversicherung und den IESG-Zuschlag abzuführen. Das 13. und 14. Monatsgehalt unterliegen als sonstige Bezüge im Sinne von § 67 EStG („Jahressechstel") einer begünstigten Besteuerung.*

4.4.3 Einkünfte aus Kapitalvermögen

4.4.3.1 Überblick

Die Einkünfte aus Kapitalvermögen stellen außerbetriebliche Einkünfte dar und zählen zu den Nebeneinkünften (vgl dazu vorher 53 f). Auf Grund der **Subsidiarität der Nebeneinkünfte** im Verhältnis zu den Haupteinkünften zählen Einkünfte im Zusammenhang mit den in § 27 EStG genannten Kapitalanlagen zu den betrieblichen Einkünften, wenn die Kapitalanlagen im Betriebsvermögen gehalten werden.

Die Zuordnung der Einkünfte aus Kapitalanlagen zu den betrieblichen oder den außerbetrieblichen Einkünften zieht im Ergebnis keine großen Unterschiede in der Besteuerung nach sich: Die Einkünfte aus den meisten Kapitalanlagen sind nämlich in einer eigenen Schedule zu einem besonderen Steuersatz von 27,5% oder 25% zu besteuern. Dies gilt unabhängig davon, ob es sich bei diesen Einkünften um betriebliche oder um außerbetriebliche Einkünfte handelt. Auch Einkünfte aus der Veräußerung der Kapitalanlagen unterliegen (grundsätzlich) unabhängig davon, ob die Kapitalanlage im Betriebsvermögen oder im außerbetrieblichen Vermögen (= Privatvermögen) gehalten wird, der besonderen Besteuerung in der Schedule zum Steuersatz von 27,5% oder 25%. Abweichungen zwischen betrieblichen und außerbetrieblichen Einkünften aus Kapitalanlagen ergeben sich bei der Verlustverwertung und bei der Berechnung des steuerpflichtigen Veräußerungsgewinnes. Auf Grund des weitgehenden Gleichklangs von betrieblichen und außerbetrieblichen Einkünften aus Kapitalanlagen werden die betrieblichen Einkünfte aus Kapitalanlagen im vorliegenden Abschnitt mitbehandelt.

4.4.3.2 Umfang der Einkünfte

Einkünfte aus Kapitalvermögen sind die Einkünfte aus der Überlassung von Kapital, die Einkünfte aus realisierten Wertsteigerungen und aus Derivaten, soweit sie nicht zu den betrieblichen Einkünften zählen (§ 27 Abs 1 EStG).

Einkünfte aus der Überlassung von Kapital

Die Einkünfte aus der Überlassung von Kapital werden in § 27 Abs 2 EStG näher definiert. Zu ihnen zählen insb
- Gewinnanteile (**Dividenden**) und sonstige Bezüge aus Aktien oder Anteilen an GmbH (§ 27 Abs 2 Z 1 lit a EStG);
- **Zinsen** und andere Erträgnisse aus Kapitalforderungen jeder Art, beispielsweise aus Darlehen, Anleihen, Hypotheken, Einlagen, Guthaben bei Kreditinstituten und aus Ergänzungskapital im Sinne des VAG 2016, ausgenommen Stückzinsen (§ 27 Abs 2 Z 2 EStG);
- Gewinnanteile aus der Beteiligung an einem Unternehmen als echter **stiller Gesellschafter** sowie aus der Beteiligung nach Art eines stillen Gesellschafters, soweit sie nicht zur Auffüllung einer durch Verluste herabgeminderten Einlage zu verwenden sind (§ 27 Abs 2 Z 4 EStG);

>
> **Echter stiller Gesellschafter** ist, wer sich am laufenden Gewinn eines Unternehmens im Sinne des UGB ohne Offenlegung im Firmenbuch beteiligt. Die Beteiligung am Verlust ist zulässig, jedoch nicht unbedingt erforderlich.
> Eine Beteiligung **nach Art eines stillen Gesellschafter**s liegt vor, wenn sich jemand wie ein echter stiller Gesellschafter an einem anderen Steuerpflichtigen beteiligt, der nicht Unternehmer iSd UGB ist.
> Verluste aus der Beteiligung an einem Unternehmen als echter stiller Gesellschafter können keine Berücksichtigung finden. Diese sind vielmehr mit künftigen Gewinnen aus derselben Beteiligung auszugleichen (sog Wartetastenverlust). Ein echter stiller Gesellschafter bezieht somit nur insoweit Einkünfte aus Kapitalvermögen, als die aus der Beteiligung erzielten Gewinne die in vorangegangenen Jahren entstandenen Verlustes übersteigen (§ 27 Abs 2 Z 4 EStG iVm § 27 Abs 8 Z 2 EStG).

X hat sich am Unternehmen des Y als echter stiller Gesellschafter beteiligt. Im Jahr 01 wird ihm ein Verlustanteil in Höhe von 10 zugewiesen. *Dieser Verlust ist nicht mit anderen Einkünften (auch nicht mit anderen Einkünften aus Kapitalvermögen) ausgleichsfähig (§ 27 Abs 8 Z 2 EStG). Wird X im Folgejahr ein Gewinn in Höhe von 15 aus seiner stillen Beteiligung zugewiesen, hat er 5 als Einkünfte iSv § 27 Abs 2 Z 4 EStG zu versteuern, die übrigen 10 werden zur Auffüllung des im Jahr 01 entstandenen Verlustes verwendet.*

- **Zuwendungen** jeder Art **von** nicht gemeinnützigen (eigennützigen) **Privatstiftungen** und von ausländischen Stiftungen oder sonstigen Vermögensmassen, die jeweils mit einer Privatstiftung vergleichbar sind, soweit es sich nicht um eine Substanzauszahlung iSd § 27 Abs 5 Z 8 EStG handelt (§ 27 Abs 5 Z 7 iVm Z 8 EStG). – Zu den Privatstiftungen siehe Kap *Körperschaftsteuer* S 266 ff.

Zu den Einkünften aus realisierten Wertsteigerungen von Kapitalvermögen zählen Einkünfte aus der Veräußerung, Einlösung und sonstigen Abschichtung von Wirtschaftsgütern, deren Erträge Einkünfte aus der Überlassung von Kapital nach § 27 Abs 2 EStG sind.

Einkünfte aus realisierten Wertsteigerungen

Einkünfte aus realisierten Wertsteigerungen können sowohl positiv (dh der Veräußerungserlös übersteigt die Anschaffungskosten) als auch negativ (dh der Veräußerungserlös ist niedriger als die Anschaffungskosten) sein.

X verkauft Aktien, die er zu einem Kurs von 100 erworben hat, um 150.
Die laufenden Einkünfte aus Aktien (Dividenden) waren als Einkünfte aus der Überlassung von Kapital zu qualifizieren (§ 27 Abs 2 Z 1 lit a EStG). Verkauft X die Aktien, erzielt er damit wiederum Einkünfte aus Kapitalvermögen, nämlich aus realisierten Wertsteigerungen von Kapitalvermögen in Höhe von 50 (§ 27 Abs 3 EStG).

Variante: X verkauft die Aktien, die er zu einem Kurs von 100 erworben hat, um 90.
Er erzielt negative Einkünfte aus realisierten Wertsteigerungen in Höhe von 10. Ob dieser Verlust mit anderen Einkünften ausgeglichen werden kann, hängt davon ab, ob er und bejahendenfalls, welche anderen Einkünfte er hat (vgl dazu später S 139 f).

Als Einkünfte aus realisierten Wertsteigerungen von Kapitalanlagen gelten auch folgende Vorgänge:
- Die **Entnahme** und das sonstige Ausscheiden aus dem Depot, sofern nicht eine Übertragung auf ein anderes Depot des Steuerpflichtigen bei derselben depotführenden Stelle erfolgt oder der Steuerpflichtige bei Inlandsübertragungen die übertragende depotführende Stelle beauftragt, der übernehmenden depotführenden Stelle die Anschaffungskosten mitzuteilen, oder der Steuerpflichtige bei Übertragungen auf ein anderes ausländisches Depot selbst die erforderlichen Informationen an das zuständige Finanzamt erteilt (§ 27 Abs 6 Z 2 EStG).

 Indem die Entnahme aus dem Depot als realisierte Wertsteigerung gilt, wenn der Steuerpflichtige nicht dafür Sorge trägt, dass die übernehmende inländische depotführende Stelle oder bei Übertragungen in das Ausland das im Inland zuständige Finanzamt seine Daten sowie die Anschaffungskosen der Kapitalanlage kennt, wird verhindert, dass der Veräußerungsgewinnbesteuerung durch die Depotentnahme entgangen werden kann.

- Als Einkünfte aus realisierten Wertsteigerungen gelten auch Umstände, die zu einer Einschränkung des Besteuerungsrechts Österreichs im Verhältnis zu anderen Staaten hinsichtlich einer Kapitalanlage oder eines Derivats führen (sog **Wegzugsbesteuerung**; § 27 Abs 6 Z 1 EStG);
- der Untergang von Anteilen auf Grund der Liquidation oder Beendigung einer Körperschaft (vgl dazu später Kap *Körperschaftsteuer* S 260) für sämtliche Beteiligte unabhängig vom Ausmaß ihrer Beteiligung (§ 27 Abs 6 Z 3 EStG);

- die Veräußerung von Dividendenscheinen, Zinsscheinen und sonstigen Ansprüchen, wenn die dazugehörigen Wirtschaftsgüter nicht mitveräußert werden (§ 27 Abs 6 Z 4 EStG);
- der Zufluss von Stückzinsen (§ 27 Abs 6 Z 5 EStG).

Zu den Einkünften aus Derivaten gehören der Differenzausgleich, die Stillhalterprämie, Einkünfte aus der Veräußerung und Einkünfte aus der sonstigen Abwicklung bei Termingeschäften sowie bei sonstigen derivativen Finanzinstrumenten (§ 27 Abs 4 EStG, vgl dazu im Detail *Doralt/Ruppe*, Steuerrecht I^{11} Tz 104 f).

Einkünfte aus Derivaten

4.4.3.3 Besteuerung der Einkünfte aus Kapitalvermögen

Der Großteil der Einkünfte aus Kapitalvermögen ist im Regelfall in einer eigenen Schedule zu einem besonderen Steuersatz zu besteuern. Die **Schedulenbesteuerung** bewirkt, dass die so besteuerten Einkünfte weder beim Gesamtbetrag der Einkünfte noch beim Einkommen zu berücksichtigen sind und somit nicht in den progressiven Tarif eingerechnet werden (§ 27a Abs 1 EStG). Außerdem wird die Schedulensteuer vom Bruttobetrag der Kapitaleinkünfte erhoben, ein Werbungskosten- oder Betriebsausgabenabzug ist ausgeschlossen (§ 20 Abs 2 EStG). Dadurch werden sowohl der Grundsatz der synthetischen Steuer als auch das objektive Nettoprinzip durchbrochen.

Schedulenbesteuerung

Auf Antrag kann auf die Schedulenbesteuerung verzichtet werden. Dies hat zur Folge, dass die Kapitaleinkünfte (synthetisch) mit den übrigen Einkünften zum (progressiven) Regelsteuersatz veranlagt werden (§ 27a Abs 5 EStG). Das Werbungskosten- und Betriebsausgabenabzugsverbot soll dennoch weiter bestehen (so ausdrücklich § 20 Abs 2 1. Spiegelstrich EStG; verfassungsrechtlich bedenklich). Sinnvoll ist ein Antrag auf Regelbesteuerung nur in den Fällen, in denen das Gesamteinkommen so niedrig ist, dass unter Anwendung der synthetischen Besteuerung und des progressiven Tarifs ein Steuersatz von weniger als 27,5% bzw 25% zur Anwendung kommt.

Regelbesteuerungsoption

Sämtliche Einkünfte aus Kapitalvermögen unterliegen einem besonderen Steuersatz, wenn nicht eine gesetzliche Ausnahme zur Anwendung gelangt (§ 27a Abs 2 EStG) und kein Antrag auf Regelbesteuerung gestellt wurde (§ 27a Abs 5 EStG). Im Fall von Geldeinlagen und nicht verbrieften sonstigen Forderungen bei Kreditinstituten beläuft sich der besondere Steuersatz auf 25%, in allen anderen Fällen auf 27,5% (§ 27a Abs 1 Z 1 und Z 2 EStG).

Besonderer Steuersatz

Der besondere Steuersatz kommt für die in § 27a Abs 2 EStG genannten Einkünfte nicht zur Anwendung. Diese sind nach dem Regelbesteuerungsverfahren, dh nach den §§ 41 ff EStG unter Berück-

Ausnahmen vom besonderen Steuersatz

sichtigung der Einkommensermittlungsvorschrift des § 2 Abs 2 EStG und nach Maßgabe des § 33 EStG zum progressiven Tarif zu veranlagen (dazu später S 195 ff). Zu den vom besonderen Steuersatz ausgenommenen Einkünften aus Kapitalvermögen zählen insb
- Einkünfte aus Darlehen und unverbrieften sonstigen Forderungen, denen kein Bankgeschäft zugrunde liegt (§ 27a Abs 2 Z 1 EStG),
- Einkünfte aus der Beteiligung an einem Unternehmen als stiller Gesellschafter sowie aus der Beteiligung nach Art eines stillen Gesellschafters (§ 27a Abs 2 Z 3 EStG) und
- Einkünfte aus nicht verbrieften Derivaten unter bestimmten Voraussetzungen (§ 27a Abs 2 Z 7 EStG).

Für die Frage des maßgeblichen Steuersatzes ist unerheblich, ob es sich um in- oder ausländische Kapitalerträge handelt.

Bemessungsgrundlage

Bemessungsgrundlagen der Einkommensteuer auf Einkünfte aus Kapitalvermögen sind
- bei der **Überlassung von Kapital** die bezogenen Kapitalerträge (§ 27a Abs 3 Z 1 EStG);
- bei **realisierten Wertsteigerungen** von Kapitalvermögen im Regelfall der Unterschiedsbetrag zwischen dem Veräußerungserlös, dem Einlösungs- oder Abschichtungsbetrag einerseits und den Anschaffungskosten, jeweils inklusive anteiliger Stückzinsen andererseits (§ 27a Abs 3 Z 2 lit a EStG);
- im Fall der Einschränkung des Besteuerungsrechts sowie im Fall der steuerpflichtigen **Entnahme** oder des sonstigen Ausscheidens aus dem Depot der Unterschiedsbetrag zwischen dem gemeinen Wert zum Zeitpunkt des Eintritts der Umstände, die zur Einschränkung des Besteuerungsrechts führen, bzw zum Zeitpunkt der Entnahme oder des sonstigen Ausscheidens, und den Anschaffungskosten (§ 27a Abs 3 Z 2 lit b EStG);
- im Fall der **Liquidation** der Unterschiedsbetrag zwischen dem Abwicklungsguthaben und den Anschaffungskosten (§ 27a Abs 3 Z 2 lit c EStG);
- zur Bemessungsgrundlage bei **Derivaten** vgl § 27a Abs 3 Z 3 EStG.

Werbungskostenabzugsverbot

Ein Abzug von Werbungskosten ist bei allen Einkünften aus Kapitalvermögen, die einem besonderen Steuersatz gem § 27a Abs 1 EStG unterliegen, ausgeschlossen (Werbungskostenabzugsverbot; § 20 Abs 2 2. Teilstrich EStG).

Provisionen, Bankspesen, Depotgebühren oder Schuldzinsen bei fremdfinanziertem Erwerb von mit dem besonderen Steuersatz besteuerten Kapitalanlagen sind daher nicht als Werbungskosten abzugsfähig.

Hinsichtlich der **Anschaffungskosten** enthält § 27a Abs 4 EStG besondere Regelungen, wenn sie nicht von vornherein feststehen. So ist etwa bei unentgeltlichem Erwerb auf die Anschaffungskosten des Rechtsvorgängers abzustellen.

A hat von seiner Großmutter im Jahr 2014 ein Aktienpaket geerbt, das diese im Jahr 2013 um EUR 10.000,– angeschafft hat. Im Jahr 2016 verkauft A das Aktienpaket um EUR 19.000,–.
Die Übertragung der Aktien auf das Depot des A gilt nicht als Veräußerung, wenn er der depotführenden Stelle anhand geeigneter Unterlagen (etwa der Einantwortungsurkunde) die unentgeltliche Übertragung nachweisen kann (§ 27 Abs 6 Z 2 5. Teilstrich EStG). Damit hat die Erbschaft ertragsteuerrechtlich keine Auswirkungen. Mit dem Verkauf im Jahr 2016 erzielt A Einkünfte aus realisierten Wertsteigerungen (die Dividenden waren Einkünfte aus der Überlassung von Kapital, daher führt der Verkauf zu Einkünften aus realisierten Wertsteigerungen gem § 27 Abs 3 EStG). Bemessungsgrundlage ist die Differenz zwischen dem Veräußerungserlös iHv EUR 19.000,– und den Anschaffungskosten der Großmutter iHv EUR 10.000,–. Die Einkünfte aus realisierten Wertsteigerungen belaufen sich daher auf EUR 9.000,–, die gem § 27a Abs 1 Z 2 EStG dem besonderen Steuersatz von 27,5% unterliegen und nicht progressionserhöhend für die übrigen Einkünfte sind. Zur Erhebung der Steuer siehe gleich S 142 f.

Werden Kapitalanlagen im außerbetrieblichen Vermögen (Privatvermögen) gehalten, können Verluste – abgesehen von Verlusten aus stillen Beteiligungen (vgl dazu vorher S 135) – nur im Zusammenhang mit Veräußerungen oder diesen gleichgestellten Vorgängen entstehen (negative Einkünfte aus realisierten Wertsteigerungen von Kapitalanlagen). Derartige Verluste können mit positiven Einkünften aus anderen Einkunftsarten nicht ausgeglichen werden. Auch ein Verlustvortrag ist ausgeschlossen. Darüber hinaus ist der Ausgleich derartiger Verluste auch innerhalb der Einkünfte aus Kapitalvermögen beschränkt (vgl § 27 Abs 8 EStG):

Verlustausgleich

- Eine Verrechnung mit Zinserträgen aus Geldeinlagen und sonstigen Forderungen bei Kreditinstituten sowie mit Zuwendungen von Privatstiftungen (§ 27 Abs 5 Z 7 EStG) ist ausgeschlossen (§ 27 Abs 8 Z 1 EStG).
- Im Übrigen können Verluste aus Kapitalvermögen, auf die – wären sie positiv - ein besonderer Steuersatz anwendbar ist, nicht mit Einkünften aus Kapitalvermögen ausgeglichen werden, die nach § 27a Abs 2 EStG zum progressiven Tarif zu veranlagen sind (§ 27 Abs 8 Z 3 EStG).

Befinden sich Kapitalanlagen, die Verluste erzeugen, und solche, die Überschüsse abwerfen, bei ein- und derselben depotführenden Stelle, hat diese nach § 93 Abs 6 EStG den Verlustausgleich durchzuführen und beim Kapitalertragsteuerabzug zu berücksichtigen (zum Kapitalertragsteuerabzug gleich S 143 f). In allen anderen Fällen wird der Verlustausgleich im Rahmen der Veranlagung durch den Steuerpflichtigen selbst mithilfe der sog **Verlustausgleichsoption** (§ 97 Abs 2 EStG; siehe dazu gleich S 145 f) geltend gemacht.

	Verluste	Nicht ausgleichsfähig mit
Spezielle Verlustausgleichsverbote	• Substanzverluste	• Zinserträgen aus Geldeinlagen und sonstigen Forderungen bei Kreditinstituten • Zuwendungen von Privatstiftungen gem § 27 Abs 5 Z 7
	• aus Beteiligung als echter stiller Gesellschafter	• anderen Einkünften (Wartetaste!)
Allgemeine Verlustausgleichsverbote	• Einkünfte aus Kapitalvermögen mit besonderem Steuersatz	• Einkünften aus Kapitalvermögen mit Normalsteuersatz
	• Nicht ausgeglichene Verluste aus Kapitalvermögen	• Einkünften aus anderen Einkunftsarten
Verlustausgleichsoption gem § 97 Abs 2, wenn nicht sämtliche Kapitalanlagen bei demselben Kreditinstitut		

Abb 10. Verlustausgleich Einkünfte aus Kapitalvermögen

A bezieht folgende Einkünfte:
- Einkünfte aus dem Verkauf eines GmbH-Anteiles in Höhe von 100.
- Verlust aus dem Verkauf von Aktien in Höhe von –190.
- Zinsen aus einem Bankkonto in Höhe von 20.
- Zuwendungen aus einer Privatstiftung in Höhe von 150.
- Dividenden aus Aktien in Höhe von 30.
- Verlust aus einer echten stillen Beteiligung in Höhe von –30.
- Zinsen aus einem Privatdarlehen in Höhe von 5.
- Einkünfte aus selbständiger Arbeit in Höhe von 300.

Wären sämtliche Einkünfte positiv, wären sie folgendermaßen zu besteuern:
Die Einkünfte aus dem Verkauf des GmbH-Anteiles und dem Verkauf der Aktien zählen als Einkünfte aus realisierten Wertsteigerungen (§ 27 Abs 3 EStG) zu den Einkünften aus Kapitalvermögen, die gem § 27a Abs 1 Z 2 EStG dem besonderen Steuersatz in Höhe von 27,5% unterliegen. Die Zinsen aus einem Bankkonto sind Einkünfte aus der Überlassung von Kapital (§ 27 Abs 2 Z 2 EStG). Dasselbe gilt für die Zuwen-

dungen aus der Privatstiftung (§ 27 Abs 5 Z 7 EStG), die Dividenden (§ 27 Abs 2 Z 1 lit a EStG), die Einkünfte aus der stillen Beteiligung, sofern sie positiv sind (§ 27 Abs 2 Z 4 EStG) und die Zinsen aus dem Privatdarlehen (§ 27 Abs 2 Z 2 EStG). Dem besonderen Steuersatz von 25% unterliegen die Zinsen aus dem Bankkonto, dem besonderen Steuersatz von 27,5% unterliegen die Zuwendungen aus der Privatstiftung und die Dividenden (§ 27a Abs 1 EStG). Die Einkünfte aus der echten stillen Beteiligung sowie die Zinsen aus dem Privatdarlehen sind vom besonderen Steuersatz ausgenommen (§ 27a Abs 2 EStG) und daher zum Regeltarif nach dem allgemeinen Besteuerungsverfahren zu besteuern (§ 2 Abs 2 EStG iVm § 33 EStG).

Im Beispielsfall werden zum Teil Verluste erzielt. Für den Verlustausgleich ergibt sich aus obigen Ausführungen in Verbindung mit § 27 Abs 8 EStG Folgendes:

Die Verluste aus der echten stillen Beteiligung sind gar nicht ausgleichsfähig. Sie bleiben auf Warteteste. Sie können daher auf spätere Gewinne aus derselben stillen Beteiligung vorgetragen werden (§ 27 Abs 2 Z 4 iVm § 27 Abs 8 Z 2 EStG).

Für die Verluste aus dem Verkauf der Aktien gilt Folgendes: Ein Ausgleich ist – wenn überhaupt – nur mit positiven Einkünften aus Kapitalvermögen möglich. Ein Ausgleich mit den Einkünften aus selbständiger Arbeit ist daher ausgeschlossen (§ 27 Abs 8 Z 4 EStG). Innerhalb der Einkünfte aus Kapitalvermögen ist der Verlustausgleich mit den Zinsen aus der Bankeinlage und mit den Zuwendungen der Privatstiftung ausgeschlossen (§ 27 Abs 8 Z 1 EStG). Außerdem ist ein Verlustausgleich mit den Zinseinnahmen aus dem Privatdarlehen ausgeschlossen, weil auf diese Einnahmen der Regelsteuersatz zur Anwendung gelangt, auf die zum Verlustausgleich in Frage stehenden Einkünfte aus realisierten Wertsteigerungen aber der besondere Steuersatz von 27,5% zur Anwendung käme, wären sie positiv (§ 27 Abs 8 Z 3 EStG).

Der in Frage stehende Verlust von 190 kann daher nur mit den Einkünften aus dem Verkauf des GmbH-Anteils in Höhe von 100 und den Dividenden in Höhe von 30 verrechnet werden. Der verbleibende Verlustüberhang in Höhe von 60 ist weder ausgleichs- noch vortragsfähig. Er geht verloren.

Ein Antrag auf Regelbesteuerung nach § 27a Abs 5 EStG würde an der vorstehenden Beurteilung nichts ändern (zur Regelbesteuerung siehe gleich).

Rückzahlungsantrag

Wurde die KESt für Rechnung eines Abgabepflichtigen ohne dessen Mitwirkung zu Unrecht einbehalten und abgeführt (zB weil eine Befreiung vom KESt-Abzug nach § 94 EStG vorlag), sind diese Abgaben auf Antrag des Abgabepflichtigen vom Finanzamt zurückzuzahlen.

Der Antrag kann bis zum Ablauf des fünften Kalenderjahres, das auf das Jahr der Einbehaltung folgt, gestellt werden (§ 240 Abs 3 BAO).

Regelbesteuerungsoption

Für die Einkünfte aus Kapitalvermögen, die einem besonderen Steuersatz unterliegen, kann anstelle des besonderen Steuersatzes auf Antrag der allgemeine Steuertarif angewendet werden (§ 27a Abs 5 EStG). Wird die Option ausgeübt, gilt sie für sämtliche Kapitaleinkünfte, die einem besonderen Steuersatz unterliegen. Die Besteuerung nach dem Regelverfahren hebt das Werbungskostenabzugsverbot nicht auf. Nach § 20 Abs 2 2. Spiegelstrich EStG gilt das Verbot nämlich für alle Einkünfte, „auf die ein besonderer Steuersatz gem § 27a Abs 1 EStG **anwendbar** ist." Trotz verfassungsrechtlich abgesicherten Endbesteuerungsgesetzes ist dies verfassungsrechtlich bedenklich. Die Ausübung der Option führt zur Veranlagung mit allen übrigen Einkünften zum progressiven Tarif. Eine bereits entrichtete Kapitalertragsteuer wird angerechnet (EStR Rz 6228). Die Verlustausgleichsbeschränkungen des § 27 Abs 8 EStG gelten auch, wenn der Steuerpflichtige auf Regelbesteuerung optiert (§ 27 Abs 8 letzter Unterabsatz EStG).

Der Studierende X erzielt ausschließlich Einkünfte aus Kapitalvermögen, die dem besonderen Steuersatz von 27,5% unterliegen, in Höhe von EUR 10.000,–. Ansonsten bezieht er keine Einkünfte, sein Vater empfängt aber Familienbeihilfe.
Auf die Einkünfte aus Kapitalvermögen entfällt auf Grund von § 27a EStG eine Steuer von 27,5%, somit EUR 2.750,–. Würden die Einkünfte des X nach dem Regeltarif besteuert, wäre dieser Betrag nach § 33 Abs 1 EStG nicht zu besteuern, da er unter dem steuerlichen Existenzminimum liegt. X kann einen Antrag auf Regelbesteuerung stellen, eine Erstattung von Einkommensteuer kommt aber nur insoweit in Betracht, als die Steuer den vom Vater bezogenen Kinderabsetzbetrag (58,40 EUR pro Monat; vgl § 33 Abs 3 EStG) überschreitet (§ 27a Abs 5 EStG). Dem Studierenden X werden EUR 2.049,– (2.750 – 12 x 58,40 = 2049,20, Rundung gem § 39 Abs 3 EStG) erstattet.

4.4.3.3.1 Erhebung der Steuer auf Einkünfte aus Kapitalvermögen

Überblick

In den Fällen, in denen die Einkünfte aus Kapitalvermögen einem besonderen Steuersatz unterliegen, wird die Steuer durch **Kapitalertragsteuerabzug** erhoben, wenn sichergestellt ist, dass die Bemessungsgrundlage bekannt ist. Die Kapitalertragsteuer ist keine eigene Einkommensteuer, sondern bloß eine Erhebungsform derselben.

Zum Kapitalertragsteuerabzug ist im Regelfall die den Kapitalertrag auszahlende Stelle verpflichtet. Schuldner der Kapitalertragsteuer bleibt der Empfänger der Einkünfte aus Kapitalvermögen. Mit dem Kapitalertragsteuerabzug geht bei außerbetrieblichen Einkünften grundsätzlich einher, dass eine Veranlagung nicht mehr vorzunehmen ist, wenn nicht auf Regelbesteuerung optiert oder von der Verlustausgleichsoption Gebrauch gemacht wird.

Unterliegen Einkünfte aus Kapitalvermögen dem Regelsteuersatz, sind sie immer zum Regeltarif zu veranlagen.

Bei inländischen Einkünften aus Kapitalvermögen wird die Steuer durch Steuerabzug erhoben (**Kapitalertragsteuer**), wenn diese Einkünfte einem besonderen Steuersatz nach § 27a Abs 1 EStG unterliegen (§ 93 Abs 1 EStG).

Kapitalertragsteuerabzug

Für die Definition von **inländischen Kapitalerträgen** ist zwischen den Einkünften aus der Überlassung von Kapital und den Einkünften aus realisierten Wertsteigerungen zu unterscheiden:

- Bei Einkünften aus der Überlassung von Kapital liegen inländische Kapitalerträge vor, wenn sich die auszahlende Stelle (vgl § 95 Abs 2 Z 1 lit b EStG) im Inland befindet. Bei Dividenden, Gewinnanteilen und sonstigen Bezügen aus Aktien und GmbH (§ 27 Abs 2 Z 1 EStG), bei Zuwendungen von Privatstiftungen (§ 27 Abs 5 Z 7 EStG) sowie bei Zinsen aus Geldeinlagen bei Kreditinstituten und aus sonstigen Forderungen gegenüber letzteren liegen auch dann inländische Kapitalerträge vor, wenn der Schuldner der Kapitalerträge Wohnsitz, Geschäftsleitung oder Sitz im Inland hat oder eine inländische Zweigstelle eines ausländischen Kreditinstitutes ist (§ 93 Abs 2 Z 1 EStG).
- Einkünfte aus realisierten Wertsteigerungen und Einkünfte aus Derivaten sind inländische Einkünfte aus Kapitalvermögen iSd § 93 EStG, wenn eine inländische depotführende Stelle (§ 95 Abs 2 Z 2 lit a EStG) oder eine inländische auszahlende Stelle (§ 95 Abs 2 Z 2 lit b EStG) vorliegt und (!) diese die Realisierung abwickelt.

Ein Kapitalertragsteuerabzug kommt auch dann in Betracht, wenn der Schuldner der Kapitalerträge keinen Wohnsitz, Sitz oder keine Geschäftsleitung in Österreich hat. Voraussetzung ist nur, dass sich die auszahlende Stelle im Inland befindet.

1. A verkauft Aktien, die er auf dem Depot einer österreichischen Bank hält, indem er seinen Betreuer bei der Bank anweist, den Verkauf abzuwickeln.
   Es liegen inländische Einkünfte aus realisierten Wertsteigerungen vor, die dem besonderen Steuersatz von 27,5% unterliegen, da die

österreichische Bank eine inländische depotführende Stelle ist. Die Bank ist zum Kapitalertragsteuerabzug verpflichtet.

2. B verkauft einen GmbH-Anteil. Zu diesem Zweck wird der Verkauf beim Notar abgeschlossen. Der Käufer überweist den Kaufpreis auf das inländische Bankkonto des B.

Übersteigt der Veräußerungserlös die Anschaffungskosten des GmbH-Anteils, liegen positive Einkünfte aus realisierten Wertsteigerungen von Kapitalvermögen vor, die dem besonderen Steuersatz von 27,5% unterliegen. Ein Kapitalertragsteuerabzug ist nicht vorzunehmen, da die Bank die Realisierung des Veräußerungsgewinns nicht abwickelt. B hat den Veräußerungsgewinn in seine Steuererklärung aufzunehmen. Dennoch unterbleibt eine Berücksichtigung bei den übrigen Einkünften und beim sonstigen Einkommen des B: Der Veräußerungsgewinn wird bescheidmäßig mit 27,5% ohne Progressionswirkung besteuert.

3. C hält Anteile an einer GmbH mit Sitz in Österreich und erhält daraus beträchtliche Gewinnausschüttungen.

Es liegen inländische Einkünfte aus der Überlassung von Kapital vor, die dem besonderen Steuersatz von 27,5% unterliegen, da die Schuldnerin der Gewinnausschüttungen (Kapitalerträge) ihren Sitz in Inland hat. Die GmbH hat einen Kapitalertragsteuerabzug vorzunehmen.

§ 93 Abs 4 bis Abs 6 EStG enthalten besondere Vorschriften betreffend die **Ermittlung des Veräußerungsgewinns** durch die zum Kapitalertragsteuerabzug verpflichtete Einrichtung sowie für die Vornahme des **Verlustausgleichs** nach § 27 Abs 8 EStG hinsichtlich jener Kapitalanlagen, die am Depot derselben Stelle liegen.

Die näheren Bestimmungen betreffend den **Schuldner der Kapitalerträge** und den zum Abzug Verpflichteten, die Haftung, die Fälligkeit der Kapitalertragsteuer und die Obliegenheiten des Abzugsverpflichteten gegenüber dem Steuerschuldner enthalten die §§ 95 und 96 EStG.

Ausnahmen von der Abzugspflicht enthält § 94 EStG. Zur bedeutsamen Ausnahme im Zusammenhang mit Gewinnausschüttungen von Tochtergesellschaften an ihre Muttergesellschaften vgl später Kap *Körperschaftsteuer* S 245 f.

4.4.3.3.2 Veranlagung trotz Kapitalertragsteuerabzuges

Entfall der Veranlagungspflicht

Unter dem Titel „**Steuerabgeltung**" regelt § 97 EStG, in welchen Fällen Einkünfte aus Kapitalvermögen trotz Kapitalertragsteuerabzuges in eine Steuererklärung aufzunehmen und nach §§ 41 f EStG zu veranlagen sind. In der Diktion des EStG ist daher der Terminus „Steuerabgeltung" als Entfall der Verpflichtung zur Veranlagung zu verstehen. Steuerabgeltung in diesem Sinn tritt ein, wenn natürliche Personen außerbetriebliche Einkünfte aus Kapitalvermögen beziehen, auf die ein besonderer Steuersatz gemäß § 27a Abs 1 EStG anwendbar ist und wenn die Steuer auf diese Erträge im Wege des Kapitalertragsteuerabzuges erhoben wird.

Eine Steuerabgeltung iSd § 97 Abs 1 EStG ist ausgeschlossen, wenn die Einkünfte aus Kapitalvermögen von der Anwendung des besonderen Steuersatzes nach § 27a Abs 2 EStG ausgenommen sind.

Optiert der Steuerpflichtige auf Regelbesteuerung (§ 27a Abs 5 EStG), verzichtet er auf die Anwendung eines besonderen Steuersatzes. Die Steuerabgeltung greift nicht. Er hat seine Einkünfte im Wege der Veranlagung zu versteuern.

Veranlagungspflicht allgemein

Hat der Steuerpflichtige Verluste aus Kapitalvermögen nach § 27 Abs 8 EStG auszugleichen und befinden sich die zum Ausgleich in Betracht kommenden Einkunftsquellen nicht bei ein- und demselben Kreditinstitut, ist der Verlustausgleich im Wege der Veranlagung vorzunehmen. Die Steuerabgeltung des § 97 Abs 1 EStG greift daher nicht.

Verlustausgleichsoption

Die der Kapitalertragsteuer unterliegenden Einkünfte aus Kapitalvermögen sind vielmehr zum besonderen Steuersatz zu veranlagen (§ 97 Abs 2 EStG).

Außerdem gilt die Steuerabgeltung nicht, soweit den für den Kapitalertragsteuerabzug gem § 93 Abs 4 EStG ermittelten Werten (bei Einkünften aus realisierten Wertsteigerungen) Angaben des Depotinhabers zu Grunde liegen, die nicht den tatsächlichen Gegebenheiten entsprechen (§ 97 Abs 1 lit b EStG).

Hält eine natürliche Person Kapitalanlagen in ihrem Betriebsvermögen, kann es – trotz Erzielung betrieblicher Einkünfte – zu einer Besteuerung zu einem besonderen Steuersatz nach § 27a Abs 1 EStG und zur Seuererhebung durch Kapitalertragsteuerabzug kommen. Auch eine Steuerabgeltung nach § 97 EStG kommt – allerdings mit Abweichungen im Verhältnis zu den außerbetrieblichen Einkünften aus Kapitalvermögen – in Betracht (vgl dazu gleich S 148).

Zum Beispiel von S 140: *A kann den Verlust aus dem Aktienverkauf von – 190 mit den Dividenden aus Aktien in Höhe von 30 und dem Gewinn aus dem Verkauf des GmbH-Anteils ausgleichen. Von den Dividenden wurde durch die auszahlende Stelle Kapitalertragsteuer einbe-*

halten. Um diese Kapitalertragsteuer erstattet zu bekommen, muss A die Verlustausgleichsoption nach § 97 Abs 2 EStG ausüben. Seine Einkünfte aus den Dividenden und aus dem Verkauf von GmbH-Anteilen werden in diesem Fall mit dem Verlust aus dem Aktienverkauf verrechnet, sodass weder auf den Veräußerungsgewinn aus dem Verkauf des GmbH-Anteils noch auf die Dividenden eine Steuer entfällt. Die bereits entrichtete Kapitalertragsteuer wird A erstattet.

Progressiver Tarif Veranlagung	Besonderer Steuersatz 25% / 27,5% Schedulenbesteuerung		
Einkunftsart	Einkunftsart	Erhebung	Pflicht zur Aufnahme in StErkl
Privatdarlehen	• Dividenden • Zinsen aus Bankeinlagen	KESt, wenn ausz Stelle im Inland	–
stiller Gesellschafter	• realisierte Wertsteigerungen • Derivate	KESt, wenn inländ depotführende Stelle od inländ ausz Stelle, die abwickelt	–
Diskontbeträge von Wechseln, Anweisungen	Boni etc iZm Dividenden etc	Veranlagung	Ja
Ausgleichszahlungen und Leihgebühren, wenn iZm Kreditinstitut	• Vom Schuldner der Erträge übernommene KESt • Ausgleichszahlungen, wenn nicht Bank • Wegzugsbesteuerung	Veranlagung	Ja
Unterschiedsbeträge Versicherungsleistungen	Zuwendungen von Privatstiftungen	KESt	–
	Dividenden, Zinsen, realisierte Wertsteigerungen	Veranlagung, wenn keine auszahlende Stelle im Inland	Ja

Abb 11. Besteuerung der Einkünfte aus Kapitalvermögen

Die Verlustausgleichsoption dient nur der Vornahme des Verlustausgleichs, hinsichtlich der Schedulenbesteuerung zum besonderen Steuersatz ändert sich nichts. Die Regelbesteuerungsoption hingegen hebt die Schedulenbesteuerung auf und integriert die (ursprünglich) zum besonderen Steuersatz besteuerten Kapitaleinkünfte in die synthetische Besteuerung des Gesamteinkommens. Die Kapitaleinkünfte werden somit gemeinsam mit den übrigen Einkünften und unter Berücksichtigung der allgemeinen Einkommensermittlungsvorschriften zum progressiven Tarif besteuert.

Endbesteuerungsgesetz

Um eine mögliche Verfassungswidrigkeit von vornherein auszuschließen, sind die Grundsätze der Endbesteuerung bundesverfassungsrechtlich im Endbesteuerungsgesetz verankert. Für die in § 1 Abs 1 Endbesteuerungsgesetz genannten Einkünfte soll hinsichtlich der Einkommen- und Körperschaftssteuer (§ 1 Abs 2 Endbesteuerungsgesetz) mit dem Kapitalertragsteuerabzug Abgeltungswirkung eintreten. Dies soll im Rahmen des Einkommensteuergesetzes sowohl für betriebliche als auch für außerbetriebliche Einkünfte gelten (§ 1 Abs 3 Endbesteuerungsgesetz). § 1 Abs 4 Endbesteuerungsgesetz steckt einen Rahmen für den Steuersatz der KESt ab, § 1 Abs 5 Endbesteuerungsgesetz enthält Vorgaben für die Erstattung der KESt.

4.4.3.4 Im Betriebsvermögen gehaltene Kapitalanlagen

Werden Kapitalanlagen im Betriebsvermögen gehalten, zählen sowohl die daraus stammenden Früchte als auch Einkünfte aus der Veräußerung der Kapitalanlagen zu den betrieblichen Einkünften (dazu vorher S 128). *Einkunftsart*

Hinsichtlich der Besteuerung dieser Einkünfte aus betrieblichen Kapitalanlagen gilt im Wesentlichen nichts anderes als für die Besteuerung von im Privatvermögen gehaltenen Kapitalanlagen: Auch betriebliche Einkünfte aus Kapitalanlagen unterliegen grundsätzlich dem besonderen Steuersatz von 27,5% oder von 25% und sind bei der Berechnung der Einkommensteuer des Steuerpflichtigen weder beim Gesamtbetrag der Einkünfte noch beim Einkommen zu berücksichtigen (§ 27a Abs 6 iVm § 27a Abs 1 EStG). *Schedulenbesteuerung*

Auch der Steuerpflichtige mit betrieblichen Kapitaleinkünften kann auf Regelbesteuerung optieren und damit die Besteuerung zum progressiven Steuersatz erwirken (§ 27a Abs 6 iVm § 27a Abs 5 EStG).

Wie bei den außerbetrieblichen Kapitaleinkünften sind die in § 27a Abs 2 EStG genannten Kapitaleinkünfte von der Besteuerung in der Schedule ausgenommen (§ 27a Abs 6 iVm § 27a Abs 2 EStG).

Hinsichtlich der Bemessungsgrundlage gelten für die betrieblichen Kapitaleinkünfte grundsätzlich dieselben Bestimmungen wie für die außerbetrieblichen Kapitaleinkünfte (§ 27a Abs 6 iVm § 27a Abs 3 und Abs 4 EStG). Werden Wirtschaftsgüter und Derivate nicht im außerbetrieblichen Vermögen, sondern im Betriebsvermögen gehalten, sind die Anschaffungskosten jedoch mit Anschaffungsnebenkosten anzusetzen (§ 27a Abs 4 Z 2 EStG).

Hinsichtlich der zum besonderen Steuersatz besteuerten Einkünfte ist auch im betrieblichen Bereich der Betriebsausgabenabzug ausgeschlossen (§ 20 Abs 2 2. Spiegelstrich EStG; vgl dazu schon vorher S 133). *Betriebsausgabenabzugsverbot*

Einkünfte aus der Veräußerung betrieblich gehaltener Kapitalanlagen unterliegen dann nicht der Besteuerung zum besonderen Steuersatz in der Schedule, wenn „die Erzielung solcher Einkünfte einen Schwerpunkt der betrieblichen Tätigkeit darstellt" (§ 27a Abs 6 letzter Satz EStG). Wer also gewerblich mit Kapitalanlagen handelt, soll steuerlich gleich behandelt werden wie jemand, der gewerblich mit anderen Wirtschaftsgütern handelt. Seine Einkünfte werden daher zum progressiven Tarif besteuert. In diesem Fall steht auch der Betriebsausgabenabzug nach den allgemeinen Grundsätzen zu.

Kapitalertragsteuerabzug

Auf betriebliche Einkünfte aus Kapitalanlagen, die einem besonderen Steuersatz unterliegen, wird die Einkommensteuer – wie bei den außerbetrieblichen Einkünften aus Kapitalvermögen – unter den Voraussetzungen des § 93 Abs 1 und Abs 2 EStG durch Kapitalertragsteuerabzug erhoben. Das gilt nur dann nicht – wie grundsätzlich auch bei den außerbetrieblichen Einkünften aus Kapitalvermögen – wenn eine Befreiung vom Kapitalertragsteuerabzug nach § 94 EStG zur Anwendung gelangt.

Keine Veranlagungspflicht

Betriebliche Einkünfte aus Kapitalvermögen, auf die Kapitalertragsteuer erhoben wird, sind grundsätzlich auch von der **Steuerabgeltung** nach § 97 EStG erfasst. Stammen die Einkünfte aber aus der Veräußerung der Kapitalanlage oder aus Derivaten, trifft den Steuerpflichtigen trotz etwaigen Kapitalertragsteuerabzuges eine Veranlagungspflicht (§ 97 Abs 1 lit a EStG). Grund dafür ist, dass die zum KESt-Abzug verpflichtete Person wegen der Möglichkeit von Teilwertabschreibungen den tatsächlichen Veräußerungsgewinn nicht selbständig ermitteln kann. Die KESt stellt bei aus dem Betriebsvermögen veräußerten Kapitalanlagen daher nur eine Vorauszahlung auf die Einkommensteuer dar. Da betriebliche Einkünfte aus realisierten Wertsteigerungen und Einkünfte aus Derivaten zwingend zu veranlagen sind, bedarf es für die betrieblichen Einkünfte auch keiner gesonderten Verlustausgleichsoption (§ 97 Abs 2 EStG ist daher nicht anwendbar).

Der Gewerbetreibende A (Gewinnermittlung nach § 5 Abs 1 EStG) hält in seinem Betriebsvermögen diverse Kapitalanlagen:
- Eine Beteiligung an der X-GmbH,
- Wertpapiere zur Besicherung seiner betrieblichen Pensionszusagen,
- eine echte stille Beteiligung am Konkurrenzunternehmen und
- Aktien, von denen er einen Teil mit Gewinn verkauft.

Sämtliche Kapitalanlagen werfen Früchte ab (Gewinnausschüttungen, Zinsen, einen Gewinnanteil und Dividenden).
Auf Grund des Vorranges der Haupteinkünfte gegenüber den Nebeneinkünften zählen sämtliche Erträge aus den Kapitalanlagen zu den Einkünften aus Gewerbebetrieb gem § 23 Z 1 EStG. Soweit es sich um die

Gewinnausschüttungen aus dem GmbH-Anteil, die Zinsen aus den Wertpapieren, die Dividenden aus den Aktien und die realisierten Wertsteigerungen aus dem Verkauf des anderen Teils der Aktien handelt, unterliegen sie dem besonderen Steuersatz von 27,5% und sind unter Außerachtlassung der übrigen Einkünfte aus Gewerbebetrieb von A zu besteuern (§ 27a Abs 6 iVm § 27a Abs 1 EStG). Wenn der Aktienverkauf über eine Bank abgewickelt worden ist, wird die Steuer in all diesen Fällen durch KESt-Abzug erhoben. Die Bank erhebt die KESt auf die Differenz zwischen dem Veräußerungserlös und den Anschaffungskosten.

Bei der Veranlagung muss A die laufenden Einkünfte aus den Kapitalanlagen, für die KESt erhoben wurde, nicht angeben. Die Einkünfte aus der Veräußerung der Aktien sind jedoch in die Steuererklärung aufzunehmen. Die Aufnahme in die Steuererklärung ermöglicht die exakte Berechnung des Veräußerungsgewinns: KESt wurde von der Differenz zwischen Veräußerungserlös und Anschaffungskosten abgeführt. Die Anschaffungskosten müssen nicht unbedingt dem Buchwert der Beteiligung entsprechen, denn dieser kann etwa auf Grund einer außerplanmäßigen Abschreibung gesunken sein, was die Bank nicht wissen muss. Um den richtigen Veräußerungsgewinn zu besteuern, sind betriebliche Einkünfte aus realisierten Wertsteigerungen daher zu veranlagen. Trotz Veranlagung bleibt es aber bei der Besteuerung zum besonderen Steuersatz von 27,5% ohne Progressionswirkung für die übrigen Einkünfte.

Der Gewinnanteil aus der echten stillen Beteiligung zählt ebenso zu den Einkünften aus Gewerbebetrieb. Er ist jedoch von der Besteuerung zum besonderen Steuersatz ausgenommen (§ 27a Abs 6 iVm § 27a Abs 2 EStG). Er wird daher gemeinsam und progressionswirksam mit den übrigen Einkünften aus Gewerbebetrieb zum Regelsteuersatz veranlagt und besteuert.

Laufende Erträge	Steuersatz	KESt	Abgeltung
Dividenden	27,5%	ja	ja
Zinsen aus Spareinlagen	25%	ja	ja
Ausschüttungen aus InvFonds	27,5% / 25%	ja	ja
echte stille Gesellschaft	progressiver Tarif	Veranlagung	nein
Privatdarlehen	progressiver Tarif	Veranlagung	nein

Abb 12. Kapitalanlagen im Betriebsvermögen eines Einzelunternehmers/einer Personengesellschaft I

Veräußerungsgewinne	Steuersatz	KESt	Abgeltung
Aktien	27,5%	grundsätzlich ja	nein
GmbH-Anteile	27,5%	nein	nein
Anteile stille Gesellschaft	progressiver Tarif	nein	nein

Abb 13. Kapitalanlagen im Betriebsvermögen eines Einzelunternehmers/einer Personengesellschaft II

B handelt gewerblich mit Wertpapieren und erzielt dabei regelmäßig sehr hohe Gewinne.
B erzielt Einkünfte aus Gewerbebetrieb. Die Bestimmungen hinsichtlich des besonderen Steuersatzes kommen nicht zur Anwendung (§ 27a Abs 6 letzter Satz EStG). Er hat seine Einkünfte daher – wie alle anderen Einkünfte aus Gewerbebetrieb – nach den allgemeinen Vorschriften progressionswirksam zu veranlagen.

Teilwertabschreibungen Da Einkünfte aus Kapitalanlagen im Regelfall zu einem besonderen (niedrigen) Steuersatz besteuert werden, gelten für Teilwertabschreibungen von Kapitalanlagen abweichend vom Unternehmensrecht und von den allgemeinen Bewertungsvorschriften für Anlage- und Umlaufvermögen (dazu vorher S 96) Besonderheiten:

Abschreibungen auf den niedrigeren Teilwert von Kapitalanlagen, auf deren Erträge ein besonderer Steuersatz gem § 27a Abs 1 EStG anwendbar ist, sind vorrangig mit positiven Einkünften aus realisierten Wertsteigerungen von solchen Wirtschaftsgütern und Derivaten sowie mit Zuschreibungen derartiger Wirtschaftsgüter desselben Betriebes zu verrechnen. Ein verbleibender negativer Überhang darf nur zu 55% ausgeglichen (und vorgetragen) werden (vgl § 6 Z 2 lit c EStG).

A, der seinen Gewinn gem § 5 Abs 1 EStG ermittelt, hält in seinem Betriebsvermögen eine GmbH-Beteiligung, die am Bilanzstichtag 01 noch mit den Anschaffungskosten von EUR 30.000,– zu Buche steht. Auf Grund massiver wirtschaftlicher Schwierigkeiten ist der Teilwert der Beteiligung zum Bilanzstichtag auf EUR 15.000,– gesunken. Im Jahr 01 hat A ein Aktienpaket um EUR 10.000,– verkauft, das er vor Jahren um EUR 6.000,– angeschafft hatte. Aus seiner gewöhnlichen betrieblichen Tätigkeit erzielt A einen Gewinn in Höhe von 50.000,–.

Unternehmensrechtliche Gewinnermittlung Unternehmensrechtlich ist A in Hinblick auf die Beteiligung, die offenbar zum Anlagevermögen zählt, zur Abschreibung auf EUR 15.000,– verpflichtet, sofern die Wertänderung voraussichtlich von Dauer ist. Die Abschreibung der GmbH-Beteiligung mindert den Gewinn, der Gewinn aus der Veräußerung der Aktien erhöht ihn. Insgesamt ergibt sich daher ein unternehmensrechtlicher Gesamtgewinn von EUR 39.000,–.

Für die steuerrechtliche Gewinnermittlung gilt:

Nach § 6 Z 2 lit a EStG besteht hinsichtlich der Abschreibung nicht abnutzbaren Anlagevermögens auf den niedrigeren Teilwert grundsätzlich ein Wahlrecht. Da A seinen Gewinn nach § 5 Abs 1 EStG ermittelt, gilt aber der Grundsatz der Maßgeblichkeit der Unternehmensbilanz für die Steuerbilanz, soweit das Steuerrecht nicht zwingend etwas anderes vorsieht. Die Teilwertabschreibung ist aufgrund des Wahlrechts im Steuerrecht (keine abweichende zwingende Regelung) daher dem Grunde nach steuerrechtlich auf Grund der Maßgeblichkeit des UGB zwingend vorzunehmen. Der Höhe nach sieht § 6 Z 2 lit c EStG aber zwingend etwas anderes vor: Die Teilwertabschreibung von EUR 15.000,– ist vorrangig mit dem Veräußerungsgewinn von EUR 4.000,– auszugleichen. Der verbleibende negative Überhang von EUR 11.000,– kann nur zu 55%, dh im Ausmaß von EUR 6.050,– mit den übrigen (progressiv besteuerten) Einkünften von EUR 50.000,– ausgeglichen werden. Der steuerrechtliche Gewinn ist daher höher als der unternehmensrechtliche und beläuft sich auf EUR 43.950,–. Dem unternehmensrechtlichen Gewinn sind daher im Zuge der Mehr-Weniger-Rechnung EUR 4.950,– hinzuzurechnen.

Variante: Aufgrund eines schlechten Wirtschaftsjahres erzielt A im Jahr 01 aus seiner gewöhnlichen betrieblichen Tätigkeit keinen Gewinn. Erst im Jahr 02 kann er einen Gewinn in Höhe von EUR 20.000,– verzeichnen, ansonsten erzielt A im Jahr 02 keine weiteren Einkünfte.

Wie oben ist die Teilwertabschreibung von EUR 15.000,– vorrangig mit dem Veräußerungsgewinn von EUR 4.000,– auszugleichen. Da A im Jahr 01 keine übrigen (progressiv besteuerten) Einkünfte erzielt, kann er den verbleibenden negativen Überhang von EUR 11.000,– (nur) zu 55% vortragen. Im Jahr 02 kann A den vorgetragenen Verlust (EUR 6.050,–) als Sonderausgabe vom Gesamtbetrag der Einkünfte abziehen (§ 18 Abs 6 EStG). Der steuerrechtliche Gewinn im Jahr 02 beträgt somit EUR 13.950,–.

Für den Ausgleich von Verlusten aus der Veräußerung, Einlösung und sonstigen Abschichtung von Wirtschaftsgütern und Derivaten iSv § 27 Abs 3 und Abs 4 EStG, auf deren Erträge ein besonderer Steuersatz nach § 27a Abs 1 EStG anwendbar ist, gelten die Ausführungen zu den Teilwertabschreibungen entsprechend (§ 6 Z 2 lit c EStG). Der Verlustausgleich von im Betriebsvermögen gehaltenen Kapitalanlagen richtet sich somit nach § 6 Z 2 lit c EStG. Kann ein negativer Überhang an Verlusten aus Kapitalvermögen in demselben Jahr nicht zu 55 % mit Einkünften aus der übrigen betrieblichen Tätigkeit ausgeglichen werden, so kann dieser Betrag im Ausmaß von 55 % der negativen Kapitaleinkünfte in spätere Perioden vorgetragen und dann als Sonderausgaben (§ 18 Abs 6 und Abs 7 EStG; siehe dazu S 187) geltend gemacht werden. Verluste aus der Veräußerung von betrieblich gehaltenen Kapitalanlagen werden somit anders behandelt als Verluste aus der Veräußerung von außerbetrieblich (privat) gehaltenen Kapitalanlagen (siehe dazu vorher 4.4.3.3; für außerbetrieblich erzielte Verluste aus Kapitalvermögen sind vor allem sowohl der Ausgleich mit anderen Einkünften als Kapitaleinkünften und der Verlustvortrag ausgeschlossen!).

Übungsbeispiel

B ermittelt seinen Gewinn nach § 5 Abs 1 EStG und hält in seinem Betriebsvermögen Anteile an einer österreichischen AG, woraus er im Jahr 01 Dividenden in Höhe von EUR 100,– erhält. Zudem erzielt er aus dem Verkauf einer weiteren Beteiligung an einer österreichischen AG einen Veräußerungsgewinn in Höhe von EUR 600,–. Aus dem Verkauf einer Beteiligung an einer österreichischen GmbH erzielt B einen Veräußerungsverlust iHv EUR 1.000,–. Aus seiner gewöhnlichen betrieblichen Tätigkeit erzielt er Einkünfte in Höhe von EUR 30.000,–.

Die Beschränkungen des § 6 Z 2 lit c EStG sollen auch bei Ausübung der Regelbesteuerungsoption gelten (arg „anwend**bar** ist"; verfassungsrechtlich bedenklich). Lediglich die Verlustausgleichsbeschränkungen des § 27 Abs 8 EStG sollen nicht mehr greifen (vgl EStR Rz 798, Bsp 3).

Entnahmen **Entnahmen** von Kapitalanlagen aus dem Betriebsvermögen in das Privatvermögen sind mit dem Teilwert anzusetzen (§ 6 Z 4 EStG). Dadurch kann es im Zeitpunkt der Entnahme entweder zur Aufdeckung stiller Reserven oder zur Realisierung eines Verlustes kommen. Dabei handelt es sich um betriebliche Einkünfte aus realisierten Wertsteigerungen, die – so es sich um eine laufend zum besonderen Steuersatz besteuerte Kapitalanlage gehandelt hat – wiederum zum besonderen Steuersatz in der Schedule zu besteuern sind. Hinsichtlich etwaiger Verluste ist § 6 Z 2 lit c EStG anzuwenden.

C, der seinen Gewinn gem § 5 Abs 1 EStG ermittelt, hält in seinem Betriebsvermögen eine Beteiligung an einer GmbH, die im Jahr 01 noch mit den Anschaffungskosten von EUR 20.000,– zu Buche steht. C entnimmt diese Beteiligung 01 aus dem Betriebsvermögen. Zu diesem Zeitpunkt beträgt der Teilwert der Beteiligung

a) EUR 15.000,–.
b) EUR 25.000,–.

Im Fall a) ist die Entnahme mit EUR 15.000,– zu bewerten. Dadurch kommt es zur Realisierung eines Verlusts in Höhe von EUR 5.000,–. Dieser kann bei Vorliegen von anderen positiven Einkünften aus realisierten Wertsteigerungen oder Derivaten im Betriebsvermögen mit diesen ausgeglichen werden. Ein verbleibender Verlustüberhang darf aber nur zu 55% mit anderen Einkünften ausgeglichen und auch vorgetragen werden.
Im Fall b) ist die Entnahme mit EUR 25.000,– zu bewerten. Dabei kommt es zur Aufdeckung stiller Reserven in Höhe von EUR 5.000,–. Diese sind zum besonderen Steuersatz von 27,5% in der Schedule zu besteuern und zu veranlagen.

Einlagen von Kapitalanlagen sind – unabhängig davon, wie deren Früchte zu besteuern sind – mit den Anschaffungskosten anzusetzen, es sei denn, der Teilwert zum Zeitpunkt der Zuführung ist niedriger (§ 6 Z 5 lit a EStG).

Einlagen

Da Gewinne aus der Veräußerung von Kapitalanlagen unabhängig davon, ob sie im Privat- oder im Betriebsvermögen gehalten werden, gleich zu besteuern sind (andere Einkunftsart, aber immer dieselbe Art der Besteuerung), bedarf es keiner Berücksichtigung von allfälligen Werterhöhungen im Zeitraum zwischen Anschaffung und Einlage. Verluste aus der Veräußerung von Kapitalanlagen werden aber im Betriebsvermögen anders als im Privatvermögen behandelt. Für Wertminderungen im Zeitraum zwischen der Anschaffung und der Einlage einer Kapitalanlage ist daher vom niedrigeren Teilwert als Einlagewert auszugehen.

Im Jahr 01 hat D eine Beteiligung an einer AG um EUR 10.000,– erworben und diese bislang in seinem Privatvermögen gehalten. Im Jahr 02 nimmt D die Aktien zur Stärkung der Kapitalbasis in seine Bücher auf. Zu diesem Zeitpunkt beträgt der Teilwert der Aktien
a) EUR 12.000,–.
b) EUR 8.000,–.

Im Fall a) sind die Aktien gem § 6 Z 5 EStG mit EUR 10.000,– in die Bücher aufzunehmen.
Im Fall b) hat D die Beteiligung mit dem Teilwert in Höhe von EUR 8.000,– in die Bücher aufzunehmen, da der Teilwert zum Zeitpunkt der Zuführung niedriger ist als die Anschaffungskosten.

4.4.4 Einkünfte aus Vermietung und Verpachtung

4.4.4.1 Umfang der Einkünfte

Zu den Einkünften aus Vermietung und Verpachtung zählen nach § 28 EStG insb die Einkünfte aus
- der Vermietung und Verpachtung von unbeweglichem Vermögen (zB Grundstücken und Gebäuden) sowie von grundstücksgleichen Rechten (zB Baurechte, Fischereirechte),
- der Vermietung und Verpachtung von Sachinbegriffen (zB der nicht nur vorübergehenden Verpachtung eines Betriebes),
- der Überlassung von Rechten im urheberrechtlichen Sinn (zB Patentrechten, gewerblichen Schutzrechten), sofern die Überlassung nicht im Rahmen eines Betriebes erfolgt.

§ 28 EStG zielt nicht auf den zivilrechtlichen Bestandsvertragsbegriff ab, sondern umfasst verschiedene Einkünfte, die aus der entgeltlichen Überlassung von bestimmten Wirtschaftsgütern erzielt werden.

Die Vermietung von beweglichen Wirtschaftsgütern führt zu sonstigen Einkünften (§ 29 Z 3 EStG, vgl später S 157), nicht zu Einkünften aus Vermietung und Verpachtung!

Bei den Einkünften aus Vermietung und Verpachtung handelt es sich um eine außerbetriebliche Einkunftsart, welche zu den Nebeneinkünften zählt und daher subsidiär zu den Haupteinkunftsarten ist. Daraus folgt, dass Einkünfte aus Vermietung und Verpachtung nur dann vorliegen, wenn sie nicht im Rahmen einer der vier Haupteinkunftsarten zu erfassen sind.

1. A vermietet Wohnungen in einem Zinshaus und bezieht außerdem Einkünfte aus einer unselbständigen Beschäftigung.
   Aus der unselbständigen Beschäftigung erzielt A Einkünfte aus nichtselbständiger Arbeit, aus der Vermietung des Zinshauses Einkünfte aus Vermietung und Verpachtung.
2. A hält das Zinshaus im (gewillkürten) Betriebsvermögen seines Gewerbebetriebes (Gewinnermittlung nach § 5 Abs 1 EStG).
   Da es sich bei den Einkünften aus Vermietung und Verpachtung um Nebeneinkünfte handelt, sind diese subsidiär zu den Haupteinkünften. Die Mieteinkünfte zählen daher zu den Einkünften aus Gewerbebetrieb.

4.4.4.2 Ermittlung der Einkünfte

Die Einkünfte aus Vermietung und Verpachtung werden als der **Überschuss der Einnahmen über die Werbungskosten** ermittelt. Für die zeitliche Zuordnung gilt das **Zufluss-Abfluss-Prinzip** (§ 19 EStG). Als Werbungskosten kommen bei der Vermietung vor allem in Betracht: Schuldzinsen, Reparaturen, Betriebskosten, Steuern (zB Grundsteuer), Abschreibung des Gebäudes (Absetzung für Abnutzung).

Bei der Vermietung von Gebäuden können ohne Nachweis der Nutzungsdauer jährlich 1,5% der Anschaffungs- oder Herstellungskosten des Gebäudes (nicht aber der Anschaffungskosten von Grund und Boden) als Absetzung für Abnutzung (AfA) geltend gemacht werden. Ohne Nachweis eines anderen Aufteilungsverhältnisses sind von den Anschaffungskosten eines bebauten Grundstücks 40% als Anteil des Grund und Bodens auszuscheiden. Dies gilt nicht, wenn die tatsächlichen Verhältnisse offenkundig erheblich abweichen (§ 16 Abs 1 Z 8 lit d EStG).

Absetzung für Abnutzung

Die Anschaffungskosten eines bebauten Grundstücks betragen EUR 300.000,–.
Ohne Nachweis eines anderen Aufteilungsverhältnisses beträgt die AfA 1,5% von EUR 180.000,– (60% von EUR 300.000,–).

Bemessungsgrundlage der AfA sind
- beim entgeltlichen Erwerb und bei Herstellung: die Anschaffungs- oder Herstellungskosten (§ 16 Z 8 lit a EStG);
- beim unentgeltlichen Erwerb (Erbschaft, Schenkung) ist die AfA des Rechtsvorgängers fortzusetzen (lit b leg cit).

Erhaltungsaufwand ist Aufwand, der nach allgemeinen Grundsätzen nicht aktivierungspflichtig und – so es sich nicht um Instandsetzungsaufwand handelt – auch über die Nutzungsdauer nicht verteilungspflichtig ist, sondern im anfallenden Besteuerungszeitraum in voller Höhe als Werbungskosten geltend gemacht werden kann. Im Rahmen der Einkünfte aus Vermietung und Verpachtung wird beim Erhaltungsaufwand zwischen Instandhaltungs- und Instandsetzungsaufwand unterschieden (§ 28 Abs 2 EStG).

Instandsetzungsaufwendungen sind Aufwendungen, die nicht zu den Anschaffungs- oder Herstellungskosten gehören und allein oder zusammen mit Herstellungsaufwand den Nutzungswert des Gebäudes wesentlich erhöhen oder seine Nutzungsdauer wesentlich verlängern (zB Austausch sämtlicher Fenster eines Gebäudes, Neudecken eines Daches). Instandsetzungsaufwendungen, die Wohngebäude betreffen, sind gleichmäßig auf fünfzehn Jahre verteilt abzusetzen.

Erhaltungsaufwand

Handelt es sich nicht um Gebäude, die Wohnzwecken dienen, können die Aufwendungen wahlweise sofort oder verteilt auf fünfzehn Jahre abgesetzt werden (EStR 6457).

Aufwendungen für nicht regelmäßig jährlich anfallende Instandhaltungsarbeiten (**Instandhaltungsaufwendungen**) können über Antrag auf fünfzehn Jahre verteilt abgesetzt werden (zB Ausbesserungsarbeiten an der Fassade). Durch die Verteilung des Aufwandes auf mehrere Jahre soll verhindert werden, dass in einem Jahr hohe Verluste anfallen, die nicht ausgeglichen oder vorgetragen werden können.

A besitzt ein Zinshaus und vermietet Wohnungen. Im Jahr 01 fallen mehrere Aufwendungen an: Da sich die Mieter zunehmend über Schimmel beklagen, werden die Mauern trockengelegt. Zudem werden die Fenster neu gestrichen und der Aufzug im Stiegenhaus durch einen neuen modernen Aufzug ersetzt. Im Innenhof wird das Pflaster an einigen Stellen ausgebessert.

Bei der Trockenlegung der Mauern sowie dem Austausch des Aufzugs handelt es sich um Instandsetzungsaufwendungen, da der Nutzungswert des Gebäudes wesentlich erhöht bzw die Nutzungsdauer wesentlich verlängert wird. Die Kosten sind (Wohngebäude) gleichmäßig auf fünfzehn Jahre verteilt abzusetzen.

Das Streichen der Fenster und die Ausbesserung des Pflasters stellen Instandhaltungsaufwand dar. A kann die Kosten dafür wahlweise sofort oder über Antrag auf fünfzehn Jahre verteilt absetzen.

Außergewöhnliche Aufwendungen

Ein **Vortrag der Verluste** aus Vermietung und Verpachtung in spätere Jahre ist im österreichischen Einkommensteuerrecht nicht vorgesehen. Absetzungen für außergewöhnliche technische oder wirtschaftliche Abnutzung und damit zusammenhängende Aufwendungen sowie außergewöhnliche Aufwendungen, die keine Instandhaltungs-, Instandsetzungs- oder Herstellungsaufwendungen sind, können aber auf Antrag gleichmäßig auf fünfzehn Jahre verteilt abgesetzt werden (§ 28 Abs 2 EStG).

A erwirbt ein Grundstück samt darauf befindlichem Gebäude, um es zu Wohnzwecken zu vermieten. Das Gebäude erweist sich als so baufällig, dass es abgerissen werden muss. In der Folge errichtet A ein neues Gebäude, das er anschließend zu Wohnzwecken vermietet.

Bei den Abbruchkosten handelt es sich um außergewöhnliche Aufwendungen, die weder Instandhaltungs- noch Instandsetzungs- noch Herstellungsaufwendungen sind. Mangels Verlustvortragsmöglichkeit würden diese Aufwendungen steuerlich verloren gehen, wenn nicht die Möglichkeit bestünde, sie auf fünfzehn Jahre verteilt als Werbungskosten abzusetzen.

4.4.5 Sonstige Einkünfte

4.4.5.1 Überblick

Die sonstigen Einkünfte werden in § 29 EStG taxativ aufgezählt. Zu ihnen zählen:

- **Wiederkehrende Bezüge**, die nicht zu einer der ersten sechs Einkunftsarten gehören. Dazu zählen insb Renten und Sachbezüge (zB Wohnrecht) unter bestimmten Voraussetzungen.

Wiederkehrende Bezüge

> Renten sind regelmäßig wiederkehrende Leistungen, die auf einem einheitlichen Verpflichtungsgrund beruhen. Die Dauer der Rentenzahlung hängt vom Eintritt eines ungewissen Ereignisses, meist dem Tod einer Person, ab. Auch Zeitrenten, das sind Renten, die sowohl (zwingend) auf die Lebensdauer einer Person als auch auf einen Zeitraum abstellen, sind Renten iSd Steuerrechts. Renten können im Zusammenhang mit der Übertragung von Wirtschaftsgütern, aber auch unabhängig von einer solchen vereinbart werden.

Nicht steuerpflichtig sind gem § 29 Z 1 EStG
- Bezüge, die freiwillig geleistet werden,
- Bezüge, die an gesetzlich unterhaltsberechtigte Person geleistet werden (Unterhaltsrenten) und
- Leistungen aus einer prämienbegünstigten Pensionszusatzversicherung.

Gegenleistungsrenten sind grundsätzlich erst steuerpflichtig, wenn die Summe der vereinnahmten Bezüge den versicherungsmathematischen Rentenbarwert gem § 16 BewG (bzw wenn die Gegenleistung in Geld besteht, den jeweiligen Geldbetrag) übersteigt (§ 29 Z 1 EStG). **Sonstige Renten**, die in keinem Zusammenhang mit der Übertragung von Vermögen stehen, wie zB Schadensrenten, sind beim Rentenempfänger grundsätzlich ebenfalls nach § 29 Z 1 EStG steuerpflichtig.

1. A veräußert eine vor sieben Jahren angeschaffte Skulptur gegen Rente.
   Hier handelt es sich um eine Gegenleistungsrente, die steuerpflichtig ist, wenn die Summe der vereinnahmten Bezüge den Rentenbarwert gem § 16 BewG übersteigt.
2. B überweist auf das Konto seiner Tochter, die in einer Wohngemeinschaft lebt, einen monatlichen Beitrag von EUR 300,– zur Finanzierung der Wohnung.

Da es sich hier um eine wiederkehrende Zahlung an eine gesetzlich unterhaltsberechtigte Person handelt (Unterhaltsrente), sind diese Bezüge bei der Tochter steuerfrei.

Werden Grundstücke oder Kapitalanlagen oder andere Wirtschaftsgüter gegen Rente veräußert, liegen keine sonstigen Einkünfte gem § 29 Z 1 EStG vor. Vielmehr kommen die spezielleren Regelungen der §§ 27, 30 und 31 EStG zur Anwendung. Es handelt sich entweder um Einkünfte aus Kapitalvermögen (§ 27 EStG), Einkünfte aus privaten Grundstücksveräußerungen (§ 30 EStG; vgl zur Ausnahme vom besonderen Steuersatz § 30a Abs 4 EStG) oder um Einkünfte aus Spekulationsgeschäften (§ 31 EStG). Die Steuerpflicht entsteht in diesen Fällen erst in dem Zeitpunkt, in dem die laufenden Rentenzahlungen die seinerzeitigen Anschaffungskosten des Wirtschaftsguts übersteigen.

- **Einkünfte aus privaten Grundstücksveräußerungen** (§ 30 EStG; dazu gleich S 159 f) und **aus Spekulationsgeschäften** (§ 31 EStG; dazu später S 170 f) (§ 29 Z 2 EStG).

Einkünfte aus Leistungen

- **Einkünfte aus Leistungen** werden nicht eigenständig definiert, sondern nur beispielhaft aufgezählt. Zu ihnen zählen insb Einkünfte aus gelegentlichen Vermittlungen und aus der Vermietung beweglicher Gegenstände. Sie sind nur steuerbar, soweit sie die Freigrenze von EUR 220,– pro Jahr überschreiten. Negative Einkünfte aus Leistungen sind weder ausgleichs- noch vortragsfähig (§ 29 Z 3 EStG).

A ist Eigentümer eines Motorbootes, das er vorwiegend privat nutzt, jedoch gelegentlich an Urlauber gegen Entgelt vermietet. Im Jahr 01 erzielt A damit Einkünfte in Höhe von EUR 200,–, im Jahr 02 bereits in Höhe von EUR 300,–.
Da diese Vermietung eines beweglichen Gegenstands nicht über die bloße Nutzungsüberlassung hinausgeht, begründet A keinen steuerlichen Gewerbebetrieb und erzielt sonstige Einkünfte gem § 29 Z 3 EStG. Da im Jahr 01 die Freigrenze von EUR 220,– nicht überschritten wird, sind diese jedoch nicht steuerpflichtig. Im Jahr 02 liegen aufgrund des Überschreitens der Freigrenze steuerpflichtige sonstige Einkünfte vor.

Funktionsgebühren

- **Funktionsgebühren** der Funktionäre von öffentlich-rechtlichen Körperschaften, soweit sie nicht zu Einkünften aus nichtselbständiger Arbeit führen (§ 29 Z 4 EStG).

A ist Funktionär der Feuerwehr. Er steht dabei nicht in einem Dienstverhältnis, erhält aber als Entschädigung monatlich EUR 100,–.
Da kein Dienstverhältnis vorliegt, erzielt A keine Einkünfte aus nichtselbstständiger Arbeit, mangels Gewinnerzielungsabsicht liegen keine Einkünfte aus Gewerbebetrieb vor. Vielmehr ist A Funktionär einer öf-

fentlich-rechtlichen Körperschaft und erzielt sonstige Einkünfte (Funktionsgebühren, § 29 Z 4 EStG). Nach den EStR Rz 6613a können Werbungskosten in Höhe von 30% der Einnahmen, mindestens aber EUR 3.000,– und höchstens EUR 6.000,–, geschätzt werden, wobei die geschätzten Werbungskosten zu keinem Verlust führen dürfen. Im Ergebnis betragen die Einkünfte des A daher EUR 0 (12 x 100 = 1.200; 1.200 < 3.000).

4.4.6.2 Einkünfte aus Grundstücksveräußerungen

4.4.6.2.1 Überblick

Grundstücke im Sinne des EStG sind Grund und Boden, Gebäude und Rechte, die den Vorschriften des bürgerlichen Rechts über Grundstücke unterliegen (§ 30 Abs 1 zweiter Satz EStG). Grundstücke werden in vollem Umfang unabhängig von der Dauer ihres Besitzes sowohl bei den betrieblichen als auch bei den außerbetrieblichen Einkünften berücksichtigt.

Grundstücksbegriff

Gewinne aus der Veräußerung von Grundstücken unterliegen – ähnlichen den Veräußerungsgewinnen aus Kapitalanlagen – einer Schedulenbesteuerung zum besonderen Steuersatz von 30 %. Im Ergebnis wird auch bei diesen Veräußerungsgewinnen nicht zwischen im Betriebsvermögen und im Privatvermögen gehaltenen Grundstücken unterschieden. Wie bei den Kapitalanlagen bewahrt der Steuerpflichtige jedoch stets das Recht, durch einen Antrag auf Regelbesteuerung die Besteuerung des Veräußerungsgewinns im Rahmen der Veranlagung sämtlicher Einkünfte zum progressiven Steuertarif zu erwirken.

Schedulenbesteuerung

Verluste aus der Veräußerung von Betriebs- oder Privatgrundstücken sind nur eingeschränkt ausgleichs- und vortragsfähig. Dasselbe gilt für Teilwertabschreibungen auf im Betriebsvermögen gehaltene Grundstücke.

Verlustausgleich beschränkt

Wenngleich im Ergebnis nicht zwischen im Betriebs- und im Privatvermögen gehaltenen Grundstücken unterschieden wird, wird gesetzestechnisch differenziert. An dieser Unterscheidung orientiert sich die nachfolgende Darstellung.

Materielle Gleichstellung von Betriebs- und Privatvermögen

4.4.6.2.2 Im Privatvermögen gehaltene Grundstücke

Zu den sonstigen Einkünften zählen nach § 29 Z 2 EStG **Einkünfte aus privaten Grundstücksveräußerungen**. Private Grundstücksveräußerungen sind Veräußerungsgeschäfte von Grundstücken, soweit sie kein Betriebsvermögen sind (§ 30 Abs 1 EStG). Die Steuerpflicht

Besteuerungsgegenstand

tritt unabhängig davon ein, welcher Zeitraum zwischen der Anschaffung und der Veräußerung des Grundstückes verstrichen ist.

Werden Grundstücke im Betriebsvermögen gehalten, sind Veräußerungen im Rahmen der betrieblichen Einkünfte zu erfassen.

Unentgeltliche Grundstücksübertragungen (zB Schenkung oder Erbschaft) sind keine Veräußerungsgeschäfte und lösen daher keine Ertragsbesteuerung aus.

Ausnahmen von der Besteuerung

Von der Besteuerung ausgenommen sind
1. Einkünfte aus der Veräußerung von **Eigenheimen oder Eigentumswohnungen** samt Grund und Boden, wenn sie dem Veräußerer
   a) seit der Anschaffung bis zur Veräußerung für mindestens zwei Jahre durchgehend als Hauptwohnsitz gedient haben und der Hauptwohnsitz aufgegeben wird oder
   b) innerhalb der letzten zehn Jahre vor der Veräußerung mindestens fünf Jahre durchgehend als Hauptwohnsitz gedient haben und der Hauptwohnsitz aufgegeben wird;
2. Einkünfte aus der Veräußerung von **selbst hergestellten Gebäuden**, soweit sie innerhalb der letzten zehn Jahre nicht zur Erzielung von Einkünften gedient haben; nicht ausgenommen ist der Teil des Veräußerungsgewinns, der auf Grund und Boden entfällt;
3. Einkünfte aus der Veräußerung von Grundstücken infolge eines **behördlichen Eingriffs** oder zur Vermeidung eines solchen nachweisbar unmittelbar drohenden Eingriffs;
4. Tauschvorgänge im Rahmen von Zusammenlegungs- oder **Flurbereinigungsverfahren**.

Für die Berechnung etwaiger Fristen ist grundsätzlich auf den Anschaffungsvorgang abzustellen. Bei unentgeltlichen Erwerben gilt als Anschaffungszeitpunkt jener des Rechtsvorgängers (§ 30 Abs 1 dritter Satz EStG).

Bemessungsgrundlage

Bemessungsgrundlage der Einkünfte aus privaten Grundstücksveräußerungen ist der Unterschiedsbetrag zwischen dem Veräußerungserlös und den Anschaffungskosten. Die Anschaffungskosten sind um die Herstellungsaufwendungen und die Instandsetzungsaufwendungen zu erhöhen, soweit diese nicht bei der Ermittlung von Einkünften zu berücksichtigen waren.

Wurde das veräußerte Grundstück zur Erzielung von Einkünften aus Vermietung und Verpachtung (§ 28 EStG) verwendet, sind die Anschaffungskosten für die Berechnung des Veräußerungserlöses um die berücksichtigte AfA und die steuerfreien Beträge nach § 28 Abs 6 EStG zu vermindern (§ 30 Abs 3 erster UnterAbs EStG).

Die so errechneten Einkünfte sind um die für die Mitteilung oder Selbstberechnung anfallenden Kosten (siehe dazu gleich) zu kürzen (§ 30 Abs 3 zweiter UnterAbs EStG).

Herstellungs- und Instandsetzungsaufwendungen, die im Rahmen der Einkünfte aus Vermietung und Verpachtung bereits berücksichtigt wurden, können im Rahmen der Feststellung der Einkünfte aus privaten Grundstücksveräußerungen nicht zu den Anschaffungskosten hinzugerechnet werden.

Da die Besteuerung von Grundstücken in der nunmehr bestehenden Form seit 1. 4. 2012 für sämtliche Grundstücke unabhängig von deren Anschaffungszeitpunkt gilt (und damit unecht zurückwirkt), hat der Gesetzgeber für Grundstücke, die zum 1. 4. 2012 nicht steuerverfangen waren (dh nach der vor dem 1. 4. 2012 gültigen Rechtslage im Fall der Veräußerung nicht mehr als Spekulationsgeschäfte besteuert worden wären), eine pauschale Ermittlung des Veräußerungsgewinnes vorgesehen. Diese bewirkt im Ergebnis, dass Grundstücke, die nach dem 31. 12. 1987 nicht in Bauland umgewidmet worden sind, mit 3,5% des Veräußerungserlöses (!) und solche, die nach diesem Stichtag in Bauland umgewidmet wurden, mit 15% des Veräußerungserlöses besteuert werden (vgl § 30 Abs 4 EStG; sog **Altbestand**). Auf Antrag können die Gewinne aus der Veräußerung dieses Altbestandes an Stelle der pauschalen Ermittlung auch nach der Grundregel ermittelt werden (§ 30 Abs 5 EStG).

Gewinne aus privaten Grundstücksveräußerungen werden wie Gewinne aus der Veräußerung von Kapitalanlagen mit einer **besonderen Steuer, allerdings in Höhe von 30%** belastet. Bei dieser Steuer handelt es sich grundsätzlich – wie bei der Steuer auf Veräußerungsgewinne aus Kapitalanlagen – um eine Schedulensteuer: Die Einkünfte aus privaten Grundstücksveräußerungen sind weder bei der Berechnung des Gesamtbetrages der Einkünfte noch beim Einkommen zu berücksichtigen, sodass es unabhängig von der Höhe der übrigen Einkünfte bei einer Besteuerung mit 30 % bleibt. Auch für die Einkünfte aus privaten Grundstücksveräußerungen ist der Abzug von Werbungskosten oder Betriebsausgaben – ausgenommen die Kosten für die Selbstberechnung durch den Notar oder Rechtsanwalt – ausgeschlossen (§ 20 Abs 2 3. TS EStG). Damit weicht diese Besteuerung vom Grundsatz der synthetischen Einkommensteuer und vom objektiven Nettoprinzip ab.

Schedulensteuer

Die Kosten der Mitteilung oder Selbstberechnung durch den Rechtsanwalt oder Notar mindern als besondere Abzugsposten den Gewinn aus privater Grundstücksveräußerung.

Werbungskostenabzugsverbot

Werbungskosten im Zusammenhang mit privaten Grundstücksveräußerungen, für die der besonderen Steuersatz vorgesehen ist, dürfen nicht in Abzug gebracht werden (§ 20 Abs 2 3. TS EStG).

Ausnahmen vom besonderen Steuersatz

Der besondere Steuersatz kommt in den folgenden Fällen nicht zur Anwendung:
- Der Steuerpflichtige stellt einen **Antrag auf Regelbesteuerung** (§ 30a Abs 2 EStG). Dieser bewirkt, dass sämtliche Einkünfte aus privaten Grundstücksveräußerungen sowohl beim Gesamtbetrag der Einkünfte als auch beim Einkommen zu berücksichtigen und zum progressiven Tarif zu besteuern sind.

 Ein Antrag auf Regelbesteuerung wird vor allem gestellt, wenn der Steuerpflichtige Gewinne aus privaten Grundstücksveräußerungen mit Verlusten aus anderen Einkünften ausgleichen will.

 Der Antrag auf Regelbesteuerung beseitigt nicht die Beschränkungen betreffend den Ausgleich von Verlusten aus Grundstücksveräußerungen mit positiven anderen Einkünften! Er beseitigt allerdings das Werbungskostenabzugsverbot, sodass Werbungskosten im Fall eines Antrags auf Regelbesteuerung abzugsfähig sind (vgl § 20 Abs 2 2. TS: Einkünfte, auf die besondere Steuersatz „*angewendet wird*").

- Das Grundstück wurde gegen einkommensteuerpflichtige **Rente** verkauft (§ 30a Abs 4 EStG).

Erhebung der besonderen Steuer

Die auf den Veräußerungsgewinn entfallende Einkommensteuer ist entweder vom Steuerpflichtigen (dem Veräußerer) in Form einer **besonderen Vorauszahlung** selbst zu berechnen und an das zuständige Finanzamt abzuführen **oder** von jenem Parteienvertreter (Rechtsanwalt oder Notar) selbst zu berechnen und **als Immobilienertragsteuer** (sog ImmoESt) abzuführen, der die Grunderwerbsteuer auf die Transaktion selbstberechnet.

In praxi ergibt sich die Art der Entrichtung der Steuer daher aus dem Verhalten des den Vertrag errichtenden Rechtsanwaltes oder Notares: Dieser hat nach § 11 GrEStG das Recht, die auf eine Grundstückstransaktion entfallende GrESt selbst zu berechnen und an das Finanzamt für Gebühren, Verkehrsteuern und Glücksspiel mit Sitz in Wien (vgl § 19 Abs 2 Z 3 AVOG 2010) abzuführen. Macht der Rechtsanwalt oder Notar von seinem Wahlrecht Gebrauch und berechnet die GrESt selbst, ist er seit 1. 1. 2013 nach § 30c Abs 2 EStG zur Mitteilung, Selbstberechnung und Abfuhr der **ImmoESt** an das (für die Einkommensteuer sachlich und örtlich zuständige) Finanzamt verpflichtet. Er haftet für die Entrichtung (§ 30c Abs 3 EStG; siehe dazu gleich). Unter bestimmten Voraussetzungen kann die Selbstberechnung jedoch auch in diesen Fällen unterbleiben (§ 30c Abs 4 EStG).

Tatsächlich kann die Selbstberechnung der GrESt durch den mit der Abwicklung der Transaktion betrauten Parteienvertreter die Eintragung in das Grundbuch beschleunigen, da die in diesem Zusammenhang abgegebene Selbstberechnungserklärung eine andernfalls zur Einverleibung des Eigentumsrechtes des Erwerbers erforderliche Unbedenklichkeitsbescheinigung des zuständigen Finanzamtes ersetzt (vgl dazu Kap Grunderwerbsteuer S 387).

Mit der Abfuhr der sog ImmoESt durch den Rechtsanwalt oder Notar entfällt grundsätzlich auch die Verpflichtung des veräußernden Steuerpflichtigen zur Abgabe einer Einkommensteuererklärung betreffend den Veräußerungsvorgang (**Abgeltungswirkung**; § 30b Abs 2 EStG).

Erzielt der Steuerpflichtige in einem Veranlagungszeitraum neben Gewinnen aus Grundstücksveräußerungen auch Verluste aus Grundstücksveräußerungen und hat der Parteienvertreter die ImmoESt auf die Gewinne selbst berechnet und abgeführt, kann der Verlustausgleich über die Ausübung der **Veranlagungsoption** vorgenommen werden (ähnlich bei den Einkünften aus realisierten Wertsteigerungen aus Kapitalvermögen, nur dort spricht der Gesetzgeber von einer „Verlustausgleichsoption", vgl S 140; § 30b Abs 3 EStG).

Entscheidet sich der Rechtsanwalt oder Notar nicht für die Selbstberechnung der GrESt, ist er auch nicht zur Selbstberechnung und Abfuhr der ImmoESt verpflichtet. Er hat dem Finanzamt lediglich mitzuteilen, dass er einen Vorgang betreut hat, aus dem betriebliche Einkünfte oder Einkünfte aus privaten Grundstücksveräußerungen erzielt werden. Die Mitteilung hat die am Veräußerungsvorgang beteiligten Personen unter Angabe deren Steuernummern und die Höhe der nach den Angaben des Steuerpflichtigen zu entrichtenden besonderen Vorauszahlung zu enthalten (§ 30c Abs 1 EStG). Die aus der Veräußerung resultierende Einkommensteuer ist vom Steuerpflichtigen als besondere Vorauszahlung bis spätestens am 15. Tag des auf den Kalendermonat des Zuflusses zweitfolgenden Kalendermonats zu entrichten (§ 30b Abs 4 iVm Abs 1 EStG). Die Einkünfte sind zudem in die Einkommensteuererklärung aufzunehmen (zur Veranlagung siehe gleich).

Besondere Vorauszahlung

Haftung des Parteienvertreters

In den Fällen, in denen ein Parteienvertreter (Rechtanwalt oder Notar, vgl § 11 Abs 1 GrEStG) die Grunderwerbsteuer selbst berechnet, kann er unter gewissen Umständen zur Haftung für die ImmoESt herangezogen werden. Zum einen haftet er gem § 30c Abs 3 Satz 1 EStG verschuldensunabhängig für die rechtzeitige Entrichtung der ImmoESt. Nach § 30c Abs 3 letzter Satz EStG haftet der Parteienvertreter auch für die Richtigkeit der Berechnung der ImmoESt, wenn er wider besseren Wissens (sog Wissentlichkeit) auf Grundlage der Angaben des Steuerpflichtigen die Steuer falsch (zu niedrig) berechnet.

Abgeltungswirkung

Wurde die ImmoESt durch einen Parteienvertreter entrichtet, gilt die Einkommensteuer für Einkünfte aus privaten Grundstücksveräußerungen als abgegolten, wenn die der Selbstberechnung zugrunde liegenden Angaben des Steuerpflichtigen den tatsächlichen Gegebenheiten entsprechen (§ 30b Abs 2 EStG). In diesen Fällen sind die Einkünfte aus privaten Grundstücksveräußerungen durch den Steuerpflichtigen nicht mehr zur ESt zu veranlagen (§ 42 Abs 1 Z 5 EStG e contrario).

Veranlagungspflicht

Der ImmoESt kommt keine Abgeltungswirkung zu, wenn die Angaben des Steuerpflichtigen falsch waren. Ebenso wenig wird die Einkommensteuer durch die besondere Vorauszahlung durch den Steuerpflichtigen abgegolten. In diesen Fällen sind die Einkünfte aus privaten Grundstücksveräußerungen gem § 42 Abs 1 Z 5 EStG oder § 41 Abs 1 Z 10 EStG (wenn der steuerpflichtige Veräußerer zusätzlich lohnsteuerpflichtige Einkünfte erzielt) zu veranlagen. Die Einkünfte sind bis zum 30. Juni des auf die Veräußerung folgenden Jahres in die Einkommensteuererklärung aufzunehmen, wenn die Übermittlung elektronisch erfolgt (sonst bis zum 30. April). Die besondere Vorauszahlung oder eine bereits entrichtete ImmoESt wird auf die Einkommensteuerschuld angerechnet.

1. A ist Notar und soll die Grunderwerbsteuer für einen Veräußerungsvorgang (Kaufvertrag wurde am 10. Juli unterzeichnet, der Kaufpreis an demselben Tag auf das Konto des Veräußerers überwiesen) selbst berechnen. A beauftragt seine Notariatsgehilfin, die Immobilienertragsteuer an das zuständige Finanzamt zu entrichten. Diese ist aufgrund privater Probleme allerdings unkonzentriert und vergisst auf die Abfuhr der Steuer, sodass diese auch am Ende des Jahres noch nicht abführt worden ist.
Da A die GrESt selbst berechnet, ist er ebenfalls zur Mitteilung, Selbstberechnung und Entrichtung der ImmoESt verpflichtet. Die ImmoESt wäre bis spätestens zum 15. September zu entrichten gewesen (zu leisten spätestens am 15. Tag des auf den Kalendermonat des Zuflusses zweitfolgenden Kalendermonats). Da dies nicht ge-

schehen ist, haftet A für die Entrichtung gem § 30c Abs 3 Satz 1 EStG. Diese Haftung ist von einem Verschulden des A (bzw seiner Notariatsgehilfin als Erfüllungsgehilfin) unabhängig.

2. R ist Rechtsanwalt und berechnet für seinen Mandanten die GrESt und ImmoESt. Um die Einkünfte aus der Grundstücksveräußerung so niedrig wie möglich zu halten, legt der Mandant Rechnungen über hohe Instandsetzungsaufwendungen vor. Obwohl R weiß, dass diese Instandsetzungsaufwendungen auf einem anderen Grundstück des Mandanten angefallen sind, berechnet er die ImmoESt unter Zurechnung der Instandsetzungsaufwendungen zu den Anschaffungskosten und vermindert so die Einkünfte.
Da R die ImmoESt wissentlich falsch berechnet, kann er zur Haftung für die Differenz zwischen richtig berechneter ImmoEst und tatsächlich abgeführter ImmoESt herangezogen werden.

Verluste aus privaten Grundstückveräußerungen sind zunächst mit Gewinnen aus privaten Grundstücksveräußerungen aus derselben Veranlagungsperiode auszugleichen.

Verlustausgleich

Führen die privaten Grundstücksveräußerungen, auf die der besondere Steuersatz von 30% anzuwenden ist, in einem Kalenderjahr insgesamt zu einem **Verlust**, ist dieser auf 60% zu kürzen und gleichmäßig auf das Jahr der Verlustentstehung und die folgenden vierzehn Jahre zu verteilen und ausschließlich mit Einkünften aus Vermietung und Verpachtung auszugleichen. Der Steuerpflichtige kann in der Steuererklärung jedoch beantragen, den gekürzten Verlust statt der Verteilung auf die Folgejahre bereits im Verlustentstehungsjahr mit Einkünften aus Vermietung und Verpachtung auszugleichen. Dies gilt auch im Fall der Regelbesteuerungsoption (§ 30 Abs 7 EStG).

A verkauft im Jahr 01 zwei Eigentumswohnungen. Aus der Veräußerung der Wohnung I erzielt er einen Überschuss iHv EUR 10.000,–, aus der Veräußerung der Wohnung II einen Verlust iHv EUR 50.000,–.

Im Jahr 01 erzielt er zudem Einkünfte aus Vermietung und Verpachtung iHv EUR 30.000,-.

Der Verlust aus privaten Grundstücksveräußerungen beträgt im Jahr 01 EUR 40.000,–. Dieser Verlust ist auf 60% (auf EUR 24.000,–) zu kürzen und auf 15 Jahre zu verteilen. Im Jahr 01 kann A EUR 1.600,- mit seinen Einkünften aus Vermietung und Verpachtung ausgleichen (+ 28.400,–). Stattdessen kann A auch beantragen, im Jahr 01 den auf 60% gekürzten Verlust iHv € EUR 24.000,– mit seinen Einkünften aus Vermietung und Verpachtung auszugleichen (+ 6.000,–).

Ein Ausgleich mit Überschüssen aus anderen Einkunftsarten ist – ebenso wie ein Verlustvortrag – ausgeschlossen. Das gilt sowohl in den Fällen, in denen die Steuer im Wege der Veranlagung, als auch für jene Fälle, in denen sie durch Entrichtung der ImmoESt erhoben wird.

4.4.6.2.3 Grundstücke im Zusammenhang mit betrieblichen Einkünften

Überblick

Gewinne und Verluste aus der Veräußerung sowie sonstige Wertänderungen von Grund und Boden und Gebäuden sind bei sämtlichen betrieblichen Einkünften unabhängig von der Art der Gewinnermittlung im Rahmen der betrieblichen Einkünfte zu berücksichtigen.

Besonderer Steuersatz

Gewinne aus der Veräußerung betrieblicher Grundstücke unterliegen – wie Gewinne aus privaten Grundstücksveräußerungen – grundsätzlich dem besonderen Steuersatz von 30%. Der Grundstücksbegriff im betrieblichen Bereich deckt sich mit jenem im außerbetrieblichen Bereich (dh auch der auf das Gebäude entfallende Teil des Veräußerungsgewinnes unterliegt dem besonderen Steuersatz von 30%!). Die Steuer in Höhe von 30% wirkt ebenfalls als Schedulensteuer, dh durch die Entrichtung dieser Sondersteuer sind die Gewinne aus der Veräußerung weder beim Gesamtbetrag der Einkünfte noch beim Einkommen zu berücksichtigen (§ 30a Abs 3 Satz 1 iVm § 30a Abs 1 EStG).

Der Steuerpflichtige kann auch im Rahmen der betrieblichen Einkünfte aus Grundstücksveräußerungen auf die Besteuerung zum progressiven Tarif und auf Berücksichtigung beim Gesamtbetrag der Einkünfte und beim Einkommen optieren (**Regelbesteuerungsoption**, § 30a Abs 3 Satz 1 iVm § 30a Abs 2 EStG).

Einkünfte aus betrieblichen Grundstücksveräußerungen sind außerdem zum progressiven Tarif gemeinsam mit den übrigen Einkünften zu veranlagen, wenn das Grundstück dem Umlaufvermögen zuzurechnen ist oder wenn der Schwerpunkt der betrieblichen Tätigkeit in der Überlassung oder Veräußerung von Grundstücken (**gewerblicher Grundstückshandel**) liegt (§ 30a Abs 3 Z 1 und Z 2 EStG).

Veranlagungspflicht

Die Abgeltungswirkung der Immobilienertragsteuer gilt für betriebliche Einkünfte aus Grundstücksveräußerungen nicht (mangels Verweises in § 30b Abs 5 EStG auf § 30b Abs 2 EStG). Für Gewinne aus der Veräußerung betrieblich gehaltener Grundstücke besteht daher stets Veranlagungspflicht (vgl § 42 Abs 1 Z 2 EStG bei Buchführung und § 42 Abs 1 Z 3 EStG Einnahmen-Ausgaben-Rechnung, wenn das Einkommen > EUR 11.000,–). Sie sind selbst dann in die Einkommensteuererklärung aufzunehmen, wenn der Parteienvertreter die ImmoESt abgeführt hat.

Der **Veräußerungsgewinn** ergibt sich grundsätzlich aus der Differenz zwischen Veräußerungserlös und Buchwert des veräußerten Grundstückes.

Bemessungsgrundlage

Betriebsausgaben im Zusammenhang mit der Veräußerung von Grundstücken sind mit Ausnahme der Kosten für die Mitteilung oder Selbstberechnung durch den Parteienvertreter (§ 4 Abs 3a Z 2 EStG) nicht abzugsfähig (§ 20 Abs 2 3. TS EStG). Dies gilt nicht, wenn ein Antrag auf Regelbesteuerung gestellt wird. In diesem Fall ist ein Betriebsausgabenabzug nicht ausgeschlossen (§ 20 Abs 2 2. TS EStG, vgl bereits S 162).

Betriebsausgabenabzugsverbot

Einlagen von Grundstücken sind grundsätzlich mit den **Anschaffungs- und Herstellungskosten** anzusetzen. Diese sind um Herstellungsaufwendungen zu erhöhen, soweit sie nicht bei der Ermittlung von Einkünften zu berücksichtigen waren, sowie um die AfA, soweit diese bei der Ermittlung der Einkünfte abgezogen worden sind, und um die in § 28 Abs 6 EStG genannten steuerfreien Beträge zu vermindern. Der **Teilwert** ist jedoch dann anzusetzen, wenn er zum Zeitpunkt der Zuführung niedriger ist (§ 6 Z 5 lit b EStG).

Einlagen

Entnahmen von Grund und Boden sind mit dem **Buchwert** im Zeitpunkt der Entnahme anzusetzen (§ 6 Z 4 EStG). Das gilt jedoch nur in den Fällen, in denen der besondere Steuersatz zur Anwendung gelangt (zB bei gewerblichen Grundstückshändlern bleibt es bei der Bewertung mit dem Teilwert). Außerdem gilt diese Bewertungsbestimmung nur für Grund und Boden, nicht aber für das Gebäude. Die Entnahme eines Gebäudes ist mit dem Teilwert im Zeitpunkt der Entnahme anzusetzen.

Entnahmen

Der Gewerbetreibende X hält ein bebautes Grundstück in seinem Betriebsvermögen, das er seinem Sohn anlässlich dessen Hochzeit schenken möchte. Auf das Gebäude entfallender Anteil am Buchwert EUR 150.000,–, Anteil am Teilwert 200.000,–; auf Grund und Boden entfallender Anteil am Buchwert EUR 50.000,–, Anteil am Teilwert EUR 200.000,–.

Das Gebäude ist zum Teilwert zu entnehmen, es kommt zur Aufdeckung der stillen Reserven in Höhe von EUR 50.000,–, die zum besonderen Steuersatz von 30% im Zeitpunkt der Entnahme zu besteuern sind. Grund und Boden ist zum Buchwert zu entnehmen. Im Zeitpunkt der Entnahme kommt es daher noch nicht zur Aufdeckung der stillen Reserven.

Teilwertabschreibungen von Grundstücken und **Verluste** aus der Veräußerung von Grundstücken sind vorrangig mit positiven Einkünften aus Veräußerungen oder Zuschreibungen derartiger Grundstücke zu verrechnen, wenn auf Wertsteigerungen aus diesen Grund-

Teilwertabschreibungen

stücken der besondere Steuersatz von 30% anwendbar wäre. Ein verbleibender negativer Überhang darf nur zu 60% ausgeglichen werden bzw kann allenfalls zu 60% vorgetragen werden (§ 6 Z 2 lit d EStG).

Dasselbe gilt für Absetzungen für außergewöhnliche technische und wirtschaftliche Abnutzung iSd § 8 Abs 4 EStG (rückwirkend ab der Veranlagung 2016 durch AbgÄG 2016 eingefügt, vgl § 124b Z 313 EStG).

1. Der rechnungslegungspflichtige Gewerbetreibende X hält in seinem Betriebsvermögen mehrere Grundstücke. Grundstück 1 wird als Deponie genutzt. Da gefährliche Abfallstoffe aus der Deponieabdeckung aus und in den Boden gedrungen sind, ist der Teilwert des Grundstückes am Bilanzstichtag auf EUR 50.000,– gesunken (Buchwert 80.000,–). Im gleichen Jahr hat X ein anderes betrieblich gehaltenes Grundstück 2 um EUR 200.000,– verkauft und dabei stille Reserven in Höhe von EUR 15.000,– aufgedeckt.
   Die Teilwertabschreibung in Höhe von EUR 30.000,– ist unternehmensrechtlich zwingend vorzunehmen (§ 204 Abs 2 UGB). Wegen des Maßgeblichkeitsprinzips ist sie auch steuerrechtlich dem Grunde nach zwingend vorzunehmen. Steuerrechtlich ist sie der Höhe nach gem § 6 Z 2 lit d EStG jedoch insoweit beschränkt, als sie zunächst nur mit den stillen Reserven aus der Veräußerung des Grundstücks 2 ausgeglichen werden darf. Die danach verbleibenden EUR 15.000,– sind zu 60% als allgemeiner Verlust mit anderen positiven Einkünften ausgleichs- und auch vortragsfähig. EUR 9.000,– können somit mit anderen positiven Einkünften ausgeglichen und allenfalls auch in spätere Jahre vorgetragen werden. Die restlichen 40% der EUR 15.000,– können den steuerlichen Gewinn hingegen keinesfalls mindern und gehen verloren.

2. A erwirbt im Jahr 01 ein Haus um EUR 300.000,–. Die Anschaffungsnebenkosten (Grunderwerbsteuer, Vertragserrichtungskosten, Eintragungsgebühr) betragen EUR 20.000,–. Der Kauf ist teilweise fremdfinanziert. Die Zinsen betragen pro Jahr EUR 15.000,–. Im Zusammenhang mit der Anschaffung wurden sämtliche Fenster ausgetauscht (Instandsetzungsaufwand iHv EUR 30.000,–).
   a) Das Haus wird für private Wohnzwecke als Nebenwohnsitz genutzt.
   b) Das Haus wird um jährlich EUR 40.000,– zu Wohnzwecken vermietet.
   c) Das Haus steht leer.
   d) Das Haus wird als Bürogebäude genutzt.

Im Jahr 06 wird das Haus um EUR 370.000,– verkauft. Für die Errichtung des Kaufvertrages verlangt der Rechtsanwalt EUR 500,–.

In den Fällen a) bis c) erzielt A Einkünfte aus privaten Grundstücksveräußerungen gem § 29 Z 2 iVm § 30 EStG.

In den Fällen a) und c) ergibt sich die Bemessungsgrundlage aus dem Veräußerungserlös abzüglich der Anschaffungskosten (Kaufpreis + Anschaffungsnebenkosten). Da die Instandsetzungsaufwendungen bislang nicht berücksichtigt werden konnten, sind diese nun den Anschaffungskosten hinzuzurechnen (BMG: 370.000,– – [300.000,– + 30.000,– + 20.000,–] = 20.000,–).

Im Fall b) ergibt sich die Bemessungsgrundlage aus dem Veräußerungserlös abzüglich der Anschaffungskosten. Im Rahmen der Vermietung war der Instandsetzungsaufwand auf fünfzehn Jahre verteilt abzusetzen. Bis zum Jahr 05 konnte somit bereits ein Drittel des Instandsetzungsaufwands berücksichtigt werden. Die verbliebenen zwei Drittel sind den Anschaffungskosten hinzuzurechnen. Im Rahmen der Vermietung konnte zudem in Bezug auf das Gebäude (nicht Grund und Boden) AfA in Höhe von 1,5% jährlich abgezogen werden. Die Anschaffungskosten sind um diesen bereits geltend gemachten Betrag zu vermindern (BMG: 370.000,– – [320.000,– + 20.000,– – AfA]).

Im Fall d) erzielt A betriebliche Einkünfte, die als Veräußerungserlös minus Buchwert zu berechnen sind. Der Buchwert verminderte sich in den Jahren 01 bis 05 jeweils um die AfA für das Gebäude. Die Instandsetzungsaufwendungen waren sofort in voller Höhe als Betriebsausgaben abzugsfähig und minderten den Buchwert nicht.

Die Zinsen und die Kosten für die Kaufvertragserrichtung können in keinem Fall berücksichtigt werden (§ 20 Abs 2 EStG).

Der Veräußerungsgewinn wird in sämtlichen Fallkonstellationen zum besonderen Steuersatz von 30% in der Schedule besteuert. Berechnet der Rechtsanwalt die GrESt selbst und führt sie an das Finanzamt ab (vgl dazu oben 4.4.6.2.2), hat er die Einkommensteuer auf den Veräußerungsgewinn selbst zu berechnen und spätestens am 15. des auf den Zufluss des Veräußerungserlöses zweitfolgenden Kalendermonats als ImmoESt an das Finanzamt abzuführen.

Für A entfällt in den Fällen a) bis c) durch die Entrichtung der ImmoESt die Pflicht zur Veranlagung (§ 30b Abs 2 iVm § 42 Abs 1 Z 5 EStG e contrario); im Fall d) sind die Einkünfte aus der Grundstücksveräußerung im Rahmen der betrieblichen Einkünfte in die Steuererklärung aufzunehmen. Es bleibt aber – außer im Fall der Regelbesteuerungsoption – bei der Besteuerung zum besonderen Steuersatz in der Schedule.

Berechnet der Rechtsanwalt die GrESt nicht selbst, hat A in den Fällen a) bis d) eine besondere Vorauszahlung bis zum 15. Tag des auf den Zufluss des Veräußerungserlöses zweitfolgenden Kalendermonats zu leisten und die Einkünfte in seine Steuererklärung aufzunehmen. Der Veräußerungsgewinn wird, soweit nicht die Regelbesteuerungsoption *ausgeübt wird, in der Schedule besteuert. Die besondere Vorauszahlung wird auf die Einkommensteuerschuld angerechnet.*

Übungsbeispiele

1. A, § 5(1)-Ermittler, ist Besitzer einer Tischlerei und kauft im Jahr 01 ein Grundstück um EUR 20.000,–, auf dem er eine Lagerhalle um EUR 50.000,– errichtet. Ab dem Jahr 05 nutzt A 30% der Lagerhalle endgültig zur Lagerung privater Gegenstände. Der Buchwert des Grundstückes beträgt zu diesem Zeitpunkt EUR 65.000,–, davon entfallen EUR 20.000,– auf den Grund und Boden und EUR 45.000,– auf die Lagerhalle. Der Teilwert beträgt EUR 80.000,–, wovon EUR 25.000,– auf den Grund und Boden und EUR 55.000,– auf die Lagerhalle entfallen.
2. B hat im Jahr 01 eine unbebaute Liegenschaft um EUR 30.000,– erworben. Im Jahr 04 wagt er den Schritt in die Selbstständigkeit und gründet ein kleines Unternehmen. Da er dafür ein Bürogebäude benötigt, legt er die Liegenschaft in sein Unternehmen ein, um darauf das Gebäude zu errichten. Der Teilwert der Liegenschaft beträgt zu diesem Zeitpunkt EUR 25.000,–.
3. C ist nicht nur Immobilienmakler, sondern kauft, sooft sich ihm die Gelegenheit bietet, preisgünstige Grundstücke, um sie dann gewinnbringend zu verkaufen. So kauft er ua im Jahr 01 ein Baugrundstück um EUR 30.000,–, für das er schon im Jahr 02 den geeigneten Käufer findet. Dieser bezahlt ihm für das Baugrundstück EUR 50.000,–. Welche ertragsteuerrechtlichen Konsequenzen ergeben sich aus diesem Verkauf?
4. D hat von seiner Großtante ein schmuckes Häuschen am Stadtrand geerbt, das diese noch kurz vor ihrem Tod im Jahr 01 angeschafft hat (Anschaffungskosten EUR 300.000,–). Da sich D nicht um dieses Haus kümmern möchte und keinen passenden Mieter findet, verkauft er es im Jahr 03 um EUR 270.000,–. Zudem besitzt D ein Zinshaus in Graz, das er an Studierende vermietet. Daraus erzielt er im Jahr 03 Einkünfte in Höhe von EUR 10.000,–. Wie ist der Verkauf des Hauses aus ertragsteuerrechtlicher Sicht zu beurteilen?

4.4.6.4 Spekulationsgeschäfte (§ 31 EStG)

Tatbestand Der Veräußerungsgewinn aus dem Verkauf anderer Wirtschaftsgüter als Kapitalanlagen iSv § 27 EStG oder Grundstücke iSv § 30 EStG aus dem Privatvermögen ist nur steuerbar, wenn zwischen dem Zeitpunkt der Anschaffung und der Veräußerung nicht mehr als ein Jahr (sog

Spekulationsfrist) liegt (§ 31 Abs 1 EStG). Darüber hinaus sind Verkäufe von solchen Wirtschaftsgütern nur im Rahmen einer Gegenleistungsrente (§ 29 EStG; s vorher S 157) steuerbar. Auf eine Spekulationsabsicht kommt es nicht an.

Spekulationsgeschäfte sind als Nebeneinkünfte subsidiär zu den Haupteinkünften. Keine Spekulationseinkünfte liegen daher vor, wenn die Einkünfte aus dem Veräußerungsgeschäft im Rahmen einer anderen Einkunftsart anfallen (zB die Veräußerung eines PKW, der im Betriebsvermögen gehalten wird, begründet unabhängig von der Dauer des Besitzes betriebliche Einkünfte).

Subsidiaritätsprinzip

Als Einkünfte aus einem Spekulationsgeschäft sind der Unterschiedsbetrag zwischen dem Veräußerungserlös einerseits und den Anschaffungskosten und den Werbungskosten andererseits anzusetzen.

Bemessungsgrundlage

Für Einkünfte aus Spekulationsgeschäften sieht § 31 Abs 3 EStG eine Freigrenze von EUR 440,– vor. Bleiben die Einkünfte unter diesem Betrag, sind sie steuerfrei.

Verluste aus Spekulationsgeschäften sind nur mit Überschüssen aus anderen Spekulationsgeschäften in demselben Kalenderjahr ausgleichsfähig (§ 31 Abs 4 EStG).

Verluste

Da die Veräußerung von Kapitalanlagen und Grundstücken seit April 2012 unabhängig davon, ob sie im Privat- oder im Betriebsvermögen gehalten werden, immer der Besteuerung unterliegt, ist der praktische Anwendungsbereich von § 31 EStG auf Wirtschaftsgüter wie Gold und Antiquitäten beschränkt.

Übungsbeispiele

1. A kauft im Jahr 01 Gold zum Preis von EUR 200.000,–.
    a) Aufgrund des schnell gestiegenen Wertes verkauft A das Gold bereits drei Monate später um EUR 220.000,–.
    b) Der Wert des Goldes sinkt, trotzdem verkauft A das Gold bereits drei Monate später um EUR 180.000,–, da er dringend liquide Mittel benötigt, um seine Tochter beim Hausbau zu unterstützen.
    c) A verkauft das Gold erst im Jahr 03, dessen Wert bis dahin massiv gestiegen ist, und erzielt dabei einen Preis von EUR 240.000,–.
2. Im Jänner des Jahres 01 kauft B einen PKW um EUR 30.000,–. Bereits im Juli 01 beschließt B den PKW nur mehr betrieblich zu nutzen und legt ihn in das Betriebsvermögen ein. Da aber B mit dem PKW nicht zufrieden ist, sondern ein leistungsstärkeres Auto sucht, verkauft er den PKW im November 01.

4.5 Gemeinsame Vorschriften (§ 32 EStG)

Zu den Einkünften iSd § 2 Abs 3 EStG gehören auch:
1. Entschädigungen, die gewährt werden
   - als Ersatz für entgangene oder entgehende Einnahmen einschließlich eines Krankengeldes und vergleichbarer Leistungen oder
   - für die Aufgabe oder Nichtausübung einer Tätigkeit, für die Aufgabe einer Gewinnbeteiligung oder einer Anwartschaft auf eine solche oder
   - für die Aufgabe von Bestandrechten, sofern der Bestandgegenstand enteignet wird oder seine Enteignung nachweisbar unmittelbar droht, oder
   - für die Aufgabe von Bestandrechten, deren zwangsweise Auflösung im Hinblick auf die künftige Verwendung des Bestandsgegenstandes für einen Zweck, für den Enteignungsrechte in Anspruch genommen werden könnten, nachweislich unmittelbar droht.
2. Einkünfte aus
   - einer ehemaligen betrieblichen Tätigkeit (zB Gewinne aus dem Eingang abgeschriebener Forderungen oder Verluste aus dem Ausfall von Forderungen),
   - einer ehemaligen nichtselbständigen Tätigkeit oder
   - einem früheren Rechtsverhältnis (zB Darlehensverhältnis, Mietverhältnis).

Nachträgliche Einkünfte iSd § 32 EStG können auch beim Rechtsnachfolger anfallen.

A ist Erfinder und erzielt Einkünfte aus Gewerbebetrieb. Er schließt Verkaufsverhandlungen betreffend ein von ihm entwickeltes Patent ab. Noch vor Entrichtung des Kaufpreises verstirbt er.
Die Witwe des A erzielt aus dem Verkauf des Patents, den noch der Erfinder in die Wege geleitet hat, nachträgliche Einkünfte aus Gewerbebetrieb (§ 32 Abs 1 Z 2 1. Teilstrich iVm § 23 EStG).

3. Rückzahlungen auf Grund einer Kapitalherabsetzung, die innerhalb von zehn Jahren nach einer Kapitalerhöhung aus Gesellschaftsmitteln (§ 3 Abs 1 Z 29 EStG) erfolgt (§ 32 Abs 1 Z 3 EStG).

Übungsbeispiele

Welche Art von Einkünften beziehen die im Folgenden genannten Personen?

1. Pädagoge Anton erhält von seinem Arbeitgeber, einer Privatschule, seinen fixen Arbeitslohn und darüber hinaus EUR 200,– monatlich als Unterstützung für die Betreuung seiner beiden Kinder bei der Tagesmutter und im Kindergarten. Anlässlich eines Fahrradunfalles erhält er von der gegnerischen Versicherung EUR 500,– Schmerzengeld und EUR 400,– für Verdienstentgang. Am Ende des Schuljahres stecken ihm manche Eltern gelegentlich ein paar Euro „Trinkgeld" zu.
2. Kellnerin Antonia bezieht neben ihrem Grundgehalt Trinkgelder in erheblicher Höhe.
3. Einkünfte eines selbständigen Zivilingenieurs aus der Überlassung einer von ihm entwickelten und patentierten Erfindung (Lizenzeinnahmen).
4. Einkünfte der Enkel einer Schriftstellerin aus der Verwertung von hinterlassenen Werken.
5. B erzielt aus einem Bausparvertrag Zinsen sowie eine staatliche „Bausparprämie".
6. Zinsen und Wertsicherung aus einem Darlehen, das A ihrer Schwester eingeräumt hat/ein Gesellschafter seiner GmbH eingeräumt hat.
7. Monatliche Aufwandsentschädigung, die ein gemeinnütziger Verein an seinen ehrenamtlichen Funktionär zahlt.
8. Frau R ist als Reinigungskraft im Notariat XY beschäftigt. Sie verrichtet ihre Arbeit täglich nach Büroschluss nach eigener Zeiteinteilung und erhält EUR 1.000,– pro Monat. Reinigungsmaterial wird zur Verfügung gestellt. Der Notar hat bislang keine Lohnsteuer abgeführt, Frau R keine Einkommensteuer entrichtet. Das Finanzamt erfährt von ihrer Beschäftigung.
9. Der Studierende B erhält von seinen Eltern EUR 800,– monatlich, um seine Studienkosten zu bestreiten.
10. Werbeunternehmer A hat bislang viele Studierende für Promotionstätigkeiten im Werkvertrag beschäftigt. Auf Grund der nunmehr konstanten Auftragslage beschließt er, einzelne seiner WerkvertragsnehmerInnen in ein Dienstverhältnis aufzunehmen. Was ändert sich aus steuerlicher Sicht für A und für seine VertragspartnerInnen? Worin liegt aus sozialversicherungsrechtlicher Sicht (in groben Zügen) der Unterschied zwischen einem echten Werkvertrag und einem echten Dienstvertrag?
11. Einzelunternehmerin U benötigt dringend Geld. Da X von der Geschäftsidee der U überzeugt ist, will sie U unterstützen. Die beiden erwägen (a) die Gewährung eines Darlehens mit fremdüblicher Verzinsung; (b) die Beteiligung von X als echte stille Gesellschafterin; (c) die Gründung einer gemeinsamen GmbH. Welche

ertragsteuerrechtlichen Konsequenzen ziehen die verschiedenen Varianten auf Ebene der beteiligten natürlichen Personen nach sich?

12. C besitzt ein Segelboot, das an der kroatischen Küste liegt. Dieses vermietet er gelegentlich an Freunde.
13. Landwirt Y möchte sein Leben verändern und erwägt auszuwandern. Seine Landwirtschaft will er verpachten.
14. A hat im Jahr 01 in Graz ein Einfamilienhaus um EUR 300.000,- erworben, wechselt jedoch im Jahr 05 den Job und veräußert das Haus um EUR 400.000,-
15. A erbt im Jahr 01 ein unbebautes Grundstück, das der Erblasser sechs Jahre zuvor um EUR 100.000,- erworben hatte. A verkauft das Grundstück im Jahr 04 um EUR 200.000,-. Was würde sich an der einkommensteuerrechtliche Beurteilung ändern, wenn A das Grundstück in der Zeit zwischen Antritt der Erbschaft und dessen Veräußerung als Lagerstätte für das Holz aus seinem Sägewerk genutzt hätte?
16. A hat am Ende des Jahres 01/am Ende des Jahres 04 Aktien der Bank AG um EUR 10.000,- erworben. Zur Mitte des Jahres 05 verkauft er die Aktien um EUR 30.000,-.
17. B hat vor vielen Jahren mit anderen Gesellschaftern die XY-GmbH gegründet und 50% des Stammkapitals gezeichnet (Einlage EUR 50.000,-). Aktuell ist die Beteiligung von B EUR 3 Mio wert.
    a) Welche ertragsteuerrechtlichen Folgen hätte der Verkauf des Anteils?
    b) Welche Folgen hätte die Schenkung des Anteils an die Kinder des B?
    c) Welche Folgen hätte es, wenn die Kinder den geschenkten Anteil anschließend verkaufen würden?
    d) Macht das Ausmaß der Beteiligung für die steuerrechtlichen Folgen einen Unterschied?

4.6 Betriebsübergang

4.6.1 Überblick

Wird ein **Betrieb gegen Entgelt übertragen**, ist der Veräußerungserlös den Buchwerten seines Betriebes gegenüberzustellen. So kann es zur Aufdeckung stiller Reserven und eines allfälligen Firmenwertes kommen. Der Veräußerer erzielt aus dieser Übertragung betriebliche Einkünfte: §§ 21, 22 und 23 EStG umfassen jeweils auch Veräußerungsgewinne iSd § 24 EStG. Zu ihnen zählt die Veräußerung von

Betrieben, Teilbetrieben oder Mitunternehmeranteilen (vgl dazu später S 205). § 24 EStG enthält die maßgeblichen Bestimmungen zur Ermittlung des Veräußerungsgewinnes und Anordnungen betreffend dessen Besteuerung. Der Erwerber des Betriebes hat den Kaufpreis, den er entrichtet hat, auf die einzelnen Wirtschaftsgüter aufzuteilen und sie neu zu bewerten. Die entsprechenden Vorschriften enthält § 6 Z 8 EStG.

Wird ein **Betrieb unentgeltlich übertragen**, können keine stillen Reserven aufgedeckt werden (es fließt kein Kaufpreis). Die unentgeltliche Betriebsübertragung zieht ertragsteuerrechtlich keine Folgen nach sich. Der Erwerber übernimmt lediglich die Buchwerte des übertragenden Unternehmers. Eine Aufdeckung der vom Übertragenden erwirtschafteten stillen Reserven kommt erst im Zuge der Veräußerung durch den Übernehmer in Betracht.

4.6.2 Entgeltliche Betriebsübertragung

Die entgeltliche Übertragung des Betriebes kann entweder in dessen Veräußerung (Betriebsveräußerung) oder in dessen Aufgabe (Betriebsaufgabe) bestehen.

Veräußerungsgewinne sind Gewinne, die erzielt werden bei *Veräußerungsgewinne*
- der Veräußerung
  - eines ganzen Betriebes
  - eines Teilbetriebes
  - eines Mitunternehmeranteiles (dazu später S 205)
- der Aufgabe eines Betriebes oder Teilbetriebes (Betriebsaufgabe).

Der Veräußerungsgewinn ist zwingend durch doppelte Buchführung zu ermitteln. Steuerpflichtige, die bis zur Veräußerung ihren Gewinn durch Einnahmen-Ausgaben-Rechnung ermittelt haben, müssen daher auf Gewinnermittlung durch Bilanzierung wechseln (§ 4 Abs 10 EStG, siehe dazu vorher S 115). *Ermittlung des Veräußerungsgewinnes*

Der **Veräußerungsgewinn** ermittelt sich nach § 24 Abs 2 EStG folgendermaßen: *Betriebsveräußerung*

Veräußerungsgewinn
Veräußerungserlös
minus
Veräußerungskosten
minus
Wert des Betriebsvermögens im Zeitpunkt der Veräußerung

Abb 14. Betriebsveräußerung

Veräußerungserlös ist alles, was der Veräußerer vom Erwerber an Geld und geldwerten Vorteilen für die Übertragung des Betriebes erhält. Dazu zählen auch die übernommenen Schulden.

Veräußerungskosten sind beispielsweise Rechtsberatungskosten im Zusammenhang mit der Veräußerung.

Der **Wert des Betriebsvermögens** ist die Summe der Aktiva in der Bilanz.

Übersteigt der Veräußerungserlös die Veräußerungskosten und den Wert des Betriebsvermögens, werden stille Reserven und/oder ein Firmenwert aufgedeckt. Ist der Wert des Betriebsvermögens höher als der Veräußerungserlös, entsteht ein Veräußerungsverlust. Sowohl Gewinn als auch Verlust zählen zu den Einkünften aus der betrieblichen Tätigkeit des Veräußerers.

Betriebsaufgabe

Ein Betrieb wird aufgegeben, wenn ein Steuerpflichtiger seine betriebliche Tätigkeit zur Gänze einstellt und den Betrieb nicht in seiner Gesamtheit, sondern bloß die einzelnen Wirtschaftsgüter seines Betriebsvermögens verkauft oder diese in das Privatvermögen entnimmt. Zur Ermittlung des **Aufgabegewinnes** sind die Veräußerungsgewinne der jeweiligen Wirtschaftsgüter ihren Buchwerten gegenüberzustellen. Bei der Entnahme ist grundsätzlich der gemeine Wert dem Buchwert gegenüberzustellen (§ 24 Abs 3 EStG). Wird Grund und Boden entnommen, ist grundsätzlich der Buchwert heranzuziehen. Unterliegt seine Veräußerung nicht dem besonderen Steuersatz nach § 30a EStG, ist dieser mit dem Teilwert zu entnehmen (§ 24 Abs 3 iVm § 6 Z 4 EStG).

Besteuerung zum progressiven Tarif

Der Veräußerungs- oder Aufgabegewinn zählt zu den Einkünften aus der betrieblichen Tätigkeit des Veräußerers und ist grundsätzlich zum progressiven Tarif zu veranlagen.

Steuerermäßigungen

Je nach Alter des Steuerpflichtigen und Dauer der Betriebsführung sieht das EStG jedoch Begünstigungen vor, die – bei Erfüllung der Voraussetzungen – alternativ in Anspruch genommen werden können:

- **Freibetrag von EUR 7.300,–** (§ 24 Abs 4 EStG): Dieser Freibetrag steht jedenfalls zu, wenn die übrigen in Betracht kommenden Steuererleichterungen nicht in Anspruch genommen werden.
- **Verteilung des Veräußerungsgewinns auf drei Jahre** (§ 37 Abs 2 EStG): Sind seit der Eröffnung des Betriebes oder dem letzten entgeltlichen Erwerbsvorgang betreffend den Betrieb bereits sieben Jahre verstrichen, kann der Gewinn auf drei Jahre verteilt besteuert werden. Dies bewirkt eine **Progressionsermäßigung**.
- Reduktion auf die Hälfte des auf das gesamte Einkommen entfallenden Durchschnittsteuersatzes (sog **Halbsatzbegünstigung**; § 37

Abs 1 iVm § 37 Abs 5 EStG): Diese Bestimmung kommt zur Anwendung, wenn
- der Steuerpflichtige gestorben ist und dadurch eine Betriebsveräußerung oder -aufgabe veranlasst wird; oder
- der Steuerpflichtige wegen körperlicher oder geistiger Behinderung in einem Ausmaß erwerbsunfähig ist, dass er nicht in der Lage ist, seinen Betrieb fortzuführen (vgl dazu im Detail § 37 Abs 5 Z 2 EStG) oder
- der Steuerpflichtige das 60. Lebensjahr vollendet hat und seine Erwerbstätigkeit einstellt. Eine Erwerbstätigkeit liegt nicht vor, wenn der Gesamtumsatz aus den ausgeübten Tätigkeiten EUR 22.000,– und die gesamten Einkünfte aus den ausgeübten Tätigkeiten EUR 730,– im Kalenderjahr nicht übersteigen (§ 37 Abs 5 Z 3 EStG).

Stille Reserven von im Betriebsvermögen befindlichen **Kapitalanlagen** sind aus dem Veräußerungsgewinn auszuscheiden und gem § 27a Abs 6 iVm Abs 1 EStG mit dem besonderen Steuersatz von 27,5 % in der Schedule zu besteuern, sofern nicht auf die Anwendung des Regelsteuersatzes gem § 27a Abs 6 iVm Abs 5 EStG optiert wurde.

Besonderheit: Grundstücke und Kapitalanlagen

Befinden sich im veräußerten Betriebsvermögen **Grundstücke** und handelt es sich beim Veräußerer nicht um einen gewerblichen Grundstückshändler, sind die auf die Grundstücke entfallenden stillen Reserven (oder Verluste) ebenfalls aus dem Veräußerungsgewinn auszuscheiden und mit dem besonderen Steuersatz von 30 % in der Schedule (vgl dazu vorher S 159 ff) zu besteuern. Dies gilt nicht, wenn der Veräußerer auf Regelbesteuerung gem § 30a Abs 3 iVm Abs 2 EStG optiert hat.

Die Übertragung des Grundstücks löst zusätzlich Grunderwerbsteuer (§ 1 Abs 1 Z 1 GrEStG, vgl dazu später S 389 f) und Eintragungsgebühr in Höhe von 1,1% des Kaufpreises (§ 26 GGG) aus.

Für den Erwerber oder die Erwerberin liegt ein entgeltlicher Erwerb eines Betriebes vor. Dabei sind die Wirtschaftsgüter mit den **Anschaffungskosten** anzusetzen (§ 6 Z 8 lit b EStG). Diese sind aus dem Gesamtkaufpreis zu ermitteln. Übersteigt der Gesamtkaufpreis die Anschaffungskosten der einzelnen Wirtschaftsgüter des erworbenen Betriebes, ergibt sich aus dem Differenzbetrag der **Firmenwert**. Dieser (derivative, vom Veräußerer abgeleitete) Firmenwert ist als immaterielles Wirtschaftsgut zu aktivieren und auf seine Nutzungsdauer verteilt abzuschreiben. Werden mit dem Betrieb Einkünfte aus Land- und Forstwirtschaft oder solche aus Gewerbebetrieb erzielt, ist der

Folgen für den Erwerber oder die Erwerberin

Firmenwert steuerrechtlich zwingend auf fünfzehn Jahre abzuschreiben (§ 8 Abs 3 EStG, vgl dazu vorher S 71 und 106).

Haftung **Nach § 14 BAO** haftet der Erwerber zum einen für Abgaben, die sich auf den Betrieb des Unternehmens gründen, wie die Umsatzsteuer oder die Kommunalsteuer. Zeitlich ist die Haftung auf Abgaben beschränkt, welche auf einen Zeitraum seit dem Beginn des letzten vor der Übereignung liegenden Kalenderjahres entfallen. Zum anderen haftet der Erwerber für Abfuhrabgaben, wie die Lohnsteuer oder die Kapitalertragsteuer, sofern diese seit dem Beginn des letzten vor der Übereignung liegenden Kalenderjahres abzuführen waren. Der Erwerber haftet jedoch nur insoweit, als er zum Zeitpunkt des Betriebsübergangs die Schulden kannte oder kennen musste. Eine Haftung scheidet zudem insoweit aus, als die Höhe der vom Erwerber schon entrichteten Abgabenschulden den Wert der übertragenen Gegenstände und Rechte ohne Abzug übernommener Schulden übersteigt (Haftungsbeschränkung mit dem Wert des übernommenen Vermögens, vglbar § 1409 ABGB).

X ist 58 Jahre alt und hat bislang mit großem Erfolg ein Einzelunternehmen geführt, das auf den Verkauf von Geschirr spezialisiert war (Jahresumsätze der letzten Jahre um die EUR 1 Mio). Nun möchte er sich zur Ruhe setzen und seinen Betrieb an Y verkaufen. Dieser bezahlt einen Kaufpreis von EUR 1,3 Mio und übernimmt die Schulden von X, die sich auf EUR 400.000,– belaufen. Bei X fallen zudem noch Veräußerungskosten in Höhe von EUR 50.000,– an.

Zu X' Anlagevermögen gehören ua eine Beteiligung an der österreichischen Z-GmbH, die X vor einigen Jahren günstig zu einem Preis von EUR 50.000,– erworben hat und deren Wert mittlerweile auf EUR 100.000,– gestiegen ist, und ein Grundstück, das zum Veräußerungszeitpunkt einen Teilwert von EUR 260.000,– aufweist.

Sonderbilanz zum Veräußerungsstichtag			
Aktiva		**Passiva**	
Anlagevermögen	980.000		
• AV allg	710.000	Eigenkapital	1.000.000
• Grundstück	220.000		
• Beteiligung	50.000		
Forderungen	350.000	Verbindlichkeiten	400.000
Bank	70.000		
	1.400.000		1.400.00

Abb 15. Sonderbilanz zum Veräußerungsstichtag

4.6 Betriebsübergang

a) Stellen Sie die steuerlichen Konsequenzen für X und Y dar.
b) Erstellen Sie die Eröffnungsbilanz von Y.

a) Folgen für X:
X veräußert seinen Betrieb. Dies führt bei ihm zu Einkünften aus Gewerbebetrieb. Der Veräußerungsgewinn wird ermittelt aus dem Veräußerungserlös, der sich aus dem Kaufpreis und den übernommenen Schulden ergibt, abzüglich der Veräußerungskosten und dem Wert des Betriebsvermögens. Daraus ergibt sich vorläufig ein Veräußerungsgewinn von EUR 250.000,–.

	Kaufpreis	EUR 1.300.000,–
+	Übernahme der Schulden	EUR 400.000,–
	Veräußerungserlös	EUR 1.700.000,–
–	Veräußerungskosten	EUR 50.000,–
–	Buchwert des Betriebsvermögens	EUR 1.400.000,–
	Gesamtveräußerungsgewinn	EUR 250.000,–

Zu beachten ist allerdings, dass zu dem Betriebsvermögen sowohl eine Beteiligung als auch ein Grundstück gehören.

Der Veräußerungsgewinn aus der Veräußerung der Kapitalanlage ermittelt sich aus dem Veräußerungserlös in Bezug auf diese Kapitalanlage abzüglich des Buchwertes und beträgt aus diesem Grund EUR 50.000,–. Auch hinsichtlich des Grundstückes ergibt sich der Veräußerungsgewinn aus der Differenz zwischen Veräußerungserlös in Bezug auf das Grundstück und dessen Buchwert. Durch die Veräußerung des Grundstückes werden daher stille Reserven in Höhe von EUR 40.000,– aufgedeckt. Stille Reserven aus der Veräußerung von Kapitalanlagen und Grundstücken, die zum Betriebsvermögen gehören, sind aus dem Veräußerungsgewinn auszuscheiden und mit dem jeweiligen besonderen Steuersatz zu besteuern. Diese Gewinne werden bei der Besteuerung des übrigen Anteils am Veräußerungsgewinn nicht berücksichtigt (Schedulenbesteuerung!)

	Gesamtveräußerungsgewinn	EUR 250.000,–
–	Stille Reserven aus Beteiligung	EUR 50.000,– (27,5% Steuersatz)
–	Stille Reserven aus Grundstück	EUR 40.000,– (30% Steuersatz)
	Veräußerungsgewinn	EUR 160.000,–

Nach Abzug der auf die Kapitalanlagen und das Grundstücks entfallenden Teile des Gesamtveräußerungsgewinnes verbleibt ein Veräußerungsgewinn von EUR 160.000,–, der dem progressiven Steuersatz unterliegt. Da X das 60. Lebensjahr noch nicht vollendet hat und auch nicht aufgrund einer körperlichen oder geistigen Behinderung erwerbsunfähig geworden ist, kann er die Halbsatzbegünstigung nach § 37 Abs 1 iVm Abs 5 EStG nicht in Anspruch nehmen. Hat er jedoch den Betrieb mindestens sieben Jahre geführt, besteht für X die Möglichkeit, den Gewinn auf drei Jahre zu verteilen. Hat X den Betrieb noch keine sieben Jahre geführt, steht ihm aber jedenfalls der Freibetrag iHv EUR 7.300,– zu.

Folgen für Y:
Y kauft den Betrieb des X und wendet dafür einen Betrag von EUR 1.700.000,– auf, da er auch dessen Schulden übernimmt. Die einzelnen Wirtschaftsgüter sind gem § 6 Z 8 lit b EStG mit den Anschaffungskosten anzusetzen, die aus dem Gesamtkaufpreis zu ermitteln sind. Das Grundstück steht daher mit einem Wert von EUR 260.000,– in der Bilanz des Y, die Beteiligung mit einem Wert von EUR 100.000,–. Der sich aus dem Kauf des Betriebes ergebende (entgeltlich erworbene) Firmenwert iHv EUR 210.000,– (Gesamtkaufpreis 1.700.000,– – Summe Aktiva 1.400.000,– – stille Reserven 90.000,– = 210.000,–) ist in der Bilanz des Y als immaterielles Wirtschaftsgut zu aktivieren und steuerrechtlich zwingend auf 15 Jahre abzuschreiben (§ 8 Abs 3 EStG).

b) Eröffnungsbilanz:

Eröffnungsbilanz			
Aktiva		**Passiva**	
Anlagevermögen	1.280.000		
• AV allg	710.000	Eigenkapital	1.300.000
• Grundstück	260.000		
• Beteiligung	100.000		
Firmenwert	210.000		
Forderungen	350.000	Verbindlichkeiten	400.000
Bank	70.000		
	1.700.000		1.700.00

Abb 16. Eröffnungsbilanz

Variante: X ist bereits 61 Jahre alt und möchte sich nun zur Ruhe setzen.

Gleich wie oben, allerdings erfüllt X nun die Voraussetzungen des § 37 Abs 1 iVm Abs 5 EStG. Er kommt daher in den Genuss der Halbsatzbegünstigung. Damit reduziert sich der Durchschnittsteuersatz, der auf das gesamte Einkommen des X entfällt, für die Besteuerung des Betriebsveräußerungsgewinns auf die Hälfte.

K ist 57 Jahre alt und führt einen kleinen Gemischtwarenhandel, der sich im Erdgeschoss seines Familienwohnhauses befindet. Seinen einkommensteuerrechtlichen Gewinn ermittelt er freiwillig nach § 4

Abs 1 EStG. Da er sich nun zur Ruhe setzen möchte, beschließt er, die zuvor betrieblich genutzten Räumlichkeiten nunmehr als Gästezimmer für Familienbesuche umzubauen. Die noch vorhandenen und bereits bezahlten Waren aus seinem Geschäft (Buchwert EUR 230.000,–) veräußert er um EUR 250.000,– an den in der Nähe ebenfalls in diesem Gewerbe tätigen Z.

K gibt seinen Betrieb auf (§ 24 EStG). Der Veräußerungsgewinn aus dem Verkauf der Handelswaren berechnet sich aus dem Veräußerungserlös abzüglich der Veräußerungskosten sowie des Buchwerts der Waren. Daraus ergibt sich ein Aufgabegewinn iHv EUR 20.000,– (250.000,– – 230.000,– = 20.000,–), der dem progressiven Steuersatz unterliegt. In Bezug auf die Überführung der Geschäftsräume ins Privatvermögen liegt eine Entnahme vor, die nach § 6 Z 4 EStG zu bewerten ist. Der betrieblich genutzte Gebäudeteil ist mit dem Teilwert anzusetzen und ein daraus entstehender Aufgabegewinn mit dem besonderen Steuersatz von 30% zu besteuern. Der auf das Betriebsvermögen entfallende Grund und Boden ist mit dem Buchwert zu entnehmen. Hier kommt es zu keiner Aufdeckung stiller Reserven, sodass die Entnahme des Grund und Boden steuerneutral ist.

4.6.3 Unentgeltlicher Betriebsübergang

Der unentgeltliche Betriebsübergang hat auf S des Übergebers keine ertragsteuerrechtlichen Konsequenzen. Er beendet lediglich seine steuerpflichtige Tätigkeit im Zusammenhang mit dem übergebenen Betrieb.

Folgen für den Übertragenden

Der Übernehmer führt den Betrieb zu den **Buchwerten** des Übergebers fort (§ 6 Z 9 lit a EStG).

Folgen für den Übernehmer

Ist im übertragenen Vermögen ein Grundstück enthalten, fallen trotz Unentgeltlichkeit der Übertragung **GrESt** nach § 1 Abs 1 Z 1 GrEStG und Eintragungsgebühr nach § 32 TP 9 GGG an. Die GrESt bemisst sich im Fall des unentgeltlichen Übergangs grundsätzlich vom Grundstückswert (§ 4 Abs 1 GrEStG) und gestaltet sich als progressiver Tarif (§ 7 Abs 1 Z 2 GrEStG; siehe dazu später S 385). Die **Eintragungsgebühr** ist gem § 26 GGG vom Wert des jeweils einzutragenden Rechts zu berechnen. Dieser Wert wird durch den Preis bestimmt, der im gewöhnlichen Geschäftsverkehr bei einer Veräußerung in der Regel zu erzielen wäre. Er entspricht grundsätzlich dem Verkehrswert des Grundstücks.

Im Wege der **Gesamtrechtsnachfolge** gehen alle sich aus den Abgabenvorschriften ergebenden Rechte und Pflichten auf den Rechtsnachfolger über (§ 19 BAO). Der Übernehmer übernimmt somit die mit dem Betrieb in Zusammenhang stehenden Abgabenschulden und -haftungen.

4.7 Ermittlung des Einkommens (§ 2 Abs 2 EStG)

4.7.1 Überblick

Einkommen

Einkommen ist der Gesamtbetrag der Einkünfte aus den sieben Einkunftsarten nach Ausgleich mit Verlusten, die sich aus einzelnen Einkunftsarten ergeben, und nach Abzug der Sonderausgaben (§ 18) und außergewöhnlichen Belastungen (§§ 34 und 35) und der Freibeträge nach § 105 und § 106a (§ 2 Abs 2 EStG).

Ermittlung der Einkommenstuer
Summe der sieben Einkunftsarten nach Ausgleich mit Verlusten
minus
Sonderausgaben außergewöhnliche Belastungen Freibeträge §§ 105 und 106a EStG
= Einkommen
mal Tarif gem § 33 EStG
= Einkommensteuer
minus Absetzbeträge
= Einkommensteuerschuld
minus Vorauszahlungen
= Zahllast / Gutschrift

Abb 17. Ermittlung der Einkommensteuer

4.7.2 Verlustausgleich (§ 2 Abs 2 EStG)

Innerbetrieblicher Verlustausgleich

Ein Steuerpflichtiger, der im Rahmen seiner steuerpflichtigen Tätigkeit einen Verlust erzielt, hat diesen zunächst mit seinen Gewinnen aus demselben Betrieb in demselben Besteuerungszeitraum zu verrechnen (**innerbetrieblicher Verlustausgleich**; zB Verrechnung eines begünstigten Veräußerungsgewinns iSv § 24 EStG mit einem Verlust aus der laufenden Geschäftstätigkeit).

Horizontaler Verlustausgleich

Verbleibt nach Vornahme des innerbetrieblichen Verlustausgleichs ein Verlust, ist dieser Verlust aus einer Einkunftsart mit Gewinnen aus derselben Einkunftsart, aber aus einer anderen Tätigkeit zu verrechnen (**horizontaler Verlustausgleich**; zB Verluste aus einer gewerblichen Kommanditbeteiligung mit Gewinnen aus einem Installationsbetrieb).

Ein allenfalls verbleibender Verlust kann dann mit positiven Ergebnissen aus anderen Einkunftsarten desselben Veranlagungszeitraums verrechnet werden (**vertikaler Verlustausgleich**; zB der Verlust aus einer gewerblichen Kommanditbeteiligung mit Gewinnen aus selbständiger Arbeit).

Vertikaler Verlustausgleich

Nach Vornahme des Verlustausgleichs liegt der **Gesamtbetrag der Einkünfte** vor. Ist der Gesamtbetrag der Einkünfte negativ, so wird in einem Veranlagungsjahr insgesamt ein Verlust erzielt. Dieser kann unter bestimmten Voraussetzungen in künftige Veranlagungsperioden vorgetragen werden und dort als Sonderausgabe abgezogen werden (**Verlustvortrag**; vgl dazu später S 189).

Gesamtbetrag der Einkünfte

4.7.3 Einschränkungen des Verlustausgleichs

Verluste aus Leistungen iSv § 29 Z 3 EStG sind **nie** ausgleichsfähig.

Verluste aus Leistungen

X vermietet gelegentlich seine Motorjacht. Bislang hat er immer einen geringen Überschuss erzielt. Im Jahr 04 sind die Aufwendungen jedoch höher als die Einnahmen (Ergebnis – EUR 30.000,– aus dieser Vermietungstätigkeit). Im Übrigen erzielt X aus einer anderen gewerblichen Tätigkeit einen Gewinn iHv EUR 500.000,–.

Ist die Vermietung der Motorjacht nicht schon von vornherein als Liebhaberei einzustufen und daher gar keine Einkunftsquelle (vgl dazu 4.2.2.1), sind die Überschüsse aus der gelegentlichen Vermietung als Einkünfte aus Leistungen (§ 29 Z 3 EStG) steuerbar. Der Verlust aus dem Jahr 04 geht verloren. X kann ihn nicht mit seinen Einkünften aus Gewerbebetrieb verrechnen.

Verluste aus Spekulationsgeschäften (§ 31 EStG) können nur mit Überschüssen aus Spekulationsgeschäften desselben Veranlagungszeitraumes ausgeglichen werden (§ 31 Abs 4 EStG).

Verluste aus Spekulationsgeschäften

Im Rahmen der mit dem besonderen Steuersatz und in der Schedule besteuerten Einkünfte bestehen Beschränkungen des Verlustausgleichs, die verhindern sollen, dass Verluste aus niedrig besteuerten Einkunftsquellen mit Überschüssen aus zum progressiven Tarif besteuerten Einkunftsquellen zur Gänze ausgleichsfähig sind:

Verlustverwertungsbeschränkungen bei Schedulenbesteuerung

- Verluste aus **privaten Grundstücksveräußerungen** können zunächst nur mit Überschüssen aus privaten Grundstücksveräußerungen aus demselben Besteuerungszeitraum ausgeglichen werden. Verbleibt danach insgesamt ein Verlust aus privaten Grundstücksveräußerungen, ist dieser auf 60 % zu kürzen und gleichmäßig auf das Jahr der Verlustentstehung und die folgenden vierzehn Jahre zu verteilen und ausschließlich mit Einkünften aus Vermietung und Verpachtung auszugleichen (dh 40 % des Verlusts dürfen nicht berücksichtigt werden). Alternativ dazu kann der Steuerpflichtige beantragen, den (auf 60 % gekürzten) Verlust schon im Verlustentstehungsjahr mit Einkünften aus Vermietung und Verpachtung auszugleichen (§ 30 Abs 7 EStG). Ein Ausgleich mit anderen Einkünften kommt weder im Verlustentstehungs- noch in den Folgejahren in Betracht (anders bei Verlusten aus betrieblichen Grundstücksveräußerungen!).

X hat im Dezember des Jahres 01 zwei Eigentumswohnungen verkauft. Aus dem Verkauf der einen Wohnung erzielt er einen Verlust von EUR 20.000,–, aus dem Verkauf der anderen Wohnung einen Gewinn von EUR 10.000,–. Bis zum Verkauf waren beide Wohnungen vermietet (§ 28 Abs 1 Z 1 EStG), woraus X nach Abzug der Werbungskosten ein Überschuss von EUR 8.000,– für das Jahr 01 verblieben ist. Außerdem ist X bei einem mittelständischen Unternehmen angestellt, woraus er im Jahr 01 Einkünfte (§ 25 Abs 1 Z 1 lit a EStG) in Höhe von EUR 60.000,– bezogen hat.

Schritt 1: Hinsichtlich des Verkaufs der Wohnungen hat X Einkünfte aus privaten Grundstücksveräußerungen (§ 29 Z 2 iVm § 30 Abs 1 EStG). Den Verlust aus der Veräußerung der einen Wohnung und den Gewinn aus der Veräußerung der anderen Wohnung kann er innerhalb dieser Einkunftsart uneingeschränkt miteinander ausgleichen. Danach verbleibt ihm ein Verlust von EUR 10.000,– aus privaten Grundstücksveräußerungen.

Schritt 2: Den Verlust aus privaten Grundstücksveräußerungen muss X auf 60 % kürzen, sodass nur EUR 6.000,– ausgeglichen werden können.

Schritt 3: Grundsätzlich ist der gekürzte Verlust auf das laufende sowie die vierzehn folgenden Jahre zu verteilen und ausschließlich mit Einkünften aus Vermietung und Verpachtung auszugleichen (vgl § 30 Abs 7 EStG). X kann also nur EUR 400,– (Ein Fünfzehntel von EUR 6.000,–) mit seinen Einkünften aus der Vermietung der Wohnungen im Jahr 01 ausgleichen, sowie im Jahr 02 die nächsten EUR 400,– usw. Die weggekürzten 40 % seines Verlustes kann X nicht mit positiven Einkünften (irgendeiner anderen Einkunftsart oder irgendeines Wirtschaftsjahres) ausgleichen. Nach Ausgleich mit dem Verlust aus privaten Grundstücksveräußerungen verbleibt X somit ein Überschuss von EUR 7.600,– aus der Vermietung der Wohnungen, als Saldo seiner drei Einkunftsarten somit eine Summe von EUR 67.600.– für das Jahr 01.

Alternativ zu Schritt 3 könnte X beantragen, den (gekürzten) Verlust sofort im Jahr 01 mit seinen Einkünften aus Vermietung und Verpachtung auszugleichen. Nach Ausgleich mit dem hier nun sofort angesetzten Verlust aus privaten Grundstücksveräußerungen (EUR 6.000,–) würde X dann ein Überschuss von EUR 2.000,– aus der Vermietung der Wohnungen verbleiben, und als Saldo seiner drei Einkunftsarten eine Summe von EUR 62.000.– für das Jahr 01 verbleiben.

- Verluste aus der **Veräußerung von Kapitalanlagen**, die zuvor zu Einkünften aus der Überlassung von Kapital geführt haben (negative Einkünfte aus realisierten Wertsteigerungen) und dem besonderen Steuersatz nach § 27a EStG unterliegen würden, sind – so sie im außerbetrieblichen Bereich angefallen sind – nur mit bestimmten begünstigt besteuerten Einkünften aus Kapitalvermögen ausgleichsfähig (§ 27 Abs 8 EStG; vgl dazu im Detail mit Beispiel vorher S 139).
- Verluste aus der **Veräußerung von im Betriebsvermögen gehaltenen Kapitalanlagen**, deren Gewinne aus der Veräußerung dem besonderen Steuersatz unterliegen würden, sind nur mit (betrieblichen) Einkünften aus realisierten Wertsteigerungen von zum besonderen Steuersatz besteuerten Kapitalanlagen voll ausgleichsfähig. Ein verbleibender negativer Überhang kann nur zu 55 % ausgeglichen und vorgetragen werden (§ 6 Z 2 lit c 2. und 3. Satz EStG; vgl dazu ausführlich mit Beispiel vorher S 152 f). Selbst wenn der Steuerpflichtige zur Regelbesteuerung optiert, soll der Verlust nicht voll ausgleichs- und vortragsfähig sein. Zur Erreichung eines verfassungskonformen Ergebnisses scheint eine teleologische Reduktion dahingehend erforderlich, dass eine Kürzung der Verlustausgleichsmöglichkeit auf 55 % nur dort zu erfolgen hat, wo einem Verlust mit dem besonderen Steuersatz besteuerte Einkünfte gegenüberstehen.
- Verluste aus **betrieblichen Grundstücksveräußerungen**, die in der Schedule als Gewinne dem besonderen Steuersatz unterlägen, sind nur mit Gewinnen aus betrieblichen Grundstücksveräußerungen, die in der Schedule zu besteuern und in demselben Veranlagungszeitraum angefallen sind, voll ausgleichsfähig. Ein verbleibender Überhang kann nur zu 60 % mit anderen Einkünften ausgeglichen und vorgetragen werden (§ 6 Z 2 lit d 2. und 3. Satz EStG). Optiert der Steuerpflichtige zur Regelbesteuerung, soll es bei der eingeschränkten Ausgleichs- und Vortragsfähigkeit bleiben (zu den verfassungsrechtlichen Bedenken siehe zur vergleichbaren Rechtslage bei Veräußerung von im Betriebsvermögen gehaltenen Kapitalanlagen).

Der rechnungslegungspflichtige Gewerbetreibende Y verkauft im Jahr 01 eine Lagerhalle mit einem Verlust von EUR 30.000,–, und ein Verwaltungsgebäude mit einem Gewinn von EUR 20.000,–. Seine übrigen Einkünfte aus dem Gewerbebetrieb betragen „null" Euro, allerdings erzielte Y im Jahr 01 zusätzlich zu den Grundstücksveräußerungen seines Gewerbebetriebs auch aus einer privaten Grundstücksveräußerung einen Überschuss von EUR 30.000,–. Er optiert auf Regelbesteuerung.

Schritt 1: Y kann Gewinne und Verluste aus Grundstücksveräußerungen des Betriebsvermögens ohne weitere Einschränkungen miteinander ausgleichen, worauf ihm somit noch ein Verlust von EUR 10.000,– verbleibt.

Schritt 2: Der Verlust aus den Grundstücksveräußerungen des Betriebsvermögens kann mit dem Überschuss aus der privaten Grundstücksveräußerung nur im Ausmaß von EUR 6.000,- (60 % des verbleibenden Verlustes) ausgeglichen werden, womit Y für das Jahr 01 steuerpflichtige Einkünfte in Höhe von EUR 24.000,– verbleiben. Es macht also keinen Unterschied, ob Y für die Regelbesteuerung optiert oder bei der Schedulenbesteuerung bleibt.

Wartetastenverluste Bestimmte Verluste sind nicht ausgleichsfähig, können aber vorgetragen und mit Überschüssen derselben Einkunftsquelle (desselben Betriebes) aus späteren Jahren verrechnet werden (sog Wartetastenverluste):

- Verluste aus einer Beteiligung (an einer Personengesellschaft), wenn das Erzielen steuerlicher Vorteile im Vordergrund steht (§ 2 Abs 2a TS 1 EStG; dazu im Detail *Fuchs* in Hofstätter/Reichel, § 2 Tz 135 ff);
- Verluste aus Betrieben, deren Unternehmensschwerpunkt(e) im Verwalten unkörperlicher Wirtschaftsgüter oder in der gewerblichen Vermietung von Wirtschaftsgütern gelegen ist (§ 2 Abs 2a TS 2 EStG)
- Verluste aus einer Beteiligung als echter stiller Gesellschafter (§ 27 Abs 2 Z 4 EStG; dazu schon vorher S 135).
- Verluste bei kapitalistischen Mitunternehmern mit beschränkter Haftung (§ 23a EStG). Bei natürlichen Personen sind Verluste eines kapitalistischen Mitunternehmers insoweit nicht ausgleichsfähig oder nach § 18 Abs 6 oder 7 vortragsfähig (Wartetastenverluste), als dadurch ein negatives steuerliches Kapitalkonto entsteht oder sich erhöht. Als „kapitalistischer Mitunternehmer" gilt, wer Dritten gegenüber nicht oder eingeschränkt haftet und außerdem keine ausgeprägte Mitunternehmerinitiative entfaltet, was insbesondere KG-Kommanditisten und atypische stille Gesellschafter betreffen kann. Die Verluste eines solchen kapitalistischen Mitunternehmers sind nur verrechenbar mit Gewinnen späterer Wirtschaftsjahre (§ 23a Abs 4 Z 1) oder weiteren Einlagen dieses Mitunternehmers.

Auslandsverluste

Erzielt ein in Österreich unbeschränkt Steuerpflichtiger aus einer Tätigkeit im Ausland Verluste, sind diese nach dem Welteinkommensprinzip auch in Österreich zu berücksichtigen. Dies gilt grundsätzlich unabhängig davon, ob mit dem Ausland, in dem die Verluste entstanden sind, ein Doppelbesteuerungsabkommen abgeschlossen wurde und auch unabhängig davon, ob darin die Anrechnungs- oder die Befreiungsmethode zur Vermeidung der Doppelbesteuerung vorgesehen ist (zu den Doppelbesteuerungsabkommen siehe später S 301). Der in Österreich zu berücksichtigende Verlust ist nach den Vorschriften des österreichischen Einkommensteuerrechts zu berechnen. Der sich daraus ergebende Betrag wird aber höchstens im Ausmaß des nach ausländischem Recht errechneten Verlusts berücksichtigt (§ 2 Abs 8 Z 3 EStG).

Eine Berücksichtigung des Auslandsverlusts bei der Ermittlung des in Österreich steuerpflichtigen Einkommens ist ausgeschlossen, wenn der Verlust im Ausland steuerlich verwertet werden kann. Kommt eine Verlustverwertung im Ausland erst in Jahren nach der Verlustentstehung in Betracht und wurde der Verlust inzwischen bereits in Österreich einkünftemindernd berücksichtigt, kommt es später zur Nachversteuerung dieses Verlustes in Österreich (vgl § 2 Abs 8 EStG). Sie erhöhen in jenem Kalenderjahr ganz oder teilweise den Gesamtbetrag der Einkünfte, in dem sie im Ausland ganz oder teilweise berücksichtigt werden oder berücksichtigt werden könnten (§ 2 Abs 8 Z 4 EStG).

In Österreich berücksichtigte Verluste, die aus einem Staat stammen, mit dem keine umfassende Amtshilfe besteht, erhöhen jedenfalls spätestens im dritten Jahr nach deren Berücksichtigung den Gesamtbetrag der Einkünfte, was zu einer zwingenden Nachversteuerung führt.

4.7.4 Sonderausgaben (§ 18 EStG)

> **Sonderausgaben** sind Aufwendungen, die mit der Einkünfteerzielung im Regelfall in keinem Zusammenhang stehen und daher weder Werbungskosten noch Betriebsausgaben darstellen. Der Gesetzgeber hat ihren Abzug von der Bemessungsgrundlage vor allem aus wirtschafts- oder sozialpolitischen Gründen zugelassen. Sämtliche als Sonderausgaben anerkennungsfähige Aufwendungen sind in § 18 EStG taxativ (abschließend) aufgezählt.

Sonderausgaben sind unter anderem:
Renten und dauernde Lasten, die auf besonderen Verpflichtungsgründen beruhen, sind als Sonderausgaben abzugsfähig. Renten und dauernde Lasten, die als angemessene Gegenleistung für die Übertragung von Wirtschaftsgütern geleistet werden (private Kaufpreisren-

Renten und dauernde Lasten

ten) sind beim Rentenverpflichteten abzugsfähig, sobald sie beim Rentenberechtigten nach § 29 Z 1 EStG zu steuerpflichtigen Einkünften führen (vgl dazu oben S 157). Betriebliche Renten, die nicht auf einer angemessenen Gegenleistung beruhen, sind unter eingeschränkten Voraussetzungen als Sonderausgaben abzugsfähig (vgl im Detail § 18 Abs 1 Z 1 EStG).

X hat auf Grund eines auf einer beruflichen Fahrt verschuldeten Unfalles dem Unfallopfer eine Rente zu zahlen.
Er kann sie weder als Betriebsausgabe noch als Werbungskosten abziehen. Die Rentenzahlung beruht aber auf einem besonderen Verpflichtungsgrund und ist daher im Rahmen der Sonderausgaben abzugsfähig.

Unterhaltsrenten sind nicht abzugsfähig. Sie führen auch nie zu steuerpflichtigen Einkünften.

Topfsonderausgaben

Bestimmte Ausgaben stellen Sonderausgaben dar, sind aber – anders als die übrigen Sonderausgaben – nur in einem bestimmten Rahmen abzugsfähig (sog Topfsonderausgaben). Diese Ausgaben sind nur abzufähig, wenn die ihnen zugrundeliegenden Verträge vor dem 1.1.2016 abgeschlossen wurden. Außerdem besteht die Abzugsmöglichkeit nur mehr bis zum Veranlagungsjahr 2020 (§ 124b Z 285 EStG). Zu ihnen zählen insb
- Beiträge zu bestimmten freiwilligen Personenversicherungen (Lebens-, Unfall-, Krankenversicherungen; § 18 Abs 1 Z 2 EStG);
- Beiträge für die Wohnraumbeschaffung und -sanierung (§ 18 Abs 1 Z 3 EStG).

Der Sonderausgabenabzug dieser Beiträge ist doppelt beschränkt (vgl im Detail § 18 Abs 3 EStG). Macht ein Steuerpflichtige Sonderausgaben nicht geltend, so steht ihm bis einschließlich zum Veranlagungszeitraum 2020 ein Pauschbetrag von EUR 60,- jährlich als Sonderausgabenabzug zu (§ 18 Abs 2 iVm § 124b Z 286 EStG). Das Topfsonderausgabenpauschale wird auch vom Arbeitgeber im Rahmen der Lohnsteuerberechnung und -abfuhr berücksichtigt (§ 62 Z 2 EStG).

Kirchenbeiträge

Verpflichtende Beiträge an Kirchen und gesetzlich anerkannte Religionsgemeinschaften sind mit einem Betrag von höchstens EUR 400,- als Sonderausgaben abzugsfähig (§ 18 Abs 1 Z 5 EStG). Gesetzlich anerkannt im Hinblick auf den Sonderausgabenabzug sind Religionsgemeinschaften, die in Österreich selbst anerkannt sind, oder bei denen es sich um eine Körperschaft handelt, die ihren Sitz in der EU oder im EWR hat und die einer in Österreich gesetzlich anerkannten Kirche oder Religionsgemeinschaft entspricht.

Steuerberatungskosten sind (in voller Höhe) Sonderausgaben, soweit sie nicht schon als Betriebsausgaben oder Werbungskosten abzugsfähig sind (§ 18 Abs 1 Z 6 EStG).

Steuerberatungskosten

X betreibt ein großes Einzelunternehmen. Sein Steuerberater erstellt ihm im Jahr 01 ein umfassendes Restrukturierungskonzept und bereitet seine Steuererklärung für das Jahr 00 vor.

Das Honorar für das Restrukturierungskonzept kann als Betriebsausgaben im Rahmen des Einzelunternehmens in Abzug gebracht werden. Die Aufwendungen für die Erstellung der persönlichen Steuererklärung des X stehen in Zusammenhang mit einer Personensteuer, weshalb sie nicht als Werbungskosten oder Betriebsausgaben abgezogen werden können. X kann diese Aufwendungen aber im Rahmen des Sonderausgabenabzuges (in voller Höhe) geltend machen.

Bestimmte Spenden können insoweit als Sonderausgaben geltend gemacht werden, als sie 10% des Gesamtbetrages der Einkünfte nach Vornahme des Verlustabzugs nicht übersteigen (vgl im Detail § 18 Abs 1 Z 7 EStG). Diese Bestimmung ist das außerbetriebliche Pendant zu § 4a EStG: Jene Spenden, die der Bezieher betrieblicher Einkünfte nach § 4a EStG als Betriebsausgaben geltend machen darf (vgl dazu vorher S 71), darf der Bezieher außerbetrieblicher Einkünfte als Sonderausgaben ansetzen.

Bestimmte Spenden

Betriebliche Verluste, die im Jahr ihrer Entstehung mangels anderer positiver Einkünfte nicht ausgleichsfähig waren, können „vorgetragen" und in den darauffolgenden Wirtschaftsjahren als Sonderausgaben vom Gesamtbetrag aller Einkünfte abgezogen werden (§ 18 Abs 6 EStG idF AbgÄG 2016). Dies gilt – bei ordnungsgemäßer Ermittlung – unabhängig davon, ob der Gewinn durch Betriebsvermögensvergleich oder Einnahmen-Ausgaben-Rechnung ermittelt wurde. Der Sonderausgabenabzug ist auch möglich, wenn die verlustbringende Tätigkeit inzwischen aufgegeben wurde (Bei Gewinnermittlung nach § 4 Abs 3 EStG jedoch erst für Verluste, die ab dem Kalenderjahr 2013 entstanden sind). Voraussetzung ist jedoch, dass positive betriebliche Einkünfte vorliegen. Der Verlustabzug ist nach Berücksichtigung aller anderen Sonderausgaben sobald wie möglich und im größtmöglichen Umfang von Amts wegen vorzunehmen.

Verlustvortrag

Außerbetriebliche Verluste (etwa aus Vermietung und Verpachtung) sind mit Ausnahmen im Bereich der Einkünfte aus Kapitalvermögen und der sonstigen Einkünfte (private Grundstücksveräußerungen) ausgleichsfähig, aber nicht vortragsfähig (§ 18 Abs 6 und Abs 7 EStG, die den Verlustvortrag ermöglichen, betreffen nur betriebliche Einkünfte). Die Einschränkung des Verlustvortrags bei Einkünften aus

Vermietung und Verpachtung wurde vom VfGH für verfassungswidrig erklärt (VfSlg 19.185/2010). Der Gesetzgeber hat darauf reagiert, indem er die Verrechnung bestimmter Verluste aus Vermietung und Verpachtung mit positiven Einkünften aus Vermietung und Verpachtung in den folgenden fünfzehn Jahren ermöglicht hat (§ 28 Abs 2 Satz 1 EStG, vgl dazu schon vorher S 156). Für Verluste aus privaten Grundstücksveräußerungen kommt es grundsätzlich zu einer vergleichbaren Verteilung des auf 60 % gekürzten Verlustes auf fünfzehn Jahre, (vgl dazu schon vorher S 165). Für die übrigen außerbetrieblichen Einkünfte bleibt es beim Verlustvortragsverbot.

4.7.5 Außergewöhnliche Belastungen (§ 34 EStG)

Bei Ermittlung des Einkommens eines unbeschränkt Steuerpflichtigen sind nach Abzug der Sonderausgaben außergewöhnliche Belastungen abzuziehen (§ 34 Abs 1 EStG).

> Außergewöhnliche Belastungen sind Aufwendungen, die weder Betriebsausgaben oder Werbungskosten noch Sonderausgaben sind, aber
> - außergewöhnlich sind,
> - zwangsläufig erwachsen und
> - die wirtschaftliche Leistungsfähigkeit wesentlich beeinträchtigen.

Außergewöhnlichkeit

Eine Belastung ist außergewöhnlich, soweit sie höher ist als jene, die der Mehrzahl der Steuerpflichtigen gleicher Einkommens- und gleicher Vermögensverhältnisse erwächst (§ 34 Abs 2 EStG).

Zwangsläufigkeit

Die Belastung erwächst einem Steuerpflichtigen zwangsläufig, wenn er sich ihr aus tatsächlichen, rechtlichen oder sittlichen Gründen nicht entziehen kann (§ 34 Abs 3 EStG).

Beeinträchtigung der wirtschaftlichen Leistungsfähigkeit

Die Belastung beeinträchtigt wesentlich die wirtschaftliche Leistungsfähigkeit, wenn sie einen im Gesetz vorgesehenen Selbstbehalt übersteigt, der sich aus einem Prozentsatz des Einkommens vor Abzug der außergewöhnlichen Belastung ergibt. – Zur Höhe des Selbstbehalts s § 34 Abs 4 EStG.

X erzielt ein Einkommen vor Abzug der außergewöhnlichen Belastungen von EUR 35.000,–. Er ist verheiratet, hat ein Kind und kommt allein für den finanziellen Unterhalt der gesamten Familie auf.
Bei einem Einkommen von EUR 35.000,– beträgt der Selbstbehalt 10%. Der Selbstbehalt vermindert sich um einen Prozentpunkt, wenn dem Steuerpflichtigen der Alleinverdienerabsetzbetrag (§ 33 Abs 4 Z 1 EStG; dazu später S 191) zusteht. Für jedes Kind verringert er sich um einen weiteren Prozentpunkt. X kann daher außergewöhnliche Belastun-

gen insoweit geltend machen, als diese einen Betrag von EUR 2.800,– (8% von EUR 35.000,-) übersteigen (§ 34 Abs 4 EStG).

Die in § 34 Abs 6 EStG taxativ genannten Aufwendungen können bei Vorliegen der übrigen Voraussetzungen (Außergewöhnlichkeit und Zwangsläufigkeit) unabhängig vom Überschreiten des Selbstbehaltes in voller Höhe als außergewöhnliche Belastung in Abzug gebracht werden. Zu ihnen zählen zB Aufwendungen zur Beseitigung von Katastrophenschäden oder Mehraufwendungen aus dem Titel der Behinderung.

Außergewöhnliche Belastungen ohne Selbstbehalt

Eine außergewöhnliche Belastung liegt insoweit nicht vor, als der Aufwand durch Leistungen Dritter (Versicherungen) abgedeckt ist. Eine außergewöhnliche Belastung liegt auch dann nicht vor, wenn durch den Aufwand ein verwertbarer Vermögensgegenstand angeschafft wird (Gegenleistungsgedanke).

Beispiele für außergewöhnliche Belastungen, soweit keine Abdeckung von dritter Seite erfolgt:

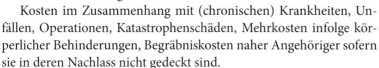

Kosten im Zusammenhang mit (chronischen) Krankheiten, Unfällen, Operationen, Katastrophenschäden, Mehrkosten infolge körperlicher Behinderungen, Begräbniskosten naher Angehöriger sofern sie in deren Nachlass nicht gedeckt sind.

Als außergewöhnliche Belastung können Aufwendungen für Unterhaltsberechtigte (das kann ggf auch der oder die im gemeinsamen Haushalt lebende (Ehe-)PartnerIn sein, vgl § 1 VO außergewöhnliche Belastungen BGBl 1996/303 idF BGBl II 2010/430) nur dann geltend gemacht werden, wenn es sich um Aufwendungen handelt, die beim Unterhaltsberechtigten selbst eine außergewöhnliche Belastung darstellen würden (§ 34 Abs 7 Z 4 EStG). Damit sind gewöhnliche Unterhaltsleistungen jedenfalls nicht als außergewöhnliche Belastungen abzugsfähig.

Unterhaltsberechtigte

Aufwendungen für Kinder stellen grundsätzlich keine außergewöhnliche Belastung dar. Leistungen des gesetzlichen Unterhalts sind vielmehr durch die **Familienbeihilfe** und gegebenenfalls den **Kinderabsetzbetrag** abgegolten. Das gilt selbst dann, wenn nicht der Steuerpflichtige selbst, sondern sein mit ihm im gemeinsamen Haushalt lebender (Ehe)Partner Anspruch auf diese Beträge hat (§ 34 Abs 7 Z 1 EStG).

Kinder als außergewöhnliche Belastung

D ist Alleinerzieherin eines sechsjährigen Sohnes und erzielt jährlich Einkünfte in Höhe von EUR 20.000,–. Anlässlich des Schuleintritts erwirbt sie für ihren Sohn einen Schreibtisch und eine größere Menge Schulutensilien um EUR 2.500,–. Außerdem stellt sich heraus, dass der Sohn eine Kieferregulierung benötigt, wofür weitere EUR 2.000,– pro Jahr anfallen.

Unterhaltsleistungen an ihren Sohn kann D nur insoweit als außergewöhnliche Belastung bei der Ermittlung ihres Einkommens ansetzen, als sie zur Deckung von Aufwendungen gewährt werden, die bei ihrem Sohn selbst eine außergewöhnliche Belastung darstellen würden (§ 34 Abs 7 Z 4 EStG). Die Aufwendungen für Schreibtisch und Schulutensilien zum Schuleintritt erwachsen zwangsläufig und würden die wirtschaftliche Leistungsfähigkeit eines Minderjährigen ohne eigene Einkünfte beeinträchtigen. Es fehlt hinsichtlich dieser Kosten aber an der Außergewöhnlichkeit (sie erwachsen schlechthin jedem schulpflichtigen Kind, vgl § 34 Abs 2 EStG). Sie können also von vornherein nicht als außergewöhnliche Belastungen berücksichtigt werden. Die Kosten für eine Kieferregulierung hat dagegen nur ein vergleichsweise kleiner Personenkreis zu tragen, diese Kosten sind also außergewöhnlich, weiters entstehen sie zwangsläufig und beeinträchtigen auch die wirtschaftliche Leistungsfähigkeit, sodass sie eine außergewöhnliche Belastung beim unterhaltsberechtigten Sohn von D darstellen. D kann diese Kosten daher unter Beachtung des Selbstbehalts als außergewöhnliche Belastung im Rahmen ihrer eigenen Steuererklärung geltend machen.

In dem Umfang, in dem die Kosten der Kieferregulierung von einer Krankenversicherung getragen werden, kann D sie nicht als außergewöhnliche Belastung berücksichtigen.

Berufsausbildung des Kindes

Aufwendungen für die **auswärtige Berufsausbildung eines Kindes** sind eine außergewöhnliche Belastung, wenn im Einzugsbereich des Wohnortes keine entsprechende Ausbildungsmöglichkeit besteht. Diese außergewöhnliche Belastung wird durch Abzug eines Pauschbetrages von EUR 110,– pro Monat der Berufsausbildung berücksichtigt (§ 34 Abs 8 EStG). Welches Gebiet noch als Einzugsbereich des Wohnortes zu sehen ist, bestimmen die VO über die Berufsausbildung eines Kindes außerhalb des Wohnortes, BGBl 1995/624 idF BGBl II 2001/449 und die VO über die Erreichbarkeit von Studienorten.

Der in Wien wohnhafte B hat einen unterhaltsberechtigten Sohn, der an der Montanuniversität Leoben Werkstoffwissenschaft studiert. Der Sohn studiert zielstrebig, B hat daher noch Anspruch auf Familienbeihilfe.

Für B besteht die Möglichkeit, Kosten für die auswärtige Berufsausbildung seines Sohnes als außergewöhnliche Belastung zu berücksichtigen. Voraussetzung für die Berücksichtigung des Pauschbetrages gemäß § 34 Abs 8 EStG ist, dass im Einzugsbereich des Wohnortes keine entsprechende Ausbildungsmöglichkeit besteht. Im Einzugsbereich von Wien, der gemäß § 1 der VO 1995/624 idgF jedenfalls nicht mehr als 80 Kilometer beträgt, gibt es keine entsprechende Ausbildungsmöglichkeit, sodass B den Pauschbetrag beanspruchen kann. Der Pauschbetrag steht auch während der Schul- und Studienferien zu (LStR Rz 878).

Variante: Der Sohn von B studiert Rechtswissenschaften in Graz oder Medizin in Innsbruck.
Der Pauschbetrag kann nicht beansprucht werden, weil entsprechende Ausbildungsmöglichkeiten auch in Wien bestehen.

Als außergewöhnliche Belastung können darüber hinaus Aufwendungen für die Betreuung von Kindern bis höchstens EUR 2.300,– pro Kind und pro Kalenderjahr unter bestimmten Voraussetzungen geltend gemacht werden (siehe § 34 Abs 9 EStG):

Kinderbetreuungskosten

Für das Kind muss für mehr als sechs Monate im Jahr ein Kinderabsetzbetrag oder Unterhaltsabsetzbetrag zustehen (vgl § 106 Abs 1 und 2 EStG), es darf zu Beginn des Kalenderjahres das zehnte Lebensjahr noch nicht überschritten haben (Ausnahme bei erheblicher Behinderung), die Betreuung muss durch eine qualifizierte Stelle (öffentliche oder private Institution, Kindergarten) oder durch eine pädagogisch qualifizierte Person, nicht jedoch durch haushaltszugehörige Angehörige, erfolgen.

Zuschüsse des Arbeitgebers zur Betreuung von Kindern unter den Voraussetzungen des § 34 Abs 9 EStG sind unter Beachtung der Auszahlungsmodalitäten des § 3 Abs 1 Z 13 lit b EStG bis zu einem Betrag von höchstens EUR 1000,– pro Kind und Kalenderjahr steuerfrei.

M lebt alleine mit ihrem vierjährigen Sohn und ihrer achtjährigen Tochter, für die sie Familienbeihilfe bezieht. Vormittags besucht der Sohn einen privaten Kindergarten und die Tochter die Volksschule, während am Nachmittag die Großmutter der Kinder, eine pensionierte Einzelhandelskauffrau, in die Wohnung von M zu den Kindern kommt und auf diese aufpasst, weil M ganztägig berufstätig ist. Für den Kindergarten hat M monatlich einen Beitrag von EUR 200,– zu leisten, außerdem bezahlt sie ihrer Mutter als Anerkennung einen Betrag von weiteren EUR 200,– pro Monat.
Für die beiden Kinder, für die Familienbeihilfe zusteht, hat M auch Anspruch auf den Kinderabsetzbetrag (§ 106 Abs 1 iVm § 33 Abs 3 EStG); beide haben das zehnte Lebensjahr noch nicht überschritten. Die Beiträge für den Kindergarten des Sohnes betragen in Summe EUR 2.400,– pro Jahr, von denen M höchstens EUR 2.300,– (§ 34 Abs 9 1. Satz EStG) als außergewöhnliche Belastung berücksichtigen kann. Die Differenz von EUR 100,– sowie allfällige weitere Betreuungskosten für den Sohn

können also nicht angesetzt werden, weil die Kinderbetreuungskosten nur einmalig pro Kalenderjahr und Kind zum Abzug zustehen.

Das Honorar für die Großmutter könnte aber auch für die Tochter von M (anteilig) als Betreuungskosten berücksichtigt werden. Dies würde aber voraussetzen, dass es sich bei der Großmutter nachweisbar um eine „pädagogisch qualifizierte Person" im Sinne von § 34 Abs 9 Z 3 EStG handelt, wovon im Fall einer pensionierten Einzelhandelskauffrau nicht ausgegangen werden kann.

Eine pensionierte Einzelhandelskauffrau könnte bei nachweislicher Absolvierung einer fachlich einschlägigen Ausbildung in einem bestimmten zeitlichen Umfang eine „pädagogisch qualifizierte Person" im Sinne von § 34 Abs 9 EStG darstellen. Könnte die Großmutter der Kinder also eine solche Ausbildung nachweisen, könnte M deren Honorar hinsichtlich ihrer Tochter (anteilig) als Kinderbetreuungskosten berücksichtigen.

Übungsbeispiele

Herr X ist angestellter Bilanzbuchhalter in einer Wirtschaftstreuhand-Kanzlei in Graz, sein Jahresgehalt (brutto) beträgt EUR 60.000,–, er ist verheiratet, hat 2 Kinder und seinen Wohnsitz in Leibnitz. Welche steuerrechtlichen Konsequenzen ergeben sich aus den nachfolgenden Zahlungen und Einnahmen?

a) EUR 100,– zahlt X monatlich an eine Tante, die von der Mindestpension lebt.
b) EUR 450,– zahlt X als Kirchenbeitrag.
c) Vor drei Jahren hat X ein altes Einfamilienhaus erworben (alternativ: ein neues Einfamilienhaus errichtet). Er musste dazu ein Darlehen aufnehmen; seine monatliche Rückzahlung (Annuität) beträgt EUR 1.000,–.
d) EUR 2.500,– musste X für die Wiederbeschaffung von Einrichtungsgegenständen aufwenden, die durch ein Hochwasser zerstört wurden.
e) EUR 3.000,– kostete ein medizinisch notwendiger Kuraufenthalt für die asthmakranke Frau, der von der Versicherung nicht bezahlt wurde. Die Frau ist selbst als Aushilfs-Ordinationshilfe geringfügig beschäftigt. Ihre Einkünfte beliefen sich im betreffenden Jahr auf EUR 3.300,–.
f) EUR 600,– überweist X monatlich jeweils an seine Tochter und an seinen Sohn. Die Tochter studiert an der Montanuniversität in Leoben, der Sohn studiert in Graz.

g) EUR 3.200,– im Jahr entrichtet X für die Krankenzusatzversicherung der ganzen Familie.
h) Für die tägliche Fahrt zur Arbeit erwachsen X im Jahr Kosten von ca EUR 3.000,–.
i) X studiert neben seiner Berufstätigkeit als Bilanzbuchhalter an der Universität Graz Betriebswirtschaftslehre: Pro Semester entrichtet er den ÖH-Beitrag iHv EUR 18,70, für Fachliteratur und Kursunterlagen wendet X EUR 1.000,– auf.

4.8 Berechnung und Erhebung der Einkommensteuer

4.8.1 Steuersatz (Tarif; § 33 EStG)

Der allgemeine Einkommensteuersatz ist in § 33 Abs 1 EStG geregelt. Für Einkommen bis EUR 11.000,– ergibt sich keine Einkommensteuerpflicht (sog einkommensteuerrechtliches Existenzminimum; vgl dazu schon vorher S 50). Bei dem Steuertarif handelt es sich um einen progressiven Staffeltarif.

Steuerpflichtiges Einkommen in EUR pro Jahr, Stufe bis	Steuersatz
11.000	0%
18.000	25%
31.000	35%
60.000	42%
90.000	48%
1.000.000	50%
darüber	55%

Abb 18. Steuertarif

Der Grenzsteuersatz ist jener Steuersatz, der auf weiteres zusätzlich erzieltes Einkommen zur Anwendung kommt, während sich der Durchschnittssteuersatz aus der Division des Steuerbetrages durch die Steuerbemessungsgrundlage ergibt und damit Auskunft darüber gibt, welcher Anteil des Einkommens an Steuern zu zahlen ist.

Grenzsteuersatz

Auf das sich nach Abzug von Sonderausgaben und außergewöhnlichen Belastungen ergebende Einkommen ist der Tarif nach § 33 EStG anzuwenden. Von diesem Betrag sind schließlich die Absetzbeträge des § 33 Abs 2 EStG abzuziehen. Erst das ergibt die Einkommensteuer eines Veranlagungszeitraumes.

Ermittlung der ESt

Die in der Schedule zum besonderen Steuersatz zu besteuernden Einkünfte (Kapitalanlagen, Grundstücksveräußerungen) werden weder bei der Ermittlung des Einkommens der übrigen Einkünfte berücksichtigt noch gelten für sie die Tarifbestimmungen des § 33 EStG noch mindern Absetzbeträge die Steuerschuld auf diese Erträge. Nur wenn der Steuerpflichtige auf Regelbesteuerung optiert, gelten auch für diese Einkünfte die allgemeinen Ermittlungs- und Erhebungsbestimmungen.

4.8.2 Absetzbeträge

Von dem Betrag, der sich aus der Anwendung des Steuertarifs auf das Einkommen ergibt, sind die folgenden Absetzbeträge nach § 33 Abs 4 bis 6 EStG abzuziehen (§ 33 Abs 2 EStG):

Alleinverdienerabsetzbetrag
- Der **Alleinverdienerabsetzbetrag** iHv EUR 494,– pro Jahr zur Berücksichtigung der Unterhaltsbelastung gegenüber dem nicht erwerbstätigen Ehegatten oder eingetragenen Partner steht zu, sofern die Einkünfte des nicht erwerbstätigen Partners nicht mehr als EUR 6.000,– pro Jahr liegen und ein Kind im gemeinsamen Haushalt lebt. Bei einem zweiten Kind erhöht sich der Alleinverdienerabsetzbetrag auf EUR 669,–, für jedes weitere Kind um zusätzlich jeweils EUR 220,–.

Alleinerzieherabsetzbetrag
- Der **Alleinerzieherabsetzbetrag** stellt das Äquivalent zum Alleinverdienerabsetzbetrag für diejenigen Steuerpflichtigen mit mindestens einem Kind dar, die nicht in einer Gemeinschaft mit einem Ehegatten oder eingetragenen Partner leben. Er entspricht in seiner Höhe bzw Staffelung dem Alleinverdienerabsetzbetrag.

Kinderabsetzbetrag
- Der **Kinderabsetzbetrag** iHv EUR 58,40 pro Monat kann beansprucht werden für Kinder, für die auch Anspruch auf Familienbeihilfe besteht; der Kinderabsetzbetrag wird gemeinsam mit der Familienbeihilfe ausbezahlt. Die Familienbeihilfe wird für jeweils zwei Monate innerhalb des ersten Monats durch das Wohnsitzfinanzamt automationsunterstützt ausgezahlt (§ 11 Abs 1 FLAG).

Unterhaltsabsetzbetrag
- Der **Unterhaltsabsetzbetrag** iHv EUR 29,20 pro Monat dient der Berücksichtigung von Belastungen durch unterhaltsberechtigte Kinder, mit denen kein gemeinsamer Haushalt besteht, und für die weder dem Steuerpflichtigen selbst noch dem jeweils von ihnen nicht dauernd getrennt lebenden Ehegatten oder eingetragenen Partner Familienbeihilfe gewährt wird. Für ein zweites Kind steht ein Unterhaltsabsetzbetrag von EUR 43,80 und für jedes weitere Kind ein Absetzbetrag von jeweils EUR 58,40 pro Monat zu. Der Unterhaltsabsetzbetrag ist im Gegensatz zum Kinderabsetzbetrag erst im Nachhinein im Rahmen der Veranlagung bzw Einkommensteuererklärung geltend zu machen.

- Der **Verkehrsabsetzbetrag** iHv EUR 400 pro Jahr dient der Abgeltung des Aufwandes für Fahrten zwischen Wohn- und Arbeitsstätte. Abhängig von der Länge der Wegstrecke und der Möglichkeit, Massenbeförderungsmittel zu nutzen, kann zusätzlich ein Pendlerpauschale (§ 16 Abs 1 Z 6 EStG) als Werbungskosten beansprucht werden. Besteht Anspruch auf ein Pendlerpauschale erhöht sich der Verkehrsabsetzbetrag auf EUR 690 pro Jahr unter der Voraussetzung, dass der Steuerpflichtige nicht mehr als EUR 12.200 verdient; verdient er mehr, kommt die Einschleifregelung zum Tragen (§ 33 Abs 5 Z 2 EStG). Durch Verkehrsabsetzbetrag (gegebenenfalls erhöht), Pendlerpauschale und seit BGBl I 2013/53 den so genannten „Pendlereuro" (§ 33 Abs 5 Z 4 EStG) sind alle Ausgaben für Fahrten zwischen Wohnung und Arbeitsstätte (pauschal) abgegolten.

Verkehrsabsetzbetrag

- Der **Pensionistenabsetzbetrag** iHv grundsätzlich EUR 400,- pro Jahr (höchstens EUR 764,-) steht zu, wenn kein Anspruch auf Verkehrsabsetzbetrag besteht und ein Steuerpflichtiger gleichzeitig aber Bezüge oder Vorteile für frühere Dienstverhältnisse, Pensionen und bestimmte gleichartige Bezüge erhält (vgl § 33 Abs 6 EStG). Der Pensionistenabsetzbetrag vermindert sich gleichmäßig einschleifend zwischen zu versteuernden Pensionsbezügen von EUR 19.930,- und EUR 25.000,- auf Null.

Pensionistenabsetzbetrag

Absetzbeträge werden von der Steuerschuld abgezogen und wirken sich daher für alle Steuerpflichtigen (sofern ihre Einkommensteuerschuld entsprechend hoch ist) gleich aus.

Freibeträge mindern hingegen die Bemessungsgrundlage, dh die Höhe der Einkünfte. Von ihnen profitieren daher jene Steuerpflichtigen mehr, die sich in einer höheren Progressionsstufe befinden.

In einer großen Anwaltskanzlei sind Anwältin A (jährliches Einkommen EUR 60.000,-, sowie die teilzeitbeschäftigte Assistentin S (jährliches Einkommen EUR 20.000,-) angestellt. Beide haben ein minderjähriges Kind, für das sie (unter anderem) Anspruch auf den Alleinerzieherabsetzbetrag gemäß § 33 Abs 4 Z 2 EStG und den **Kinderfreibetrag** (gemäß § 106a Abs 1 1. Teilstrich EStG) haben.
Der Alleinerzieherabsetzbetrag beträgt für (A und S) EUR 494,- und ist vom nach Anwendung der Steuersätze gemäß § 33 Abs 1 EStG sich ergebenden Betrag abzuziehen, er mindert bei beiden in gleicher Höhe die Einkommensteuerschuld. Der Kinderfreibetrag beträgt EUR 440,- und ist von der Bemessungsgrundlage vor Anwendung der Steuersätze gemäß § 33 Abs 1 EStG abzuziehen. Werden aus der Bemessungsgrundlage von Anwältin A, die einem Grenzsteuersatz von 48% unterliegt, EUR 440,- ausgeschieden, beträgt ihre Steuerersparnis 48% dieses Betrages,

während bei Assistentin S, die einem Grenzsteuersatz von 35% unterliegt, die Steuerersparnis nur 35% dieses Betrages ausmacht.

Negative Einkommensteuer Ist die berechnete Einkommensteuer nach Abzug der Absetzbeträge negativ, erhält der berechtigte Steuerpflichtige eine Steuergutschrift in Höhe des Alleinverdiener- oder Alleinerzieherabsetzbetrages (§ 33 Abs 8 Z 1 EStG). Außerdem werden Arbeitnehmern (Einkünfte nach § 25 EStG), welche einen Anspruch auf den Verkehrsabsetzbetrag haben bei einer Einkommensteuer unter null 50% bestimmter Werbungskosten (Kammerbeiträge, Sozialversicherungsbeiträge) als Negativsteuer bis zu einem Betrag von EUR 400,– gutgeschrieben. Bei einem Anspruch auf ein Pendlerpauschale erhöht sich diese Gutschrift um 18% bis zu einem Höchstbetrag von EUR 500,– (§ 33 Abs 8 Z 2 EStG). Bei Anspruch auf den Pensionistenabsetzbetrag ist eine Negativsteuer bis zu EUR 110,– möglich (§ 33 Abs 8 Z 3 EStG). Die Erstattung erfolgt im Wege der Veranlagung (§ 33 Abs 8 Z 5 EStG).

4.8.3 Erhebung der Einkommensteuer

4.8.3.1 Überblick

Die Erhebung der Einkommensteuer erfolgt entweder durch bescheidmäßige Vorschreibung der Steuerschuld im Rahmen der Veranlagung oder durch Selbstberechnung und Selbstentrichtung. Die Selbstberechnung und Entrichtung von Einkommensteuer wird im Regelfall durch einen Dritten (Arbeitgeber, Kreditinstitut, Notar oder Rechtsanwalt) vorgenommen. Nur die besondere Vorauszahlung auf Gewinne aus privaten Grundstücksveräußerungen ist vom Steuerpflichtigen selbst zu berechnen und eigenständig abzuführen.

Veranlagung Veranlagung bedeutet, dass der Steuerpflichtige seine Einkünfte, die Sonderausgaben und die außergewöhnlichen Belastungen mit Hilfe eines Steuererklärungsformulars gegenüber dem zuständigen Finanzamt offenlegt, das dann auf Basis der eingereichten Steuererklärung einen Einkommensteuerbescheid erlässt. Gegebenenfalls erteilt der Steuerpflichtige über seine Angaben im Steuererklärungsformular hinausgehende Informationen, um seiner Offenlegungs- und Wahrheitspflicht vollständig nachzukommen. Im Einkommensteuerbescheid wird die Einkommensteuerschuld festgesetzt, die der Steuerpflichtige an das Finanzamt zu entrichten hat (zur Wirkung des Bescheides und zum Rechtsmittelverfahren vgl genauer Kap 9 *Abgabenverfahrensrecht* S 390).

Selbstberechnung Die Abfuhr durch Dritte ist an die Selbstberechnung der Steuerschuld durch den Dritten gekoppelt. Das bedeutet, dass ein anderer als der Steuerschuldner (Steuerpflichtige) gesetzlich verpflichtet wird, auf die Einkünfte des Steuerpflichtigen die Einkommensteuer selbst zu berechnen und an das Finanzamt abzuführen. Da der Dritte in diesem Zusammenhang eine Aufgabe übernimmt (nämlich die Berechnung der Steuerschuld), die eigentlich der Finanzverwaltung obliegt, und auch zumindest für die Entrichtung haftet (zB § 82 EStG; § 95 Abs 1 EStG; § 30c Abs 3 EStG), muss er in einem „Naheverhältnis" zu den steuerabzugspflichtigen Einkünften stehen. Dies trifft bei den Einkünften aus nichtselbständiger Arbeit für den Arbeitgeber hinsichtlich jener Zahlungen zu, die er an seine Arbeitnehmer leistet; bei den Einkünften aus Kapitalvermögen für die auszahlende Stelle, wenn es sich um Einkünfte aus der Überlassung von Kapital handelt (zB Sparbuch bei einer Bank, Gewinnausschüttung aus einer GmbH) und bei den Einkünften aus realisierten Wertsteigerungen für die auszahlende Stelle, wenn sie die Realisierung abwickelt (zB Aktien, die über ein Bankdepot gehalten und von der Bank verkauft werden). Bei den Einkünften aus privaten Grundstücksveräußerungen besteht dieses Naheverhältnis nach dem Verständnis des Gesetzgebers dann, wenn ein Notar oder Anwalt auch die Selbstberechnung der Grunderwerbsteuer übernommen hat. In all diesen Fällen ist von einem Dritten Lohnsteuer, Kapitalertragsteuer oder Immobilienertragsteuer im Namen und für Rechnung des Steuerpflichtigen einzubehalten und an das Finanzamt abzuführen.

4.8.3.2 Veranlagung

Die Veranlagung zur Einkommensteuer ist die übliche Form der Erhebung der Einkommensteuer (vgl § 39 Abs 1 EStG). Veranlagungszeitraum ist das Kalenderjahr (§ 39 Abs 1 EStG). Der Einkommensteuer wird also das Einkommen zugrunde gelegt, welches der Steuerpflichtige in einem Veranlagungszeitraum bezogen hat. **Veranlagung als Grundsatz**

Zum Zweck der Veranlagung hat der Steuerpflichtige eine Einkommensteuererklärung bis spätestens zum 30. Juni des Folgejahres einzureichen, wenn die Einreichung auf elektronischem Weg erfolgt (§ 42 Abs 1 EStG iVm § 134 Abs 1 BAO). Ist die Einreichung auf elektronischem Weg nicht zumutbar, so hat sie bis zum 30. April des auf den Veranlagungszeitraum folgenden Kalenderjahres zu erfolgen (diesfalls in Papierform). Im Einzelfall ist eine Fristerstreckung auf Antrag möglich (§ 134 Abs 2 BAO). Wird die Frist nicht eingehalten, kann ein Verspätungszuschlag von bis zu 10% der festgesetzten Abgaben auferlegt werden (§ 135 BAO). **Fristen**

In Österreich sind nach der FinanzOnline-Erklärungsverordnung (FOnErklV, BGBl II 2006/512 idF BGBl II 2013/40) alle Steuerpflichtigen zur elektronischen Einreichung ihrer Steuererklärung verpflichtet, es sei denn, dies ist ihnen nicht zumutbar. Verfügt ein Steuerpflichtiger über einen Internetzugang und ist er wegen Überschreitens der Umsatzgrenze zur Abgabe von Umsatzsteuervoranmeldungen verpflichtet, ist ihm die elektronische Einreichung zumutbar (§ 2 FOnErklV). Das elektronische Portal, über das die Einreichung erfolgt, heißt „FinanzOnline". Details zur elektronischen Einreichung regeln einerseits die BAO und andererseits die FinanzOnline-Verordnung 2006 (FOnV 2006, BGBl II 2006/97 idF BGBl II 2016/46). Dieses Portals bedienen sich sowohl nicht durch einen berufsmäßigen Parteienvertreter vertretene Personen als auch die berufsmäßigen Parteienvertreter selbst.

Steuererklärungspflicht

Der Steuerpflichtige hat nach Maßgabe des § 42 EStG eine Einkommensteuererklärung abzugeben.

Unabhängig von der Höhe des Einkommens ist eine Erklärung jedenfalls abzugeben,
- wenn der Steuerpflichtige vom Finanzamt dazu aufgefordert wird (§ 42 Abs 1 Z 1 EStG);
- wenn das Einkommen ganz oder teilweise aus betrieblichen Einkünften bestanden hat und der Gewinn durch Betriebsvermögensvergleich ermittelt wurde oder zu ermitteln war (§ 42 Abs 1 Z 2 EStG);
- wenn Einkünfte aus Kapitalvermögen im Sinne des § 27a Abs 1 EStG oder entsprechende betriebliche Einkünfte vorliegen, die keinem Kapitalertragsteuerabzug unterliegen, es sei denn, eine Regelbesteuerung iSv § 27a Abs 5 EStG ergäbe keine Steuerpflicht (§ 42 Abs 1 Z 4 EStG; zur Besteuerung dieser Einkünfte vgl im Detail vorher 4.4.3) oder
- wenn Einkünfte aus privaten Grundstücksveräußerungen im Sinne des § 30 EStG erzielt wurden, für die keine Immobilienertragsteuer gem § 30c Abs 2 EStG entrichtet wurde, oder wenn keine Abgeltung gem § 30b Abs 2 EStG gegeben ist (§ 42 Abs 1 Z 5 EStG; zu Besteuerung dieser Einkünfte im Detail vgl vorher S 159).

Abhängig von der Höhe des Einkommens besteht Erklärungspflicht,
- wenn das Einkommen, in dem keine lohnsteuerpflichtigen Einkünfte enthalten sind, mehr als EUR 11.000,– beträgt (§ 42 Abs 1 Z 3 EStG);

- wenn in dem Einkommen einerseits lohnsteuerpflichtige Einkünfte enthalten sind und das zu veranlagende Einkommen insgesamt mehr als EUR 12.000,– betragen hat, und wenn andererseits
  a) der Steuerpflichtige zusätzlich andere Einkünfte bezogen hat, deren Gesamtbetrag EUR 730,– übersteigt (§ 42 Abs 1 Z 3 iVm § 41 Abs 1 Z 1 EStG), oder
  b) in einem Kalenderjahr zumindest zeitweise gleichzeitig zwei oder mehrere lohnsteuerpflichtige Einkünfte, die beim Lohnsteuerabzug gesondert versteuert wurden, bezogen hat (§ 42 Abs 1 Z 3 iVm § 41 Abs 1 Z 2 EStG), oder
  c) bestimmte in § 41 Abs 1 Z 5 EStG genannte Freibeträge (zB Alleinverdiener- oder Alleinerzieherabsetzbetrag) unzulässigerweise berücksichtigt wurden (§ 42 Abs 1 Z 3 iVm § 41 Abs 1 Z 5 EStG), oder
  d) der Arbeitnehmer eine unrichtige Erklärung abgegeben hat oder seiner Meldepflicht nach § 16 Abs 1 Z 6 EStG nicht nachgekommen ist (§ 42 Abs 1 Z 3 iVm § 41 Abs 1 Z 6 EStG);
  e) oder der Arbeitnehmer in den Fällen des § 41 Abs 1 Z 7 EStG eine unrichtige Erklärung abgegeben hat.

Arbeitnehmerveranlagung

Bezieht ein Arbeitnehmer neben den lohnsteuerpflichtigen Einkünften andere Einkünfte, deren Gesamtbetrag EUR 730,– übersteigt, oder bezieht er Arbeitslohn von mehreren Dienstgebern oder möchte er Werbungskosten, Sonderausgaben oder außergewöhnliche Belastungen geltend machen, hat er eine Einkommensteuererklärung abzugeben und wird zur Einkommensteuer veranlagt. Die vom Arbeitgeber abgeführte Lohnsteuer wird auf die Einkommensteuerschuld angerechnet.

Abgesehen von dem Fall, dass die nicht lohnsteuerpflichtigen Einkünfte EUR 730,– übersteigen, hat der Arbeitnehmer für seine Erklärung ein eigenes „Arbeitnehmer-Veranlagungsformular" zu verwenden (sog **Arbeitnehmerveranlagung**). Gibt der Steuerpflichtige freiwillig eine Steuererklärung ab (dh außerhalb der Fälle des § 41 Abs 1 EStG), weil er etwa Sonderausgaben, außergewöhnliche Belastungen oder vom Arbeitgeber nicht berücksichtigte Werbungskosten hatte, kann er einen entsprechenden Antrag bis zum Ablauf von fünf Jahren ab dem Ende des jeweiligen Veranlagungszeitraumes stellen (§ 41 Abs 2 Z 1 EStG).

Unter bestimmten Voraussetzungen hat das Finanzamt bei lohnsteuerpflichtigen Arbeitnehmern eine antragslose Pflichtveranlagung (von Amts wegen) vorzunehmen (siehe im Detail § 41 Abs 2 Z 2 und Z 2a EStG).

Die Angaben des Steuerpflichtigen werden im Rahmen der Arbeitnehmerveranlagung in der Regel bloß einer Plausibilitätskontrolle unterzogen. Auf Grund einer Risikoanalyse wird ein bestimmter Teil der Erklärungen vor Bescheiderlassung genauer kontrolliert, wobei es zB zu telefonischen oder schriftlichen Rückfragen und zur Anforderung von Unterlagen kommt. Auch nach Bescheiderlassung kommt es zum Teil zu solchen Kontrollen. Erweist sich ein bereits erlassener Bescheid als nicht richtig, kann er gem § 299 BAO innerhalb eines Jahres aufgehoben werden (vgl dazu später Kap Abgabenverfahren S 425) bzw bei Hervorkommen eines Wiederaufnahmegrundes (§ 303 BAO; vgl dazu später S 426) innerhalb der Verjährungsfrist aufgerollt werden.

Der Studierende A arbeitet während der Sommermonate in einer Rechtsanwaltskanzlei. Diese bezahlt ihm für seine Tätigkeit EUR 1.500,– pro Monat. Ansonsten erzielt A keine Einkünfte.
Die Ermittlungsbasis des Lohnsteuertarifs ist das hochgerechnete Jahreseinkommen. Dazu wird der laufende Arbeitslohn, abzüglich der Werbungskosten, die sich auf den Lohnzahlungszeitraum beziehen, mit dem Hochrechnungsfaktor (bei Monatslohn Hochrechnungsfaktor 12) multipliziert. Davon sind auf das gesamte Jahr bezogene Beträge (zB laut Freibetragsbescheid) abzuziehen. Der Arbeitgeber hat die so berechnete Lohnsteuer einzubehalten und abzuführen.
Bis zu einem Einkommen von EUR 11.000,– beträgt die Einkommensteuer EUR 0,–. Tatsächlich übersteigt das Jahreseinkommen des A diese EUR 11.000,– nicht. Um die „zu viel" entrichtete Lohnsteuer zurückzubekommen, kann er bis zum Ablauf des fünften Jahres nach Ende des Veranlagungszeitraums eine Erklärung (Arbeitnehmerveranlagung) gem § 41 Abs 2 Z 1 EStG abgeben. A wird dann zur Einkommensteuer veranlagt, die bereits durch den Arbeitgeber entrichtete Lohnsteuer wird erstattet. Sollte das Finanzamt dem A zuvorkommen und bereits automatisch eine Veranlagung nach § 41 Abs 2 Z 2 durchgeführt haben, könnte A trotzdem die Veranlagung beantragen (zB weil er weitere Werbungskosten, Sonderausgaben oder außergewöhnliche Belastungen berücksichtigen lassen möchte): Das Finanzamt würde dann den automatisch ergangenen Bescheid (die erste Veranlagung) aufheben und auf Grundlage der von A nachgereichten Angaben einen neuen Bescheid erlassen (§ 41 Abs 2 Z 2 lit c EStG).

Einkommensteuerbescheid
Einkommensteuervorauszahlung

Auf Basis der eingereichten Steuererklärung führt die Abgabenbehörde das **Veranlagungsverfahren** durch und erlässt einen Einkommensteuerbescheid, mit dem die geschuldete Einkommensteuer festgesetzt wird. Gleichzeitig erlässt sie einen **Vorauszahlungsbescheid**, mit dem dem Steuerpflichtigen – auf Basis des Einkommensteuerbescheides des vorangegangenen Veranlagungszeitraumes – eine Einkommensteuer für den laufenden Veranlagungszeitraum vorgeschrieben wird. Diese Einkommensteuervorauszahlung ist vierteljährlich zu entrichten und entspricht jeweils in etwa einem Viertel der Einkommensteuerschuld des vorangegangenen Jahres zzgl bestimmter Erhöhungsbeträge (vgl im Detail § 45 EStG).

Die Einkommensteuervorauszahlungen sind am 15. Februar, 15. Mai, 15. August und am 15. November fällig. Die Vorauszahlungen werden auf die Einkommensteuerschuld angerechnet.

Ergibt sich aus der Differenz von Einkommensteuerschuld und Vorauszahlungen sowie allfälligen Steuerabzugsbeträgen, die nicht im Rahmen einer Schedulenbesteuerung abgeführt wurden (va die Lohnsteuer, aber auch die Kapitalertragsteuer und die ImmoESt nach Ausübung der Regelbesteuerungsoption) eine Zahllast, ist diese binnen eines Monats nach Zustellung des Einkommensteuerbescheides fällig (§ 210 BAO). Ist die Einkommensteuerschuld niedriger als die vorausbezahlten und einbehaltenen Steuerbeträge, wird der Unterschiedsbetrag gutgeschrieben (§ 46 Abs 2 EStG, § 213 BAO).

Zahllast

Für Lohnsteuerpflichtige sind in der Regel Vorauszahlungen nicht festzusetzen (§ 45 Abs 1 Satz 3 EStG).

4.8.3.3 Selbstberechnung und Abfuhr durch Dritte

Im Fall der Selbstberechnung und Abfuhr durch Dritte ergeht nur in den Fällen des § 201 BAO ein Steuerbescheid. Der Abfuhrverpflichtete haftet regelmäßig für die richtige und zeitgerechte Abfuhr der Abgaben. Im Fall der Lohnsteuer ist bei Unregelmäßigkeiten sogar in erster Linie der Arbeitgeber und damit der Abfuhrverpflichtete und nicht der Steuerschuldner (Arbeitnehmer) zur Entrichtung der richtigen Abgabenschuld verpflichtet (§ 82 iVm § 83 EStG).

Die Einkommensteuer wird bei im Inland bezogenen Einkünften aus nichtselbständiger Arbeit (Lohnsteuer, vgl dazu schon vorher S 126), bei bestimmten Kapitalerträgen (KESt; vgl dazu schon S 137), in bestimmten Fällen auf Gewinne aus der Veräußerung von Grundstücken (ImmoESt; vgl dazu schon S 159) sowie bei bestimmten Einkünften beschränkt Steuerpflichtiger (vgl dazu später S 282) von einem beteiligten Dritten entrichtet. In allen Fällen handelt es sich nicht um eigene Steuern, sondern um eine Erhebungsform der Einkommensteuer. Eine Veranlagungspflicht trifft Steuerpflichtige, deren Steuern durch Dritte entrichtet wurden, nur in den gesetzlich vorgesehenen Fällen. Kommt die Veranlagungspflicht zum Tragen oder optiert der Steuerpflichtige auf Veranlagung, wird die vom Dritten entrichtete Steuer auf die veranlagte Einkommensteuerschuld angerechnet.

Zusammenfassendes Übungsbeispiel

Anna M. handelt mit Möbeln und Wohnaccessoires aus dem asiatischen Raum. Das Geschäft floriert bereits seit mehreren Jahren und beschert ihr jährlich und konstant Umsätze von rund 1 Mio Euro. Anna M. unterhält einerseits ein Geschäftslokal in prominenter Lage in Graz, andererseits bietet sie ihre Produkte über das Internet an. Sie hat insgesamt fünf MitarbeiterInnen, die in einem Dienstverhältnis zu ihr stehen.

Stellen Sie zunächst fest, welche Einkünfte Anna M. durch ihre Handelstätigkeit erzielt und wie sie ihren Gewinn ermittelt. Begründen Sie Ihre Antwort.

Wie wirken sich die nachfolgenden Geschäftsvorfälle auf den Gewinn von Anna M. aus?

a) Anna bezahlt im Jahr 2016 EUR 100.000,– an Gehältern an ihre MitarbeiterInnen. Welche steuerlichen Pflichten treffen Anna M. in diesem Zusammenhang und wie wirken sich diese auf ihren steuerlichen Gewinn aus?

b) Eine Lieferung aus Asien, die im Jahr 2015 um EUR 15.000,– angeschafft wurde, befindet sich im Jahr 2016 noch immer auf Lager. Inzwischen hat sich ein seltener tropischer Schimmelpilz auf der Ware ausgebreitet, sodass sie nur mehr sehr günstig verkauft werden kann. Würde Anna M. die Ware in diesem Zustand in Asien kaufen, müsste sie nur EUR 5.000,– dafür bezahlen. Verkaufen wird sie sie jedoch um etwa EUR 9.000,– können.

c) Anna M. kauft sich ein repräsentatives Auto um EUR 59.000,–, das sie zu 70% im Rahmen ihres „Geschäfts" nutzt, die übrige Zeit verwendet sie das Auto für Privatfahrten.

d) Im Anlagevermögen der Anna M. befinden sich Aktien und Anleihen. Die Anleihen verkauft Anna M. mit einem Gewinn von EUR 10.000,–, die Aktien hat sie zu einem Kurs von 20.000,– angeschafft, am 31. 12. 2016 ist der Kurs auf EUR 8.000,– gesunken. Es ist davon auszugehen, dass sich der Aktienkurs in absehbarer Zeit nicht erholen wird.

4.9 Besteuerung von Mitunternehmerschaften (Personengesellschaften)

4.9.1 Grundsätze

Mitunternehmerschaften (Offene Gesellschaft, Kommanditgesellschaft, atypische stille Gesellschaft) sind keine Steuersubjekte der Einkommen- oder Körperschaftsteuer. Nach bürgerlichem Recht genießen sie jedoch – mit Ausnahme der atypisch stillen Gesellschaft – Rechtspersönlichkeit.

Kein Ertragsteuersubjekt

Die ertragsteuerrechtliche Behandlung von Personengesellschaften unterscheidet sich wesentlich vom Unternehmensrecht. Während nach dem Unternehmensrecht die Personengesellschaft als Unternehmerin und Rechtsträgerin des Unternehmens anzusehen ist (die Bilanz wird für die Gesellschaft erstellt), geht das Steuerrecht davon aus, dass die Gesellschafter – im Umfang ihrer jeweiligen Beteiligung an der Gesellschaft – miteinander das Unternehmen betreiben. Daher bezeichnet das EStG die Gesellschafter von betrieblich tätigen Personengesellschaften als Mitunternehmer. Die Personengesellschaft wird daher als Mitunternehmerschaft bezeichnet.

Zu den Einkünften aus sämtlichen betrieblichen Einkunftsarten zählen daher auch die „Gewinnanteile der Gesellschafter von Gesellschaften, bei denen die Gesellschafter als Mitunternehmer anzusehen sind, sowie die Vergütungen, die die Gesellschafter von der Gesellschaft für ihre Tätigkeit im Dienste der Gesellschaft oder für die Hingabe von Darlehen oder für die Überlassung von Wirtschaftsgütern bezogen haben" (vgl § 21 Abs 2 Z 2 EStG – Einkünfte aus Land- und Forstwirtschaft; § 22 Z 3 EStG – Einkünfte aus selbständiger Arbeit; § 23 Z 2 EStG – Einkünfte aus Gewerbebetrieb). Das bedeutet, dass die Gewinne von Mitunternehmerschaften ertragsteuerrechtlich nicht der Gesellschaft, sondern unmittelbar den Gesellschaftern zugerechnet werden. Die angeführten Rechtsbeziehungen zwischen Personengesellschaften und ihren Gesellschaftern werden ertragsteuerrechtlich grundsätzlich nicht anerkannt.

Die Personengesellschaft ist zwar kein Ertragsteuersubjekt, sie kann aber Unternehmerin im Sinne des Umsatzsteuergesetzes und damit auch Schuldnerin der Umsatzsteuer sein. Da sie Arbeitgeberin sein kann, kann sie auch Abfuhrverpflichtete der Lohnsteuer und des Wohnbauförderungsbeitrages sowie Schuldnerin von Kommunalsteuer und Dienstgeberbeitrag nach dem FLAG sein. Sie kann auch Schuldnerin von Verkehrssteuern (zB GrESt) sein.

Durchgriffs- oder Transparenzprinzip

Technisch wird der von der Mitunternehmerschaft erwirtschaftete Gewinn (Verlust) zunächst als einheitliche Größe auf Ebene der Gesellschaft ermittelt. Insofern ist die Mitunternehmerschaft Gewinnermittlungssubjekt. Dieser Gewinn (Verlust) wird im Bilanzierungszeitpunkt ertragsteuerrechtlich aber nicht der Gesellschaft, sondern unmittelbar den Gesellschaftern (anteilig) zugerechnet (vgl § 188 BAO) und führt bei diesen unabhängig von der Ausbezahlung eines etwaigen Gewinnanteils unmittelbar zu den jeweiligen betrieblichen Einkünften (**sog Durchgriffs- oder Transparenzprinzip**). Dem Transparenzprinzip entsprechend werden zivilrechtlich zulässige Leistungsbeziehungen zwischen Gesellschaftern und ihren Personengesellschaften nur anerkannt, wenn der Gesellschafter aus einem eigenständigen, von der Personengesellschaft unabhängigen Betrieb leistet.

Der Gesellschafter einer KG überlässt der KG ein Grundstück und erhält dafür eine Vergütung von EUR 10.000,– pro Jahr.
Zivilrechtlich können der Gesellschafter und die KG einen Mietvertrag abschließen. Die Bezahlung des Mietzinses mindert als Aufwand auch den unternehmensrechtlichen Gewinn der KG. Aus steuerrechtlicher Sicht ist ein Leistungsaustausch zwischen der KG und dem Gesellschafter nicht möglich, weil aus steuerrechtlicher Sicht der Gesellschafter der KG selbst ein Teil der KG ist (der Einzelunternehmer kann mit sich selbst auch keinen steuerwirksamen Mietvertrag abschließen). Die unternehmensrechtlich als Aufwand abgezogene Mietzahlung ist daher steuerrechtlich dem Gewinnanteil des vermietenden Gesellschafters als sog „Gewinnvorweg" hinzuzurechnen und zählt zu seinen Einkünften aus der Mitunternehmerschaft.

Eine Mitunternehmerschaft liegt auch vor, wenn an einer Personengesellschaft eine Kapitalgesellschaft beteiligt ist. Auch hier gilt daher das Durchgriffsprinzip, weshalb der Gewinn der Mitunternehmerschaft anteilig der Kapitalgesellschaft als Gesellschafterin zuzurechnen ist. Deren Gewinnanteil unterliegt dann der Körperschaftsteuer (vgl dazu später Kap *Körperschaftsteuer* 230). Eine besondere gesellschaftsrechtliche Mischform ist in diesem Zusammenhang die GmbH & Co KG. Der GmbH kommt dabei regelmäßig die Aufgabe der Komplementärin, der unbeschränkt haftenden Gesellschafterin, zu. Bei der GmbH & Co KG handelt es um eine Gesellschaftsform, durch die die persönliche Haftung der dahinter stehenden natürlichen Personen beschränkt werden kann (einerseits durch die Beschränkung der Haftung des Kommanditisten auf seine Einlage, andererseits durch die Beschränkung der Haftung der Komplementär-GmbH durch ihre

Rechtsform auf ihr Stammkapital). Steuerrechtlich wird die GmbH & Co KG weiterhin als Mitunternehmerschaft behandelt.

Der Gewinn- oder Verlustanteil, der dem jeweiligen Gesellschafter aus der Mitunternehmerschaft zuzurechnen ist, ist bei ihm wie gewöhnliche Einkünfte aus der jeweiligen betrieblichen Einkunftsart zu besteuern. Ergibt sich für einen Gesellschafter aus seiner Beteiligung ein Verlust, kann er diesen unter Beachtung der allgemeinen Verlustverrechnungsbeschränkungen (vgl dazu vorher S 183) mit anderen positiven Einkünften ausgleichen, andernfalls vortragen und in späteren Perioden als Sonderausgabe abziehen.

4.9.2 Einkunftsarten und Einkünfteermittlung

Obwohl die Mitunternehmerschaft für ertragsteuerrechtliche Zwecke kein eigenes Steuersubjekt ist, kommt ihr insofern Rechtspersönlichkeit zu, als der steuerrechtliche Gewinn der Mitunternehmerschaft und die Gewinnanteile der Gesellschafter unter Berücksichtigung der steuerrechtlich nicht anerkannten Leistungsbeziehungen zunächst auf Ebene der Gesellschaft zu ermitteln sind (funktional betrachtet ist sie „Gewinnermittlungssubjekt" aber nicht Steuersubjekt). Die Art der Tätigkeit der Gesellschaft bestimmt die Einkunftsart der Mitunternehmer, wenn sie natürliche Personen sind.

Subjekt der Gewinnermittlung

Der Gesellschafter einer gewerblich tätigen KG bezieht Einkünfte aus Gewerbebetrieb. Ein Steuerberater, der Gesellschafter einer Wirtschaftstreuhand-OG ist, erzielt Einkünfte aus selbständiger Arbeit.

Eine Mitunternehmerschaft kann nur Einkünfte aus einer einzigen betrieblichen Einkunftsart haben. Anders als die Tätigkeiten einer natürlichen Person können die Tätigkeiten einer Mitunternehmerschaft stets nur einheitlich einer Einkunftsart zugeordnet werden. Entfaltet eine Mitunternehmerschaft verschiedene Aktivitäten, aus denen sie Einkünfte erzielt und die jeweils für sich genommen unterschiedlichen Einkunftsarten zuzuordnen wären, und ist eine der Tätigkeiten den Einkünften aus Gewerbebetrieb zuzuordnen, so liegen insgesamt Einkünfte aus Gewerbebetrieb vor (§ 2 Abs 4 UnterAbs 2 EStG). Eine an sich gewerbliche Tätigkeit verliert aber ihren gewerblichen Charakter, wenn sie in einem untrennbaren Zusammenhang mit einer im Vordergrund stehenden land- und forstwirtschaftlichen oder freiberuflichen Tätigkeit steht; die Tätigkeit ist dann auch für eine Personengesellschaft einheitlich als land- und forstwirtschaftlich oder freiberuflich zu qualifizieren (EStR Rz 5832).

Einkunftsarten

Ermittlung der Einkünfte

Die Art der Einkünfte bestimmt die Form der Gewinnermittlung. Gegenüber Einzelunternehmen gibt es diesbezüglich keine Unterschiede. Einkünfte aus Mitunternehmerschaften sind daher wie folgt zu ermitteln:

- Ist eine Personengesellschaft nach § 189 UGB rechnungslegungspflichtig und erzielt sie Einkünfte aus **Gewerbebetrieb**, hat die Mitunternehmerschaft ihren Gewinn nach § 5 Abs 1 EStG zu ermitteln.
- Ist eine gewerblich tätige Mitunternehmerschaft nicht nach UGB rechnungslegungspflichtig, ermittelt sie ihren Gewinn entweder freiwillig durch doppelte Buchführung gem § 4 Abs 1 EStG oder durch Einnahmen-Ausgaben-Rechnung gem § 4 Abs 3 EStG.
- Mitunternehmerschaften, die Einkünfte aus **Land- und Forstwirtschaft** beziehen, sind nach Maßgabe des § 125 BAO zur steuerrechtlichen Führung von Büchern verpflichtet. Freiwillig ist eine Buchführung nach § 4 Abs 1 EStG stets möglich. Andernfalls ermitteln sie ihren Gewinn durch Einnahmen-Ausgaben-Rechnung gem § 4 Abs 3 EStG.
- Mitunternehmerschaften mit **Einkünften aus selbständiger Arbeit** ermitteln den Gewinn grundsätzlich durch eine Einnahmen-Ausgaben-Rechnung (§ 4 Abs 3 EStG) ermitteln. Freiwillig können Bücher nach § 4 Abs 1 EStG geführt werden.
- Eine bloß **vermögensverwaltende Personengesellschaft** ist keine Mitunternehmerschaft; sie bezieht außerbetriebliche Einkünfte nach den § 27 bis § 29 EStG, die als Überschuss der Einnahmen über die Werbungskosten zu ermitteln sind. Die Einkünfte werden den Gesellschaftern im Umfang ihrer Beteiligung zugerechnet. Nach UGB besteht für derartige Gesellschaften nur dann eine Pflicht zur Rechnungslegung, wenn keine natürliche Person als vollhaftender Gesellschafter an der Personengesellschaft beteiligt ist und die Gesellschaft ein Unternehmen iSd UGB betreibt (§ 189 Abs 1 Z 2 iVm Abs 4 UGB).

Investitionsbegünstigungen und Freibeträge (zB § 4 Abs 4 Z 4, 8 und 10, § 12, § 108c EStG), die Einfluss auf die Höhe des Gewinnes haben, sind von der Mitunternehmerschaft einheitlich für alle Gesellschafter in Anspruch zu nehmen.

Tarifbegünstigungen (zB § 37 Abs 2 und 5 EStG) sind entsprechend dem Durchgriffsprinzip individuell von den Gesellschaftern in Anspruch zu nehmen. Der **Gewinnfreibetrag** steht etwa dem einzelnen Mitunternehmer nach Maßgabe seines Beteiligungsverhältnisses zu (vgl zum Gewinnfreibetrag vorher S 119).

4.9.3 Gründung einer Mitunternehmergesellschaft aus ertragsteuerrechtlicher Sicht

Die Gründung einer Personengesellschaft ist aus ertragsteuerrechtlicher Sicht mit der Gründung eines (Teil-)Einzelunternehmens vergleichbar. Tätigt der Gesellschafter eine Einlage in das Betriebsvermögen, so ist dieser Vorgang so zu behandeln als würde er eine Einlage in ein Einzelunternehmen tätigen. Die Gewährung von Gesellschaftsrechten an den Gesellschafter hat somit keine ertragsteuerrechtlichen Folgen. Der Gegenstand wird zum Betriebsvermögen der Mitunternehmerschaft und ist dort zu bilanzieren.

4.9.4 Überlassung von Wirtschaftsgütern durch den Gesellschafter zur Nutzung

Überlässt ein Mitunternehmer einer Mitunternehmerschaft einen Gegenstand nur zur Nutzung, liegt keine Einlage in das Betriebsvermögen des Mitunternehmers vor. Unabhängig davon, ob der Mitunternehmer für die Nutzungsüberlassung ein Entgelt erhält, bleibt der Gegenstand im Eigentum des Mitunternehmers. Aufwendungen im Zusammenhang mit dem Gegenstand sind daher betrieblich veranlasst und müssen zum Abzug zugelassen sein. Dies ermöglicht das Institut des Sonderbetriebsvermögens.

Zum Sonderbetriebsvermögen I gehören jene Wirtschaftsgüter, die nicht zum Gesellschaftsvermögen der Mitunternehmerschaft zählen, sondern im Allein- oder Miteigentum eines oder mehrerer Gesellschafter stehen, die der Gesellschaft entgeltlich oder unentgeltlich zur Nutzung überlassen werden und die der Personengesellschaft unmittelbar dienen. Die Aufwendungen und Wertänderungen im Zusammenhang mit dem Sonderbetriebsvermögen wirken sich nur auf den Gewinnanteil jenes Gesellschafters aus, in dessen wirtschaftlichem Eigentum das Wirtschaftsgut steht.

Sonderbetriebsvermögen I

Da die Gesellschaft nicht wirtschaftliche Eigentümerin des Wirtschaftsgutes ist, scheint das Sonderbetriebsvermögen nicht in der Unternehmensbilanz der Gesellschaft auf. Es ist in einer steuerrechtlichen Sonderbilanz (Ergänzungsbilanz) des Gesellschafters auszuweisen. Aufwendungen im Zusammenhang mit dem Sonderbetriebsvermögen werden als Sonderbetriebsausgaben bezeichnet. Erhält der Gesellschafter für die Überlassung eines Sonderbetriebsvermögens an die Gesellschaft ein Entgelt, stellt dieses einen so genannten Gewinnvorweg bzw eine Sonderbetriebseinnahme dar, die seinem Gewinnanteil hinzuzurechnen ist.

Beispiele für Sonderbetriebsvermögen:
- ein zur Nutzung überlassenes Grundstück;
- ein Darlehen, das der Gesellschafter aufgenommen und der Gesellschaft für betriebliche Zwecke zur Verfügung gestellt hat;
- Verbindlichkeiten, mit denen Sonderbetriebsvermögen finanziert wird.

Sonderbetriebsvermögen II

Vom Sonderbetriebsvermögen I zu unterscheiden ist das sog Sonderbetriebsvermögen II. Dabei handelt es sich um Wirtschaftsgüter, die im Eigentum des Gesellschafters stehen und der mitunternehmerischen Beteiligung des Gesellschafters dienen. Dazu gehört zum Beispiel das Darlehen, das der Gesellschafter zur Finanzierung seiner Beteiligung aufgenommen hat. Als Sonderbetriebsvermögen II ist es in der Ergänzungsbilanz auszuweisen. Die Darlehenszinsen sind Sonderbetriebsausgaben, die den Gewinnanteil des betreffenden Gesellschafters verringern.

4.9.5 Leistungsvergütungen der Mitunternehmerschaft an den Mitunternehmer

Neben den Gewinnanteilen aus Mitunternehmerschaften zählen auch die Vergütungen, die die Mitunternehmer von der Gesellschaft

- für ihre Tätigkeit im Dienste der Gesellschaft oder
- für die Hingabe von Darlehen oder
- für die Überlassung von Wirtschaftsgütern

erhalten, zu den Einkünften aus den betrieblichen Einkünften des Mitunternehmers im Zusammenhang mit seiner Beteiligung (§ 21 Abs 2 Z 2, § 22 Z 3 und § 23 Z 2 EStG).

Diese Leistungsbeziehungen zwischen Gesellschaft und Gesellschafter sind zivilrechtlich zulässig. Die von der Gesellschaft entrichteten Vergütungen an den Gesellschafter mindern daher den unternehmensrechtlichen Gewinn der Gesellschaft. Ertragsteuerrechtlich wird der Aufwand jedoch nicht anerkannt, sondern dem Gesellschafter als Gewinnvorweg oder Sonderbetriebseinnahme zugerechnet. Aufwendungen, die der Gesellschafter hatte, um die Leistung erbringen zu können, sind als Sonderbetriebsausgaben abzugsfähig. Sie sind von der Gesellschaft bei Ermittlung des Gewinnanteils des Mitunternehmers zu berücksichtigen.

Dies entspricht dem ertragsteuerrechtlichen Konzept von Mitunternehmerschaften, die aus der Sicht des Ertragsteuerrechts gar kein Steuersubjekt sind. Da die Mitunternehmer und die Mitunternehmerschaft aus ertragsteuerrechtlicher Sicht eine Einheit darstellen, können Vergütungen an einen Mitunternehmer auch nicht Aufwand der Mitunternehmerschaft sein. Sie sind aber, weil sie nur einem und nicht allen Mitunternehmern zugutekommen, nur bei diesem einen Mitunternehmer gewinnwirksam, indem sie seinem Gewinnanteil als Sonderbetriebseinnahmen hinzugerechnet werden.

Leistungsbeziehungen zwischen Mitunternehmern und der Mitunternehmerschaft werden steuerrechtlich anerkannt, wenn sie zwischen der Mitunternehmerschaft und einem eigenen Betrieb des Gesellschafters bestehen und unter fremdüblichen Bedingungen abgewickelt werden. Diese Aufwendungen stellen dann bei der Mitunternehmerschaft Betriebsausgaben dar und sind im Betrieb des Gesellschafters als Betriebseinnahmen zu erfassen.

Auch die **entgeltliche Übertragung** von Wirtschaftsgütern aus dem Privat- oder Sonderbetriebsvermögen des Mitunternehmers in das Betriebsvermögen der Mitunternehmerschaft ist steuerrechtlich anerkannt. Sie führt also zu Betriebsausgaben auf Ebene der Gesellschaft und gegebenenfalls zu vom Mitunternehmeranteil unabhängigen Einkünften beim Gesellschafter, sofern sie unter fremdüblichen Bedingungen erfolgt. Erfolgt ein grundsätzlich steuerrechtlich anerkannter Leistungsaustausch zu nicht fremdüblichen Bedingungen, liegt im Umfang des überhöhten Entgelts ein Gewinnvorweg des Mitunternehmers vor.

1. Kommanditist A überlässt der AB-KG ein Grundstück zur Nutzung und erhält dafür ein überhöhtes/fremdübliches Nutzungsentgelt.
   Die zivilrechtlich anerkannte Nutzungsvereinbarung zwischen A und der AB-KG mindert – unabhängig von der Höhe des Nutzungsentgelts – den unternehmensrechtlichen Gewinn der AB-KG. Steuerrechtlich ist diese Leistungsbeziehung nicht anerkannt: Das Nutzungsentgelt stellt für A ein Gewinnvorweg aus seiner Beteiligung an der AB-KG dar und ist ihm daher von der KG bei der Ermittlung seines Gewinnanteils zuzurechnen. Ob die von der KG geleistete Vergütung fremdüblich ist oder nicht, ist unerheblich, da die Leistungsbeziehung insgesamt steuerrechtlich nicht anerkannt wird. Da das Grundstück zwar im zivilrechtlichen Eigentum des A steht, jedoch der AB-KG dient, stellt es Sonderbetriebsvermögen I dar und ist in die steuerrechtliche Ergänzungsbilanz des A aufzunehmen. Mit dem Grundstück in Zusammenhang stehende Aufwendungen (zB Grundsteuer) sind dem Gewinnanteil des A zuzurechnende Sonderbetriebsausgaben.
2. B ist Gesellschafter der AB-KG und betreibt selbst auch ein Einzelunternehmen, das sich auf die Erstellung von Marketingkonzepten spezialisiert hat. Für die AB-KG erstellt er ein Marketingkonzept und verrechnet ein fremdübliches/ein überhöhtes Entgelt.

Leistungsbeziehungen zwischen der Mitunternehmerschaft und dem von der Mitunternehmerschaft verschiedenen Betrieb des Mitunternehmers werden steuerlich anerkannt, soweit sie fremdüblich sind. Verrechnet B ein fremdübliches Entgelt, liegen auf Ebene der KG in voller Höhe gewinnmindernde Betriebsausgaben vor, die Vergütung stellt in voller Höhe eine Einnahme für das Einzelunternehmen des B dar.

Ist die Vergütung hingegen überhöht, ist aufzuteilen: Der marktkonforme Anteil der Vergütung ist für die KG eine Betriebsausgabe, für B eine Einnahme im Rahmen seines Einzelunternehmens. Die über den marktkonformen Anteil hinausgehende Vergütung stellt einen steuerlich nicht anerkannten Gewinnvorweg dar. Der unternehmensrechtliche Aufwand ist in dieser Höhe zu kürzen und dem Gewinnanteil des Gesellschafters hinzuzurechnen.

4.9.6 Gewinnfeststellungs-Verfahren (§ 188 BAO)

Grundsatz Obwohl die Mitunternehmerschaft kein eigenes Steuersubjekt ist, werden ihre Einkünfte aus Praktikabilitätsgründen in einem der individuellen Veranlagung der Mitunternehmer vorgelagerten Verfahren zunächst nach § 188 BAO festgestellt. Dabei sind bereits die Sonderbetriebsausgaben (und -einnahmen) der Mitunternehmer zu berücksichtigen.

Die zur Geschäftsführung oder Vertretung einer Mitunternehmerschaft berufenen Personen sind verpflichtet, eine Steuererklärung zur Feststellung der Einkünfte der an der Mitunternehmerschaft beteiligten Personen abzugeben (§ 43 Abs 1 EStG). In der Erklärung sind der steuerpflichtige Gesamtgewinn der Mitunternehmerschaft und die Gewinnanteile der Mitunternehmer unter Berücksichtigung der Sonderbetriebseinnahmen und -ausgaben darzulegen.

Sonderbetriebsausgaben sind zwingend bereits bei der Gewinnfeststellung nach § 188 BAO zu berücksichtigen. Eine Berücksichtigung im Rahmen der Veranlagung des einzelnen Mitunternehmers ist nicht möglich (§ 252 Abs 1 BAO).

Eine Gewinnfeststellung nach § 188 BAO ist der Veranlagung der einzelnen Beteiligten vorgelagert, bei
- Einkünften aus Land- und Forstwirtschaft,
- Einkünften aus selbständiger Arbeit,
- Einkünften aus Gewerbebetrieb,
- Einkünften aus Vermietung und Verpachtung,

wenn an den Einkünften derselben Einkunftsart mehrere Personen beteiligt sind.

Gegenstand der Gewinnfeststellung ist nicht nur die Feststellung des Gewinnes der Mitunternehmerschaft insgesamt, sondern auch dessen Verteilung auf die Teilhaber (§ 188 Abs 3 BAO). Daher sind auch die Sonderbilanzen und damit die Sonderbetriebseinnahmen und -ausgaben der Teilhaber bereits im Stadium der Gewinnfeststellung nach § 188 BAO zu berücksichtigen.

Gegenstand der Gewinnfeststellung

Die Gewinnfeststellung nach § 188 BAO erfolgt auf Basis der vom Vertreter der Mitunternehmerschaft eingereichten Einkommensteuererklärung in der Form eines Feststellungsbescheides (§ 43 EStG iVm § 188 BAO). Dieser Bescheid stellt die Höhe des Gesamtgewinns der Mitunternehmerschaft sowie die auf die einzelnen Gesellschafter unter Berücksichtigung ihrer individuellen Sonderbetriebseinnahmen und Sonderbetriebsausgaben entfallenden Gewinnanteile fest. Ist ein Mitunternehmer der Meinung, der ihm zugeordnete Gewinnanteil sei nicht rechtmäßig ermittelt worden, so hat er gegen den Feststellungsbescheid Bescheidbeschwerde zu erheben (§ 246 Abs 2 BAO; zur Bescheidbeschwerde vgl später 8.4.2). Die Entscheidung über die Bescheidbeschwerde wirkt auch für die übrigen Mitunternehmer (vgl § 281 Abs 1 BAO).

Feststellungsbescheid

Die in dem Feststellungsbescheid enthaltenen Gewinnanteile werden der individuellen Einkommensteuererklärung jedes Mitunternehmers zugrunde gelegt. Der Einkommensteuerbescheid ist daher ein vom Gewinnfeststellungsbescheid abgeleiteter Bescheid. Ist der Einkommensteuerbescheid vor Erlass des Feststellungsbescheides zugestellt worden und weicht das Ergebnis des Feststellungsbescheides von den Beträgen ab, die in der Einkommensteuererklärung angegeben wurden oder wird der Feststellungsbescheid im Zuge eines Rechtsmittels geändert, wird der Einkommensteuerbescheid (trotz möglicherweise eingetretener Rechtskraft des Bescheides; vgl dazu später 8.5.2) von Amts wegen berichtigt (§ 295 Abs 1 BAO; Anpassung abgeleiteter Bescheide).

Abgeleiteter Bescheid

Ein Einkommensteuerbescheid kann nicht mit der Begründung angefochten werden, die Feststellungen im Gewinnfeststellungsbescheid seien unrichtig (§ 252 Abs 1 BAO). Einwendungen gegen den dem einzelnen Mitunternehmer zugewiesenen Gewinnanteil sind daher zwingend in der Beschwerde gegen den Feststellungsbescheid nach § 188 BAO geltend zu machen.

Josef und Martina betreiben einen Tischlereibetrieb in der Rechtsform einer OG. Der Umsatz der OG beträgt stets mehr als EUR 850.000,– pro Jahr. Josef ist an der Gesellschaft mit 25% und Martina mit 75% beteiligt. Die OG erwirtschaftet im Jahr 01 einen unternehmensrechtlichen Gewinn iHv EUR 250.000,–. Das steuerrechtliche Ergebnis der OG – ohne Berücksichtigung der im Folgenden genannten Leistungsvergütungen – beträgt EUR 280.000,–. Bei der Ermittlung des unternehmensrechtlichen Gewinns wurden die folgenden Aufwendungen, soweit sie von der OG zu tragen waren, gewinnmindernd berücksichtigt:

a) Als Geschäftsführer bezieht Josef ein jährliches Gehalt von EUR 55.000,– (angemessen wären allerdings nur EUR 42.000,– pro Jahr).
b) Martina vermietet an die OG eine Lagerhalle, in der die fertigen Holzarbeiten bis zum Verkauf gelagert werden. Dafür erhält sie von der OG einen Mietzins iHv EUR 20.000,– pro Jahr. An Betriebskosten zahlt Martina jährlich EUR 2.500,–. Der Gebäudeanteil des Geschäftslokals hatte im Zeitpunkt der erstmaligen Vermietung an die KG einen Teilwert von EUR 100.000,–.
c) Josef musste, um sich an der OG beteiligen zu können, einen Kredit aufnehmen und zahlt dafür nun jährlich einen Betrag iHv EUR 2.000,– zurück, wovon allerdings EUR 400,– auf die Zahlung von Zinsen entfallen.

Welche ertragsteuerrechtlichen Konsequenzen ergeben sich aus diesem Sachverhalt?

Die OG ist als Personengesellschaft kein eigenes Ertragsteuersubjekt. Es gilt das Durchgriffsprinzip, das heißt der Gewinn wird – unabhängig von einer Auszahlung – den Gesellschaftern anteilig zugerechnet und bei diesen besteuert. Überdies werden bei Mitunternehmerschaften Leistungsbeziehungen zwischen den Gesellschaftern und der Gesellschaft steuerrechtlich grundsätzlich nicht anerkannt. Ein von der Gesellschaft dafür gezahltes Entgelt wird steuerrechtlich beim Gesellschafter wie ein Teil des Gewinns behandelt (Gewinnvorweg).

In Hinblick auf die Gewinnermittlung kann die Personengesellschaft als Rechtssubjekt verstanden werden. Die Gesellschaft hat ihren steuerrechtlichen Gewinn sowie die Gewinnanteile der Gesellschafter unter Berücksichtigung der steuerrechtlich nicht anerkannten Leistungsbeziehungen zu ermitteln; die zur Geschäftsführung oder Vertretung der Gesellschaft berufenen Personen haben eine Steuererklärung zur Feststellung der Einkünfte der einzelnen Beteiligten abzugeben.

Die OG erzielt Einkünfte aus Gewerbebetrieb (§ 23 EStG). Weil sie nach UGB rechnungslegungspflichtig ist, ermittelt sie ihren Gewinn nach § 5 Abs 1 EStG.

a) *Das Monatsgehalt, das Josef für die Geschäftsführertätigkeit bezieht, stellt einen Gewinnvorweg dar, der bei ihm zu Einkünften aus Gewer-*

bebetrieb führt. Die Fremdunüblichkeit des zu hohen Monatsgehaltes ist in diesem Fall steuerrechtlich unerheblich.
b) Die Mietzinszahlung der OG für die Lagerhalle stellt bei Martina einen Gewinnvorweg dar, der bei ihr zu Einkünften aus Gewerbebetrieb führt. Die Lagerhalle dient dem Betrieb der Personengesellschaft und zählt daher zum Sonderbetriebsvermögen I. Steuerrechtlich ist dieses in einer Ergänzungsbilanz (Sonderbilanz) auszuweisen. Da die Lagerhalle unmittelbar betrieblichen Zwecken dient, kann vom Gebäudewert eine AfA iHv 2,5% ohne Nachweis einer kürzeren Nutzungsdauer als Sonderbetriebsausgabe geltend gemacht werden. Dies ergibt Sonderbetriebsausgaben iHv EUR 2.500,–. Ebenso stellen die Betriebskosten iHv EUR 2.500,– pro Jahr Sonderbetriebsausgaben dar, die bei der Ermittlung von Martinas Gewinnvorweg zu berücksichtigen sind.
c) Der Kredit, den Josef aufgenommen hat, um sich an der OG zu beteiligen, zählt zum Sonderbetriebsvermögen II und ist in eine Ergänzungsbilanz aufzunehmen. Die Rückzahlung des Kredites ist gewinnneutral. Die Zahlung der Zinsen stellt allerdings eine Sonderbetriebsausgabe dar, die bei der Ermittlung von Josefs Gewinnvorweg zu berücksichtigen ist.

Ausgangspunkt für die Gewinnverteilung ist das unternehmensrechtliche Ergebnis der OG. Sieht das Steuerrecht zwingend etwas anderes vor, sind daraus ergebende Abweichungen durch die Mehr-Weniger-Rechnung zu korrigieren. Der so ermittelte steuerrechtliche Gewinn der Gesellschaft ist um die Ergebnisse aus den Ergänzungs- und Sonderbilanzen zu erweitern. Das Gesamtergebnis der Mitunternehmerschaft ist im Formular E 6 zu erklären.

Der Gewinnanteil der Gesellschafter ermittelt sich wie folgt:

Gewinnanteil der Gesellschafter				
Gesellschafter, Kapitalanteil		Josef 25%		Martina 75%
Unternehmensrechtlicher Gewinn der KG			250.000	
MWR	+		30.000	
Steuerrechtlicher Gewinn der KG	=		280.000	
Ertragsanteil der Gesellschafter		70.000		210.000
Sonderbetriebseinnahmen	+	55.000		20.000
Sonderbetriebsausgaben	–	400		5.000
EK aus Gewerbebetrieb	=	124.600		225.100

Abb 19. Gewinnanteil Personengesellschaft

Der Ertragsanteil in Prozent sowie der Anteil an den Einkünften inklusive allfälliger Sonderbetriebseinnahmen und -ausgaben ist für jeden Gesellschafter einzeln im Einkommensteuerformular E 106 zu erklären.

Übungsbeispiele

1. B ist an der A-GmbH als echte stille Gesellschafterin beteiligt. Sie erwägt, sich auch an den stillen Reserven und am Firmenwert der A-GmbH zu beteiligen. Ertragsteuerrechtliche Konsequenzen?
2. C ist Gesellschafter der B-KG.
   a) Er vermietet der KG ab 1. 1. 01 ein Bürogebäude, das er bisher an Dritte vermietet hat (Anschaffungskosten zwei Jahre zuvor EUR 300.000,–; Teilwert im Zeitpunkt der Vermietung an die KG EUR 400.000,–, davon entfallen EUR 60.000,– auf Grund und Boden). Als Mietentgelt erhält er EUR 45.000,– jährlich, Aufwendungen im Zusammenhang mit dem Gebäude (ohne AfA) EUR 5.000,– jährlich.
   b) Bei der X-Bank ist ein Darlehen von EUR 55.000,– offen, mit dem C seine Einlage finanziert hatte. Im Jahr 01 fallen EUR 4.500,– an Zinsen an. In Höhe eines Betrages von EUR 11.000,– tilgt C das Darlehen.
   c) Der Anteil des C am um die Mehr-Weniger-Rechnung bereinigten unternehmensrechtlichen Gewinn von C beträgt EUR 30.000,–.
   Wie hoch sind seine Einkünfte im Zusammenhang mit der Beteiligung?
3. C beendet im Jahr 03 das Mietverhältnis mit der KG und vermietet das Gebäude wieder an fremde Dritte. Teilwert des Gebäudes im Jahr 03 EUR 380.000,–, gemeiner Wert EUR 410.000,–.
4. B ist Gesellschafterin der C-KG, die ausschließlich Wohnungen vermietet. Ertragsteuerrechtliche Folgen? Ändert sich an der Beurteilung etwas, wenn die C-KG darüber hinaus eine Werbeagentur betreibt?

5 Körperschaftsteuer

Inhaltsübersicht

5.1 Charakterisierung der Körperschaftsteuer
5.2 Subjektive Körperschaftsteuerpflicht
5.3 Sachliche Körperschaftsteuerpflicht (Steuergegenstand)
5.4 Besteuerung von Kapitalgesellschaften
5.5 Tarif, Tarifermäßigungen und Freibeträge
5.6 Besteuerung von Privatstiftungen nach dem Privatstiftungsgesetz
5.7 Beschränkte Steuerpflicht der zweiten Art

5.1 Charakterisierung der Körperschaftsteuer

Rechtsgrundlage der Körperschaftsteuer ist das Körperschaftsteuergesetz 1988, BGBl I 1988/401 (kurz KStG), das erstmalig bei der Veranlagung für das Kalenderjahr 1989 zur Anwendung kam. Zu dem ursprünglichen Gesetz sind bis Ende Dezember 2015 70 Novellen ergangen.

Rechtsgrundlagen

Aus finanzverfassungsrechtlicher Sicht handelt es sich bei der Körperschaftsteuer um eine gemeinschaftliche Bundesabgabe. Abgabenhoheit und Verwaltungshoheit liegen beim Bund. Die Ertragshoheit ist zwischen dem Bund, den Ländern und den Gemeinden aufgeteilt (vgl dazu vorher Kap *Verfassungsrechtliche Grundlagen* S 15).

Finanzverfassungsrechtliche Einordnung

Das Aufkommen der Körperschaftsteuer betrug im Jahr 2012: Mio EUR 5.327; 2013 Mio EUR 6.018 und 2015 Mio EUR 6.752.

Aufkommen

Die Körperschaftsteuer ist die **Ertragssteuer der juristischen Personen**. Steuergegenstand der Körperschaftsteuer ist das Einkommen, das eine Körperschaft iSd KStG in einem Veranlagungszeitraum bezogen hat. Der Begriff des körperschaftsteuerrechtlichen Einkommens stimmt mit jenem des Einkommensteuerrechts überein. Nach § 7 Abs 2 KStG bestimmt sich die Ermittlung des körperschaftsteuerrechtlichen Einkommens nach dem Einkommensteuergesetz und dem Körperschaftsteuergesetz.

Steuergegenstand

Der Steuersatz der Körperschaftsteuer ist proportional und beträgt 25%.

Steuersatz

Die Körperschaftsteuer wird im Wege der Veranlagung erhoben (§ 24 Abs 1 KStG). In bestimmten Fällen erfolgt die Erhebung durch den Abzug von Kapitalertragsteuer oder Immobilienertragsteuer.

Steuererhebung

5.2 Subjektive Körperschaftsteuerpflicht (§§ 1 und 2 KStG)

5.2.1 Überblick

Körperschaftsteuerpflichtig sind nur Körperschaften (§ 1 Abs 1 KStG). Das Körperschaftsteuerrecht unterscheidet zwischen unbeschränkt und beschränkt steuerpflichtigen Körperschaften. Im Unterschied zum Einkommensteuerrecht kennt das Körperschaftsteuerrecht nicht nur eine, sondern zwei Arten von beschränkter Steuerpflicht: Körperschaften ohne Sitz oder Ort der Geschäftsleitung, aber mit Einkünften in Österreich (vgl die beschränkte Steuerpflicht nach dem EStG) und Körperschaften, die trotz Sitzes oder Ortes der Geschäftsleitung in Österreich von der unbeschränkten Körperschaftsteuerpflicht befreit sind, jedoch mit bestimmten Einkünften beschränkt körperschafsteuerpflichtig sind (sog beschränkte Steuerpflicht der zweiten Art).

5.2.2 Unbeschränkte Körperschaftsteuerpflicht

Sitz oder Geschäftsleitung im Inland

Unbeschränkt körperschaftsteuerpflichtig sind Körperschaften, die im Inland ihren Sitz *oder* ihre Geschäftsleitung haben (§ 1 Abs 2 KStG). Nach § 27 Abs 1 BAO kann sich der Ort des Sitzes nach Gesetz, Vertrag, Satzung, Stiftungsbrief oder Ähnlichem bestimmen. Wenn eine solche Bestimmung fehlt, gilt der Ort der Geschäftsleitung als Sitz der Körperschaft. Der Ort der Geschäftsleitung ist nach § 27 Abs 2 BAO dort, wo sich der Mittelpunkt der geschäftlichen Oberleitung befindet. Damit kann auch eine ausländische Körperschaft, die ihren Sitz, etwa aufgrund ihrer Satzung, außerhalb Österreichs hat, unbeschränkt steuerpflichtig in Österreich sein, wenn der Ort der Geschäftsleitung im Inland liegt.

Als Körperschaften gelten:

- alle juristischen Personen des privaten Rechts (insb AG und GmbH, aber auch Genossenschaften, Sparkassen, Vereine, Privatstiftungen);
- Betriebe gewerblicher Art der Körperschaften öffentlichen Rechts;
- nichtrechtsfähige Personenvereinigungen, Anstalten, Zweckvermögen etc. Sie unterliegen jedoch nur dann der Körperschaftsteuer, wenn ihr Einkommen nicht bei einem anderen Steuerpflichtigen zu versteuern ist. Personengesellschaften sind daher nicht körperschaftsteuerpflichtig (vgl § 3 KStG).

Betriebe gewerblicher Art

Betriebe gewerblicher Art (BgA) sind wirtschaftlich selbständige Einrichtungen von **Körperschaften öffentlichen Rechts**, die ausschließlich oder überwiegend einer nachhaltigen privatwirtschaftlichen Tätigkeit von wirtschaftlichem Gewicht zur Erzielung von Einnahmen oder – im Fall des Fehlens einer Beteiligung am allgemeinen wirtschaftlichen Verkehr – anderer wirtschaftlicher Vorteile nachgehen (§ 2 Abs 1 KStG). Die Tätigkeit darf keine Land- und Forstwirtschaft sein. Gewinnerzielungsabsicht ist nicht erforderlich. Finanzverwaltung und Rsp gehen ab einem Jahresumsatz von EUR 2.900,– von einer nachhaltigen Tätigkeit von wirtschaftlichem Gewicht aus (vgl KStR 2013 Rz 68). Tätigkeiten von Betrieben gewerblicher Art gelten stets als Gewerbebetrieb. Keinen Betrieb gewerblicher Art begründet daher die Vermietung von Grundstücken durch eine Körperschaft öffentlichen Rechts.

Als Betrieb gewerblicher Art gelten auch die Beteiligung einer Körperschaft öffentlichen Rechts als Mitunternehmerin (§ 2 Abs 2 Z 1 KStG; zur Besteuerung von Mitunternehmerschaften vgl vorher Kap *Einkommensteuer* S 205), die entgeltliche Überlassung eines Betriebes gewerblicher Art (§ 2 Abs 2 Z 2 KStG) sowie bestimmte Formen der entgeltlichen Überlassung von Grundstücken nach Maßgabe des § 2 Abs 2 Z 3 KStG.

Keine privatwirtschaftliche Tätigkeit (und damit auch kein Betrieb gewerblicher Art) liegt vor, wenn die Tätigkeit überwiegend der öffentlichen Gewalt dient (sog Hoheitsbetrieb, § 2 Abs 5 KStG). Eine **Ausübung der öffentlichen Gewalt** ist insb dann anzunehmen, wenn es sich um Leistungen handelt, zu deren Annahme der Leistungsempfänger auf Grund gesetzlicher oder behördlicher Anordnung verpflichtet ist. Als Hoheitsbetriebe gelten insb Wasserwerke, wenn sie überwiegend der Trinkwasserversorgung dienen, Forschungsanstalten, Wetterwarten, Friedhöfe, Anstalten zur Nahrungsmitteluntersuchung, zur Desinfektion, zur Leichenverbrennung, zur Müllbeseitigung, zur Straßenreinigung und zur Abfuhr von Spülwässern und Abfällen (§ 2 Abs 5 KStG).

Hoheitsbetrieb

Ein Betrieb gewerblicher Art ist selbst ein unbeschränkt steuerpflichtiges Körperschaftsteuersubjekt. Es ist daher jeder einzelne Betrieb gewerblicher Art eigens zur Körperschaftsteuer zu veranlagen.

BgA ist Steuersubjekt

Sogenannte **Versorgungsbetriebe** einer Körperschaft öffentlichen Rechts werden als ein einheitlicher Betrieb gewerblicher Art behandelt, wenn sie organisatorisch zusammengefasst sind und unter einer gemeinsamen Leitung stehen. Versorgungsbetrieb ist ein Betrieb, der die Bevölkerung mit Wasser, Gas, Elektrizität oder Wärme versorgt oder der dem öffentlichen Verkehr einschließlich des Rundfunks oder dem Hafenbetrieb dient (§ 2 Abs 3 KStG).

Ein Betrieb gewerblicher Art ist auch dann unbeschränkt steuerpflichtig, wenn er selbst eine Körperschaft öffentlichen Rechts ist. Werden jedoch Betriebe von einer Körperschaft öffentlichen Rechts in einer anderen Rechtsform, zB in der Form einer GmbH, AG oder KG geführt, richtet sich die Besteuerung nach den für diese Rechtsform geltenden Vorschriften.

Eine Gemeinde hat folgende Tätigkeitsgebiete:
1. Betrieb der Müllabfuhr. Die Gemeindebürger haben Müllbeseitigungsgebühren zu entrichten.
2. Betrieb eines Schwimmbades. Dafür sind von den Besuchern Eintrittsgelder zu entrichten.
3. Betrieb eines Busunternehmens und eines Elektrizitätswerks. Das Busunternehmen ist schwer defizitär, das Elektrizitätswerk profitabel.
4. Vermietung von Gemeindewohnungen.

Als Körperschaft öffentlichen Rechts sind nur die Betriebe gewerblicher Art einer Gemeinde unbeschränkt steuerpflichtig.
1. *Der Betrieb einer Müllabfuhr zählt zu den hoheitlichen Tätigkeiten einer Gemeinde und ist daher nicht körperschaftsteuerbar.*
2. *Durch den Betrieb eines Schwimmbades geht die Gemeinde einer nachhaltigen privatwirtschaftlichen Tätigkeit von wirtschaftlichem Gewicht nach, die nicht in der Land- und Forstwirtschaft besteht. Es handelt sich dabei daher um einen unbeschränkt körperschaftsteuerpflichtigen Betrieb gewerblicher Art.*
3. *Auch beim Busunternehmen und beim Elektrizitätswerk handelt es sich um Betriebe gewerblicher Art. Im Unterschied zum Schwimmbad sind diese beiden Betriebe jedoch als Versorgungsbetriebe zu qualifizieren. Fasst die Gemeinde sie organisatorisch zusammen und stellt sie sie unter eine einheitliche Leitung (§ 2 Abs 3 KStG), sind sie als ein Körperschaftsteuersubjekt zu behandeln. Das hätte im vorliegenden Fall den Vorteil, dass die Verluste aus dem Busunternehmen mit den Gewinnen aus dem Elektrizitätswerk ausgeglichen werden könnten.*
4. *Die Vermietung der Gemeindewohnungen begründet keinen BgA und unterliegt daher nicht der unbeschränkten Körperschaftsteuerpflicht.*

Variante: Die Gemeinde hat alle privatwirtschaftlichen Tätigkeiten (Schwimmbad, Busunternehmen, Elektrizitätswerk und Vermietung der Gemeindewohnungen) in eine GmbH „ausgegliedert". Das bedeutet, dass sämtliche Aktivitäten von der GmbH ausgeübt werden, die Gemeinde selbst nur mehr die Anteile an der GmbH hält.
Die Gemeinde ist nunmehr Anteilseignerin einer GmbH. Sie betreibt keine BgA mehr, die der unbeschränkten Körperschaftsteuerpflicht unterliegen. Steuersubjekt ist nunmehr die GmbH nach § 1 Abs 2 Z 1 KStG. Die Gemeinde selbst unterliegt nur mit den Gewinnausschüttungen der GmbH der beschränkten Steuerpflicht der zweiten Art (§ 1 Abs 3 Z 2 iVm § 21 Abs 2 KStG; vgl dazu später im Detail).

Auch für die Unternehmereigenschaft von Körperschaften öffentlichen Rechts nach dem UStG ist der Betrieb gewerblicher Art Anknüpfungspunkt. Im Unterschied zum Körperschaftsteuerrecht ist jedoch die Körperschaft öffentlichen Rechts mit ihren sämtlichen BgA Unternehmerin. Es wird daher für alle BgA gemeinsam nur eine Umsatzsteuererklärung abgegeben (vgl dazu genauer Kap *Umsatzsteuer* S 313).

5.2.3 Beschränkte Körperschaftsteuerpflicht

Beschränkt körperschaftsteuerpflichtig sind gem § 1 Abs 3 KStG:
- Körperschaften, die im Inland weder ihre Geschäftsleitung noch ihren Sitz haben. Die beschränkte Steuerpflicht erstreckt sich gem § 21 Abs 1 KStG auf die inländischen Einkünfte iSd § 98 EStG (vgl dazu später Kap *Internationales Steuerrecht* S 286).
- Inländische Körperschaften des öffentlichen Rechts und von der unbeschränkten Körperschaftsteuerpflicht nach § 5 KStG befreite Körperschaften mit den in § 21 Abs 2 und Abs 3 KStG genannten Einkünften (vgl dazu später S 271).

Überblick

Von der unbeschränkten Körperschaftsteuerpflicht befreit sind zum Beispiel gemeinnützige Körperschaften im Sinn und nach Maßgabe der §§ 34 ff BAO, verschiedene Sonderkreditinstitute, Pensionskassen oder kleine Erwerbs- und Wirtschaftsgenossenschaften (§ 5 KStG). Die Befreiung von der unbeschränkten Körperschaftsteuerpflicht zieht nicht den Entfall jeglicher Körperschaftsteuerpflicht nach sich. Nach § 5 KStG befreite Körperschaften unterliegen vielmehr der beschränkten Steuerpflicht mit den in § 21 Abs 2 und Abs 3 KStG genannten Einkünften (beschränkte Steuerpflicht der zweiten Art).

Befreiungen von der unbeschränkten Steuerpflicht

Die Gemeinnützigkeitskriterien sind an strenge Voraussetzungen geknüpft und lassen wirtschaftliche Aktivitäten des nach seinem Statut gemeinnützigen Rechtsträgers nur unter bestimmten Voraussetzungen zu (vgl dazu im Detail *Ehrke-Rabel* in Doralt/Ruppe, Steuerrecht II[7] Tz 150 ff).

	Unbeschränkte Steuerpflicht	Beschränkte Steuerpflicht I
Juristische Personen des privaten Rechts	„inländische" juristische Personen (§ 1 Abs 2 KStG) und vergleichbare „ausländische" Körperschaften mit Sitz/ Ort der Geschäftsleitung in Österreich (§ 27 Abs 1 und Abs 2 BAO) ⬇ unbeschränkte Steuerpflicht **Welteinkommensprinzip** (§ 1 Abs 2 KStG)	weder Sitz noch Ort der Geschäftsleitung in Österreich ⬇ beschränkte Steuerpflicht mit Einkünften aus österr Quellen (§ 21 Abs 1 KStG iVm § 98 EStG) **Territorialitätsprinzip**

Abb 20. Persönliche Steuerpflicht von juristischen Personen des privaten Rechts

	Unbeschränkte Steuerpflicht	Beschränkte Steuerpflicht II
Inländische juristische Personen des öffentlichen Rechts (nach § 5 KStG)	Betrieb gewerblicher Art iSv § 2 KStG ⬇ sämtliche Einkünfte als Einkünfte aus Gewerbebetrieb steuerpflichtig	kein BgA ⬇ Steuerpflicht nur für Einkünfte, welche im Rahmen des EStG erzielt dem besonderen Steuersatz unterlägen

Abb 21. Persönliche Steuerpflicht von juristischen Personen des öffentlichen Rechts

5.3 Sachliche Körperschaftsteuerpflicht (Steuergegenstand; § 7 und § 8 KStG)

Der Körperschaftsteuer ist das Einkommen zugrunde zu legen, das der unbeschränkt Steuerpflichtige innerhalb eines Kalenderjahres (Veranlagungszeitraum) bezogen hat (§ 7 Abs 1 KStG).

Einkommen ist der Gesamtbetrag der Einkünfte aus den in § 2 Abs 3 EStG aufgezählten Einkunftsarten nach Ausgleich mit Verlusten, die sich aus den einzelnen Einkunftsarten ergeben und nach Abzug der Sonderausgaben (§ 8 Abs 4 KStG) und des Freibetrages für begünstigte Zwecke (§ 23 KStG). Wie das Einkommen zu ermitteln ist, bestimmt sich nach dem EStG und dem KStG (§ 7 Abs 2 KStG).

Körperschaften können grundsätzlich Einkünfte aus allen sieben Einkunftsarten des EStG beziehen. Körperschaften, die auf Grund der Rechtsform nach unternehmensrechtlichen Vorschriften zur Rechnungslegung verpflichtet sind (dies sind insb AG und GmbH), beziehen allerdings ungeachtet der Art ihrer Betätigung nach § 7 Abs 3 KStG immer und nur Einkünfte aus Gewerbebetrieb. Gleiches gilt für rechnungslegungspflichtige Erwerbs- und Wirtschaftsgenossenschaften sowie für vergleichbare unbeschränkt steuerpflichtige ausländische Körperschaften.

Einkunftsarten

Die Ermittlung der Einkünfte richtet sich gem § 7 Abs 2 KStG nach dem EStG und dem KStG. Körperschaften mit außerbetrieblichen Einkünften (zB Vereine) ermitteln diese Einkünfte daher durch Überschuss der Einnahmen über die Werbungskosten. Kapitalgesellschaften (GmbH, AG) ermitteln ihren Gewinn stets nach § 5 Abs 1 EStG, weil sie rechnungslegungspflichtig gem § 189 Abs 1 Z 1 UGB sind und gem § 7 Abs 3 KStG stets Einkünfte aus Gewerbebetrieb haben. Für sie gilt die Maßgeblichkeit des Unternehmensrechts für das Steuerrecht, soweit das Steuerrecht nicht zwingend Abweichendes vorsieht (vgl dazu Kap *Einkommensteuer* S 101), wobei hinsichtlich der Abweichungen von den Bewertungsansätzen des UGB auch die zwingenden Bestimmungen des KStG zu berücksichtigen sind (§ 8 und §§ 10 bis 12 KStG).

Gewinnermittlung

5.4 Besteuerung von Kapitalgesellschaften

5.4.1 Überblick

Anders als Personengesellschaften (Mitunternehmerschaften) werden Kapitalgesellschaften als eigene von ihren Gesellschaftern verschiedene Steuersubjekte anerkannt. Die Besteuerung von Kapitalgesellschaften und ihren Gesellschaftern erfolgt nach dem sog Trennungsprinzip. Danach ist die Körperschaft nicht nur eigenes Steuersubjekt mit eigenem Gewinn und Verlust, sie kann auch mit dem Gesellschafter in steuerrechtlich anerkannte Leistungsbeziehungen treten.

Trennungsprinzip

Die Steuersubjektivität der Körperschaften führt zu einer steuerlichen Doppelbelastung von Einkommensteilen: Der Gewinn der Kapitalgesellschaft wird zunächst auf Ebene der Kapitalgesellschaft unabhängig davon, ob sie diesen Gewinn an den Gesellschafter weitergibt oder innerhalb der Kapitalgesellschaft belässt, der Körperschaftsteuer unterworfen. Gewinnausschüttungen sind also auf Ebene der Kapitalgesellschaft nicht als Betriebsausgaben abzugsfähig. Wird dieser Gewinn an den Gesellschafter ausgeschüttet, erzielt der Gesellschafter

Unterschied Personengesellschaft

daraus eigene Einkünfte, die auf seiner Ebene wiederum der Besteuerung unterliegen.

Beteiligt sich der Steuerpflichtige hingegen als Gesellschafter einer Personengesellschaft am Wirtschaftsleben, wird ihm der Gewinn der Gesellschaft unmittelbar anteilig zugerechnet und nur bei diesem besteuert. Der Gewinn wird daher nur einmal auf Ebene des Gesellschafters besteuert (Durchgriffsprinzip; dazu vorher S 206).

1. A ist an der Y-GmbH mit Sitz in Österreich zu 30% beteiligt. Er hält die Beteiligung im Privatvermögen. Die Y-GmbH erzielt im Kalenderjahr 01 einen Gewinn von EUR 1 Mio, den sie zur Gänze an ihre Gesellschafter ausschüttet.

   Die Y-GmbH unterliegt in Österreich der unbeschränkten Körperschaftsteuerpflicht, weil sie ihren Sitz und Ort der Geschäftsleitung im Inland hat. Sie hat auf ihren Gewinn – unabhängig von dessen Verwendung (siehe dazu später S 231) – 25% Körperschaftsteuer zu entrichten. Die Gewinnausschüttung führt bei A zu einem Zufluss aus einer Beteiligung an einer Kapitalgesellschaft, dh zu Einkünften aus der Überlassung von Kapital gem § 27 Abs 2 Z 1 lit a EStG, die mit dem besonderen Steuersatz von 27,5% in der Schedule zu besteuern sind (§ 27a Abs 1 EStG; vgl dazu vorher Kap Einkommensteuer S 133 f). Die Steuer wird von der Y-GmbH im Wege des Kapitalertragsteuerabzuges erhoben, weil sie als Schuldnerin der Kapitalerträge ihren Sitz im Inland hat (§ 93 Abs 2 Z 1 EStG). Durch den KESt-Abzug gilt die Einkommensteuer als abgegolten, das bedeutet, dass A diese Einkünfte nicht mehr in seine Steuererklärung aufnehmen muss (§ 97 Abs 1 EStG).

   Schüttet die GmbH den Gewinn nicht aus, fällt nur auf Ebene der GmbH Körperschaftsteuer an. Für A ergeben sich aus dieser Gewinnerzielung der GmbH keine steuerlichen Konsequenzen (eine dadurch allfällig bewirkte Wertsteigerung seines Anteils wirkt sich steuerlich erst im Zeitpunkt des Verkaufs der Beteiligung aus).

2. Beteiligt sich A an der Y-KG mit Sitz in Österreich zu 30% und erzielt die KG einen Gewinn von EUR 1 Mio, ergibt sich Folgendes:
   Unabhängig davon, ob die KG den Gewinn an ihre Gesellschafter verteilt oder einbehält, ist er anteilig den Gesellschaftern zuzurechnen und nur von ihnen als Einkünfte aus einer mitunternehmerischen Beteiligung (§§ 21, 22 oder 23 EStG) der Einkommensteuer zu unterwerfen.

Keine Rechtsformneutralität

Die unterschiedliche Besteuerung der typischen Rechtsformen des Wirtschaftslebens wird als **Dualismus der Unternehmensbesteuerung** bezeichnet. Das österreichische Ertragsteuerrecht ist somit nicht rechtsformneutral.

5.4.2 Gewinnermittlung bei Kapitalgesellschaften (§ 7 bis § 12 KStG)

Kapitalgesellschaften sind auf Grund der Rechtsform nach § 189 Abs 1 Z 1 UGB zur Rechnungslegung verpflichtet. Sie erzielen stets Einkünfte aus Gewerbebetrieb iSd § 23 EStG (§ 7 Abs 3 KStG) und ermitteln ihren Gewinn daher stets nach § 5 Abs 1 EStG.

Grundsätze

Für Kapitalgesellschaften gelten somit grundsätzlich dieselben Gewinnermittlungsvorschriften wie für rechnungslegungspflichtige Einzelunternehmer mit Einkünften aus Gewerbebetrieb. Abweichungen für die Gewinnermittlung von Kapitalgesellschaften ergeben sich aus § 8 und § 10 bis § 12 KStG. Diese Bestimmungen betreffen einerseits die in der gesellschaftsrechtlichen Beziehung von Gesellschafter und Gesellschaft gelegenen Vorgänge (§ 8 KStG) sowie körperschaftsteuerrechtliche Besonderheiten betreffend abzugsfähige Aufwendungen und Ausgaben (§ 11 KStG). Wie das EStG erklärt auch das KStG bestimmte Aufwendungen und Ausgaben für nicht abzugsfähig (§ 12 KStG). Für die nicht konzernzugehörige Kapitalgesellschaft gelten im Übrigen die Gewinnermittlungsvorschriften des EStG. Der Besteuerung von Kapitalgesellschaften im Konzern ist ein eigenes Unterkapitel gewidmet (siehe dazu S 243).

Als Betriebsausgaben im Sinne des EStG gelten bei der Gewinnermittlung von Körperschaften auch die in § 11 KStG genannten Aufwendungen. Von besonderer Bedeutung sind in diesem Zusammenhang:

Abzugsfähige Aufwendungen (§ 11 KStG)

- Aufwendungen, die von Kapitalgesellschaften zu tragen sind, soweit sie in unmittelbarem wirtschaftlichen Zusammenhang mit Einlagen und Beiträgen iSv § 8 Abs 1 KStG stehen (§ 11 Abs 1 Z 1 KStG).
- Fremdfinanzierungszinsen im Zusammenhang mit dem Erwerb von Kapitalanteilen, deren Erträge nach § 10 KStG (siehe dazu später S 243) steuerbefreit sind, soweit sie zum Betriebsvermögen zählen und kein Anwendungsfall des § 11 Abs 1 Z 4 Satz 2 KStG vorliegt.

Für die Aufwendungen und Ausgaben, welche – trotz betrieblicher Veranlassung – nicht oder nur eingeschränkt abzugsfähig sind, trifft § 12 KStG eigene Anordnungen. § 20 EStG, der die nichtabzugsfähigen Aufwendungen im EStG aufzählt, ist daher nur insoweit anwendbar, als § 12 KStG auf ihn verweist. Nicht abzugsfähig sind insb:

Nichtabzugsfähige Aufwendungen (§ 12 KStG)

- Aufwendungen nach § 20 Abs 1 Z 2 lit b EStG (sog Aufwendungen iZm **Luxuswirtschaftsgütern**; siehe dazu schon Kap *Einkommensteuer* S 74), soweit sie nicht schon nach § 8 Abs 2 KStG (dazu später 5.4.4) vom Abzug ausgeschlossen sind und soweit sie nach der Verkehrsauffassung unangemessen hoch sind (§ 12 Abs 1 Z 2 KStG);

- **Repräsentationsaufwendungen** iSv § 20 Abs 1 Z 3 EStG (§ 12 Abs 1 Z 3 KStG: vgl dazu schon Kap *Einkommensteuer* S 75);
- Geld- und Sachzuwendungen, deren Gewährung oder Annahme mit **gerichtlicher Strafe** bedroht ist; **Strafen** und **Geldbußen**, die von Gerichten, Verwaltungsbehörden oder den Organen der Europäischen Union verhängt wurden; Verbandsgeldbußen nach dem Verbandsverantwortlichkeitsgesetz; Abgabenerhöhungen nach dem Finanzstrafgesetz; Leistungen aus Anlass einer Diversion (§ 12 Abs 1 Z 4 KStG);
- Aufwendungen zu gemeinnützigen, mildtätigen oder kirchlichen Zwecken und andere freiwillige Zuwendungen (**Spenden**), soweit sie nicht nach § 4a EStG oder nach § 8 Abs 4 Z 1 KStG als Sonderausgaben (vgl dazu gleich) abzugsfähig sind (§ 12 Abs 1 Z 5 KStG);
- **Steuern vom Einkommen** und **Personensteuern**, die aus Anlass einer unentgeltlichen Grundstücksübertragung anfallende Grunderwerbsteuer, Eintragungsgebühren und sonstige Nebenkosten; die Umsatzsteuer, die auf nichtabzugsfähige Aufwendungen entfällt (§ 12 Abs 1 Z 6 KStG);
- die Hälfte der **Aufsichtsratsvergütungen** mit Ausnahme von Reisekosten, die die Sätze des § 26 EStG nicht übersteigen (§ 12 Abs 1 Z 7 KStG);
- Aufwendungen iSd § 20 Abs 1 Z 7 und Z 8 EStG (sog „**Managergehälter**"; vgl dazu schon Kap *Einkommensteuer* S 77). Erhält eine Person von mehreren Unternehmen, die unmittelbar oder mittelbar konzernzugehörig sind oder unmittelbar oder mittelbar unter dem beherrschenden Einfluss desselben Gesellschafters stehen, Entgelte iSd § 20 Abs 1 Z 7 EStG, ist der Betrag von EUR 500.000,– zu aliquotieren (§ 12 Abs 1 Z 8 KStG);
- Aufwendungen für **Zinsen in Zusammenhang mit einer Fremdfinanzierung**, die dem Erwerb von Kapitalanteilen iSd § 10 KStG gedient hat, sind nicht abzugsfähig, wenn
  - diese Kapitalanteile unmittelbar oder mittelbar von einem konzernzugehörigen Unternehmen oder einem einen beherrschenden Einfluss ausübenden Gesellschafter erworben worden sind oder
  - es sich um Fremdfinanzierungszinsen bei Kapitalerhöhungen oder Zuschüsse im Zusammenhang mit dem Erwerb von Kapitalanteilen durch ein konzernzugehöriges Unternehmen oder einen beherrschenden Gesellschafter handelt (§ 11 Abs 1 Z 4 iVm § 12 Abs 1 Z 9 KStG) oder
  - es sich um Zinsen oder Lizenzgebühren iSd § 99a Abs 1 Satz 2 und Satz 3 EStG handelt, die an eine Körperschaft iSd KStG oder eine vergleichbare Körperschaft geleistet werden und bei der

empfangenden konzernzugehörigen oder unter beherrschendem Einfluss desselben Gesellschafters stehenden Körperschaft entweder von der Steuer befreit sind oder einer Steuerbelastung von weniger als 10% unterliegen. Von diesem Abzugsverbot gibt es gewisse Ausnahmen (vgl im Detail § 12 Abs 1 Z 10 UAbs 2 KStG).
- Aufwendungen und Ausgaben, soweit sie mit nicht steuerpflichtigen (steuerneutralen) Vermögensvermehrungen in unmittelbarem wirtschaftlichen Zusammenhang stehen (§ 12 Abs 2 Teilsatz 1 KStG).

Folgende Ausgaben sind gem § 8 Abs 4 KStG bei der Ermittlung des Einkommens abzuziehen, soweit sie nicht schon Betriebsausgaben sind:

Allgemeine Sonderausgaben

- Ausgaben für Rentenzahlungen nach § 18 Abs 1 Z 1 EStG (vgl dazu vorher Kap *Einkommensteuer* S 187);
- Spenden (§ 18 Abs 1 Z 7 EStG; vgl dazu vorher Kap *Einkommensteuer* S 189);
- Steuerberatungskosten iSd § 18 Abs 1 Z 6 EStG (§ 8 Abs 4 Z 1 KStG).

Verluste aus vergangenen Gewinnermittlungsperioden können auch von Kapitalgesellschaften nach Maßgabe des § 18 Abs 6 EStG in späteren Perioden als Sonderausgaben angesetzt werden. Der Verlustabzug steht jedoch nur im Ausmaß von 75% des Gesamtbetrages der Einkünfte zu (sog Verlustvortragsgrenze, § 8 Abs 4 Z 2 lit a KStG). Können die Verluste im laufenden Jahr nicht abgezogen werden, sind sie in den folgenden Jahren unter Beachtung dieser Grenze zu berücksichtigen. Die Vortragsgrenze gilt insoweit nicht, als im Gesamtbetrag der Einkünfte

Verlustvortrag

- Sanierungsgewinne iSd § 23a KStG,
- Gewinne, die in Veranlagungszeiträumen anfallen, die von einem Insolvenzverfahren betroffen sind,
- Gewinne aus der Veräußerung sowie der Aufgabe von Betrieben, Teilbetrieben und Mitunternehmeranteilen,
- Liquidationsgewinne iSd § 19 KStG,
- nachzuversteuernde ausländische Verluste (§ 9 Abs 6 Z 7 KStG und § 2 Abs 8 Z 4 EStG)

enthalten sind (§ 8 Abs 4 Z 2 lit b KStG).

Die C-GmbH hat im Jahr 01 einen Verlust iHv EUR 100.000,– erzielt, den sie nicht ausgleichen konnte. Im Jahr 02 erzielt sie einen Gewinn iHv EUR 30.000,–, im Jahr 03 einen Gewinn iHv EUR 110.000,–.

Den Verlust, den die C-GmbH im Jahr 01 nicht ausgleichen konnte, kann sie gem § 8 Abs 4 Z 2 KStG in folgenden Jahren als Sonderausgabe berücksichtigen. Dabei hat sie die Verlustvortragsgrenze von 75% des Gesamtbetrages der Einkünfte zu beachten. Das bedeutet, dass die C-GmbH ihren Verlust aus dem Jahr 01 nur im Ausmaß von 75% ihres Gewinnes (daher maximal EUR 22.500,-) im Jahr 02 berücksichtigen kann. EUR 22.500,- kann die C-GmbH daher im Jahr 02 als Sonderausgaben von ihrem Jahresgewinn abziehen. Auf Grund des Verlustvortrags unterliegen im Jahr 01 noch EUR 7.500,- der KöSt. Aus dem Jahr 01 verbleibt ein Verlustvortrag von EUR 77.500,-, den sie in die Folgejahre „mitnehmen" kann. Im Jahr 03 kann die GmbH wiederum im Ausmaß von maximal 75% des Gesamtbetrages der Einkünfte des Jahres 03 (75% von EUR 110.000,- = EUR 82.500,-) Vorperiodenverluste abziehen. Da der aus dem Jahr 01 verbliebene Verlust (EUR 77.500,-) unter dieser Grenze liegt, kann sie ihn im Jahr 03 zur Gänze geletend machen. Im Jahr 03 verbleibt daher ein Gewinn von EUR 32.500,-, welcher der KöSt unterliegt.

Mantelkauf — Der Verlustvortrag ist bei Kapitalgesellschaften im Fall des sog Mantelkaufs ausgeschlossen: Wird lediglich das Rechtskleid einer Körperschaft, nicht aber deren wirtschaftliches Substrat erworben wird (zur Definition vgl Detail § 8 Abs 4 Z 2 lit c KStG), gehen Verluste aus Vorjahren verloren. Sie können nicht als Sonderausgaben mit den Einkünften der „wirtschaftlich veränderten" Körperschaft verrechnet werden.

- Der Verlustvortrag von Kapitalgesellschaften ist (außerhalb des Mantelkauftatbestandes und der Liebhaberei) zeitlich unbeschränkt möglich.
- Ein Verlustausgleich kommt bei Kapitalgesellschaften nur innerbetrieblich in Betracht, weil sie nur Einkünfte aus Gewerbebetrieb erzielen.
- Auch Kapitalgesellschaften können eine Liebhabereibetätigung entfalten. Im Zusammenhang mit einer Liebhabereibetätigung angefallene Verluste sind weder ausgleichs- noch vortragsfähig.

5.4.3 Ertragsteuerrechtliche Folgen von „Beziehungen" zwischen Kapitalgesellschaften und ihren Gesellschaftern

5.4.3.1 Vorbemerkung

Trennungsprinzip — Da sowohl der Anteilseigner oder das Mitglied einer Körperschaft als auch die Körperschaft selbst als eigene Ertragsteuersubjekte anerkannt werden (Trennungsprinzip, vgl dazu schon oben 5.4.1), sind sämtliche „Beziehungen" zwischen Körperschaften und ihren Gesellschaftern oder Mitgliedern sowohl auf Ebene des Gesellschafters oder des Mitglieds als auch auf Ebene der Körperschaft auf ihre ertragsteuerrechtlichen Konsequenzen zu untersuchen. Aus Vereinfachungsgründen wird hier auf die Beziehungen zwischen Kapitalgesellschaftern und ihren Gesellschaftern eingegangen. Die Ausführungen gelten aber grundsätzlich auch für Rechtsbeziehungen zwischen anderen der Körperschaftsteuer unterworfenen juristischen Personen und ihren Gründern oder Mitgliedern.

Die „Beziehungen" zwischen Kapitalgesellschaften und ihren Gesellschaftern können in zwei Gruppen unterteilt werden: Beziehungen, die ihre Ursache im Gesellschaftsverhältnis haben („causa societatis") und Beziehungen, die auch zwischen fremden Dritten in derselben Form eingegangen würden (fremdübliche Leistungsbeziehungen). Während erstere eine besondere steuerliche Behandlung erfahren, werden letztere steuerrechtlich grundsätzlich wie Leistungsbeziehungen zwischen fremden Dritten behandelt.

5.4.3.2 Beziehungen, die ihre Ursache im Gesellschaftsverhältnis haben

5.4.3.2.1 Einlagen

Bei der Ermittlung des Einkommens einer Kapitalgesellschaft bleiben Einlagen und Beiträge jeder Art insoweit außer Ansatz, als sie von einer Person in ihrer Eigenschaft als Gesellschafter, Mitglied oder in ähnlicher Eigenschaft geleistet werden (§ 8 Abs 1 KStG). Einlagen von Gesellschaftern sind auf der Ebene der Gesellschaft daher steuerneutral. Sie erhöhen den Gewinn der Gesellschaft nicht.

Ebene der Gesellschaft

Eine Ausnahme besteht nur für **Forderungsverzichte**: Verzichtet ein Gesellschafter auf eine Forderung, handelt es sich dabei grundsätzlich um eine steuerneutrale Einlage (die Verbindlichkeit wird steuerneutral in Eigenkapital umgewandelt). Der nicht mehr werthaltige Teil einer Forderung ist jedoch auf Ebene der Kapitalgesellschaft steuerwirksam, dh er erhöht ihren Gewinn (§ 8 Abs 1 KStG).

Auf Ebene des Gesellschafters stellt die Einlage eines Wirtschaftsgutes in „seine" Kapitalgesellschaft einen Tausch dar (§ 6 Z 14 lit b iVm lit a EStG). Dieser führt einerseits zu einer Veräußerung und andererseits zu einer Anschaffung: Der Gesellschafter „verkauft" die eingelegte Sache und erhält dafür Gesellschaftsrechte. Die Bewertung erfolgt nach

Ebene des Gesellschafters

§ 6 Z 14 lit a EStG: Danach ist als Veräußerungspreis des hingegebenen Wirtschaftsgutes und als Anschaffungskosten des erworbenen Wirtschaftsgutes jeweils der gemeine Wert des hingegebenen Wirtschaftsgutes anzusetzen. So stellt der gemeine Wert der hingegebenen Sache für den Gesellschafter einerseits den Veräußerungserlös aus der Einlage des Wirtschaftsguts und andererseits die Anschaffungskosten für die erworbenen Gesellschaftsrechte dar (§ 6 Z 14 lit b iVm lit a EStG). Dadurch kann es beim Gesellschafter zur (steuerpflichtigen) Aufdeckung stiller Reserven kommen.

Auch auf Ebene der Gesellschaft gilt § 6 Z 14 lit b EStG sinngemäß (§ 8 Abs 1 KStG): Die Gesellschaft verkauft einerseits Gesellschaftsrechte, andererseits hat sie eine Anschaffung in Form des eingelegten Gegenstandes. Die Gesellschaft aktiviert im Ergebnis das eingelegte Wirtschaftsgut mit dessen gemeinem Wert. Auf Ebene der Gesellschaft ist daher der Vorgang steuerneutral.

A ist Gesellschafter der AB-GmbH und legt ein Grundstück, das er im Jahr 01 um EUR 100.000,– erworben hat und seither in seinem Privatvermögen ungenutzt liegen hatte, in die GmbH ein. Der gemeine Wert des Grundstücks sowie der Grundstückswert belaufen sich inzwischen auf EUR 130.000,–.
Die Sacheinlage stellt für den Gesellschafter A einen Tausch dar: Er erhält für seine Einlage Gesellschaftsrechte. Gem § 6 Z 14 lit b gilt als Veräußerungspreis des hingegebenen Wirtschaftsgutes (Grundstück) und als Anschaffungskosten des erhaltenen Wirtschaftsgutes (Beteiligungsrechte) der gemeine Wert des hingegebenen Wirtschaftsgutes: A erzielt daher einen Veräußerungserlös von EUR 130.000,–. Dieser übersteigt die Anschaffungskosten um EUR 30.000,–. A erzielt daraus sonstige Einkünfte aus privater Grundstücksveräußerung iSv § 30 EStG. Diese unterliegen dem besonderen Steuersatz von 30% und werden in der Schedule besteuert (§ 30a Abs 1 EStG). Diese besondere Steuer ist am 15. des auf den Zufluss des Veräußerungserlöses zweitfolgenden Kalendermonats entweder als besondere Vorauszahlung durch A oder als Abzugssteuer (ImmoESt) durch den Notar oder Rechtsanwalt, der auch die GrESt selbst berechnet und abführt, an das Finanzamt zu entrichten (§§ 30b, 30c EStG). Die erhaltenen Gesellschaftsrechte haben für A Anschaffungskosten von EUR 130.000,–, die für einen allfälligen späteren Verkauf heranzuziehen sind.
Auf Ebene der Gesellschaft wird eine steuerneutrale Sacheinlage geleistet. Die Gesellschaft aktiviert das Grundstück mit dessen gemeinem Wert, dh mit EUR 130.0000,–, und erhöht auch ihr Eigenkapital entsprechend.

Da es sich bei der Einlage des Grundstücks um die entgeltliche Übertragung zivilrechtlichen Eigentums an einem Grundstück handelt, fallen GrESt in Höhe von 3,5% der Gegenleistung (Beteiligungsrechte; dazu später Kap Grunderwerbsteuer S 382) und Eintragungsgebühr in Höhe von 1,1% des Wertes des Rechtes (EUR 130.000,–) an. Sowohl die GrESt als auch die Eintragungsgebühr stellen für die GmbH – so sie von ihr getragen werden – Betriebsausgaben dar, die den Gewinn der Gesellschaft mindern.

X hat gegenüber der XY-GmbH, an der er beteiligt ist, eine Forderung in fremdüblicher Höhe von EUR 50.000,– aus dem Titel seiner Geschäftsführungstätigkeit. Da die XY-GmbH in großen finanziellen Schwierigkeiten ist, ist die Forderung des X jedenfalls nur mehr in Höhe von EUR 20.000,– einbringlich. X verzichtet auf die ganze Forderung.

Der Forderungsverzicht ist jedenfalls im Ausmaß der noch einbringlichen EUR 20.000,– rein gesellschaftsrechtlich veranlasst und stellt daher eine Einlage dar (wenn nicht die Geschäftsführungstätigkeit von vornherein insgesamt eine verdeckte Nutzungseinlage war). In Höhe des gemeinen Wertes der Forderung (EUR 20.000,–) liegt auf Seiten des Gesellschafters eine Veräußerung und eine Anschaffung vor. Als Veräußerungspreis des hingegebenen Wirtschaftsgutes ist der gemeine Wert des hingegebenen Wirtschaftsgutes anzusetzen. Da sich keine Differenz aus dem Veräußerungspreis iHv 20.000,– und dem gemeinen Wert der Forderung iHv 20.000,– ergibt, ist diese Veräußerung mangels Realisierung stiller Reserven nicht steuerpflichtig. Als Anschaffungskosten des erworbenen Wirtschaftsgutes ist wiederum der gemeine Wert des hingegebenen Wirtschaftsgutes anzusetzen. Die Beteiligungsrechte sind daher in Höhe von EUR 20.000,– zu aktivieren (die ursprünglichen Anschaffungskosten der Beteiligung erhöhen sich um diesen Betrag; § 6 Z 14 lit b EStG). Bei der Gesellschaft liegt einlagebedingt ein steuerneutraler Vermögenszugang von EUR 20.000,– (gemeiner Wert der Einlage) vor. In Höhe des werthaltigen Teils der Forderung erhöht sich auf Ebene der XY-GmbH das Eigenkapital und verringert sich (steuerneutral) die Verbindlichkeit. Der Saldo aus der Verbindlichkeit in Höhe von EUR 50.000,– und dem werthaltigen Teil von EUR 20.000,– in Höhe von EUR 30.000,– (nicht werthaltiger Teil der Forderung) ist gem § 8 Abs 1 letzter Satz KStG ein steuerwirksamer Buchgewinn.

Wie die Einlage stellt auch die Einlagenrückzahlung auf Ebene der Körperschaft eine Einkommensverwendung dar, die den Gewinn nicht verändert (§ 8 Abs 2 KStG). Auf Ebene des Gesellschafters gilt die Einlagenrückzahlung von Körperschaften als Veräußerung einer Beteiligung (§ 4 Abs 12 EStG) gegengleich zur Einlage als Veräuße-

Einlagenrückzahlungen

rungsgeschäft. Der Gesellschafter gibt für das zurückgezahlte Kapital Gesellschaftsrechte auf (§ 4 Abs 12 EStG). Das zurückgezahlte Kapital vermindert in nomineller Höhe die Anschaffungskosten bzw den Buchwert der Beteiligung. Soweit der Einlagenrückzahlungsbetrag im Buchwert (wenn die Beteiligung im Betriebsvermögen des Gesellschafters gehalten wird) bzw in den Anschaffungskosten (wenn die Beteiligung im Privatvermögen des Gesellschafters gehalten wird) der Beteiligung keine Deckung findet, ist in Höhe des negativen Betrages ein Veräußerungsgewinn zu versteuern. Einlagenrückzahlungen in Höhe des Buchwerts bzw der Anschaffungskosten der Beteiligung ziehen also weder auf Ebene der Gesellschaft noch auf Ebene des Gesellschafters ertragsteuerrechtliche Folgen nach sich. Im Unterschied dazu lösen Gewinnausschüttungen auf Ebene des Gesellschafters Steuerpflicht aus. Um die beliebige Qualifikation von Auszahlungen der Gesellschaft an den Gesellschafter entweder als (steuerlich im Regelfall unerhebliche) Einlagenrückzahlung oder steuerwirksame Gewinnausschüttung zu vermeiden, enthält § 4 Abs 12 EStG detaillierte Vorgaben.

X hat eine Einlage von EUR 30.000,– in die XY-GmbH geleistet und hält 50% der Anteile. Diese weist im Jahr 01 einen Bilanzgewinn von EUR 100.000,– aus. In der Gesellschafterversammlung wird der Beschluss gefasst, den Gesellschaftern EUR 50.000,– zukommen zu lassen. Davon sollen EUR 15.000,– eine Einlagenrückzahlung sein.
Aus steuerrechtlicher Sicht liegt in der Höhe von EUR 35.000,– eine Gewinnausschüttung, in der Höhe von EUR 15.000,– eine Einlagenrückzahlung vor. Auf Ebene der Körperschaft stellen beide Einkommensverwendung dar und mindern den körperschaftsteuerrechtlichen Gewinn nicht. Der Gesellschafter bezieht – so er die Beteiligung im Privatvermögen hält – in der Höhe der Gewinnausschüttung Einkünfte aus Kapitalvermögen, nämlich aus der Überlassung von Kapital nach § 27 Abs 2 Z 1 lit a EStG, die gem § 27a Abs 1 EStG dem besonderen Steuersatz von 27,5% unterliegen und keine Progressionswirkung entfalten. Die Einkommensteuer wird durch Kapitalertragsteuerabzug erhoben, weil die XY-GmbH als Schuldnerin der Kapitalerträge ihren Sitz im Inland hat (§ 93 Abs 2 Z 1 EStG), und muss nicht in die Steuererklärung aufgenommen werden (sog Endbesteuerung; § 97 Abs 1 EStG). Die Einlagenrückzahlung ist aus der Sicht des Gesellschafters eine Veräußerung seiner Beteiligung (§ 4 Abs 12 EStG). Solange nicht mehr zurückgezahlt wird, als eingelegt wurde, ist dieser Vorgang nicht steuerbar, weil keine stillen Reserven aufgedeckt werden. Allerdings reduziert sich der Wert seiner Beteiligung um EUR 15.000,– auf EUR 15.000,–.

Verdeckte Einlagen sind alle nicht ohne weiteres als Einlagen in Erscheinung tretenden Zuwendungen (Vorteilsgewährungen) einer an einer Gesellschaft unmittelbar oder mittelbar beteiligten Person, die von einer dritten, der Körperschaft fremd gegenüberstehenden Person, nicht gewährt würden. Verdeckte Einlagen werden gleich behandelt wie offene Einlagen: Auch sie erhöhen den Gewinn der Gesellschaft nicht. Beim Gesellschafter führen sie zu nachträglichen Anschaffungskosten der Beteiligung.

Das verdeckte Eigenkapital ist ein Fall der verdeckten Einlage: Gewährt etwa ein Gesellschafter seiner Gesellschaft ein Darlehen zu nicht fremdüblichen Bedingungen (keine Rückzahlungsvereinbarung, keine Verzinsung, kein schriftlicher Vertrag), sind die Zinsen, die die Gesellschaft an den Gesellschafter zahlt, keine Betriebsausgaben. Sie sind Teil des körperschaftsteuerrechtlichen Gewinns. Beim Gesellschafter sind diese Zinsen als verdeckte Gewinnausschüttung zu behandeln (dazu gleich S 239). Die Rechtsprechung wendet hinsichtlich des verdeckten Eigenkapitals die Kriterien der Angehörigenjudikatur an (vgl dazu vorher Kap *Einkommensteuer* S 55).

X gewährt der Y-GmbH, an der er beteiligt ist, ein Darlehen. Die Vertragsgestaltung ist nicht fremdüblich: Es gibt keinen schriftlichen Darlehensvertrag, das Darlehen ist nicht besichert, es gibt keine Vereinbarung über die Rückzahlung und Verzinsung, kurzum der Vertrag erfüllt nicht die Voraussetzungen der Angehörigenjudikatur. Er hat weder einen klaren nach außen erkennbaren Inhalt noch wurde er unter fremdüblichen Bedingungen abgeschlossen.
Die geschlossene Vereinbarung hat ihre Ursache im Gesellschaftsverhältnis. Die Darlehensgewährung stellt daher verdecktes Eigenkapital dar, das bei der Gesellschaft in der Kapitalrücklage zu passivieren ist und die Anschaffungskosten der Beteiligung von X erhöht. Erhält X Zinsen aus diesem (steuerlich nicht anerkannten) Darlehensvertrag, stellen diese eine verdeckte Gewinnausschüttung dar, die den Gewinn der GmbH nicht mindert (dazu gleich S 239).

Nutzungseinlagen bestehen in der Überlassung von Geld bzw Gegenständen zum Gebrauch oder in der Erbringung von Dienstleistungen durch den Anteilsinhaber an die Körperschaft ohne Entgelt oder gegen ein unangemessen niedriges Entgelt. Der Nutzungsvorteil ist nach herrschender Auffassung kein einlagefähiges Wirtschaftsgut. Dieser stellt daher bei der Körperschaft keine Einlage dar und führt auch beim Anteilsinhaber nicht zu einer Erhöhung des Beteiligungsansatzes (vgl KStR 2013 Rz 501).

Der Gesellschafter-Geschäftsführer B bezieht für seine Geschäftsführerleistung gegenüber der B-GmbH, an der er zu 100% beteiligt ist, eine im Fremdvergleich niedrige Vergütung.
Die Vergütung, die B erhält, führt bei B zu Einkünften aus selbständiger Arbeit gem § 22 EStG. Für die GmbH mindert die bezahlte Vergütung als Betriebsausgabe den Gewinn. Die Differenz zum fremdüblichen Geschäftsführerbezug stellt eine ertragsteuerrechtlich unbeachtliche Nutzungseinlage dar. Die Einkünfte von B unterliegen in der als Geschäftsführerbezug ausbezahlten Höhe grundsätzlich der Lohnnebenkostenpflicht (KommSt, DB zum FLAG und anteiligen Wohnbauförderungsbeitrag; dazu vorher S 130 ff).

5.4.3.2.2 Entnahmen

Gewinnbesteuerung

Der von der Kapitalgesellschaft nach § 5 Abs 1 EStG ermittelte Gewinn unterliegt der Körperschaftsteuer in Höhe von 25%. Wie beim Einzelunternehmen spielt es für den steuerpflichtigen Gewinn keine Rolle, ob dieser im Unternehmen verbleibt, um zB reinvestiert zu werden. Gleichermaßen ist es bei Kapitalgesellschaften unbeachtlich, ob der Gewinn an ihre Gesellschafter ausgeschüttet wird. In beiden Fällen handelt es sich um Einkommensverwendung, die die Höhe des steuerpflichtigen Gewinnes nicht beeinflusst.

Für die Ermittlung des Einkommens von Körperschaften ist es ohne Bedeutung, ob das Einkommen
- im Wege offener oder verdeckter Ausschüttungen verteilt oder
- entnommen oder
- in anderer Weise verwendet wird (§ 8 Abs 2 KStG).

Offene Gewinnausschüttung

Verteilt eine Kapitalgesellschaft einen Teil ihres Gewinns oder ihren Gesamtgewinn auf Grund eines Gewinnverteilungsbeschlusses an ihre Gesellschafter, spricht man von einer offenen Gewinnausschüttung. Gewinnausschüttungen an die Gesellschafter mindern den Gewinn der Gesellschaft ebensowenig wie Zuführungen zu (freien oder gesetzlichen) Rücklagen. Sie werden daher auch als **Einkommensverwendung** bezeichnet.

Auf Grund des **Trennungsprinzips** sind Gewinne oder Verluste der Körperschaft für die Anteilsinhaber erst von ertragsteuerrechtlicher Bedeutung, wenn sie ihnen als Einkünfte zufließen.

Bei natürlichen Personen als **Gesellschafter**, welche die Beteiligung im Privatvermögen halten, führt die Ausschüttung von Gewinnen zu Einkünften aus der Überlassung von Kapital (Einkünfte aus Kapitalvermögen gem § 27 Abs 2 Z 1 EStG). Diese Gewinnausschüttungen unterliegen dem besonderen Steuersatz von 27,5% und sind bei der Berechnung der Einkommensteuer weder beim Gesamtbetrag der Einkünfte noch beim Einkommen zu berücksichtigen (sog „Schedulenbesteuerung"; § 27a Abs 1 EStG; siehe Kap Einkommensteuer S 137). Diese Steuer wird grundsätzlich im Wege des KESt-Abzugs erhoben (§ 93 EStG). Dem KESt-Abzug unterliegende Einkünfte sind in die Steuererklärung nicht mehr aufzunehmen (§ 97 EStG; Endbesteuerung). Wird ein Antrag auf Regelbesteuerung gestellt (§ 27a Abs 5 EStG), sind Ausschüttungen zum progressiven Tarif gemeinsam mit den übrigen Einkünften des Steuerpflichtigen zu besteuern (vgl zur Besteuerung der Einkünfte aus der Überlassung von Kapital ausführlich Kap S 137).

Ein Gesellschafter als natürliche Person, der die Beteiligung im Betriebsvermögen hält, erzielt aus der Gewinnausschüttung betriebliche Einkünfte. Diese werden gleich wie die außerbetrieblichen Einkünfte aus Kapitalvermögen in der Schedule zum besonderen Steuersatz von 27,5% besteuert, wobei die Steuer grundsätzlich durch KESt-Abzug erhoben wird und dieser Endbesteuerungswirkung entfaltet (vgl dazu schon vorher Kap *Einkommensteuer* S 147). Die Qualifikation der Dividenden als betriebliche Einkünfte hat weder auf den KESt-Abzug, noch auf die Besteuerung zum besonderen Steuersatz von 27,5% einen Einfluss.

Ist der Gesellschafter selbst eine Körperschaft, unterliegen die Gewinnausschüttungen an ihn gem § 10 Abs 1 KStG nicht der Körperschaftsteuer (im Detail dazu gleich S 244).

Sofern die von der Kapitalgesellschaft ausgeschütteten Gewinne der KESt unterliegen, hat sie als Schuldnerin der Kapitalerträge die KESt iHv 27,5% einzubehalten und binnen einer Woche nach dem Zufließen der Kapitalerträge unter der Bezeichnung „Kapitalertragsteuer" an das Sitzfinanzamt abzuführen (§ 95 iVm § 96 EStG). Gleichzeitig ist eine Anmeldung dem Finanzamt elektronisch zu übermitteln (§ 96 Abs 3 EStG). Die Kapitalgesellschaft haftet für die Einbehaltung und Abfuhr der KESt (§ 95 Abs 1 EStG; vgl dazu schon vorher Kap *Einkommensteuer* S 139). Werden die Gewinne an eine Körperschaft iSd § 1 Abs 1 KStG ausgeschüttet, wie etwa an eine andere Kapitalgesellschaft, und ist § 94 EStG nicht anwendbar, kann die KESt anstatt iHv 27,5% auch nur iHv 25% einbehalten werden (§ 93 Abs 1a EStG).

Kapitalertragsteuerabzug

Übungsbeispiele

1. Gesellschafter X gewährt der XX-GmbH aus seinem Einzelunternehmen ein zinsloses Darlehen zur Finanzierung von Investitionen. Nach zwei Jahren beschließt der Gesellschafter, auf die werthaltige Darlehensforderung zu verzichten.

2. Der Gesellschafter A überträgt seiner Gesellschaft ein Grundstück, das er vor zwei Jahren um EUR 250.000,– gekauft hat. Der gemeine Wert des Grundstücks sowie der Grundstückswert betragen zum Zeitpunkt der Übertragung EUR 290.000,–.
3. Der Gesellschafter A verkauft der Z-GmbH, an der er zu 80% beteiligt ist, eine Maschine zum Preis von EUR 50.000,–. Der gemeine Wert der Maschine beläuft sich auf EUR 80.000,–.

5.4.3.3 Leistungsbeziehungen zwischen Gesellschaft und Gesellschaftern

Fremdübliche Leistungsbeziehungen

Die zivilrechtliche Rechtsfähigkeit von Körperschaften ermöglicht zivilrechtlich wirksame Leistungsbeziehungen zwischen Körperschaften und ihren Gesellschaftern. Da Körperschaften iSd KStG Ertragsteuersubjekte sind, werden diese Leistungsbeziehungen auch ertragsteuerrechtlich anerkannt, wenn sie wie unter einander fremden Dritten begründet worden sind. Die Verwaltungspraxis und Rechtsprechung wenden für die Frage der Fremdüblichkeit die **Angehörigenjudikatur** an: Sind Leistungsbeziehungen zwischen der Gesellschaft und den Gesellschaftern mit einem nach außen klar erkennbaren Inhalt und unter fremdüblichen Bedingungen begründet worden, werden sie ertragsteuerrechtlich anerkannt: Leistungen der Gesellschaft an den Gesellschafter mindern als Betriebsausgaben den Gewinn der Körperschaft und führen beim Gesellschafter zu Einkünften, die von der Überlassung seines Kapitals an die Körperschaft völlig unabhängig sind. Dies ist Ausfluss des Trennungsprinzips.

1. A hält 30% an der B-GmbH, der er ein Grundstück um EUR 3.000,– pro Monat vermietet. Das Mietentgelt entspricht der am Markt für vergleichbare Grundstücke erzielbaren Miete.
A und die B-GmbH haben miteinander einen Mietvertrag abgeschlossen, der in dieser Form auch zwischen fremden Dritten abgeschlossen werden würde. Die Leistungsbeziehungen werden daher ertragsteuerrechtlich anerkannt: Die B-GmbH kann die Mietzahlungen in Höhe von EUR 3.000,– pro Monat als Betriebsausgaben gewinnmindernd ansetzen. A erzielt, so er das Grundstück nicht im Betriebsvermögen hält, Einkünfte aus Vermietung und Verpachtung gem § 28 EStG (vgl zu den Einkünften aus Vermietung und Verpachtung vorher Kap Einkommensteuer S 154).
2. A, der 30% an der B-GmbH hält, steht in einem Anstellungsverhältnis zur A-GmbH. Als deren Geschäftsführer bezieht er im Jahr 01 monatlich eine fremdübliche Vergütung von EUR 6.000,–. Im Jahr

01 wird außerdem ein Gewinn in Höhe von EUR 40.000,– ausgeschüttet.

Da die Vergütung fremdüblich ist, wird das Anstellungsverhältnis zwischen A und der B-GmbH ertragsteuerrechtlich als ein solches anerkannt. Die GmbH kann die an A entrichtete Vergütung als Betriebsausgaben gewinnmindernd ansetzen. A erzielt, weil er zu mehr als 25% an der GmbH beteiligt ist und deren Geschäfte im Rahmen eines Anstellungsvertrages führt, Einkünfte aus selbständiger Arbeit in Höhe von EUR 6.000,–. A ist kein Dienstnehmer im lohnsteuerrechtlichen Sinn. Er wird daher nach Abgabe einer Einkommensteuererklärung mit seinen Geschäftsführerbezügen zur Einkommensteuer veranlagt. Er ist aber Dienstnehmer im Sinne des Kommunalsteuer- und des Familienlastenausgleichsgesetzes. Die GmbH schuldet aus seinem Geschäftsführerentgelt daher Kommunalsteuer (§ 1 KommStG) in Höhe von 3% des Gehalts und den Beitrag zum Familienlastenausgleichsfonds in Höhe von 4,5% des Entgelts (§ 41 FLAG; vgl dazu vorher Kap Einkommensteuer S 127).

Die Gewinnausschüttung steht in keinem Verhältnis zur Tätigkeit als Geschäftsführer. Sie hat ihre Ursache im Gesellschaftsverhältnis und stellt auf Ebene der GmbH daher eine steuerneutrale Einkommensverwendung dar, auf Ebene des Gesellschafters liegen Einkünfte aus der Überlassung von Kapital gem § 27 Abs 2 Z 1 lit a EStG vor (dazu vorher schon ausführlich S 236).

Die ertragsteuerrechtliche Anerkennung der Leistungsbeziehungen zwischen der Gesellschaft und den Gesellschaftern ist einer der wesentlichen Unterschiede zur Besteuerung von Personengesellschaften.

Verdeckte Gewinnausschüttungen

Leistungsbeziehungen zwischen der Gesellschaft und ihren Gesellschaftern, die nicht unter fremdüblichen Bedingungen eingegangen werden, werden im Ausmaß der fehlenden Fremdüblichkeit nicht anerkannt. In der Praxis werden nicht fremdübliche Leistungsbeziehungen in einen vorderhand fremdüblich anmutenden Vertrag gekleidet. Die im Rahmen eines solchen Vertrages in nicht fremdüblicher Höhe an den Gesellschafter zugewendeten Vergütungen stellen auf Ebene der Gesellschaft keine abzugsfähigen Betriebsausgaben dar. Da sie als causa societatis geleistet gelten, handelt es sich dabei um **verdeckte Gewinnausschüttungen**, weil sie nach außen nicht als solche zu Tage treten. Verdeckte Gewinnausschüttungen werden ertragsteuerrechtlich sowohl bei der Gesellschaft als auch beim Gesellschafter gleich behandelt wie offene Gewinnausschüttungen (vgl S 236). Sie können durch überhöhte Leistungsvergütungen, durch Begleichung von Privatrechnungen des Gesellschafters, durch Vorteilszuwendungen ohne angemessene Gegenleistung und dergleichen in Erscheinung treten.

Ob eine verdeckte Gewinnausschüttung vorliegt, wird mit Hilfe eines Fremdvergleichs geprüft. Es ist zu fragen, ob die Gesellschaft eine solche Zuwendung auch einem Dritten (Nichtgesellschafter) zugewandt hätte.

1. Der zu 60% an der Y-GmbH beteiligte A erhält für seine Geschäftsführertätigkeit monatlich EUR 16.000,–. Andere Geschäftsführer von Gesellschaften mit vergleichbaren Umsätzen beziehen für deren Tätigkeit durchschnittlich EUR 11.000,– monatlich.
Der Anstellungsvertrag zwischen der Y-GmbH und A ist nur im Ausmaß seines fremdüblichen Teiles als solcher anzuerkennen: Ertragsteuerrechtlich liegen auf der Ebene der GmbH daher EUR 11.000,– als gewinnmindernde Betriebsausgaben und EUR 5.000,– als steuerneutrale verdeckte Gewinnausschüttung vor. A erzielt in Höhe von EUR 11.000,– Einkünfte aus selbständiger Arbeit und in Höhe von EUR 5.000,– Einkünfte aus der Überlassung von Kapital.

2. Die X-GmbH gewährt ihrem Gesellschafter C ein „Darlehen" in Höhe von EUR 100.000,–. Ein Darlehensvertrag wurde nicht errichtet, C bezahlt keine Zinsen an die Gesellschaft. Das Darlehen wurde auf Ebene der Gesellschaft nicht als Forderung verbucht. Mit einer Rückzahlung durch C ist nicht zu rechnen, zumal er von einer Bank mangels entsprechender Bonität kein Darlehen erhalten hätte.
Aus steuerrechtlicher Sicht liegt keine fremdübliche Darlehensvereinbarung vor: Die Gewährung von EUR 100.000,– an C stellt daher eine verdeckte Gewinnausschüttung dar und ist auf Ebene der Körperschaft eine steuerneutrale Einkommensverwendung. C bezieht in Höhe von EUR 100.000,– Einkünfte aus der Überlassung von Kapital, die dem besonderen Steuersatz von 27,5% in der Schedule unterliegen.

Variante: Ein schriftlicher Darlehensvertrag wurde errichtet. C entrichtet Zinsen von 2%, fremdüblich wären aber 3,5%.
Der Darlehensvertrag wird dem Grunde nach ertragsteuerrechtlich anerkannt. Allerdings wird eine fremdübliche Verzinsung unterstellt, sodass die GmbH in Höhe des fremdüblich verzinsten Darlehens eine (gewinnerhöhende) Forderung gegen C hat. Es wird also unterstellt, dass sich der Gewinn der GmbH nicht nur um die tatsächlich bezahlten Zinsen iHv 2 %, sondern um 3,5% erhöht (dies ist dann auch der ausschlaggebende Wert für den körperschaftsteuerpflichtigen Gewinn). Die nicht bezahlten Zinsen von 1,5% der Darlehenssumme werden als gewinnneutrale verdeckte Gewinnausschüttung an C behandelt, sodass C in dieser Höhe Einkünfte aus der Überlassung von Kapital nach § 27a EStG zum besonderen Steuersatz von 27,5% in der Schedule zu besteu-

ern hat, wobei die GmbH zum Kapitalertragsteuerabzug nach § 93 EStG verpflichtet ist.

Verdeckte Gewinnausschüttungen können durch eine spätere Rückerstattung der verdeckt zugewendeten Vermögenswerte nicht mit steuerlicher Wirkung rückgängig gemacht werden. Derartige Rückzahlungen werden steuerrechtlich als Einlage behandelt.

Rückgängigmachung von vGA

Josef und Martina betreiben einen Tischlereibetrieb in der Rechtsform einer GmbH. Josef ist an der Gesellschaft mit 30% und Martina mit 70% beteiligt. Die GmbH erwirtschaftet im Jahr 01 einen unternehmensrechtlichen Gewinn iHv EUR 250.000,–. Das steuerrechtliche Ergebnis der GmbH – unter Berücksichtigung der im Folgenden genannten Leistungsvergütungen – beträgt EUR 390.000,–. Bei der Ermittlung des unternehmensrechtlichen Gewinns wurden die folgenden Aufwendungen, soweit sie von der GmbH zu tragen waren, gewinnmindernd berücksichtigt:

a) Als Geschäftsführer bezieht Josef ein jährliches Gehalt von EUR 55.000,– (angemessen wären allerdings nur EUR 42.000,– pro Jahr). Zwischen der GmbH und Josef wurde ein Geschäftsführungsvertrag abgeschlossen, der bis auf die Weisungsbindung sonst alle Merkmale eines Dienstverhältnisses aufweist.
b) Martina vermietet an die GmbH eine Lagerhalle, in der die fertigen Holzarbeiten bis zum Verkauf gelagert werden. Dafür erhält sie von der GmbH einen angemessenen Mietzins iHv EUR 20.000,– pro Jahr. An Betriebskosten zahlt Martina jährlich EUR 2.500,–. Der Gebäudeanteil des Geschäftslokals hatte im Zeitpunkt der erstmaligen Vermietung an die GmbH einen Teilwert von EUR 100.000,–.
c) Josef musste, um sich an der GmbH beteiligen zu können, einen Kredit aufnehmen und zahlt dafür jährlich einen Betrag iHv EUR 2.000,– zurück, wovon EUR 400,– auf die Zahlung von Zinsen entfallen.

Welche ertragsteuerrechtlichen Konsequenzen ergeben sich aus diesem Sachverhalt?
Die GmbH ist ein eigenes Ertragsteuersubjekt. Als juristische Person unterliegt sie der Körperschaftsteuer (25%). Rechtsbeziehungen zwischen der GmbH und ihren Gesellschaftern werden grundsätzlich (soweit sie fremdüblich sind) anerkannt (Trennungsprinzip).
a) *Da Josef zu mehr als 25% an der GmbH beteiligt ist, erzielt er aus dem Dienstverhältnis Einkünfte aus sonstiger selbständiger Arbeit (§ 22 Z 2 EStG). Rechtsbeziehungen zwischen Kapitalgesellschaften und ihren Gesellschaftern werden jedoch steuerrechtlich nur insoweit anerkannt, als sie fremdüblich sind. Es liegen daher nur iHv EUR 42.000,–*

Einkünfte aus selbständiger Arbeit vor. Der darüber hinausgehende Betrag ist eine verdeckte Gewinnausschüttung und wird steuerrechtlich wie eine offene Gewinnausschüttung behandelt. Josef hat daher in Höhe von EUR 13.000,– Einkünfte aus der Überlassung von Kapital gem § 27 Abs 2 Z 1 lit a EStG, die gem § 27a EStG dem besonderen Steuersatz von 27,5% unterliegen. Die GmbH hat die Steuer in Form des KESt-Abzuges an das Finanzamt abzuführen. Die Kapitalerträge sind endbesteuert und müssen daher nicht in Josefs Steuererklärung aufgenommen werden (§ 97 Abs 1 EStG). Für die GmbH liegen in Höhe der fremdüblichen EUR 42.000,– Betriebsausgaben vor, die verdeckte Ausschüttung ist als Einkommensverwendung vom Gewinn nicht abzuziehen (§ 8 Abs 2 KStG; Behandlung auch bei der GmbH wie eine offene Gewinnausschüttung). Die Geschäftsführungsvergütung an Josef unterliegt der Kommunalsteuer und dem Dienstgeberbeitrag zum Familienlastenausgleichsfonds. Beide Abgaben werden von der GmbH geschuldet und mindern als Betriebsausgaben den körperschaftsteuerrechtlichen Gewinn.

b) *Die Vermietung des Geschäftslokals führt bei Martina zu Einkünften aus Vermietung und Verpachtung gem § 28 EStG. Die Betriebskosten iHv EUR 2.500,– und die AfA vom Gebäude (ohne Nachweis einer kürzeren Nutzungsdauer 1,5% der Anschaffungskosten; § 16 Abs 1 Z 8 lit d EStG) stellen Werbungskosten dar. Für die GmbH liegen in Höhe der Mietzahlungen Betriebsausgaben vor.*

c) *Die Fremdkapitalzinsen für den Kredit, der dem Erwerb der Beteiligung gedient hat, sind nicht als Werbungskosten abzugsfähig, weil sie in Zusammenhang mit Einkünften stehen, auf die der besondere Steuersatz von 27,5% anwendbar ist (§ 20 Abs 2 EStG).*

Der Gewinn der GmbH unterliegt unabhängig von einer etwaigen Ausschüttung der Körperschaftsteuer in Höhe von 25%. Die Gewinnausschüttung ist für die Gesellschaft steuerneutral (§ 8 Abs 2 KStG). Die Gesellschafter beziehen in Höhe der Ausschüttung Einkünfte aus Kapitalvermögen (§ 27 Abs 2 Z 1 lit a EStG), die dem besonderen Steuersatz iHv 27,5% vom Bruttobetrag unterliegen. Die GmbH hat die KESt einzubehalten und abzuführen (§ 93 Abs 2 Z 1 EStG). Durch den KESt-Abzug gilt die Einkommensteuer als abgegolten, somit ist eine Aufnahme in die Steuererklärung nicht mehr erforderlich (§ 97 Abs 1 EStG). Der Steuerpflichtige hat aber die Möglichkeit, auf Regelbesteuerung zu optieren (§ 27a Abs 5 EStG). Die Einkünfte unterliegen sodann nicht mehr dem besonderen, sondern dem progressiven Steuersatz. Die Einkünfte sind in diesem Fall zwingend zu veranlagen.

5.4.4 Körperschaftsteuerrechtliche Behandlung von Konzernen

5.4.4.1 Überblick

Von der Körperschaftsteuer sind Beteiligungserträge befreit (§ 10 Abs 1 KStG). § 10 Abs 1 KStG definiert die Beteiligungserträge näher und differenziert dabei zwischen Beteiligungen an inländischen und Beteiligungen an ausländischen Körperschaften. Während Erträge aus Beteiligungen an inländischen Körperschaften uneingeschränkt von der Körperschaftsteuer befreit sind, ist hinsichtlich der Erträge aus Beteiligungen an ausländischen Körperschaften in zweifacher Weise zu differenzieren: Einerseits nach dem Ausmaß der Beteiligung und der Behaltedauer und andererseits nach dem Sitz der ausländischen Körperschaft. Hält eine in Österreich unbeschränkt steuerpflichtige Körperschaft Anteile von weniger als 10% an einer ausländischen Körperschaft oder Anteile von mehr als 10% an einer ausländischen Körperschaft seit weniger als einem Jahr, so sind die daraus entspringenden Erträge nur dann von der Körperschaftsteuer befreit, wenn es sich um eine EU-Kapitalgesellschaft handelt oder wenn mit dem Ansässigkeitsstaat der ausschüttenden Drittstaatsgesellschaft eine umfassende Amtshilfe (Amtshilfeübereinkommen oder Doppelbesteuerungsabkommen mit großer Auskunftsklausel) besteht; sog **Steuerbefreiung für Portfoliodividenden**. Handelt es sich um eine Beteiligung an einer ausländischen Kapitalgesellschaft zu mehr als 10% und wird die Beteiligung schon länger als ein Jahr gehalten, sind die Erträge jedenfalls von der Körperschaftsteuer befreit (sog **internationales Schachtelprivileg**, § 10 Abs 2 KStG). Dabei ist unerheblich, ob die ausländische Körperschaft ihren Sitz innerhalb oder außerhalb der EU hat. Unerheblich ist auch, ob ein Amtshilfeübereinkommen zwischen Österreich und dem Drittlandssitzstaat der Beteiligungsgesellschaft besteht.

Um die Ausnützung von niedrigen Steuersätzen im Sitzstaat der Beteiligungsgesellschaft zu vermeiden, wird in § 10 Abs 4 bis Abs 7 KStG angeordnet, in gesetzlich typisierten Missbrauchsfällen an Stelle der Befreiung der ausländischen Gewinnausschüttungen die im Ausland entrichtete Körperschaftsteuer auf Antrag des österr Anteilseigners auf die österr Körperschaftsteuer anzurechnen (sog Switch-Over-Klausel zur Vermeidung von Missbräuchen).

5.4.4.2 Beteiligung an inländischen Körperschaften

Beteiligungsertragsbefreiung

Ist eine inländische Kapitalgesellschaft an einer anderen inländischen Kapitalgesellschaft beteiligt, sind die aus der Beteiligung erzielten Erträge von der Körperschaftsteuer befreit (§ 10 Abs 1 KStG; sog Beteiligungsertragsbefreiung). Die Gewinne unterliegen erst dann der Besteuerung, wenn sie an natürliche Personen als Gesellschafter ausgeschüttet werden.

Inländische Beteiligungserträge sind
- Gewinnanteile jeder Art auf Grund einer Beteiligung an einer inländischen Kapitalgesellschaft oder Erwerbs- und Wirtschaftsgenossenschaft (unabhängig vom Beteiligungsausmaß) in Form von Gesellschafts- und Genossenschaftsanteilen (§ 10 Abs 1 Z 1 KStG);
- Rückvergütungen von inländischen Genossenschaften und körperschaftlich organisierten Agrargemeinschaften (§ 10 Abs 1 Z 2 KStG);
- Gewinnanteile jeder Art auf Grund einer Beteiligung an inländischen Körperschaften in Form von Genussrechten (§ 8 Abs 3 Z 1 KStG; § 10 Abs 1 Z 3 KStG);
- Gewinnanteile jeder Art auf Grund von Partizipationskapital iSd BWG und VAG (§ 10 Abs 1 Z 4 KStG).

Steuerfrei sind nur die laufenden Erträge aus derartigen Beteiligungen. Gewinne aus der Veräußerung von inländischen Beteiligungen iSd § 10 Abs 1 Z 1 bis Z 4 KStG unterliegen der Körperschaftsteuer. Auch Wertänderungen der Beteiligung sind gewinnwirksam.

Die X-AG mit Sitz und Geschäftsleitung in Österreich hält eine Beteiligung von 100% an der österreichischen Y-GmbH sowie eine Beteiligung von 5% an der österreichischen C-GmbH. Beide Gesellschaften schütten im Jahr 01 Gewinne aus. Im Jahr 02 erwägt die X-AG, beide Beteiligungen zu verkaufen.

Die Gewinnausschüttungen sind gem § 10 Abs 1 Z 1 KStG bei der X-AG von der Körperschaftsteuer befreit. Der von der Y-GmbH ausgeschüttete Gewinn unterliegt auch nicht dem Kapitalertragsteuerabzug (§ 94 Z 2 EStG). Die Gewinnausschüttung der C-GmbH ist zwar von der Körperschaftsteuer nach § 10 Abs 1 Z 1 KStG befreit, dennoch hat die C-GmbH Kapitalertragsteuer einzubehalten und abzuführen (vgl auch hier S 250). Die KESt ist auf die spätere KöSt-Schuld anzurechnen oder zu erstatten.

Veräußert die X-AG beide Beteiligungen, so unterliegt ein allfälliger Veräußerungsgewinn in beiden Fällen der Körperschaftsteuerpflicht.

5.4 Besteuerung von Kapitalgesellschaften

Befreiung von der Körperschaftsteuer Inländische Beteiligung (§ 10 Abs 1 KStG)	
Beteiligung durch	inländ Ges od BS einer EU-Ges
Beteiligung an	inländ KapGes od Genossenschaft
Beteiligungsausmaß	–
Behaltedauer	–
Veräußerungsgewinn oder -verlust	stpfl
Anti-Missbrauch	§ 22 BAO

Abb 22. Gewinnausschüttungen im Konzern – national

5.4.4.3 Beteiligung an ausländischen Körperschaften

Von der Körperschaftsteuer befreit sind auch Gewinne, die eine inländische Körperschaft aus einer sog Portfoliobeteiligung an einer ausländischen Körperschaft bezieht. Portfoliobeteiligungen sind

- Beteiligungen an einer EU-Gesellschaft (ausländischen Körperschaft, welche die in der Anlage 2 zum EStG vorgesehenen Voraussetzungen des Art 2 der Mutter-Tochter-RL erfüllt), bei der es sich um keine internationale Schachtelbeteiligung iSd § 10 Abs 1 Z 7 KStG handelt (§ 10 Abs 1 Z 5 KStG).

Portfoliobeteiligungen

Eine internationale Schachtelbeteiligung liegt nicht vor, wenn das Beteiligungsausmaß unter 10% liegt oder wenn zwar das Beteiligungsausmaß mindestens 10% beträgt, die Beteiligung aber noch nicht länger als ein Jahr gehalten wurde.

- Beteiligungen an einer ausländischen Körperschaft, die mit einer inländischen unter § 7 Abs 3 KStG fallenden Körperschaft vergleichbar ist, mit deren Ansässigkeitsstaat eine umfassende Amtshilfe besteht und bei der es sich um keine internationale Schachtelbeteiligung iSd § 10 Abs 1 Z 7 KStG handelt (§ 10 Abs 1 Z 6 KStG).

Auch hinsichtlich von Portfoliobeteiligungen sind nur die laufenden Erträge von der Körperschaftsteuer befreit, nicht aber die Gewinne aus der Veräußerung solcher Beteiligungen. Sie unterliegen der Körperschaftsteuer.

Von der Körperschaftsteuer befreit sind auch Gewinne, die eine inländische Körperschaft aus einer sog internationalen Schachtelbeteiligung bezieht. Eine solche liegt unter folgenden Voraussetzungen vor:

Internationale Schachtelbeteiligungen

- Es handelt sich um eine Beteiligung an einer ausländischen Körperschaft, die in der Anlage 2 zum EStG genannt ist – also eine Kapitalgesellschaft iSd EU-Mutter-Tochter-RL– oder um eine Beteiligung, die einer inländischen Kapitalgesellschaft vergleichbar ist,

- die Beteiligung besteht nachweislich in Form von Kapitalanteilen,
- die Beteiligung besteht während eines ununterbrochenen Zeitraumes von mindestens einem Jahr und
- die Beteiligung beläuft sich auf mindestens ein Zehntel (§ 10 Abs 2 KStG).

Im Rahmen des internationalen Schachtelprivilegs sind laufende Erträge aus der Beteiligung iSd § 10 Abs 2 KStG von der Körperschaftsteuer befreit (§ 10 Abs 1 Z 7 KStG).

Wertneutralität Außerdem bleiben bei der Ermittlung der Einkünfte Veräußerungsgewinne, Veräußerungsverluste und sonstige Wertänderungen aus internationalen Schachtelbeteiligungen außer Ansatz (sog System der steuerlichen Wertneutralität der Beteiligung; § 10 Abs 3 KStG). Auf internationale Schachtelbeteiligungen können daher grundsätzlich keine steuerwirksamen Teilwertabschreibungen vorgenommen werden. Gewinne aus der Veräußerung einer internationalen Schachtelbeteiligung sind von der Körperschaftsteuer befreit, Verluste aus solchen Veräußerungen können nicht mit den übrigen Einkünften der Körperschaft verrechnet werden.

Die österreichische A-AG hält seit vier Jahren eine 8%-Beteiligung an der finnischen F-aktiebolag und eine 30%-Beteiligung an einer chinesischen Kapitalgesellschaft, die einer in ihrer rechtlichen Ausgestaltung einer inländischen Körperschaft vergleichbar ist. Beide Gesellschaften schütten im Jahr 01 einen Gewinn an die A-AG aus. Im Jahr 05 beschließt die A-AG beide Beteiligungen mit Gewinn zu veräußern.

Aus der Gewinnausschüttung erzielt die A-AG Einkünfte aus Gewerbebetrieb gem § 7 Abs 3 KStG. Diese sind jedoch nach Maßgabe des § 10 Abs 1 KStG steuerbefreit: Bei der Beteiligung an der finnischen F-aktiebolag handelt es sich um eine Beteiligung an einer ausländischen Körperschaft, die allerdings keine internationale Schachtelbeteiligung nach § 10 Abs 1 Z 7 iVm Abs 2 KStG darstellt, weil die Beteiligung nicht das Ausmaß von 10% erreicht. Es handelt sich jedoch um eine Beteiligung an einer ausländischen (europäischen) Körperschaft, die in der Anlage 2 zum EStG genannt ist (vgl Anlage 2 Z 1 lit z). Aus diesem Grund ist die Gewinnausschüttung der finnischen F-aktiebolag bei der A-AG gem § 10 Abs 1 Z 5 KStG steuerbefreit.

Bei der Beteiligung an der chinesischen Kapitalgesellschaft handelt es sich um eine internationale Schachtelbeteiligung, weil die Beteiligung mehr als 10% beträgt und schon länger als ein Jahr gehalten wird. Zudem handelt es sich um eine, einer unter § 7 Abs 3 KStG fallenden inländischen Körperschaft vergleichbaren Körperschaft. Aus diesem Grund ist auch die Gewinnausschüttung der chinesischen Kapitalgesell-

schaft bei der A-AG im Jahr 01 steuerbefreit gem § 10 Abs 1 Z 7 iVm Abs 2 KStG.

Auch aus den Veräußerungen im Jahr 05 erzielt die A-AG Einkünfte aus Gewerbebetrieb. Der Gewinn aus der Beteiligungsveräußerung an der finnischen F-aktiebolag ist steuerpflichtig, weil die Beteiligungsertragsbefreiung nach § 10 Abs 1 Z 5 KStG lediglich die laufenden Gewinne aus den Gesellschaftsanteilen erfasst. Der Gewinn aus der Beteiligungsveräußerung an der chinesischen Kapitalgesellschaft ist bei der A-AG im Jahr 05 hingegen nicht steuerpflichtig, weil Gewinne aus der Veräußerung (ebenso wie Veräußerungsverluste oder sonstige Wertänderungen) gem § 10 Abs 3 KStG bei internationalen Schachtelbeteiligungen außer Ansatz bleiben (sofern nicht auf Steuerwirksamkeit optiert wurde).

Ausgenommen von der Wertneutralität sind tatsächliche und endgültige Verluste, die im Zuge des Untergangs (Liquidation oder Insolvenz) der ausländischen Gesellschaft (Körperschaft) entstehen. Diese Verluste sind um steuerfreie Gewinnanteile jeder Art, die innerhalb der letzten fünf Wirtschaftsjahre vor dem Wirtschaftsjahr der Liquidationseröffnung oder des Eintrittes der Insolvenz anfallen, zu kürzen.

Auf die Steuerneutralität kann auch verzichtet werden: Die beteiligte Kapitalgesellschaft kann bei Abgabe der Körperschaftsteuererklärung für das Jahr der Anschaffung oder des Entstehens einer internationalen Schachtelbeteiligung erklären, dass für diese Beteiligung (Veräußerungs-)Gewinne, Verluste und sonstige Wertänderungen steuerwirksam sein sollen (sog **Option auf Steuerwirksamkeit** der Beteiligung). Die laufenden Erträge aus der internationalen Schachtelbeteiligung bleiben auch bei Option auf Steuerwirksamkeit nach Maßgabe von § 10 Abs 1 Z 7 KStG steuerfrei. Veräußerungsgewinne sind jedoch steuerpflichtig. Verluste und Teilwertabschreibungen vermindern nach Maßgabe des § 12 Abs 3 KStG (vgl dazu gleich S 251) den Gewinn. Die Option gilt auch für die Erweiterung einer bestehenden internationalen Schachtelbeteiligung durch zusätzliche Anschaffungen. Eine einmal ausgeübte Option kann nicht widerrufen werden. Bei einer Veräußerung oder Übertragung einer bestehenden internationalen Schachtelbeteiligung im Rahmen einer Umgründung iSd Umgründungssteuergesetzes an eine konzernzugehörige Körperschaft ist auch die erwerbende Körperschaft an die Option gebunden.

Verzicht auf die Wertneutralität

Unter bestimmten Voraussetzungen kommt bei ausländischen Beteiligungserträgen von Körperschaften – sowohl bei Portfoliobeteiligungen als auch bei internationalen Schachtelbeteiligungen – an Stelle der Befreiung von der Körperschaftsteuer im Inland die Anrechnung der im Ausland von der ausländischen Körperschaft entrichteten Körper-

Methodenwechsel

schaftsteuer auf die auf den österreichischen Beteiligungsertrag entfallende österreichische Körperschaftsteuer zur Anwendung (sog Methodenwechsel oder switch-over). Die Anrechnung der ausländischen Steuer bedarf eines entsprechenden Antrages der österreichischen Körperschaft, widrigenfalls unterliegt der Ertrag voll der österreichischen Körperschaftsteuer. Der Methodenwechsel stellt sicher, dass an eine österreichische Kapitalgesellschaft ausgeschüttete Gewinne in einer gemeinsamen Betrachtung von ausschüttender und empfangender Gesellschaft in derselben Höhe mit Körperschaftsteuer belastet werden wie Gewinnausschüttungen zwischen Kapitalgesellschaften in einer rein inländischen Situation. Der Methodenwechsel wird in Fällen typisierter Missbrauchskonstellationen angeordnet.

Bei **Portfoliobeteiligungen** ist dies der Fall, wenn
- die ausländische Körperschaft im Ausland tatsächlich direkt oder indirekt keiner der österreichischen Körperschaftsteuer vergleichbaren Steuer unterliegt oder
- der ausländische Steuersatz um 10 Prozentpunkte niedriger als die österreichische Körperschaftsteuer ist oder
- die ausländische Körperschaft im Ausland Gegenstand einer umfassenden persönlichen oder sachlichen Befreiung ist (§ 10 Abs 5 KStG).

Übersteigt die anrechenbare ausländische Körperschaftsteuer die Steuerschuld unter Außerachtlassung einer Mindestkörperschaftsteuer, kann der Übersteigungsbetrag auf die Steuerschuld in den folgenden Jahren auf Antrag angerechnet werden (sog **Anrechnungsvortrag**).

Die X-AG hält eine Beteiligung von 8% an der in Utopia ansässigen Y-GmbH. Zwischen Österreich und Utopia wurde ein Abkommen abgeschlossen, das die umfassende Amtshilfe in Steuersachen vorsieht. Diese GmbH unterliegt in Utopia einer Art Körperschaftsteuerbelastung in Höhe von 11% des Gewinns. Sie schüttet im Jahr 01 an ihre Gesellschafter einen Gewinn aus.
Bei der Beteiligung handelt es sich um eine sog Portfoliobeteiligung iSv § 10 Abs 1 Z 6 KStG. Die Steuerbefreiung kommt jedoch nicht zur Anwendung, da der KöSt-Tarif in Utopia um mehr als 10 Prozentpunkte niedriger ist als jener in Österreich. Es kommt gem § 10 Abs 5 KStG zum Methodenwechsel: Die ausgeschütteten Gewinne unterliegen in Österreich der Körperschaftsteuer von 25%. Auf diese Körperschaftsteuer wird jedoch die von der Y-GmbH in Utopia auf den an die X-AG ausgeschütteten Gewinn entrichtete Körperschaftsteuer auf Antrag angerechnet, dh von der österreichischen KöSt-Schuld abgezogen.

Bei **Erträgen aus internationalen Schachtelbeteiligungen** (sowohl hinsichtlich der laufenden Erträge als auch hinsichtlich der steuerbefreiten Veräußerungsgewinne) kommt es dann zum Methodenwechsel, wenn Gründe vorliegen, wegen derer der Bundesminister für Finanzen dies zur Verhinderung von Steuerhinterziehung und Missbräuchen anordnet (vgl VO BGBl II 2004/295). Das Vorliegen solcher Gründe kann insb dann angenommen werden, wenn der Unternehmensschwerpunkt der ausländischen Körperschaft im Erzielen von passiven Einkünften (Zinsen, Lizenzgebühren, Gewinn aus der Veräußerung von Beteiligungen) besteht und die ausländische Körperschaft im Ausland keiner der österreichischen Körperschaftsteuer vergleichbaren ausländischen Steuer unterliegt. Nach VO BGBl II 2004/295 ist die ausländische Steuer dann vergleichbar mit der österreichischen KöSt, wenn die ausländische Durchschnittssteuerbelastung mehr als 15% beträgt (§ 3 Z 3 der VO).

Die A-AG hat seit Jahren eine Tochtergesellschaft in Nirwana, an der sie zu 100% beteiligt ist. Gesellschaftszweck der Tochtergesellschaft ist das Verwalten von Markenrechten. Derartige Gesellschaften unterliegen in Nirwana einer der österreichischen Körperschaftsteuer vergleichbaren Steuer in Höhe von 10 %. Die Tochtergesellschaft schüttet Gewinne aus.
Das internationale Schachtelprivileg kommt nicht zur Anwendung. Die Gewinnausschüttung unterliegt in Österreich der Körperschaftsteuerpflicht. Die im Ausland von der Tochtergesellschaft auf den ausgeschütteten Gewinn entrichtete Körperschaftsteuer wird auf Antrag von der österreichischen Körperschaftsteuerschuld abgezogen.

	Befreiung von der Körperschaftsteuer		
	Beteiligung an einer ausländischen Kapitalgesellschaft		
	10 Abs 1 Z 5	10 Abs 1 Z 6 KStG	§ 10 Abs 1 Z 7 u § 10 Abs 2
Beteiligung durch	inländ KapGes od Betriebsstätte einer EU-Ges	inländ KapGes od Betriebsstätte einer EU-Ges	inländ KapGes od Genossenschaft od vlgbare ausländ Ges
Beteiligung an	ausländ Körp gem Anl 2 zum EStG (EU-Ges)	ausländ Körp, mit inländ iSv § 7/3 KStG vglbar u umfassende Amtshilfe	vglbare ausl Ges od in Anl 2 zum EStG genannt
Beteiligungs-ausmaß Behaltedauer	< 10% > 10% < 1 Jahr	< 10% > 10% < 1 Jahr	mind 10% mind 1 Jahr
Veräußerungs-gewinn oder -verlust	steuerpflichtig	steuerpflichtig	befreit, außer Option
Anti-Missbrauch	§ 10 Abs 5 KStG § 22 BAO	§ 10 Abs 5 KStG § 22 BAO	§ 10 Abs 4 KStG § 22 BAO

Abb 23. Gewinnausschüttungen im Konzern – international

5.4.4.4 Kapitalertragsteuerabzug im Konzern

Kapitalertragsteuer fällt grundsätzlich auch bei Gewinnausschüttungen von einer Kapitalgesellschaft mit Sitz oder Geschäftsleitung im Inland an eine an ihr beteiligte Körperschaft an (vgl § 93 iVm § 95 Abs 2 Z 1 EStG, der hinsichtlich des Empfängers der Kapitalerträge nicht zwischen natürlichen und juristischen Personen unterscheidet). Die Steuerfreiheit von Dividenden in einem rein österreichischen Konzern (§ 10 Abs 1 Z 1 KStG) entbindet die ausschüttende Gesellschaft nur dann von der Verpflichtung Kapitalertragsteuer einzubehalten und abzuführen, wenn ein KESt-Befreiungstatbestand des § 94 EStG erfüllt ist. Ein KESt-Abzug von Gewinnausschüttungen hat nur dann zu unterbleiben, wenn die Muttergesellschaft mindestens zu 10% mittel- oder unmittelbar am Grund- oder Stammkapital der Tochtergesellschaft beteiligt ist (§ 94 Z 2 EStG). Dies gilt für einen internationalen Konzern auch dann, wenn es sich bei der die (österr) Kapitalerträge empfangenden Gesellschaft um eine in einem Mitgliedstaat der EU ansässige Kapitalgesellschaft iSd EU-Mutter-Tochter-RL handelt. In Missbrauchsverdachtsfällen oder bei verdeckten Gewinnausschüttungen kann der Bundesminister für Finanzen mit Verordnung trotz Erfüllung der Voraussetzungen des § 94 Z 2 EStG die Vornahme des KESt-Abzuges anordnen. In diesen Fällen hat die Entlastung von der KESt auf Antrag der Muttergesellschaft im Rahmen eines Steuerrückerstattungsverfahrens zu erfolgen.

	Innerstaatlich		Grenzüberschreitend	
Grundsatz	KESt: §§ 93 ff EStG		KESt: §§ 93 ff EStG	
Ausnahme	Befreiung (§ 94 Z 2 EStG)	Anrechnung (§ 10/1 KStG)	Befreiung (§ 94 EStG)	Anrechnung (§ 21/1/1a KStG)
Beteiligung durch	unbeschr stpfl Körp → § 1 Abs 2 KStG		ausl Ges in Anl 2 zu EStG	beschr stpfl Körp mit Sitz in EU od EWR mit Amts- und V-Hilfe
Mindestbet	Bet mind 10%	Bet < 10%	Bet mind 10%	nein
Direkte Bet	ja		ja	ja
Behaltefrist	keine		1 Jahr	nein
Anti-Missbrauch	keine		VO BGBl II 1995/56	nein
Sonstiges				best Nachweis

Abb 24. KESt bei Ausschüttungen an juristische Personen

5.4.4.5 Teilwertabschreibungen von Konzernbeteiligungen

Teilwertabschreibungen auf Beteiligungen iSd § 10 KStG sind abweichend von unternehmensrechtlichen Bewertungsvorschriften nach § 12 Abs 3 KStG folgendermaßen vorzunehmen oder nicht vorzunehmen:

Abschreibungen auf den niedrigeren Teilwert von Beteiligungen an anderen Kapitalgesellschaften sowie Verluste aus der Veräußerung solcher Beteiligungen sind steuerlich unzulässig, wenn sie in Zusammenhang mit einer Gewinnausschüttung stehen (Verbot ausschüttungsbedingter Teilwertabschreibungen; § 12 Abs 3 Z 1 KStG).

Ausschüttungsbedingte Teilwertabschreibung

Diese Bestimmung ergänzt § 12 Abs 2 KStG, wonach Aufwendungen im Zusammenhang mit steuerbefreiten Erträgen der Körperschaft nicht als Betriebsausgaben abzugsfähig sind. Sie bewirkt, dass solche Teilwertabschreibungen nicht abzugsfähig sind, die in unmittelbarem Zusammenhang mit steuerbefreiten Beteiligungserträgen stehen.

Die A-AG hält 100% der Anteile an der B-GmbH. Im Jahr 01 schüttet die B-GmbH 100% ihres Bilanzgewinns an die A-AG aus. Auf Grund

der Gewinnausschüttung sinkt der Wert der Beteiligung für die A-AG (voraussichtlich dauerhaft).
Die Gewinnausschüttung stellt auf Ebene der B-GmbH eine steuerneutrale Einkommensverwendung dar. Auf Ebene der A-AG sind die Erträge gem § 10 Abs 1 Z 1 KStG von der Körperschaftsteuer befreit. Auch ein Kapitalertragsteuerabzug ist gem § 94 Z 2 EStG nicht vorzunehmen. Unternehmensrechtlich hat die A-AG, da der Wert der Beteiligung an der B-GmbH voraussichtlich dauerhaft gesunken ist, zwingend eine Abschreibung auf den niedrigeren beizulegenden Wert (§ 204 Abs 2 UGB) vorzunehmen. Steuerrechtlich gilt der Grundsatz der Maßgeblichkeit des Unternehmensrechts für das Steuerrecht, soweit nicht steuerrechtlich zwingend Abweichendes vorgesehen ist (§ 7 KStG iVm § 5 Abs 1 EStG). Steuerrechtlich ist diese Abschreibung unwirksam, da sie in unmittelbarem wirtschaftlichen Zusammenhang mit der Gewinnausschüttung steht (§ 12 Abs 3 Z 1 KStG). Der Grundsatz der Maßgeblichkeit des Unternehmensrechts für das Steuerrecht kommt nicht zur Anwendung. Die unternehmensrechtliche Abschreibung ist daher in der Mehr-Weniger-Rechnung dem steuerlichen Gewinn hinzuzurechnen.

Andere Teilwertabschreibungen
Teilwertabschreibungen können mit steuerlicher Wirkung nur insoweit geltend gemacht werden, als nachgewiesen wird, dass der Wertverlust nicht im Zusammenhang mit einer Einkommensverwendung iSv § 8 Abs 2 oder § 8 Abs 3 KStG steht.

Die Y-AG hält in ihrem **Umlaufvermögen** eine Beteiligung an der X-GmbH. Zum Bilanzstichtag ist der Wert dieser Beteiligung auf Grund der steigenden Konkurrenz aus dem asiatischen Raum nachhaltig unter den Buchwert gesunken.
Unternehmensrechtlich ist die Beteiligung zwingend auf den niedrigeren beizulegenden Zeitwert abzuschreiben (§ 207 UGB). Steuerrechtlich gilt der Grundsatz der Maßgeblichkeit des Unternehmensrechts für das Steuerrecht, soweit nicht steuerrechtlich zwingend Abweichendes vorgesehen ist (§ 7 KStG iVm § 5 Abs 1 EStG). Da die Wertminderung nicht in Zusammenhang mit einer Gewinnausschüttung steht, ist die Teilwertabschreibung steuerrechtlich zulässig (§ 12 Abs 3 Z 1 KStG). § 6 Z 2 lit a EStG iVm § 7 KStG sieht grundsätzlich ein Wahlrecht für eine Abschreibung vor. Wegen des Grundsatzes der Maßgeblichkeit des Unternehmensrechts für das Steuerrecht ist steuerrechtlich zwingend auf den niedrigeren Teilwert abzuschreiben (§ 7 Abs 3 KStG iVm § 5 Abs 1 EStG.

Abzugsfähige Teilwertabschreibungen und abzugsfähige Verluste anlässlich der Veräußerung oder anlässlich eines sonstigen Ausscheidens einer zum Anlagevermögen gehörenden Beteiligung dürfen

nicht auf einmal vorgenommen werden. Sie sind auf sieben Jahre zu verteilen, soweit nicht
1. eine Zuschreibung erfolgt oder
2. stille Reserven anlässlich der Veräußerung oder eines sonstigen Ausscheidens der Beteiligung steuerwirksam aufgedeckt werden oder
3. im Wirtschaftsjahr der Abschreibung oder des Verlustes stille Reserven anlässlich der Veräußerung oder eines sonstigen Ausscheidens einer anderen zum Anlagevermögen gehörenden von § 12 Abs 3 KStG nicht berührten Beteiligung steuerwirksam

aufgedeckt und auf Antrag des Steuerpflichtigen gegenverrechnet werden (vgl § 12 Abs 3 Z 2 KStG).

Die Y-AG hält in ihrem **Anlagevermögen** eine Beteiligung an der X-GmbH. Zum Bilanzstichtag 01 ist der Wert dieser Beteiligung auf Grund der steigenden Konkurrenz aus dem asiatischen Raum nachhaltig unter den Buchwert gesunken.

Unternehmensrechtlich ist die Beteiligung zwingend auf den niedrigeren beizulegenden Wert abzuschreiben (§ 204 Abs 2 UGB). Steuerrechtlich gilt der Grundsatz der Maßgeblichkeit des Unternehmensrechts für das Steuerrecht, soweit nicht steuerrechtlich zwingend Abweichendes vorgesehen ist (§ 7 KStG iVm § 5 Abs 1 EStG). Da die Wertminderung nicht im Zusammenhang mit einer Gewinnausschüttung steht, ist die Teilwertabschreibung steuerrechtlich grundsätzlich zulässig (§ 12 Abs 3 Z 1 KStG). § 6 Z 2 lit a EStG iVm § 7 KStG sieht grundsätzlich ein Wahlrecht für eine Abschreibung auf den niedrigeren Teilwert vor. Aufgrund des Grundsatzes der Maßgeblichkeit des Steuerrechts für das Unternehmensrecht ist daher dem Grunde nach steuerrechtlich zwingend auf den niedrigeren Teilwert abzuschreiben. Der Abschreibungsbetrag ist aus steuerlicher Sicht jedoch gem § 12 Abs 3 Z 2 KStG auf sieben Jahre zu verteilen. Während die Y-AG im Jahr 01 unternehmensrechtlich den vollen Abschreibungsbetrag als Aufwand (gewinnmindernd) ansetzen muss, darf sie steuerrechtlich im Jahr 01 nur ein Siebentel (gewinnmindernd) berücksichtigen. Die Y-AG hat daher bei der steuerlichen Gewinnermittlung des Jahres 01 sechs Siebentel der unternehmensrechtlichen Teilwertabschreibung im Weg der Mehr-Weniger-Rechnung dem unternehmensrechtlichen Gewinn hinzuzurechnen. In den Folgejahren verringert sie ihren (steuerlichen) Gewinn im Zuge der Mehr-Weniger-Rechnung um jeweils ein Siebentel, soweit nicht die Ausnahmen des § 12 Abs 3 Z 2 KStG einschlägig sind.

Im Fall von **Einlagen** in mittelbar verbundene Gesellschaften dürfen Teilwertabschreibungen bei der Zwischenkörperschaft insoweit nicht vorgenommen werden, als ein unmittelbarer Zusammenhang zwischen der Einlage in die Zielkörperschaft und dem Ansatz der Teilwertabschreibung besteht (§ 12 Abs 3 Z 3 KStG; vgl im Detail KStR 2013 Rz 1307 ff).

Die A-AG hält 100% der Anteile an der B-GmbH, die ihrerseits 80% der Anteile an der C-GmbH hält. Die A-AG leistet einen Großmutterzuschuss an die C-GmbH.
Der Großmutterzuschuss erhöht den Buchwert der Beteiligung der B-GmbH an der C-GmbH. Eine Teilwertabschreibung ist bei der C-GmbH ausgeschlossen, solange die C-GmbH nicht nachweist, dass zwischen der Teilwertabschreibung und der Einlage durch die A-AG kein wirtschaftlicher Zusammenhang besteht.

§ 12 Abs 3 KStG soll mehrfache Steuererleichterungen vermeiden, indem einerseits Gewinnausschüttungen zwischen Körperschaften von der Körperschaftsteuer nach § 10 KStG befreit sind und andererseits gewinnmindernde Teilwertabschreibungen vorgenommen werden können. § 12 Abs 3 KStG erfasst daher nach seinem Zweck nur jene Beteiligungen, deren Erträge bei der empfangenden Körperschaft steuerfrei sind. Für Beteiligungen, deren Erträge auf Grund des internationalen Schachtelprivilegs befreit sind, wirkt sich eine unternehmensrechtliche Teilwertabschreibung steuerlich grundsätzlich von vornherein nicht aus (vgl § 10 Abs 3 KStG). Kommt hinsichtlich einer Beteiligung iSd § 10 KStG der Methodenwechsel zum Tragen – dh sind die Erträge nicht von der KöSt befreit, sondern kommt bloß die Anrechnung der ausländischen Körperschaftsteuer in Betracht –, ist § 12 Abs 3 KStG nicht anwendbar. Es gelten die allgemeinen Vorschriften des UGB und § 6 Z 2 lit a EStG.

5.4.5 Gruppenbesteuerung (§ 9 KStG)

5.4.5.1 Überblick

In Österreich gibt es seit 2005 eine flexible und international ausgerichtete Gruppenbesteuerung: Finanziell verbundene Körperschaften können sich unter bestimmten Voraussetzungen zu einer körperschaftsteuerrechtlichen Unternehmensgruppe zusammenschließen. Im Ergebnis wird die Gruppe als ein Körperschaftsteuersubjekt behandelt, sodass Gewinne und Verluste der einzelnen Gruppenmitglieder untereinander verrechnet werden können. Als finanziell verbunden gelten im Grundtatbestand Körperschaften, bei denen die beteiligte Körperschaft unmittelbar oder mittelbar mehr als 50% des Grund-, Stamm- oder Genossenschaftskapitals und der Stimmrechte der Beteiligungskörperschaft besitzt (§ 9 Abs 4 KStG). Die Behandlung als Gruppe erfordert einen entsprechenden schriftlichen Antrag von den gesetzlichen Vertretern aller in die Gruppe einzubeziehenden inländischen Körperschaften (**Gruppenantrag**).

Die Behandlung als Gruppe hat zur Folge, dass das steuerrechtliche Ergebnis des jeweiligen Gruppenmitglieds dem steuerrechtlichen Ergebnis des nächst übergeordneten Gruppenmitglieds und letztendlich dem Gruppenträger zugerechnet wird. Beim Gruppenträger werden die Ergebnisse sämtlicher Gruppenmitglieder vereinigt (saldiert) und auf seiner Ebene der Körperschaftsteuer unterworfen. Gewinnausschüttungen innerhalb der Gruppe sind nach § 10 KStG von der KöSt befreit.

5.4.5.2 Formale Voraussetzungen der Gruppenbesteuerung

Formale Voraussetzung für die Gruppenbesteuerung ist ein schriftlicher Gruppenantrag, der durch den Gruppenträger zu stellen und von den gesetzlichen Vertretern des Gruppenträgers und aller einzubeziehenden inländischen Körperschaften zu unterfertigen ist. Er ist nachweislich vor Ablauf jenes Wirtschaftsjahres des betreffenden Gruppenmitgliedes zu unterfertigen, für das die Zurechnung erstmalig wirksam sein soll. Der Gruppenantrag ist bei dem für den Gruppenträger zuständigen Finanzamt binnen Monatsfrist nach Unterfertigung grundsätzlich durch den Gruppenträger einzureichen (§ 9 Abs 8 KStG). Jedes Gruppenmitglied muss für eine Mindestdauer von drei Jahren der Gruppe zugehören, bei vorzeitigem Ausscheiden werden die Wirkungen der Gruppenzugehörigkeit rückabgewickelt (§ 9 Abs 10 KStG). Liegen die Voraussetzungen für die Bildung einer Unternehmensgruppe vor, ist dies durch das für die Erhebung der Körperschaftsteuer des Antragstellers (Gruppenträgers) zuständige Finanzamt bescheidmäßig festzustellen (§ 9 Abs 8 TS 6 KStG).

Gruppenantrag

Zu einer Unternehmensgruppe können nur Körperschaften verbunden werden, die miteinander finanziell verbunden sind. Eine finanzielle Verbundenheit besteht jedenfalls bei einer Beteiligung iHv mehr als 50% am Kapital und an den Stimmrechten der Beteiligungskörperschaft (§ 9 Abs 4 KStG). Sie kann durch eine unmittelbare Beteiligung, unter bestimmten Voraussetzungen auch durch mittelbare Beteiligungen über Personengesellschaften oder durch zum Teil unmittelbare und zum Teil mittelbare Beteiligungen über andere Gruppenmitglieder hergestellt werden (§ 9 Abs 4 und 5 KStG).

Finanzielle Verbindung

5.4.5.3 Gruppenmitglieder

Eine Unternehmensgruppe besteht aus einem Gruppenträger und einem oder mehreren Gruppenmitgliedern. Die körperschaftsteuerlichen Ergebnisse sämtlicher Gruppenmitglieder werden beim Gruppenträger (außerbücherlich) gesammelt und auf seiner Ebene der Körperschaftsteuer unterworfen.

Gruppenträger Gruppenträger können sein (§ 9 Abs 3 KStG):
- unbeschränkt steuerpflichtige Kapitalgesellschaften, Genossenschaften, Versicherungsvereine und Kreditinstitute;
- beschränkt steuerpflichtige EU-Gesellschaften (iSd Mutter-Tochter-RL, siehe Anlage 2 zum EStG) und den Kapitalgesellschaften vergleichbare Gesellschaften mit Ort der Geschäftsleitung und Sitz in einem EWR-Mitgliedstaat. Diese Gesellschaften benötigen zusätzlich eine im Firmenbuch eingetragene Zweigniederlassung in Österreich, der die Beteiligung an den Gruppenmitgliedern zuzurechnen ist;
- Beteiligungsgemeinschaften (zB in Form einer Personengesellschaft, eines Syndikates) unter den Voraussetzungen des § 9 Abs 3 TS 6 KStG);
- doppeltansässige Körperschaften können nur dann Gruppenträgerinnen sein, wenn sie im Inland mit einer Zweigniederlassung im Firmenbuch eingetragen sind und die Beteiligung an den Gruppenmitgliedern der Zweigniederlassung zuzurechnen ist.

Gruppenmitglieder Gruppenmitglieder können inländische Kapitalgesellschaften oder Genossenschaften sein sowie vergleichbare ausländische Körperschaften, die in einem anderen Mitgliedstaat oder in einem Staat, mit dem eine umfassende Amtshilfe besteht, ansässig sind und die ausschließlich mit unbeschränkt steuerpflichtigen Gruppenmitgliedern oder dem Gruppenträger finanziell verbunden sind (§ 9 Abs 2 KStG).

Ausländische Gruppenmitglieder Mangels eines Besteuerungsrechts Österreichs sind bei nicht unbeschränkt steuerpflichtigen, ausländischen Gruppenmitgliedern nur die steuerrechtlichen Verluste dem unmittelbar beteiligten inländischen Gruppenmitglied oder dem Gruppenträger zuzurechnen. Für die Verlustverrechnung ausländischer Gruppenmitglieder gilt seit 1. 1. 2015 Folgendes: Die Verluste ausländischer Gruppenmitglieder können im Jahr der Verlustzurechnung höchstens im Ausmaß von 75% der Summe der eigenen Einkommen sämtlicher unbeschränkt steuerpflichtiger Gruppenmitglieder sowie des eigenen Einkommens des Gruppenträgers berücksichtigt werden. Jene Verluste, die aufgrund dieser Beschränkung das (zusammengefasste) Ergebnis der Unternehmensgruppe im laufenden Jahr nicht mindern können, können nur im Rahmen des Verlustvortrages in den Folgejahren als Sonderausgaben beim Gruppenträger berücksichtigt werden (§ 8 Abs 4 Z 2 lit a iVm § 9 Abs 6 Z 6 KStG). Anders als bei inländischen Gruppenmitgliedern erfolgt die Verlustzurechnung nur im Ausmaß der Beteiligung. Kann der durch das ausländische Gruppenmitglied im Ausland realisierte Verlust nach dem jeweiligen ausländischen Steuerrecht mit einem ausländischen Gewinn verrechnet werden oder scheidet die ausländische Gesellschaft aus der Gruppe aus oder geht sie unter, sind die zugerechneten ausländischen Verluste grundsätzlich nachzuversteuern (§ 9 Abs 6 Z 7 KStG).

5.4.5.4 Wirkung der Gruppenbesteuerung

Die Gruppenbesteuerung bewirkt die Zurechnung des gesamten steuerrechtlichen Ergebnisses sämtlicher inländischen Gruppenmitglieder an den Gruppenträger. Beim Gruppenträger werden daher sowohl der gesamte Gewinn als auch der gesamte Gruppenverlust besteuert.

5.4.5.5 Ermittlung des Gruppenergebnisses

Das Gruppenergebnis wird in mehreren Schritten ermittelt:

„Hochschleusen" der Gewinne

1. Für jedes Gruppenmitglied, das trotz Teilnahme an der Unternehmensgruppe seine Steuerrechtssubjektivität bewahrt, ist zunächst der Gewinn gesondert nach den allgemeinen Regeln zu ermitteln (§ 9 Abs 6 Z 1 KStG). Verlustvorträge der Gruppenmitglieder aus der Zeit vor der Gruppenbegründung (sog Vorgruppenverluste) sind nur mit den eigenen Gewinnen des jeweiligen Gruppenmitglieds zu verrechnen (§ 9 Abs 6 Z 1 iVm Z 4 KStG). Teilwertabschreibungen und Veräußerungsverluste von Beteiligungen an Gruppenmitgliedern sind während aufrechten Bestands der Gruppe bei den einzelnen Gruppenmitgliedern nicht abzugsfähig (§ 9 Abs 7 KStG). Über die Einzelergebnisse der Gruppenmitglieder ist in Feststellungsbescheiden abzusprechen (§ 24a Abs 1 KStG iVm § 92 Abs 1 lit b BAO).
2. Das unter 1. ermittelte steuerliche Ergebnis des einzelnen Gruppenmitglieds ist dem am Gruppenmitglied finanziell ausreichend beteiligten (nächsthöheren) Gruppenmitglied zuzurechnen (§ 9 Abs 6 Z 2 KStG).
3. Schlussendlich werden alle Ergebnisse beim Gruppenträger zusammengefasst und saldiert der Besteuerung unterworfen (vgl § 24a Abs 3 KStG betreffend die Ermittlung des Gruppeneinkommens).

4. Verlustvorträge des Gruppenträgers können – anders als die Verlustvorträge der Gruppenmitglieder – mit Gewinnen der Gruppenmitglieder verrechnet werden (§ 9 Abs 6 KStG).

5.4.5.6 Steuerumlage

Steuerausgleich Die Ergebniszurechnung erfolgt außerbücherlich und nur für steuerliche Zwecke. Eine gesellschaftsrechtliche Gewinn- bzw Verlustübernahme ist daher nicht erforderlich. Mit Ausnahme der Ergebnisse von ausländischen Gruppenmitgliedern (siehe dazu gleich) werden die Ergebnisse der Gruppenmitglieder dem Gruppenträger – unabhängig von den Beteiligungsverhältnissen – zur Gänze zugerechnet. Der Gruppenträger trägt daher einerseits die Körperschaftsteuerschuld für die Gewinne sämtlicher Gruppenmitglieder und zieht andererseits den Steuervorteil aus der Übernahme der Verluste der Gruppenmitglieder. Daher ist aus gesellschaftsrechtlicher Sicht ein sog Steuerausgleich erforderlich. Dabei wird der aliquote Steueraufwand dem jeweiligen Gruppenmitglied verrechnet oder der Steuervorteil aus der Verlustverwertung an das Gruppenmitglied rückgeführt. Dies erfolgt im Wege einer Steuerumlage. Derartige Steuerumlagen sind steuerneutral (§ 9 Abs 6 Z 5 KStG).

Da die Ergebniszurechnung nur steuerrechtlich erfolgt, sind spätere tatsächliche Gewinnausschüttungen an die Gesellschafter entsprechend ihrer Beteiligung am Kapital zu leisten. Handelt es sich beim Gesellschafter um eine Körperschaft, ist die Gewinnausschüttung nach Maßgabe des § 10 KStG steuerfrei.

Firmenwertabschreibung Für Beteiligungen, die nach dem 28. Februar 2014 angeschafft wurden, ist eine Firmenwertabschreibung unzulässig (§ 9 Abs 7 KStG).

5.4.6 Auflösung und Abwicklung von Kapitalgesellschaften (§ 19 KStG)

5.4.6.1 Überblick

Auflösung und Abwicklung Wird eine Kapitalgesellschaft nach Fassung eines Auflösungsbeschlusses tatsächlich aufgelöst, indem das Vermögen verkauft und die Schulden aus den Überschüssen beglichen werden, ist der Besteuerung der Liquidationsgewinn (Abwicklungsgewinn) zugrunde zu legen (§ 19 Abs 1 KStG). Der Besteuerungs- und damit Abwicklungszeitraum darf drei Jahre, in den Fällen der Abwicklung im Insolvenzverfahren fünf Jahre nicht übersteigen. In berücksichtigungswürdigen

Fällen kann das Finanzamt den Zeitraum auf Antrag verlängern (§ 19 Abs 3 KStG).

Der Liquidationszeitraum als eigener Gewinnermittlungszeitraum kann länger aber auch kürzer als ein gewöhnliches Wirtschaftsjahr sein. Beläuft sich der Liquidationszeitraum etwa auf zwei Jahre und wird in einem Jahr ein Verlust, im anderen ein Gewinn erzielt, sind diese Beträge als in einem Gewinnermittlungszeitraum angefallen uneingeschränkt gegeneinander zu verrechnen.

Gewinnausschüttungen während des Abwicklungszeitraumes bezogen auf das unternehmensrechtlich abgeschlossene Geschäftsjahr sind nicht mehr möglich. Diese sind als Liquidationsraten zu qualifizieren (vgl KStR 2013 Rz 1447).

5.4.6.2 Ermittlung des Abwicklungsgewinns

Der Liquidationsgewinn ist durch besonderen Betriebsvermögensvergleich zu ermitteln. Liquidationsgewinn ist der im Zeitraum der Abwicklung erzielte Gewinn, der sich aus der Gegenüberstellung des Abwicklungs-Endvermögens und des Abwicklungs-Anfangsvermögens ergibt (§ 19 Abs 2 KStG). Abwicklungs-Endvermögen ist das zur Verteilung kommende Vermögen. Sind im Abwicklungs-Endvermögen nicht veräußerte Wirtschaftsgüter enthalten, sind sie mit dem gemeinen Wert anzusetzen (§ 19 Abs 4 KStG). Abwicklungs-Anfangsvermögen ist das Betriebsvermögen, das am Schluss des der Auflösung vorangegangenen Wirtschaftsjahres nach den Vorschriften über die Gewinnermittlung anzusetzen war. Wird die Auflösung im Wirtschaftsjahr der Gründung (Errichtung) beschlossen, ist das eingezahlte Kapital das Abwicklungs-Anfangsvermögen (§ 19 Abs 5 KStG). Im Übrigen sind auf die Ermittlung des Liquidationsgewinnes die sonst geltenden (allgemeinen) Gewinnermittlungsvorschriften anzuwenden (§ 19 Abs 6 KStG). Daher sind etwa allgemeine sachliche Steuerbefreiungen (zB die Steuerbefreiung von Beteiligungserträgen gem § 10 KStG) auch bei der Ermittlung des Abwicklungsgewinns zu berücksichtigen. § 8 KStG und die Abzugsverbote des § 11 Abs 2 KStG gelten auch für die Ermittlung des Liquidationsgewinns.

Der besondere Betriebsvermögensvergleich im Liquidationsfall kann entweder zur Aufdeckung stiller Reserven (Liquidationsgewinn) oder zur Realisierung von Verlusten (Liquidationsverlust) führen.

Liquidationsgewinn

5.4.6.3 Folgen der Abwicklung auf Ebene des Gesellschafters

Einkünfte aus realisierten Wertsteigerungen

Auf Ebene des Gesellschafters führt der Untergang von Anteilen auf Grund einer Auflösung (Liquidation) oder der Beendigung einer Körperschaft unabhängig vom Ausmaß der Beteiligung zu Einkünften aus realisierten Wertsteigerungen, wenn er die Beteiligung im Privatvermögen hält (§ 27 Abs 6 Z 2 EStG). Als Einkünfte ist der Unterschiedsbetrag zwischen dem (dem Ausmaß der Beteiligung entsprechenden) Abwicklungsguthaben und den Anschaffungskosten der Beteiligung anzusetzen (§ 27a Abs 3 Z 2 lit c EStG). Hält der Gesellschafter die Beteiligung im Betriebsvermögen, führt die Liquidation der Gesellschaft zu betrieblichen Einkünften. Übersteigt sein Anteil am Liquidationsvermögen den Buchwert seiner Beteiligung, hat der Gesellschafter einen Liquidationsgewinn zu versteuern.

Ein allfälliger Liquidationsgewinn unterliegt beim Gesellschafter – unabhängig davon, ob er die Beteiligung im Privat- oder im Betriebsvermögen gehalten hat – dem besonderen Steuersatz von 27,5% und ist in der Schedule zu besteuern (§ 27a Abs 6 iVm Abs 1 EStG; vgl dazu im Detail vorher Kap *Einkommensteuer* S 137).

Umgründungen

Wird das Vermögen einer Kapitalgesellschaft ohne Liquidation im Wege einer Verschmelzung, Umwandlung oder Spaltung nach dem Umgründungssteuergesetz auf einen Rechtsnachfolger übertragen, unterbleibt eine Aufdeckung der stillen Reserven. Der Rechtsnachfolger hat die Buchwerte fortzuführen (§ 20 Abs 3 KStG). – Zu den Umgründungen vgl im Detail *G. Mayr* in Doralt/Ruppe I[11] Tz 1101 ff.

5.5 Tarif, Tarifermäßigungen und Freibeträge
(§§ 22, 23, 23a KStG)

Tarif

Die Körperschaftsteuer vom Einkommen oder vom Gesamtbetrag der Einkünfte beträgt 25% (§ 22 Abs 1 KStG).

Veranlagung

Die Körperschaftsteuer ist eine Veranlagungsabgabe (§ 24 Abs 1 KStG): Der Steuerpflichtige hat bis zum 30. Juni des Folgejahres elektronisch eine Körperschaftsteuererklärung einzureichen (§ 134 Abs 1 BAO; dazu schon vorher Kap *Einkommensteuer* S 199) und wird auf deren Basis mittels Bescheides zur Körperschaftsteuer veranlagt.

Eine Einreichung in Papierform ist – wie bei der Einkommensteuer – zulässig, soweit dem Steuerpflichtigen die elektronische Einreichung nicht zumutbar ist (§ 24 Abs 3 Z 1 KStG). Im Übrigen sind die Vorschriften über die Veranlagung und Entrichtung der Einkommensteuer auf die Veranlagung und Entrichtung der Körperschaftsteuer sinngemäß anzuwenden (§ 24 Abs 3 Z 1 KStG; zur ESt vgl vorher Kap *Einkommensteuer* S 198).

In bestimmten Fällen wird die Körperschaftsteuer über Abzug von Kapitalertrag- oder Immobilienertragsteuer erhoben. Diese Abzugssteuern entfalten aber – anders als in der Einkommensteuer – nur in Ausnahmefällen Abgeltungswirkung (vgl § 24 Abs 2 und Abs 3 Z 4 KStG). Für die Veranlagung gelten einzelne Vorschriften des EStG entsprechend (vgl § 24 Abs 3 KStG).

Unbeschränkt steuerpflichtige Kapitalgesellschaften haben eine Mindestkörperschaftsteuer zu entrichten. Diese Steuer ist unabhängig davon zu zahlen, ob die Körperschaft einen steuerpflichtigen Gewinn oder einen Verlust erzielt hat. Sie beträgt derzeit jährlich EUR 1.750,– für eine GmbH, EUR 3.500,– für eine AG, EUR 5.452,– für Banken und Versicherungen (§ 24 Abs 4 KStG). Die Mindestkörperschaftsteuer ist in dem Umfang, in dem sie die tatsächliche Körperschaftsteuerschuld übersteigt, vortragsfähig und auf tatsächliche Körperschaftsteuerschulden anrechenbar.

Mindestkörperschaftsteuer

Steuerliche Gründungsprivilegierung: Für unbeschränkt steuerpflichtige Gesellschaften mit beschränkter Haftung beträgt die Körperschaftsteuer in den ersten fünf Jahren ab Eintritt in die unbeschränkte Steuerpflicht für jedes volle Kalendervierteljahr EUR 125,– und in den folgenden fünf Kalenderjahren für jedes volle Kalendervierteljahr EUR 250,– (§ 24 Abs 4 Z 3 KStG).

Mindestkörperschaftsteuer wird auch bei dauerhaften Verlustbetrieben geschuldet. Bei solchen Betrieben stellt sie eine endgültige Belastung dar.

Bei **Unternehmensgruppen** ist die Mindestkörperschaftsteuer vom Gruppenträger für jedes mindeststeuerpflichtige Gruppenmitglied und für ihn selbst zu berechnen und zu entrichten, wenn das Gesamteinkommen in der Unternehmensgruppe nicht ausreichend positiv ist (§ 24a Abs 4 KStG).

Die entrichtete Mindestkörperschaftsteuer wird in Folgejahren mit Gewinnen auf die Körperschaftsteuerschuld angerechnet (§ 24 Abs 4 Z 4 KStG).

Nach § 162 BAO kann die Abgabenbehörde verlangen, dass die Empfänger von Betriebsausgaben genau bezeichnet werden. Wird die Benennung des Empfängers verweigert, dürfen die damit zusammenhängenden Betriebsausgaben nicht gewinnmindernd angesetzt werden. Zusätzlich zur Körperschaftsteuer ist ein Zuschlag iHv 25% von jenen Beträgen zu entrichten, bei denen der Abgabepflichtige auf Verlangen der Abgabenbehörde die Gläubiger oder Empfänger der Beträge nicht genau bezeichnet (§ 22 Abs 3 KStG).

Zuschlag bei fehlender Empfängerbenennung

Bei Körperschaften, die nach § 5 Z 6 KStG wegen der Verfolgung **gemeinnütziger, mildtätiger oder kirchlicher Zwecke** von der unbeschränkten Körperschaftsteuerpflicht befreit sind, ist bei der Ermitt-

Freibetrag für begünstigte Zwecke

lung des Einkommens nach Abzug der Sonderausgaben ein Betrag in Höhe des Einkommens, höchstens jedoch EUR 10.000,– abzuziehen (Freibetrag für begünstigte Zwecke; § 23 Abs 1 KStG). Kann der Freibetrag in einem Jahr mangels Vorliegens steuerpflichtiger Einkünfte nicht oder nicht vollständig in Anspruch genommen werden, kann er unter bestimmten Voraussetzungen in den folgenden zehn Jahren abgezogen werden (§ 23 Abs 2 KStG).

Sanierungsgewinne zählen zu den Einkünften von Körperschaften. Dabei handelt es sich um Gewinne, die durch Vermehrungen des Betriebsvermögens infolge eines gänzlichen oder teilweisen Erlasses von Schulden zum Zwecke der Sanierung entstanden sind (§ 23a Abs 1 EStG). Sind solche Gewinne im Einkommen einer Körperschaft enthalten und sind sie durch Erfüllung einer Sanierungsplanquote nach Abschluss eines Sanierungsplans im Sinne der §§ 140 bis 156 IO entstanden, verringert sich die Steuer auf den Sanierungsgewinn im Umfang des Prozentsatzes, mit dem auf die Forderungen verzichtet wurde (im Umfang der Insolvenzquote; § 23a KStG).

Haftung des Geschäftsführers für Abgabenschulden

Die zur gesetzlichen Vertretung von juristischen Personen berufenen natürlichen Personen haben alle abgabenrechtlichen Pflichten zu erfüllen, die den von ihnen vertretenen Körperschaften obliegen und die diesen zustehenden Rechte wahrzunehmen (§ 80 BAO). Werden Abgaben bei den durch sie vertretenen Abgabepflichtigen (etwa die Körperschaftsteuer oder die Umsatzsteuer) uneinbringlich, so haften diese Vertreter für diese Abgaben. Die Haftung ist jedoch nach § 9 Abs 1 BAO beschränkt: Sie trifft den Vertreter nur insoweit, als die Abgaben infolge schuldhafter Verletzung der den Vertretern auferlegten Pflichten nicht eingebracht werden können. In der Praxis muss der Vertreter im Fall der Zahlungsunfähigkeit der von ihm vertretenen Körperschaft nachweisen, dass er alle Gläubiger gleich behandelt hat.

Einkommensteuer

Einzelunternehmen

Gründung
- Einlage gewinnneutral
- Fremdkapitalzinsen BA

Laufende Tätigkeit
- betriebl Einkünfte
- Leistungsbeziehungen → gibt es nicht, aber evt Entnahmen u Einlagen!

Beendigung
- Betriebsveräußerung
- Betriebsaufgabe

Mitunternehmerschaft

Gründung
- Einlage gewinnneutral
- Fremdkapitalzinsen BA

Laufende Tätigkeit
- Durchgriffsprinzip
  → betriebl EK beim einzelnen Gesellschafter
  → Leistungsbeziehungen
   – GS nicht anerkannt
   – Ausnahme: fremdüblich zw Einzl UN der Ges + der Ges

Beendigung (od Verkauf Beteiligung)
- Teilbetriebsveräußerung
- Teilbetriebsaufgabe

---

nur 1 Ertragsteuersubjekt
→ natürliche Person als EU
→ natürliche Person als Gesellschafter

Abb 25. Vergleich Rechtsformen I

Ertragsbesteuerung

Kapitalgesellschaft

Leistungsbeziehungen
fremdüblich → sämtliche EK
nicht fremdüblich → vGA

Beendigung (Liquidation)
- Veräußerung, § 27/3 EStG
- Liquidation, § 27/6/2 EStG

GmbH

Gründung
- Tausch § 6 Z 14 EStG
- Fremdkapitalzinsen nicht abzugsfähig!

Laufende Tätigkeit
- nur Gewinnausschüttung
  → EK aus KV, KESt, endbesteuert
  → TWA?

Gründung
- § 8 Z 2 KStG

Laufende Tätigkeit
- EK aus GB unabhängig von Gewinnverwendung
  → KöSt
- Leistungsbeziehungen
  → BA, soweit fremdüblich
  → Einkommensverwendung, wenn nicht fremdüblich

Abb 26. Vergleich der Rechtsformen II

Übungsbeispiele

1. Anton und Antonia gründen die AA-GmbH mit einem Stammkapital von EUR 300.000,–.
    a) Anton ist zu einem Drittel, Antonia zu zwei Dritteln beteiligt. Anton bringt EUR 100.000,– in bar ein, Antonia ein Grundstück (gemeiner Wert EUR 200.000,–, Einheitswert EUR 50.000,–; Grundstückswert EUR 180.000,–; Anschaffungskosten vor sechs Jahren EUR 80.000,–).
    b) Anton übernimmt die Geschäftsführung der GmbH gegen eine monatliche Vergütung iHv EUR 8.000,– (angemessen). Antonia vermietet der AA-GmbH ein Büro um EUR 5.000,– monatlich. Angemessen wären EUR 3.000,–.
    c) Der unternehmensrechtliche Gewinn der AA-GmbH, der nach Abzug der Vergütungen EUR 80.000,– beträgt, wird zur Hälfte ausgeschüttet, zur Hälfte in eine Gewinnrücklage eingestellt. Gehen Sie davon aus, dass die unternehmensrechtlichen Bewertungsansätze mit jenen des Steuerrechts übereinstimmen.
    d) In der Folge verkauft Antonia die Hälfte ihrer Beteiligung um EUR 180.000,– an Anna.
    Welche steuerrechtlichen Konsequenzen sind mit diesen Sachverhalten verbunden?

2. X ist Gesellschafter der XY-GmbH, an der er 80% der Anteile hält. Seine Frau ist Eigentümerin eines unbebauten Grundstücks, das die XY-GmbH gut brauchen könnte. Sie kauft das Grundstück, das ein Sachverständiger mit EUR 500.000,– bewertet hat, zu einem Preis von EUR 1 Mio.
    a) Körperschaftsteuerrechtliche Folgen für die GmbH?
    b) Ertragsteuerrechtliche Folgen für X und für seine Frau?
    c) Verkehrsteuerrechtliche Folgen?

3. Der unternehmensrechtliche Gewinn der C-AG mit Sitz und Geschäftsleitung in Österreich beläuft sich für das Jahr 02 auf EUR 500.000,–. Aus dem Jahr 01 besteht ein Verlustvortrag iHv EUR 100.000,–.
    a) Als Aufwand wurde unter anderem verbucht:
        (i) Aufsichtsratshonorare iHv EUR 2.500,–;
        (ii) Eine Strafe für Fahren mit überhöhter Geschwindigkeit des Vorstandsvorsitzenden iHv EUR 250,–;

(iii) Fremdkapitalzinsen für die Anschaffung 10%-Beteiligung an der B-GmbH, welche Vertriebspartnerin der C-AG ist.
(iv) Die Beteiligung an einer Tochtergesellschaft (E-GmbH mit Sitz in Österreich) wurde wegen einer im vorangegangenen Jahr vorgenommenen Gewinnausschüttung um EUR 10.000,– abgeschrieben.

b) Als Ertrag wurden unter anderem Gewinnausschüttungen aus folgenden Beteiligungen verbucht:
 (i) D-AG, Wien, Beteiligung 5%, Dividende EUR 10.000,– brutto;
 (ii) E-GmbH, Frankfurt, Beteiligung 8%, Dividende EUR 10.000,– brutto;
 (iii) F-ltd (einer inländischen Kapitalgesellschaft vergleichbar), Ghana, Dividende EUR 3.000,– brutto;
 (iv) F-srl, Frankreich, Beteiligung 30%, Dividende EUR 30.000,– brutto;
 (v) B-llc (einer inländischen Kapitalgesellschaft vergleichbar), New York, Beteiligung 15%, Dividende EUR 50.000,– brutto.

c) Die C-AG ist außerdem als Kommanditistin zu 30% an der AB-KG beteiligt. Die KG hat im Jahr 01 einen Gesamtverlust in Höhe von EUR 100.000,– erwirtschaftet.

d) Dem Gesellschafter H hat die C-AG ein Darlehen in Höhe von EUR 50.000,– zu einer Verzinsung von 4% gewährt. Über das Darlehen wurde ein schriftlicher Vertrag errichtet. Marktüblicher Zinssatz wäre 7,5%. (Gehen Sie auch auf die Folgen für H und die gebührenrechtlichen Konsequenzen ein).

4. Die C-AG erwägt ihre unter 3.b. angeführten Beteiligungen zu verkaufen. Welche körperschaftsteuerrechtlichen Folgen ergäben sich für die C-AG? Macht es einen Unterschied, ob der Verkauf gewinn- oder verlustbringend erfolgt?

5.6 Besteuerung von Privatstiftungen nach dem Privatstiftungsgesetz

5.6.1 Zivilrechtliche Grundlagen

> Eine Privatstiftung iSd Privatstiftungsgesetzes (PSG) ist eine eigentümerlose Rechtsträgerin, der vom Stifter Vermögen gewidmet ist, um durch dessen Nutzung, Verwaltung und Verwertung der Erfüllung eines erlaubten, vom Stifter bestimmten Zwecks zu dienen. Die Privatstiftung iSd PSG besitzt eigene Rechtspersönlichkeit. Um unter das österreichische PSG zu fallen, muss sie ihren Sitz in Österreich haben (§ 1 Abs 1 PSG).

Eigentümerlosigkeit Da die Privatstiftung keinen Eigentümer, jedoch eigenständige Rechtspersönlichkeit hat, ist jede Vermögenswidmung an die Stiftung und jede Zuwendung von Seiten der Stiftung ein unentgeltlicher Vorgang, der zivilrechtlich als Schenkung oder als Erwerb von Todes wegen zu qualifizieren ist.

Verbotene Tätigkeiten Privatstiftungen nach dem PSG dürfen nach § 1 Abs 2 PSG weder eine gewerbsmäßige Tätigkeit ausüben, die über eine bloße Nebentätigkeit hinausgeht, oder die Geschäfte einer eingetragenen Handelsgesellschaft führen, noch sich an einer Personengesellschaft als persönlich haftende Gesellschafterinnen beteiligen. Im Übrigen können sämtliche Tätigkeiten von der Privatstiftung ausgeübt werden. Daher darf eine Privatstiftung etwa einen land- und forstwirtschaftlichen Betrieb führen, sie darf in dessen Rahmen auch Nebenbetriebe führen (zB ein Sägewerk, in dem das Holz aus dem eigenen Forstbetrieb verarbeitet wird) oder sich als Kommanditistin an einer gewerblichen Personengesellschaft beteiligen.

5.6.2 Steuerrechtliche Folgen der Gründung einer Privatstiftung

5.6.2.1 Zuwendungen an die Privatstiftung

Stiftungseingangssteuer Wendet ein Stifter einer österreichischen Privatstiftung Vermögen unentgeltlich zu, unterliegt dieser Vorgang grundsätzlich der **Stiftungseingangssteuer**. Diese beläuft sich grundsätzlich auf 2,5% der Zuwendungen. Sie erhöht sich unter den Voraussetzungen des § 2 Abs 1 lit a bis e Stiftungseingangssteuergesetz (StiftEG) auf 25%.

Bemessungsgrundlage der Stiftungseingangssteuer ist das zugewendete Vermögen nach Abzug von Schulden und Lasten, welche in wirtschaftlicher Beziehung zum zugewendeten Vermögen stehen. Für die Wertermittlung ist der Zeitpunkt des Entstehens der Steuerschuld, das heißt der Zeitpunkt der Zuwendung, maßgeblich (§ 1 Abs 4 StiftEG). Die Bewertung richtet sich nach den Vorschriften des Ersten Teils des Bewertungsgesetzes (Allgemeine Bewertungsvorschriften; § 2 bis § 17 BewG; § 1 Abs 5 StiftEG). Damit ist in der Regel der gemeine Wert des zugewendeten Vermögens als Bemessungsgrundlage für die Stiftungseingangssteuer heranzuziehen.

Steuerschuldner der StiftESt ist der Erwerber, also die Privatstiftung. Der zuwendende Stifter haftet für die StiftESt, bei Erwerben von Todes wegen haftet der Nachlass (§ 1 Abs 3 StiftEG).

Bestimmte Zuwendungen an Privatstiftungen bleiben von der StiftESt befreit. Sie sind in § 1 Abs 6 StiftEG taxativ aufgezählt. Die wichtigste Befreiung betrifft die Zuwendung von Grundstücken iSd § 2 GrEStG (§ 1 Abs 6 Z 5 StiftEG). Um einen Ausgleich für die fehlende StiftESt-Pflicht zu schaffen, erhöht sich die GrESt, die nach § 7 Abs 1 GrEStG bemessen wird, gem § 7 Abs 2 GrEStG um 2,5% , sodass Zuwendungen von Grundstücken an Privatstiftungen zwar nicht der StiftESt, aber einer erhöhten GrESt unterliegen. Bemessungsgrundlage für diese Übertragung ist der Grundstückswert (§ 4 GrEStG). Im Zuge der Eintragung der Privatstiftung als Eigentümerin in das Grundbuch fällt zusätzlich Eintragungsgebühr iHv 1,1% vom Wert des einzutragenden Rechts an.

Befreiung von der StiftEG

Die (unentgeltliche) Vermögenswidmung an eine Stiftung ist als unentgeltliches Rechtsgeschäft kein (!) Tausch iSd § 6 Z 14 EStG. Beim Stifter kommt es durch den Stiftungsakt daher nur dann zur Aufdeckung stiller Reserven, wenn das gewidmete Vermögen aus dem Betriebsvermögen des Stifters stammt. Diesfalls liegt nämlich zunächst eine Entnahme in das Privatvermögen des Stifters mit anschließender Widmung an die Stiftung vor (vgl StiftRL 2009 Rz 194 ff).

Folgen für den Stifter

Die Stiftung führt als Rechtsnachfolgerin des Stifters dessen Anschaffungskosten fort oder übernimmt das aus dem Betriebsvermögen gestiftete Vermögen zu Entnahmewerten.

Folgen für die Stiftung

5.6.2.2 Laufende Besteuerung der eigennützigen Privatstiftung (§ 13 KStG)

Inländische Privatstiftungen sind als juristische Personen des privaten Rechts grundsätzlich unbeschränkt körperschaftsteuerpflichtig. Sofern der Stifter unmittelbar oder über eine dem Finanzamt aufgedeckte Treuhandschaft auftritt und die Stiftungsurkunde und Stiftungszusatzurkunde dem zuständigen Finanzamt vorliegen, ist die Privatstif-

Offengelegte Privatstiftungen

tung abweichend von den allgemeinen Vorschriften des KStG nach Maßgabe des § 13 KStG zu besteuern (§ 5 Z 11 iVm § 13 Abs 1 und Abs 6 KStG).

Sämtliche Einkunftsarten

Privatstiftungen, die die Voraussetzungen des § 13 Abs 6 KStG erfüllen, können sämtliche Einkünfte nach § 2 Abs 3 EStG haben. § 7 Abs 3 KStG kommt nicht zur Anwendung (§ 13 Abs 1 Z 1 KStG). Die Einkünfte der Privatstiftung werden daher trotz unternehmensrechtlicher Rechnungslegungspflicht (kraft Rechtsform) den entsprechenden Einkunftsarten zugeordnet. Gewerbliche Einkünfte sind allerdings stets nach § 5 Abs 1 EStG zu ermitteln (§ 13 Abs 1 Z 3 KStG; solche zu erzielen, ist der Privatstiftung jedoch nach dem PSG nur im Rahmen einer Kommandit-Beteiligung erlaubt).

Beteiligungsertragsbefreiung

Steuerfrei sind in- und ausländische Beteiligungserträge iSd § 10 Abs 1 KStG, wenn kein Anwendungsfall des § 10 Abs 4 und Abs 5 (Methodenwechsel) oder Abs 7 KStG vorliegt (§ 13 Abs 2 KStG).

Zwischenbesteuerung

Bestimmte Erträge von Privatstiftungen sind nicht beim Gesamtbetrag der Einkünfte oder beim Einkommen zu berücksichtigen, sondern gesondert einer sog Zwischensteuer iHv 25 % zu unterwerfen (§ 13 Abs 3 iVm § 22 Abs 2 KStG). Das sind Einkünfte aus Kapitalvermögen, soweit es sich um Einkünfte aus der Überlassung von Kapital iSd § 27 Abs 2 Z 2 EStG, um Einkünfte aus realisierten Wertsteigerungen iSd § 27 Abs 3 EStG mit gewissen Einschränkungen und um Einkünfte aus Derivaten iSd § 27 Abs 4 EStG handelt, sowie Einkünfte aus privaten Grundstücksveräußerungen gem § 30 EStG.

Einkünfte von Privatstiftungen unterliegen unter den allgemeinen Voraussetzungen dem KESt-Abzug, nicht aber der Immobilienertragsteuer (vgl § 24 Abs 3 Z 4 TS 2 KStG).

Ausnahmen von der Zwischenbesteuerung

Die Zwischenbesteuerung unterbleibt insoweit, als im Veranlagungszeitraum **Zuwendungen** iSd § 27 Abs 5 Z 7 EStG (Zuwendungen von Privatstiftungen an Begünstigte und Letztbegünstigte) getätigt worden sind, davon KESt einbehalten und abgeführt worden ist und keine Entlastung von der KESt auf Grund eines DBA oder nach § 240 Abs 3 BAO erfolgt (§ 13 Abs 3 letzter Absatz KStG). Die Zwischensteuer wird daher in späteren Jahren erstattet, wenn eine kapitalertragsteuerpflichtige Zuwendung an Begünstigte vorgenommen wird. Erfolgt die Zuwendung nicht in dem Veranlagungszeitraum, in dem die zwischensteuerbaren Erträge zufließen, erfolgt die Erstattung im Wege der Veranlagung (§ 24 Abs 5 KStG; zu den formalen Details vgl § 24 Abs 4 Z 5 KStG).

Die Zwischenbesteuerung unterbleibt auch, wenn die Privatstiftung die stillen Reserven aus der Veräußerung einer Beteiligung von mehr als 10% an einer Körperschaft auf die Anschaffungskosten einer im Jahr der Veräußerung angeschafften (neuen) Beteiligung an einer Körperschaft überträgt (**Übertragung stiller Reserven**). Ein Abzug der stillen Reserven von den Anschaffungskosten einer neu erworbenen Beteiligung kommt nicht in Betracht, wenn bestehende Anteile an einer Körperschaft, an der die Privatstiftung, der Stifter oder ein Begünstigter allein oder gemeinsam unmittelbar oder zu mindestens 20% beteiligt sind, aufgestockt werden (§ 13 Abs 4 Z 1 KStG). Werden die stillen Reserven nicht im Jahr der Veräußerung übertragen, kann für die Dauer von zwölf Monaten ein steuerfreier Betrag gebildet werden, um die Übertragung innerhalb dieser zwölf Monate vorzunehmen. Wird nicht übertragen, ist der steuerfreie Betrag mit Zwischensteuer zu belasten (§ 13 Abs 4 Z 4 KStG). Stille Reserven sind der Unterschiedsbetrag zwischen dem Veräußerungserlös und den Anschaffungskosten (§ 13 Abs 4 Z 2 KStG). Als Anschaffungskosten des erworbenen Anteils gelten die um die stillen Reserven gekürzten Beträge (§ 13 Abs 4 Z 3 KStG).

Der endgültigen Besteuerung zum gewöhnlichen Körperschaftsteuertarif von 25% unterliegen va die Einkünfte von Privatstiftungen aus Land- und Forstwirtschaft, gewerbliche Einkünfte aus einer Kommanditbeteiligung, Einkünfte aus Vermietung und Verpachtung und Einkünfte aus Spekulationsgeschäften.

Besteuerung zum Tarif

5.6.2.3 Besteuerung von Zuwendungen an Begünstigte

Zuwendungen von Privatstiftungen an Begünstigte und Letztbegünstigte zählen – soweit sie nach dem Subsidiaritätsprinzip nicht den betrieblichen Einkünften oder den Einkünften aus nichtselbständiger Arbeit zuzurechnen sind – zu den Einkünften aus der Überlassung von Kapital (Einkünfte aus Kapitalvermögen gem § 27 Abs 5 Z 7 EStG), soweit es sich dabei nicht um Substanzauszahlungen von gestiftetem Vermögen handelt. Sie unterliegen dem besonderen Steuersatz von 25% mit Schedulenwirkung (§ 27a Abs 1 EStG). Die Steuer wird durch KESt-Abzug erhoben (§ 93 Abs 2 Z 1 EStG), der Abgeltungswirkung entfaltet. Eine Aufnahme in die Steuererklärung ist daher nicht notwendig (§ 97 Abs 1 EStG). Ein Antrag auf Regelbesteuerung nach § 27a Abs 5 EStG ist zulässig (vgl dazu allgemein schon vorher Kap *Einkommensteuer* S 137).

Einkünfte aus Kapitalvermögen

Keine Einkünfte aus Kapitalvermögen stellen sog Substanzauszahlungen dar (§ 27 Abs 5 Z 8 EStG). Substanzauszahlungen liegen vor, wenn die Zuwendung den vorhandenen Bilanzgewinn zuzüglich der gebildeten Gewinnrücklagen und der steuerrechtlichen stillen Reserven des zugewendeten Vermögens übersteigt. Die Substanzauszahlung von gestiftetem Vermögen entspricht von ihrer Ausrichtung her

Substanzauszahlungen

einer Art Einlagenrückzahlung bei Kapitalgesellschaften (vgl StiftRL 2009 Rz 264). Zur Feststellung von Substanzauszahlungen von gestiftetem Vermögen hat die Stiftung ein Evidenzkonto zu führen (siehe dazu § 27 Abs 5 Z 8 lit c EStG).

5.6.2.4 Steuerliche Konsequenzen des Widerrufs einer Privatstiftung

Eine natürliche Person kann als Stifter eine Privatstiftung widerrufen, wenn sie sich den Widerruf in der Stiftungserklärung vorbehalten hat (§ 34 PSG). Fällt in diesem Fall das Vermögen auf den Stifter als Letztbegünstigten zurück, sind dessen Einkünfte iSd § 27 Abs 5 Z 7 EStG auf seinen Antrag hin um die im Zeitpunkt der Zuwendung steuerlich maßgeblichen Werte seiner vor dem 1. 8. 2008 getätigten Zuwendungen an die Privatstiftung zu kürzen. Der Nachweis der Werte obliegt dem Stifter (§ 27 Abs 5 Z 9 EStG). Hinsichtlich der ab dem 1. 8. 2008 getätigten Zuwendungen kommt § 27 Abs 5 Z 8 EStG betreffend Substanzauszahlungen zur Anwendung. Der Stifter hat daher nur die in der Stiftung erzielten Erträge und die bereits im zugewandten Vermögen ruhenden und im Zeitpunkt der Zuwendung an die Stiftung nicht aufgedeckten stillen Reserven als Einkünfte zu versteuern.

Bei der Rückübertragung von Grundstücken fallen zusätzlich bemessen vom Grundstückswert GrESt nach Maßgabe des gestaffelten Tarifs nach § 7 Abs 1 Z 2 lit a GrEStG und Eintragungsgebühr iHv 1,1% vom Wert des einzutragenden Rechts an.

5.7 Beschränkte Steuerpflicht der zweiten Art (§ 1 Abs 3 Z 2 und Z 3 KStG)

5.7.1 Überblick

Beschränkte Steuerpflicht der zweiten Art — Inländische Körperschaften des öffentlichen Rechts außerhalb ihrer Betriebe gewerblicher Art sowie andere privatwirtschaftlich organisierte Körperschaften, die nach § 5 KStG von der Körperschaftsteuer befreit und keine Privatstiftungen nach § 5 Abs 1 Z 13 KStG sind (zB gemeinnützige Vereine), unterliegen mit bestimmten Einkünften der sog beschränkten Steuerpflicht der zweiten Art (§ 1 Abs 3 Z 2 und Z 3 KStG). Sie sind mit ihren Einkünften nach § 21 Abs 2 und Abs 3 KStG körperschaftsteuerpflichtig.

5.7.2 Steuerabzugspflichtige Einkünfte

Die Steuerpflicht erstreckt sich auf Einkünfte, bei denen die Steuer durch Steuerabzug erhoben wird. Dies sind alle Fälle, in denen KESt einzubehalten ist.

Bestimmte Einkünfte sind jedoch trotz grundsätzlichen KESt-Abzuges von der beschränkten Steuerpflicht befreit. Dazu zählen beispielsweise:

- Beteiligungserträge gem § 10 KStG,
- Kapitalerträge, die nachweislich einem von der unbeschränkten KöSt-Pflicht befreiten Steuerpflichtigen im Rahmen eines ebenfalls generell von der Abgabepflicht befreiten Betriebes zuzurechnen sind.

Befreiung trotz Steuerabzugs

Ein gemeinnütziger Verein Z veranlagt jenen Anteil an den Mitgliedsbeiträgen, der der Ansparung von Pensionszusagen an seine im unentbehrlichen Hilfsbetrieb beschäftigten Dienstnehmer dient, in festverzinsliche Wertpapiere.

Als gemeinnütziger Verein ist Z gem § 5 Z 6 KStG von der unbeschränkten Körperschaftsteuerpflicht befreit. Gem § 1 Abs 3 Z 3 KStG ist er nur mit seinen Einkünften nach § 21 Abs 2 und Abs 3 KStG beschränkt körperschaftsteuerpflichtig. Die beschränkte Körperschaftsteuerpflicht erstreckt sich gem § 21 Abs 2 KStG auf dem KESt-Abzug unterliegende Einkünfte. Davon ausdrücklich ausgenommen sind aber gem § 21 Abs 2 Z 3 letzter Teilstrich KStG Kapitalerträge, die nachweislich einem unentbehrlichen Hilfsbetrieb eines gemeinnützigen Rechtsträgers zuzurechnen sind. Derartige Erträge unterliegen auch gem § 94 Z 6 lit c letzter Teilstrich EStG gar nicht dem KESt-Abzug. Wird ein KESt-Abzug dennoch vorgenommen, kann der Verein innerhalb von fünf Jahren die Erstattung gem § 240 BAO beantragen.

5.7.3 Veranlagungspflichtige andere Einkünfte

Die beschränkte KöSt-Pflicht der zweiten Art geht über die dem KESt-Abzug unterliegenden Kapitalerträge hinaus und erfasst außerdem folgende Erträge (§ 21 Abs 3 KStG):

Ausländische Kapitalerträge, die inländischen KESt-pflichtigen Kapitalerträgen vergleichbar sind, aber wegen ihres Auslandsbezuges nicht dem KESt-Abzug unterliegen. Die Steuerbefreiung für Beteiligungserträge nach § 10 KStG und für den unentbehrlichen Hilfsbetrieb nachweislich zurechenbare Kapitalerträge kommt auch zur Anwendung (§ 21 Abs 3 Z 1 KStG).

Ausländische Kapitalerträge

Einkünfte gem § 27a Abs 2 EStG	Von der beschränkten Steuerpflicht der zweiten Art erfasst sind auch Einkünfte gem § 27a Abs 2 EStG. Das sind jene Einkünfte aus Kapitalvermögen, die nicht dem besonderen Einkommensteuersatz unterliegen, zB Zinsen aus Privatdarlehen oder die Einkünfte aus einer echten stillen Beteiligung (vgl dazu vorher Kap *Einkommensteuer* S 137). Diese Einkünfte unterliegen der beschränkten Steuerpflicht, soweit es sich nicht um Förderungsdarlehen (insb zur Förderung des Wohnbaus, der Wirtschaft oder des Gesundheitswesens) handelt und die Einkünfte nicht nachweislich dem unentbehrlichen Hilfsbetrieb eines gemeinnützigen Rechtsträgers zuzurechnen sind (§ 21 Abs 3 Z 2 KStG).
Einkünfte aus realisierten Wertsteigerungen	Sämtliche Einkünfte aus realisierten Wertsteigerungen von Kapitalvermögen unterliegen – unabhängig davon, ob es zum KESt-Abzug kommt – der beschränkten Steuerpflicht. Ausgenommen sind solche Einkünfte wiederum, wenn sie nachweislich dem unentbehrlichen Hilfsbetrieb eines gemeinnützigen Rechtsträgers zuzurechnen sind (§ 21 Abs 3 Z 3 KStG).
Einkünfte aus privaten Grundstücksveräußerungen	Einkünfte aus privaten Grundstücksveräußerungen gem § 30 EStG unterliegen auch der beschränkten Steuerpflicht der zweiten Art, wobei die Bestimmungen hinsichtlich der ImmoESt (§ 30b und § 30c EStG) sinngemäß anzuwenden sind (§ 21 Abs 3 Z 4 KStG). Eine nach § 1 Abs 3 Z 2 und Z 3 KStG beschränkt steuerpflichtige Körperschaft hat daher auf den Veräußerungsgewinn eines Grundstücks die Körperschaftsteuer von 25% spätestens eineinhalb Kalendermonate nach Zufluss des Veräußerungserlöses abzuführen (§ 30b Abs 1 EStG).
Veranlagung	In den Fällen, in denen die beschränkte Steuerpflicht Einkünfte erfasst, auf die die Steuer nicht durch Steuerabzug von dritter Seite erhoben wird, ist eine Körperschaftsteuererklärung einzureichen. Die Körperschaft wird dann zur Körperschaftsteuer veranlagt (§ 24 Abs 1 KStG).

6 Grundzüge des internationalen Steuerrechts

Inhaltsübersicht

6.1 Einführung
6.2 Österreichisches Außensteuerrecht
6.3 Das Recht der Doppelbesteuerungsabkommen

6.1 Einführung

Jeder Staat kann im Rahmen seiner territorialen Souveränität Steuern erheben. Innerhalb der EU wird diese Souveränität dort beschränkt, wo auf Unionsebene Harmonisierungsmaßnahmen gesetzt wurden. Dies ist etwa in der Umsatzsteuer und bei den Kapitalverkehrsteuern (die in Österreich nicht mehr erhoben werden), punktuell auch im Rahmen der Ertragsteuern, etwa bei grenzüberschreitenden Konzernbeziehungen und grenzüberschreitenden Umgründungen der Fall. Die Umsetzung des Aktionsplans der EU zur Bekämpfung von Steuerbetrug dürfte weitere unionsrechtliche Implikationen für das Ertragsteuerrecht nach sich ziehen. Außerdem wird die Steuersouveränität der EU-Staaten durch die unionsrechtlichen Grundfreiheiten eingeschränkt, die eine ungerechtfertigte Schlechterstellung grenzüberschreitender Sachverhalte im Verhältnis zu innerstaatlichen Sachverhalten nicht erlauben.

Jeder Steuertatbestand hat einen persönlichen und einen sachlichen Anknüpfungspunkt. Im Ertragsteuerrecht erheben die meisten Staaten dieser Welt nach ihrem nationalen Recht den Besteuerungsanspruch auf das Welteinkommen, wenn eine natürliche oder juristische Person ihren Wohnsitz, Sitz, gewöhnlichen Aufenthalt oder Ort der Geschäftsleitung in Österreich hat (sog unbeschränkte Steuerpflicht, dazu schon vorher Kap *Einkommensteuer* S 52; Kap *Körperschaftsteuer* S 220). Darüber hinaus erheben Staaten in der Regel einen Besteuerungsanspruch auf jene Einkünfte von natürlichen oder juristischen Personen, die – ohne dass sie Sitz, Wohnsitz, gewöhnlichen Aufenthalt oder Ort der Geschäftsleitung im jeweiligen Staat haben – in einem sachlichen Naheverhältnis zu diesem Staat bezogen werden, etwa weil sie aus dort gelegenen Quellen stammen oder dort verwertet werden (sog beschränkte Steuerpflicht; vgl dazu gleich S 277). Daraus ergibt sich, dass ein- und derselbe Sachverhalt bei international tätigen Steuerpflichtigen oder bei Steuerpflichtigen mit mehreren Wohnsitzen dem Besteuerungsanspruch mehrerer Staaten unterliegen kann. Das Ergebnis ist eine sogenannte Doppelbesteuerung, wenn nicht auf völkerrechtlicher Ebene Abhilfe geschaffen wird.

Jener Bereich des Steuerrechts, der Sachverhalte mit Auslandsbezug zum Gegenstand hat, wird als Internationales Steuerrecht bezeichnet. Das Internationale Steuerrecht besteht einerseits aus dem **Doppelbesteuerungsrecht** und andererseits aus dem **Außensteuerrecht**. Das Doppelbesteuerungsrecht umfasst jene Normen, die der Vermeidung der Doppelbesteuerung dienen. Dabei kann es sich um völkerrechtliche, unionsrechtliche oder innerstaatliche Normen han-

Internationales Steuerrecht

deln. Das Außensteuerrecht ist jener Teil eines nationalen Steuerrechts, das sich mit internationalen Sachverhalten aus rein nationaler Sicht auseinandersetzt. In Österreich sind dies die §§ 98 bis 102 EStG und § 21 Abs 1 KStG.

6.2 Österreichisches Außensteuerrecht

6.2.1 Überblick

Natürliche und juristische Personen, die in Österreich weder Wohnsitz, Sitz, gewöhnlichen Aufenthalt oder Ort der Geschäftsleitung haben, können in Österreich nur der sog beschränkten Steuerpflicht unterliegen. Die beschränkte Steuerpflicht begründet für Österreich das Recht jene Einkünfte der Besteuerung in Österreich zu unterwerfen, für die ein Anknüpfungspunkt zu Österreich besteht. Dieser wird für natürliche Personen über § 98 EStG, für juristische Personen über § 21 Abs 1 KStG iVm § 98 EStG geschaffen.

Beziehen daher natürliche oder juristische Personen ohne unbeschränkte Steuerpflicht in Österreich Einkünfte gem § 98 EStG, unterliegen diese Einkünfte in Österreich der beschränkten Steuerpflicht. Für die beschränkte Steuerpflicht gelten besondere Einkünfteermittlungsvorschriften.

Das Bestehen einer beschränkten Steuerpflicht in Österreich löst nicht zwingend tatsächlich eine Steuerpflicht in Österreich aus: Österreich hat mit einer Vielzahl von Staaten dieser Welt völkerrechtliche Abkommen zur Vermeidung der Doppelbesteuerung (sog Doppelbesteuerungsabkommen, kurz: DBA) abgeschlossen. Sie verhindern, dass auf ein- und dieselben Einkünfte von zwei Staaten gleichzeitig Ertragsteuern erhoben werden. Doppelbesteuerungsabkommen dienen also dem Ziel nationale Besteuerungsrechte einzuschränken, sodass internationale Sachverhalte keiner höheren Steuerbelastung ausgesetzt sind als rein innerstaatliche Sachverhalte (sog „Schrankenwirkung" von DBA). Wird also das Besteuerungsrecht Österreichs durch ein DBA eingeschränkt, entfällt die nach rein nationalem Recht bestehende Steuerpflicht in Österreich.

Universitätsprofessor X, Wohnsitz und gewöhnlicher Aufenthalt in Deutschland, verfasst ein Gutachten für die Republik Österreich, das die Neukonzeption des österreichischen Pensionssystems zum Gegenstand hat und erhält dafür ein Honorar.
X ist in Deutschland unbeschränkt steuerpflichtig und unterliegt dort mit seinem Welteinkommen der Einkommensteuer. Durch die Verfassung des Gutachtens für die Republik Österreich hat X eine selbständige

Leistung erbracht, die in Österreich verwertet wird. Sie dient der österreichischen Volkswirtschaft. X erzielt daher Einkünfte gem § 98 Abs 1 Z 2 EStG, Einkünfte aus selbständiger Arbeit, wobei die Arbeit zwar nicht persönlich in Österreich ausgeübt worden ist, aber ihr wirtschaftlicher Erfolg der inländischen Volkswirtschaft unmittelbar zu dienen bestimmt ist. X unterliegt mit diesen Einkünften daher in Österreich der beschränkten Steuerpflicht (also zusätzlich zur unbeschränkten Steuerpflicht in Deutschland).

Nach dem zwischen Deutschland und Österreich abgeschlossenen DBA dürfen Einkünfte aus selbständiger Arbeit nur dann in einem anderen Staat als dem Ansässigkeitsstaat des Steuerpflichtigen besteuert werden, wenn er in diesem anderen Staat über eine feste Einrichtung verfügt (Art 14 Abs 1 DBA-D). Sofern X über keine feste Einrichtung in Österreich verfügt, beseitigt das DBA das nach § 98 Abs 1 Z 2 EStG bestehende Besteuerungsrecht Österreichs. X unterliegt mit dem von Österreich bezahlten Honorar nur in Deutschland der Ertragsbesteuerung.

6.2.2 Die beschränkte Steuerpflicht nach § 98 EStG

6.2.2.1 Beschränkt steuerpflichtige Einkünfte

Die beschränkte Steuerpflicht knüpft an die sieben Einkunftsarten, die unbeschränkt Steuerpflichtige erzielen können, an. Die Einkünfte von beschränkt und unbeschränkt Steuerpflichtigen haben daher denselben Gegenstand. Für die Begründung der beschränkten Steuerpflicht bedarf es – im Unterschied zur unbeschränkten Steuerpflicht, wo der Wohnsitz oder der gewöhnliche Aufenthalt den Bezug zu Österreich herstellen – eines zusätzlichen territorialen Anknüpfungspunktes.

Einkünfte aus Land- und Forstwirtschaft unterliegen der beschränkten Steuerpflicht in Österreich, wenn eine Landwirtschaft im Inland betrieben wird (§ 98 Abs 1 Z 1 iVm § 21 EStG).

Einkünfte aus Land- und Forstwirtschaft

Einkünfte aus selbständiger Arbeit unterliegen der beschränkten Steuerpflicht in Österreich, wenn die selbständige Arbeit im Inland ausgeübt oder verwertet wird oder worden ist (§ 98 Abs 1 Z 2 iVm § 22 EStG). Die Arbeit wird im Inland

Einkünfte aus selbständiger Arbeit

- **ausgeübt**, wenn der Steuerpflichtige im Inland persönlich tätig geworden ist;
- **verwertet**, wenn sie zwar im Inland nicht persönlich ausgeübt worden ist, aber ihr wirtschaftlicher Erfolg der inländischen Volkswirtschaft unmittelbar zu dienen bestimmt ist (§ 98 Abs 1 Z 2 iVm § 22 EStG).

Einkünfte aus Gewerbebetrieb

Einkünfte aus Gewerbebetrieb unterliegen der beschränkten Steuerpflicht in Österreich (§ 98 Abs 1 Z 3 iVm § 23 EStG), wenn für den Gewerbetrieb
- im Inland eine **Betriebsstätte** iSd § 29 BAO unterhalten wird oder
- im Inland ein **ständiger Vertreter** bestellt ist oder
- im Inland **unbewegliches Vermögen** vorliegt.

Eine **inländische Betriebsstätte** ist nach § 29 Abs 1 BAO jede feste örtliche Anlage oder Einrichtung, die der Ausübung eines Betriebes oder wirtschaftlichen Geschäftsbetriebes dient. § 29 Abs 2 BAO enthält eine beispielhafte Aufzählung von als Betriebsstätten geltenden Einrichtungen. Dazu zählen etwa Zweigniederlassungen, Fabrikationsstätten, Warenlager (§ 29 Abs 2 lit b BAO) sowie Bauausführungen, deren Dauer sechs Monate überstiegen hat oder voraussichtlich übersteigen wird (§ 29 Abs 2 lit c BAO).

Der Betriebsstättenbegriff des § 29 BAO gilt nur insoweit, als Materiengesetze nicht eine eigene Betriebsstättendefinition enthalten. So gilt etwa für Zwecke des Lohnsteuerabzuges der Betriebsstättenbegriff des § 81 EStG. Der Betriebsstättenbegriff des § 29 BAO gilt auch nur im Rahmen des nationalen Außensteuerrechts. Bei der Anwendung von Doppelbesteuerungsabkommen ist die Betriebsstättendefinition des jeweiligen DBA heranzuziehen (im Regelfall Art 5 OECD-Musterabkommen nachgebildet).

Einkünfte aus
- der **kaufmännischen oder technischen Beratung** im Inland,
- der **Gestellung von Arbeitskräften** zur inländischen Arbeitsausübung und
- der gewerblichen Tätigkeit als **Sportler, Artist** oder als Mitwirkender an **Unterhaltungsdarbietungen** im Inland

sind auch dann als Einkünfte aus Gewerbebetrieb steuerpflichtig, wenn keine inländische Betriebsstätte unterhalten wird und kein ständiger Vertreter im Inland bestellt ist (§ 98 Abs 1 Z 3 iVm § 23 EStG).

Einkünfte aus nichtselbständiger Arbeit

Einkünfte aus nichtselbständiger Arbeit unterliegen der beschränkten Steuerpflicht in Österreich,
- wenn die Arbeit im Inland oder auf österr Schiffen ausgeübt oder verwertet wird oder worden ist,
- wenn die Einkünfte aus inländischen öffentlichen Kassen mit Rücksicht auf ein gegenwärtiges oder früheres Dienstverhältnis gewährt werden (§ 98 Abs 1 Z 4 iVm § 25 EStG).

Werden die Einkünfte wirtschaftlich bereits als Einkünfte aus Gewerbebetrieb erfasst, hat die Erfassung als Einkünfte aus nichtselbständiger Arbeit zu unterbleiben. Die Verwertung von Einkünften aus nichtselbständiger Arbeit erfolgt auf die gleiche Art und Weise wie die Verwertung von Einkünften aus selbständiger Arbeit.

Einkünfte aus Kapitalvermögen unterliegen der beschränkten Steuerpflicht in Österreich, wenn

Einkünfte aus Kapitalvermögen

- es sich dabei um Einkünfte aus der Überlassung von Kapital nach § 27 Abs 2 Z 1 (Dividenden und sonstige Gewinnanteile an GmbH oder AG) oder § 27 Abs 5 Z 7 EStG (Zuwendungen von eigennützigen Privatstiftungen, die keine Substanzauszahlungen sind) handelt, der Abzugsverpflichtete Schuldner der Kapitalerträge ist und Kapitalertragsteuer einzubehalten war;
- es sich um Einkünfte aus der Überlassung von Kapital gem § 27 Abs 2 Z 4 EStG (Gewinnanteile aus der Beteiligung als echter stiller Gesellschafter oder nach Art eines stillen Gesellschafters) handelt und Abzugsteuer gem § 99 EStG einzubehalten war;
- es sich um Einkünfte aus Kapitalvermögen iSv §§ 40 und 42 ImmoInvFG aus Immobilien handelt, wenn diese Immobilien im Inland gelegen sind;
- es sich um Einkünfte aus realisierten Wertsteigerungen von Kapitalvermögen handelt, soweit diese Einkünfte aus der Veräußerung einer Beteiligung an einer Kapitalgesellschaft mit Sitz oder Geschäftsleitung im Inland stammen, an denen der Steuerpflichtige oder sein Rechtsvorgänger innerhalb der letzten fünf Kalenderjahre zu mindestens 1% beteiligt war (§ 98 Abs 1 Z 5 lit a und lit c bis lit e EStG).
- Zinserträge unterliegen grundsätzlich der beschränkten Steuerpflicht, wenn es sich dabei um inländische Zinsen gem § 27 Abs 2 Z 2 EStG oder inländische Stückzinsen gem § 27 Abs 6 Z 5 EStG handelt und Kapitalertragsteuer einzubehalten war. Inländische Zinsen liegen vor, wenn (1) der Schuldner der Zinsen Wohnsitz, Geschäftsleitung oder Sitz im Inland hat oder eine inländische Zweigstelle eines ausländischen Kreditinstituts ist oder (2) das Wertpapier von einem inländischen Emittenten begeben worden ist. Voraussetzung ist außerdem, dass die Zinsen von natürlichen Personen bezogen wurden (§ 98 Abs 1 Z 5 idF EU-AbgÄG 2016, BGBl I 77/2016, in Kraft ab 1.1.2017 gem § 124b Z 283 EStG).

1. X hat seinen Wohnsitz und seinen gewöhnlichen Aufenthalt in Deutschland. Einen Teil seiner Ersparnisse hat er in österreichische Aktien angelegt. Diese werfen im Jahr 01 Dividenden ab.

X unterliegt gem § 98 Abs 1 Z 5 lit a EStG der beschränkten Steuerpflicht in Österreich: Die Dividenden stellen Einkünfte aus der Überlassung von Kapital gem § 27 Abs 2 Z 1 EStG dar. Der Schuldner der Kapitalerträge (die Aktiengesellschaft) ist auch zum Kapitalertragsteuerabzug verpflichtet und hat KESt einzubehalten. Ob die Erträge tatsächlich der Besteuerung in Österreich unterliegen, hängt von dem zwischen Österreich und Deutschland abgeschlossenen DBA ab (vgl dazu gleich S 289).

2. B mit Wohnsitz und gewöhnlichem Aufenthalt in Frankreich hat sich am österreichischen Unternehmen des C als echte stille Gesellschafterin beteiligt.
   B unterliegt mit etwaigen Gewinnzuweisungen der beschränkten Steuerpflicht nach § 98 Abs 1 Z 5 lit c EStG, da Steuerabzugspflicht gem § 99 EStG bei Einkünften aus einer stillen Beteiligung an einem inländischen Unternehmen besteht (zur Abzugssteuer vgl gleich S 282). Ob Österreich tatsächlich Einkommensteuer erheben darf, hängt von der Zuteilung der Besteuerungsrechte im DBA, das Österreich mit Frankreich abgeschlossen hat, ab.

3. Z mit Wohnsitz und gewöhnlichem Aufenthalt in Ungarn hat einen Teil seiner Ersparnisse auf ein österreichisches Sparbuch gelegt.
   Z unterliegt mit den aus dem Sparbuch erzielten Zinsen ab 1.1.2017 der beschränkten Steuerpflicht in Österreich. Ob Österreich tatsächlich Einkommensteuer erheben darf, hängt von der Zuteilung der Besteuerungsrechte im DBA, das Österreich mit Ungarn abgeschlossen hat, ab.
   Variante: *Wäre Z in Russland ansässig, unterläge er ebenfalls der beschränkten Steuerpflicht nach § 98 Abs 1 Z 5 lit b EStG. Ob Österreich tatsächlich Einkommensteuer erheben darf, hängt von der Zuteilung der Besteuerungsrechte im DBA, das Österreich mit Ungarn abgeschlossen hat, ab.*

4. Y mit Wohnsitz und gewöhnlichem Aufenthalt in der Schweiz ist zu 40% an der österr X-GmbH beteiligt. Er hält die Beteiligung im Privatvermögen und hat sie im Jahr 01 um EUR 100.000,– angeschafft. Im Jahr 04 verkauft er die Beteiligung um EUR 300.000,–. *Y unterliegt mit den Einkünften aus realisierter Wertsteigerung aus Kapitalvermögen in Höhe von EUR 200.000,– der beschränkten Steuerpflicht in Österreich, weil er innerhalb der letzten fünf Kalenderjahre (irgendwann) zu mindestens einem Prozent an der X-GmbH beteiligt war (§ 98 Abs 1 Z 5 lit e EStG). Ob Österreich tatsächlich Einkommensteuer erheben darf, hängt von der Zuteilung der Besteuerungsrechte im DBA, das Österreich mit der Schweiz abgeschlossen hat, ab.*

5. Y mit Wohnsitz und gewöhnlichem Aufenthalt in der Schweiz hält Aktien im Ausmaß von 0,5% an der österr Y-AG. Diese hat er im Jahr 01 um EUR 100.000,– erworben und verkauft sie im Jahr 03 um EUR 300.000,–.
Da Y nicht zumindest ein Prozent an der Y-AG hält oder innerhalb der letzten fünf Jahre gehalten hat, unterliegt er in Österreich nicht der beschränkten Steuerpflicht. Die Besteuerung des Veräußerungsgewinns richtet sich ausschließlich nach dem Recht des Wohnsitzstaats von Y.

Einkünfte aus Vermietung und Verpachtung iSd § 28 EStG unterliegen der beschränkten Steuerpflicht in Österreich, wenn das unbewegliche Vermögen, die Sachinbegriffe oder Rechte

- im Inland gelegen oder
- in ein inländisches öffentliches Buch oder Register eingetragen sind oder
- in einer inländischen Betriebsstätte verwertet werden (§ 98 Abs 1 Z 6 EStG).

Einkünfte aus Vermietung und Verpachtung

1. Die in Spanien wohnhafte Y besitzt ein Zinshaus in Österreich. Die darin befindlichen Wohnungen sind vermietet und werfen gute Erträge ab.
Das vermietete Vermögen ist in Österreich gelegen. Y unterliegt mit den daraus bezogenen Mieteinkünften daher der beschränkten Steuerpflicht in Österreich (§ 98 Abs 1 Z 6 EStG). Ob Österreich tatsächlich Einkommensteuer erheben darf, hängt von der Zuteilung der Besteuerungsrechte im DBA, das Österreich mit Spanien abgeschlossen hat, ab.

2. Einzelunternehmer C mit Wohnsitz und gewöhnlichem Aufenthalt in Deutschland hält in seinem Betriebsvermögen in Österreich gelegene Ferienwohnungen, die er an seine Mitarbeiter vermietet.
C unterliegt der beschränkten Steuerpflicht. Er erzielt Einkünfte aus Gewerbebetrieb gem § 98 Abs 1 Z 3 EStG. Ob Österreich tatsächlich Einkommensteuer erheben darf, hängt von der Zuteilung der Besteuerungsrechte im DBA, das Österreich mit Deutschland abgeschlossen hat, ab.

Einkünfte aus privaten Grundstücksveräußerungen gem § 30 EStG unterliegen in Österreich der beschränkten Steuerpflicht, soweit es sich um inländische Grundstücke handelt (§ 98 Abs 1 Z 7 EStG).

Einkünfte aus privaten Grundstücksveräußerungen

Die beschränkte Steuerpflicht erstreckt sich auch auf nachträgliche Einkünfte (§ 32 Z 2 EStG; vgl dazu vorher Kap *Einkommensteuer* S 172) einschließlich nachzuversteuernder oder zurückzuzahlender

Nachträgliche Einkünfte

Beträge aus Vorjahren, in denen unbeschränkte oder beschränkte Steuerpflicht nach § 98 Abs 1 EStG bestanden hat (§ 98 Abs 3 EStG).

 Ausnahmen von der beschränkten Steuerpflicht
Die beschränkte Steuerpflicht entfällt, wenn die Voraussetzungen für die Befreiungen vom Steuerabzug nach § 99a EStG gegeben sind. Zinsen und Lizenzgebühren aus der Überlassung von Rechten iSd Urheberrechtsgesetzes (§ 28 Abs 1 Z 3 EStG) unterliegen nach § 99 Abs 1 Z 3 EStG grundsätzlich und unabhängig davon, ob sie im Rahmen der beschränkten Steuerpflicht zu den betrieblichen Einkünften oder den Einkünften aus Vermietung und Verpachtung zählen, dem Quellensteuerabzug von 20% (vgl dazu allgemein gleich). Eine Befreiung sieht jedoch § 99a EStG in Umsetzung der EU-Zinsen-Lizenzgebühren-Richtlinie zwischen verbundenen Unternehmen vor (vgl dazu § 99a EStG). Die Befreiung vom Steuerabzug beseitigt gem § 98 Abs 2 EStG auch die beschränkte Steuerpflicht.

6.2.2.2 Erhebung der Einkommensteuer

Überblick Die Einkommensteuer von beschränkt Steuerpflichtigen wird entweder durch Steuerabzug oder durch Veranlagung erhoben. Der Steuerabzug kann in Form des KESt-Abzuges, Lohnsteuerabzuges oder des Abzuges von ImmoESt, aber auch durch den Abzug einer speziellen Quellensteuer von beschränkt steuerpflichtigen Einkünften (§ 99 EStG) erfolgen. Für die Veranlagung beschränkt Steuerpflichtiger gelten Sonderbestimmungen (§§ 101 und 102 EStG).

Steuerabzug gem § 99 EStG Auf bestimmte Einkünfte von beschränkt Steuerpflichtigen wird die Einkommensteuer durch Steuerabzug (Abzugsteuer) erhoben. Davon erfasst sind folgende Einkünfte (§ 99 Abs 1 EStG):
1. Einkünfte aus im Inland ausgeübter oder verwerteter selbständiger Tätigkeit als Schriftsteller, Vortragender, Künstler, Architekt, Sportler, Artist, Mitwirkender an Unterhaltungsdarbietungen. Gleichgültig ist, an wen die Vergütungen geleistet werden (dh auch dann, wenn die Vergütung zunächst an eine Agentur geleistet wird, ist ein Steuerabzug vorzunehmen);
2. Gewinnanteile von Gesellschaftern (Mitunternehmern) einer ausländischen Gesellschaft, die an einer inländischen Personengesellschaft beteiligt sind. Unter bestimmten Voraussetzungen (vgl näher § 99 Abs 1 Z 2 EStG) unterbleibt allerdings der Steuerabzug;
3. Einkünfte aus der Überlassung von Werknutzungsrechten und gewerblichen Schutzrechten iSv § 28 Abs 1 Z 3 EStG. Gleichgültig ist, ob diese Einkünfte den betrieblichen Einkünften oder den Einkünf-

ten aus Vermietung und Verpachtung zuzurechnen sind (vgl dazu schon S 281);
4. Aufsichtsratsvergütungen;
5. Einkünfte aus im Inland ausgeübter kaufmännischer oder technischer Beratung und bei Einkünften aus der Gestellung von Arbeitskräften zur inländischen Arbeitsausübung;
6. Einkünfte aus Immobilienfonds iSd § 98 Abs 1 Z 5 lit d EStG unter den Voraussetzungen des § 99 Abs 1 Z 6 EStG;
7. Einkünfte aus einer Beteiligung als echter stiller Gesellschafter an einem inländischen Unternehmen.

Die Abzugssteuer ist grundsätzlich vom **Bruttobetrag** der Einnahmen einzubehalten (§ 99 Abs 2 Z 1 EStG) und beläuft sich auf 20%; bei den Einkünften aus einer echten stillen Beteiligung an einem inländischen Unternehmen und bei den nach § 98 EStG erfassten Einkünften aus Immobilienfonds beläuft sich die Steuer auf 27,5% (§ 100 Abs 1 EStG). Auch die vom Schuldner der Einkünfte übernommene Abzugssteuer unterliegt als weiterer Vorteil dem Steuerabzug.

Eine Berechnung der Abzugssteuer auf Basis des **Nettobetrags** der Einnahmen kommt nur unter folgenden Voraussetzungen in Betracht (§ 99 Abs 2 Z 2 EStG):
- Der Nettobetrag ergibt sich aus der Differenz der Einnahmen und der unmittelbar mit den Einnahmen zusammenhängenden Ausgaben (Betriebsausgaben oder Werbungskosten).
- Die Einkünfte müssen einem in einem anderen Mitgliedstaat der EU oder einem Staat des EWR ansässigen beschränkt Steuerpflichtigen zuzurechnen sein.
- Dieser beschränkt Steuerpflichtige muss dem Schuldner der Einkünfte die unmittelbar im Zusammenhang mit den Einnahmen stehenden Ausgaben schriftlich mitteilen.
- Ausnahmen bestehen, wenn der Empfänger der als Ausgaben geltend gemachten Beträge selbst beschränkt steuerpflichtig ist (vgl im Detail § 99 Abs 2 Z 2 letzter Satz EStG).

Im Fall des Steuerabzuges vom Nettobetrag beträgt die Abzugssteuer, wenn der Empfänger der Einkünfte eine natürliche Person ist, 35%. Ist er eine juristische Person, beläuft sich der Steuersatz auf 25% (§ 100 Abs 1 EStG). – Zum Zeitpunkt des Steuerabzuges vgl § 100 Abs 4 EStG und § 101 Abs 1 EStG.

Eine **Befreiung** von der Vornahme des Steuerabzugs besteht für den Schuldner der Einkünfte außerdem unter bestimmten Voraussetzungen bei Entgelten im Zusammenhang mit Urheberrechten (vgl § 99 Abs 3 EStG); darüber hinaus im Zusammenhang mit der Zahlung von Lizenzgebühren zwischen verbundenen Unternehmen (vgl § 99a EStG).

Steuerschuldner

Die Abzugssteuer wird vom Empfänger der Einkünfte geschuldet, da es sich um seine Einkommensteuer handelt. Der Schuldner der Einkünfte, der zum Abzug verpflichtet ist, haftet für die Einbehaltung und Abfuhr der Steuer (§ 100 Abs 2 EStG). Ähnlich wie bei der Lohnsteuer ist dem eigentlichen Steuerschuldner die Abzugssteuer nur ausnahmsweise vorzuschreiben (vgl im Detail § 100 Abs 3 EStG).

Kapitalertragsteuerabzug

Die Verpflichtung zum Abzug von Kapitalertragsteuer durch den Schuldner der Kapitalerträge oder die die Kapitalerträge auszahlende Stelle (vgl dazu im Detail vorher Kap *Einkommensteuer* S 143) ist grundsätzlich unabhängig davon, ob der Empfänger der Erträge und damit der Schuldner der Einkommensteuer in Österreich der beschränkten oder der unbeschränkten Einkommensteuerpflicht unterliegt. Beschränkt Steuerpflichtige unterliegen daher unter denselben Voraussetzungen dem Kapitalertragsteuerabzug wie unbeschränkt Steuerpflichtige.

Lohnsteuerabzug

Der Lohnsteuerabzug beschränkt steuerpflichtiger Arbeitnehmer (§§ 1 Abs 3 iVm § 98 Abs 1 Z 4 EStG) wird in § 70 EStG geregelt. Die Lohnsteuer beschränkt steuerpflichtiger Arbeitnehmer wird grundsätzlich durch Anwendung des Einkommensteuertarifes (§ 33 EStG) auf das hochgerechnete Jahreseinkommen unter Berücksichtigung des Verkehrsabsetzbetrages und des Arbeitnehmerabsetzbetrages oder des Pensionistenabsetzbetrages ermittelt (§ 70 Abs 2 Z 1 iVm § 33 Abs 5 Z 1 und Z 2 und § 33 Abs 6 EStG). Der Alleinverdiener- und der Alleinerzieherabsetzbetrag sind bei beschränkt lohnsteuerpflichtigen Arbeitnehmern nicht zu berücksichtigen (§ 70 Abs 2 Z 1 EStG).

Bezieht ein Arbeitnehmer Bezüge aus im Inland ausgeübter oder verwerteter selbständiger Tätigkeit als Schriftsteller, Vortragender, Künstler, Architekt, Sportler, Artist, Mitwirkender an Unterhaltungsdarbietungen, unterliegen seine Einkünfte dem Lohnsteuerabzug in Höhe von 20% des vollen Betrages der Bezüge oder in Höhe von 35% des Nettobetrages, wenn der in einem anderen EU- oder EWR-Staat ansässige Arbeitnehmer dem Arbeitgeber die unmittelbar in Zusammenhang mit seinen Einnahmen stehenden Werbungskosten im Voraus schriftlich mitteilt (§ 70 Abs 2 Z 2 EStG).

Hat der Arbeitgeber in Österreich selbst weder Wohnsitz oder Sitz noch gewöhnlichen Aufenthalt oder Ort der Geschäftsleitung, ist er trotzdem unabhängig davon zum Lohnsteuerabzug verpflichtet, ob er selbst in Österreich mit einer Betriebsstätte iSd § 29 BAO der beschränkten Steuerpflicht unterliegt. Voraussetzung ist lediglich, dass eine Lohnsteuerbetriebsstätte iSd § 81 EStG vorliegt. Als eine solche gilt jede vom Arbeitgeber im Inland für die Dauer von mehr als einem Monat unterhaltene feste örtliche Anlage oder Einrichtung, wenn sie der Ausübung der durch den Arbeitnehmer ausgeführten Tätigkeit dient (§ 81 Abs 1 EStG).

Für die Einkünfte aus privaten Grundstücksveräußerungen und auch für betriebliche Gewinne aus Grundstücksveräußerungen, die durch nicht in Österreich ansässige Personen realisiert werden und der beschränkten Steuerpflicht nach § 98 Abs 1 Z 1 bis Z 3 oder Z 7 EStG unterliegen, gelten die Bestimmungen über den besonderen Steuersatz (§ 30a EStG), die Abfuhr dieser besonderen Steuer bis spätestens zum 15. des auf den Zufluss der Erträge zweitfolgenden Kalendermonats (§ 30b EStG) und die Abfuhr durch den Parteienvertreter (§ 30c EStG) entsprechend (§ 98 Abs 4 EStG). Die Besteuerung von Gewinnen aus der Veräußerung von Grundstücken erfolgt daher für beschränkt Steuerpflichtige nach den gleichen Grundsätzen wie für unbeschränkt Steuerpflichtige (vgl dazu schon vorher ausführlich Kap *Einkommensteuer* S 159).

Immobilienertragsteuer

Unterliegen die Einkünfte des beschränkt Steuerpflichtigen keinem Steuerabzug, ist die Steuer im Wege der Veranlagung zu erheben (§ 102 Abs 1 Z 1 EStG). Außerdem hat eine Veranlagung bei steuerabzugspflichtigen Einkünften unter den Voraussetzungen des § 102 Abs 1 Z 2 bis Z 4 EStG zu erfolgen. Für die Veranlagung beschränkt Steuerpflichtiger gilt Folgendes:

Veranlagung

1. **Betriebsausgaben oder Werbungskosten** dürfen nur insoweit berücksichtigt werden, als sie mit den betreffenden Einkünften in wirtschaftlichem Zusammenhang stehen (§ 102 Abs 2 Z 1 EStG);
2. **Sonderausgaben** iSd § 18 EStG (vgl dazu schon vorher Kap *Einkommensteuer* S 187) sind abzugsfähig, wenn sie sich auf das Inland beziehen. Der **Verlustvortrag** (§ 18 Abs 6 EStG) ist beschränkt auf Verluste, die in inländischen Betriebsstätten entstanden sind, die der Erzielung von betrieblichen Einkünften dienen oder die aus inländischem unbeweglichen Vermögen eines Gewerbebetriebes stammen. Außerdem ist eine Berücksichtigung nur insoweit zulässig, als der Verlust die nicht der beschränkten Steuerpflicht unterliegenden Einkünfte überstiegen hat (§ 102 Abs 2 Z 2 EStG).
3. Bei der Veranlagung beschränkt Steuerpflichtiger sind **außergewöhnliche Belastungen** (§ 34 und § 35 EStG), die Sonderbestimmung für die Verwertung von Patentrechten (§ 38 EStG), die Bestim-

mungen über die Veranlagung lohnsteuerpflichtiger Einkünfte (§ 41 EStG) und § 105 EStG nicht anwendbar (§ 102 Abs 2 Z 3 EStG).
4. Dem nach Maßgabe der Punkte 1 bis 3 ermittelten Einkommen ist ein Betrag von EUR 9.000,– hinzuzurechnen. Auf diesen Betrag ist der sich aus § 33 Abs 1 EStG ergebende Tarif anzuwenden. Absetzbeträge sind mit Ausnahme jener, die beim Lohnsteuerabzug berücksichtigt wurden, nicht zu berücksichtigen (§ 102 Abs 3 EStG).

Bei der Veranlagung beschränkt Steuerpflichtiger werden einzelne die subjektive Leistungsfähigkeit des Steuerpflichtigen betreffende Umstände nicht berücksichtigt. Grundsätzlich besteht international und unionsrechtlich Konsens darüber, dass die Berücksichtigung der persönlichen Umständen nur in einem Staat erfolgen kann. Dies ist wegen der intensiveren Anknüpfung im Regelfall der Wohnsitzstaat (Ansässigkeitsstaat). Unionsrechtlich bedenklich ist die fehlende Berücksichtigung der persönlichen Momente im Staat der beschränkten Steuerpflicht, wenn dem Wohnsitzstaat (Ansässigkeitsstaat) des beschränkt Steuerpflichtigen eine Berücksichtigung der persönlichen Leistungsfähigkeit mangels Vorliegens von Einkünften im Ansässigkeitsstaat nicht möglich ist. § 1 Abs 4 EStG berechtigt daher in Österreich beschränkt steuerpflichtige Staatsangehörige von Mitgliedstaaten der Europäischen Union oder des Europäischen Wirtschaftsraumes, die Behandlung als unbeschränkt steuerpflichtig (in Österreich) zu beantragen, wenn die Gesamteinkünfte im Kalenderjahr zu mindestens 90% der österreichischen Einkommensteuer unterliegen oder wenn die ausländischen Einkünfte nicht mehr als EUR 11.000,– betragen (vgl im Detail § 1 Abs 4 EStG).

6.2.3 Die beschränkte Steuerpflicht von Körperschaften iSd KStG (§ 21 Abs 1 KStG iVm § 98 EStG)

6.2.3.1 Beschränkt steuerpflichtige Einkünfte

Verweis auf das EStG Die beschränkte Steuerpflicht von Körperschaften iSd § 1 Abs 2 KStG, die in Österreich weder Sitz noch Ort der Geschäftsleitung haben, erstreckt sich nur auf Einkünfte iSd § 98 EStG (§ 21 Abs 1 Z 1 EStG). Körperschaften ohne Sitz oder Ort der Geschäftsleitung in Österreich können daher dem Grunde nach nur dann in Österreich der beschränkten Steuerpflicht unterliegen, wenn ihre Einkünfte einen der in § 98 EStG angeführten Bezugspunkte zu Österreich haben.

6.2.3.2 Ermittlung der Einkünfte

Wie die Einkünfte von beschränkt steuerpflichtigen Körperschaften zu ermitteln sind, ergibt sich einerseits aus dem EStG und andererseits aus dem KStG. Beschränkt steuerpflichte Körperschaften können grundsätzlich unabhängig von ihrer Rechtsform im Ausland sämtliche Einkünfte iSd § 2 Abs 3 EStG haben und ermitteln diese Einkünfte grundsätzlich nach den für die jeweilige Einkunftsart nach dem EStG maßgeblichen Ermittlungsvorschriften. Der Sonderausgabenabzug gem § 8 Abs 4 KStG (vgl dazu vorher Kap *Körperschaftsteuer* S 229) steht auch beschränkt steuerpflichtigen Körperschaften mit den Einschränkungen des § 102 Abs 2 Z 2 EStG (dazu vorher Kap *Einkommensteuer* S 285) zu.

- Beschränkt steuerpflichtige Körperschaften, die einer inländischen unter § 7 Abs 3 KStG fallenden Körperschaft vergleichbar sind, ermitteln hinsichtlich ihrer einer inländischen Betriebsstätte oder einem inländischen unbeweglichen Vermögen zuzurechnenden Einkünfte den Gewinn nach § 7 Abs 3 KStG (§ 21 Abs 1 Z 3 KStG).
- Beschränkt steuerpflichtige Körperschaften, die einer inländischen unter § 7 Abs 3 KStG fallenden Körperschaft nicht vergleichbar sind, aber hinsichtlich ihrer österr Betriebsstätte nach (österr) unternehmensrechtlichen Vorschriften zur Rechnungslegung verpflichtet sind, erzielen mit sämtlichen der österreichischen Betriebsstätte zuzurechnenden Einkünften Einkünfte aus Gewerbebetrieb, die nach § 5 EStG zu ermitteln sind (§ 21 Abs 1 Z 2 lit b KStG).

Die Steuerbefreiung für Körperschaften, die **gemeinnützige, mildtätige oder kirchliche Zwecke** verfolgen (§ 5 Z 6 KStG), ist auch auf beschränkt Steuerpflichtige anzuwenden, wenn die Körperschaft ihren Sitz oder ihre Geschäftsleitung im übrigen Gemeinschaftsgebiet der EU oder in einem Staat des EWR hat und wenn der gemeinnützige, mildtätige oder kirchliche Zweck zumindest überwiegend im Bundesgebiet verfolgt wird (§ 21 Abs 1 Z 1 KStG).

Steuerbefreiungen

Die **Beteiligungsertragsbefreiung** (§ 10 KStG) kommt für beschränkt steuerpflichtige Körperschaften grundsätzlich nicht zur Anwendung. Die beschränkte Steuerpflicht besteht allerdings gem § 21 Abs 1 Z 1 KStG iVm § 98 Abs 1 Z 5 lit a EStG nicht, wenn keine Kapitalertragsteuer einzubehalten ist. Nach § 94 EStG unterbleibt der Kapitalertragsteuerabzug hinsichtlich der von inländischen GmbH oder AG an EU-ausländische Körperschaften (siehe Anlage 2 zum EStG) ausgeschütteten Gewinnanteile, wenn die ausländische Körperschaft zu mindestens 10% mittelbar oder unmittelbar am Grund- oder Stammkapital beteiligt ist und die Beteiligung während eines ununterbrochenen Zeitraumes von mindestens einem Jahr bestanden hat. In Missbrauchsfällen bleibt es auch dann beim KESt-Abzug. Dies ist allerdings vom BMF mit Verordnung anzuordnen (§ 94 Z 2 EStG). § 94 EStG setzt die Mutter-Tochter-Richtlinie der EU um.

	Quelle	Österreichbezug	Quellensteuer
rowspan="7"	Isolationstheorie	Land- und Forstwirtschaft (§ 98 Abs 1 Z 1 iVm § 21 EStG)	• Betrieb	–
	Selbständige Arbeit (§ 98 Abs 1 Z 2 iVm § 22 EStG)	• Ausübung • Verwertung	• § 99 Abs 1 Z 1 EStG • § 99 Abs 1 Z 3 EStG • § 99 Abs 1 Z 4 EStG

	Gewerbebetrieb (§ 98 Abs 1 Z 3 iVm § 23 EStG)	• Betriebsstätte
		• Vertreter
		• Unbewegl Vermögen
		• Unabh v Betriebsstätte
		  • Kaufm. u techn Beratung
		  • Gestellung von Arbeitskräften
		  • Gewerbl Tätigkeit als Sportler, Artist od Mitwirkender an Unterhaltungsdarbietungen
			• § 99 Abs 1 Z 1 EStG
			• § 99 Abs 1 Z 2 EStG
			• § 99 Abs 1 Z 3 EStG
			• § 99 Abs 1 Z 5 EStG

	Nichtselbständige Arbeit (§ 98 Abs 1 Z 4 iVm § 25 EStG)	• Ausübung • Verwertung • Inländ öffentl Kassen	• § 70 EStG

	Kapitalvermögen (§ 98 Abs 1 Z 5 iVm § 93 EStG)	• „Dividenden" u Zuwendungen von PS, unter best Voraussetzungen
		• Zinsen, wenn KESt
		• stille Ges, wenn § 99
		• realisierte Wertsteigerungen, wenn Beteiligung irgendwann innerhalb letzten 5 Jahre mind 1%
			• KESt (§ 93 ff EStG)
			• Befreiungen
			  • § 94 EStG
			  • Erstattung gem § 21 Abs 1 Z 1a KStG
			  • § 99a EStG

	Vermietung und Verpachtung (§ 98 Abs 1 Z 6 iVm § 28 EStG)	• Grundstück im Inland • Eintragung in inländisches öffentl Buch od Register • Verwertung in inländ BS	• § 99 Abs 1 Z 3 EStG • Befreiung § 99a EStG
	Private Grundstücksveräußerungen (§ 98 Abs 1 Z 7 iVm § 30 EStG)	• inländische Grundstücke	

Abb 27. Beschränkte Steuerpflicht

Trotz Kapitalertragsteuerabzuges (dh im Regelfall nur bei Portfoliobeteiligungen oder bei einer Behaltedauer von unter einem Jahr) findet § 10 KStG und damit die Beteiligungsertragsbefreiung Anwendung, wenn es sich bei der ausländischen Gesellschaft um eine solche handelt, die in der Anlage 2 zum Einkommensteuergesetz genannt ist. Zudem wird beschränkt steuerpflichtigen Körperschaften, die in der EU oder in einem Staat des EWR ansässig sind mit dem umfassende Amts- und Vollstreckungshilfe besteht, unter bestimmten Voraussetzungen die KESt auf Antrag erstattet (vgl im Detail § 21 Abs 1 Z 1a KStG).

6.3 Das Recht der Doppelbesteuerungsabkommen

6.3.1 Doppelbesteuerung

Doppelbesteuerung liegt vor, wenn ein Steuersubjekt wegen desselben Steuergegenstandes in demselben Besteuerungszeitraum in verschiedenen Staaten zu vergleichbaren Steuern herangezogen wird. Gerade im Bereich der Ertragsteuern, die einerseits nach dem Prinzip der sachlichen Universalität das Welteinkommen der in einem Staat ansässigen Personen und andererseits nach dem Territorialitätsprinzip das Einkommen von nicht ansässigen Personen erfassen, deren Einkünfte einen Bezug zu dem Staat darstellen, kann es zur Doppelbesteuerung kommen. Diese Form der juristischen Doppelbesteuerung kann ein Hemmnis für den grenzüberschreitenden Wirtschaftsverkehr darstellen und soll daher vermieden werden.

Doppelbesteuerung kann durch unilaterale, oder völkerrechtliche (bilaterale oder multilaterale) oder supranationale Maßnahmen vermieden werden. Unilaterale Maßnahmen kommen nur dann zur Anwendung, wenn nicht völkerrechtliche oder supranationale Maßnahmen eine Vermeidung der Doppelbesteuerung vorsehen. Auf supranationaler Ebene (EU-Ebene) wird Doppelbesteuerung nur punktuell vermieden. Dies ist va im Rahmen der Mutter-Tochter-Richtlinie, der Fusionsrichtlinien und der Zinsen- und Lizenzgebühren-Richtlinie der Fall. Im Regelfall wird Doppelbesteuerung durch bilaterale Abkommen, die sog Doppelbesteuerungsabkommen (kurz: DBA), vermieden.

Vermeidung von Doppelbesteuerung

6.3.2 Doppelbesteuerungsabkommen

6.3.2.1 Rechtliche Einordnung

Völkerrecht Bei DBA handelt es sich um besonderes Völkerrecht. Verfassungsrechtlich sind DBA gesetzesändernde Staatsverträge (Art 50 Abs 1 B-VG). Durch die Ratifikation stehen sie auf derselben Stufe wie das innerstaatliche Steuerrecht, ohne dass es einer speziellen Transformation bedarf (vgl Art 49 Abs 2 B-VG). DBA verhalten sich zu innerstaatlichem Recht wie eine lex specialis zur lex generalis (VwGH 28. 6. 1963, 2312/61). Die OECD und die UNO haben jeweils ein Muster-DBA herausgegeben. Die von Österreich abgeschlossenen DBA folgen mehrheitlich und in großen Teilen den Vorschlägen des OECD-Musterabkommens.

6.3.2.2 Vermeidung der Doppelbesteuerung

Technik Doppelbesteuerungsabkommen vermeiden Doppelbesteuerungen auf zweierlei Art: Doppelbesteuerung wird entweder dadurch vermieden, dass DBA von vornherein auf bestimmte Einkünfte nur einem von beiden Staaten ein Besteuerungsrecht zugestehen. In diesem Fall verzichtet einer der beiden Staaten völkerrechtlich auf einen ihm nach seinem nationalen Steuerrecht zustehenden Besteuerungsanspruch. Oder Doppelbesteuerung wird vermieden, indem sich einer der beiden Staaten – im Regelfall ist dies der Ansässigkeitsstaat (dazu gleich) – bereit erklärt, die im Ausland entrichtete Steuer auf die inländische Steuerschuld anzurechnen oder die im Ausland besteuerten Einkünfte von der inländischen Einkommensteuerpflicht auszunehmen.

Doppelbesteuerungsabkommen haben das Ziel Doppelbesteuerungen zu vermeiden. Die Anwendbarkeit eines Doppelbesteuerungsabkommens setzt daher voraus, dass überhaupt eine juristische Doppelbesteuerung vorliegt. Daher ist zunächst nach den jeweiligen innerstaatlichen Rechtsordnungen der beteiligten Staaten festzustellen, ob überhaupt alle beteiligten Staaten auf dieselben Einkünfte desselben Steuerpflichtigen in demselben Besteuerungszeitraum einen vergleichbaren Besteuerungsanspruch erheben. Erst dann kommt die Anwendung eines DBA in Betracht.

Y mit Wohnsitz und gewöhnlichem Aufenthalt in der Schweiz hält Aktien im Ausmaß von 0,5% an der österr Y-AG. Diese hat er im Jahr 01 um EUR 100.000,– erworben und verkauft sie im Jahr 03 um EUR 300.000,–.

Da Y nicht zumindest ein Prozent an der Y-AG hält oder innerhalb der letzten fünf Jahre gehalten hat, unterliegt er in Österreich nicht der beschränkten Steuerpflicht (§ 98 Abs 1 Z 5 lit e EStG). Die Besteuerung des Veräußerungsgewinns richtet sich ausschließlich nach dem Recht des Wohnsitzstaates von Y. Eine Doppelbesteuerung des Veräußerungsgewinnes liegt daher nicht vor. Das zwischen Österreich und der Schweiz abgeschlossene DBA ist erst gar nicht heranzuziehen.

6.3.2.3 Aufbau von Doppelbesteuerungsabkommen

Doppelbesteuerungsabkommen definieren im Regelfall zunächst ihren sachlichen und ihren persönlichen Anwendungsbereich. Es werden also die Abgaben genannt, die in den vertragsschließenden Staaten erhoben werden und in den Anwendungsbereich des DBA fallen sollen.

Der **sachliche Anwendungsbereich** der von Österreich abgeschlossenen DBA erfasst die Steuern vom Einkommen und Vermögen. Diese DBA erfassen oft nicht nur die Einkommensteuer und eine allfällige Vermögensteuer, sondern in der Regel auch die Körperschaftsteuer und die Grundsteuer, zum Teil auch die Kommunalsteuer (vgl Art 2 OECD-MA). Keinesfalls fällt derzeit die Umsatzsteuer in den Anwendungsbereich eines Doppelbesteuerungsabkommens.

Sachlicher Anwendungsbereich

Hinsichtlich des persönlichen Anwendungsbereiches wird definiert, ob ein DBA sowohl auf natürliche als auch auf juristische Personen anwendbar sein soll. Da Doppelbesteuerung entweder durch die Zuweisung von Besteuerungsrechten an einen von beiden Staaten oder durch die Verpflichtung des einen Staates zur Berücksichtigung der Besteuerung in dem anderen Staat vermieden wird, sind die beiden vertragsschließenden Staaten abstrakt zu umschreiben. Bezogen auf einen konkreten Steuersachverhalt ist stets einer der Vertragsstaaten der Ansässigkeitsstaat, der andere der Quellenstaat:

Persönlicher Anwendungsbereich

Ansässigkeitsstaat ist jener Staat, in dem jemand nach den Regeln des DBA ansässig ist. Das ist in der Regel der Wohnsitzstaat. Hat aber ein Steuerpflichtiger etwa in beiden Staaten seinen Wohnsitz, so kann für Zwecke des DBA dennoch nur einer der beiden Staaten der Ansässigkeitsstaat sein. Für diese Fälle treffen DBA besondere Vorkehrungen (dazu gleich).

Der Staat, aus dem ein in einem anderen Staat nach den Regeln des DBA ansässiger Steuerpflichtiger Einkünfte bezieht, ist der **Quellenstaat**.

Ansässigkeit Der persönliche Anwendungsbereich der DBA orientiert sich an der Ansässigkeit. Grundsätzlich können sich jene Personen auf ein DBA berufen, die zumindest in einem der Vertragsstaaten auf Grund dessen nationalen Rechts unbeschränkt steuerpflichtig sind. Solche Personen haben nämlich ihren Wohnsitz, ständigen Aufenthalt oder Ort der Geschäftsleitung in einem der beiden Staaten und sind daher dort ansässig iSd DBA (vgl Art 4 Abs 1 OECD-MA). Verfügt eine Person in beiden Staaten über einen Wohnsitz (zB Doppelwohnsitz), gilt nach Art 4 Abs 2 lit a OECD-MA jener Staat als Ansässigkeitsstaat, in dem sie über eine ständige Wohnstätte verfügt; verfügt sie in beiden Staaten über eine ständige Wohnstätte, gilt sie als nur in dem Staat ansässig, zu dem die engeren persönlichen und wirtschaftlichen Beziehungen bestehen (Mittelpunkt der Lebensinteressen). Kann nicht bestimmt werden, in welchem Staat die Person ansässig ist, wird auf den gewöhnlichen Aufenthalt und zuletzt subsidiär auf die Staatsbürgerschaft abgestellt (sog **Tie-Breaker-Rule**). Ist der Ansässigkeitsstaat anhand keiner dieser Kriterien feststellbar, bemühen sich die zuständigen Behörden im Rahmen eines Verständigungsverfahrens um eine Lösung (Art 4 Abs 2 lit d OECD-MA). Die Ansässigkeit von Körperschaften wird im Streitfall nach dem Kriterium des Ortes ihrer tatsächlichen Geschäftsleitung bestimmt (Art 4 Abs 3 OECD-MA).

Allgemeine Begriffsdefinitionen Schließlich definieren Doppelbesteuerungsabkommen regelmäßig den Begriff der **Betriebsstätte** eigenständig (vgl etwa Art 5 OECD-MA). Dieser Begriff stimmt nicht zwingend mit dem Betriebsstättenbegriff von § 29 BAO überein.

Zuteilungsnormen Nach der Festlegung ihres Anwendungsbereichs und den allgemeinen Begriffsdefinitionen enthalten Doppelbesteuerungsabkommen Bestimmungen über die **Zuteilung der Besteuerungsrechte**. In diesem Zusammenhang wird wiederum nach Einkunftsarten unterschieden – jedoch nicht nach demselben Schema wie im EStG (sieben Einkunftsarten). Auch hier verwenden die DBA eigene Begriffsdefinitionen für die geregelten Typen von Einkünften.

Methodenartikel Da die Besteuerungsrechte nicht immer nur einem Staat, sondern in vielen Fällen zumindest teilweise beiden vertragsschließenden Staaten zugewiesen werden, bedarf es weiterer Regeln betreffend die **Methoden zur Vermeidung der Doppelbesteuerung**.

Allgemeine Grundsätze Ein letzter Teil der DBA betrifft allgemeine Grundsätze, wie etwa den Gleichbehandlungsgrundsatz, Bestimmungen über den Umgang mit Auslegungsdivergenzen zwischen den Vertragsstaaten, über den Informationsaustausch und die wechselseitige Amtshilfe.

6.3.2.4 Wirkung von Doppelbesteuerungsabkommen

DBA entfalten nach herrschender Auffassung bloß eine Schrankenwirkung, indem sie den innerstaatlichen Besteuerungsanspruch begrenzen. Die Zuteilungsregeln und Besteuerungshöchstgrenzen beschränken die nationale Besteuerungshoheit im Steuergegenstand und/oder in der Steuerhöhe. DBA können keinen innerstaatlichen Besteuerungsanspruch begründen oder erweitern, der nicht national schon bestanden hat (Grundsatz der negativen Wirkung der DBA).

Schrankenwirkung

Z mit Wohnsitz und gewöhnlichem Aufenthalt in Slowenien hat einen Teil seiner Ersparnisse auf ein österreichisches Sparbuch gelegt.
Z unterliegt mit den aus dem Sparbuch erzielten Zinsen bis zum 31. 12. 2016 nicht der beschränkten Steuerpflicht in Österreich (sehr wohl aber dem Quellensteuerabzug nach dem EU-Quellensteuergesetz, siehe oben). Obwohl das DBA mit Slowenien in Art 11 Abs 2 Österreich als Quellenstaat (Ansässigkeitsstaat ist Slowenien) ein Besteuerungsrecht zuweist, können die Einkünfte in Österreich nicht besteuert werden. Das DBA kann einen Besteuerungsanspruch Österreichs nicht begründen, weil ein solcher im österr Steuerrecht nicht vorgesehen ist. Eine Doppelbesteuerung liegt im Hinblick auf die Zinsen aus dem österr Sparbuch gar nicht vor, sodass das DBA nicht anwendbar ist. Ab 1. 1. 2017 unterliegen die Zinsen der beschränkten Steuerpflicht in Österreich.

6.3.2.5 Die Zuteilungsregeln des OECD-MA

Zuteilungsregeln teilen die Besteuerungsrechte zwischen dem Wohnsitzstaat und dem Quellenstaat auf oder weisen beiden Staaten das Besteuerungsrecht zu. Die DBA auf dem Gebiet der Steuern vom Einkommen unterscheiden dabei nach verschiedenen Einkünften.

Funktion der Zuteilungsregeln

Wird das Besteuerungsrecht ausschließlich einem der beiden Staaten zugewiesen, verwenden die von Österreich abgeschlossenen DBA die Formulierung „darf nur besteuert werden" (zB Art 8 Abs 1 und 2 OECD-MA, Art 12 Abs 1 OECD-MA). Wird das Besteuerungsrecht beiden Staaten zugewiesen, so enthalten die von Österreich abgeschlossenen DBA zumeist die Formulierung „können auch besteuert werden". In letzterem Fall kann die Doppelbesteuerung erst im Zusammenwirken mit dem Methodenartikel (Art 23 OECD-MA) vermieden werden. In ersterem Fall bedarf es des Methodenartikels nicht mehr, um die Doppelbesteuerung zu vermeiden.

Jener Staat, in dem das unbewegliche Vermögen belegen ist, kann die Einkünfte daraus besteuern (**Belegenheitsprinzip**). Die Zuteilungsre-

Einkünfte aus unbeweglichen Vermögen (Art 6 OECD-MA)

gel schließt eine Besteuerung durch den Ansässigkeitsstaat nicht aus. Die Doppelbesteuerung wird daher erst durch Anwendung des Methodenartikels vermieden (vgl dazu gleich 6.3.2.6). Die Bestimmung betreffend Einkünfte aus unbeweglichem Vermögen erfasst nicht nur direkte Nutzungseinkünfte (etwa Land- und Forstwirtschaft), sondern auch die Einkünfte aus Vermietung und Verpachtung sowie grundsätzlich Gewinne, die aus der Veräußerung von unbeweglichem Vermögen erzielt werden (vgl Art 6 OECD-MA; Art 13 Abs 1 OECD-MA).

Unternehmensgewinne (Art 7 OECD-MA)

Für Unternehmensgewinne (das sind nach österreichischem Begriffsverständnis in der Regel sowohl die Einkünfte aus selbständiger Arbeit als auch die Einkünfte aus Gewerbebetrieb) gilt die sog **Betriebsstättenregel**: Grundsätzlich hat nur der Ansässigkeitsstaat des Unternehmers das Recht die Unternehmensgewinne zu besteuern, und zwar auch solche, die auf Auslandstätigkeiten zurückzuführen sind. Werden jedoch die Unternehmensgewinne im anderen Staat durch eine Betriebsstätte erzielt, dürfen die Gewinne des Unternehmens, soweit sie der Betriebsstätte zugerechnet werden können, im anderen Staat besteuert werden. Hinsichtlich der Betriebsstätteneinkünfte eines Unternehmens haben daher zwei Staaten das Besteuerungsrecht. Eine Doppelbesteuerung kann nur durch Anwendung des Methodenartikels vermieden werden. Die Betriebsstättenregel kommt auch für Einkünfte aus einer Mitunternehmerschaft zur Anwendung (Art 7 OECD-MA).

Das Besteuerungsrecht des Quellenstaates (Betriebsstättenstaates) ist nach Art 7 OECD-MA auf jene Gewinne beschränkt, die der im Quellenstaat gelegenen Betriebsstätte zuzurechnen sind. Für die Ermittlung dieses Betriebsstättengewinns wird die Betriebsstätte als selbständiges Unternehmen fingiert. Ihr wird der Gewinn zugerechnet, den sie hätte erzielen können, wenn sie eine gleiche oder ähnliche Tätigkeit unter gleichen oder ähnlichen Bedingungen als selbständiges Unternehmen ausgeübt hätte (Prinzip des **dealing at arm's length**; sog Fremdvergleichsgrundsatz; vgl Art 7 Abs 2 OECD-MA).

Eine Gewinnabgrenzung nach Fremdvergleichsgrundsätzen ist auch bei juristisch selbständigen miteinander gesellschaftsrechtlich verbundenen Unternehmen, die in verschiedenen Staaten tätig sind, vorzunehmen. In diesem Zusammenhang hat die OECD die **Verrechnungspreisleitlinien** als Empfehlung herausgegeben. Diese wurden von der österr FinVw im Rahmen der innerstaatlichen (unverbindlichen, siehe dazu vorher S 32) Verrechnungspreisrichtlinien berücksichtigt. Multinationale Unternehmen sind für Wirtschaftsjahre ab dem 1.1.2016 zur Erstellung einer Verrechnungspreisdokumentation nach dem Verrechnungspreisdokumentationsgesetz (VPDG; BGBl 77/2016 idF AbgÄG 2016) verpflichtet.

Dividenden (Art 10 OECD-MA)

Das Besteuerungsrecht an Dividenden kommt zunächst dem Ansässigkeitsstaat zu (Art 10 Abs 1 OECD-MA). Der Quellenstaat hat auch ein Besteuerungsrecht an den Dividenden. Dieses ist jedoch beschränkt: Handelt es sich beim Empfänger der Dividenden um eine natürliche Person oder eine Kapitalgesellschaft, die zu weniger als 25% an der die Dividenden ausschüttenden Gesellschaft beteiligt ist, so darf der Quellenstaat eine Steuer von bis zu 15% des Bruttobetrages der Dividenden erheben (Art 10 Abs 2 lit b OECD-MA). Handelt es sich beim Empfänger der Dividenden um eine juristische Person, die mittelbar oder unmittelbar über mindestens ein Viertel des Kapitals der die Dividenden auszahlenden Gesellschaft verfügt, darf der Quellenstaat eine Steuer in Höhe von bis zu 5% einbehalten (Art 10 Abs 2 lit a OECD-MA). Soweit beide Staaten ein Besteuerungsrecht haben, wird die Doppelbesteuerung nicht durch die Zuteilungsregel vermieden. Es bedarf der Anwendung des Methodenartikels, wobei bei Dividenden im Regelfall die Anrechnungsmethode zur Anwendung gelangt (vgl dazu später S 299).

Der Dividendenbegriff des Art 10 OECD-MA ist weiter als der österreichische Dividendenbegriff. Er umfasst insb auch Gewinnausschüttungen von GmbH (vgl im Detail Art 10 Abs 3 OECD-MA).

Das Besteuerungsrecht des Quellenstaates kann durch die **Mutter-Tochter-Richtlinie** der EU beschränkt werden: Dort, wo nach der Mutter-Tochter-Richtlinie Gewinnausschüttungen von Tochtergesellschaften an ihre Muttergesellschaften auf Ebene der Muttergesellschaft steuerfrei zu bleiben haben (das ist bei Beteiligungen von mindestens 10% der Fall), verdrängt die Richtlinie Art 10 Abs 2 lit a OECD-MA (unmittelbare Anwendbarkeit der Richtlinie zu Gunsten der Steuerpflichtigen, sofern das Außensteuerrecht nicht ohnehin richtlinienkonform ist).

X hat seinen Wohnsitz und seinen gewöhnlichen Aufenthalt in Deutschland. Einen Teil seiner Ersparnisse hat er in österreichische Aktien angelegt. Diese werfen im Jahr 01 Dividenden ab.
X unterliegt gem § 98 Abs 1 Z 5 lit a EStG der beschränkten Steuerpflicht in Österreich: Die Dividenden stellen Einkünfte aus der Überlassung von Kapital gem § 27 Abs 2 Z 1 EStG dar, der Schuldner der Kapitalerträge (die Aktiengesellschaft) ist auch zum Kapitalertragsteuerabzug verpflichtet und hat KESt einzubehalten. Ob die Erträge tatsächlich der Besteuerung in Österreich unterliegen, hängt von dem zwischen Österreich und Deutschland abgeschlossenen DBA ab: Zu unterstellen ist, dass die Dividenden in Deutschland, wo X nach dem DBA kraft seines Wohnsitzes als ansässig gilt, auch der Besteuerung unterliegen (diese Frage ist nach deutschem (Außen-)Steuerrecht zu beantworten).

Das DBA-Deutschland folgt dem OECD-MA und weist das Besteuerungsrecht an den Dividenden zunächst dem Ansässigkeitsstaat, dh Deutschland zu. Österreich darf jedoch als Quellenstaat eine Quellensteuer von 15% einbehalten (Art 10 Abs 2 lit b DBA-Dtld). Das Besteuerungsrecht Österreichs wird damit von 27,5% auf 15% eingeschränkt. Da der KESt-Abzug in Höhe von 27,5% vorgenommen wurde, hat X die Erstattung der nach dem DBA zu viel einbehaltenen Quellensteuer beim für beschränkt Steuerpflichtige zuständigen Finanzamt Bruck-Eisenstadt-Oberwart (§ 18 Abs 1 Z 1 AVOG 2010) zu beantragen. Im Ausmaß der noch verbleibenden Doppelbesteuerung ist der Methodenartikel (Art 23 DBA-Dtld) anzuwenden: Dieser sieht vor, dass Deutschland die in Österreich entrichtete Quellensteuer von 15% auf die in Deutschland auf die Dividenden erhobene Einkommensteuer anzurechnen hat (vgl dazu später S 299).

Zinsen (Art 11 OECD-MA)

Das Besteuerungsrecht an Zinsen wird zunächst dem Ansässigkeitsstaat zugewiesen (Art 11 Abs 1 OECD-MA). Dem Quellenstaat wird jedoch ein auf bis zu 10% des Bruttobetrages der Zinsen beschränktes Besteuerungsrecht zugewiesen. Die insoweit auftretende Doppelbesteuerung wird wiederum im Regelfall durch die Anrechnungsmethode vermieden.

In Österreich unterliegen Zinsen nur unter den Voraussetzungen des § 98 Abs 1 Z 5 lit b EStG der beschränkten Steuerpflicht. Besteht keine beschränkte Steuerpflicht in Österreich, entsteht auch keine Doppelbesteuerung, Art 11 Abs 2 OECD-MA kann nicht angewandt werden.

Die in Österreich ansässige A hat ein Sparbuch in Malta. Sie bezieht daraus Zinsen.
Als in Österreich unbeschränkt Steuerpflichtige (§ 1 Abs 2 EStG) unterliegt A mit den Zinsen der Besteuerung in Österreich. Hält sie das Sparbuch im Privatvermögen, so bezieht sie Einkünfte aus der Überlassung von Kapital gem § 27 Abs 2 Z 2 EStG. Die Zinsen unterliegen gem § 27a Abs 1 EStG dem besonderen Steuersatz und sind in der Schedule zu besteuern. Sofern eine inländische auszahlende Stelle nicht vorliegt, kommt es nicht zum KESt-Abzug. A hat die Zinsen in die Einkommensteuererklärung aufzunehmen, und sie werden (unter Anwendung des besonderen Steuersatzes und unter Beibehaltung der Schedulenwirkung) im Veranlagungsweg besteuert.
Nach Art 10 DBA-Malta hat Österreich als Ansässigkeitsstaat das Besteuerungsrecht an den Zinsen (Art 11 Abs 1 DBA-Malta). Malta hat als Quellenstaat ein eingeschränktes Besteuerungsrecht (Art 11 Abs 2 DBA-Malta). Soweit in Malta tatsächlich eine Steuer auf die Zinsen im nach dem DBA zulässigen Ausmaß erhoben wird, hat Österreich die Doppel-

besteuerung durch die Anrechnung der maltesischen Steuer auf die österr Steuerschuld zu vermeiden (Art 23 DBA-Malta).
Beachte: Malta ist als Mitgliedstaat der EU nach der EU-Amtshilfe-Richtlinie verpflichtet, Österreich den Bezug von Zinsen aus Malta durch A mitzuteilen. So soll sichergestellt werden, dass die Zinsen im Ansässigkeitsstaat auch tatsächlich besteuert werden können.

Lizenzgebühren dürfen nach dem OECD-MA nur im Ansässigkeitsstaat des Nutzungsberechtigten besteuert werden.

Lizenzgebühren (Art 12 OECD-MA)

Gewinne aus der Veräußerung von unbeweglichem Vermögen dürfen im Belegenheitsstaat, Gewinne aus der Veräußerung von beweglichem Betriebsvermögen, das einer Betriebstätte eines Vertragsstaates zugerechnet werden kann, im Betriebsstättenstaat besteuert werden. Veräußerungsgewinne aus anderem Vermögen dürfen nur vom Ansässigkeitsstaat besteuert werden (dies gilt insb auch für Beteiligungen an Körperschaften, mit Ausnahme von Anteilen an Immobiliengesellschaften).

Veräußerungsgewinne (Art 13 OECD-MA)

Y mit Wohnsitz und gewöhnlichem Aufenthalt in der Schweiz ist zu 40% an der österr X-GmbH beteiligt. Er hält die Beteiligung im Privatvermögen und hat sie im Jahr 01 um EUR 100.000,– angeschafft. Im Jahr 04 verkauft er die Beteiligung um EUR 300.000.–.
Y unterliegt mit den Einkünften aus realisierter Wertsteigerung aus Kapitalvermögen in Höhe von EUR 200.000,– der beschränkten Steuerpflicht in Österreich, weil er innerhalb der letzten fünf Kalenderjahre (irgendwann) zu mindestens einem Prozent an der X-GmbH beteiligt war (§ 98 Abs 1 Z 5 lit e EStG). Ob Österreich tatsächlich Einkommensteuer erheben darf, hängt von der Zuteilung der Besteuerungsrechte im DBA, das Österreich mit der Schweiz abgeschlossen hat, ab: Nach Art 13 Z 3 DBA-Schweiz kommt das Besteuerungsrecht an Veräußerungsgewinnen aus Unternehmensbeteiligungen ausschließlich dem Ansässigkeitsstaat zu. Österreich darf daher auf den Veräußerungsgewinn keine Steuer erheben.

Für Einkünfte aus unselbständiger Arbeit steht das Besteuerungsrecht grundsätzlich dem Ansässigkeitsstaat des Arbeitnehmers zu. Der Quellenstaat, also jener Staat, in dem die Tätigkeit ausgeübt wird, darf jedoch auch besteuern. Eine Doppelbesteuerung wird durch Anwendung des Methodenartikels vermieden. Ausnahmen vom Tätigkeitsstaatsprinzip gelten für **vorübergehende Entsendungen** („183-Tage-Regel") und mitunter für **Grenzgänger** (vgl im Detail Art 15 Abs 2 OECD-MA).

Unselbständige Arbeit (Art 15 OECD-MA)

X ist als Monteur beim Elektrounternehmen Z-GmbH mit Sitz und Ort der Geschäftsleitung in Österreich beschäftigt. Er wird von seinem Arbeitgeber für die Dauer von drei Monaten auf eine Baustelle in Russland entsandt.

Da X sowohl seinen Wohnsitz als auch seinen gewöhnlichen Aufenthalt in Österreich beibehält, ist er in Österreich unbeschränkt steuerpflichtig (§ 1 Abs 2 EStG). Aus der Tätigkeit in Russland erzielt er Einkünfte aus nichtselbständiger Arbeit, die in Österreich der Besteuerung unterliegen. Nach dem DBA-Russland hat Österreich als Ansässigkeitsstaat jedenfalls ein Besteuerungsrecht an den in Russland erzielten Einkünften (Art 15 Z 1 DBA-Russland). Dem Tätigkeitsstaat Russland kommt grundsätzlich auch ein Besteuerungsrecht auf die aus der russischen Tätigkeit bezogenen Einkünfte zu, es sei denn eine Ausnahme des Art 15 Abs 2 DBA-Russland gelangt zur Anwendung. Fest steht, dass X nur für die Dauer von drei Monaten in Russland tätig wird. Er hält sich damit insgesamt nicht länger als 183 Tage innerhalb eines Zeitraums von zwölf Monaten in Russland auf (vgl Art 15 Z 2 lit a DBA-Russland). Fest steht auch, dass die Vergütungen weiterhin vom Arbeitgeber, der in Österreich ansässig ist, gezahlt werden (vgl Art 15 Z 2 lit b DBA-Russland). Da Bauausführungen in Russland nach Art 5 DBA-Russland erst nach zwölf Monaten eine Betriebsstätte begründen, werden die Vergütungen auch nicht von einer in Russland gelegenen Betriebsstätte des Arbeitgebers getragen (vgl Art 15 Z 2 lit c DBA-Russland). Russland darf die Einkünfte aus der Montage in Russland daher nicht besteuern.

Beachte: *In Österreich können 60% der aus der russischen Tätigkeit bezogenen Einkünfte des X unter den Voraussetzungen des § 3 Abs 1 Z 10 EStG von der Steuer befreit sein.*

Andere Einkünfte (Art 21 OECD-MA) Das Besteuerungsrecht an anderen nicht in den bereits dargestellten Artikeln behandelten Einkünften steht ausschließlich dem Ansässigkeitsstaat zu.

6.3.2.6 Die Methodenartikel des OECD-MA

Überblick Weist ein DBA zwei Staaten das Besteuerungsrecht an ein- und denselben Einkünften zu, muss die so weiterhin bestehende Doppelbesteuerung durch Anwendung des sog Methodenartikels vermieden werden. Dabei ist zwischen der Anrechnungs- und der Befreiungsmethode zu unterscheiden. Die Anwendung des Methodenartikels besteht darin, dass der Ansässigkeitsstaat (immer dieser!) die durch die Zuweisung von Besteuerungsrechten an beide Staaten verbleibende Doppelbesteuerung durch Berücksichtigung der Besteuerung im Quellenstaat beseitigt. Dies erfolgt folgendermaßen:

Nach der Anrechnungsmethode bezieht der Ansässigkeitsstaat die im Quellenstaat verwirklichten Sachverhalte in seine Besteuerung ein, rechnet aber die im Ausland entrichtete Steuer auf die inländische Steuer an. Für Österreich ist diese Methode vor allem in den DBA mit angloamerikanischen Ländern und in dem DBA mit Italien vorgesehen. Außerdem kommt die Anrechnungsmethode immer (!) bei Dividenden und Zinsen zur Anwendung (vgl Art 23 A Abs 2 OECD-MA). Die Anrechnungsmethode bewirkt, dass ausländische Einkünfte auf demselben Niveau besteuert werden wie inländische Einkünfte (sog **Nachholwirkung**). Sie wird häufig gegenüber Ländern mit einem niedrigen Steuerniveau angewandt.

Anrechnungsmethode (Art 23 B OECD-MA)

Beschränkung der Anrechnung: Die Anrechnung ausländischer Steuern ist begrenzt mit jenem Betrag an Steuern, der im Inland auf die ausländischen Einkünfte zu entrichten ist (sog **Anrechnungshöchstbetrag**). Ist das Welteinkommen, das im Ansässigkeitsstaat zur Besteuerung gelangt, negativ, ist eine Anrechnung der ausländischen Steuern nicht möglich. Ein sog Anrechnungsvortrag – ein Abzug der im Ausland entrichteten Steuer in einer späteren Periode – ist nicht vorgesehen.

Die Anrechnungsmethode nach den DBA darf nicht mit der Anrechnung der ausländischen Körperschaftsteuer im Fall des **Methodenwechsels** (§ 10 Abs 5 und § 10 Abs 6 und § 10 Abs 7 KStG) verwechselt werden: Nach dem DBA bewirkt die Anrechnungsmethode die Anrechnung einer von einem Steuerpflichtigen auf bestimmte Einkünfte im Quellenstaat entrichteten Einkommensteuer auf die auf diese Einkünfte im Ansässigkeitsstaat entfallende Einkommensteuer. Die Anrechnung im Fall des Methodenwechsels besteht in der Anrechnung der von der ausschüttenden (ausländischen) Tochtergesellschaft entrichteten Körperschaftsteuer auf die (inländische) Körperschaftsteuerschuld der inländischen Muttergesellschaft. Im Rahmen des Methodenwechsels des KStG wird somit eine fremde Körperschaftsteuerschuld in Österreich angerechnet. In diesem Zusammenhang ist auch ein Anrechnungsvortrag möglich (vgl dazu vorher Kap *Körperschaftsteuer* 5.4.5.3).

Die Befreiungsmethode besteht darin, dass der Ansässigkeitsstaat die im Quellenstaat bezogenen und besteuerten Einkünfte von der inländischen Steuer freistellt. Dies bewirkt, dass die Einkünfte nur im Quellenstaat besteuert werden. Die befreiten ausländischen Einkünfte werden jedoch für die Bestimmung des auf die inländischen Einkünfte entfallenden Steuersatzes berücksichtigt. Der Steuersatz für die inländischen Einkünfte ergibt sich somit aus dem Welteinkommen (sog **Progressionsvorbehalt**).

Befreiungsmethode (Art 23 A OECD-MA)

Y (Wohnsitz in Österreich) bezieht aus einem österreichischen Gewerbebetrieb Einkünfte iHv EUR 30.000,– und aus der Vermietung eines in Utopia gelegenen Objektes Einkünfte iHv EUR 20.000,–. Das einschlägige DBA weist das Besteuerungsrecht an den Vermietungseinkünften sowohl dem Ansässigkeitsstaat als auch dem Belegenheitsstaat (Quellenstaat) zu.

Die verbleibende Doppelbesteuerung ist vom Ansässigkeitsstaat durch Anwendung des Methodenartikels zu beseitigen. Sieht das DBA die Anrechnungsmethode vor, unterwirft Österreich als Ansässigkeitsstaat das Welteinkommen, dh die EUR 50.000,–, der Besteuerung in Österreich, bringt aber die in Utopia auf die Vermietungseinkünfte entrichtete Einkommensteuer insoweit in Abzug von der österreichischen Einkommensteuerschuld, als die auf die Vermietungseinkünfte entfallende österreichische Steuerschuld zumindest gleich hoch ist wie die in Utopia entrichtete Einkommensteuer.

Schreibt das einschlägige DBA hingegen die Anwendung der Befreiungsmethode vor, nimmt Österreich die in Utopia bezogenen Einkünfte aus der Bemessungsgrundlage für die Einkommensteuer aus, besteuert daher nur EUR 30.000,–. Auf die EUR 30.000,– wird jedoch der Progressionsvorbehalt angewandt: Österreich besteuert die EUR 30.000,– zu dem Steuersatz, der auf ein inländisches Einkommen von EUR 50.000,– anwendbar wäre.

Prüfungsschema		
Nationales Recht: Besteuerungsanspruch?		
Beschränkte StPfl	Unbeschränkte StPfl	nein
DBA: Quellenstaat	DBA: Ansässigkeitsstaat?	keine Doppelbesteuerung

DBA: Zuweisung d Besteuerungsrechts?	
ja	nein
nationales Recht: Ausübung d Besteuerungsanspruches Quellensteuerabzug/ Veranlagung	keine Doppelbesteuerung
DBA: Vermeidung d Doppelbesteuerung (Anrechnung od Befreiung)	

Abb 28. Prüfungsschema „Internationales Ertragsteuerrecht"

Art	DBA-Einkünfte	Steuerzuteilung	
		Ansässigkeitsstaat	Quellenstaat
6	unbewegliches Vermögen	*Methodenartikel*	Belegenheit
7 9 17 16	**Unternehmensgewinne** • allgemein • verbundene Unternehmen • Künstler und Sportler • Aufsichtsrat, Verwaltungsrat	• BesteuerungsR GS • *Fremdvergleich* • *Methodenartikel* • *Methodenartikel*	• Betriebsstätten- gewinne • *Fremdvergleich* • Ausübung • Gesellschaft
8	Schifffahrt, Luftfahrt	Geschäftsleitung	
10	Dividenden	Ansässigkeit	Quellensteuer 5%/15%
11	Zinsen	Ansässigkeit	Quellensteuer 10%
12	Lizenzgebühren	Ansässigkeit	–
13	**Veräußerungsgewinne** • unbewegliches Vermögen • Betriebsvermögen • Seeschiffe/Luftfahrzeuge • übriges Vermögen	 • *Methodenartikel* • *Methodenartikel* • Geschäftsleitung • Ansässigkeit	 • Belegenheit • Betriebsstätte • – • –
15 18	**Unselbständige Arbeit** • Aktivbezüge • Aktivbezüge/183 Tage • Ruhebezüge	 • *Methodenartikel* • Ansässigkeit • Ansässigkeit	 • Tätigkeitsregel • – • –
21	nicht besonders erwähnte Einkünfte	Ansässigkeit	–

Abb 29. DBA-Zuteilungsnormen

6.3.3 Einseitige Maßnahmen zur Vermeidung der Doppelbesteuerung (§ 48 BAO)

Wurde mit einem bestimmten Staat kein DBA abgeschlossen oder beseitigt ein DBA nicht jegliche Doppelbesteuerung, kann eine Doppelbesteuerung nach Maßgabe des jeweiligen nationalen Rechts auch einseitig vermieden werden. Rechtsgrundlage für unilaterale Maßnahmen zur Vermeidung der Doppelbesteuerung ist in Österreich § 48 BAO. Danach kann das Bundesministerium für Finanzen (richtig: der Bundesminister) bei Abgabepflichtigen, die der Abgabenhoheit mehrerer Staaten unterliegen, soweit dies zur Ausgleichung der in- und ausländischen Besteuerung oder zur Erzielung einer den Grundsätzen der Gegenseitigkeit entsprechenden Behandlung erforderlich ist, anordnen, bestimmte Gegenstände der Abgabenerhebung ganz oder teilweise aus der Abgabepflicht auszuscheiden oder ausländische, auf solche Gegenstände entfallende Abgaben ganz oder teilweise auf die inländischen Abgaben anzurechnen. Dies gilt nur für bundesrechtlich geregelte Abgaben, die von Abgabenbehörden des Bundes einzuheben sind.

§ 48 BAO ist eine Ermessensnorm. Der Bundesminister für Finanzen hat daher nach Billigkeit und Zweckmäßigkeit unter Berücksichtigung aller in Betracht kommenden Umstände zu entscheiden, ob eine Entlastung zu gewähren ist (vgl § 20 BAO). § 48 BAO erlaubt sowohl individuelle Erledigungen als auch generelle Anordnungen. In Umsetzung des § 48 BAO sind die sog **DBA-Entlastungs-VO** (BGBl III 2005/92 idF II 2006/44) und die VO BGBl II 2002/474 betreffend die Vermeidung von Doppelbesteuerungen im Bereich der Einkommen- und Körperschaftsteuer ergangen.

Übungsbeispiele

1. A betreibt ein Bauunternehmen in Österreich. Im Jahr 01 hat er gewinnbringend Bauaufträge in Deutschland abgewickelt. Mit Deutschland besteht ein DBA, das dem OECD-MA entspricht und die Befreiungsmethode vorsieht.
   Wie sind die Gewinne aus den deutschen Bauaufträgen zu besteuern? Wie wird eine etwaige Doppelbesteuerung vermieden?

2. B mit Wohnsitz und gewöhnlichem Aufenthalt in Österreich bezieht im Jahr 01 positive Einkünfte aus folgenden Einkunftsquellen:
   - Gewerbebetrieb in Deutschland, an dem B als echter stiller Gesellschafter beteiligt ist,
   - Beteiligung als Mitunternehmer an einer OG mit Sitz in Österreich (35%), die neben ihrer Tätigkeit in Österreich Betriebsstätten in Deutschland unterhält,
   - Dividenden aus deutschen Aktien,
   - Einkünfte aus nichtselbständiger Arbeit in Deutschland,
   - Zinsen aus einem Sparbuch bei einer deutschen Bank,
   - Einkünfte aus der Vermietung von Ferienwohnungen in Spanien.

   In welchem Umfang sind diese Einkünfte in Österreich steuerpflichtig? Gehen Sie bei Ihrer Beurteilung davon aus, dass mit sämtlichen Staaten ein DBA abgeschlossen wurde, das dem OECD-MA mit Befreiungsmethode entspricht.

3. C mit Wohnsitz und gewöhnlichem Aufenthalt in Deutschland bezieht im Jahr 01 positive Einkünfte aus folgenden Einkunftsquellen:
   - Gewerbebetrieb in Österreich,

- Gewerbebetrieb in Österreich, an dem C als echte stille Gesellschafterin beteiligt ist,
- Beteiligung als Mitunternehmerin an einer OG mit Sitz in Deutschland (35%), die neben ihrer Tätigkeit in Deutschland Betriebsstätten in Österreich unterhält,
- Dividenden aus österreichischen Aktien,
- Einkünfte aus nichtselbständiger Arbeit in Österreich,
- Zinsen aus einem Sparbuch bei einer österreichischen Bank,
- Einkünfte aus der Vermietung von Ferienwohnungen in Österreich.
- Einkünfte aus dem Verkauf eines in Österreich gelegenen Grundstücks.
- Einkünfte aus dem Verkauf einer 50%-Beteiligung an einer in Österreich ansässigen GmbH.

  In welchem Umfang unterliegt C nach Anwendung des DBA Ö – Deutschland der beschränkten Steuerpflicht in Österreich?

7 Umsatzsteuer

Inhaltsübersicht

- 7.1 Charakterisierung der Umsatzsteuer
- 7.2 Überblick über den Umsatzsteuertatbestand
- 7.3 Aufbau des Umsatzsteuertatbestands
- 7.4 Der Unternehmer (§ 2 UStG)
- 7.5 Lieferungen und sonstige Leistungen
- 7.6 Innergemeinschaftlicher Erwerb
- 7.7 Einfuhr (§ 1 Abs 1 Z 3 UStG)
- 7.8 Entgelt
- 7.9 Steuerbefreiungen (§ 6 UStG)
- 7.10 Steuersätze
- 7.11 Steuerschuldner
- 7.12 Entstehen der Steuerschuld (§ 19 Abs 2 UStG)
- 7.13 Fälligkeit und Umsatzsteuervoranmeldung (§ 21 UStG)
- 7.14 Änderung der Bemessungsgrundlage (§ 16 UStG)
- 7.15 Umsatzsteuerjahreserklärung
- 7.16 Rechnung
- 7.17 Vorsteuerabzug
- 7.18 Besteuerung des unternehmerischen Konsumverhaltens: der Eigenverbrauch
- 7.19 Internationales Umsatzsteuerrecht
- 7.20 Exkurs: Grundstücke in der Umsatzsteuer

7.1 Charakterisierung der Umsatzsteuer

7.1.1 Unionsrechtlicher Hintergrund

Steuern auf den Warenverkehr können ein Hindernis für den Gemeinsamen Markt darstellen. Daher enthält Art 113 AEUV für die Umsatzsteuer, die Verbrauchsabgaben und sonstige indirekte Steuern ein Harmonisierungsgebot: Soweit für das Funktionieren des Binnenmarktes und zur Vermeidung von Wettbewerbsverzerrungen eine Harmonisierung erforderlich ist, erlässt der Rat die Bestimmungen zur Harmonisierung der Rechtsvorschriften im Bereich dieser Steuern. Der Grundstein für die EU-weite Harmonisierung der Umsatzsteuer wurde bereits Ende der 1960er Jahre gelegt. Derzeitige Rechtsgrundlage für die Umsatzsteuer ist die sog Mehrwertsteuer-System-Richtlinie (im Folgenden: MwStRL; Richtlinie 2006/112/EG des Rates vom 28. 11. 2006 über das gemeinsame Mehrwertsteuersystem, ABl L 347). Die MwStRL regelt das gesamte Umsatzsteuersystem sehr detailliert. Hinzu kommt, dass der EuGH die MwStRL dort, wo ihre Auslegung nicht eindeutig ist, regelmäßig konkretisiert (zur Bedeutung von Vorabentscheidungsurteilen des EuGH für sämtliche Mitgliedstaaten vgl S 28). Insgesamt verbleibt den Mitgliedstaaten bei der Umsetzung der unionsrechtlichen Vorgaben daher ein geringer Gestaltungsspielraum.

Mehrwertsteuersystemrichtlinie

7.1.2 Rechtsgrundlage und Charakteristika

Rechtsgrundlage des österreichischen Umsatzsteuersystems ist das Umsatzsteuergesetz 1994, BGBl 1994/663 idF BGBl I 163/2015, das mit dem Beitritt Österreichs zur EU am 1. 1. 1995 in Kraft getreten ist und bis April 2016 45 mal novelliert worden ist.

Rechtsgrundlagen

Finanzverfassungsrechtlich handelt es sich bei der Umsatzsteuer um eine gemeinschaftliche Bundesabgabe (§ 6 Abs 1 Z 2 F-VG iVm § 9 Abs 1 FAG 2017).

Finanzverfassungsrechtliche Einordnung

Das Umsatzsteueraufkommen belief sich im Jahr 2014 auf EUR 25,5 Mrd und im Jahr 2015 auf 26,0 Mrd. Die Umsatzsteuer ist nach der Einkommensteuer die aufkommensstärkste Abgabe. Ein Teil des Umsatzsteueraufkommens fließt in den Haushalt der EU. Daher handelt es sich bei der Umsatzsteuer um eine Abgabe, die den EU-Finanzhaushalt beeinflusst.

Umsatzsteueraufkommen

Wirtschaftlich handelt es sich bei der Umsatzsteuer um eine allgemeine Abgabe auf den Konsum von Wirtschaftsgütern und Dienstleistungen (allgemeine Konsumsteuer). Belastungsziel der Umsatzsteuer ist der Ver-

Konsumsteuer

brauch. Aus Leistungsfähigkeitsaspekten wird die Umsatzsteuer als eine Einkommensverwendungssteuer qualifiziert. Dem Gedanken der Leistungsfähigkeit entsprechend wird daher auch der Konsum bestimmter Güter und Dienstleistungen entweder von der Umsatzsteuer befreit oder mit einem ermäßigten Steuersatz belegt (vgl dazu später S 348).

Allphasenumsatzsteuer mit Vorsteuerabzug

Rechtstechnisch ist die Umsatzsteuer eine Steuer auf alle entgeltlichen Leistungen (= Umsätze) von Unternehmern. Der Unternehmer hat von dem für seine Leistungen verrechneten Entgelt die Umsatzsteuer an das Finanzamt abzuführen. Diese Umsatzsteuer hat er dem Leistungsempfänger gesondert in der Rechnung auszuweisen. Sie wird ihrem Belastungsziel entsprechend an den Leistungsempfänger weitergeleitet. Ist der Leistungsempfänger jemand, der die empfangene Leistung nicht verbraucht, sondern seinerseits gegen Entgelt weitergibt, erstattet der Staat die auf die empfangene Leistung entfallende Umsatzsteuer als sog Vorsteuer. Als Steuer auf den Konsum belastet die Umsatzsteuer erst den Letztverbraucher endgültig.

Da durch das Wechselspiel von Umsatzsteuer und Vorsteuerabzug immer nur die Wertschöpfung des jeweiligen Unternehmers mit Umsatzsteuer belastet wird, bezeichnet man die Umsatzsteuer auch als **Mehrwertsteuer**.

Die Umsatzsteuer ist eine **indirekte Steuer**, weil Steuerschuldner und Steuerträger nicht identisch sind: Der Unternehmer schuldet die Steuer, der Letztverbraucher wird durch sie belastet.

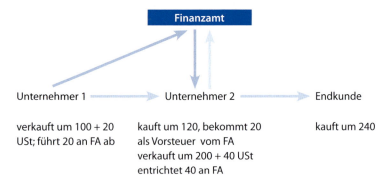

Abb 30. System der Umsatzsteuer

Der Einzelhändler H kauft vom Produzenten P eine Ware um EUR 100,– zzgl 20% USt, somit um EUR 120,–. P hat EUR 20,– an das Finanzamt abzuführen. H verkauft in der Folge die Ware an einen Konsumenten um EUR 200,– zzgl 20% USt, somit um EUR 240,–.
Der Konsument hat mit dem Preis von EUR 240,– auch die USt iHv EUR 40,– bezahlt. H schuldet diese EUR 40,– dem Finanzamt, kann

aber die an P entrichtete Steuer iHv EUR 20,– – als Vorsteuer – von der eigenen Steuerschuld abziehen. Er muss daher an das FA im Ergebnis nur EUR 20,– entrichten. Das Finanzamt hat von P EUR 20,– und von H EUR 20,–, insgesamt also EUR 40,– erhalten. Wenn die Überwälzung gelingt, sind weder P noch H belastet; die USt iHv EUR 40,– trägt vielmehr der Konsument.

7.2 Überblick über den Umsatzsteuertatbestand

Als allgemeine Verbrauchsteuer auf Waren und Dienstleistungen soll durch die Umsatzsteuer der Verbrauch im Inland besteuert werden. **Haupttatbestand**

Der Umsatzsteuer in Österreich unterliegen Lieferungen und sonstige Leistungen, die ein Unternehmer im Inland gegen Entgelt im Rahmen seines Unternehmens ausführt (§ 1 Abs 1 Z 1 UStG). Derartige Lieferungen und sonstige Leistungen sind in Österreich umsatzsteuerbar. Eine steuerbare Lieferung oder sonstige Leistung unterliegt nur dann der Umsatzsteuer, wenn keine Umsatzsteuerbefreiung vorgesehen ist.

Umsatzsteuerbar sind auch: **Nebentatbestände**

- Die **Einfuhr von Gegenständen aus dem Drittland**. Die Einfuhr ist unabhängig davon umsatzsteuerbar, ob der Einführende selbst Unternehmer ist oder nicht (§ 1 Abs 1 Z 3 UStG).

Der Pensionist I erwirbt aus Russland ein Klavier, um es in seinem Privathaushalt zu verwenden.
Da ein Gegenstand aus dem Drittlandsgebiet nach Österreich eingeführt wird, ist der Tatbestand der Einfuhr nach § 1 Abs 1 Z 3 UStG erfüllt. Dasselbe gilt, wenn nicht ein Pensionist, sondern ein Unternehmer ein Klavier aus Russland einführt, um es in Österreich weiterzuverkaufen.

- Der sog **„innergemeinschaftliche Erwerb"** von Gegenständen aus einem anderen Mitgliedstaat der EU, dem sog „übrigen Gemeinschaftsgebiet" (Art 1 UStG). Ein innergemeinschaftlicher Erwerb kann grundsätzlich nur von Unternehmern getätigt werden (Ausnahmen gelten für sog „Schwellenerwerber" und für den Erwerb neuer Fahrzeuge; dazu später S 376 ff).
- **Die der Lieferung oder sonstigen Leistung gleichgestellten Vorgänge** (sog „Eigenverbrauch" oder „fiktive Lieferung und fiktive sonstige Leistung"): Zur Vermeidung unversteuerten Letztverbrauchs durch den vorsteuerabzugsberechtigten Unternehmer selbst werden bestimmte Vorgänge den Lieferungen und sonstigen Leistungen gegen Entgelt gleichgestellt. Diese Vorgänge werden in

Österreich als Eigenverbrauch bezeichnet (§ 3 Abs 2 und § 3a Abs 1a UStG; in Deutschland: „unentgeltliche Wertabgabe").

7.3 Aufbau des Umsatzsteuertatbestands

7.3.1 Unternehmer

Die Umsatzsteuer wird im Regelfall von einem Unternehmer für dessen wirtschaftliche Aktivitäten geschuldet. Daher setzt die Untersuchung eines Sachverhalts auf seine umsatzsteuerrechtlichen Konsequenzen zunächst voraus, dass die betroffene Person, welche Leistungen ausführt oder empfängt, Unternehmereigenschaft besitzt.

Die MwStRL verwendet den Begriff des „Unternehmers" nicht, sondern spricht vom „Steuerpflichtigen". Nach Art 9 MwStRL ist Steuerpflichtiger, wer eine wirtschaftliche Tätigkeit unabhängig von ihrem Ort, Zweck und Ergebnis selbständig ausübt. Inhaltlich entspricht der unionsrechtliche Begriff des Steuerpflichtigen jenem des Unternehmers im österr UStG.

Die Unternehmereigenschaft ist nur im Zusammenhang mit der Einfuhrumsatzsteuer und unter bestimmten Voraussetzungen im Zusammenhang mit innergemeinschaftlichen Erwerben nicht Voraussetzung für die Erfüllung eines USt-Tatbestandes.

7.3.2 Inlandsumsatz

Ist die Steuerpflichtigeneigenschaft bzw die Unternehmereigenschaft gegeben, ist festzustellen, ob ein Umsatz im Inland ausgeführt wurde. Dies setzt ein entgeltliches Rechtsgeschäft voraus, das entweder in der Erbringung von Lieferungen oder von sonstigen Leistungen gegen Erhalt einer Gegenleistung besteht.

Lieferung — Lieferungen bestehen in der Verschaffung der Verfügungsmacht über einen Gegenstand (§ 3 Abs 1 UStG).

Sonstige Leistung — Sonstige Leistungen sind sämtliche Aktivitäten, die nicht in der Verschaffung der Verfügungsmacht über einen Gegenstand bestehen, aber gegen Entgelt ausgeführt werden (§ 3a Abs 1 UStG). Dies sind in erster Linie Dienstleistungen.

Steuerbarer Umsatz — Der Inlandsbezug ist für Lieferungen und sonstige Leistungen nach unterschiedlichen Bestimmungen zu beurteilen. Dafür ist die Unterscheidung zwischen Lieferungen und sonstigen Leistungen wichtig. Ist der Inlandsbezug im Sinne des UStG zu bejahen, ist der Umsatz in Österreich umsatzsteuerbar.

7.3.3 Steuerpflicht

Aus der Steuerbarkeit eines Umsatzes in Österreich ergeben sich für den Unternehmer im Regelfall umsatzsteuerrechtliche Pflichten gegenüber dem Finanzamt. Eine tatsächliche Verpflichtung zur Abfuhr von Umsatzsteuer besteht grundsätzlich überall dort, wo keine Steuerbefreiung zur Anwendung gelangt. Liegt keine Steuerbefreiung vor, ist der Umsatz in Österreich nicht nur steuerbar, sondern auch steuerpflichtig. An die Steuerpflicht knüpfen sich verschiedene formale Pflichten, zwischen Unternehmern vor allem die Verpflichtung zur Ausstellung umsatzsteuergerechter Rechnungen. Mit der Ausführung von steuerpflichtigen Umsätzen (steuerpflichtigen Ausgangsumsätzen) geht auch die grundsätzliche Berechtigung zum Vorsteuerabzug auf Eingangsumsätze, dh auf bezogene Lieferungen und sonstige Leistungen, einher.

Steuerpflichtiger Umsatz

7.3.4 Steuerbefreiungen

Kommt eine Steuerbefreiung zum Tragen, wird keine Umsatzsteuer geschuldet. Den Unternehmer treffen unter Umständen zwar Erklärungs- und Offenlegungspflichten gegenüber dem Finanzamt, eine Umsatzsteuer ist aber weder in Rechnung zu stellen noch abzuführen. Damit geht im Regelfall (bei den sog „unechten" Steuerbefreiungen) auch einher, dass ein Vorsteuerabzug aus bezogenen Lieferungen oder sonstigen Leistungen nicht zusteht. In Ausnahmefällen (bei den sog „echten" Steuerbefreiungen) bleibt dem Unternehmer der Vorsteuerabzug trotz Befreiung seiner Ausgangsumsätze erhalten.

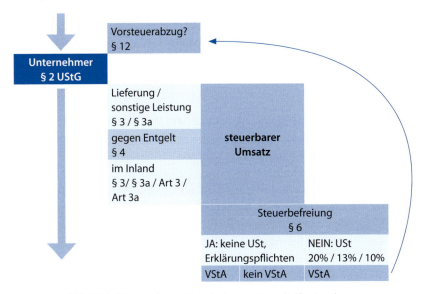

Abb 31. Prüfungsschema Umsatzsteuer – Grundtatbestand

7.4 Der Unternehmer (§ 2 UStG)

7.4.1 Definition des Unternehmers

Unternehmer ist, wer eine gewerbliche oder berufliche Tätigkeit selbständig ausübt. Gewerblich oder beruflich ist nach § 2 Abs 1 UStG jede nachhaltige Tätigkeit zur Erzielung von Einnahmen, auch wenn die Absicht, Gewinne zu erzielen, fehlt.

Nachhaltigkeit

Das Erfordernis der Nachhaltigkeit grenzt die unternehmerische Tätigkeit von bloß gelegentlichen wirtschaftlichen Aktivitäten ab. Nachhaltig werden Tätigkeiten ausgeübt, wenn Wiederholungsabsicht besteht. Nicht erforderlich ist die Gewinnerzielungsabsicht, grundsätzlich genügt **Einnahmenerzielungsabsicht**.

Liebhaberei

Eine Ausnahme vom Kriterium der bloßen Einnahmenerzielungsabsicht stellt die umsatzsteuerrechtliche **Liebhaberei** dar: Tätigkeiten, die auf Dauer gesehen Gewinne oder Einnahmenüberschüsse nicht erwarten lassen, gelten nicht als unternehmerische Tätigkeit (§ 2 Abs 5 UStG). Die LiebhabereiVO, BGBl 1993/33 idF BGBl II 1999/15, stellt klar, dass dies nur für Tätigkeiten gilt, die der Konsumsphäre zuzuordnen sind (zB eine als Liebhabereibetrieb geführte Jagd), nicht hingegen für defizitäre betriebliche Tätigkeiten.

Selbständigkeit

Personen, die **betriebliche Einkünfte** oder **Einkünfte aus Vermietung und Verpachtung** iSd EStG beziehen, sind in der Regel auch Unternehmer iSd UStG. Solche Personen unterliegen daher unter den übrigen Voraussetzungen sowohl der Umsatzsteuer als auch der Einkommensteuer bzw der Körperschaftsteuer. Werden einkommensteuerrechtlich Einkünfte aus nichtselbständiger Arbeit erzielt, so kann im Rahmen dieser Tätigkeit nie Umsatzsteuer anfallen: Dem Arbeitnehmer fehlt die für die Unternehmereigenschaft essentielle Selbständigkeit (§ 2 Abs 2 Z 1 UStG).

Organschaft

Eine juristische Person (Organ), die dem Willen eines Unternehmers (Organträger) derart untergeordnet ist, dass sie keinen eigenen Willen mehr hat (dh nach dem Gesamtbild der tatsächlichen Verhältnisse finanziell, wirtschaftlich und organisatorisch in ein anderes Unternehmen eingegliedert ist), gilt nicht als Unternehmerin; es mangelt an der Selbständigkeit (sog **umsatzsteuerrechtliche Organschaft**). Die Tätigkeiten einer Organgesellschaft werden als Teil des Organträgers angesehen (vgl § 2 Abs 2 Z 2 UStG). Insgesamt ist daher für Zwecke des Umsatzsteuerrechts nur ein Unternehmer gegeben. Die Umsätze zwischen dem Organträger und den Organen (Organgesellschaften) sind umsatzsteuerrechtlich irrelevante Innenumsätze. Der Organträger hat die umsatzsteuerrechtlichen Verpflichtungen der Organgesellschaft zu erfüllen. Eine umsatzsteuerrechtliche Organschaft über die Grenze ist nicht möglich.

Die B-Fensterproduktions-AG hält 100 % der Anteile an der A-Fenstervertriebs-GmbH. Der Vorstandsvorsitzende der AG ist gleichzeitig auch Geschäftsführer der GmbH.

Die A-GmbH ist finanziell (zu 100%), wirtschaftlich (sie vertreibt die Fenster, die die B-AG herstellt) und organisatorisch (Geschäftsleitung durch dieselbe Person) der B-AG derart untergeordnet, dass sie keinen eigenen Willen mehr hat. Aus umsatzsteuerrechtlicher Sicht zählt sie daher zum Unternehmen der B-AG. Für beide Gesellschaften ist eine gemeinsame Umsatzsteuererklärung abzugeben. Die Umsätze zwischen der A-GmbH und der B-AG sind nicht steuerbare Innenumsätze.

Variante: Sachverhalt wie oben, nur die A-Fenstervertriebs-GmbH hat ihren Sitz in Deutschland.
Es liegt keine Organschaft vor, da eine solche über die Grenze nicht möglich ist. Die Umsätze zwischen der A-GmbH und der B-AG sind umsatzsteuerrechtlich relevant.

Das bloße Investieren und Sparen stellen keine unternehmerische Tätigkeit dar. Wird eine Beteiligung an einer Kapitalgesellschaft erworben, um an den Gewinnen dieser Kapitalgesellschaft zu partizipieren, wird dadurch keine unternehmerische Tätigkeit entfaltet. Wer ertragsteuerrechtlich Einkünfte aus Kapitalvermögen bezieht, ist mit dieser Betätigung daher nicht Unternehmer im Sinne des Umsatzsteuergesetzes.

Investieren und Sparen

Eine Holdinggesellschaft, deren Gesellschaftsgegenstand nur in der Verwaltung ihrer Beteiligungen und in der Veranlagung der aus den Beteiligungen erzielten Gewinne besteht, ist nicht unternehmerisch tätig.

7.4.2 Die Unternehmereigenschaft von juristischen Personen des öffentlichen Rechts

Juristische Personen (Körperschaften) des öffentlichen Rechts werden durch Gesetz errichtet und haben grundsätzlich Aufgaben zu erfüllen, die im öffentlichen Interesse gelegen sind. Bei diesen Aufgaben handelt es sich regelmäßig um Aufgaben, mit denen sie nicht in Wettbewerb zu anderen (privatrechtlich organisierten) Einrichtungen stehen. Das gilt jedenfalls für die Aufgabenerfüllung im Rahmen der Hoheitsverwaltung. In diesem Bereich kommt eine unternehmerische Betätigung im Sinne des UStG nicht in Betracht.

Hoheitsverwaltung

7 Umsatzsteuer

Unternehmereigenschaft von KöR

Soweit Körperschaften öffentlichen Rechts Tätigkeiten ausüben, die von Privatrechtssubjekten auch ausgeübt werden könnten und zu denen sie daher in Wettbewerb stehen können, kommt eine unternehmerische Betätigung in Betracht. Nach § 2 Abs 3 UStG kommt Körperschaften öffentlichen Rechts Unternehmereigenschaft daher im Rahmen ihrer körperschaftsteuerrechtlichen Betriebe gewerblicher Art (BgA) (§ 2 Abs 3 UStG iVm § 2 KStG; vgl dazu Kap *Körperschaftsteuer* 5.2.2) und im Rahmen ihrer land- und forstwirtschaftlichen Betriebe zu. Darüber hinaus werden Wasserwerke, Schlachthöfe, Anstalten zur Müllbeseitigung, Abfuhr von Spülwasser und Abfällen und Vermietungen jedenfalls als unternehmerische Betätigung angesehen (sog **fiktive Betriebe gewerblicher Art**).

Anders als im Körperschaftsteuerrecht ist nicht der einzelne BgA Steuersubjekt, dh Unternehmer. Unternehmerin ist vielmehr die juristische Person des öffentlichen Rechts als solche mit allen ihren Betrieben gewerblicher Art und ihren fiktiven Betrieben gewerblicher Art. Die Körperschaft öffentlichen Rechts hat daher für sämtliche Betriebe gewerblicher Art und fiktive Betriebe gewerblicher Art eine gemeinsame Umsatzsteuererklärung abzugeben. Umsätze zwischen den einzelnen BgA einer Körperschaft öffentlichen Rechts sind umsatzsteuerrechtlich irrelevante (= nicht steuerbare) Innenumsätze.

Die österreichische Rechtslage dürfte nicht vollständig unionsrechtskonform sein: Zu den unionsrechtlichen Grundlagen der Besteuerung der öffentlichen Hand und den Abweichungen des UStG von diesen Grundlagen vgl im Detail *Ehrke-Rabel* in Doralt/Ruppe, Steuerrecht II^7 Tz 243.

Vorsteuerabzug

Soweit Körperschaften öffentlichen Rechts unternehmerisch tätig sind und steuerpflichtige Umsätze ausführen, haben sie auch das Recht zum Vorsteuerabzug aus bezogenen Vorleistungen. Im Rahmen der Hoheitsverwaltung besteht ein Recht zum Vorsteuerabzug nicht (mangels unternehmerischer Betätigung).

1. Eine Körperschaft öffentlichen Rechts lässt einen Gemeindewohnbau um EUR 500.000,– zzgl 20% USt sanieren.
   Da die Körperschaft öffentlichen Rechts mit der Vermietung der Gemeindewohnungen im Rahmen eines fiktiven USt-BgA (§ 2 Abs 3 TS 5 UStG) steuerpflichtige sonstige Leistungen ausführt, steht ihr aus den Errichtungskosten auch der Vorsteuerabzug zu.

2. Eine Gemeinde hat folgende Tätigkeitsgebiete:
   – Betrieb der Müllabfuhr. Die Gemeindebürger haben Müllbeseitigungsgebühren zu entrichten.
   – Betrieb eines Schwimmbades. Dafür sind von den Besuchern Eintrittsgelder zu entrichten.

- Betrieb eines Busunternehmens und eines Elektrizitätswerks. Das Busunternehmen ist schwer defizitär, das Elektrizitätswerk profitabel.
- Vermietung von Gemeindewohnungen.

Die Gemeinde ist als Körperschaft öffentlichen Rechts mit ihren BgA iSd § 2 KStG und ihren sog fiktiven BgA Unternehmerin (§ 2 Abs 3 UStG). BgA iSd § 2 KStG sind das Schwimmbad, das Busunternehmen und das Elektrizitätswerk. Beim Betrieb der Müllabfuhr und bei der Vermietung von Gemeindewohnungen handelt es sich um fiktive BgA iSv § 2 Abs 3 UStG. Sämtliche von der Gemeinde entfalteten Tätigkeiten sind daher Teil des Unternehmens der Gemeinde und unterliegen unter den allgemeinen Voraussetzungen der Umsatzsteuer. Die Gemeinde hat sie in einer Umsatzsteuererklärung zu erfassen. – Zur Beurteilung aus körperschaftsteuerrechtlicher Sicht vgl Kap Körperschaftsteuer 5.2.2.

7.4.3 Beginn und Ende der unternehmerischen Tätigkeit

7.4.3.1 Beginn der unternehmerischen Tätigkeit

Die unternehmerische Tätigkeit beginnt bereits mit den Vorbereitungshandlungen für die Einnahmenerzielung.

Vorbereitungshandlungen

Da in der Anfangsphase im Regelfall noch keine Umsätze ausgeführt, dh keine Leistungen erbracht werden, ist der Beginn der unternehmerischen Tätigkeit mit den ersten Vorbereitungshandlungen vor allem für den Vorsteuerabzug von Bedeutung: Nur ein Unternehmer kann die ihm für bezogene Lieferungen und sonstige Leistungen in Rechnung gestellte Umsatzsteuer als Vorsteuer abziehen. Die Anerkennung der Vorbereitungshandlungen als unternehmerische Tätigkeit berechtigt zum Vorsteuerabzug aus bezogenen Leistungen noch vor der Ausführung eigener steuerpflichtiger Umsätze. Kommt es – durch den Unternehmer unverschuldet – nie zur Ausführung steuerpflichtiger Leistungen, bleibt der Vorsteuerabzug aus diesen Eingangsleistungen dennoch bestehen.

X errichtet ein Gebäude um EUR 300.000,– zuzüglich 20% Umsatzsteuer in der Absicht, es in Zukunft zu Wohnzwecken zu vermieten. *X kann bereits aus den Errichtungskosten den Vorsteuerabzug geltend machen, obwohl er erst nach Fertigstellung des Gebäudes in der Lage sein wird, steuerpflichtige Vermietungsumsätze zu tätigen.*

7.4.3.2 Ende der unternehmerischen Tätigkeit

Mit der Einstellung des Betriebes endet die unternehmerische Tätigkeit nicht. Sie endet erst mit dem letzten unternehmerischen Tätigwerden. Veräußerungen nach der Betriebseinstellung sind daher umsatzsteuerrechtlich noch dem Unternehmer zuzurechnen und unter den übrigen Voraussetzungen umsatzsteuerbar und -pflichtig.

7.4.4 Rechtsformneutralität des Unternehmers

Rechtsformneutralität des Unternehmers

Unternehmer ist, wer nach außen als Unternehmer auftritt. Die **Rechtsform** ist für die Unternehmereigenschaft unerheblich. Unternehmer können sowohl natürliche Personen als auch Personengesellschaften, Miteigentumsgemeinschaften oder juristische Personen sein. Voraussetzung ist nur, dass sie nach außen durch die Erbringung von Leistungen in Erscheinung treten (Außengesellschaften; somit zB nicht stille Gesellschaften). Daher gibt es auch keine Unternehmereigenschaft kraft Rechtsform.

Beachte: Eine GmbH, die unternehmensrechtlich stets (ex lege) Unternehmerin kraft Rechtsform ist (vgl § 2 UGB), ist nur dann auch Unternehmerin im Sinne des Umsatzsteuerrechts, wenn sie eine unternehmerische Tätigkeit (§ 2 Abs 1 UStG) ausübt.

Leistungsbeziehungen zwischen Gesellschaftern und Gesellschaften

Anders als in der Einkommensteuer können daher umsatzsteuerrechtlich auch Leistungsbeziehungen zwischen einer als Unternehmerin auftretenden Mitunternehmerschaft und ihren Mitunternehmern anerkannt werden. Der Mitunternehmer kann durch seine Leistungen gegenüber der Mitunternehmerschaft (zB Vermietung, Verkäufe, Lizenzgewährung) selbst Unternehmer und damit Schuldner der Umsatzsteuer werden. Die Mitunternehmerschaft ist aus solchen Leistungen zum Vorsteuerabzug berechtigt.

7.4.5 Grundsatz der Unternehmenseinheit

Das Unternehmen umfasst jeweils die gesamte unternehmerische Tätigkeit eines Unternehmers (§ 2 Abs 1 UStG). Es gilt der **Grundsatz der Unternehmenseinheit**. Jeder Unternehmer kann nur ein Unternehmen, jedoch mehrere „Betriebe" iSv unternehmerischen Betätigungen führen. Leistungen zwischen Betrieben desselben Unternehmers sind daher nicht steuerbare Innenumsätze.

Frau B betreibt in Graz einen Frisiersalon. Darüber hinaus besitzt sie in der Südsteiermark ein Wirtshaus, das verpachtet ist.

Daneben ist Frau B als Kommanditistin an der B-Handels-Kommanditgesellschaft beteiligt.
Frau B erzielt auch aus der Vermietung von Wohnungen in einem Zinshaus, das ihr gemeinsam mit ihrem Bruder gehört, Einnahmen. Wem kommt Unternehmereigenschaft zu?
Nach außen tritt Frau B als Betreiberin des Frisiersalons und als Verpächterin des Wirtshauses auf. Das Unternehmen der Einzelunternehmerin B umfasst den Betrieb des Frisiersalons sowie die Verpachtung des Gasthauses.

Die B-Handels-KG selbst ist Unternehmerin, sie tritt nach außen auf. Die Stellung als Kommanditistin vermittelt Frau B keine Unternehmereigenschaft. Das Unternehmen der KG ist auch kein Teil des Unternehmens der Frau B.

Außerdem vermietet B gemeinsam mit ihrem Bruder Wohnungen. Auch hier tritt sie nach außen nicht allein auf, sondern gemeinsam mit ihrem Bruder: Die Miteigentumsgemeinschaft „B und ihr Bruder" ist Unternehmerin iSd UStG, das Unternehmen der Miteigentumsgemeinschaft umfasst die Vermietung der Wohnungen.

Übungsbeispiele

1. Sind die nachfolgenden Vorgänge umsatzsteuerrechtlich relevant?
   a) A ist Möbelhändler und verkauft Möbel.
   b) B ist Architekt und plant für U den Umbau eines Bürogebäudes.
   c) Die Fleischhauerin C strickt in ihrer Freizeit Handschuhe für ihren Enkelsohn.
   d) D importiert Südfrüchte aus der Karibik und verkauft sie an österreichische Großhandelsketten.
   e) Der Rechtsanwalt E berät einen Kunden in einer Schadenersatzstreitigkeit.

2. Wer ist in den folgenden Fällen der Unternehmer und welche Tätigkeiten sind seinem Unternehmen zuzurechnen?
   a) Mag. R ist als Berufsanwärter bei einem Wirtschaftstreuhänder angestellt. Er verfügt über fixe Dienstzeiten, Überstunden werden durch Zeitausgleich abgegolten, er hat einen Urlaubsanspruch von fünf Wochen pro Jahr und bezieht monatlich ein fixes Gehalt.
   b) Sein Chef, der Steuerberater B, führt einerseits die Steuerberatungskanzlei und ist andererseits Alleingesellschafter der LVR-GmbH, die die Buchführung und Lohnverrechnung für die Klienten des B besorgt.

c) A hat von ihrer Urgroßtante eine Wohnung voll mit Antiquitäten geerbt. Da sie moderne Designermöbel vorzieht, verkauft sie die Antiquitäten sukzessive. Wird A dadurch zur Unternehmerin?
d) A ist Architekt, B Bauingenieur und C Statiker. Die drei wickeln ein Bauvorhaben in der Form einer Arbeitsgemeinschaft ab. Handelt es sich bei der Arbeitsgemeinschaft um eine Unternehmerin iSd UStG?

3. Ist in den folgenden Fällen Unternehmereigenschaft gegeben?
   a) A bezieht als Aufsichtsratsmitglied der ABC-AG ein Aufsichtsratshonorar.
   b) B ist Bürgermeister der Gemeinde G und erhält dafür eine regelmäßige Entlohnung.
   c) Gesellschaftsgegenstand der AB-AG ist die Verwaltung von Beteiligungen. Außerdem macht die AB-AG für einen Teil ihrer Beteiligungsgesellschaften die Buchhaltung und erhält dafür ein gesondertes Entgelt.
   d) Die Gemeinde C überwacht ihre auf gemeindeeigenem Grund gelegenen Parkplätze durch eigenes Personal. Sie bietet aber auch Privaten gegen Entgelt die Parkplatzüberwachung durch ihr Personal an.

4. X betreibt einen Reitstall, um die Freude seiner Familie am Reitsport zu unterstützen. Neben eigenen Pferden sind in diesem Stall auch wenige fremde Pferde untergebracht, für die eine angemessene Einstellgebühr entrichtet wird. Mit Gewinnen ist in absehbarer Zeit jedoch keinesfalls zu rechnen.

7.5 Lieferungen und sonstige Leistungen

7.5.1 Abgrenzung zwischen Lieferung und sonstiger Leistung

Steuergegenstand sind im Grundtatbestand Lieferungen und sonstige Leistungen, die von einem Unternehmer im Inland gegen Entgelt ausgeführt werden (§ 1 Abs 1 Z 1 UStG). Die Abgrenzung zwischen Lieferungen und sonstigen Leistungen ist für die Bestimmung des Leistungsortes maßgeblich.

Lieferung

Lieferung ist die Verschaffung der Verfügungsmacht an einem Gegenstand (§ 3 Abs 1 UStG). Verfügungsmacht über einen Gegenstand wird jedenfalls durch die Erfüllung eines Kaufvertrages verschafft. Zivilrechtliches Eigentum ist nicht erforderlich. Auch ein Verkauf unter Eigentumsvorbehalt ist umsatzsteuerrechtlich als Lieferung zu qualifizieren.

Sonstige Leistungen

Sonstige Leistungen sind Leistungen, die nicht in einer Lieferung bestehen (§ 3a Abs 1 UStG). Die MwStRL spricht von Dienstleistungen (Art 24 MwStRL). Sonstige Leistungen können in einem Tun, Dulden oder Unterlassen bestehen. Zu den sonstigen Leistungen zählen zB Vermietung, Personen- oder Güterbeförderung, Leistungen von freien Berufen, sämtliche Dienstleistungen, Lizenzeinräumungen, Theateraufführungen, Vermittlungsleistungen.

Werklieferung

Übernimmt der Unternehmer Gegenstände zur Bearbeitung oder Verarbeitung vom Auftragnehmer, stellt sich die Frage, ob er eine Lieferung oder eine sonstige Leistung ausführt. Verwendet der Unternehmer dabei Stoffe, die er selbst beschafft, ist die Leistung als Lieferung anzusehen, wenn es sich bei den Stoffen nicht nur um Zutaten oder sonstige Nebensachen handelt (sog Werklieferung; § 3 Abs 4 UStG).

Von einer sonstigen Leistung ist auszugehen, wenn der Unternehmer nur Zutaten oder sonstige Nebensachen beistellt.

1. Ein Bauunternehmer errichtet auf dem Grundstück des A ein Gebäude. Die Baumaterialien bezieht der Bauunternehmer aus dem Großhandel.
   Hier liegt eine Werklieferung vor.
2. Ein Bauunternehmer errichtet auf dem Grundstück eines Großhändlers für Baumaterialien ein Gebäude. Das Baumaterial stellt der Großhändler zur Verfügung.
   Hier liegt eine sonstige Leistung vor.

Werklieferungen sind wie Lieferungen zu behandeln.

7.5.2 Grundsatz der Einheitlichkeit der Leistung

Im Umsatzsteuerrecht gilt der Grundsatz der Einheitlichkeit der Leistung. Einerseits dürfen selbständige Leistungen nicht mit anderen selbständigen Leistungen zusammengefasst werden. Andererseits dürfen einheitliche Leistungen nicht für umsatzsteuerrechtliche Zwecke in Leistungsteile aufgespalten werden. Unselbständige Nebenleistungen teilen das umsatzsteuerrechtliche Schicksal der Hauptleistung.

1. Der Moritz-Versand stellt bei Bestellungen unter EUR 100,– eine Versandkostenpauschale iHv EUR 10,– in Rechnung.
Isoliert betrachtet erbringt der M-Versand zwei Leistungen: Einerseits eine Lieferung (Verschaffung der Verfügungsmacht über die bestellte Ware) und andererseits eine sonstige Leistung (Besorgung des Transports zum Empfänger). Der Transport ist jedoch eine unselbständige Nebenleistung zur Lieferung. Wegen des Grundsatzes der Einheitlichkeit der Leistung liegt daher insgesamt eine Lieferung vor. Für die Bestimmung des Leistungsortes, der Bemessungsgrundlage und des Steuersatzes ist daher insgesamt von einer Lieferung um EUR 110,– auszugehen.

2. Das Angebot eines burgenländischen Reiseveranstalters für eine Reise nach Griechenland umfasst neben dem Flug auch das Entgelt für die Beförderung zum Flughafen Wien-Schwechat.
Bei einer Auslandsflugreise wird die Beförderung zum inländischen Flughafen als unselbständige Nebenleistung zur Flugleistung betrachtet. Sie wird daher auch von der Steuerbefreiung erfasst, die für den grenzüberschreitenden Flug gilt (vgl dazu später 7.9.2).

7.5.3 Ort der Lieferung und der sonstigen Leistung

7.5.3.1 Vorbemerkung

Territorialitätsprinzip

Die Umsatzsteuer erfasst nach dem Territorialitätsprinzip nur Leistungen, die im Inland erbracht werden („Lieferungen und sonstige Leistungen, die ein Unternehmer im Inland ausführt"; vgl § 1 Abs 1 Z 1 UStG). Leistungen, die in Österreich ausgeführt werden, gelten als in Österreich **umsatzsteuerbar**. Für die Frage der Steuerbarkeit in Österreich ist gleichgültig, ob es sich beim Leistenden um einen inländischen oder einen ausländischen Unternehmer handelt. Maßgeblich ist nur, dass der Ort der Leistung nach Maßgabe der § 3 Abs 7 bis Abs 9 und § 3a Abs 5 bis Abs 16 UStG in Österreich liegt. Ob die Leistung auch **umsatzsteuerpflichtig** ist, hängt von einer möglichen Steuerbefreiung ab (vgl dazu später 7.9).

7.5.3.2 Ort der Lieferung (§ 3 Abs 7 bis 9 UStG)

Lieferungen werden grundsätzlich dort ausgeführt, wo sich der Gegenstand im Zeitpunkt der Verschaffung der Verfügungsmacht befindet (§ 3 Abs 7 UStG).

Ruhende Lieferung

Der in Russland/in Spanien ansässige Immobilienhändler X verkauft dem in Österreich ansässigen Unternehmer Y ein in Russland/in Spanien gelegenes Betriebsgelände. Zum Vertragsabschluss und zur Übergabe des Kaufpreises kommt es in Wien.
Da die Verfügungsmacht über einen Gegenstand verschafft wird, liegt eine Lieferung vor. Der Ort der Lieferung ist nach § 3 Abs 7 UStG dort, wo sich der Gegenstand zum Zeitpunkt der Verschaffung der Verfügungsmacht befindet. Das ist in Russland/in Spanien. Der Vorgang ist daher in Österreich nicht steuerbar.

Wird der Gegenstand der Lieferung befördert oder versendet (gleichgültig, ob durch den Lieferanten oder durch den Abnehmer; sog Versendungs- oder Abhollieferung), gilt die Lieferung dort als ausgeführt, wo die Beförderung oder Versendung beginnt (§ 3 Abs 8 UStG).

Bewegte Lieferung

Ein österreichischer Hersteller sendet Ware auf Grund eines Kaufvertrages per Post in die Schweiz.
Der Ort der Lieferung ist dort, wo die Versendung beginnt, dh in Österreich. Die Lieferung ist daher in Österreich steuerbar. Steuerpflichtig ist sie jedoch nur, wenn nicht eine Steuerbefreiung zur Anwendung gelangt (vgl dazu später 7.9). Im vorliegenden Fall handelt es sich um eine steuerfreie Ausfuhrlieferung in ein Drittland (§ 6 Abs 1 Z 1 UStG).

Variante: Die Ware wird nicht in die Schweiz, sondern an einen deutschen Großhändler versandt.
Der Ort der Lieferung liegt auch in diesem Fall in Österreich, weil die Versendung in Österreich beginnt. Die Lieferung ist daher steuerbar in Österreich. Für Lieferungen an andere Unternehmer im übrigen Gemeinschaftsgebiet gilt jedoch Art 6 Abs 1 UStG: Es handelt sich um eine steuerfreie innergemeinschaftliche Lieferung, wenn die Voraussetzungen des Art 7 UStG erfüllt sind (vgl dazu später S 343).

Werden Gegenstände von einem österreichischen Unternehmer an Privathaushalte oder sog Schwellenerwerber (unter der Erwerbsschwelle, siehe dazu später S 372) in einen anderen Mitgliedstaat der EU (sog „übriges Gemeinschaftsgebiet") versandt, verlagert sich der Ort der Lieferung an das Ende der Beförderung, wenn der liefernde Unternehmer im Bestimmungsland die sog „Lieferschwelle" überschritten hat (Art 34 MwStRL).

Verlagerung des Lieferortes

Lieferschwelle

Die **Lieferschwelle** ist eine Umsatzhöhe zwischen EUR 35.000,– und 100.000,–, die ein im Ausland ansässiger Unternehmer bei Lieferungen an Privathaushalte und Schwellenerwerber (unter der Erwerbsschwelle; dazu später 7.19.3.2.3.) in einem Mitgliedstaat der EU überschritten haben muss, damit seine Lieferungen am Ende der Beförderung, dh in dem Mitgliedstaat, in dem die Privathaushalte oder Schwellenerwerber ansässig sind, steuerbar werden. In Österreich beläuft sich die Lieferschwelle auf EUR 35.000,– (Art 3 Abs 5 Z 1 UStG).

Verzicht auf die Lieferschwelle

Durch Verzicht auf die Lieferschwelle kann ein ausländischer Unternehmer den Ort seiner Versendungslieferungen in das Bestimmungsland verlagern ohne die maßgebliche Umsatzhöhe erreicht zu haben. Für verbrauchsteuerpflichtige Waren (Alkohol, Tabak) kommt die Lieferschwelle nicht zur Anwendung, sodass Lieferungen von derartigen Waren an Privathaushalte immer im Bestimmungsland ausgeführt werden.

Ist eine Lieferung am Ende der Beförderung ausgeführt, so ist sie in der Regel dort auch steuerpflichtig. Der ausländische Unternehmer muss dann die Umsatzsteuer des Bestimmungslandes in Rechnung stellen und an den ausländischen Fiskus abführen. Zu diesem Zweck hat er sich im Ausland als Unternehmer registrieren zu lassen.

1. Die Ware wird von einem österreichischen Unternehmer an einen deutschen Privathaushalt versandt:
   In diesem Fall liegt der Ort der Lieferung nur dann in Österreich, am Beginn der Beförderung, wenn nicht die Sonderregel des Art 34 MwStRL in der Umsetzung des deutschen Rechts zur Anwendung gelangt. Hat A mit seinen Lieferungen an deutsche Privathaushalte die deutsche Lieferschwelle überschritten, verlagert sich der Ort der Lieferung nach Deutschland und die Lieferung ist in Österreich nicht steuerbar.

2. Der italienische Unternehmer A beliefert österreichische Privathaushalte mit Möbeln. Seine Umsätze aus derartigen Lieferbeziehungen belaufen sich in Österreich schon seit Jahren auf über EUR 50.000,–.
   Da A in Österreich die Lieferschwelle von EUR 35.000,– überschritten hat (Art 3 Abs 3 ff UStG), liegt der Ort der Lieferung am Ende der Beförderung, dh in Österreich. Die Umsätze des A sind in Österreich (und nicht in Italien!) steuerbar.

Nach dem Konzept der MwStRL kann ein Umsatz immer nur in einem, NIE in zwei Mitgliedstaaten steuerbar sein. Etwas Anderes kann theoretisch im Verhältnis zu Drittstaaten gelten, da diese nicht an die MwStRL der EU gebunden sind.

Wird ein Gegenstand unter den Lieferkonditionen „verzollt und versteuert" nach Österreich eingeführt, so ist der liefernde Unternehmer (oder sein Beauftragter) Schuldner der Einfuhrumsatzsteuer für den Gegenstand der Lieferung, der bei einer Beförderung oder Versendung an den Abnehmer aus dem Drittland in das Gebiet eines Mitgliedstaates gelangt. Die Einfuhr erfolgt also noch für den liefernden Unternehmer, sodass die anschließende Lieferung an den Abnehmer als im Einfuhrland ausgeführt zu behandeln ist (§ 3 Abs 9 UStG).

Lieferkonditionen „verzollt und versteuert"

Ein in den USA ansässiger Sportartikelhersteller beliefert einen in Österreich ansässigen Sportartikelhändler mit Waren zu den Konditionen „verzollt und versteuert" (dh der Lieferant erklärt sich zur Verzollung und Versteuerung der Wareneinfuhr bereit). Die Waren werden von einem Frachtführer von den USA nach Österreich befördert.
Unter den Lieferkonditionen „verzollt und versteuert" obliegt es dem Lieferanten, die Anmeldung der Ware vorzunehmen. Der Lieferant ist nach den Rechtsvorschriften über Zölle, die für die Erhebung der Einfuhrumsatzsteuer (EUSt) sinngemäß anzuwenden sind, Schuldner der EUSt (vgl dazu später 7.7). Der Sportartikelhersteller schuldet daher zunächst die EUSt in Österreich, hat gleichzeitig den Vorsteuerabzug daraus und liefert anschließend gem § 3 Abs 9 UStG steuerbar und steuerpflichtig in Österreich. Er hat österr USt in Rechnung zu stellen. Der abnehmende Sportartikelhändler hat die USt jedoch (im Namen und für Rechnung des ausländischen Sportartikelherstellers) einzubehalten und für ihn an das Finanzamt abzuführen; er haftet für die Nichtabfuhr (§ 27 Abs 4 UStG).

7.5.3.3 Ort der sonstigen Leistung

Sonstige Leistungen unterliegen nur dann der österr Umsatzsteuer, wenn sich der Ort der sonstigen Leistung in Österreich befindet. Die Bestimmung des Ortes der sonstigen Leistung hängt davon ab, in welcher Eigenschaft der Leistungsempfänger die sonstige Leistung bezieht (als Unternehmer oder als Nichtunternehmer). Dies gilt grundsätzlich unabhängig davon, ob der Leistungsempfänger im Drittland oder innerhalb der EU ansässig ist. Zu unterscheiden ist zwischen sonstigen Leistungen, die an Unternehmer erbracht werden, sog Business-to-Business-Umsätze (B2B-Umsätze), und sonstigen Leistungen, die an einen Nicht-Unternehmer ausgeführt werden, sog Business-to-Consumer-Umsätze (B2C-Umsätze).

Überblick

Für Zwecke der Bestimmung des Ortes der sonstigen Leistung erweitert § 3a Abs 5 UStG den **Unternehmerbegriff** des § 2 UStG: Unternehmer ist in diesem Zusammenhang auch eine juristische Person, die ohne Unternehmerin zu sein, über eine Umsatzsteuer-Identifikationsnummer verfügt (sog „UID-Nr"; § 3a Abs 5 Z 2 UStG). – Zur UID-Nr siehe später S 379. Unerheblich für die Leistungsortbestimmung ist, ob der Unternehmer die empfangene sonstige Leistung für seinen unternehmerischen Bereich verwendet oder nicht (§ 3a Abs 5 Z 1 UStG). Alle Personen, die nicht Unternehmer iSv § 3a Abs 5 Z 1 oder Z 2 UStG sind, sind Nichtunternehmer (§ 3a Abs 5 Z 3 UStG).

 Für Zwecke der Leistungsortsbestimmung sind auch folgende Personen Unternehmerinnen:
- Jeder Unternehmer/ jede Unternehmerin iSd § 2 UStG;
- Eine Beteiligungsholding, die über eine UID-Nummer verfügt;
- Eine Körperschaft öffentlichen Rechts, die über eine UID-Nummer verfügt;
- Eine gemischte Holding auch dann, wenn sie die sonstige Leistung für den Bereich der Beteiligungsverwaltung bezieht.

Grundregel   Sonstige Leistungen an **Unternehmer** werden am Sitz des die Leistung empfangenden Unternehmers oder an dessen Betriebsstätte ausgeführt, wenn sie für die Betriebsstätte bestimmt sind (§ 3a Abs 6 UStG, sog **B2B-Regel**).

Sonstige Leistungen an **Nichtunternehmer** werden an dem Ort ausgeführt, an dem der leistende Unternehmer seinen Sitz hat. Werden die Leistungen von einer Betriebsstätte aus erbracht, werden sie am Ort der Betriebsstätte ausgeführt (§ 3a Abs 7 UStG, sog **B2C-Regel**).

	Leistung an Unternehmer (B2B)	Leistung an Nichtunternehmer (B2C)
Ort der sonstigen Leistung	Empfängerort Sitz oder Betriebsstätte des Empfängers	Unternehmerort Sitz oder Betriebsstätte des leistenden Unternehmers

Abb 32. Ort der sonstigen Leistung – Grundregel

 Ein südafrikanischer Anwalt unterstützt einen österreichischen Steuerberater bei der Erstellung eines Expansionskonzeptes für einen österreichischen Klienten.
Der südafrikanische Anwalt erbringt eine sonstige Leistung an einen österreichischen Unternehmer. Die sonstige Leistung wird in Österreich,

am Sitz des österreichischen Steuerberaters, ausgeführt. Das gilt auch dann, wenn der Anwalt nie physisch in Österreich war.

Variante:
Nichts Anderes gilt, wenn ein französischer Anwalt diese Leistungen an einen österreichischen Steuerberater erbringen würde.

Ein österreichischer Angestellter lässt sich telefonisch von einem in Liechtenstein ansässigen Finanzdienstleister beraten und entrichtet dafür ein Entgelt.
Der Finanzdienstleister erbringt eine sonstige Leistung an einen österreichischen Nicht-Unternehmer. Der Umsatz wird daher in Liechtenstein, am Sitz des leistenden Unternehmers ausgeführt und ist in Österreich nicht steuerbar. Ob die Leistung des Finanzdienstleisters einer Umsatzsteuer unterliegt, richtet sich daher ausschließlich nach dem Steuerrecht Liechtensteins.

Von den beiden Grundregeln sieht das UStG eine Reihe von Ausnahmen vor:

Sonstige Leistungen in Zusammenhang mit Grundstücken werden – unabhängig davon, wer der Leistungsempfänger ist – dort ausgeführt, wo das Grundstück gelegen ist (§ 3a Abs 9 UStG).
　Ab 1.1.2017 gilt unionsweit eine einheitliche Definition für Grundstücke (Art 13b MwStDVO idF VO 1042/2013/EU). Auch die sonstigen Leistungen im Zusammenhang mit Grundstücken werden ab 1.1.2017 in Art 31a, Art 31b und Art 31c MwStDVO einheitlich geregelt.
　Zu den sonstigen Leistungen im Zusammenhang mit Grundstücken zählen unter anderem die Leistungen der Grundstücksmakler und Grundstückssachverständigen, die Beherbergung in der Hotelbranche, die Einräumung von Rechten zur Nutzung von Grundstücken und die Leistungen von Architekten und Bauaufsichtsbüros. Voraussetzung ist in allen Fällen, dass sich die sonstige Leistung auf ein konkretes Grundstück bezieht (§ 3a Abs 9 UStG iVm Art 31a, Art 31b MwStDVO).

Grundstücksleistungen

Personenbeförderungsleistungen werden – unabhängig davon, wer der Leistungsempfänger ist – dort ausgeführt, wo die Beförderung bewirkt wird (§ 3a Abs 10 UStG).
　Die grenzüberschreitende Personenbeförderung im Schiffs- oder Luftfahrtverkehr ist nach § 6 Abs 1 Z 3 lit d UStG von der Umsatzsteuer befreit (siehe dazu später 7.9.2).

Personenbeförderungsleistungen

Güterbeförderungsleistungen an Nichtunternehmer (B2C)

Güterbeförderungsleistungen an Nichtunternehmer werden grundsätzlich dort ausgeführt, wo die Beförderung bewirkt wird (§ 3a Abs 10 UStG). Bei einer grenzüberschreitenden Beförderung ist daher eine Aufteilung auf die Staaten, in denen die Beförderung bewirkt wurde, vorzunehmen. Nur der inländische Beförderungsanteil ist in Österreich steuerbar. Steht die Beförderungsleistung iZm einer Einfuhr oder einer Ausfuhrlieferung, ist sie jedoch steuerbefreit (§ 6 Abs 1 Z 3 UStG), praktisch kommt es daher nur in seltenen Fällen zu einer Aufteilung der Leistung auf die betroffenen Staaten.

Innergemeinschaftliche Güterbeförderungsleistungen werden in jenem Mitgliedstaat ausgeführt, in dem die Beförderung des Gegenstandes beginnt (Art 3a Abs 1 UStG).

Nebenleistungen zur Beförderung werden am Tätigkeitsort ausgeführt, wenn der Leistungsempfänger Nichtunternehmer ist (§ 3a Abs 11 lit b UStG).

Güterbeförderungsleistungen an Unternehmer (B2B)

Güterbeförderungsleistungen an Unternehmer werden nach der Grundregel unabhängig davon, ob es sich um innergemeinschaftliche oder grenzüberschreitende Güterbeförderungen handelt, am Sitz bzw an der Betriebsstätte des empfangenden Unternehmers ausgeführt (§ 3a Abs 6 UStG). Nebenleistungen zur Beförderung werden ebenfalls am Empfängerort ausgeführt.

Kulturelle oder ähnliche Leistungen

Kulturelle, künstlerische, wissenschaftliche, unterrichtende, sportliche, unterhaltende oder ähnliche Leistungen, wie Leistungen iZm Messen und Ausstellungen einschließlich der Leistungen der jeweiligen Veranstalter werden am Tätigkeitsort ausgeführt, wenn sie an Nichtunternehmer erbracht werden (B2C; § 3a Abs 11 lit a UStG).

Für derartige Leistungen an Unternehmer (B2B) gilt die Grundregel für B2B-Leistungen: Leistungsort ist der Ort, an dem der Leistungsempfänger sein Unternehmen betreibt (§ 3a Abs 6 UStG).

Eintrittsberechtigungen

Damit künstlerische, sportliche oder ähnliche Veranstaltungen weiterhin in vollem Umfang in jenem Staat steuerbar sind, in dem die Veranstaltung stattfindet, werden „sonstige Leistungen betreffend die Eintrittsberechtigung sowie die damit zusammenhängenden sonstigen Leistungen für kulturelle, künstlerische, wissenschaftliche, unterrichtende, sportliche, unterhaltende oder ähnliche Veranstaltungen, wie Messen und Ausstellungen" auch wenn sie an Unternehmer erbracht werden (B2B), dort ausgeführt, wo die Veranstaltung tatsächlich stattfindet (§ 3a Abs 11a UStG).

Der deutsche Unternehmer Y veranstaltet ein Konzert in Graz. Hierfür beauftragt er einen italienischen Opernsänger. Um einen reibungslosen

Ablauf garantieren zu können, engagiert Y den Unternehmer Z, der für das Kartenabreißen und die Platzzuweisung der Gäste verantwortlich ist.

Die Leistung des Opernsängers an den Y ist in Deutschland steuerbar, denn es handelt sich um eine B2B-Leistung, die an dem Ort ausgeführt ist, von dem aus der Leistungsempfänger (Y) sein Unternehmen betreibt. Bei der Konzertveranstaltung des Y handelt es sich um die Veranstaltung einer künstlerischen oder zumindest unterhaltenden Dienstleistung. Sie ist an dem Ort steuerbar, an dem die Veranstaltung tatsächlich stattfindet (Leistungen an Nichtunternehmer gem § 3a Abs 11 lit a UStG, Leistungen an Unternehmer gem § 3a Abs 11a UStG). Y hat sich in Österreich als Unternehmer zu registrieren und muss in Österreich Umsatzsteuervoranmeldungen und Umsatzsteuerjahreserklärungen einreichen und österr Umsatzsteuer abführen.

Bei der Leistung des Z an den Y stellt sich nunmehr die Frage, ob es sich dabei um eine mit der „Leistung betreffend die Eintrittsberechtigung" zusammenhängende sonstige Leistung handelt. Im Fall von gesondert in Rechnung gestellten Leistungen an die Erwerber der Eintrittsberechtigung ist dies zu bejahen. Die Leistung des Z an Y ist somit ebenfalls in Österreich steuerbar und steuerpflichtig. Y kann die von Z in Rechnung gestellte Umsatzsteuer als Vorsteuer geltend machen (vgl dazu später S 356 ff).

Arbeiten an beweglichen körperlichen Gegenständen werden am Tätigkeitsort ausgeführt, wenn der Leistungsempfänger Nichtunternehmer ist (§ 3a Abs 11 lit c UStG). Werden solche Leistungen an einen Unternehmer erbracht, so werden sie nach der Grundregel für B2B-Umsätze am Empfängerort (§ 3a Abs 6 UStG) ausgeführt.

Ein österreichischer Tourist erleidet in Italien nahe der österreichischen Staatsgrenze eine Autopanne und holt eine österreichische KFZ-Werkstätte zur Hilfe.

Die Reparaturleistung der KFZ-Werkstätte stellt eine Arbeit an einem beweglichen körperlichen Gegenstand für einen Nichtunternehmer dar und wird daher in Italien ausgeführt. Ob die KFZ-Werkstätte Umsatzsteuer in Rechnung zu stellen hat, richtet sich nach italienischem Recht.

Restaurant- und Verpflegungsdienstleistungen werden dort ausgeführt, wo der Unternehmer ausschließlich oder zum wesentlichen Teil tätig wird (§ 3a Abs 11 lit d UStG). Für Restaurant- und Verpflegungsdienstleistungen an Bord eines Schiffes, eines Luftfahrzeuges oder einer Eisenbahn gilt während einer Beförderung innerhalb des Gemeinschaftsgebiets davon abweichend das Abgangsortprinzip (Art 3a Abs 3 UStG).

Vermietung von Beförderungsmitteln

Für die Vermietung von Beförderungsmitteln gilt Folgendes:
- Die **kurzfristige Vermietung** von Beförderungsmitteln erfolgt unabhängig davon, wer der Empfänger der Vermietungsleistung ist, an dem Ort, an dem das Beförderungsmittel dem Leistungsempfänger tatsächlich zur Verfügung gestellt wird. Als kurzfristig gilt die Vermietung von Wasserfahrzeugen während eines Zeitraums von nicht mehr als 90 Tagen, von anderen Fahrzeugen während eines Zeitraums von nicht mehr als 30 Tagen (§ 3a Abs 12 UStG).
- Die **langfristige Vermietung** von Beförderungsmitteln erfolgt am Empfängerort (Vermietung an Unternehmer gem § 3a Abs 6 UStG; Vermietung an Nicht-Unternehmer gem § 3a Abs 12 Z 2 UStG; Ausnahmen gelten für die Vermietung von Sportbooten).

1. Die österreichische Unternehmerin T least von einem deutschen Unternehmer L einen LKW über fünf Jahre für ihr Unternehmen in Österreich.
Die langfristige Vermietung zwischen zwei Unternehmern ist am Sitz des Leistungsempfängers gem § 3a Abs 6 UStG – dh in Österreich – steuerbar.

2. Der in Österreich wohnhafte M mietet von einem slowenischen Unternehmer S für zwei Tage einen LKW, um Möbel in sein privates Wochenendhaus an der kroatischen Küste zu bringen. Die Übergabe des LKW an M erfolgt in Wien, die Rückgabe in Maribor.
Die Vermietungsleistung ist in Österreich steuerbar, weil der LKW hier M tatsächlich zur Verfügung gestellt wird.

Auf elektronischem Weg erbrachte Dienstleistungen

Auf elektronischem Weg erbrachte Dienstleistungen (zB Erwerb von Software oder Musik über das Internet) sowie Telekommunikations-, Rundfunk- und Fernsehdienstleistungen, die an **Nichtunternehmer** erbracht werden (B2C), werden seit 1. 1. 2015 am Empfängerort ausgeführt (§ 3a Abs 13 UStG). Zur Erleichterung der umsatzsteuerrechtlichen Abfuhrpflichten kann sich der leistende Unternehmer dafür entscheiden, seinen diesbezüglichen Pflichten in Hinblick auf sämtliche im B2C-Bereich erbrachten elektronischen Dienstleistungen in einem einzigen Mitgliedstaat nachzukommen (sog Mini-One-Stop-Shop; vgl dazu im Detail § 25a UStG betr Drittlandsunternehmer und Art 25a UStG betr Unionsunternehmer). Um die unionsweit einheitliche Anwendung der Leistungsortbestimmungen iZm elektronischen Dienstleistungen und des Mini-One-Stop-Shop zu gewährleisten, enthält die MwStDVO eine Reihe von entsprechenden Bestimmungen.

Ist der Empfänger derartiger Leistungen ein **Unternehmer** (B2B), bleibt es beim Empfängerortprinzip nach der Grundregel.

1. Das chinesische Unternehmen C erbringt elektronische Dienstleistungen über das Internet an den Privaten Ö mit Wohnsitz in Österreich.
   Die elektronische Dienstleistung wird von einem Drittlandsunternehmer an einen Nichtunternehmer mit Wohnsitz im Gemeinschaftsgebiet ausgeführt und ist daher im Wohnsitzstaat des Leistungsempfängers steuerbar.

   Variante:
   Die elektronischen Dienstleistungen werden von einem französischen Unternehmer an einen in Österreich wohnhaften Privathaushalt erbracht.
   Seit 1. 1. 2015 wird auch dieser Umsatz nach § 3a Abs 13 UStG in Österreich ausgeführt.

2. Das chinesische Unternehmen C erbringt elektronische Dienstleistungen über das Internet an den Unternehmer U mit Sitz in Österreich.
   Diese sonstige Leistung ist als Dienstleistung an einen Unternehmer (§ 3a Abs 5 Z 1 UStG) nach § 3a Abs 6 UStG in Österreich steuerbar.

Für die in § 3a Abs 14 UStG taxativ aufgezählten sonstigen Leistungen (sog Katalogleistungen) gilt eine Ausnahme von der B2C-Regel, wenn der Empfänger der Leistung ein Nichtunternehmer ohne Wohnsitz, Sitz oder gewöhnlichen Aufenthalt im Gemeinschaftsgebiet ist.

Katalogleistungen

- Ist der Empfänger ein Nichtunternehmer (B2C) und hat er seinen Wohnsitz, Sitz oder gewöhnlichen Aufenthalt **nicht** im Gemeinschaftsgebiet, wird die Leistung an dem Ort im Drittland ausgeführt, wo sich der Wohnsitz, Sitz oder gewöhnliche Aufenthalt des Leistungsempfängers befindet.
- Wird eine Katalogleistung iSd § 3a Abs 14 Z 1 bis Z 12 UStG von einem Unternehmer vom Drittland (einer dort gelegenen Betriebsstätte) aus an eine inländische juristische Person des öffentlichen Rechts, die Nichtunternehmerin ist, erbracht, wird die Leistung im Inland ausgeführt, wenn sie dort genutzt oder ausgewertet wird (§ 3a Abs 15 Z 2 UStG).

Zu den Katalogleistungen zählen insb die Einräumung, Übertragung oder Wahrnehmung von Urheberrechten; Leistungen, die der Werbung oder Öffentlichkeitsarbeit dienen; die sonstigen Leistungen aus der Tätigkeit als Rechtsanwalt, Patentanwalt, Steuerberater, Wirtschaftsprüfer, Sachverständiger, Ingenieur, Aufsichtsratsmitglied, Dolmetscher und Übersetzer sowie ähnliche Leistungen anderer Unternehmer; die rechtliche, technische und wirtschaftliche Beratung; die Personalgestellung.

Ist der Empfänger ein **Unternehmer** (B2B) kommt auch bei Katalogleistungen die Grundregel für B2B-Umsätze zur Anwendung: Die Umsätze werden am Sitz des empfangenden Unternehmers ausgeführt (§ 3a Abs 6 UStG).

Ist der Empfänger ein **Nichtunternehmer** (B2C) und hat er seinen Wohnsitz, Sitz oder gewöhnlichen Aufenthalt im Gemeinschaftsgebiet, so bestimmt sich der Ort der Leistung nach der Grundregel für B2C-Umsätze. Es ist daher gem § 3a Abs 7 UStG der Ort maßgeblich, von dem aus der leistende Unternehmer sein Unternehmen betreibt.

1. Der österreichische Anwalt A berät einen ausländischen Unternehmer U.
   Nach der allgemeinen Regel für B2B gem § 3a Abs 6 UStG ist die Leistung des A in Österreich nicht steuerbar (Empfängerortprinzip).
2. Der österreichische Anwalt A berät den Privaten P mit Wohnsitz in Deutschland.
   Nach der allgemeinen Regel für B2C gem § 3a Abs 7 UStG ist die Leistung des A in Österreich steuerbar.
3. Der österreichische Anwalt A berät den Privaten R mit Wohnsitz in Russland.
   Nach der Leistungsortregel für Katalogleistungen gem § 3a Abs 14 Z 3 UStG ist die Leistung des A in Russland steuerbar.
4. Das Schweizer Unternehmen W entwickelt eine Werbekampagne für eine steirische Gemeinde.
   Die Katalogleistung gem § 3a Abs 14 Z 2 UStG ist gem § 3a Abs 15 UStG in Österreich steuerbar.

Vermietung beweglicher körperlicher Gegenstände

Zu den Katalogleistungen zählt auch die Vermietung beweglicher körperlicher Gegenstände, ausgenommen Beförderungsmittel (§ 3a Abs 14 Z 11 UStG). Werden derartige Gegenstände an einen Nichtunternehmer mit Wohnsitz im Drittland vermietet, so liegt der Leistungsort im Drittland. Sollte die tatsächliche Nutzung des Gegenstandes im Inland stattfinden, kommt es zur Verlagerung des Leistungsortes in das Inland (§ 1 VO des BMF über die Verlagerung des Ortes der sonstigen Leistung bei bestimmten Umsätzen; BGBl II 2010/173). Wird an einen im Drittland ansässigen Unternehmer vermietet, kommt es bei einer tatsächlichen Nutzung im Inland ebenfalls zur Verlagerung des Leistungsortes in das Inland.

Vermittlungsleistung

Eine Vermittlungsleistung liegt vor, wenn jemand es für einen Auftraggeber übernimmt, einen Leistungsaustausch zwischen ihm und einem Dritten oder zwischen Dritten zustande zu bringen. Der Vermittler wird im fremden Namen und auf fremde Rechnung tätig (zB Makler, Handelsvertreter). Der vermittelnde Unternehmer ist in den Leistungsaustausch des vermittelten Umsatzes selbst nicht eingebunden. Vermittlungsleistungen an einen Nichtunternehmer (B2C) gelten als an dem Ort erbracht, an dem der vermittelte Umsatz ausgeführt wird (§ 3a Abs 8 UStG). Bei Vermittlungsleistungen zwischen Unternehmern (B2B) kommt das Empfängerortprinzip nach der Grundregel zur Anwendung (§ 3a Abs 6 UStG). Für Kommissionsgeschäfte (Vermittlung einer Lieferung) sieht § 3 Abs 3 UStG eine Sonderregelung in Hinblick auf den Leistungszeitpunkt vor.

Besorgungsleistungen sind Leistungen, die ein Unternehmer im eigenen Namen und auf fremde Rechnung erbringt. Im Unterschied zu den Vermittlungsleistungen ist der besorgende Unternehmer in den Umsatz des besorgten Geschäfts selbst eingebunden. Auf solche Leistungen sind, unabhängig davon, wer Empfänger der Leistung ist, die für die besorgte Leistung geltenden Bestimmungen entsprechend anzuwenden (§ 3a Abs 4 UStG).

Besorgungsleistungen

X möchte ein Grundstück vom gewerblichen Grundstückshändler Z kaufen, will jedoch nach außen nicht als Käufer auftreten und beauftragt Y, den Kauf des Grundstücks im eigenen Namen aber für Rechnung des X vorzunehmen.
Y erbringt gegenüber X eine Besorgungsleistung, indem er für ihn den Kauf des Grundstücks vornimmt. Zwischen Y und Z findet die Lieferung des Grundstücks statt, die nach § 6 Abs 1 Z 9 lit a UStG grundsätzlich von der Umsatzsteuer befreit ist. Die nachfolgende Übertragung des Grundstücks von Y auf X ist aus umsatzsteuerrechtlicher Sicht ihrerseits wieder eine Lieferung. Bezahlt X dem Y mehr als den zwischen Y und Z vereinbarten Kaufpreis, so ist dieser Überschuss das Entgelt für die von Y erbrachte Besorgungsleistung. Für diese Besorgungsleistung gelten die Bestimmungen betreffend die besorgte Leistung entsprechend, dh die Besorgungsleistung ist – wie die Lieferung des Grundstücks selbst – dort ausgeführt, wo sich das Grundstück zum Zeitpunkt der Verschaffung der Verfügungsmacht (von Y auf X) befunden hat. Die Besorgungsleistung ist aber gem § 3a Abs 4 UStG iVm § 6 Abs 1 Z 9 lit a UStG unecht steuerbefreit.

Übungsbeispiele

1. Der österr Unternehmer A beauftragt den US-amerikanischen Architekten C mit der Planung eines Bürogebäudes.
   a) Das Bürogebäude soll auf einem Grundstück von A errichtet werden, das in Deutschland gelegen ist.
   b) Das Bürogebäude soll für ein beliebiges Grundstück geplant werden, da A noch auf der Suche nach dem wirtschaftlich besten Standort für sein Investment ist.
2. Der österreichische Unternehmer U vermittelt dem spanischen Unternehmer S die Planung eines Wolkenkratzers in München durch den österreichischen Architekten A. Wo ist der Leistungsort der Vermittlung und der Planung?
3. Der österreichische Jachtclub vermietet dem Unternehmer U eine Woche lang eine große Jacht, die im Hafen von Monaco liegt für den Zweck einer Werbeaktion für Stammkunden. Wo ist der Ort der sonstigen Leistung?
4. Ein US-Steuerberater erstattet ein Kurzgutachten über die steuerlichen Folgen einer Erbschaft in den USA. Leistungsempfänger ist der österr Steuerberater Y.
5. F übersiedelt von Frankreich nach Österreich und beauftragt ein deutsches Transportunternehmen mit dem Transport seines Hausstandes von Frankreich nach Österreich.
6. Der italienische Wirtschaftsprüfer XY erstellt einen Spendennachweis für den gemeinnützigen Verein A mit Sitz in Österreich, der über keine UID-Nummer verfügt.
7. Der österreichische Rechtsanwalt B berät einen US-Amerikaner im Zusammenhang mit der Gründung einer Privatstiftung in Österreich.

Ausnahmen B2B-Regel	Ausnahmen B2C-Regel
soL iZm **Grundstücken** → Belegenheitsort des Grundstücks (§ 3a Abs 9)	
Personenbeförderung → wo bewirkt (§ 3a Abs 10)	
	Güterbeförderung • innerhalb EU: Beginn (Art 3a Abs 1) • sonst: wo bewirkt (§ 3a Abs 10)
Restaurant- und Verpflegungsdienstleistungen • innerhalb der EU: Abgangsort (Art 3a Abs 3) • sonst: wo bewirkt (§ 3a Abs 11 lit d)	
	• kulturelle, künstlerische, wissenschaftliche, unterhaltende Leistungen, Eintrittsberechtigungen • Nebenleistungen zur Güterbeförderung • Arbeiten an bewegl körperl Gegenständen → Tätigkeitsort (§ 3a Abs 11)
kurzfristige Vermietung von Beförderungsmitteln wo zur Verfügung gestellt (§ 3a Abs 12)	
	Katalogleistungen Empfängerort (§ 3a Abs 14) **elektronische Dienstleistungen** Empfängerort (§ 3a Abs 13)

Abb 33. Ausnahmen B2B- und B2C-Regel

7.6 Innergemeinschaftlicher Erwerb

7.6.1 Überblick

Nach Art 1 UStG unterliegt auch der innergemeinschaftliche Erwerb im Inland gegen Entgelt der Umsatzsteuer.

Ein innergemeinschaftlicher Erwerb gegen Entgelt liegt grundsätzlich nur dann vor, wenn die folgenden **Voraussetzungen** erfüllt sind:
- ein Gegenstand gelangt im Zuge einer Lieferung an den Abnehmer (Erwerber) aus dem Gebiet eines Mitgliedstaats in das Gebiet eines anderen Mitgliedstaats;
- der Erwerber ist ein Unternehmer, der den Gegenstand für sein Unternehmen erwirbt und
- die Lieferung an den Erwerber wird durch einen Unternehmer gegen Entgelt im Rahmen seines Unternehmens ausgeführt und unterliegt im Bestimmungsstaat keiner Steuerbefreiung für Kleinunternehmer.

Unter bestimmten Voraussetzungen kann ein innergemeinschaftlicher Erwerb auch durch juristische Personen, die Nichtunternehmer sind, verwirklicht werden (sog Schwellenerwerber; dazu gleich).

7.6.2 Gegenstand des innergemeinschaftlichen Erwerbs

7.6.2.1 Erwerb durch einen Unternehmer

Ein innergemeinschaftlicher Erwerb liegt regelmäßig dann vor, wenn ein Gegenstand zwischen zwei Unternehmern gegen Entgelt ausgetauscht wird und dieser Gegenstand aus einem Mitgliedstaat in einen anderen Mitgliedstaat gelangt.

7.6.2.2 Erwerb durch eine juristische Person für außerunternehmerische Zwecke

Ein innergemeinschaftlicher Erwerb setzt grundsätzlich voraus, dass dem Erwerber einerseits die Eigenschaft eines Unternehmers zukommt und er andererseits den Gegenstand für sein Unternehmen erwirbt.

Schwellenerwerber Eine juristische Person, die entweder nicht Unternehmerin ist oder die den Gegenstand nicht für ihr Unternehmen erwirbt, kann nur dann einen innergemeinschaftlichen Erwerb gegen Entgelt realisieren, wenn der Gesamtbetrag der Entgelte der aus anderen Mitgliedstaaten bezogenen Lieferungen im vorangegangenen Kalenderjahr und im laufenden Kalenderjahr EUR 11.000,– überschritten hat (Art 3 Abs 4 UStG; sog **Erwerbsschwelle**). Dasselbe gilt für Unternehmer, die selbst nur unecht steuerbefreite Umsätze ausführen (siehe dazu später S 341 ff) und Unternehmer, die ihre Umsatzsteuer gem § 22 UStG nach Durchschnittssätzen ermitteln (Land- und Forstwirte). Diese Personen werden als Schwellenerwerber bezeichnet.

Ein Schwellenerwerber unter der Erwerbsschwelle kann einen innergemeinschaftlichen Erwerb herbeiführen, wenn er auf die Erwerbsschwelle verzichtet (Art 1 Abs 5 UStG).

Für verbrauchsteuerpflichtige Waren (Alkohol, alkoholische Getränke, Tabakwaren und Energieerzeugnisse) gilt die Erwerbsschwelle nicht. Verbrauchsteuerpflichtige Waren unterliegen daher unabhängig von der Summe der Entgelte, die ein Schwellenerwerber für Lieferungen aus anderen Mitgliedstaaten entrichtet, stets der Besteuerung als innergemeinschaftlicher Erwerb (Art 1 Abs 6 UStG).

Lieferungen an Nichtunternehmer oder an Schwellenerwerber, die die Erwerbsschwelle weder überschritten noch auf ihre Anwendung verzichtet haben, können nie als innergemeinschaftlicher Erwerb qualifiziert werden. Der Lieferant kann in solchen Fällen daher auch nie eine steuerfreie innergemeinschaftliche Lieferung ausführen (vgl dazu später 7.19.3.2). Er erbringt in diesen Fällen entweder eine Lieferung am Beginn der Beförderung oder – bei Überschreiten der Lieferschwelle im Bestimmungsland (vgl dazu vorher 7.5.3.2) – eine Lieferung am Ende der Beförderung.

Die Höhe der Erwerbsschwelle, die nicht unter EUR 10.000,– liegen darf, wird von jedem Mitgliedstaat individuell bestimmt (Art 3 Abs 2 lit a MwStRL).

Besonderheiten gelten für den Erwerb neuer Fahrzeuge (Art 1 Abs 7 ff UStG, vgl dazu im Detail *Ehrke-Rabel* in Doralt/Ruppe II[7] Tz 609 ff).

1. Unternehmer A (Hersteller von Spielwaren und Sitz in Österreich) bezieht Farben von Hersteller B mit Sitz in Frankreich.
   Ist A steuerpflichtiger Unternehmer in Österreich, tätigt er einen innergemeinschaftlichen Erwerb in Österreich. Er hat die Umsatzsteuer auf die Waren selbst zu berechnen und zu entrichten, kann diese aber unter den übrigen Voraussetzungen als Vorsteuer geltend machen (vgl dazu später S 368 ff).
2. Die Beteiligungsholding X (Sitz in Österreich) bezieht Werbeartikel vom Unternehmer Y (Sitz in Italien). Gesamtbetrag der Entgelte aus Lieferungen aus anderen Mitgliedstaaten an die Beteiligungsholding EUR 3.000,– / EUR 20.000,–.
   Eine reine Beteiligungsholding ist nicht Unternehmerin (vgl dazu vorher S 306). Sie ist als juristische Person ohne Unternehmereigenschaft Schwellenerwerberin. Erwirbt sie Gegenstände aus dem übrigen Gemeinschaftsgebiet um EUR 3.000,–, so wird die Erwerbsschwelle nicht überschritten. Die Holding tätigt keinen innergemeinschaftlichen Erwerb (außer sie verzichtet auf die Erwerbsschwelle). Je nachdem, ob der Lieferant die Lieferschwelle überschreitet oder nicht, liegt eine Lieferung im Inland (mit inländischer Umsatzsteuer) oder im Ausland (mit ausländischer Umsatzsteuer) vor. Tätigt die Holding Erwerbe von EUR 20.000,–, so hat sie die Erwerbsschwelle überschritten und einen innergemeinschaftlichen Erwerb in Österreich zu besteuern. Ein Vorsteuerabzug steht ihr mangels Unternehmereigenschaft jedoch nicht zu (vgl dazu später S 368 ff).
3. Z kauft im Internet für den Privatbedarf eine neue Gartengarnitur um EUR 2.500,– von einem Einzelhändler E, der die Ware von Belgien verschickt.

Z handelt als Privatperson und kann nie einen innergemeinschaftlichen Erwerb tätigen. Die Lieferung ist daher je nach Situation des Lieferanten in Belgien steuerbar und steuerpflichtig oder aber in Österreich.

Variante 1: Würde Z die Ware aus Russland unter den Konditionen „unverzollt und unversteuert" beziehen, so würde er Einfuhrumsatzsteuer schulden.

Variante 2: Würde Z die Ware aus Russland unter den Konditionen „verzollt und versteuert" beziehen, würde der Lieferant die Einfuhrumsatzsteuer schulden und anschließend steuerbar und steuerpflichtig in Österreich liefern (§ 3 Abs 9 UStG, siehe vorher S 323).

7.6.2.3 Ort des innergemeinschaftlichen Erwerbs

Bestimmungslandprinzip

Ein innergemeinschaftlicher Erwerb wird in dem Gebiet des Mitgliedstaates bewirkt, in dem sich der Gegenstand am Ende der Beförderung befindet (Art 3 Abs 8 UStG).

Verwendet der Erwerber gegenüber dem Lieferer eine ihm von einem anderen Mitgliedstaat erteilte UID-Nummer, so gilt der Erwerb so lange zusätzlich auch als in dem Gebiet dieses Mitgliedstaates bewirkt, bis der Erwerber nachweist, dass der Erwerb in dem Mitgliedstaat besteuert worden ist, in dem sich der Gegenstand am Ende der Beförderung befand (Art 3 Abs 8 UStG).

7.7 Einfuhr (§ 1 Abs 1 Z 3 UStG)

Einfuhrumsatzsteuer

Die Einfuhr von Gegenständen aus dem Drittland unterliegt der Umsatzsteuer (sog Einfuhrumsatzsteuer, EUSt; § 1 Abs 1 Z 3 UStG). Eine Einfuhr liegt vor, wenn ein Gegenstand aus dem Drittlandsgebiet (Nicht-EU-Staaten) in das Inland gelangt. Unerheblich ist, ob der Gegenstand von einem Unternehmer oder einem Nicht-Unternehmer erworben wird (anders innerhalb der Europäischen Union! Dort macht es einen Unterschied, ob ein Unternehmer oder ein Nicht-Unternehmer den Gegenstand aus dem übrigen Gemeinschaftsgebiet bezieht!)

Führt ein zum Vorsteuerabzug berechtigter Unternehmer einen Gegenstand aus dem Drittland ein, so kann er die entrichtete – unter bestimmten Voraussetzungen auch die geschuldete EUSt – unter den allgemeinen Voraussetzungen als Vorsteuer geltend machen (§ 12 Abs 1 Z 2 UStG, vgl dazu später S 356).

Bemessungsgrundlage der Einfuhrumsatzsteuer ist der **Zollwert** (§ 5 Abs 1 UStG), das ist in der Regel der Kaufpreis zuzüglich des Zolles und der Nebenkosten bis zum ersten Bestimmungsort im Gebiet des Mitgliedstaates der Europäischen Union (zB Beförderung, Versicherung, Verpackung; § 5 Abs 4 UStG).

Bemessungsgrundlage

§ 6 Abs 4 ff UStG normiert Befreiungen für die Einfuhr. Im Reisegepäck dürfen aus Drittländern derzeit Waren im Wert von EUR 300,– (EUR 430,– für Flugreisende; EUR 150,– für Reisende unter 15 Jahren) abgabenfrei eingeführt werden. Für Alkoholika und Tabakwaren gelten davon abweichend mengenmäßige Beschränkungen (vgl § 6 Abs 5 UStG).

Übungsbeispiele

1. Der österreichische Gastronom X kauft anlässlich einer Rundreise in der Ukraine einen Tisch (Stilmöbel), den er als Dekorationsgegenstand in seinem Lokal verwenden möchte. Er nimmt den Tisch selbst mit/lässt ihn sich schicken. (Gehen Sie auch auf die Beförderung ein!)
2. Würde sich bei den umsatzsteuerrechtlichen Folgen etwas ändern, wenn der Käufer dieses Tisches nicht der österreichische Unternehmer X, sondern ein Pensionist wäre, der den Tisch in seiner Privatwohnung verwenden möchte?

7.8 Entgelt

7.8.1 Funktion des Entgelts in der Umsatzsteuer

Lieferungen, sonstige Leistungen und innergemeinschaftliche Erwerbe sind umsatzsteuerbar, wenn sie der Unternehmer gegen Entgelt ausführt (die USt ist somit eine Einkommensverwendungssteuer). Entgeltlichkeit ist somit Voraussetzung für das Vorliegen einer unternehmerischen Betätigung. Gleichzeitig stellt das Entgelt für Lieferungen, sonstige Leistungen und den innergemeinschaftlichen Erwerb die Bemessungsgrundlage für die Umsatzsteuer dar (§ 4, Art 4 UStG). Daher wirken sich auch nachträgliche Änderungen des Entgelts auf die Umsatzsteuerschuld aus (vgl dazu S 352).

Bemessungsgrundlage

7.8.2 Leistungsaustausch als Voraussetzung für die Entgeltlichkeit

Do-ut-des-Prinzip

Die Entgeltlichkeit einer Leistung setzt das Vorliegen eines Leistungsaustausches voraus. Es bedarf einer **unmittelbaren wirtschaftlichen Verknüpfung von Leistung und Gegenleistung**. Dabei kann es sich auch um freiwillige Gegenleistungen handeln (zB Konzertveranstaltung mit freiwilligen Spenden), oder um Gegenleistungen in Form von Sachleistungen (Tausch). Es kommt lediglich darauf an, dass dem Leistungsempfänger durch die Leistung des Unternehmers ein verbrauchsfähiger Nutzen verschafft wird, für dessen Erhalt er ein Entgelt geleistet hat. Ob das Entgelt privatrechtlich vereinbart wurde oder auf hoheitlicher Grundlage beruht (zB Kanalgebühr), ist unerheblich.

Kein Leistungsaustausch

Kein Leistungsaustausch wird grundsätzlich bei **Mitgliedsbeiträgen** an ideelle Vereine angenommen, wenn dem einzelnen Mitglied durch seinen Beitrag kein individueller verbrauchsfähiger Nutzen verschafft wird. **Spenden** sind nur dann Entgelt und begründen einen Leistungsaustausch, wenn und soweit mit ihnen eine konkrete Gegenleistung an den Spender verbunden ist. Auch **echte Schadenersatzleistungen** stellen kein Entgelt dar.

1. Der Mitgliedsbeitrag an eine Menschenrechtsorganisation ist nicht steuerbar, weil er nicht als Gegenleistung für eine konkrete Leistung der Organisation an das Mitglied entrichtet wird. Es liegt kein Leistungsaustausch vor.
2. Der jährliche Mitgliedsbeitrag an einen Golfklub stellt ein Entgelt dar. Mit der Entrichtung des Beitrages entsteht dem Mitglied ein konkreter verbrauchsfähiger Nutzen, nämlich das Recht, die Anlagen des Klubs zu nützen. Dies gilt auch dann, wenn das Mitglied in dem betreffenden Jahr in dem Klub nie spielt.
3. Die Spende eines Geldbetrages für Katastrophenopfer ist mangels Erbringung einer Leistung an den Spender nicht umsatzsteuerbar.
4. Besucht jemand eine Theatervorführung gegen Leistung einer freiwilligen Spende, so wird die Spende gegeben, um die Theatervorführung besuchen zu können. Es liegt ein Leistungsaustausch vor. Die Spende ist somit Entgelt für die Theatervorführung und damit steuerbar.
5. Wird Schadenersatz wegen Nichterfüllung eines Kaufvertrages geleistet, liegt kein Leistungstausch vor (nicht steuerbarer echter Schadenersatz). Wird eine Entschädigungszahlung für die Räumung eines Grundstückes geleistet, liegt ein steuerbarer Leistungstausch vor (steuerbarer unechter Schadenersatz).

7.8.3 Definition des Entgelts

Das Entgelt als Gegenleistung für Lieferungen, sonstige Leistungen und innergemeinschaftliche Erwerbe umfasst alles, was der Abnehmer (oder auch ein Dritter) für die Leistung aufwendet. Dazu gehören auch Entgelte von dritter Seite (zB Druckkostenzuschuss bei einem Verlag). Die Umsatzsteuer selbst zählt nicht zum Entgelt, wohl aber andere Abgaben (zB Mineralölsteuer, Tabaksteuer).

Nicht zum Entgelt zählen durchlaufende Posten. Dabei handelt es sich um Beträge, die der Unternehmer im Namen und für Rechnung eines anderen vereinnahmt und verausgabt (zB Gerichtsgebühren beim Anwalt). **Durchlaufende Posten**

Beim Tausch besteht das Entgelt für eine Lieferung seinerseits in einer Lieferung. Bemessungsgrundlage der jeweiligen Lieferung ist grundsätzlich der gemeine Wert des als Gegenleistung erhaltenen Gegenstandes. Entsprechendes gilt, wenn die Gegenleistung für eine Lieferung (sonstige Leistung) in einer sonstigen Leistung besteht (tauschähnlicher Umsatz). **Tausch**

Die Steuerberaterin X führt für ihren Klienten, den Weinhändler Y, eine Umgründung durch. An Stelle eines Honorars erhält sie mehrere Kartons guten Weins.
Hier liegt ein tauschähnlicher Umsatz vor. X erhält für ihre sonstige Leistung eine Lieferung. Bemessungsgrundlage ihrer Leistung ist der Wert der Weinkartons (§ 4 Abs 6 UStG).
Y erhält für seine Lieferung eine sonstige Leistung. Bemessungsgrundlage seiner Lieferung ist der Wert der an ihn erbrachten sonstigen Leistung.

7.8.4 Abweichende Bemessungsgrundlage Normalwert (Mindestbemessungsgrundlage)

Bemessungsgrundlage einer Lieferung, sonstigen Leistung oder eines innergemeinschaftlichen Erwerbs ist unter bestimmten Voraussetzungen an Stelle des Entgelts der sog Normalwert (§ 4 Abs 9 UStG). Normalwert ist *„der gesamte Betrag, den ein Empfänger einer Lieferung oder sonstigen Leistung auf derselben Absatzstufe, auf der die Lieferung oder sonstige Leistung erfolgt, an einen unabhängigen Lieferer oder Leistungserbringer zahlen müsste, um die betreffenden Gegenstände oder sonstigen Leistungen zu diesem Zeitpunkt unter den Bedingungen des freien Wettbewerbs zu erhalten"* (§ 4 Abs 9 UStG). Ist eine vergleichbare Lieferung oder sonstige Leistung nicht ermittelbar, ist als **Normalwert**

Normalwert die Bemessungsgrundlage für den Entnahme- bzw den Nutzungseigenverbrauch anzusetzen.

Voraussetzungen
Der Normalwert kommt nur dann als Bemessungsgrundlage in Betracht, wenn Lieferungen oder sonstige Leistungen zwischen Personen ausgetauscht werden, die einander aus familiären, gesellschaftsrechtlichen oder arbeitsvertragsrechtlichen Gründen nahe stehen. Da die Normalwertregelung missbräuchliche Gestaltungen vermeiden soll, kommt sie nur zur Anwendung, wenn zusätzlich zu dem Naheverhältnis zwischen leistendem Unternehmer und Leistungsempfänger folgende Voraussetzungen (alternativ) erfüllt sind:
a) Das Entgelt ist niedriger als der Normalwert und der Empfänger der Lieferung oder sonstigen Leistung ist nicht oder nicht zum vollen Vorsteuerabzug berechtigt.
b) Das Entgelt ist niedriger als der Normalwert und der leistende Unternehmer ist nicht oder nicht zum vollen Vorsteuerabzug berechtigt und der Umsatz ist unecht steuerbefreit.
c) Das Entgelt ist höher als der Normalwert und der leistende Unternehmer ist nicht oder nicht zum vollen Vorsteuerabzug berechtigt.

A ist Alleingesellschafter der AB-GmbH. Die AB-GmbH verkauft A einen Klein-LKW aus ihrem Fuhrpark um EUR 15.000,– zuzüglich USt. Der Listenpreis des Klein-LKW beläuft sich auf EUR 25.000,–. A wird den Klein-LKW ausschließlich für private Zwecke nutzen.
Da A und die AB-GmbH miteinander gesellschaftsrechtlich verbunden sind, der Verkaufspreis für den Klein-LKW unter dem Normalwert liegt und da A den Klein-LKW für nicht zum Vorsteuerabzug berechtigende Zwecke verwenden wird, ist die Umsatzsteuer vom Normalwert (dh vom Listenpreis) zu entrichten.

Variante:
Verkauft die AB-GmbH den Klein-LKW unter dem Listenpreis an einen völlig fremden Dritten, so ist § 4 Abs 9 UStG nicht anwendbar. Bemessungsgrundlage für die Umsatzsteuer bleibt das niedrige tatsächlich verrechnete Entgelt.

Differenzbesteuerung: Die Besteuerung des vollen Entgeltes führt zu Verzerrungen, wenn der Unternehmer die gelieferten Gegenstände von Privaten erworben hat und daher kein Vorsteuerabzug möglich war (obwohl der Gegenstand seinerzeit vielleicht umsatzsteuerpflichtig erworben wurde). Das betrifft vor allem den Gebrauchtwarenhandel und den Handel mit gebrauchten KFZ. § 24 UStG und Art 24 UStG sehen daher für Kunstgegenstände, Antiquitäten, aber auch für andere bewegliche körperliche Gegenstände eine Besteuerung der

Differenz zwischen Einkaufs- und Verkaufspreis vor. Der betreffende Unternehmer kann auf die Differenzbesteuerung verzichten und das normale Besteuerungsregime wählen.

Ankauf eines PKW durch einen Gebrauchtwagenhändler von einem Privaten um EUR 2.000,–; Weiterverkauf um brutto EUR 4.400,–. *Die Differenz von EUR 2.400,– enthält bereits die USt iHv 20%. Die Bemessungsgrundlage beträgt daher EUR 2.000,–. Der Gebrauchtwarenhändler hat USt iHv EUR 400,– abzuführen.*

7.9 Steuerbefreiungen (§ 6 UStG)

7.9.1 Überblick

Lieferungen und sonstige Leistungen, die ein Unternehmer in Österreich gegen Entgelt ausführt, sind in Österreich steuerbar. Eine Umsatzsteuerpflicht ist erst dann gegeben, wenn diese Umsätze nicht steuerbefreit sind. Die Steuerbefreiungen sind in § 6 UStG und Art 6 UStG geregelt. Sie gelten grundsätzlich auch für den Eigenverbrauch (siehe dazu später 7.18).

Lieferungen, deren Verbrauch in einem anderen Staat als Österreich stattfinden soll, sollen nach dem Konzept des Umsatzsteuerrechts grundsätzlich im Bestimmungsland besteuert werden. Dieses Ziel wird im Verhältnis zu Drittstaaten durchwegs durch eine Steuerbefreiung für die Ausfuhrlieferung, im Binnenmarkt teilweise durch eine Steuerbefreiung, teilweise durch die Verlagerung des Lieferortes in das Bestimmungsland verwirklicht. Die Besonderheit dieser Steuerbefreiungen liegt darin, dass der liefernde Unternehmer unter den übrigen Voraussetzungen das Recht auf Vorsteuerabzug bewahrt, obwohl seine eigenen Ausgangsumsätze im Ursprungsland nicht mit Umsatzsteuer belastet werden (eine Belastung mit Umsatzsteuer findet regelmäßig im Bestimmungsland statt; vgl dazu später 7.9.2). Derartige Befreiungen werden als echte Umsatzsteuerbefreiungen bezeichnet. „Echte" Steuerbefreiungen (mit Vorsteuerabzug des Unternehmers) führen zu einer gänzlichen Entlastung eines Umsatzes von der Umsatzsteuer.

Echte Steuerbefreiungen

Unechte Steuerbefreiungen verfolgen einen anderen Zweck als echte Steuerbefreiungen. Sie sollen nicht die Besteuerung am Ort des Verbrauchs ermöglichen, sondern entlasten bestimmte Umsätze aus gesellschafts-, wirtschaftspolitischen oder verwaltungsökonomischen Gründen endgültig von der Umsatzsteuer. Diese Umsätze sind jedoch indirekt mit Umsatzsteuer belastet, weil es sich bei den Befreiungen um sogenannte unechte Befreiungen handelt: Mit der Befreiung der

Unechte Steuerbefreiungen

(Ausgangs-) Umsätze geht der Verlust des Vorsteuerabzugsrechts auf Eingangsumsätze einher. Damit wird bloß der auf die befreite Umsatzstufe entfallende Mehrwert steuerfrei gehalten. Die Umsatzstufen, die die Ware vorher durchlaufen hat, bleiben auf Grund des Verlusts des Vorsteuerabzuges mit Umsatzsteuer belastet.

Kommt eine unechte Steuerbefreiung anlässlich einer Lieferung oder einer sonstigen Leistung an den Unternehmer und nicht an den Letztverbraucher zum Tragen, so führt die Befreiung zu einer Kumulierung der Umsatzsteuer.

1. Die Umsätze von Ärzten auf dem Gebiet der Heilbehandlung sollen etwa nicht mit Umsatzsteuer belastet werden. Sie sind daher innerhalb der gesamten Europäischen Union von der Umsatzsteuer befreit. Die Steuerbefreiung bewirkt jedoch keine Entlastung von der gesamten Umsatzsteuer: Kauft etwa ein Radiologe einen Computertomographen, so steht ihm der Vorsteuerabzug aus der Anschaffung nicht zu, weil er ihn für die Erbringung steuerbefreiter Umsätze auf dem Gebiet der Heilbehandlung verwendet. Dies hat zur Folge, dass er bei der Berechnung des Entgelts für seine ärztliche Dienstleistung die auf die Anschaffungskosten des Tomographen entfallende Umsatzsteuer mitberücksichtigen wird.

2. Umsätze eines **Kleinunternehmers** (dies ist ein Unternehmer, dessen Umsätze im Jahr insgesamt nicht mehr als EUR 30.000,– betragen) sind (unecht) befreit (§ 6 Abs 1 Z 27 UStG). Dem Kleinunternehmer steht ein Vorsteuerabzug für seine Aufwendungen nicht zu. Die in den Aufwendungen enthaltenen Vorsteuern sind daher bei Leistungen von Kleinunternehmern an unternehmerische Abnehmer keine durchlaufenden Posten. Sie erhöhen den Einkaufspreis des Abnehmers. Um dies zu vermeiden, kann der Kleinunternehmer auf die Befreiung verzichten (§ 6 Abs 3 UStG, fünfjährige Bindung an den Verzicht). Durch den Verzicht auf die Steuerbefreiung werden seine Umsätze steuerpflichtig: Er stellt für seine Leistungen Umsatzsteuer in Rechnung und kann seinerseits für die empfangenen Leistungen den Vorsteuerabzug in Anspruch nehmen.

Die unechte Befreiung stellt grundsätzlich dann eine Begünstigung dar, wenn an Letztverbraucher geleistet wird (zB Umsätze von privaten Schulen); zu einer Belastung führt sie aber auch in diesen Fällen, wenn – zB infolge verschiedener Steuersätze – die (nicht abzugsfähigen) Vorsteuern höher sind als die bei Steuerpflicht anfallende Umsatzsteuer. Aus diesem Grund wurden Leistungen verschiedener Kommunaleinrichtungen (Müllabfuhr etc) nicht von der Umsatzsteuer befreit, sondern dem begünstigten Steuersatz unterworfen.

7.9.2 Steuerbefreiungen mit Vorsteuerabzug („echte" Befreiungen; § 6 Abs 1 Z 1 bis Z 6 UStG)

Die Steuerbefreiungen mit Vorsteuerabzug kommen in Fällen zum Tragen, in denen nach den Leistungsortbestimmungen der Umsatz zwar im Inland ausgeführt wird, der Verbrauch aber im Ausland erfolgt. Dieses Konzept gilt uneingeschränkt nur für den Handel mit Drittländern. Echt steuerbefreit sind die in § 6 Abs 1 Z 1 bis 6 UStG aufgezählten Leistungen (das ergibt sich aus § 12 Abs 3 Z 4 lit a UStG). Im EU-Handel sind nur Lieferungen an steuerpflichtige Unternehmer und Lieferungen an Schwellenerwerber über der Erwerbsschwelle als innergemeinschaftliche Lieferungen echt steuerbefreit (Art 6 Abs 1 iVm Art 7 UStG).

Zu den wichtigsten echten Steuerbefreiungen zählen jene für Ausfuhrlieferungen und für innergemeinschaftliche Lieferungen.
Eine Ausfuhrlieferung setzt voraus (§ 6 Abs 1 Z 1 iVm § 7 UStG): **Ausfuhrlieferung**
- die Beförderung oder Versendung des Gegenstandes in ein Drittland,
- einen Nachweis über die Ausfuhr des Gegenstandes (sog Ausfuhrnachweis, dh die Zollpapiere),
- einen Buchnachweis (eigene Aufzeichnungen, anhand derer die Voraussetzungen für die Steuerfreiheit leicht nachgeprüft werden können).

Unerheblich ist, ob der Unternehmer oder der Abnehmer die Beförderung/Versendung in das Drittland vornimmt. Steuerfrei ist daher auch die Abhollieferung durch Private (**Touristenexport**). In diesem Fall müssen allerdings weitere Voraussetzungen erfüllt werden (Wohnort außerhalb der EU, Ausfuhr nach Ablauf von von drei Monaten und/oder Gesamtbetrag der Rechnung über EUR 75,–; § 7 Abs 1 Z 3 UStG).

Eine innergemeinschaftliche Lieferung liegt vor (Art 6 iVm Art 7 UStG), wenn **Innergemeinschaftliche Lieferung**
- der Gegenstand vom liefernden Unternehmer oder vom Abnehmer in einen anderen Mitgliedstaat („das übrige Gemeinschaftsgebiet") befördert oder versendet wird;
- der Abnehmer ein
  - Unternehmer ist, der den Gegenstand der Lieferung für sein Unternehmen erworben hat, oder
  - eine juristische Person ist, die nicht Unternehmerin ist oder die den Gegenstand der Lieferung nicht für ihr Unternehmen erworben hat und

- der Erwerb des Gegenstandes der Lieferung beim Abnehmer im anderen Mitgliedstaat steuerbar ist.

Der innergemeinschaftlichen Lieferung gleichgestellt ist das **Verbringen** eines Gegenstandes in einen anderen Mitgliedstaat, soweit nicht die Voraussetzungen des Art 3 Abs 1 Z 1 UStG erfüllt sind (vgl dazu im Detail *Ehrke-Rabel* in Doralt/Ruppe, Steuerrecht II[7] Tz 603 ff).

Besonderheiten gelten auch für die Lieferung von **neuen Fahrzeugen** im Binnenmarkt (vgl dazu im Detail *Ehrke-Rabel* in Doralt/Ruppe, Steuerrecht II[7] Tz 609 ff).

Die Steuerbefreiung der innergemeinschaftlichen Lieferung entfällt, wenn der Unternehmer wusste oder wissen musste, dass die betreffende Lieferung im Zusammenhang mit einer **Umsatzsteuerhinterziehung** oder einem sonstigen, die Umsatzsteuer betreffenden Finanzvergehen steht (Art 6 Abs 1 UStG).

Buch- und Beförderungsnachweis

Bewirkt der Abnehmer einer Lieferung in einem anderen Mitgliedstaat einen innergemeinschaftlichen Erwerb (siehe dazu vorher 7.6.1), tätigt der Lieferant eine steuerfreie innergemeinschaftliche Lieferung. Die Lieferung in einen anderen Mitgliedstaat ist buchmäßig nachzuweisen, jedoch muss dieser Buchnachweis nicht mehr zwingend im Inland geführt werden (§ 18 Abs 8 UStG). Ebenso ist ein Beförderungsnachweis zu erbringen. Rechnungen über innergemeinschaftliche Lieferungen haben einen Hinweis auf die steuerfreie innergemeinschaftliche Lieferung sowie die UID-Nummern des Lieferanten und des Erwerbers zu enthalten. Eine Rechnung über eine innergemeinschaftliche Lieferung ist bis spätestens zum 15. des auf die Lieferung folgenden Kalendermonats auszustellen (vgl Art 11 Abs 1 und Abs 2 UStG). Steuerfreie innergemeinschaftliche Lieferungen sind in die **Zusammenfassende Meldung** aufzunehmen (Art 21 Abs 3 UStG).

Lohnveredlung und Personenbeförderung

Echt steuerbefreit sind etwa auch die **Lohnveredlung** an Gegenständen der Ausfuhr (§ 6 Abs 1 Z 1 iVm § 8 UStG) oder die **Personenbeförderung** im grenzüberschreitenden Beförderungsverkehr mit Schiffen oder Luftfahrzeugen (§ 6 Abs 1 Z 3 lit d UStG).

Ein bosnischer Privater bringt sein Auto nach Österreich, um es hier reparieren zu lassen.
In Österreich ist die Bearbeitung steuerbar (Arbeit an einem beweglichen körperlichen Gegenstand gem § 3a Abs 11 lit c UStG), aber steuerfrei.

Übungsbeispiele

1. Die Schweizer Multimedia-Künstlerin I bringt ihren Kindern anlässlich eines Auftritts in Österreich mehrere Packungen Mozartkugeln mit (Kaufpreis EUR 35,–).
2. Der österreichische Tischler A
   a) nimmt an einer Messe in Russland teil und präsentiert dort einige Ausstellungsstücke,
   b) hat für einen amerikanischen Kunden Stühle angefertigt, die er ihm per Spediteur zukommen lässt.
3. B betreibt ein Transportunternehmen. Einer seiner größten Kunden ist ein Schweizer Unternehmer, für den er Transporte nach Österreich übernimmt.

7.9.3 Steuerbefreiungen mit Verlust des Vorsteuerabzuges („unechte" Befreiungen; § 6 Abs 1 Z 7 ff UStG)

Unechte Steuerbefreiungen gelten für bestimmte Arten von Umsätzen. Unecht steuerbefreit sind Unternehmer mit Wohnsitz oder Sitz in Österreich, deren Umsätze im Inland in einem Kalenderjahr EUR 30.000,– nicht überschreiten (sog Kleinunternehmer). Ein einmaliges Überschreiten der Umsatzgrenze um nicht mehr als 15% innerhalb eines Zeitraumes von fünf Kalenderjahren ist unbeachtlich. Bei der Grenze von EUR 30.000,– handelt es sich um eine Nettogröße (Zur Ermittlung der Umsatzgrenze s im Detail § 6 Abs 1 Z 27 UStG).

Kleinunternehmerregelung

Würde ein Unternehmer mit seinen Umsätzen dem Steuersatz von 20% unterliegen, so ist er ab Umsätzen von EUR 36.000,– nicht mehr Kleinunternehmer. Würde er dem Steuersatz von 10% unterliegen, so überschreitet er die Kleinunternehmergrenze, wenn seine Umsätze EUR 33.000,– überschreiten.

Zur Vermeidung von Wettbewerbsverzerrungen kann der Kleinunternehmer auf die Anwendung der Steuerbefreiung verzichten (§ 6 Abs 3 UStG). Der **Verzicht** bindet den Unternehmer für fünf Kalenderjahre.

Weitere unechte Steuerbefreiungen gelten etwa für Umsätze der Sozialversicherungsträger, bestimmte Geld- und Bankgeschäfte, Umsätze aus Versicherungsverhältnissen (dafür wird vom Versicherungsentgelt die Versicherungssteuer erhoben), Aufsichtsratsvergütungen, Umsätze von Blinden unter bestimmten Voraussetzungen, Postdienstleistungen unter bestimmten Voraussetzungen, Privatschulen

Beispiele für weitere unechte Befreiungen

unter bestimmten Voraussetzungen, Kinder- und Jugendbetreuung, gemeinnützige Sportvereinigungen, Pflege- und Tagesmütter, Lieferungen von Grundstücken (Option auf Steuerpflicht zulässig), Vermietung und Verpachtung von Grundstücken, ausgenommen für Wohn- und Beherbergungszwecke, Garagierung und Camping (Option auf Steuerpflicht möglich, der Steuersatz beträgt dann 20%), Kranken- und Pflegeanstalten, Umsätze auf dem Gebiet der Heilbehandlung; Krankenbeförderung; Kindergärten, Jugend- und Erziehungsheime, (…). – Vgl im Detail § 6 Abs 1 Z 7 ff UStG.

Vom Vorsteuerabzug ausgeschlossen ist die Umsatzsteuer aus jenen Eingangsumsätzen, die mit der befreiten Leistung in Zusammenhang stehen (das ergibt sich aus § 12 Abs 3 Z 1 und 2 UStG).

Tätigt daher zB ein Kreditinstitut nur steuerbefreite Ausgangsumsätze, sind sämtliche Vorsteuern vom Abzug ausgeschlossen. Tätigt es auch steuerpflichtige Ausgangsumsätze (zB für die Verwaltung von Kundendepots), dann sind die Vorsteuern, die im Zusammenhang mit den Depotumsätzen stehen, abzugsfähig (siehe dazu 7.17.4).

Option für Steuerpflicht

Da die unechte Steuerbefreiung bei hohen Eingangsumsätzen (hohem Vorsteuerpotenzial) und bei Leistung an andere vorsteuerabzugsberechtigte Unternehmer für den befreiten Unternehmer einen Nachteil darstellen kann (weil die nicht abziehbare Vorsteuer in diesem Fall zum Kostenfaktor wird), sieht das UStG in verschiedenen Fällen eine Option für die Steuerpflicht vor. Diese Optionsmöglichkeiten sind in § 6 Abs 2 und Abs 3 UStG verankert.

Ein **Optionsrecht** gilt va für
- Grundstücksumsätze iSd § 6 Abs 1 Z 9 lit a UStG (§ 6 Abs 2 UStG);
- bestimmte Finanzdienstleistungen (§ 6 Abs 2 UStG);
- die steuerfreie Vermietung zu Geschäftszwecken iSd § 6 Abs 1 Z 16 UStG unter bestimmten Voraussetzungen (vgl § 6 Abs 2 UStG);
- für Kleinunternehmer (vgl § 6 Abs 3 UStG).

Wird von dem Optionsrecht Gebrauch gemacht, hat der Unternehmer seine eigenen Umsätze der Umsatzsteuer zu unterwerfen, kann aber die Umsatzsteuer aus den Vorleistungen, die er bezieht, als Vorsteuer abziehen.

Ein Bauunternehmer errichtet eine Wohnhausanlage mit Eigentumswohnungen.
Der Verkauf der Wohnungen ist steuerfrei (§ 6 Abs 1 Z 9 lit a UStG). Dem Bauunternehmer steht daher aus der Errichtung kein Vorsteuerabzug zu (unechte Befreiung), sodass er die umsatzsteuerrechtliche Belastung aus der Errichtung in den Verkaufspreis kalkulieren wird. Veräu-

ßert der Bauunternehmer Wohnungen an andere umsatzsteuerpflichtige Unternehmer (zB an solche, die die Eigentumswohnung vermieten oder sie zu Berufszwecken verwenden wollen), so führt dies zu Wettbewerbsverzerrungen. Denn hätten diese Unternehmer die Wohnung selbst errichtet, hätten sie aus den Errichtungskosten den Vorsteuerabzug geltend machen können.

Für diese Grundstücksumsätze hat der Bauunternehmer die Möglichkeit, auf die Steuerbefreiung zu verzichten (§ 6 Abs 2 UStG): Der Verkauf der Eigentumswohnungen stellt dann einen steuerpflichtigen Umsatz dar, er kann daher aus den Errichtungskosten die Vorsteuern geltend machen. Der Bauunternehmer hat dem Käufer Umsatzsteuer in Rechnung zu stellen, die dieser, wenn er Unternehmer ist, als Vorsteuer abziehen kann.

Durch die Option auf die Steuerpflicht erhöht sich die Bemessungsgrundlage für die GrESt um die Umsatzsteuer. – Zur GrESt vgl Kap Verkehrsteuern S 389 ff.

7.10 Steuersätze (§ 10 UStG)

Kommt auf einen steuerbaren Umsatz keine Steuerbefreiung zur Anwendung, ist der Umsatz steuerpflichtig. Der Steuerschuldner (vgl dazu 7.11) muss daher Umsatzsteuer an das Finanzamt abführen. Die Umsatzsteuer beträgt 10%, 13% oder 20% der Bemessungsgrundlage.

Das Unionsrecht sieht neben einem Normalsteuersatz nur zwei ermäßigte Steuersätze (mindestens 5%) auf in der MwStRL näher bestimmte Leistungen vor. Für den Normalsteuersatz schreibt Art 97 der MwStRL einen Mindestsatz von 15% vor. Eine Obergrenze ist unionsrechtlich nicht vorgegeben. Derzeit haben Kroatien, Dänemark und Schweden mit 25% die zweithöchsten Mehrwertsteuersätze, Ungarn mit 27% den höchsten; unter den kontinentaleuropäischen Staaten hat Luxemburg mit 17% den niedrigsten Mehrwertsteuersatz der EU (Stand 1.1. 2016).

In Österreich beläuft sich der **Normalsteuersatz** auf 20% vom Entgelt (§ 10 Abs 1 UStG).

Das UStG sieht zudem zwei **ermäßigte Steuersätze** iHv 10% und 13% vom Entgelt vor. Der ermäßigte Steuersatz iHv **10%** ist für die in § 10 Abs 2 UStG genannten Leistungen vorgesehen. Dazu zählen insbesondere Lebensmittel, die Vermietung von Grundstücken zu Wohnzwecken, Umsätze von Pflegeanstalten, Personenbeförderung mit Verkehrsmitteln aller Art außer Luftfahrzeugen, zT Leistungen von Rundfunkunternehmen, Bücher, Zeitungen, Arzneimittel und Umsätze von gemeinnützigen Einrichtungen (…). Eine detaillierte

Aufzählung der diesem ermäßigten Steuersatz unterliegenden Gegenstände ist in Anlage 1 zu § 10 Abs 2 UStG zu finden.

Der ermäßigte Steuersatz iHv 13% vom Entgelt ist für die in § 10 Abs 3 UStG genannten Leistungen vorgesehen, wie beispielsweise Leistungen im Zusammenhang mit Tierzucht, dem Kulturbereich, zT Filmvorführungen und Musikaufführungen, Kunstgegenstände, Beherbergungsleistungen, Vermietung von Campinganlagen, Personenbeförderung mit Luftfahrzeugen, die Eintrittsberechtigung zu Sportveranstaltungen (…). Eine detaillierte Aufzählung der diesem ermäßigten Steuersatz unterliegenden Gegenstände ist in Anlage 2 zu § 10 Abs 3 UStG zu finden.

Für Landwirte und deren Erzeugnisse gelten zum Teil Besonderheiten (vgl im Detail § 10 Abs 3 Z 11 und § 22 UStG).

Lieferungen und sonstige Leistungen, die in den Gebieten Jungholz und Mittelberg (funktionale Enklaven) von dort ansässigen Unternehmern erbracht werden, unterliegen ausnahmsweise dem Normalsteuersatz von **19%**. Dieser Steuersatz entspricht jenem Deutschlands.

Werden im Geschäftsverkehr Konsumenten gegenüber Preisangaben gemacht, ist im Zweifel davon auszugehen, dass die Umsatzsteuer inkludiert ist. Der MwSt-Anteil in einem Preis beträgt bei einem Steuersatz von 20%: 16,667% (Divisor 6), bei einem Steuersatz von 10%: 9,091% (Divisor 11).

7.11 Steuerschuldner

7.11.1 Steuerschuldner im Regelfall (§ 19 Abs 1 UStG)

Steuerschuldner ist bei Lieferungen und sonstigen Leistungen der – **Unternehmer**, der die Leistungen erbringt, beim Eigenverbrauch der Unternehmer, der den Eigenverbrauch tätigt (§ 19 Abs 1 UStG).

Schuldner der Steuer auf den innergemeinschaftlichen Erwerb ist – der **Erwerber** (Art 19 Abs 1 Z 1 UStG).

Wer Schuldner der **Einfuhrumsatzsteuer** ist, richtet sich nach § 26 UStG und damit auch nach dem Zollrecht (§ 19 Abs 5 UStG).

Wird Umsatzsteuer unberechtigt in einer Rechnung ausgewiesen (§ 11 Abs 14 UStG; etwa weil der Aussteller der Rechnung gar keine Lieferung ausgeführt hat), so schuldet der Aussteller der Rechnung die ausgewiesene Umsatzsteuer (sog **Steuerschuld kraft Rechnung**; § 19 Abs 1 UStG).

7.11.2 Übergang der Steuerschuld auf den Leistungsempfänger (Reverse-Charge)

Die Steuerschuld geht auf den Abnehmer von sämtlichen sonstigen Leistungen (ausgenommen die entgeltliche Benützung von Bundesstraßen und die in § 3a Abs 11a genannten Leistungen) und Werklieferungen über, wenn

- der leistende Unternehmer im Inland weder sein Unternehmen betreibt noch die Leistung von einer inländischen Betriebsstätte aus erbringt und
- der Leistungsempfänger selbst Unternehmer ist oder eine juristische Person des öffentlichen Rechts ist, die selbst Nichtunternehmerin iSd § 3a Abs 5 Z 3 UStG ist.

Reverse-Charge

Dieser Übergang der Steuerschuld vom leistenden Unternehmer auf den Leistungsempfänger wird als Reverse-Charge bezeichnet.

Da ein Übergang der Steuerschuld nach dem Gesetzeswortlaut auf „Unternehmer im Sinne des § 3a Abs 5 Z 1 und 2" und auf „juristische Personen des öffentlichen Rechts, die Nichtunternehmer im Sinne des § 3a Abs 5 Z 3" sind, in Betracht kommt, gelangt § 19 Abs 1 2. UnterAbs UStG auch dann zur Anwendung, wenn die genannten Personen eine sonstige Leistung für den nicht steuerbaren Bereich (zB Hoheitsbereich oder privaten Bereich) empfangen.

Leistungsempfänger

In den Rechnungen über Leistungen, die dem Reverse-Charge-System unterliegen, ist die UID-Nr des Leistungsempfängers anzugeben und auf die Steuerschuld des Leistungsempfängers hinzuweisen (§ 11 Abs 1a UStG). Ein Ausweis der Steuer in der Rechnung unterbleibt mangels Steuerschuld beim leistenden Unternehmer. Der Leistungsempfänger ist hinsichtlich der von ihm geschuldeten USt-Beträge unter den allgemeinen Voraussetzungen zum Vorsteuerabzug berechtigt (siehe dazu später 7.17).

Rechnung

1. Ein in Italien ansässiger Rechtsanwalt erteilt einem in Österreich ansässigen Steuerberater eine Auskunft betreffend eine Umgründung in Italien. Dafür stellt er ein Honorar von EUR 1.000,– netto in Rechnung.
   Die sonstige Leistung wird von einem Unternehmer ohne Sitz in Österreich an einen anderen Unternehmer mit Sitz in Österreich erbracht und ist in Österreich steuerbar. Es kommt gem § 19 Abs 1 zweiter Satz UStG zum Übergang der Steuerschuld auf den Leistungsempfänger. Der italienische Anwalt hat eine Rechnung ohne Umsatzsteuer auszustellen und auf den Übergang der Steuerschuld hinzuweisen. Der österreichische Steuerberater schuldet die Umsatz-

steuer aus dem Honorar des Italieners. Unter den übrigen Voraussetzungen hat er gleichzeitig das Recht auf Vorsteuerabzug.

2. Eine gemischte Holding mit Sitz in Österreich nimmt für ihren nicht steuerbaren Geschäftsführungsbereich Beratungsleistungen eines Rechtsanwalts mit Sitz im Ausland an. Die Leistung des Rechtsanwalts wird auch nicht von einer inländischen Betriebsstätte aus erbracht.
Auf diese Beratungsleistung gelangt hinsichtlich des Leistungsortes die Grundregel für B2B-Leistungen zur Anwendung. Die sonstige Leistung wird gem § 3a Abs 6 UStG am Sitz des Leistungsempfängers in Österreich ausgeführt. Gleichzeitig geht die Steuerschuld auf den Leistungsempfänger über.

Erweitertes Reverse-Charge

Einen Übergang der Steuerschuld sieht das UStG darüber hinaus bei folgenden (teils von inländischen Unternehmern erbrachten) Lieferungen oder sonstigen Leistungen an andere Unternehmer vor: **Bauleistungen** an Unternehmer, die ihrerseits Bauleistungen erbringen (§ 19 Abs 1a UStG); Lieferung **sicherungsübereigneter Gegenstände**, Lieferung unter **Eigentumsvorbehalt** sowie Lieferung von Grundstücken, Bauten auf fremdem Grund und Baurechten im **Zwangsversteigerungsverfahren** (§ 19 Abs 1b UStG); Lieferung von **Erdgas oder Elektrizität** über ein Leitungsnetz durch Unternehmer, die weder Wohnsitz (Sitz) noch eine Betriebsstätte im Inland haben (§ 19 Abs 1c UStG) und schließlich Lieferungen von **Alteisen und Altmetallen sowie von Schrott, bestimmten Videospielkonsolen und Tablets sowie die Übertragung von Gas- und Elektrizitätszertifikaten** (vgl VO BGBl 20137369 udF BGBl II 2014/20, sog Umsatzsteuerbetrugsbekämpfungsverordnung, erlassen auf Grundlage von § 19 Abs 1d UStG); Übertragung von **Treibhausgasemissionszertifikaten** (§ 19 Abs 1e lit a UStG); Lieferung von **Mobilfunkgeräten** unter bestimmen Voraussetzungen (§ 19 Abs 1e lit b UStG).

7.12 Entstehen der Steuerschuld (§ 19 Abs 2 UStG)

7.12.1 Sollbesteuerung

Zeitpunkt der Leistung

Die Steuerschuld entsteht grundsätzlich mit Ende des Monats, in dem **die Leistung erbracht** wurde. Dieser Zeitpunkt verschiebt sich um einen Kalendermonat, wenn die Rechnungsausstellung erst nach Ablauf des Kalendermonats erfolgt, in dem die Leistung erbracht wurde (unabhängig davon, ob die Leistung innerhalb dieses Monats oder erst viel später erbracht wird). Zu besteuern ist das für die Leistung vereinbarte Entgelt, auch wenn es noch nicht zugeflossen ist. Man spricht daher von Sollbesteuerung.

Anzahlungen führen mit dem Zeitpunkt der Vereinnahmung zur Steuerpflicht (sog **Mindest-Ist-Besteuerung**).

7.12.2 Istbesteuerung

In den in § 17 UStG genannten Fällen entsteht die Steuerschuld mit Ende des Monats, in dem die Entgelte vereinnahmt wurden. Man spricht von Istbesteuerung (Vorteil: spätere Entrichtung, Liquidität). Diese Form der Besteuerung ist im Wesentlichen für freie Berufe, nicht buchführungspflichtige Gewerbetreibende und Vermietungstätigkeiten bis zu einer Umsatzgrenze von EUR 110.000,– vorgesehen. Auf die Istbesteuerung kann – mit Ausnahme der Istbesteuerung bei Anzahlungen und in den Fällen des § 17 Abs 1 2. Satz UStG – verzichtet werden, sodass die Sollbesteuerung zur Anwendung gelangt (§ 17 Abs 1 UStG).

Vereinnahmung

In Fällen des Reverse-Charge (siehe oben 7.11.2) entsteht die Steuerschuld bei Soll- wie Istbesteuerung mit Ablauf des Kalendermonats, in dem die Lieferung oder sonstige Leistung ausgeführt worden ist. Dieser Zeitpunkt verschiebt sich – ausgenommen in Fällen der Leistungserbringung durch ausländische Unternehmer (§ 19 Abs 1 zweiter Satz UStG) – um einen Kalendermonat, wenn die Rechnungsausstellung erst nach Ablauf des Kalendermonats erfolgt, in dem die Lieferung oder sonstige Leistung erbracht worden ist.

Reverse-Charge

7.13 Fälligkeit und Umsatzsteuervoranmeldung (§ 21 UStG)

Die Umsatzsteuer wird grundsätzlich am 15. des auf die Entstehung der Steuerschuld zweitfolgenden Monats fällig. Jeder Unternehmer muss die Umsatzsteuerschuld selbst berechnen und den Steuerbetrag spätestens zum Fälligkeitszeitpunkt entrichten.

Fälligkeit

Außerdem hat der Unternehmer bis zu dem oben genannten Zeitpunkt eine Umsatzsteuervoranmeldung (idR auf elektronischem Weg) einzureichen. Übersteigen die Vorjahresumsätze des Unternehmers EUR 100.000,– nicht, muss eine Umsatzsteuervoranmeldung nur vierteljährlich eingereicht werden (§ 21 Abs 2 UStG). Diese Verpflichtung entfällt bei Unternehmen, deren Vorjahresumsätze EUR 30.000,– nicht überstiegen haben, wenn die Vorauszahlung zur Gänze spätestens am Fälligkeitstag entrichtet wird oder sich für den Voraus-

Umsatzsteuervoranmeldung

7.14 Änderung der Bemessungsgrundlage (§ 16 UStG)

Berichtigung der Umsatzsteuer

Ändert sich nach Leistungserbringung und nach Eintritt der Fälligkeit die Bemessungsgrundlage (etwa weil der Leistungsempfänger infolge von Insolvenz nicht das volle Entgelt entrichtet oder weil nachträglich ein Rabatt gewährt wurde), hat der Unternehmer die zu viel bezahlte Umsatzsteuer nachträglich zu berichtigen (Änderung der Bemessungsgrundlage). Ebenso hat der Leistungsempfänger den von ihm in Anspruch genommenen Vorsteuerabzug zu berichtigen (§ 16 UStG). Die Berichtigung ist für den Veranlagungszeitraum vorzunehmen, in dem die Änderung des Entgelts eingetreten ist.

7.15 Umsatzsteuerjahreserklärung

Die Umsatzsteuer ist unterjährig eine Selbstbemessungsabgabe. Bis zum 30. Juni des Folgejahres hat der Unternehmer zusätzlich eine Umsatzsteuerjahreserklärung einzureichen (§ 134 Abs 1 BAO). Die Einreichung ist auf elektronischem Weg via Finanzonline vorzunehmen. Eine Einreichung in Papierform kommt nur in Betracht, wenn dem Unternehmer die elektronische Einreichung nicht zumutbar ist (§ 21 Abs 4 UStG; vgl dazu schon Kap *Einkommensteuer* 4.8.3.2). Hat der Unternehmer seine Eingangs- und Ausgangsumsätze in den Umsatzsteuervoranmeldungen richtig erklärt, darf sich auf Grund der Umsatzsteuerjahreserklärung keine Zahllast ergeben. Auf Basis der Umsatzsteuerjahreserklärung wird der Unternehmer zur Umsatzsteuer veranlagt. Es ergeht ein Umsatzsteuerbescheid.

Hinterziehung

Stimmen die Angaben aus den Umsatzsteuervoranmeldungen und der Umsatzsteuerjahreserklärung nicht überein, sodass sich am Ende des Jahres eine Zahllast ergibt, könnte der Unternehmer im Rahmen seiner Umsatzsteuervoranmeldungen eine Offenlegungspflicht verletzt haben. Er könnte dadurch eine Verkürzung der Vorauszahlung bewirkt haben. Hat der Steuerpflichtige wissentlich gehandelt, macht er sich einer Abgabenhinterziehung (§ 33 Abs 2 lit a FinStrG) schuldig. Ob die nachträgliche Einreichung einer vollständigen Umsatzsteuerjahreserklärung als strafbefreiende Selbstanzeige iSd § 29 FinStrG unter den übrigen Voraussetzungen (vor allem noch nicht entdeckte Tat) zu werten ist, ist strittig (vgl dazu im Detail *Ehrke-Rabel*, in Doralt/Ruppe, Steuerrecht II[7] (2014) Tz 1454 f).

7.16 Rechnung (§ 11 UStG)

7.16.1 Verpflichtung und Berechtigung zur Rechnungsausstellung

7.16.1.1 Verpflichtung zur Rechnungsausstellung

Unternehmer, die steuerpflichtige Umsätze aus Lieferungen und sonstigen Leistungen ausführen, sind zur Ausstellung einer § 11 UStG entsprechenden Rechnung verpflichtet, wenn es sich beim Leistungsempfänger um einen Unternehmer handelt, der für sein Unternehmen erwirbt oder um eine juristische Person handelt, die nicht Unternehmerin ist. Außerdem sind Unternehmer für Werklieferungen oder Werkleistungen im Zusammenhang mit Grundstücken (klassischerweise für Umsätze aus der Baubranche) zur Ausstellung von Rechnungen unabhängig davon verpflichtet, ob der Leistungsempfänger ein Unternehmer, eine juristische Person des öffentlichen Rechts oder ein Konsument ist. *Verpflichtete Personen*

Der Verpflichtung zur Rechnungsausstellung ist innerhalb von sechs Monaten nach Ausführung des Umsatzes nachzukommen (§ 11 Abs 1 UStG). *Zeitpunkt der Rechnungsausstellung*

Rechnungen über steuerfreie innergemeinschaftliche Lieferungen sind bis spätestens zum 15. des auf die Lieferung folgenden Kalendermonats unter Hinweis auf die Steuerfreiheit auszustellen (Art 11 Abs 1 UStG).

Die Bestimmungen über die Rechnungsausstellung sind zwingend einzuhalten, da eine Rechnung iSd § 11 UStG Voraussetzung für den Vorsteuerabzug des Leistungsempfängers ist. Das gilt nur in Reverse-Charge-Fällen nicht. *Voraussetzung für den Vorsteuerabzug*

7.16.1.2 Rechnungsausstellung in Reverse-Charge-Fällen

Die Verpflichtung zur Ausstellung einer § 11 UStG entsprechenden Rechnung besteht auch für Unternehmer, die sonstige Leistungen im Ausland ausführen, wenn die Steuerschuld nach dem Reverse-Charge-System auf den Leistungsempfänger übergeht (§ 11 Abs 1 Z 2 UStG). Derartige Rechnungen sind bis zum 15. des auf die Ausführung der sonstigen Leistung folgenden Monats auszustellen.

- Die Besonderheit dieser Regelung liegt darin, dass sich die Rechnungsausstellung nach den Regeln des Ursprungslands richtet, obwohl die sonstige Leistung im Bestimmungsland ausgeführt wird.

Diese Regelung erleichtert dem leistenden Unternehmer die Einhaltung der Formerfordernisse.
- Der Verstoß gegen die Rechnungsausstellungsverpflichtung in Reverse-Charge-Fällen kann lediglich eine Finanzordnungswidrigkeit nach § 51 Abs 1 lit d FinStrG bewirken, da eine Verkürzung von Umsatzsteuer mangels Steuerschuld des leistenden Unternehmers nicht stattfindet. Für den Leistungsempfänger hat die Nichtbefolgung der Rechnungsausstellungsvorschriften in diesem Zusammenhang keine Bedeutung, sein Recht zum Vorsteuerabzug ist grundsätzlich unabhängig vom Vorliegen einer Rechnung.

7.16.1.3 Freiwillige Rechnungsausstellung

Werden Lieferungen oder sonstige Leistungen, die nicht Bauleistungen sind, an natürliche Personen für deren nichtunternehmerischen Bereich ausgeführt, so besteht umsatzsteuerrechtlich lediglich eine Berechtigung, jedoch keine Verpflichtung zur Rechnungsausstellung.

7.16.2 Inhaltliche Anforderungen an die Rechnung

Anforderungen an die Rechnung

Rechnungen müssen bestimmte Angaben enthalten, die in § 11 Abs 1 UStG angeführt sind. Für die Rechnungsausstellung in Reverse-Charge-Fällen gelten besondere Anforderungen, die in § 11 Abs 1a UStG näher genannt werden.

Formal gilt jede Urkunde als Rechnung, mit der ein Unternehmer über eine Lieferung oder sonstige Leistung abrechnet. Unerheblich ist, wie diese Urkunde im Geschäftsverkehr bezeichnet wird. Die für die Rechnung erforderlichen Angaben können auch in anderen Belegen enthalten sein, auf die in der Rechnung hingewiesen wird (§ 11 Abs 2 UStG).

Kleinbetragsrechnungen

Für Rechnungen, deren Gesamtbetrag EUR 400,– nicht übersteigt, sind die erforderlichen Angaben geringer (sog Kleinbetragsrechnungen, vgl § 11 Abs 6 UStG).

Gutschriften

Gutschriften des Leistungsempfängers gelten als Rechnung, wenn sie die Voraussetzungen des § 11 Abs 8 UStG erfüllen und wenn der Empfänger der Gutschrift nicht widerspricht (§ 11 Abs 7 UStG).

Elektronische Rechnungen

Rechnungen können auch in elektronischer Form ausgestellt werden, sofern der Empfänger dieser Art der Rechnungsausstellung zustimmt. Elektronische Rechnungen sind solche, die in einem elektronischen Format ausgestellt und empfangen werden, wenn die Echtheit ihrer Herkunft, die Unversehrtheit ihres Inhaltes und ihre Lesbarkeit für die Dauer von sieben Jahren gewährleistet werden (vgl dazu im Detail § 11 Abs 2 UStG).

7.16.3 Unrichtiger Steuerausweis

Hat ein Unternehmer in einer Rechnung für eine Lieferung oder sonstige Leistung einen Steuerbetrag gesondert ausgewiesen, den er nach dem Gesetz nicht schuldet, so schuldet er diesen Betrag auf Grund der Rechnung, solange er ihn nicht berichtigt (Steuerschuld auf Grund der Rechnung bei unrichtigem Steuerausweis; § 11 Abs 12 UStG).

Steuerschuld auf Grund der Rechnung

Ein Unternehmer, dessen Umsätze dem Steuersatz von 10% unterliegen, weist Umsatzsteuer iHv 20% gesondert aus.
Der Unternehmer ist zum Ausweis von Umsatzsteuer in der Rechnung verpflichtet, er weist lediglich die Umsatzsteuer in falscher Höhe aus. Dennoch schuldet er die Umsatzsteuer auf Grund der Rechnung in der ausgewiesenen Höhe. Dies könnte nur durch Berichtigung der Rechnung vermieden werden.

7.16.4 Unberechtigter Steuerausweis

Wer in einer Rechnung einen Steuerbetrag gesondert ausweist, obwohl er eine Lieferung oder sonstige Leistung nicht ausführt oder gar nicht Unternehmer ist, schuldet diesen Betrag wiederum auf Grund der Rechnung (sog Steuerschuld auf Grund der Rechnung bei unberechtigtem Steuerausweis; § 11 Abs 14 UStG). Eine Berichtigung ist möglich, sofern es dadurch nicht zu einer Gefährdung des Steueraufkommens kommt. Der berichtigende Unternehmer muss also sicherstellen, dass der Leistungsempfänger einen etwaig zu Unrecht vorgenommenen Vorsteuerabzug rückgängig macht.

Steuerschuld auf Grund der Rechnung

X stellt eine Rechnung über eine Leistung, die er nie erbracht hat und weist darin Umsatzsteuer aus.
Wenn X keine Leistung ausgeführt hat, hat er keinen Umsatzsteuertatbestand verwirklicht. Er ist daher nicht zum Ausweis von Umsatzsteuer berechtigt. Weist er dennoch Umsatzsteuer aus, schuldet er sie auf Grund der Rechnung gem § 11 Abs 14 UStG.

7.17 Vorsteuerabzug (§ 12 Abs 1 und 2 UStG)

7.17.1 Grundsätze

Der Vorsteuerabzug als Kernstück des Mehrwertsteuerrechts besteht in dem Recht, die Umsatzsteuer für in Anspruch genommene Leistungen vom Finanzamt zurückzuerhalten. Dem Belastungskonzept der Umsatzsteuer entsprechend kann der Vorsteuerabzug nur von Unternehmern geltend gemacht werden.

Voraussetzungen

Als Vorsteuer abzugsfähig ist
1. die einem Unternehmer von anderen Unternehmern
2. in einer Rechnung
3. gesondert ausgewiesene Steuer für Umsätze,
4. die im Inland
5. für sein Unternehmen ausgeführt worden sind.

Bezahlung der Rechnung

Eine Bezahlung der Rechnung ist für Unternehmer, die ihre eigenen Ausgangsumsätze nach vereinbarten Entgelten (Sollbesteuerung) besteuern, nicht Voraussetzung für die Berechtigung zum Vorsteuerabzug (§ 12 Abs 1 Z 1 UStG).

Um Umsatzsteuerbetrug zu vermeiden, gilt für Unternehmer, die ihre Umsätze nach vereinnahmten Entgelten besteuern (Istbesteuerung), etwas anderes: Ihnen steht der Vorsteuerabzug grundsätzlich erst dann zu, wenn sie die Zahlung geleistet haben. Die Zahlung ist nur dann nicht Voraussetzung für den Vorsteuerabzug, wenn die Umsätze im vorangegangenen Veranlagungszeitraum EUR 2 Mio überstiegen haben, es sich um bestimmte Unternehmen aus dem Bereich der Daseinsvorsorge (§ 17 Abs 1 Satz 2 UStG) handelt oder eine sog Überrechnung nach § 215 Abs 4 BAO vorgenommen wurde (§ 12 Abs 1 Z 1 lit a UnterAbs 2 UStG).

Die auf **Anzahlungen** entfallende gesondert ausgewiesene Umsatzsteuer kann als Vorsteuer jedenfalls erst geltend gemacht werden, wenn eine Rechnung vorliegt und die Zahlung geleistet worden ist (§ 12 Abs 1 Z 1 lit b UStG).

Ausschluss bei USt-Verkürzungen

Der Vorsteuerabzug ist ausgeschlossen, wenn eine Lieferung oder sonstige Leistung an einen Unternehmer ausgeführt wird, der wusste oder wissen musste, dass der betreffende Umsatz im Zusammenhang mit Umsatzsteuerhinterziehungen oder sonstigen, die Umsatzsteuer betreffenden Finanzvergehen steht. Dies gilt auch dann, wenn ein solches Finanzvergehen einen vor- oder nachgelagerten Umsatz betrifft (§ 12 Abs 14 UStG).

Für die Einfuhrumsatzsteuer steht der Vorsteuerabzug zu, wenn die Einfuhrumsatzsteuer für die Gegenstände, die für das Unternehmen eingeführt wurden, entrichtet wurde. In bestimmten Fällen kann bereits die geschuldete und auf dem Abgabenkonto verbuchte Einfuhrumsatzsteuer als Vorsteuer abgezogen werden (vgl § 12 Abs 1 Z 2 UStG iVm § 26 Abs 3 Z 2 UStG).

Einfuhrumsatzsteuer

Die Steuer auf den innergemeinschaftlichen Erwerb von Gegenständen ist nach Art 12 Abs 1 UStG als Vorsteuer abzugsfähig, wenn der Erwerb für das Unternehmen erfolgt ist.

Innergemeinschaftlicher Erwerb

Ein Vorsteuerabzug steht unter den allgemeinen Voraussetzungen auch für Leistungen zu, für die die Steuer auf Grund des Reverse-Charge-Systems vom Leistungsempfänger geschuldet wird. In diesem Zusammenhang ist das Vorliegen einer umsatzsteuergerechten Rechnung grundsätzlich nicht erforderlich.

Reverse-Charge

7.17.2 Leistung für das Unternehmen als zwingende Voraussetzung für den Vorsteuerabzug

Der Vorsteuerabzug steht nur Unternehmern und nur dann zu, wenn die bezogenen Leistungen auch für deren Unternehmen ausgeführt worden sind (§ 12 Abs 2 UStG). Die bezogenen Leistungen müssen somit unternehmerischen Zwecken dienen. Sonstige Leistungen können nur entweder unternehmerischen oder nichtunternehmerischen Zwecken dienen.

Voller Vorsteuerabzug

Im Rahmen einer Lieferung erworbene Gegenstände des Anlagevermögens können aber gleichzeitig sowohl für unternehmerische als auch für nichtunternehmerische Zwecke genutzt werden (**gemischte Nutzung**). Nach § 12 Abs 2 Z 1 lit a UStG gelten sie als für das Unternehmen ausgeführt, wenn sie zu **mindestens 10% unternehmerischen Zwecken** dienen. Gilt ein Gegenstand als für das Unternehmen ausgeführt, weil er zu mindestens 10% unternehmerischen Zwecken dient, steht der Vorsteuerabzug zunächst zur Gänze zu. Die nichtunternehmerische Nutzung ist durch die Besteuerung eines der sonstigen Leistung gleichgestellten Vorganges (sog Nutzungseigenverbrauch, vgl dazu später 7.18.3) zu neutralisieren.

Eine Ausnahme besteht für **gemischt genutzte Gebäude**: Wird ein Gebäude zum Teil für nichtunternehmerische und zum Teil für unternehmerische Zwecke genutzt, steht der Vorsteuerabzug trotz Zuordnung des Gebäudes zum Unternehmensvermögen nur im Ausmaß der unternehmerischen Nutzung zu (vgl Art 168a MwStRL; umgesetzt durch § 12 Abs 3 Z 4 UStG).

Anteiliger Vorsteuerabzug

Alternativ kann der Unternehmer den Gegenstand nur **im Ausmaß der unternehmerischen Nutzung** dem Unternehmen zuordnen. In diesem Fall steht der Vorsteuerabzug nur anteilig zu. Diese Variante hat den Nachteil, dass eine nachträgliche Ausweitung der unternehmerischen Nutzung nicht zur (positiven) Vorsteuerkorrektur berechtigt (vgl dazu später S 360 f).

Der Unternehmer erwirbt einen (vorsteuerabzugsberechtigten) Klein-LKW, den er zu 85% für seinen Betrieb und zu 15% privat nutzt. *Da der LKW zu mehr als 10% unternehmerischen Zwecken dient, gilt die Lieferung als für das Unternehmen ausgeführt. U kann von den gesamten Anschaffungskosten den Vorsteuerabzug geltend machen. Im Ausmaß der privaten Nutzung hat er jedoch eine fiktive sonstige Leistung (Nutzungseigenverbrauch) zu besteuern (15% der auf die Nutzung entfallenden Kosten, dh 15% der Jahres-AfA + 15% der Betriebskosten sind der Umsatzsteuer zu unterwerfen). Alternativ kann der Unternehmer den LKW nur im Ausmaß der unternehmerischen Nutzung seinem Unternehmen zuordnen. In diesem Fall kann er den Vorsteuerabzug nur iHv 85% der in Rechnung gestellten Umsatzsteuer geltend machen.*

Variante: *Der Unternehmer weitet den Umfang der unternehmerischen Nutzung seines Klein-LKW im darauf folgenden Jahr auf 90% aus.*
Die Bemessungsgrundlage für den Nutzungseigenverbrauch ist nun nur mehr 10% der AfA und 10% der Betriebskosten. In der Alternative hat der Unternehmer nicht die Möglichkeit den ursprünglich nur zu 85% vorgenommenen Vorsteuerabzug an die nunmehr 90%-ige Nutzung anzupassen (keine positive Vorsteuerkorrektur).

Variante: *Beispiel wie oben, erworben wird aber ein Gebäude.*
Das Gebäude gilt zwar – weil unternehmerisch genutzt – als für das Unternehmen ausgeführt, der Vorsteuerabzug steht aber nur im Ausmaß der unternehmerischen Nutzung zu. Kommt es in einem Folgejahr zu einer Ausweitung der unternehmerischen (oder der nichtunternehmerischen Nutzung), ist die Vorsteuer insoweit zu korrigieren (vgl dazu später 7.20.3).

7.17.3 Ausschluss vom Vorsteuerabzug

7.17.3.1 Spezifisch österreichischer Ausschluss für bestimmte Umsätze

Nichtabzugsfähige Aufwendungen im Ertragsteuerrecht

Ex lege ausgeschlossen ist der Vorsteuerabzug für Lieferungen und sonstige Leistungen, deren Entgelte überwiegend keine abzugsfähigen

Aufwendungen im Sinne des **§ 20 Abs 1 Z 1 bis 5 EStG** oder der §§ 8 Abs 2 und 12 Abs 1 Z 1 bis 5 KStG darstellen (§ 12 Abs 2 Z 2 lit a UStG).

Auch Lieferungen oder sonstige Leistungen im Zusammenhang mit der Anschaffung, Miete oder dem Betrieb von **Personen- oder Kombinationskraftwagen** gelten nach § 12 Abs 2 Z 2 lit b UStG als nicht für das Unternehmen ausgeführt. Daher ist bei solchen Fahrzeugen (systemwidrig) kein Vorsteuerabzug möglich. Das gilt sowohl für den Kaufpreis als auch für Leasingraten, Reparaturen und Treibstoff. Die Veräußerung, Vermietung oder der Eigenverbrauch derartiger Fahrzeuge unterliegt daher auch nicht der Umsatzsteuer.

Für folgende Fahrzeuge steht der Vorsteuerabzug bei einer Nutzung von zu mindestens 10 % für unternehmerische Zwecke zu: Taxis, Fahrschulfahrzeuge (§ 12 Abs 2 Z 2 lit b UStG), sog Klein-LKW und Kleinbusse (vgl dazu die VO BGBl II 2002/183) und Personen- oder Kombinationskraftwagen mit einem CO_2-Emissionswert von 0 Gramm pro Kilometer (§ 12 Abs 2 Z 2a UStG, seit 1.1.2016).

Personen- oder Kombinationskraftwagen mit einem CO_2-Emissionswert von 0 Gramm pro Kilomter berechtigen zudem nur zum Vorsteuerabzug, wenn die Anschaffungskosten des Fahrzeugs EUR 80.001,– nicht überschreiten. Sind nämlich die Aufwendungen für den an sich zum Vorsteuerabzug berechtigenden PKW oder Kombinationskraftwagen ertragsteuerrechtlich überwiegend nicht abzugsfähig, kommt der Vorsteuerausschluss des § 12 Abs 2 Z 2 lit a UStG zum Tragen. Nach § 20 Abs 1 Z 2 lit b EStG iVm § 1 VO BGBl II 2004/466 können für PKW ertragsteuerrechtlich nur Anschaffungskosten iHv EUR 40.000,– berücksichtigt werden (siehe dazu schon Kap *Einkommensteuer* S 75). Anschaffungskosten von mindestens EUR 80.001,– sind daher ertragsteuerrechtlich überwiegend nicht abzugsfähig und schließen den Vorsteuerabzug zur Gänze aus.

7.17.3.2 Allgemeiner Ausschluss (§ 12 Abs 3 UStG)

Vom Vorsteuerabzug ausgeschlossen ist die Umsatzsteuer für Lieferungen und die Einfuhr, soweit der Unternehmer die Gegenstände zur Ausführung steuerfreier Umsätze verwendet, ausgenommen jene Fälle, die oben als echte Steuerbefreiungen aufgezählt wurden. Entsprechendes gilt für sonstige Leistungen (§ 12 Abs 3 UStG).

Unechte Steuerbefreiungen

7.17.4 Vorsteuerabzug bei gleichzeitiger Verwendung für steuerpflichtige und unecht steuerbefreite Umsätze

Aufteilung der Vorsteuern

Bewirkt der Unternehmer sowohl steuerpflichtige als auch (unecht) befreite Umsätze (zB ein Arzt, dessen Leistungen aus der Tätigkeit als Arzt steuerfrei sind, erhält auch Honorare für Vorträge), so sind die bezogenen Vorleistungen für Zwecke des Vorsteuerabzuges zunächst exakt zuzuordnen. Soweit sie mit den steuerbefreiten Umsätzen zusammenhängen, ist der Abzug ausgeschlossen. Ist eine exakte Zuordnung nicht möglich, hat die **Aufteilung nach der wirtschaftlichen Zurechenbarkeit** zu erfolgen (§ 12 Abs 4 UStG). An deren Stelle kann unter bestimmten Voraussetzungen auch eine Zuordnung nach dem sog **Umsatzschlüssel** vorgenommen werden: Betragen zB die steuerbefreiten Umsätze 30% der Gesamtumsätze, dann sind 30% der Vorsteuern nicht abzugsfähig (vgl dazu genauer § 12 Abs 5 UStG).

Der Zusammenhang zwischen Vorsteuern und Ausgangsumsätzen ist nach den Verhältnissen zum Zeitpunkt der Inanspruchnahme der Leistung zu beurteilen.

Eine Aufteilung des Vorsteuerabzugs nach der wirtschaftlichen Zuordnung oder nach dem Umsatzschlüssel hat auch bei Grundstücken und Gebäuden zu erfolgen, die zum Teil privat und zum Teil für steuerpflichtige Zwecke genutzt werden. Bei anderen Gegenständen als Gebäuden wird der privaten Nutzung durch die Besteuerung des Eigenverbrauchs Rechnung getragen.

7.17.5 Nachträgliche Berichtigung des Vorsteuerabzuges (§ 12 Abs 10 bis 13 UStG)

Maßgeblich für das Ausmaß des Vorsteuerabzuges ist der voraussichtliche Verwendungszweck (Zusammenhang mit steuerpflichtigen oder mit steuerbefreiten Umsätzen) zum Zeitpunkt des Leistungsbezuges. Eine spätere Änderung des Verwendungszweckes bewirkt die Korrektur des ursprünglichen Vorsteuerabzuges für die Zukunft (§ 12 Abs 10 bis 13 UStG).

Vorsteuerkorrektur

Zur Berichtigung des Vorsteuerabzuges ist
- bei Gegenständen des **Anlagevermögens** in den auf das Jahr der erstmaligen Verwendung folgenden vier Jahren,
- bei **Grundstücken** in den folgenden neunzehn Jahren

für jedes Jahr der Änderung von einem Fünftel bzw einem Zwanzigstel des vollen Vorsteuerabzuges auszugehen. Bei Ausscheiden des Wirtschaftsgutes aus dem Unternehmen ist die Korrektur sofort in voller Höhe vorzunehmen. Die Vorsteuerkorrektur betrifft bei Gebäuden jeden Herstellungsaufwand sowie Großreparaturen.

Bei Gegenständen des **Umlaufvermögens** ist eine Vorsteuerkorrektur zeitlich unbegrenzt vorzunehmen, soweit der betroffene Gegenstand zum Zeitpunkt der Änderung noch einen verbrauchsfähigen Nutzen vermittelt (§ 12 Abs 11 UStG; vgl im Detail *Ehrke-Rabel* in Doralt/Ruppe, Steuerrecht II⁷ Tz 481).

Eine Berichtigung ist nur durchzuführen, wenn die (gesamte) auf den Gegenstand entfallende Vorsteuer EUR 60,– übersteigt (§ 12 Abs 13 UStG, ab 1.1.2017). Bagatellgrenze

1. Ein Versicherungsunternehmen errichtet ein Bürogebäude, um es steuerpflichtig zu vermieten. Vier Jahre später benötigt das Unternehmen das Gebäude für den eigenen Versicherungsbetrieb.
   Das Versicherungsunternehmen konnte zunächst den Vorsteuerabzug geltend machen (weil es bei der Vermietung für USt-Pflicht optiert hat); mit der Verwendung für den Versicherungsbetrieb kommt es zu einer Änderung des Verwendungszweckes (Zusammenhang mit steuerfreien Versicherungsumsätzen), daher ist der in Anspruch genommene Vorsteuerabzug jährlich um 1/20, insgesamt um 16/20, verteilt über einen Zeitraum von 16 Jahren, zu berichtigen (negative Vorsteuerkorrektur).

   Negative Vorsteuerkorrektur

2. Ein Versicherungsunternehmen errichtet ein Bürogebäude, um es selbst im Rahmen seiner Versicherungsumsätze zu nützen. Vier Jahre später vermietet das Unternehmen das Gebäude mit Umsatzsteuer zu Geschäftszwecken.
   Im Zeitpunkt seiner erstmaligen Verwendung wird das Gebäude für unecht steuerbefreite Zwecke verwendet. Der Vorsteuerabzug ist daher gem § 12 Abs 3 UStG ausgeschlossen. Nach vier Jahren kommt es zu einer Änderung des Verwendungszwecks: Das Gebäude wird nunmehr zur Erbringung steuerpflichtiger Vermietungsleistungen genutzt. Der Vorsteuerabzug kann für die verbleibenden Jahre der steuerpflichtigen Vermietung positiv korrigiert werden, dh dem Versicherungsunternehmen werden Vorsteuern erstattet. Das Versicherungsunternehmen kann bei gleichbleibenden Verhältnissen über einen Zeitraum von 16 Jahren jährlich 1/20 der Vorsteuern geltend machen (positive Vorsteuerkorrektur).

   Positive Vorsteuerkorrektur

3. Ein Privater erwirbt eine Eigentumswohnung zum Zweck der Vermietung und macht aus den Anschaffungskosten einen Vorsteuerabzug geltend. Nach Ablauf von sechs Jahren verwendet er die Eigentumswohnung (dauerhaft) für eigene Wohnzwecke.

   Vorsteuerkorrektur bei Gebäuden

Der Vorsteuerabzug konnte zunächst zu Recht geltend gemacht werden. Die Eigennutzung bedeutet einen Entnahmeeigenverbrauch, der grundsätzlich steuerfrei ist (§ 6 Abs 1 Z 9 lit a UStG). Optiert der Unternehmer nicht für die Steuerpflicht (§ 6 Abs 2 UStG), so kommt es zu einer Änderung des Verwendungszweckes. 14/20 der seinerzeit geltend gemachten Vorsteuern müssen zurückgezahlt werden (negative Vorsteuerkorrektur). Die Vorsteuer ist sofort in voller Höhe zu korrigieren, weil das Wirtschaftsgut durch die private Nutzung aus dem Unternehmen ausscheidet.

Übungsbeispiele

1. M besitzt ein Zinshaus. Die Hälfte der Nutzfläche ist zu Geschäftszwecken vermietet, die andere Hälfte zu Wohnzwecken. Nettoeinnahmen jährlich EUR 40.000,– (Geschäftsräume) bzw EUR 20.000,– (Wohnungen). An Betriebskosten fallen EUR 15.000,– pro Jahr an (Vorsteuern EUR 1.000,–).
   a) Steuerpflicht?
   b) Steuersatz?
   c) Vorsteuerabzug?
2. U ist Unternehmensberater. Er benötigt ein Fahrzeug, das er zu ca 70% (9%) für seine berufliche Tätigkeit verwenden wird. Er überlegt die Anschaffung eines
   a) normalen PKW;
   b) Klein-LKW, den er für seine 4 Kinder gut gebrauchen kann;
   c) Elektroautos;
   d) Hybrid-PKW.
   In welchem Umfang steht U ein Vorsteuerabzug zu?
3. Die B-Bank betreibt neben dem Bankgeschäft ein äußerst lukratives Geschäft, das die Planung und Errichtung/Sanierung und anschließende steuerpflichtige (!) Vermietung von Gewerbeobjekten zum Gegenstand hat.
   a) Im Jahr 01 erwirbt sie eine neue Computeranlage um EUR 100.000,– zuzüglich USt, die sowohl der Administration des Bankgeschäfts als auch der Administration des Geschäfts mit den Gewerbeobjekten dienen soll (60% Bankgeschäft, 40% Gewerbeobjekts-Geschäft).
   b) Die Geschäfte laufen so schlecht, dass die Computeranlage im Jahr 04 zur Gänze für das Bankgeschäft verwendet wird.
   Welche umsatzsteuerrechtlichen Konsequenzen ergeben sich aus diesen Ereignissen?
4. Der Fensterhändler H hat im Juli des Jahres 01 Fenster an den Unternehmer C geliefert. Das Entgelt belief sich auf insgesamt

EUR 12.000,–. Die Fenster sind jedoch vereinzelt undicht, sodass H verpflichtet wird, einen Teil des Entgelts zurückzuerstatten (Preisminderung wegen Mangelhaftigkeit der Ware).
Welche umsatzsteuerrechtlichen Konsequenzen ergeben sich aus diesem Sachverhalt?

5. Die X-GmbH erwirbt für die Produktion einen Klein-LKW und für die Geschäftsführung einen PKW.
Welche umsatzsteuerrechtlichen Konsequenzen ergeben sich aus diesem Sachverhalt?

6. Der Glashändler G führt nach einer Geschäftsreise durch Ostasien mehrere wertvolle Glasbilder ein um sie in seinem Geschäft anzubieten; eines der Glasbilder möchte er jedoch seiner Tochter schenken. G entrichtet dafür Einfuhrumsatzsteuer.
Welche umsatzsteuerrechtlichen Konsequenzen ergeben sich aus diesem Sachverhalt?

7.18 Besteuerung des unternehmerischen Konsumverhaltens: der Eigenverbrauch

7.18.1 Überblick

Deckt der Unternehmer seinen Privatkonsum (oder den seiner Arbeitnehmer) aus Gegenständen seines Unternehmens ab, für die er zunächst den Vorsteuerabzug geltend gemacht hat, soll er mit dem Letztverbraucher gleichgestellt werden. Eine Gleichstellung mit dem Letztverbraucher soll auch erfolgen, wenn der Unternehmer Arbeitskräfte aus seinem Unternehmen unentgeltlich für private Zwecke einsetzt. Diese Fälle werden als sog **Eigenverbrauch** oder **fiktive Lieferung** oder **fiktive sonstige Leistung** besteuert.

Privatkonsum des Unternehmers

Dabei sind im Wesentlichen drei Tatbestände zu unterscheiden: der Entnahmeeigenverbrauch, der Nutzungs- oder Verwendungseigenverbrauch und der Eigenverbrauch durch sonstige Leistung.

Außerdem beinhaltet das österreichische Umsatzsteuerrecht einen speziellen Eigenverbrauch, der in § 1 Abs 1 Z 2 UStG geregelt ist (sog Aufwandseigenverbrauch).

7.18.2 Entnahmeeigenverbrauch (§ 3 Abs 2 UStG)

Verwendet der Unternehmer Gegenstände, die seinem Unternehmen dienen, endgültig für Zwecke, die außerhalb des Unternehmens liegen, so liegt ein Entnahmeeigenverbrauch vor. Der Vorgang ist der Lieferung gegen Entgelt gleichgestellt und wird daher auch als fiktive

Fiktive Lieferung/ Entnahmeeigenverbrauch

Lieferung bezeichnet. Dieser Tatbestand korreliert im Wesentlichen mit der Gegenstandsentnahme im Ertragsteuerrecht, wenn es sich um Sachgüter handelt. Geldentnahmen führen umsatzsteuerrechtlich nicht zu Eigenverbrauch.

> Der Lieferung gegen Entgelt gleichgestellt (**Entnahmeeigenverbrauch**) wird gem § 3 Abs 2 UStG die Entnahme eines Gegenstandes durch einen Unternehmer aus seinem Unternehmen
> - für Zwecke, die außerhalb des Unternehmens liegen,
> - für den Bedarf seines Personals, sofern keine Aufmerksamkeiten vorliegen, oder
> - für jede andere unentgeltliche Zuwendung, ausgenommen Geschenke von geringem Wert und Warenmuster für Zwecke des Unternehmens.

Vorangegangener Vorsteuerabzug

Voraussetzung für die Besteuerung dieser Vorgänge ist, dass der Gegenstand oder seine Bestandteile bei ihrer Anschaffung zu einem vollen oder teilweisen Vorsteuerabzug berechtigt haben. Daher ist auch eine bloß partielle Besteuerung des Entnahmeeigenverbrauchs möglich.

Bemessungsgrundlage

Bemessungsgrundlage für den Entnahmeeigenverbrauch ist der Einkaufspreis zuzüglich der mit dem Einkauf verbundenen Nebenkosten für den Gegenstand oder einen gleichartigen Gegenstand. Gibt es keinen Einkaufspreis, so sind die Selbstkosten heranzuziehen. Maßgeblich sind der Preis bzw die Kosten im Zeitpunkt der Entnahme (§ 4 Abs 8 lit a UStG). Anzusetzen sind daher nach hA die Wiederbeschaffungskosten (entspricht dem Teilwert im Ertragsteuerrecht). Die Wiederbeschaffungskosten sind nach oben mit den historischen Anschaffungskosten begrenzt (der Unternehmer soll maximal den Betrag als Eigenverbrauch besteuern, für den er den Vorsteuerabzug in Anspruch nehmen konnte).

Die Schuhhändlerin Ilsa schenkt ihrer Enkeltochter zu ihrem Geburtstag ein Paar Schuhe aus ihrem Geschäft.
Unter der Voraussetzung, dass Ilsa beim Einkauf der Schuhe den Vorsteuerabzug in Anspruch genommen hat, liegt ein Entnahmeeigenverbrauch vor: Die Schuhe werden dauerhaft für private Zwecke dem Unternehmensbereich entzogen. Bemessungsgrundlage sind die Wiederbeschaffungskosten im Zeitpunkt der Entnahme.

7.18.3 Nutzungs- oder Verwendungseigenverbrauch, Eigenverbrauch durch sonstige Leistung (§ 3a Abs 1a UStG)

Verwendet ein Unternehmer Gegenstände, die seinem Unternehmen dienen, vorübergehend für Zwecke, die außerhalb des Unternehmens liegen, so liegt **Nutzungs- oder Verwendungseigenverbrauch** vor. Dieser Tatbestand korreliert im Wesentlichen mit der Nutzungsentnahme im Ertragsteuerrecht, wenn es sich um Sachgüter handelt. Auch der Nutzungseigenverbrauch ist nur steuerbar, wenn der unternehmensfremd genutzte Gegenstand ganz oder teilweise zum Vorsteuerabzug berechtigt hat.

Ein **Eigenverbrauch durch sonstige Leistung** liegt vor, wenn ein Unternehmer Leistungen seiner Dienstnehmer für private Zwecke unentgeltlich in Anspruch nimmt. Für die Steuerbarkeit dieses Vorganges ist der Vorsteuerabzug unerheblich.

Sowohl der Nutzungseigenverbrauch als auch der Eigenverbrauch durch sonstige Leistung werden durch Gleichstellung mit einer sonstigen Leistung besteuert und daher auch als fiktive sonstige Leistungen bezeichnet.

Fiktive sonstige Leistung

> Der sonstigen Leistung gegen Entgelt gleichgestellt sind gem § 3a Abs 1a UStG:
> - die vorübergehende Verwendung eines dem Unternehmen zugeordneten Gegenstandes, der zum vollen oder teilweisen Vorsteuerabzug berechtigt hat, durch den Unternehmer
>   - für Zwecke, die außerhalb des Unternehmens liegen,
>   - für den Bedarf seines Personals, sofern keine Aufmerksamkeiten vorliegen;
> - die unentgeltliche Erbringung von anderen sonstigen Leistungen durch den Unternehmer
>   - für Zwecke, die außerhalb des Unternehmens liegen,
>   - für den Bedarf seines Personals, sofern keine Aufmerksamkeiten vorliegen (§ 3a Abs 1a UStG).

Nutzungs- oder Verwendungseigenverbrauch

Eigenverbrauch durch sonstige Leistung

Der Verwendungseigenverbrauch ist nur steuerbar, wenn und soweit es bei Anschaffung des Gegenstands zu einem Vorsteuerabzug kam. Eine bloß partielle Besteuerung des Eigenverbrauchs ist daher möglich. Für die Steuerbarkeit des Eigenverbrauchs durch sonstige Leistung ist der Vorsteuerabzug hingegen unerheblich.

Bemessungsgrundlage sowohl für den Nutzungs- oder Verwendungseigenverbrauch als auch für den Eigenverbrauch durch sonstige Leistung sind die auf die Ausführung dieser Leistung entfallenden Kosten

Bemessungsgrundlage

($ 4 Abs 8 lit b UStG). Beim Verwendungseigenverbrauch sind dies die anteilige AfA zuzüglich der anteiligen Betriebskosten.

1. Der Bestsellerautor Franz erwirbt einen neuen PC um EUR 1.000,– zuzüglich 20% USt. Diesen PC nutzt er zu 10% für private Zwecke. *Der PC gilt für Zwecke des Vorsteuerabzuges als für das Unternehmen ausgeführt, weil er zu mindestens 10% unternehmerisch genutzt wird (§ 12 Abs 2 Z 1 UStG). Franz kann daher den Vorsteuerabzug zur Gänze vornehmen. Im Ausmaß der nichtunternehmerischen Nutzung ist ein Verwendungseigenverbrauch gem § 3a Abs 1a 1. Teilstrich UStG zu versteuern. Bemessungsgrundlage dafür sind 10% der AfA und 10% der Betriebskosten („die auf die Ausführung dieser Leistungen entfallenden Kosten" gem § 4 Abs 8 lit b UStG).*

2. Ein Elektroinstallateur schickt drei seiner Mitarbeiter zu seiner Schwiegermutter um dort Steckdosen einzurichten. Die Schwiegermutter entrichtet für diese Leistungen kein Entgelt.
Es liegt ein Eigenverbrauch durch sonstige Leistung gem § 3a Abs 1a Z 2 erster Teilstrich UStG vor. Der Vorsteuerabzug ist für die Steuerpflicht unerheblich. Bemessungsgrundlage sind die anteiligen Lohnkosten („die auf die Ausführung dieser Leistung entfallenden Kosten" gem § 4 Abs 8 lit b UStG).

7.18.4 Aufwandseigenverbrauch (§ 1 Abs 1 Z 2 UStG)

Als speziellen Eigenverbrauchstatbestand normiert das UStG das Tätigen von Ausgaben (Aufwendungen) für Leistungen, die zwar Zwecken des Unternehmens dienen, aber nach den ertragsteuerrechtlichen Vorschriften (§ 20 Abs 1 Z 1 bis 5 EStG, § 12 Abs 1 Z 1 bis 5 KStG) nicht abzugsfähig sind. Voraussetzung ist, dass für die Leistungen davor ein Vorsteuerabzug geltend gemacht wurde (sog **Aufwandseigenverbrauch**; § 1 Abs 1 Z 2 lit a UStG).

Waren die Aufwendungen aus ertragsteuerrechtlicher Sicht überwiegend nicht abzugsfähig, ist der Vorsteuerabzug von vornherein ausgeschlossen (§ 12 Abs 2 Z 2 lit a UStG), sodass eine Besteuerung als Aufwandseigenverbrauch nicht in Betracht kommt.

Bemessungsgrundlage für den Aufwandseigenverbrauch sind die (ertragsteuerrechtlich) nicht abzugsfähigen Aufwendungen (§ 4 Abs 8 lit c UStG).

A kauft von einem Teppichhändler einen wertvollen geknüpften Teppich um EUR 12.000,– inkl USt. Der Betriebsprüfer ist in Übereinstimmung mit der Praxis der Finanzverwaltung (Einkommensteuerrichtlinien) der Auffassung, dass nach § 20 Abs 1 Z 2 lit b EStG eine Luxustangente von EUR 7.000,– auszuscheiden ist, sodass als ertragsteuerrechtliche Anschaffungskosten für die Bemessung der AfA nur EUR 5.000,– anerkannt werden.

Aus umsatzsteuerrechtlicher Sicht berechtigt der Kauf des Teppichs überhaupt nicht zum Vorsteuerabzug, weil der Aufwand aus ertragsteuerrechtlicher Sicht überwiegend nicht abzugsfähig ist (§ 12 Abs 2 Z 2 lit a UStG).

Variante: A kauft den Teppich um EUR 7.000,– und der Prüfer hält mit der gleichen Begründung wie vorher nur EUR 5.000,– für nach der Verkehrsauffassung angemessen.

Die Aufwendungen sind ertragsteuerrechtlich nicht überwiegend vom Abzug ausgeschlossen, der Vorsteuerabzug steht daher zunächst in voller Höhe zu. In Höhe der nicht angemessenen EUR 2.000,– liegt jedoch ein Aufwandseigenverbrauch vor, der nach § 1 Abs 1 Z 2 UStG der Umsatzsteuer zu unterwerfen ist.

Übungsbeispiele

1. B ist Busunternehmer.
   a) Ein Kleinbus des Unternehmens wird vom Sohn des B für eine Urlaubsreise verwendet.
   b) Für den Schulausflug des Enkels stellt B einen Bus zur Verfügung, den er selbst lenkt.
   c) Im Büro des B hängt seit der Betriebseröffnung 1960/1996 ein Bild, das B damals um S 20.000,– gekauft hat. Nunmehr will er dieses Bild (Wert etwa EUR 15.000,–) seiner Tochter schenken.
2. Die Kinderbuchautorin C (Jahresumsatz EUR 52.000,–) erwirbt für ihr Arbeitszimmer einen Computer samt Zubehör um EUR 3.000,– zuzüglich 20% USt. Dieser Computer wird zu 40% von ihrem Sohn genutzt, der gerade dabei ist, seine Diplomarbeit zu verfassen. Die übrigen 60% entfallen auf die Schriftstellertätigkeit von C.

   Vier Jahre später verkauft C den Computer um EUR 900,–.

   Variante: Vier Jahre später schenkt C den Computer ihrem Sohn.

7.19 Internationales Umsatzsteuerrecht

7.19.1 Überblick

Die Mehrwertsteuer ist eine allgemeine Steuer auf den Verbrauch, deren Aufkommen dem Mitgliedstaat zufließen muss, in dem der tatsächliche Verbrauch erfolgt (Besteuerung nach dem Territorialitätsprinzip). Im grenzüberschreitenden Waren- und Dienstleistungsverkehr kann sich die Umsatzbesteuerung entweder nach den Verhältnissen des Herkunftslandes (**Ursprungslandprinzip**) oder nach den Verhältnissen des Destinationslandes (**Bestimmungslandprinzip**) richten. Das bestehende gemeinsame MwSt-System beruht auf dem Grundsatz, dass die Steuer im Wege des Systems selbst direkt demjenigen Mitgliedstaat zugewiesen wird, in dessen Gebiet der Ort des Endverbrauchs eines Gegenstandes oder einer Dienstleistung als gelegen gilt (Bestimmungslandprinzip). Gewährleistet wird diese direkte Zuweisung der Steuer an den Mitgliedstaat des Verbrauchs durch eigens festgelegte Regeln für die Bestimmung des Ortes der steuerpflichtigen Umsätze. Das geltende MwSt-System folgt damit generell dem Bestimmungslandprinzip. Ausnahmen gelten nur dort, wo sich (mangels Kontrollmöglichkeit) das Bestimmungslandprinzip nicht umsetzen lässt. In diesen Bereichen kommt das Ursprungslandprinzip zur Anwendung (zB Touristenimport innerhalb des Binnenmarktes).

Für die österr Umsatzsteuer ergibt sich daraus, dass nur Umsätze, die im Inland ausgeführt werden, der österreichischen Umsatzsteuer unterliegen. Unbeachtlich ist, ob ein in- oder ein ausländischer Unternehmer diese Umsätze ausführt. **Auslandsumsätze**, dh Umsätze, für die es in Österreich weder einen Ort der Lieferung noch einen Ort der sonstigen Leistung gibt, sind in Österreich nicht steuerbar. Sie sind allenfalls im Ausland steuerbar und steuerpflichtig.

7.19.2 Umsatzsteuer im Verkehr mit Drittstaaten

Importe und Exporte

Im Verhältnis zu Drittstaaten wird das Bestimmungslandprinzip verwirklicht, indem einerseits die Importe mit Einfuhrumsatzsteuer belastet werden und andererseits die Exporte von der Steuer befreit werden (echte Steuerbefreiung für Ausfuhrlieferungen; siehe dazu schon oben 7.9.2). Schuldner der Einfuhrumsatzsteuer können auch Nichtunternehmer sein. Unternehmer können die Einfuhrumsatzsteuer nach allgemeinen Grundsätzen als Vorsteuer abziehen.

Ein österreichisches Unternehmen liefert Maschinen an ein Unternehmen in China.

Bei einer Versendung der Maschinen nach China liegt der Ort der Lieferung gem § 3 Abs 8 UStG dort, wo die Versendung beginnt (Österreich). Der steuerbare Umsatz im Inland (Ausfuhrlieferung) ist jedoch gem § 6 Abs 1 Z 1 UStG iVm § 7 Abs 1 UStG echt steuerbefreit.

7.19.3 Umsatzsteuer im Binnenmarkt

7.19.3.1 Vorbemerkung

Wegen des provisorischen Charakters der unionsrechtlichen Grundlagen hat der österreichische Gesetzgeber die Bestimmungen über die Umsatzsteuer im Verkehr mit EU-Staaten in einem Anhang zum UStG, der sog Binnenmarktregelung, kodifiziert. Die Vorschriften sind als Artikel bezeichnet und entsprechen hinsichtlich ihrer nummernmäßigen Bezeichnung den jeweiligen Paragraphen des UStG. Die Artikel ergänzen oder modifizieren den jeweils korrespondierenden Paragraphen für den Bereich des Binnenmarktes (Bsp: § 6 UStG enthält die Steuerbefreiungen, Art 6 UStG erweitert den Katalog der Steuerbefreiungen im Bereich des Handels zwischen EU-Staaten; § 12 UStG regelt den Vorsteuerabzug, Art 12 UStG enthält Ergänzungen zum Vorsteuerabzug nur für den Binnenmarkt).

Binnenmarktregelung

Bei der umsatzsteuerrechtlichen Beurteilung eines Sachverhaltes mit Binnenmarktbezug ist daher zunächst das allgemeine Umsatzsteuerrecht (kodifiziert in den Paragraphen) zu berücksichtigen. Anschließend ist zu prüfen, ob für die Binnenmarktsituation Abweichungen oder Ergänzungen in den jeweils korrespondierenden Artikeln des UStG vorgesehen sind.

Ein spanisches Transportunternehmen übernimmt die Übersiedlung des Hausrates einer spanischen Familie nach Österreich.
Nach § 3a Abs 10 UStG werden Beförderungsleistungen dort ausgeführt, wo sie **bewirkt** werden. Da hier ein Gegenstand aus einem EU-Staat in einen anderen EU-Staat transportiert wird, ist zu prüfen, ob der Anhang zum UStG für diese Beförderungsleistung Abweichungen von § 3a Abs 10 UStG vorsieht. Nach Art 3a Abs 1 UStG wird die Beförderung eines Gegenstandes, die in dem Gebiet eines Mitgliedstaates beginnt und in dem Gebiet eines anderen Mitgliedstaates endet, grundsätzlich an dem Ort ausgeführt, an dem die Beförderung **beginnt**. Abweichend von § 3a Abs 10 UStG wird die vorliegende Beförderungsleistung daher zur Gänze in Spanien ausgeführt.

Im Binnenmarkt ist zwischen den Fällen zu unterscheiden, in denen es zu einem Leistungsaustausch zwischen Unternehmern kommt und

Leistungsempfänger

jenen Fällen, in denen der Leistungsaustausch zwischen einem Unternehmer und einem Nichtunternehmer stattfindet. In ersterem Fall wird die Besteuerung im Regelfall im **Bestimmungsland**, in letztem Fall in der Regel im **Ursprungsland** bewirkt. Dem Leistungsempfänger kommt daher für die Beurteilung eines Sachverhaltes mit Binnenmarktbezug zentrale Bedeutung zu. Darüber hinaus ist wiederum zwischen Lieferungen und sonstigen Leistungen zu unterscheiden.

7.19.3.2 Lieferungen – Exportsituation

Eine Exportsituation im Binnenmarkt liegt vor, wenn ein österreichischer Unternehmer eine Lieferung in das übrige Gemeinschaftsgebiet ausführt. Übriges Gemeinschaftsgebiet sind die EU-Mitgliedstaaten mit Ausnahme Österreichs.

7.19.3.2.1 Lieferung an einen Unternehmer

Ort der Lieferung

Gelangt der Gegenstand der Lieferung durch Beförderung oder Versendung aus Österreich in das übrige Gemeinschaftsgebiet, so wird diese Lieferung nach der allgemeinen Regel über die Beförderungs- oder Versendungslieferung (§ 3 Abs 8 UStG) dort ausgeführt, wo die Beförderung oder Versendung beginnt, dh in Österreich. Der Umsatz ist daher in Österreich steuerbar, sofern nicht Art 3 UStG Abweichendes vorsieht. Für den Fall, dass der Abnehmer des Gegenstandes selbst ein Unternehmer ist, der den Gegenstand für sein Unternehmen erworben hat, existieren keine Abweichungen in Art 3 UStG. Die Lieferung bleibt daher auch im Binnenmarkt steuerbar in Österreich.

Steuerbefreite innergemeinschaftliche Lieferung

Steuerpflichtig ist eine in Österreich steuerbare Lieferung, welche in das übrige Gemeinschaftsgebiet gelangt, jedoch nur, wenn keine Steuerbefreiung besteht. Für Lieferungen, die in einen EU-Staat (also nicht in einen Drittstaat) gehen, sieht § 6 UStG keine Steuerbefreiung vor. Nach Art 6 Abs 1 UStG sind jedoch innergemeinschaftliche Lieferungen steuerbefreit (vgl dazu Art 7 UStG und vorher 7.5.3.2). Voraussetzung für das Vorliegen einer steuerfreien innergemeinschaftlichen Lieferung ist, dass im Empfängerstaat ein steuerbarer innergemeinschaftlicher Erwerb gegeben ist (**Prinzip der Korrespondenz des innergemeinschaftlichen Erwerbs und der Steuerfreiheit der innergemeinschaftlichen Lieferung**). Bei der Steuerbefreiung für die innergemeinschaftliche Lieferung handelt es sich um eine echte Befreiung, sodass der liefernde Unternehmer – sofern er grundsätzlich zum Vorsteuerabzug berechtigt ist – die Umsatzsteuer auf Vorleistungen im Zusammenhang mit seiner innergemeinschaftlichen Lieferung als Vorsteuer abziehen kann (Art 12 Abs 2 UStG). Die Voraussetzungen für das Vorliegen einer steuerfreien innergemeinschaftlichen Lieferung müssen durch einen Nachweis der Beförderung und einen Buchnachweis belegt werden. (Art 7 Abs 3 UStG und VO BGBl II 1996/401 idF 2010/172).

Der Erwerb des steuerfrei gelieferten Gegenstandes ist beim Abnehmer im anderen Mitgliedstaat als **innergemeinschaftlicher Erwerb** steuerbar (vgl dazu Art 1 Abs 2 UStG und vorher 7.6). Für die Steuerbefreiung der innergemeinschaftlichen Lieferung ist unerheblich, ob der Erwerb im Bestimmungsland auch tatsächlich besteuert wird. Dies ist Sache des Abnehmerstaates und berührt die Steuerfreiheit der innergemeinschaftlichen Lieferung – außerhalb von Betrugs- oder Missbrauchsfällen - nicht.

Besteuerung beim Abnehmer

Der österreichische Großhändler X liefert eine Tonne Äpfel an die deutsche Supermarktkette S.
Hier gelangt ein Gegenstand der Lieferung aus dem Gebiet eines Mitgliedstaates in das Gebiet eines anderen Mitgliedstaates. Sowohl der Lieferant als auch der Empfänger der Lieferung sind Unternehmer. Auf Seiten von X liegt daher eine in Österreich steuerbare, aber steuerfreie innergemeinschaftliche Lieferung vor. S tätigt in Deutschland einen innergemeinschaftlichen Erwerb.

7.19.3.2.2 Lieferung an den Nichtunternehmer – Versandhandel (Art 3 Abs 3 bis 7 UStG)

Erwirbt der Abnehmer den Gegenstand für den nichtunternehmerischen Bereich, so wird die Lieferung des österreichischen Unternehmers zunächst **grundsätzlich** in Österreich – „dort, wo die Beförderung beginnt" – ausgeführt (§ 3 Abs 8 UStG). Da eine innergemeinschaftliche Lieferung nicht vorliegt und Art 6 UStG keine andere Steuerbefreiung vorsieht, ist die Lieferung in Österreich auch steuerpflichtig.

Ort der Lieferung – Grundsatz

Nach der Binnenmarktregelung (Art 3 Abs 3 UStG) gilt etwas anderes, wenn der liefernde Unternehmer im Bestimmungsland die sog **Lieferschwelle** überschritten hat. Der Ort der Lieferung verlagert sich dann vom Beginn der Beförderung an das Ende der Beförderung. Die Lieferung wird somit abweichend von § 3 Abs 8 UStG im Bestimmungsland steuerbar und steuerpflichtig. In Österreich ist die Lieferung nicht steuerbar. Die Lieferschwelle ist von Mitgliedstaat zu Mitgliedstaat unterschiedlich hoch (sie kann bis zu EUR 100.000,– betragen; in Österreich EUR 35.000,–). Ob der Unternehmer die Lieferschwelle überschritten hat, richtet sich nach dem Recht des Bestimmungslandes. Verzichtet der liefernde Unternehmer auf die Anwendung der Lieferschwelle, wird seine Lieferung unabhängig von der

Verlagerung Ort der Lieferung

Höhe der von ihm im Bestimmungsland ausgeführten Umsätze im Bestimmungsland, dh am Ende der Beförderung ausgeführt. Die Steuerpflicht des Umsatzes richtet sich dann nach dem Umsatzsteuerrecht des Bestimmungslandes.

7.19.3.2.3 Lieferung an „Schwellenerwerber" (Art 1 Abs 4 und 5 UStG)

Ist der Abnehmer ein unecht steuerbefreiter Unternehmer, ein pauschalierter Landwirt oder eine juristische Person, die nicht Unternehmerin ist oder den Gegenstand für den nichtunternehmerischen Bereich erwirbt und nicht über eine UID-Nummer verfügt (sog Schwellenerwerber), hängt die umsatzsteuerrechtliche Behandlung für den Lieferanten davon ab, auf welche Umsatzhöhe sich die Erwerbe des Abnehmers aus dem übrigen Gemeinschaftsgebiet im laufenden oder im vorangegangenen Kalenderjahr belaufen haben.

Erwerbsschwelle

Wurde die sog Erwerbsschwelle (die wiederum von Mitgliedstaat zu Mitgliedstaat innerhalb einer festgelegten Bandbreite unterschiedlich hoch ist; in Österreich EUR 11.000,–) überschritten oder auf deren Anwendung verzichtet, ist die Lieferung an den Schwellenerwerber wie die Lieferung an den steuerpflichtigen Unternehmer zu behandeln: Der Lieferant tätigt eine steuerfreie innergemeinschaftliche Lieferung. Der Erwerber tätigt einen steuerpflichtigen innergemeinschaftlichen Erwerb, für den ihm mangels Vorsteuerabzugsberechtigung ein Vorsteuerabzug nicht zusteht.

Hat der Erwerber die Erwerbsschwelle nicht überschritten, ist die Lieferung an ihn wie eine Lieferung an einen Privaten zu behandeln: Je nachdem, ob der liefernde Unternehmer die Lieferschwelle überschritten (auf sie verzichtet) hat oder nicht, kommt es zu einer steuerbaren und steuerpflichtigen Lieferung entweder im Bestimmungs- oder im Ursprungsland.

Ein österreichischer Kunstmaler liefert ein Gemälde an eine bayrische Gemeinde für deren Gemeindeamt. Ansonsten tätigte die Gemeinde innerhalb der letzten zwei Jahre keine Erwerbe aus anderen Mitgliedstaaten.

a) Kaufpreis EUR 15.000,–.
b) Kaufpreis EUR 9.000 ,–.

Die bayrische Gemeinde ist Schwellenerwerberin. In Deutschland beläuft sich die Erwerbsschwelle auf EUR 12.500,– (§ 3a Abs 3 Z 2 des deutschen Umsatzsteuergesetzes). Hat die Gemeinde mit ihren Erwerben die Erwerbsschwelle überschritten (Fall a), so ist sie wie ein Unter-

nehmer zu behandeln: Sie tätigt einen innergemeinschaftlichen Erwerb in Deutschland. Die Lieferung des österreichischen Malers stellt in Österreich eine steuerfreie innergemeinschaftliche Lieferung dar. Da es sich dabei um eine echte Steuerbefreiung handelt, behält der Maler den Vorsteuerabzug für Vorleistungen, die er für die Schaffung des Gemäldes bezogen hat.

Hat die Gemeinde mit ihren Erwerben die Erwerbsschwelle nicht überschritten (Fall b), so ist sie wie eine Privatperson zu behandeln: Es gilt das Ursprungslandprinzip. Der österreichische Maler liefert steuerbar und steuerpflichtig in Österreich. Die Lieferung ist mit österreichischer Umsatzsteuer belastet (etwas anderes gilt nur dann, wenn der österreichische Maler die Lieferschwelle in Deutschland überschritten oder auf sie verzichtet hat. In diesem Fall verlagert sich der Ort der Lieferung in das Bestimmungsland, dh nach Deutschland). Die bayrische Gemeinde hat die Möglichkeit, auf die Anwendung der Erwerbsschwelle zu verzichten. In diesem Fall hat sie einen innergemeinschaftlichen Erwerb zu versteuern. Der österreichische Maler tätigt dann in Österreich eine steuerfreie innergemeinschaftliche Lieferung.

7.19.3.3 Lieferungen – Importsituation

Eine Importsituation ist gegeben, wenn ein Gegenstand aus dem Gebiet eines anderen Mitgliedstaates nach Österreich (in das Gebiet eines anderen Mitgliedstaates) gelangt.

7.19.3.3.1 Erwerb für den steuerpflichtigen unternehmerischen Bereich

Gelangt ein Gegenstand bei einer Lieferung an den Abnehmer (Erwerber) aus dem Gebiet eines Mitgliedstaates in das Gebiet eines anderen Mitgliedstaates und ist der Erwerber ein steuerpflichtiger Unternehmer, der den Gegenstand für sein Unternehmen erwirbt, so liegt ein innergemeinschaftlicher Erwerb vor (Art 1 Abs 2 UStG; vgl dazu vorher S 326 ff). Der innergemeinschaftliche Erwerb ist grundsätzlich umsatzsteuerpflichtig (zu den Befreiungen siehe Art 6 Abs 2 UStG).

Innergemeinschaftlicher Erwerb

Dem innergemeinschaftlichen Erwerb gleichgestellt ist das **Verbringen** eines Gegenstandes des Unternehmens aus dem übrigen Gemeinschaftsgebiet in das Inland durch einen Unternehmer zu seiner Verfügung. Das gilt nicht, wenn die Verbringung nur zur vorübergehenden Verwendung erfolgt (Art 1 Abs 3 UStG). Die vorübergehende

Verbringen

Verwendung wird in Art 3 Abs 1 Z 1 zweiter Unterabsatz UStG näher definiert.

Ort des innergemeinschaftlichen Erwerbs

Ort des innergemeinschaftlichen Erwerbs ist der Ort, an dem sich der Gegenstand am Ende der Beförderung oder Versendung befindet (Art 3 Abs 8 UStG; vgl im Detail vorher S 336).

Vorsteuerabzug

Die Umsatzsteuer auf den innergemeinschaftlichen Erwerb kann bei grundsätzlicher Berechtigung des Unternehmers zum Vorsteuerabzug unter den allgemeinen Voraussetzungen des § 12 UStG als Vorsteuer abgezogen werden (Art 12 Abs 1 UStG, s vorher S 349 ff). Das Recht auf Vorsteuerabzug entsteht mit Ablauf des Voranmeldungszeitraumes, in den die Vorsteuer fällt. Dadurch entsteht das Recht auf Vorsteuerabzug zeitgleich mit der Steuerschuld. Die Vorgänge sind lediglich in der Umsatzsteuervoranmeldung zu dokumentieren. Zu einem Zahlungsfluss kommt es nicht.

1. Ein in Deutschland ansässiger Aussteller bringt Warenmuster zu einer Messe mit nach Österreich. Nach Beendigung der Messe werden die Waren zurück nach Deutschland gebracht.
   Hier handelt es sich um eine Verbringung zur vorübergehenden Verwendung. Ein steuerpflichtiger innergemeinschaftlicher Erwerb liegt nicht vor.

2. Ein in Österreich ansässiger Rechtsanwalt kauft von einem französischen Künstler eine Skulptur für den Empfangsbereich seiner Kanzlei.
   Hier handelt es sich um die Lieferung eines Gegenstandes, der von einem Mitgliedstaat in einen anderen Mitgliedstaat gelangt, wobei die involvierten Parteien (Leistender und Leistungsempfänger) Unternehmer sind. In diesem Fall tätigt der Rechtsanwalt einen steuerpflichtigen innergemeinschaftlichen Erwerb in Österreich. Er kann sich die Erwerbsteuer als Vorsteuer abziehen. Der französische Künstler führt dann eine Lieferung in Frankreich („wo die Beförderung oder Versendung beginnt") aus, die steuerbefreit ist. Voraussetzung für die Geltung dieser Regelung ist, dass beide Unternehmer mit ihrer UID auftreten und die Effektuierung der innergemeinschaftlichen Lieferung durch Beförderungs- und Buchnachweis dokumentiert wird (vgl dazu VO BGBl II 1996/401 idF 2010/172).

7.19.3.3.2 Erwerb durch natürliche Personen ausschließlich für ihre private Verwendung

Grundsätzlich Ursprungslandprinzip

Erwirbt der Abnehmer für den nichtunternehmerischen Bereich, so gilt grundsätzlich das Ursprungslandprinzip. Der liefernde Unternehmer liefert steuerpflichtig im Ursprungsland (dort, wo die Beförderung oder Versendung beginnt). Er stellt die Umsatzsteuer des Ursprungslandes in Rechnung.

Das Ursprungslandprinzip gilt nicht, wenn die **Versandhandelsregelung** zur Anwendung kommt. Dies ist der Fall, wenn der liefernde Unternehmer im Bestimmungsland im Vorjahr die sog Lieferschwelle überschritten hat, oder ab dem Entgelt, mit dem im laufenden Kalenderjahr die Lieferschwelle überschritten wird (Art 3 Abs 5 UStG). Konsequenz der Überschreitung der Lieferschwelle ist, dass sich der Ort der Lieferung in den Mitgliedstaat des Abnehmers (an das Ende der Beförderung), dh – bei Lieferung an einen österreichischen Abnehmer – nach Österreich verlagert (Art 3 Abs 3 UStG). Der liefernde Unternehmer hat österreichische Umsatzsteuer in Rechnung zu stellen. In Österreich beläuft sich die **Lieferschwelle** auf EUR 35.000,–.

Versandhandelsregelung

Zur Kontrolle der Versandhandelsregelung können die Abgabenbehörden von Postunternehmen Auskunft über alle für die Erhebung von Abgaben erforderlichen Tatsachen (ua Namen und Adressen der liefernden Unternehmer und der Empfänger der Lieferungen, Anzahl der Lieferungen) verlangen (§ 27 Abs 6 UStG).

Die Kontrolle von Transportmitteln und Transportbehältnissen ermöglicht § 27 Abs 5 UStG.

Nach Art 3 Abs 6 UStG kann der ausländische Unternehmer auf die Lieferschwelle verzichten. Dadurch verlagert sich der Ort der Lieferung unabhängig von der Höhe des Umsatzes in Österreich jedenfalls nach Österreich. Der Lieferer ist an seine Erklärung für mindestens zwei Kalenderjahre gebunden. Die Erklärung kann nur mit Wirkung vom Beginn eines Kalenderjahres an widerrufen werden (Art 3 Abs 6 UStG). Die Lieferschwelle gilt nicht für die Lieferungen von verbrauchsteuerpflichtigen Waren und neuen Fahrzeugen. Bei diesen Waren gilt auch bei Lieferung an den Schwellenerwerber oder an den Privaten stets das Bestimmungslandprinzip.

Verzicht auf die Lieferschwelle

Ein in Österreich ansässiger Kunstsammler kauft ein Gemälde von einem niederländischen Maler.
Hier handelt es sich wiederum um die Lieferung eines Gegenstandes, der von einem Mitgliedstaat in einen anderen Mitgliedstaat gelangt. Die involvierten Parteien sind eine Privatperson (Leistungsempfänger) und ein Unternehmer (Lieferant). Die Bestimmung über die steuerfreie innergemeinschaftliche Lieferung kommt daher nicht zur Anwendung. Es gilt vielmehr das Ursprungslandprinzip. Die Lieferung ist grundsätzlich dort steuerbar und steuerpflichtig, wo die Beförderung oder Versendung beginnt. Das gilt dann nicht mehr, wenn die Umsätze des Lieferanten in

Österreich im laufenden Kalenderjahr oder im vergangenen Kalenderjahr EUR 35.000,– überschreiten oder überschritten haben. In diesem Fall verlagert sich der Ort der Lieferung aus dem Ausland nach Österreich. Der niederländische Maler liefert dann steuerbar und steuerpflichtig in Österreich.

7.19.3.3.3 Erwerb durch „Schwellenerwerber"

Schwellenerwerber

Gelangt ein Gegenstand bei einer Lieferung aus dem Gemeinschaftsgebiet nach Österreich und ist der Erwerber ein Unternehmer, der nur unecht steuerbefreite Umsätze ausführt (zB Kleinunternehmer), ein pauschalierter Land- und Forstwirt (§ 22 UStG) oder eine juristische Person, die nicht Unternehmerin ist oder für ihren nichtunternehmerischen Bereich erwirbt (sog Schwellenerwerber), ist dieser Vorgang (nur dann) als innergemeinschaftlicher Erwerb im Inland (in Österreich) zu versteuern, wenn die Entgelte für Erwerbe der betreffenden Person aus dem übrigen Gemeinschaftsgebiet im vorangegangenen Jahr oder im laufenden Jahr die Grenze von EUR 11.000,– (**Erwerbsschwelle**) überschritten haben. Andernfalls werden Schwellenerwerber wie Private behandelt. Die Lieferung wird dann grundsätzlich im Ursprungsland ausgeführt. Nur wenn der Lieferant die Lieferschwelle von EUR 35.000,– in Österreich überschreitet, verlagert sich der Ort der Lieferung nach Österreich.

Verzicht auf die Erwerbsschwelle

Wie der Lieferant auf die Lieferschwelle, kann auch der Abnehmer auf die Erwerbsschwelle verzichten (Art 1 Abs 5 UStG). Dieser Verzicht ist gegenüber dem Finanzamt innerhalb der Frist zur Abgabe der Voranmeldung für den Voranmeldungszeitraum eines Kalenderjahres, in dem erstmals ein Erwerb getätigt worden ist, schriftlich zu erklären. Er bindet den Erwerber für mindestens zwei Kalenderjahre. Der Widerruf kann nur mit Wirkung vom Beginn eines Kalenderjahres an ausgesprochen werden.

Die Erwerbsschwelle gilt nicht für die Lieferungen von verbrauchsteuerpflichtigen Waren und neuen Fahrzeugen. Bei diesen Waren gilt auch bei Lieferungen an den Schwellenerwerber stets das Bestimmungslandprinzip.

1. Ein österreichisches Stadtmuseum (kein BgA) kauft zwei Skulpturen von belgischen Künstlern um insgesamt EUR 20.000,–.
   Das Stadtmuseum hat einen innergemeinschaftlichen Erwerb in Österreich zu versteuern. Erwirbt es nur eine Skulptur zu einem Preis von EUR 10.000,– und erwirbt es im Übrigen keine Gegenstände aus dem übrigen Gemeinschaftsgebiet (weder im vorangegangenen

noch im laufenden Kalenderjahr), so tätigt es keinen innergemeinschaftlichen Erwerb (es sei denn, es verzichtet auf die Erwerbsschwelle). Der ausländische Künstler liefert steuerbar im Ausland, es sei denn, er hat in Österreich die Lieferschwelle überschritten oder auf diese verzichtet (diesfalls liefert er steuerpflichtig in Österreich).

2. Der Kleinunternehmer V kauft einen Bilderzyklus von einem griechischen Maler für sein Büro. Ansonsten tätigte er weder im letzten Jahr noch im laufenden Jahr Erwerbe aus anderen Mitgliedstaaten.
   a) Kaufpreis EUR 15.000,–
   b) Kaufpreis EUR 9.000,–

Als unecht steuerbefreiter Unternehmer (§ 6 Abs 1 Z 27 UStG) ist V ein sog „Schwellenerwerber". Liegt das Entgelt für seine Erwerbe aus dem übrigen Gemeinschaftsgebiet unter der Erwerbsschwelle von EUR 11.000,–, so wird er behandelt wie eine Privatperson: Für die Lieferung gilt grundsätzlich das Ursprungslandprinzip (dh steuerbar in Griechenland), es sei denn, der griechische Maler überschreitet die Lieferschwelle (EUR 35.000,–) in Österreich. Dann verlagert sich der Ort der Lieferung von Griechenland nach Österreich: Der Maler liefert steuerbar („dort, wo die Beförderung endet") und steuerpflichtig in Österreich. Liegt das Entgelt über der Erwerbsschwelle, so wird V behandelt wie ein steuerpflichtiger Unternehmer: Er hat in Österreich einen innergemeinschaftlichen Erwerb zu versteuern, für den ihm auf Grund seiner unechten Steuerbefreiung der Vorsteuerabzug nicht zusteht. Die Lieferung des Griechen ist als innergemeinschaftliche Lieferung von der Umsatzsteuer befreit, sofern der Leistungsempfänger eine UID hat und mit dieser auftritt.

7.19.3.4 Lieferungen im privaten Reiseverkehr

Im privaten innergemeinschaftlichen Reiseverkehr gilt grundsätzlich das Ursprungslandprinzip. Lieferungen von Waren an Letztverbraucher werden daher in dem Mitgliedstaat besteuert, in dem sie erworben (abgeholt) werden (dort, wo sich der Gegenstand zum Zeitpunkt der Verschaffung der Verfügungsmacht befindet bzw dort, wo die Beförderung oder Versendung beginnt).

Ursprungslandprinzip

7.19.3.5 Sonderfall Lieferung neuer Fahrzeuge

Die Lieferung, das ist der Verkauf von neuen Fahrzeugen aus dem Gebiet eines Mitgliedstaates in das Gebiet eines anderen Mitgliedstaates, unterliegt stets der Erwerbsbesteuerung im Bestimmungsland. Dies gilt auch dann, wenn ein neues Fahrzeug zwischen Nicht-Unter-

Fahrzeugeinzelbesteuerung

nehmern verkauft wird. Bei privaten Abnehmern erfolgt dies im Wege der sog Fahrzeugeinzelbesteuerung. Ist der ausländische Lieferant des Fahrzeuges ein Nichtunternehmer, wird er von der ausländischen USt entlastet, indem er für Zwecke der Fahrzeuglieferung als Unternehmer behandelt wird. Er tätigt daher eine steuerfreie innergemeinschaftliche Lieferung. Für die beim Fahrzeugkauf entrichtete USt erhält er nachträglich einen Vorsteuerabzug. Der Käufer des neuen Fahrzeuges hat unabhängig davon, ob er für den unternehmerischen oder den nichtunternehmerischen Bereich erwirbt, einen innergemeinschaftlichen Erwerb zu versteuern. – Vgl dazu ausführlich Art 1 Abs 7 und Abs 8, Art 2 und Art 3 Abs 7 UStG.

Gebrauchte Fahrzeuge

Die Sonderregelung gilt nicht für gebrauchte Fahrzeuge: Ein motorbetriebenes Landfahrzeug gilt als gebraucht, wenn die erste Inbetriebnahme im Zeitpunkt des Erwerbs mehr als sechs Monate zurückliegt und das Fahrzeug mehr als 6.000 Kilometer zurückgelegt hat (Art 1 Abs 9 UStG).

7.19.3.6 Lieferung verbrauchsteuerpflichtiger Waren

Bestimmungslandprinzip

Verbrauchsteuerpflichtige Waren werden immer im Bestimmungsland besteuert. Weder die Erwerbsschwelle noch die Lieferschwelle kommen zur Anwendung. Zu den verbrauchsteuerpflichtigen Waren zählen beispielsweise alkoholische Getränke, Tabakwaren, Mineralöle, Kohle, Erdgas und Elektrizität.

Einzige Ausnahme ist der Fall der Abholung durch private Letztverbraucher. In diesem Fall bleibt es bei der Besteuerung im Ursprungsland.

7.19.4 Sonstige Leistungen im Binnenmarkt

Grundsätzlich keine Abweichungen

Für die sonstigen Leistungen gelten im Binnenmarkt hinsichtlich des Leistungsortes grundsätzlich dieselben Bestimmungen wie für Sachverhalte mit Drittlandsbezug. Ausnahmen sieht Art 3a UStG nur für die Vermittlungsleistungen, die Beförderungsleistungen und die damit zusammenhängenden sonstigen Leistungen sowie für Restaurant- und Verpflegungsdienstleistungen an Bord von Schiffen, Flugzeugen oder Eisenbahnen im Beförderungsverkehr im Binnenmarkt vor.

Beförderungsdienstleistungen

Bei Beförderungsleistungen, bei denen die Beförderung in dem Gebiet eines Mitgliedstaates beginnt und in dem Gebiet eines anderen Mitgliedstaates endet, liegt der Leistungsort, wenn der Leistungsempfänger ein Nichtunternehmer iSd § 3a Abs 5 Z 3 UStG ist, an dem Ort, an dem die Beförderung beginnt (Art 3a Abs 1 UStG).

Bei Restaurant- und Verpflegungsdienstleistungen im Gemeinschaftsgebiet an Bord eines Schiffes, in einem Luftfahrzeug oder in einer Eisenbahn gilt der Abgangsort im Gemeinschaftsgebiet als Ort der sonstigen Leistung (Art 3a Abs 3 und 4 UStG). *Bestimmte Restaurant- und Verpflegungsdienstleistungen*

7.19.5 Formale Verpflichtungen

Für die Teilnahme am innergemeinschaftlichen Handel benötigt der Unternehmer eine Umsatzsteuer-Identifikationsnummer (UID) (Art 28 UStG). Das BMF bestätigt auf Anfrage die Gültigkeit der UID sowie den Namen und die Anschrift der Person, der die UID von einem anderen Mitgliedstaat erteilt wurde (Art 28 Abs 2 und Abs 3 UStG). *UID-Nummer*

Über innergemeinschaftliche Lieferungen und gleichgestellte Vorgänge sind monatlich Zusammenfassende Meldungen (ZM) abzugeben (Art 21 Abs 3 UStG). Dies gilt auch für sonstige Leistungen, die der Unternehmer im Gemeinschaftsgebiet ausgeführt hat, wenn es sich bei ihnen um B2B-Leistungen handelt. Zusammenfassende Meldungen haben die Rechtsqualität von Umsatzsteuervoranmeldungen. *Zusammenfassende Meldung*

Die Wechselwirkung zwischen der Steuerbefreiung der innergemeinschaftlichen Lieferung und der Erwerbsbesteuerung erfordert einen Informationsaustausch zwischen den Finanzbehörden der Mitgliedstaaten. Dieser wurde in der Verordnung des Rates 904/2010 über die Zusammenarbeit der Verwaltungsbehörden und die Betrugsbekämpfung auf dem Gebiet der Mehrwertsteuer (ABl L 268 vom 12. 10. 2010, 1), der sog Amtshilfe-VO, geregelt. Die VO enthält ua Vorschriften über einen EDV-gestützten Informationsaustausch zwischen den EU-Mitgliedstaaten. Dieser soll gewährleisten, dass innergemeinschaftliche Lieferungen und sonstige Leistungen im Bestimmungsland ordnungsgemäß besteuert werden. *Informationsaustausch*

7.19.6 Vorsteuererstattung

Unternehmer, die weder in Österreich noch im übrigen Gemeinschaftsgebiet ansässig sind, haben die Erstattung von Vorsteuern, die in Österreich entstanden sind, nach einem eigenen Verfahren direkt beim Finanzamt Graz-Stadt zu beantragen (§ 21 Abs 9 UStG iVm VO BGBl II 1995/279 idF 2014/158).

Unternehmer, die im übrigen Gemeinschaftsgebiet und nicht in Österreich ansässig sind, haben die Erstattung von Vorsteuern, die in Österreich entstanden sind, über ein in ihrem Mitgliedstaat eingerichtetes elektronisches Portal zu beantragen. Das Verfahren richtet sich hier nach den Vorgaben der RL 2008/9/EG vom 12. 2. 2008 (ABl L 44 vom 20. 2. 2008, 23), die in Österreich mittels Verordnung (BGBl II 1995/279 idF 2010/389) umgesetzt wurde.

Der bekannte serbische Aktionskünstler V nimmt an einer Live-Performance in Wien teil und erhält dafür ein Honorar iHv EUR 7.000,–.

V erbringt eine sonstige Leistung. Da es sich dabei um eine künstlerische Leistung handelt, ist der Leistungsort entweder gem § 3a Abs 11 lit a UStG in Österreich (dort, wo der Künstler zum wesentlichen Teil tätig wird), sofern die Leistung an einen Nichtunternehmer iSv § 3a Abs 5 Z 3 UStG erfolgt; oder aber gemäß § 3a Abs 6 UStG (ebenfalls) in Österreich (B2B-Leistung), wenn der Leistungsempfänger Unternehmer ist. Die Leistung ist in Österreich steuerbar und, da keine Befreiung existiert, auch steuerpflichtig.

Für die Abfuhr der Umsatzsteuer ist zu unterscheiden:

*Ist der **Leistungsempfänger ein Unternehmer** oder eine juristische Person öffentlichen Rechts, so geht die Steuerschuld auf den Leistungsempfänger über (Reverse-Charge-System). V hat eine Netto-Rechnung zu stellen, in der er die UID des Leistungsempfängers anzugeben und auf dessen Steuerschuldnerschaft hinzuweisen hat. Der Leistungsempfänger hat die Umsatzsteuer an das Finanzamt abzuführen, hat aber bei Vorliegen der übrigen Voraussetzungen den Vorsteuerabzug. V kann seinerseits den Vorsteuerabzug etwa aus den Hotelkosten geltend machen.*

*Ist der **Leistungsempfänger eine Privatperson** (etwa ein wohlhabender Kunstliebhaber, der seinen Freunden und sich eine Freude machen möchte), so kommt das Reverse-Charge-System nicht zur Anwendung. Da V aus dem Drittland stammt, ist er gem § 27 Abs 7 UStG verpflichtet, einen Fiskalvertreter namhaft zu machen (es sei denn, zwischen Österreich und dem Drittland besteht ein Amtshilfeübereinkommen; § 27 Abs 7 vorletzter Satz UStG).*

Übungsbeispiele

1. Der österreichische Obsthändler V, der sich auf biologisch angebautes Obst spezialisiert hat, beliefert die folgenden Kunden im Ausland:
    a) den slowenischen Biohändler Y, 10 t Äpfel/Jahr;
    b) eine Reihe von Privathaushalten in Deutschland; die Umsätze des V in Deutschland belaufen sich auf ca EUR 20.000,– jährlich/ca EUR 120.000,– jährlich;
    c) eine oberitalienische Stadt, die bei einem Stadtfest Äpfel an die Bürger verteilt. Die Erwerbe der Stadt aus dem Gemein-

schaftsgebiet belaufen sich auf etwa EUR 9.000,– jährlich/ EUR 14.000,– jährlich.

Was würde sich ändern, wenn nicht Äpfel, sondern Wein verkauft würde?

2. Das ungarische Traditionshaus X vertreibt weltweit ungarische Stoffe. Im Jahr 01 beliefert das Unternehmen:
   a) österreichische Modehäuser mit Stoffen, Umsatz ca EUR 120.000,–;
   b) eine steirische Gemeinde mit Vorhangstoffen für das Gemeindehaus, Erwerbe der Gemeinde von Unternehmern aus dem übrigen Gemeinschaftsgebiet EUR 10.000,–/EUR 12.000,–;
   c) die Private H, Umsatz EUR 20.000,–; Gesamtbetrag der Lieferungen an Private in Österreich EUR 120.000,–.

   Welche umsatzsteuerrechtlichen Konsequenzen sind mit diesen Lieferungen verbunden? Was würde sich ändern, wenn nicht Stoffe, sondern Spirituosen verkauft würden?

3. Welche umsatzsteuerrechtlichen Konsequenzen sind mit den folgenden Sachverhalten verbunden?
   a) Der Private G aus Graz beauftragt eine deutsche Spedition, für ihn die Beförderung von Möbeln von Graz nach München durchzuführen.
   b) Ein italienischer/japanischer Tourist erwirbt in Wien Porzellan und fährt damit nach Hause.
   c) Der Unternehmer W aus Wien hat in Spanien eine Maschine bestellt und lässt diese von der holländischen Spedition H von Barcelona nach München befördern.
   d) Die Stadtwerke-GmbH X/die Stadt Y/der Private Z engagiert für eine große Werbeveranstaltung den spanischen Clown José. Dieser reist für den Auftritt in Österreich extra an und verrechnet ein Honorar von EUR 5.000,–.

7.20 Exkurs: Grundstücke in der Umsatzsteuer

7.20.1 Lieferung von Grundstücken: Umsätze iSd GrEStG

Umsätze von Grundstücken iSd GrEStG (vgl Kap *Verkehrsteuern S 389 ff*) sind von der Umsatzsteuer unecht befreit (§ 6 Abs 1 Z 9 lit a UStG). Befreit sind nicht nur entgeltliche Lieferungen, sondern auch der ihnen gleichgestellte Entnahmeeigenverbrauch von Grundstücken (zB die bisher vermietete Eigentumswohnung wird künftig dauerhaft nur noch für eigene Wohnzwecke verwendet). Nicht erfasst

Steuerbefreiung

sind von dieser Befreiungsvorschrift sonstige Leistungen im Zusammenhang mit Grundstücken, insb die Vermietung.

Option auf Steuerpflicht — Die Steuerbefreiung kann zu einer Belastung für den Unternehmer führen, wenn für die Bebauung des Grundstücks wegen zunächst steuerpflichtiger Nutzung der Vorsteuerabzug vorgenommen wurde: Wird das Grundstück innerhalb von zwanzig Jahren – gerechnet ab dem Zeitpunkt der Nutzung – verkauft oder sonst iSd GrEStG verwertet, kommt es durch den steuerbefreiten Verkauf zu einer Änderung der Verhältnisse. Der Vorsteuerabzug ist teilweise (negativ) zu korrigieren (§ 12 Abs 10 UStG; vgl dazu vorher S 360 ff). Diese Belastung kann nur durch die Option auf Steuerpflicht der Grundstücksveräußerung vermieden werden (§ 6 Abs 2 UStG). Wird die Option ausgeübt, unterliegt die Lieferung des Grundstücks dem Normalsteuersatz. Der Verkauf führt nicht zu einer Änderung der Verhältnisse.

Für die Entscheidung zwischen Steuerpflicht und Steuerbefreiung ist einerseits die umsatzsteuerliche Position des Erwerbers (Unternehmer, Vorsteuerabzugsberechtigung), andererseits das Ausmaß der nicht abziehbaren bzw zu korrigierenden Vorsteuern von Bedeutung.

Grunderwerbsteuer — Grunderwerbsteuerrechtlich hat die Ausübung der Option eine Erhöhung der Bemessungsgrundlage der GrESt um den Betrag der in Rechnung gestellten USt zur Folge, soweit der Veräußerer die GrESt auch tatsächlich zu tragen hat. – Zur ertrag- und grunderwerbsteuerrechtlichen Beurteilung von Grundstücksumsätzen vgl Kap *Einkommensteuer* S 159 ff und Kap *Verkehrsteuern* S 389 ff.

Privatentnahme eines Grundstücks — Die Steuerbefreiung erstreckt sich auch auf den Eigenverbrauch von Grundstücken (zB im Miethaus wird eine bisher vermietete Wohnung endgültig für private Zwecke des Hauseigentümers genutzt). Der Eigenverbrauch selbst löst somit keine USt aus. Wurde das Gebäude bzw der Gebäudeteil bisher für steuerpflichtige unternehmerische Zwecke verwendet (zB auch Vermietung für Wohnzwecke), dann führt der Eigenverbrauch zu einer Änderung der Verhältnisse, die für den Vorsteuerabzug maßgebend waren. Es kommt daher innerhalb der Zwanzig-Jahres-Frist zu einer Vorsteuerberichtigung nach § 12 Abs 10 UStG (vgl dazu vorher S 360 ff).

7.20.2 Vermietung von Grundstücken

Steuerbefreiung — Die Vermietung und Verpachtung von Grundstücken ist gem § 6 Abs 1 Z 16 UStG grundsätzlich von der Umsatzsteuer befreit. Der Nutzungseigenverbrauch ist von § 6 Abs 1 Z 16 UStG nicht erfasst. Nicht befreit sind:

- die Vermietung zu Wohnzwecken;
- die Vermietung und Verpachtung von Maschinen und Vorrichtungen aller Art, die zu einer Betriebsanlage gehören;
- die Beherbergung in eingerichteten Wohn- und Schlafräumen;
- die Vermietung von Parkplätzen;
- die Vermietung von Grundstücken für Campingplätze.

Die Vermietung zu Wohnzwecken, die Vermietung von Grundstücken zu Campingzwecken und die Beherbergung in eingerichteten Schlafräumen unterliegen den ermäßigten Umsatzsteuersätzen iHv 10% oder 13% (§ 10 Abs 2 Z 3 lit a bis c und Abs 3 Z 3 lit a und b UStG; vgl dazu vorher S 347 f).

Steuerpflichtige Vermietung zu Wohnzwecken

Auf die Steuerbefreiung der Vermietungsumsätze kann unter den Voraussetzungen des § 6 Abs 2 UStG verzichtet werden, wenn der Mieter selbst zum Vorsteuerabzug berechtigt ist. Diesfalls unterliegen die Vermietungsumsätze dem Normalsteuersatz.

Option auf Steuerpflicht

7.20.3 Gemischte Nutzung von Grundstücken

Ist ein Gebäude von vornherein teilweise für nichtunternehmerische Zwecke bestimmt, steht der Vorsteuerabzug nur im Ausmaß der unternehmerischen Nutzung zu. Wird ein unternehmerisch genutztes Grundstück vorübergehend nichtunternehmerisch verwendet, ist eine Vorsteuerkorrektur nach § 12 Abs 10 UStG vorzunehmen. Eine Eigenverbrauchsbesteuerung im Rahmen der vorübergehend unternehmensfremden Nutzung von Grundstücken ist ausgeschlossen.

Anteiliger Vorsteuerabzug

(Aus *Ehrke-Rabel*, in Doralt/Ruppe, Steuerrecht II[7] Tz 526):
Das Ende 2010 errichtete Gebäude dient zu 40% unternehmerischen Zwecken, zu 60% privaten Wohnzwecken; der Unternehmer hat nur 40% dem Unternehmen zugeordnet:
Nur der unternehmerisch genutzte Teil ist Unternehmensvermögen, (nur) insoweit ist ein Vorsteuerabzug möglich, nur in Hinblick auf diesen dem Unternehmen zugeordneten Teil (40%) ist daher im Falle der Nutzungsänderung eine Vorsteuerkorrektur vorzunehmen. Der privat genutzte Teil bleibt von vornherein außerhalb des Unternehmens.

Variante: Der Unternehmer hat keine Zuordnungsentscheidung getroffen.

Das Gebäude ist zwar zur Gänze Unternehmensvermögen. Der Vorsteuerabzug steht jedoch (ebenfalls) nur für den unternehmerisch genutzten Teil zu, für die – nicht steuerbare – private Verwendung ist er explizit durch § 12 Abs 3 Z 4 UStG ausgeschlossen. Die Nutzungsänderungen sind für das gesamte Gebäude im Wege einer Vorsteuerkorrektur zu berücksichtigen.

Umsatzsteuer	
Einzelunternehmen	**Mitunternehmerschaft**
Gründung • Einlage keine VSt-Korrektur! **laufende Tätigkeit** • natürl Person ist Unternehmerin • keine echten Leistungsbeziehungen, aber evtl Eigenverbrauch! **Beendigung** • Betriebsveräußerung • Betriebsaufgabe	**Gründung** • Einlage als wirtschaftl Tätigkeit des Gesellschafters? • Ausgabe von Anteilen nicht steuerbar! **laufende Tätigkeit** Trennungsprinzip: • PersGes ist Unternehmerin • Leistungsbeziehungen ps (!) anerkannt **Verkauf Beteiligung** • gs nicht steuerbar

Abb 34. Vergleich Rechtsformen III

8 Gebühren und Verkehrsteuern

Inhaltsübersicht

8.1 Gebühren nach dem Gebührengesetz
8.2 Grunderwerbsteuer

8.1 Gebühren nach dem Gebührengesetz

8.1.1 Überblick

Den Gebühren nach dem GebG unterliegen zum einen **bestimmte Schriften** (zB Beilagen, Eingaben, Protokolle) und **Amtshandlungen** (zB Ausstellung von Reisedokumenten; vgl dazu im Detail § 14 GebG), zum anderen bestimmte **Rechtsgeschäfte** (zB Bestandverträge, Ehepakte, Bürgschaftserklärungen, Zessionen; § 33 GebG).

Bei den Gebühren handelt es sich um **ausschließliche Bundesabgaben** (§ 7 Z 2 FAG 2008).

Finanzverfassungsrechtliche Einordnung

8.1.2 Feste Gebühren

Schriften und Amtshandlungen unterliegen festen (betragsmäßig bestimmten) Gebühren, die nach Maßgabe der technisch-organisatorischen Voraussetzungen durch Barzahlung, durch Einzahlung mittels Erlagscheines, mittels Bankomat- oder Kreditkarte oder durch andere bargeldlose elektronische Zahlungsformen zu entrichten sind (§ 3 Abs 2 GebG). Die Amtshandlungen und Schriften, welche festen Gebühren unterliegen, sind in § 14 GebG aufgezählt. So unterliegen etwa Reisedokumente je nach Art des Dokuments einer festen Gebühr zwischen EUR 30,– und EUR 165,– (§ 14 Tarifpost 9 GebG). Zum Entstehen der Gebührenschuld siehe § 11 GebG. Zum Gebührenschuldner siehe § 13 GebG.

8.1.3 Rechtsgeschäftsgebühren

Von Rechtsgeschäften werden die Gebühren in Prozentsätzen erhoben (**Hundertsatzgebühren**). Rechtsgeschäfte sind grundsätzlich nur dann gebührenpflichtig, wenn über sie im Inland eine Urkunde errichtet wird (sog **Urkundenprinzip;** vgl § 15 Abs 1 GebG). Eine Urkunde ist eine förmliche Schrift, die grundsätzlich eine Unterschrift aufweisen muss. Auch ein E-Mail kann den Urkundenbegriff erfüllen, wenn es mittels elektronischer Signatur nach dem Signatur- und Vertrauensdienstegesetz, BGBl I 50/2016, unterfertigt ist (vgl dazu im Detail *Ehrke-Rabel*, in Doralt/Ruppe, Steuerrecht II[7] Tz 1091). Als Urkunde gilt bei schriftlicher Annahme auch die Annahme eines Vertragsanbotes durch ein Annahmeschreiben. Auch die nachträgliche Beurkundung der mündlichen Annahme des Vertragsanbotes gilt als Annahmeschreiben und erzeugt damit eine gebührenpflichtige Urkunde (§ 15 Abs 2 GebG). Der handschriftlichen Unterzeichnung durch den Aussteller stehen gewisse Vorgänge gleich, etwa Gedenkprotokolle, in denen von einer Person be-

Urkundenprinzip

kundet wird, dass andere Personen in ihrer Gegenwart ein Rechtsgeschäft abgeschlossen haben (**Ersatzbeurkundung**; vgl § 18 GebG).

Von der Gebührenschuld befreit sind Rechtsgeschäfte, die unter das GrEStG, das Versicherungssteuergesetz oder das StiftEGStG fallen (§ 15 Abs 3 GebG).

Wird ein Vertragsabschluss durch Aufzeichnung der Verlesung des Vertragsinhaltes auf einem Tonträger dokumentiert, entsteht mangels Errichtung einer Urkunde keine Gebührenschuld.

Errichtung im Inland

Voraussetzung für das Entstehen einer Gebührenschuld ist die Errichtung einer Urkunde im Inland (zum Zeitpunkt des Entstehens der Gebührenschuld siehe § 16 GebG). Eine im Ausland errichtete Urkunde unterliegt der Gebührenschuld in Österreich, wenn die Parteien des Rechtsgeschäftes im Inland einen Wohnsitz (gewöhnlichen Aufenthalt), ihre Geschäftsleitung oder ihren Sitz haben oder eine inländische Betriebsstätte unterhalten und das Rechtsgeschäft eine im Inland gelegene Sache betrifft oder eine Partei im Inland auf Grund des Rechtsgeschäfts zu einer Leistung berechtigt oder verpflichtet ist (§ 16 Abs 2 GebG). Gebührenschuld im Inland entsteht auch, wenn eine im Ausland errichtete Urkunde in das Inland gebracht wird und die Voraussetzungen des § 16 Abs 2 Z 2 GebG erfüllt sind.

Gebührenpflichtige Rechtsgeschäfte

Die gebührenpflichtigen Rechtsgeschäfte und die darauf entfallenden Gebühren sind in § 33 GebG aufgezählt. Zu den wichtigsten gebührenpflichtigen Rechtsgeschäften zählen:
- Bestandsverträge (§ 33 TP 5 GebG);
- Bürgschaftserklärungen (§ 33 TP 7 GebG);
- Ehepakte (§ 33 TP 11 GebG);
- Hypothekarverschreibungen (§ 33 TP 18 GebG);
- Außergerichtliche Vergleiche (§ 33 TP 20 GebG; gerichtliche Vergleiche unterliegen der Gerichtsgebühr nach GGG);
- Zessionen (§ 21 GebG).

Gebührenschuldner und Haftung Erhebung

Zum Gebührenschuldner und zur Haftung siehe § 28 bis § 30 GebG. Vorgänge, die einer Rechtsgeschäftsgebühr unterliegen, sind nach Maßgabe des § 31 GebG dem Finanzamt für Gebühren, Verkehrsteuern und Glücksspiel mit Sitz in Wien anzuzeigen. Die Gebühr wird grundsätzlich mit Bescheid festgesetzt (Veranlagung). Eine Ausnahme besteht insb für Bestandsvertragsgebühren: Sie sind gem § 33 TP 5 Abs 5 Z 1 GebG selbst zu berechnen.

Gebührenverkürzung

Die Verkürzung von Gebühren fällt grundsätzlich nicht unter das FinStrG (siehe dazu S 429). Das GebG sieht für unterschiedliche Fälle der nicht vorschriftsmäßigen Gebührenentrichtung Gebührenerhöhungen vor (§ 9 GebG).

Der in Leoben wohnhafte Pensionist X vermietet eine in der Grazer Innenstadt gelegene Wohnung an einen Studierenden. Der Mietvertrag wird auf vier Jahre befristet abgeschlossen. Der monatliche Mietzins beträgt EUR 1.000,–.
Sofern ein schriftlicher Mietvertrag vorliegt, ist eine Bestandvertragsgebühr zu entrichten. Die Gebühr beträgt grundsätzlich 1% des auf die Vertragsdauer entfallenden Entgelts (Jahreswert), bei Bestandsverträgen über Gebäude(-teile), die überwiegend Wohnzwecken dienen, maximal 1% vom dreifachen Jahreswert (3 x EUR 12.000,– = EUR 36.000,–; davon 1% = EUR 360,–; § 33 TP 5 GebG). Die Gebühr ist von X selbst zu berechnen und bis zum 15. Tag des dem Entstehen der Gebührenschuld zweitfolgenden Monats an das Finanzamt für Gebühren, Verkehrsteuern und Glücksspiel mit Sitz in Wien zu entrichten.

8.2 Grunderwerbsteuer

Die Grunderwerbsteuer (GrESt) erfasst den **entgeltlichen und den unentgeltlichen Erwerb von inländischen Grundstücken**.

Tatbestand

Das GrEStG erfasst als Haupttatbestände (§ 1 Abs 1 GrEStG):
- Kaufverträge und andere Rechtsgeschäfte, die den Anspruch auf Übereignung begründen;
- den Eigentumserwerb ohne vorausgegangenes Rechtsgeschäft (zB Erbschaft);
- Abtretungs- (Zwischen-)geschäfte, durch die der schuldrechtliche Anspruch auf Übereignung weiter übertragen wird;
- Rechtsgeschäfte die den Anspruch auf Abtretung der Rechte aus einem Kaufangebot begründen.

Als Ergänzungstatbestände (zur Vermeidung von Steuerumgehungen) unterliegen folgende Vorgänge der GrESt:
- Der Erwerb der Verwertungsbefugnis ohne Begründung eines Übereignungsanpruchs (§ 1 Abs 2 GrEStG).
- Gehört zum Vermögen einer Personengesellschaft ein inländisches Grundstück, wird ein steuerpflichtiger Erwerbsvorgang verwirklicht (sog **Anteilsübertragung**), wenn
  - innerhalb von fünf Jahren
  - mindestens 95% der Anteile am Gesellschaftsvermögen
  - auf neue Gesellschafter übergehen.
- Gehört zum Vermögen einer (Personen- oder Kapital)Gesellschaft ein inländisches Grundstück, unterliegt der GrESt ein Rechtsge-

schäft, das den Anspruch auf Übertragung eines oder mehrerer Anteile am Gesellschaftsvermögen oder der Gesellschaft begründet (sog **Anteilsvereinigung**), wenn
- mindestens 95% aller Anteile am Gesellschaftsvermögen oder der Gesellschaft
- in der Hand des Erwerbers oder einer Unternehmensgruppe gem § 9 KStG vereinigt werden würden.

Die GrESt erfasst nur Rechtsgeschäfte, die inländische Grundstücke betreffen. In der Regel löst bereits das **Verpflichtungsgeschäf**t, dh jener Vorgang, der den Anspruch auf Übereignung begründet, GrESt-Pflicht aus. Den Haupttatbestand bilden Kaufverträge und andere (entgeltliche und unentgeltliche) Rechtsgeschäfte (zB Schenkungen), die den Anspruch auf Übereignung begründen. Der GrESt unterliegt auch der Erwerb von inländischen Grundstücken von Todes wegen (Erbschaft, Legat).

Von den Ergänzungstatbeständen sind die **Anteilsvereinigung** und die **Anteilsübertragung** praktisch besonders bedeutsam. Sie sollen missbräuchliche Gestaltungen zur Vermeidung der GrESt hinanhalten: Zählt nämlich ein Grundstück zum Vermögen einer Kapital- oder Personengesellschaft und werden die Anteile an dieser Gesellschaft auf einen anderen übertragen oder zu mindestens 95 % in der Hand eines Gesellschafters vereinigt, ändert sich das Eigentum am Grundstück nicht. Es wechselt bloß das Eigentum an den Gesellschaftsanteilen. Ohne die Ergänzungstatbestände im GrEStG könnte die GrESt umgangen werden.

An der ABC-GmbH, in deren Betriebsvermögen sich Grundstücke befinden, sind A (zu 92%), B (zu 5%) und C (zu 3%) beteiligt.
a) B überträgt seine Anteile an A.
b) B und C übertragen ihre Anteile auf A.
In beiden Fällen kommt es zu einer Anteilsvereinigung, die der GrESt unterliegt.

Die GrESt durch Anteilsvereinigung kann grundsätzlich dadurch vermieden werden, dass ein anderer als der Hauptgesellschafter einen Anteil iHv mehr als 5 % hält. Dies kann jedoch nicht über eine **Treuhandkonstruktion** erfolgen. Treuhändig gehaltene Gesellschaftsanteile sind seit 1.1.2016 nämlich dem Treugeber zuzurechnen (vgl § 1 Abs 3 letzter Satz). Nicht ausgeschlossen ist außerdem, dass in besonderen Fallkonstellationen ein Missbrauch nach § 22 BAO angenommen wird und der Vorgang daher als Anteilsvereinigung qualifiziert wird.

Der Begriff des Grundstücks im GrEStG knüpft an das Zivilrecht an (§ 2 Abs 1 GrEStG). Darüber hinaus stehen Baurechte und Gebäude auf fremdem Grund und Boden (Superädifikate) einem Grundstück gleich (§ 2 Abs 2 GrEStG).

Grundstücksbegriff

§ 3 GrEStG enthält eine Reihe von Befreiungen. Befreit ist etwa der Erwerb eines Grundstücks, wenn der für die GrESt maßgebliche Wert EUR 1.100,– nicht übersteigt. Befreit bis zu einem Betrag von EUR 900.000,– ist auch der Erwerb eines Grundstücks im Gefolge einer unentgeltlichen (oder teilentgeltlichen) Betriebs-, Teilbetriebs- oder Gesellschaftsanteilsübertragung, wenn zumindest ein Viertel des Betriebes, Teilbetriebes oder Mitunternehmeranteils übertragen wird und der Übertragende (es sei denn, es handelt sich um eine Übertragung von Todes wegen) das 55. Lebensjahr vollendet hat oder wegen einer körperlichen, psychischen, sinnesbedingten oder kognitiven Funktionseinschränkung erwerbsunfähig ist. Wird nur ein Teil eines Betriebes oder ein Mitunternehmeranteil übertragen, steht der Freibetrag nur anteilig zu.

Befreiungen von der GrESt

Bemessungsgrundlage für die GrESt ist grundsätzlich der Wert der Gegenleistung (§ 4 Abs 1 GrEStG). Dieser ist nach § 5 GrEStG bei einem Kauf der **Kaufpreis** einschließlich der vom Käufer übernommenen Leistungen und dem Verkäufer vorbehaltenen Nutzungen, wenn er nicht unter dem Grundstückswert liegt. Zur Gegenleistung zählt alles, was der Käufer an wirtschaftlichen Werten zu leisten verspricht, um das Grundstück zu erhalten. Die Umsatzsteuer ist Teil der Gegenleistung und zählt daher zur Bemessungsgrundlage.

Bemessungsgrundlage

Beim **Grundstückswert** (§ 4 Abs 1 1. UAbs GrEStG) handelt es sich um einen eigenen Bewertungsmaßstab des GrEStG, der nach den Vorgaben der Grundstückswertverordnung 2016 (GrWV, BGBl II 442/2015) zu berechnen ist. Weist der Steuerschuldner nach, dass der gemeine Wert des Grundstücks im Zeitpunkt des Entstehens der Steuerschuld geringer ist als der nach der GrWV ermittelte Grundstückswert, gilt der geringere gemeine Wert als Grundstückswert (§ 4 Abs 1 letzter UAbs GrEStG).

Der Grundstückswert ist immer Bemessungsgrundlage für die Grunderwerbsteuer,
- wenn die Gegenleistung geringer als der Grundstückswert ist (Grundstückswert als Mindestbemessungsgrundlage),
- wenn eine Gegenleistung nicht vorhanden ist,
- bei Anteilsübertragung und –vereinigung,
- bei Vorgängen nach dem UmgrStG,
- bei Erwerben unter Lebenden innerhalb des Familienverbands (gem § 26a Abs 1 Z 1 GGG),

- bei Erwerben von Todes wegen und
- in den Fällen des § 14 Abs 1 Z 1 WEG.

Der **Einheitswert** ist Bemessungsgrundlage für die in § 4 Abs 2 GrEStG angeführten Erwerbsvorgänge betreffend land- und forstwirtschaftliche Grundstücke (§ 6 GrEStG).

Tarif   Für den Tarif ist zu unterscheiden, ob ein unentgeltlicher, ein teilentgeltlicher oder ein entgeltlicher Erwerb vorliegt. Für den entgeltlichen Erwerb kommt entweder ein fester Steuersatz von 0,5 %, von 2 % oder von 3,5 % zur Anwendung. Für den unentgeltlichen Erwerb ist ein progressiver Stufentarif vorgesehen, der teilentgeltliche Erwerb ist in einen unentgeltlichen und einen entgeltlichen Teil zu spalten.

Ein Erwerb gilt gem § 7 Abs 1 GrEStG als **unentgeltlich**,
- wenn die Gegenleistung nicht mehr als 30% des Grundstückswertes beträgt,
- bei Erwerb durch Erbanfall, Vermächtnis, durch Erfüllung eines Pflichtteilsanspruchs, oder bei Leistung an Erfüllungs Statt vor Beendigung eines Verlassenschaftsverfahrens oder Erwerb gem § 14 Abs 1 Z 1 WEG,
- bei Erwerb unter Lebenden innerhalb des Familienverbands (zur Definition des Familienverbands s § 26a Abs 1 Z 1 GGG), auch wenn eine Gegenleistung erbracht wird!

Für unentgeltliche Erwerbe gelangt folgender Stufentarif zur Anwendung:
- für die ersten EUR 250.000,– 0,5%,
- für die nächsten EUR 150.000,– 2%,
- darüber hinaus 3,5% (§ 7 Abs 1 Z 2 lit a GrEStG).

A schenkt ihrem Bruder ein Einfamilienhaus (Grundstückswert: EUR 450.000,-).
Da der Erwerb innerhalb des Familienverbands erfolgt, gilt er jedenfalls als unentgeltlich (§ 7 Abs 1 Z 1 lit c GrEStG). Die GrESt beträgt EUR 6.000,–.

    250.000 x 0,5% = 1.250
    150.000 x 2%   = 3.000
    50.000 x 3,5%   = 1.750

Ein Erwerb gilt nach § 7 Abs 1 GrEStG als **entgeltlich**, wenn die Gegenleistung mehr als 70% des Grundstückswertes beträgt. Auf entgeltliche Erwerbe gelangt im Regelfall ein fester Steuersatz von 3,5% zur Anwendung (§ 7 Abs 1 Z 3 GrEStG). Auf Anteilsvereinigungen, Anteilsübertragungen und Grundstücksübertragungen im Zuge von Umgründungen, wenn nicht der Einheitswert Bemessungsgrundlage ist, gelangt ein Tarif von 0,5 % zur Anwendung (§ 7 Abs 1 Z 2 lit c GrEStG). Ist die GrESt bei Übertragung von land- und forstwirtschaftlichen Grundstücken vom Einheitswert zu berechnen, beläuft sich der Tarif auf 2 % (§ 7 Abs 1 Z 2 lit d GrEStG).

Als **teilentgeltlich** gilt ein Erwerb nach § 7 Abs 1 GrEStG,
- wenn die Gegenleistung mehr als 30%, aber nicht mehr als 70% des Grundstückswertes beträgt
- wenn eine Gegenleistung zwar vorliegt, diese aber nicht ermittelt werden kann (in diesem Fall wird die Gegenleistung iHv 50% des Grundstückswertes angenommen).

Für den unentgeltlichen Teil des Erwerbs gelangt der Stufentarif zur Anwendung. Für den entgeltlichen Teil ist der feste Steuersatz von 3,5 % anzuwenden Anwendung (§ 7 Abs 1 Z 2 lit a 2. UAbs GrEStG).

Die Steuerschuld entsteht, sobald der steuerpflichtige Erwerbsvorgang verwirklicht worden ist (§ 8 Abs 1 GrEStG). Aufschiebende Bedingungen verlagern das Entstehen der Steuerschuld auf den Eintritt der Bedingung (§ 8 Abs 2 GrEStG).

Entstehen der Steuerschuld

Steuerschuldner sind die am Erwerbsvorgang beteiligten Personen (§ 9 GrEStG). Sie sind Gesamtschuldner iSd § 6 Abs 2 BAO. Im Fall des Kaufes sind daher Käufer und Verkäufer Gesamtschuldner der GrESt. Wird im Kaufvertrag vereinbart, dass eine der Vertragsparteien die gesamte GrESt trägt, so hat sich die Abgabenbehörde in Ausübung ihres Ermessens zuerst an diese Vertragspartei zu wenden. Beim Erwerb von Todes wegen ist der Erwerber der Steuerschuldner, bei der Änderung des Gesellschafterbestandes einer Personengesellschaft die Personengesellschaft. Bei der Vereinigung von mindestens 95% der Anteile in der Hand eines Erwerbers schuldet derjenige die Steuer, in dessen Hand die Anteile vereinigt werden (zu den Details vgl § 9 GrEStG).

Steuerschuldner

Die GrESt ist grundsätzlich eine **Veranlagungsabgabe**. Die Abgabenerklärung ist spätestens bis zum 15. des auf die Verwirklichung des Erwerbsvorgangs zweitfolgenden Kalendermonats beim Finanzamt für Gebühren, Verkehrsteuern und Glücksspiel mit Sitz in Wien einzureichen (§ 10 Abs 1 GrEStG, § 19 Abs 2 Z 3 AVOG 2010). Die Fälligkeit tritt einen Monat nach Zustellung des Bescheides ein (§ 210 Abs 1 BAO).

Erhebung

Die berufsmäßigen Parteienvertreter (Notar, Rechtsanwalt) sind berechtigt, die GrESt gemeinsam mit den Eintragungsgebühren nach dem GGG innerhalb der zur Abgabe einer Steuererklärung vorgesehenen Frist (15. des zweitfolgenden Monats) **selbst zu berechnen** und die Steuer innerhalb dieser Frist zu entrichten (§§ 11 bis 16 GrEStG).

Die Parteienvertreter haften für die Entrichtung der selbstberechneten Steuer (§ 13 Abs 4 GrEStG).

Unbedenktlichkeitsbescheinigung

Eine Eintragung in das Grundbuch darf erst dann vorgenommen werden, wenn eine Bescheinigung des Finanzamtes vorliegt, dass der Eintragung hinsichtlich der GrESt (Stiftungseingangssteuer) keine Bedenken entgegenstehen (Unbedenklichkeitsbescheinigung). Liegt aber eine Selbstberechnungserklärung des Parteienvertreters vor, bedarf es keiner solchen Bescheinigung des Finanzamts (§ 160 BAO). Eine solche liegt in der Praxis zeitlich gesehen vor einer Unbedenklichkeitsbescheinigung vor. Damit kann der Grundstückserwerb im Fall der Selbstberechnung durch den Parteienvertreter früher in das Grundbuch eingetragen werden.

Immobilienertragsteuer

Nimmt der Parteienvertreter die Selbstberechnung vor, hat er auch die Immobilienertragsteuer für den Verkäufer zu berechnen, einzubehalten und an das für die Einkommensteuererhebung des Verkäufers zuständige Finanzamt abzuführen (siehe dazu Kap *Einkommensteuer* S 162 f).

Erstattung

Unter den Voraussetzungen des § 17 GrEStG wird die GrESt erstattet oder nicht festgesetzt. Wichtigster Fall der Erstattung ist die Rückgängigmachung des Rechtsgeschäfts, das die GrESt ausgelöst hat, innerhalb von drei Jahren.

Finanzverfassungsrechtliche Einordnung

Bei der GrESt handelt es sich um eine gemeinschaftliche Bundesabgabe (§ 9 Abs 1 FAG 2017).

9 Abgabenverfahrensrecht

Inhaltsübersicht

9.1 Organisation, Aufgaben, Zuständigkeiten der Finanzbehörden
9.2 Das Steuerschuldverhältnis
9.3 Zusammenwirken zwischen Abgabenbehörde und Abgabepflichtigem bei der Ermittlung der Besteuerungsgrundlagen
9.3 Zusammenwirken zwischen Abgabenbehörde und Abgabepflichtigem
9.4 Rechtsschutz
9.5 Änderungen von Bescheiden außerhalb des Rechtsmittelverfahrens
9.6 Änderung von Erkenntnissen und Beschlüssen des Verwaltungsgerichts
9.7 Verfahrenskosten
9.8 Exkurs: Finanzstrafrecht

9.1 Organisation, Aufgaben, Zuständigkeiten der Finanzbehörden

9.1.1 Überblick

Die Organisation sowie die sachliche und örtliche Zuständigkeit der Finanzverwaltungsbehörden werden im Abgabenverwaltungsorganisationsgesetz 2010 (AVOG 2010) geregelt. Die Finanzverwaltung ist zweistufig gegliedert, und zwar in den Bundesminister für Finanzen (BMF) als Oberbehörde und die Steuer- und Zollverwaltung, die aus den Finanz- und den Zollämtern besteht.

9.1.2 Bundesminister für Finanzen

Der Bundesminister für Finanzen (BMF) ist die oberste Finanzverwaltungsbehörde. Ihm obliegt die Besorgung der Geschäfte der obersten Bundesverwaltung (§ 8 Abs 1 AVOG 2010). Er soll durch Verordnungen, Erlässe oder Richtlinien und durch Weisungen an die Unterbehörden eine bundeseinheitliche Rechtsanwendung gewährleisten. In Ausnahmefällen ist der BMF die in erster Instanz zuständige Behörde (zB im Rahmen einseitiger Maßnahmen zur Vermeidung der Doppelbesteuerung gem § 48 BAO). Der BMF ist keine Rechtsmittelinstanz.

Zu seiner Unterstützung kann der Bundesminister für Finanzen mit Verordnung besondere Organisationseinheiten mit bundesweitem oder regionalem Wirkungsbereich einrichten. Voraussetzung ist, dass dies organisatorisch zweckmäßig ist und einer einfachen und Kosten sparenden Vollziehung sowie den Bedürfnissen einer bürgernahen Verwaltung dient. Diese Organisationseinheiten werden bei der Erfüllung ihrer Aufgaben für den Bundesminister für Finanzen tätig (§ 8 Abs 2 AVOG 2010). Zu derartigen unterstützenden Organisationseinheiten zählt etwa die Steuer- und Zollkoordination, welche zur Steuerung und Unterstützung der nachgeordneten Dienststellen des BMF verschiedene Aufgaben, wie etwa die fachliche Koordinierung und Unterstützung, erfüllt (vgl § 2 VO BGBl II 165/2010 idF BGBl II 6/2016).

9.1.3 Die Finanzverwaltung

9.1.3.1 Überblick

Die für die Abgabenverwaltung zuständigen Behörden sind in erster und einziger Instanz die Finanzämter. Bei der Bestimmung des zuständigen Finanzamtes ist zwischen sachlicher und örtlicher Zuständigkeit zu unterscheiden. Zunächst ist zu ermitteln, welches Finanzamt sachlich zuständig ist. Im Anschluss daran ergibt sich aus der Qualifikation des Abgabenschuldners oder Abfuhrverpflichteten und dessen örtlicher Anknüpfung das konkret örtlich zuständige Finanzamt.

Kompetenz des BMF: AVOG-DVO

Das AVOG 2010 unterscheidet zwischen Finanzämtern mit allgemeinem, erweitertem und besonderem Aufgabenkreis. Der BMF hat mit Verordnung den Sitz und den Amtsbereich der Abgabenbehörden in organisatorisch zweckmäßiger, einer einfachen und Kosten sparenden Vollziehung, wie auch den Bedürfnissen einer bürgernahen Verwaltung dienenden Weise nach regionalen Gesichtspunkten festzulegen (§ 9 Abs 1 AVOG 2010). Nach der Durchführungs-VO zum AVOG 2010, BGBl II 165/2010 idF BGBl II 6/2016 (AVOG-DVO) gibt es in Österreich 39 Finanzämter mit allgemeinem Aufgabenkreis, die idR für mehrere politische Bezirke zuständig sind. So ist beispielsweise das Finanzamt Klagenfurt (FA 57) mit Sitz in Klagenfurt für die politischen Bezirke Klagenfurt-Land, Völkermarkt und für das Gebiet der Stadt Klagenfurt zuständig. Das Finanzamt Spittal Villach ist für die politischen Bezirke Hermagor, Spittal an der Drau und Villach-Land sowie für das Gebiet der Stadt Villach zuständig. Es hat, um den Bedürfnissen einer bürgernahen Verwaltung nachzukommen, zwei Sitze, nämlich in Spittal an der Drau und in Villach.

Delegation von Zuständigkeiten

Die zuständige Abgabenbehörde kann aus Gründen der Zweckmäßigkeit, insb zur Vereinfachung oder Beschleunigung des Verfahrens, für die Erhebung einer Abgabe eine andere Abgabenbehörde bestimmen. Voraussetzung ist, dass dieser Delegierung nicht überwiegende Interessen der Partei entgegenstehen (§ 3 AVOG 2010). In jenen Fällen, in denen für die Abgaben natürlicher Personen das Wohnsitzfinanzamt zuständig ist, kann der Abgabepflichtige aus wichtigem Grund den Übergang der Zuständigkeit auf das Betriebsfinanzamt beantragen (§ 20 Abs 4 iVm § 3 AVOG 2010).

9.1.3.2 Sachliche Zuständigkeit

Die sachliche Zuständigkeit regelt den nach Art der Abgabe und Verwaltungsangelegenheit der Abgabenbehörde umschriebenen Aufgabenbereich der Abgabenbehörde (§ 1 Abs 1 AVOG 2010). Das AVOG 2010 unterscheidet zwischen Finanzämtern mit allgemeinem Aufgabenkreis (§ 13 AVOG 2010), Finanzämtern mit erweitertem Aufgabenkreis (§§ 14–18 AVOG 2010) und Finanzämtern mit besonderem Aufgabenkreis (§ 19 AVOG 2010).

Den Finanzämtern mit allgemeinem Aufgabenkreis obliegt für ihren Amtsbereich

- die Erhebung der Abgaben, soweit nicht die besondere Zuständigkeit einer anderen Behörde festgelegt ist;
- die Prüfung der Vollständigkeit und Zulässigkeit sowie die Weiterleitung von Anträgen auf Vorsteuererstattung von im Inland ansässigen Unternehmern an den betreffenden Mitgliedstaat sowie die Vollziehung genau definierter Aufgaben, die nicht in Zusammenhang mit Abgaben stehen (§ 13 Abs 1 AVOG 2010).

Finanzämter mit allgemeinem Aufgabenkreis

Die Finanzämter mit allgemeinem Aufgabenkreis haben darüber hinaus für das ganze Bundesgebiet Anbringen entgegenzunehmen, zu deren Vollziehung die Abgabenbehörden zuständig sind. Ausgenommen sind Angelegenheiten der Abgabenvollstreckung. Ist das entgegennehmende Finanzamt nicht das sachlich und örtlich zuständige Finanzamt, ist es zur Weiterleitung an das zuständige Finanzamt verpflichtet. Die Übermittlung eines Anbringens an ein nicht zuständiges Finanzamt ist nur dann fristenwahrend, wenn das zuständige Finanzamt im Anbringen bezeichnet ist (§ 13 Abs 2 AVOG 2010).

Nach § 15 Abs 1 AVOG 2010 haben das **Finanzamt Wien 1/23** für den Bereich der Länder Wien, Niederösterreich und Burgenland sowie die **Finanzämter Linz, Salzburg-Stadt, Graz-Stadt, Klagenfurt, Innsbruck und Feldkirch** einen erweiterten Aufgabenkreis im Bereich des Landes, in dem sie ihren Sitz haben. Ihnen obliegt die Erhebung der Körperschaftsteuer, der Umsatzsteuer und der Stiftungseingangssteuer für Steuersubjekte iSd KStG, ausgenommen Vereine iSd Vereinsgesetzes und kleine und mittelgroße GmbH iSd UGB. Darüber hinaus sind sie insb für die Erhebung der von diesen Steuersubjekten zu entrichtenden KESt, für die Erhebung der KFZ-Steuer und für die Zerlegung und Zuteilung der Bemessungsgrundlage der KommSt sowie für jene Abgaben, die diese Steuerpflichtigen nach §§ 99 ff EStG für ihre beschränkt steuerpflichtigen Vertragspartner abzuführen haben, zuständig.

Finanzämter mit erweitertem Aufgabenkreis

Dem **Finanzamt Graz-Stadt** obliegt für das gesamte Bundesgebiet die Erhebung der Umsatzsteuer von Unternehmern, die ihr Unternehmen vom Ausland aus betreiben und in Österreich weder eine Betriebsstätte haben noch Umsätze aus der Nutzung inländischen Grundbesitzes erzielen (§ 17 AVOG 2010).

Für die Rückzahlung von Abgaben, die auf Grund völkerrechtlicher Verträge (etwa DBA) zu erfolgen hat, sowie für die Rückzahlung von Abgaben nach § 21 Abs 1 Z 1a KStG und Rückzahlungen gem § 240

Abs 3 BAO an ausländische Einrichtungen iSd § 5 Z 4 Pensionskassengesetz ist für das gesamte Bundesgebiet das **Finanzamt Bruck Eisenstadt Oberwart** zuständig (§ 18 AVOG 2010).

Finanzämter mit besonderem Aufgabenkreis

Als einziges Finanzamt mit besonderem Aufgabenkreis fungiert das **Finanzamt für Gebühren, Verkehrsteuern und Glücksspiel in Wien**. Diesem obliegt für das gesamte Bundesgebiet die Erhebung der Stempel- und Rechtsgebühren, der Grunderwerbsteuer, der Versicherungssteuer, der Feuerschutzsteuer, der Spielbankabgabe, der Konzessionsabgabe, der Glücksspielabgaben und der Flugabgabe (vgl § 19 Abs 2 AVOG 2010).

9.1.3.3 Örtliche Zuständigkeit

Hinsichtlich der örtlichen Zuständigkeit unterscheidet das AVOG 2010 zwischen dem Wohnsitzfinanzamt, dem Betriebsfinanzamt und dem Lagefinanzamt. Die örtlichen Zuständigkeiten für die beschränkte Steuerpflicht und für die Erhebung der Gebühren und Verkehrsteuern werden gesondert geregelt.

Wohnsitzfinanzamt

Das Wohnsitzfinanzamt ist gem § 20 AVOG 2010 ausschließlich für natürliche Personen örtlich zuständig. Die örtliche Zuständigkeit richtet sich nach dem Wohnsitz iSd § 26 Abs 1 BAO, in Ermangelung eines solchen nach dem gewöhnlichen Aufenthalt gem § 26 Abs 2 BAO des Steuerschuldners oder Abfuhrverpflichteten. Dem Wohnsitzfinanzamt obliegt die Erhebung der Einkommensteuer bei unbeschränkter Steuerpflicht, der Umsatzsteuer, der Lohnabgaben (Lohnsteuer, Dienstgeberbeitrag zum FLAF) sowie der sonstigen Abzugssteuern und die Erhebung der Kammerumlage iSd §§ 122 und 126 WKG (bei der es sich nicht um eine Abgabe im finanzwissenschaftlichen Sinn handelt). Der Abgabepflichtige kann aus wichtigem Grund die Delegierung der Zuständigkeit auf ein anderes Finanzamt beantragen, in dessen Bereich sich eine Betriebsstätte des Abgabepflichtigen befindet (§ 20 Abs 4 iVm § 3 AVOG 2010).

Betriebsfinanzamt

Das Betriebsfinanzamt ist gem § 21 AVOG 2010 ausschließlich für Körperschaften (zB AG, GmbH, Verein), Personenvereinigungen (Personengemeinschaften) ohne eigene Rechtspersönlichkeit (zB KG, OG) oder Vermögensmassen zuständig. Die örtliche Zuständigkeit richtet sich nach dem Ort der Geschäftsleitung, in Ermangelung eines solchen nach dem inländischen Sitz. Dem Betriebsfinanzamt obliegt die Erhebung der Körperschaftsteuer, der Umsatzsteuer sowie der Lohnabgaben und sonstigen Abzugssteuern sowie der Kammerumlage. Außerdem ist es für die Feststellung der Einkünfte von Mitunternehmerschaften nach dem Verfahren des § 188 BAO zuständig.

Organisation, Aufgaben, Zuständigkeiten der Finanzbehörden 9.1

Das Lagefinanzamt ist gem § 22 AVOG 2010 jenes Finanzamt, in dessen Bereich die wirtschaftliche Einheit gelegen ist. Es ist zuständig für die Feststellung der Einkünfte aus Vermietung und Verpachtung bei Personengemeinschaften (zB Hausgemeinschaften) einschließlich der damit zusammenhängenden Erhebung der Umsatzsteuer und des Dienstgeberbeitrages sowie für die damit zusammenhängenden Angelegenheiten der Abzugsteuern, sofern keine betrieblichen Einkünfte erzielt werden. Außerdem ist das Lagefinanzamt für die Feststellung der Einheitswerte und deren Zerlegung für Zwecke der Grundsteuer zuständig.

Lagefinanzamt

Für die Erhebung der Einkommensteuer, der Körperschaftsteuer, der Umsatzsteuer, der Dienstgeberbeiträge sowie in Angelegenheiten der Abzugssteuern beschränkt Steuerpflichtiger ist grundsätzlich jenes Finanzamt örtlich zuständig, in dessen Bereich sich die Betriebsstätte befindet. Bei Fehlen einer Betriebsstätte ist jenes Finanzamt örtlich zuständig, in dessen Bereich sich unbewegliches Vermögen des Abgabepflichtigen befindet. Trifft dies auf mehrere Finanzämter zu oder hat der Abgabepflichtige im Inland weder eine Betriebsstätte noch unbewegliches Vermögen, richtet sich die Zuständigkeit nach der Subsidiaritätsbestimmung in § 25 Z 3 AVOG 2010: Maßgeblich ist der letzte Wohnsitz des Abgabepflichtigen, in Ermangelung eines solchen ist jenes Finanzamt zuständig, das vom allenfalls abgabepflichtigen Sachverhalt Kenntnis erlangt.

Beschränkt Steuerpflichtige

Die Zuständigkeit in Zollsachen wird in den §§ 26 bis 28 AVOG 2010 geregelt.

Zollsachen

Hinsichtlich der Zuständigkeit der Finanzämter und Zollämter als Finanzstrafbehörden verweist das AVOG 2010 auf das FinStrG (§ 29 AVOG 2010). Dort sind die Zuständigkeiten in § 58 bis § 61 FinStrG geregelt.

Finanzstrafsachen

1. Welches Finanzamt ist für die Erhebung der Körperschaftsteuer und Umsatzsteuer der XY-AG mit Sitz und Geschäftsleitung in Eisenstadt sachlich und örtlich zuständig?
   Die sachliche Zuständigkeit ergibt sich in diesem Fall aus § 15 AVOG 2010. Gem Abs 1 Z 1 lit a und b leg cit ist sowohl für die Erhebung der Körperschaftsteuer als auch für die Erhebung der Umsatzsteuer das Finanzamt mit erweitertem Aufgabenkreis zuständig. Da die XY-AG ihre Geschäftsleitung in Eisenstadt hat, ist das Finanzamt Wien 1/23 als Betriebsfinanzamt iSd § 21 AVOG 2010 örtlich zuständig.

2. A hat seinen Mittelpunkt der Lebensinteressen in Deutschland. Er ist an der Y-GmbH mit Sitz in Wien beteiligt und bezieht in regel-

mäßigen Abständen Dividenden. Im Zuge der Gewinnausschüttung behält die GmbH KESt iHv 25% ein. Nach den einschlägigen Regelungen des DBA Deutschland-Österreich dürfte Österreich lediglich eine Quellensteuer iHv 15% einheben. Den daraus resultierenden Differenzbetrag will A bei der zuständigen Finanzbehörde zurückfordern. Welches Finanzamt ist im konkreten Fall zuständig?
Gem § 18 Abs 1 Z 1 AVOG 2010 ist das Finanzamt Bruck Eisenstadt Oberwart zuständig, da diesem für das gesamte Bundesgebiet die auf Grund völkerrechtlicher Verträge (zB DBA) vorgesehene Rückzahlung von Abgaben obliegt.

3. Der Rechtsanwalt B hat seinen Wohnsitz in der Grazer Innenstadt. Seine Rechtsanwaltskanzlei befindet sich jedoch in Leibnitz. Welches Finanzamt ist für die Erhebung der Einkommensteuer und Umsatzsteuer sachlich und örtlich zuständig?
Sachlich zuständig ist gem § 13 AVOG 2010 das Finanzamt mit allgemeinem Aufgabenkreis. Die örtliche Zuständigkeit ergibt sich aus § 20 AVOG 2010. Demnach ist jenes Finanzamt örtlich zuständig, in dessen Bereich der Abgabepflichtige einen Wohnsitz oder in Ermangelung eines solchen seinen gewöhnlichen Aufenthalt hat. Da B in der Grazer Innenstadt wohnt, ist im konkreten Fall das Finanzamt Graz-Stadt zuständig (§ 4 Abs 1 AVOG-DVO). Gegebenenfalls könnte B, sofern ein wichtiger Grund vorliegt, die Delegierung auf jenes Finanzamt beantragen, in dessen Bereich seine Betriebsstätte liegt (vgl § 20 Abs 4 AVOG 2010). Das Betriebsstättenfinanzamt ist das Finanzamt Deutschlandsberg Leibnitz Voitsberg (§ 4 Abs 1 AVOG-DVO).

9.2 Das Steuerschuldverhältnis

9.2.1 Vorbemerkung

Die Angelegenheiten der öffentlichen Abgaben und Beiträge, die von Abgabenbehörden erhoben werden, werden in einem eigenen Verfahrensgesetz, der Bundesabgabenordnung (BAO) geregelt und fallen nicht in den Anwendungsbereich der (allgemeinen) Verwaltungsverfahrensgesetze (Art I Abs 3 Z 1 EGVG 2008).

Das Verfahrensrecht für öffentliche Abgaben sowie für unmittelbar wirksame Rechtsvorschriften der Europäischen Union ist daher in der Bundesabgabenordnung (BAO) geregelt. Darunter fallen zB die Einkommensteuer, die Körperschaftsteuer, die Umsatzsteuer oder die Gebühren nach dem Gebührengesetz.

Die BAO ist auch das Verfahrensrecht für Landes- und Gemeindeabgaben. Die verfassungsrechtliche Grundlage hiefür gibt § 7 Abs 6 F-VG. Das bedeutet jedoch nicht, dass das Abgabenverfahren für diese Arten von Abgaben mit jenem für Bundesabgaben identisch ist. Die BAO enthält vielmehr Bestimmungen, die speziell für Landes- und Gemeindeabgaben gelten.

Die Bestimmungen der BAO gelten außerdem sinngemäß im Verfahren vor den Verwaltungsgerichten, soweit sie im Verfahren vor der belangten Behörde gelten. Die Anwendung des VwGVG ist mit Ausnahme dessen § 54 (Vorstellung gegen Rechtspflegerentscheidungen) für Landes- und Gemeindeabgaben ausdrücklich ausgeschlossen (§ 2a BAO).

Die BAO gilt nicht für Verwaltungsabgaben gem § 78 AVG. Für sie gelten die die (allgemeinen) Verwaltungsverfahrensgesetze.

Für Zölle gilt die BAO nur subsidiär. Das Zollverfahren ist primär im Zollkodex und im Zollrechtsdurchführungsgesetz geregelt.

9.2.2 Entstehen der Abgabenschuld

Nach § 4 Abs 1 BAO entsteht der Abgabenanspruch, sobald der Tatbestand verwirklicht ist, an den das Gesetz die Abgabepflicht knüpft. § 4 BAO verweist einerseits auf die in den einzelnen Materiengesetzen enthaltenen Tatbestände (hat zB bei einem Grundstückskauf der Erwerbsvorgang stattgefunden, entsteht damit zugleich die Grunderwerbsteuerschuld; die Steuerschuld von zu veranlagenden Abgaben entsteht grundsätzlich mit Ablauf des Kalenderjahres, für das die Veranlagung vorgenommen wird; vgl § 4 Abs 2 BAO). § 4 BAO legt aber auch für den Bereich des Abgabenrechtes die Gesetzmäßigkeit der Verwaltung fest. Die bescheidmäßige Festsetzung der Abgabenschuld hat nur mehr deklarative Bedeutung. *Tatbestandsverwirklichung*

Der Zeitpunkt des Entstehens der Steuerschuld hat in verschiedener Hinsicht Bedeutung: *Bedeutung des Entstehens der Abgabenschuld*
- er bestimmt den Beginn der Verjährungsfrist für die Festsetzung der Abgabe (§§ 207 ff BAO);
- es können Maßnahmen zur Sicherstellung des Abgabenanspruches getroffen werden (§ 232 BAO);
- bei Selbstbemessungsabgaben orientiert sich die Fälligkeit an der Entstehung der Steuerschuld.

Die Rückgängigmachung des Geschäftes, das eine Steuerschuld ausgelöst hat, führt in der Regel nicht zur Rückgängigmachung der Steuerschuld. Sie kann vielmehr eine neuerliche Steuerschuld auslösen. *Rückgängigmachung von steuerauslösenden Sachverhalten*

Nur ausnahmsweise (auf Grund ausdrücklicher Gesetzesvorschrift) kommt es zu einer Erstattung bzw Nichtfestsetzung der Steuer wegen Rückgängigmachung des steuerschuldauslösenden Geschäftes (zB § 17 GrEStG).

9.2.3 Fälligkeit

9.2.3.1 Grundsatz

Vom Entstehen der Steuerschuld ist die **Fälligkeit** zu unterscheiden. Soweit keine besonderen Regelungen bestehen, werden die Abgaben einen Monat nach Bekanntgabe des Abgabenbescheides fällig (§ 210 BAO). Die Fälligkeit ist somit grundsätzlich von der bescheidmäßigen Festsetzung der Abgabe abhängig. Nur bei den Selbstbemessungsabgaben und Abzugssteuern ergibt sich die Fälligkeit aus dem jeweiligen Materiengesetz (zB § 21 Abs 1 UStG).

Abgabenschulden, die nicht spätestens am Fälligkeitstag entrichtet werden, sind in dem von der Abgabenbehörde festgesetzten Ausmaß **vollstreckbar** (§ 226 Abs 1 BAO). Bei Selbstbemessungsabgaben tritt die Vollstreckbarkeit ein, wenn der selbstberechnete Betrag am Fälligkeitstag nicht entrichtet wird.

9.2.3.2 Hinausschieben der Fälligkeit

Stundung oder Ratenzahlung

Der sich aus der Fälligkeit ergebende Zeitpunkt der fristgerechten Entrichtung kann auf Ansuchen des Abgabepflichtigen durch Zahlungserleichterungen hinausgeschoben werden, wenn die sofortige (volle) Entrichtung für den Abgabepflichtigen „mit erheblichen Härten verbunden wäre und die Einbringlichkeit der Abgaben durch den Aufschub nicht gefährdet wird" (§ 212 Abs 1 erster Satz BAO). Als Zahlungserleichterungen in Betracht kommen die Stundung oder die ratenweise Entrichtung der Abgabe.

Stundungszinsen

In beiden Fällen werden Stundungszinsen eingehoben, wenn die gestundeten Abgabenschulden die Freigrenze von EUR 750,– übersteigen (§ 212 Abs 2 BAO). Die Höhe beträgt 4,5% über dem jeweils geltenden Basiszinssatz pro Jahr. Der Basiszinssatz ändert sich entsprechend dem Zinssatz für die Hauptrefinanzierungsoperation der Europäischen Zentralbank (der Basiszinssatz betrug im März 2016 –0,62%). Die Zinsen laufen erst ab der Zustellung des Stundungsbescheides.

Ansuchen um Zahlungserleichterung

Das Ansuchen um Zahlungserleichterung ist spätestens am Fälligkeitstag einzubringen. Wird dem Ansuchen nicht stattgegeben, ist für die Abgabenentrichtung eine Nachfrist von einem Monat zu setzen (§ 212 Abs 3 BAO).

9.2.3.3 Säumnis

Säumnis und damit die Verpflichtung zur Entrichtung eines Säumniszuschlages tritt ein, wenn eine Abgabe nicht spätestens am Fälligkeitstag entrichtet wird und kein Ansuchen auf Zahlungserleichterung gestellt wurde (§ 217 Abs 1 BAO). Es gibt drei Säumniszuschläge. Der erste **Säumniszuschlag** beträgt 2% des nicht zeitgerecht entrichteten Abgabenbetrages (§ 217 Abs 2 BAO). Ist die Abgabe nicht spätestens drei Monate nach dem Eintritt ihrer Vollstreckbarkeit entrichtet, so ist ein **zweiter Säumniszuschlag** zu entrichten. Soweit sie nicht spätestens drei Monate nach dem Eintritt der Verpflichtung zur Entrichtung des zweiten Säumniszuschlages abgeführt wurde, ist ein dritter Säumniszuschlag zu entrichten. Der zweite und der **dritte Säumniszuschlag** betragen jeweils 1% des zum maßgebenden Stichtag nicht entrichteten Abgabenbetrages (§ 217 Abs 3 BAO). Ab dem 4. Monat betragen somit die Säumniszuschläge insgesamt 3%, ab dem 7. Monat 4%.

Säumniszuschlag

Die Festsetzung eines Säumniszuschlages liegt weder dem Grunde noch der Höhe nach im Ermessen der Behörde, doch bestehen Ausnahmen insb für geringfügige und nur ausnahmsweise erfolgte Säumnis (§ 217 Abs 5 BAO). So ist etwa kein Säumniszuschlag zu entrichten, wenn die Säumnis nicht mehr als fünf Tage beträgt und der Abgabepflichtige in der Vergangenheit pflichtgemäß gehandelt hat. Im übrigen kann der Abgabepflichtige einen Antrag auf Herabsetzung der Säumniszuschläge stellen. Die Zuschläge sind dann insoweit herabzusetzen bzw nicht festzusetzen, als den Abgabepflichtigen an der Säumnis kein grobes Verschulden trifft (vgl im Detail § 217 Abs 7 BAO).

Entrichtet der Abgabepflichtige trotz Verhängung von Säumniszuschlägen seine Abgabenschuld nicht, kann gegen ihn Exekution geführt werden. Die diesbezüglichen Regelungen befinden sich in §§ 226 ff BAO und der Abgabenexekutionsordnung (AbgEO).

9.2.3.4 Anspruchszinsen

Positive wie negative Differenzbeträge an Einkommen- und Körperschaftsteuer werden für den Zeitraum ab 1. Oktober nach dem Entstehen der Steuerschuld bis zur Bekanntgabe des Steuerbescheides (maximal aber für vier Jahre) mit **Anspruchszinsen** in Höhe von 2% über dem Basiszinssatz pro Jahr belastet (es gibt eine Freigrenze von EUR 50,–; § 205 BAO). Um Anspruchszinsen zu vermeiden, ist es möglich,

Anspruchszinsen

freiwillige Anzahlungen zu entrichten. Diese sind mit der Steuer höchstens im Ausmaß der Nachforderung zu verrechnen (§ 205 Abs 3 BAO).

9.2.4 Erlöschen der Abgabenschuld

Das Steuerschuldverhältnis erlischt durch:
- Entrichtung der geschuldeten Steuer,
- Nachsicht gem § 236 BAO,
- Löschung mangels Einbringlichkeit gem § 235 BAO,
- Verjährung gem §§ 207 ff, 238 BAO.

9.2.5 Verjährung (§§ 207, 208 BAO; § 238 BAO)

9.2.5.1 Festsetzungs- bzw Bemessungsverjährung

Das Recht, eine Abgabe festzusetzen, unterliegt der Verjährung. Die Verjährungsfrist beträgt grundsätzlich **fünf Jahre**, für hinterzogene Abgaben **zehn Jahre** (§ 207 BAO).

Beginn des Fristenlaufes

Die Verjährungsfrist beginnt grundsätzlich mit dem Ablauf des Jahres, in dem der Abgabenanspruch entstanden ist, zu laufen (§ 208 Abs 1 BAO). Von diesem Grundsatz gibt es eine Reihe von Ausnahmen (vgl § 208 Abs 1 und Abs 2 sowie § 209 Abs 5 BAO). In den Fällen des Eintritts eines rückwirkenden Ereignisses iSd § 295a BAO beginnt die Verjährungsfrist etwa erst mit Ablauf des Jahres zu laufen, in dem das Ereignis eingetreten ist.

Verlängerung der Verjährungsfrist

Werden innerhalb der Verjährungsfrist nach außen erkennbare Amtshandlungen (zB eine Außenprüfung) zur Geltendmachung oder zur Feststellung des Abgabenanspruches gesetzt, verlängert sich die Verjährungsfrist um ein Jahr. Wird eine solche Amtshandlung im Verlängerungsjahr gesetzt, verlängert sich die Verlängerungsfrist um ein weiteres Jahr (§ 209 BAO).

9.2.5.2 Absolute Verjährung (§ 209 Abs 3 BAO)

Das Recht auf Festsetzung verjährt – unabhängig von Unterbrechungen – spätestens zehn Jahre nach Entstehen des Abgabenanspruches (§ 209 Abs 3 BAO). Das Recht, eine gem § 200 Abs 1 BAO vorläufige Abgabenfestsetzung wegen der Beseitigung einer Ungewissheit iSd § 200 Abs 1 BAO durch eine endgültige Festsetzung zu ersetzen, verjährt spätestens nach fünfzehn Jahren (§ 209 Abs 4 BAO). Auch davon gibt es Ausnahmen (vgl § 209 Abs 5 BAO).

Einer Abgabenfestsetzung, die im laufenden Rechtsmittelverfahren zu erfolgen hat, oder der ein Antrag nach § 299 Abs 1 BAO oder ein Antrag auf Wiederaufnahme des Verfahrens zugrunde liegt, steht der Eintritt der Verjährung nicht entgegen (§ 209a BAO), dh die Abgabe kann auch nach Ablauf der Verjährungsfrist festgesetzt werden.

1. A hat ganz bewusst Einnahmen aus einem Auftrag in seiner Einkommensteuererklärung 01 nicht erklärt, um weniger Steuern zu zahlen. Im Jahr 02 wird er rechtskräftig veranlagt. Im Jahr 09 findet eine Außenprüfung statt. Kann das Finanzamt die Einkommensteuer auf die nicht erklärten Einnahmen noch festsetzen?
   Die Verjährungsfrist für die Einkommensteuer beträgt grundsätzlich fünf Jahre, im konkreten Fall jedoch zehn Jahre, da von einer hinterzogenen Abgabe auszugehen ist (§ 207 Abs 2 BAO). Sie beginnt mit Ablauf des Jahres zu laufen, in dem der Abgabenanspruch entstanden ist (§ 208 Abs 1 lit a BAO), dh mit Ablauf des Jahres 01. Die Abgabenschuld ist daher im Jahr 09 noch nicht verjährt und kann festgesetzt werden.

2. B hat Umsätze nach Rücksprache mit dem Finanzamt als nicht steuerbar behandelt und daher nicht in seine Umsatzsteuererklärung 01 aufgenommen. Im Jahr 02 wird er rechtskräftig veranlagt. Im Jahr 07 beginnt eine Außenprüfung, die im Jahr 08 abgeschlossen wird.
   Die Verjährungsfrist für die Umsatzsteuer beträgt fünf Jahre, da keine Abgaben hinterzogen wurden (§ 207 Abs 2 BAO). Sie beginnt mit Ablauf des Jahres zu laufen, in dem der Abgabenanspruch entstanden ist (§ 208 Abs 1 lit a BAO), dh mit Ablauf des Jahres 01. Die rechtskräftige Veranlagung im Jahr 02 ist als nach außen erkennbare Amtshandlung zu qualifizieren, sodass sich die Verjährungsfrist um ein Jahr, dh bis zum Ende 07, verlängert. Auch die Außenprüfung im „Verlängerungsjahr" 07 ist eine nach außen erkennbare Amtshandlung, sodass sich die Verjährungsfrist nochmals um ein Jahr verlängert. Die Abgabenbehörde kann daher – da absolute Verjährung noch nicht eingetreten ist – im Jahr 08 die Umsatzsteuerschuld festsetzen.

   Variante: Was würde sich ändern, wenn die Außenprüfung erst im Jahr 11 beginnt und im Jahr 12 abgeschlossen wird?
   Da seit dem Entstehen des Abgabenanspruchs im Jahr 01 bereits zehn Jahre verstrichen sind, ist die absolute Verjährung gem § 209 Abs 3 BAO eingetreten, sodass die Abgabenschuld nicht mehr festgesetzt werden kann.

9.2.5.3 Einhebungsverjährung (§ 238 BAO)

Das Recht zur Einhebung **fälliger** Abgaben verjährt binnen fünf Jahren nach Fälligkeit (§ 238 BAO). Bei Selbstbemessungsabgaben kann das Recht zur Einhebung nicht früher verjähren als das Recht zur Festsetzung (wichtig vor allem bei Abgabenhinterziehung).

9.3 Zusammenwirken zwischen Abgabenbehörde und Abgabepflichtigem bei der Ermittlung der Besteuerungsgrundlagen

9.3.1 Formelles Zusammenwirken

9.3.1.1 Grundsatz der Amtswegigkeit des Verfahrens und Untersuchungsgrundsatz

Offizialmaxime

Das Abgabenverfahren wird vom **Grundsatz der Amtswegigkeit** des Verfahrens geprägt (Offizialmaxime). Nach § 115 BAO haben *„die Abgabenbehörden die abgabepflichtigen Fälle zu erforschen und von Amts wegen die tatsächlichen und rechtlichen Verhältnisse zu ermitteln, die für die Abgabepflicht und die Erhebung der Abgaben wesentlich sind."* Das Verfahren ist daher von Amts wegen und unabhängig vom Willen des Abgabepflichtigen oder der Abgabenbehörde einzuleiten. Die Sachaufklärung der Behörde muss – bis an die Grenze der Zumutbarkeit gehend – zu einer vollständigen und wahrheitsgemäßen Feststellung des Sachverhalts führen. Nur so kann die „rechtsrichtige" und damit aus positivrechtlicher Sicht gleichmäßige Besteuerung gewährleistet werden.

Untersuchungsgrundsatz

Mit dem Grundsatz der Amtswegigkeit einer geht der Grundsatz der Erforschung der materiellen Wahrheit (Untersuchungsmaxime, **Inquisitionsprinzip**). Es ist Aufgabe der Abgabenbehörde, durch die entsprechende Gestaltung des Ermittlungsverfahrens möglichst einwandfreie und nachvollziehbare Entscheidungsgrundlagen zu finden und so den besteuerungserheblichen Sachverhalt festzustellen.

Die Offizialmaxime stellt gemeinsam mit dem Grundsatz der Erforschung der materiellen Wahrheit die Befolgung des **Legalitätsprinzips** (Art 18 B-VG) und des **Gleichheitssatzes** (Art 7 B-VG) sicher.

Mitwirkung des Abgabepflichtigen

Den Grundsätzen der Amtswegigkeit und der Erforschung der materiellen Wahrheit entsprechend hat die Abgabenbehörde verschiedene Möglichkeiten die Mitwirkung des Abgabepflichtigen oder Dritter in Anspruch zu nehmen:

Die Behörde ist berechtigt, von jedermann Auskünfte über die für die Abgabenerhebung maßgebenden Tatsachen zu verlangen, auch wenn die persönliche Abgabepflicht des Befragten nicht betroffen ist (§ 143 BAO). Die Aussage der **Auskunftsperson** stellt ein Beweismittel nach § 166 BAO dar. Grenzen der Auskunftspflicht ergeben sich außerhalb des § 171 BAO (§ 143 Abs 3 BAO) aus der Erforderlichkeit, Verhältnismäßigkeit, Zumutbarkeit und Geeignetheit (*Ritz*, BAO[5] § 143 Tz 7).

<small>Verlangen nach Auskunftserteilung</small>

Die Behörde kann Personen auch als **Zeugen** vernehmen (§§ 169 ff BAO). Zeugen können ihre Aussage in den Fällen des § 171 BAO verweigern.

Daten, die sich im Gewahrsam von Kreditinstituten befinden, bergen für Abgabenbehörden wertvolle Informationen in sich. Das Recht der Abgabenbehörden, von Kreditinstituten Auskünfte über bestimmte Steuerpflichtige zu erlangen, wird durch das **Bankgeheimnis** beschränkt. Gem § 38 Bankwesengesetz (BWG) dürfen Kreditinstitute (ihre Organe, ihre Beschäftigten) Geheimnisse, die ihnen ausschließlich auf Grund der Geschäftsverbindungen mit Kunden anvertraut oder zugänglich gemacht worden sind, nicht offenbaren oder verwerten. Diese Verpflichtung besteht in den in § 38 Abs 2 BWG genannten Fällen nicht. Darunter fallen insb

<small>Bankkontoinformationen</small>

- Strafverfahren wegen vorsätzlicher Finanzvergehen, ausgenommen Finanzordnungswidrigkeiten, gegenüber Finanzstrafbehörden und Strafverfahren gegenüber den Staatsanwaltschaften und Gerichten (§ 38 Abs 2 Z 1 BWG),
- die Übermittlung von Daten in das Kontenregister nach dem Kontenregistergesetz (§ 38 Abs 2 Z 12 BWG),
- Auskunftsverlangen der Abgabenbehörden gem § 8 des Kontenregister- und Konteneinschaugesetzes (KontRegG; § 38 Abs 2 Z 11 BWG) und
- Übermittlungen von Kontoinformationen nach dem Gemeinsamen-Meldestandard-Gesetz (GMSG; § 38 Abs 2 Z 10 BWG).

Beim BMF ist seit 10.8.2016 ein Kontenregister eingerichtet, in das Kreditinstitute Daten betreffend die bei ihnen geführten Konten und Depots aufnehmen müssen. Bei den Daten handelt es sich um das bereichsspezifische Personenkennzeichen für Steuern und Abgaben (bzw Vorname, Zuname, Geburtsdatum, Adresse und Ansässigkeitsstaat) bzw die Stammzahl des Unternehmens, das das Konto oder Depot hält, allfällige vertretungsbefugte Personen, die Konto- bzw Depotnummer, den Tag der Eröffnung und der Auflösung des Kontos oder Depots und die Bezeichnung des konto- oder depotführenden

<small>Kontenregister</small>

Kreditinstituts (§ 1 und § 2 KontRegG). Kontostände sind nicht in das Register aufzunehmen. Die Abgabenbehörden, Staatsanwaltschaften und Gerichte können nach Maßgabe des § 4 KontReg elektronisch in das Register Einsicht nehmen. Dies eröffnet den Abgabenbehörden einen Überblick über die von einem Abgabepflichtigen in Österreich geführten Bankkonten und Depots.

Konteneinschau — Unter den Voraussetzungen des § 8 KontRegG dürfen die Abgabenbehörden Einschau in die Konten von Steuerpflichtigen nehmen. Die **Konteneinschau** bedarf der Genehmigung durch den Einzelrichter beim Bundesfinanzgericht (§ 9 KontRegG).

Übermittlung von Bankdaten in das Ausland — Ab 1. 1. 2017 wird Österreich Informationen betreffend Steuerpflichtige, die in Österreich ein Bankkonto, jedoch keine Ansässigkeit im Verständnis des internationalen Steuerrechts haben, in den Ansässigkeitsstaat (Ausland) automatisch übermitteln. Grundlage dafür ist das Gemeinsamer-Meldestandard-Gesetz (GMSG), das auf einem von 84 Staaten abgeschlossenen multilateralen Abkommen und der EU-Amtshilferichtlinie beruht. Im Unterschied zum Kontenregister sind auch Kontostände und die in einem Jahr erzielten Kapitaleinkünfte zum melden. Dadurch soll die Hinterziehung von Steuern auf Kapitaleinkünfte verhindert werden.

Im übrigen gilt das Bankgeheimnis nach dem Amtshilfe-Durchführungsgesetz (ADG) im Rahmen von konkreten Amtshilfeersuchen ausländischer Behörden nicht, wenn Österreich ein DBA mit großer Auskunftsklausel oder ein „Tax-Information-Exchange-Agreement" (TIEA) abgeschlossen hat oder das Auskunftsersuchen aus einem Mitgliedstaat der EU stammt (vgl EU-AHG und EU-AmtshilfeVO).

Außenprüfungen — Die Abgabenbehörde kann bei jedem, der zur Führung von Büchern oder von Aufzeichnungen oder zur Zahlung gegen Verrechnung mit der Abgabenbehörde verpflichtet ist, jederzeit alle für die Erhebung von Abgaben bedeutsamen tatsächlichen und rechtlichen Umstände prüfen (§ 147 BAO). Diese Prüfung nennt man **Außenprüfung**.

Die Außenprüfung beginnt damit, dass das mit der Außenprüfung beauftragte Organ dem zu Prüfenden seinen Prüfungsauftrag vorweist. Dieser hat den Gegenstand der vorzunehmenden Prüfung zu umschreiben, das sind die von der Prüfung betroffenen Abgabenarten und die zu prüfenden Zeiträume (§ 148 Abs 1 und 2 BAO). Außenprüfungen sind bis zum Ablauf der Verjährungsfrist möglich, betreffen in der Praxis in der Regel die letzten drei veranlagten Jahre.

Außenprüfungen sind dem Abgabepflichtigen oder seinem Bevollmächtigten (in der Regel ist das der Steuerberater) tunlichst eine

Woche im voraus anzukündigen, es sei denn, der Prüfungszweck würde dadurch vereitelt (§ 148 Abs 5 BAO).

Nach Beendigung der Außenprüfung findet grundsätzlich eine Schlussbesprechung zwischen dem Organ, das die Prüfung durchgeführt hat, dem Abgabepflichtigen und seinem Parteienvertreter statt. Über die Schlussbesprechung ist eine Niederschrift aufzunehmen (§ 149 BAO).

Außenprüfungen betreffen in der Regel Zeiträume, für die die Rechtskraft bereits eingetreten ist. Treten im Zuge der Außenprüfung Umstände zu Tage, die eine andere Abgabenschuld als die rechtskräftig festgestellte Abgabenbelastung zur Folge gehabt hätten, kann die Finanzbehörde, sofern ein Rechtskraftdurchbrechungsgrund (etwa ein Wiederaufnahmegrund nach § 303 BAO; siehe dazu gleich S 435 f) vorliegt und Verjährung noch nicht eingetreten ist, die Abgabenschuld neuerlich festsetzen.

Seit dem 1. 1. 2010 sind in § 12 AVOG 2010 die gesetzlichen Grundlagen für eine Finanzpolizei vorgesehen. Der Finanzpolizei obliegt insb die Überwachung der Einhaltung abgabenrechtlicher, sozialversicherungsrechtlicher, glücksspielrechtlicher und gewerberechtlicher Bestimmungen sowie der Bestimmungen des AuslBG. Zu diesem Zweck werden den Organen umfassende finanzpolizeiliche Befugnisse eingeräumt, wie insb Betretungs-, Anhalte-, Identitätsfeststellungs- und Auskunftsrechte (vgl dazu im Detail § 12 AVOG 2010; dazu *Ehrke-Rabel* in Doralt/Ruppe, Steuerrecht II[7] Tz 1279).

Finanzpolizei

9.3.1.2 Mitwirkungspflichten des Abgabepflichtigen

Das Steuerrecht knüpft vielfach an Sachverhalte an, die sich in der von außen nicht unmittelbar einsehbaren Sphäre des Abgabepflichtigen ereignen. Der Grundsatz der Amtswegigkeit des Abgabenverfahrens wird daher durch erhebliche **Mitwirkungspflichten** des Abgabepflichtigen ergänzt.

Nach § 119 BAO hat der Abgabepflichtige die für den Bestand und den Umfang seiner Abgabenpflicht bedeutsamen Umstände nach Maßgabe der Abgabenvorschriften vollständig und wahrheitsgemäß offen zu legen.

Der Offenlegung dienen insbesondere die Abgabenerklärungen, Anmeldungen, Anzeigen (zB § 120 BAO oder § 121a BAO), Abrechnungen und sonstige Anbringen des Abgabepflichtigen. Ein Abgabepflichtiger hat dem zuständigen Finanzamt alle Umstände anzuzeigen, die eine persönliche Abgabepflicht begründen, ändern oder ver-

Anzeige- und Offenlegungspflicht

ändern (§ 120 BAO). So ist etwa die Aufnahme einer selbständigen Tätigkeit dem zuständigen Finanzamt zu melden.

Anzeige von Schenkungen

Seit dem 1. 8. 2008 wird die Erbschaft- und Schenkungssteuer nicht mehr erhoben. Um Missbräuchen vorzubeugen, sind Schenkungen und Zweckzuwendungen unter Lebenden nach den Bestimmungen des § 121a BAO einem Finanzamt mit allgemeinem Aufgabenkreis anzuzeigen. Die Anzeige hat unter nahen Angehörigen (§ 25 BAO) bei Schenkungen und Zweckzuwendungen ab EUR 50.000,–, in allen anderen Fällen ab EUR 15.000,– zu erfolgen (vgl näher § 121a BAO). Die Anzeige ist innerhalb von drei Monaten zu erstatten. Ein Verstoß gegen die Verpflichtung zur Schenkungsmeldung begründet eine Finanzordnungswidrigkeit gem § 49a FinStrG, die mit einer Geldstrafe zu ahnden ist.

Führung von Buchführungs- und Aufzeichnungen

Den Abgabepflichtigen trifft die Verpflichtung zur Führung von Büchern und Aufzeichnungen (zum Zweck der Beweisvorsorge). Unternehmensrechtliche Buchführungspflichten müssen auch im Interesse der Abgabenerhebung erfüllt werden (§ 124 BAO). §§ 125 ff BAO enthalten eigene steuerrechtliche **Buchführungs- und Aufzeichnungspflichten**. Grundsätzlich sind Bücher und Aufzeichnungen sieben Jahre lang aufzubewahren (vgl § 132 BAO).

Bareinnahmen sind mit **elektronischer Registrierkasse**, Kassensystem oder sonstigem elektronischen Aufzeichnungssystem in unveränderbarer Weise (§ 131 Abs 1 Z 6 BAO) einzeln zu erfassen. Es besteht die Verpflichtung zur Verwendung einer elektronisch sicheren Registrierkasse (zu den Details siehe umfassend § 131b BAO und die dazu ergangene VO des BMF, BGBl II 410/2015 idF BGBl II 210/2016). Über die Barzahlungsumsätze ist ein Beleg zu erteilen, den der Leistungsempfänger entgegenzunehmen und bis außerhalb der Geschäftsräumlichkeiten mitzunehmen hat (sog **Belegerteilungspflicht**; siehe im Detail § 132a BAO).

Hilfeleistungspflichten

Der Abgabepflichtige ist zur Hilfeleistung bei Amtshandlungen (etwa bei Außenprüfungen) verpflichtet.

Erzwingung der Mitwirkung

Die Mitwirkung der Steuerpflichtigen an der Feststellung von Abgabensachverhalten kann von der Behörde durch die Verhängung von **Zwangs-, Ordnungs- und Mutwillenstrafen** erzwungen werden. Die einzelne Zwangsstrafe darf den Betrag von EUR 5.000,– nicht überschreiten (§ 111 BAO).

Abgabepflichtigen, die die Frist zur Einreichung einer Abgabenerklärung nicht wahren, kann die Abgabenbehörde einen Zuschlag bis zu 10% der festgesetzten Abgabe (**Verspätungszuschlag**) auferlegen (§ 135 BAO).

Verletzt ein Abgabepflichtiger vorsätzlich eine abgabenrechtliche Anzeige-, Offenlegungs- oder Wahrheitspflicht und bewirkt dadurch eine Abgabenverkürzung, macht er sich der **Abgabenhinterziehung** schuldig (§ 33 Abs 1 FinStrG). Begeht er dieses Delikt unter Verwendung eines Scheingeschäfts oder einer Scheinhandlung, falscher oder gefälschter Urkunden oder manipulierter elektronischer Aufzeichnungen, zu deren Führung er nach abgabenrechtlichen Vorschriften verpflichtet ist (etwa eine elektronische Registrierkasse) und beläuft sich der Verkürzungsbetrag auf mindestens EUR 100.000,–, macht er sich des **Abgabenbetruges** schuldig (§ 39 FinStrG). Des Abgabenbetruges macht sich auch schuldig, wer Vorsteuerabzüge geltend macht, ohne dass Lieferungen oder sonstige Leistungen an ihn ausgeführt wurden, wenn es sich um Vorsteuern von mindestens EUR 100.000,– handelt (§ 39 Abs 2 FinStrG).

Auch die grob fahrlässige Abgabenverkürzung ist strafbar (§ 34 iVm § 33 FinStrG).

Die Abgabenhinterziehung wird mit einer Geldstrafe bis zum Zweifachen des Verkürzungsbetrages geahndet; neben der Geldstrafe kann unter bestimmten Voraussetzungen eine Freiheitsstrafe von bis zu zwei Jahren verhängt werden (§ 33 Abs 5 FinStrG); bei erschwerenden Umständen (gewerbsmäßige Begehung) kann eine Freiheitsstrafe von bis zu fünf Jahren verhängt werden (§ 38 FinStrG); Abgabenbetrug ist zwingend mit einer Freiheitsstrafe von bis zu zehn Jahren zu ahnden.

Abgabenhinterziehung

Wer vorsätzlich eine abgabenrechtliche Anzeige-, Offenlegungs- oder Wahrheitspflicht verletzt, ohne dadurch eine Abgabenverkürzung zu begehen, macht sich einer **Finanzordnungswidrigkeit** nach § 51 Abs 2 lit a FinStrG schuldig. Finanzordnungswidrigkeiten sind mit einer Strafe von bis zu EUR 5.000,– zu ahnden (§ 51 FinStrG).

Finanzordnungswidrigkeit

9.3.1.3 Der Grundsatz des Parteiengehörs

Die Abgabenbehörden sind verpflichtet, den Abgabepflichtigen über ihre Untersuchungs- bzw Ermittlungshandlungen zu informieren und (zumindest implizit) zu einer Stellungnahme einzuladen. Diese Verpflichtung ist gesetzlich an verschiedenen Stellen verankert (§§ 115 Abs 2, 161 Abs 3 und 183 Abs 4 BAO) und wird als **Grundsatz des Parteiengehörs** bezeichnet. So ordnet § 115 Abs 2 BAO an, dass den „*Parteien Gelegenheit zur Geltendmachung ihrer Rechte und rechtlichen Interessen zu geben ist.*" Will die Abgabenbehörde von der Abgabenerklärung abweichen, sind dem Abgabepflichtigen gem § 161 Abs 3 BAO die Punkte, in denen eine wesentliche Änderung zu seinen Ungunsten in Frage kommt, zur vorherigen Äußerung mitzuteilen. Der Grundsatz des Parteiengehörs beschränkt sich nur auf die Sachverhaltsfeststellungen. Die Abgabenbehörde ist nicht verpflichtet, ihre Rechtsauffassung vor Bescheiderlassung kundzutun. Das Parteiengehör kann auch noch im Beschwerdeverfahren erfüllt werden. Eine Verletzung dieses Grundsatzes führt nur dann zur Bescheidaufhebung, wenn die Behörde bei Berücksichtigung des Parteiengehörs unter Umständen zu einem anderen Ergebnis gelangt wäre.

9.3.2 Informelles Zusammenwirken zwischen Finanzverwaltung und Abgabepflichtigem

Die zwischen der Abgabenbehörde und dem Abgabepflichtigen bestehenden wechselseitigen Rechte und Pflichten sowie das wiederholte oder sogar fortgesetzte Zusammentreffen dieser beiden „Parteien" lässt eine Art Dauerrechtsverhältnis entstehen. Da das Abgabenrecht sehr komplex ist, interagieren die Abgabenbehörden und der Abgabepflichtige auch auf informeller Ebene. So ersuchen Abgabepflichtige häufig die zuständigen Finanzämter um Stellungnahmen zu konkreten Sachverhalten. Sie erhalten dann bisweilen **Auskünfte**.

Diese formlosen Auskünfte sind von den Auskunftsbescheiden iSd § 118 BAO zu unterscheiden!

Das BMF veröffentlicht **Erlässe** oder **Richtlinien**, in denen es (generell) seine Rechtsmeinung zur Interpretation einzelner Gesetzesbestimmungen kundtut (zB Körperschaftsteuerrichtlinien, Umsatzsteuerrichtlinien, etc).

All diese Handlungsformen haben nicht die Qualität eines Gesetzes, einer Verordnung oder eines Bescheides und entfalten daher keine formelle Bindungswirkung. In Einzelfällen können sie jedoch aus Billigkeitsgründen oder nach dem Grundsatz von Treu und Glauben für den Abgabepflichtigen eine Art Bindungswirkung entfalten (vgl dazu Kap *Verfassungsrechtliche Grundlagen* S 31 ff).

9.3.3 Der Gang des Ermittlungsverfahrens

Ergänzungsauftrag und Bedenkenvorhalt

Das **Ermittlungsverfahren** läuft (in Anwendung der vorstehend dargestellten Grundsätze) folgendermaßen ab:

Die Abgabenbehörde prüft zunächst die Abgabenerklärungen. Werden Abgabenerklärungen elektronisch eingereicht (was inzwischen der Regelfall ist), erfolgt die Prüfung im Regelfall zunächst automationsunterstützt mit Hilfe einer Risikoanalyse. Erscheinen die

Angaben in einer Erklärung erläuterungsbedürftig oder unvollständig, erteilt sie Ergänzungsaufträge oder Bedenkenvorhalte (§ 161 Abs 1 und 2 BAO). In praxi erfolgt die Veranlagung im Regelfall erklärungskonform, wenn die Risikoanalyse keine Auffälligkeiten zeigt. Dies hindert die Abgabenbehörde nicht daran, nachträglich Auskunftsverlangen nach § 143 BAO auch an den Abgabepflichtigen selbst zu richten und den rechtskräftigen Bescheid nachträglich wegen Unrichtigkeit des Spruches (§ 299 BAO) oder wegen Hervorkommens neuer Tatsachen (§ 303 BAO) innerhalb der dafür vorgesehenen Fristen zu ändern (siehe dazu gleich S 432 ff).

Hat die Abgabenbehörde die Ermittlungen abgeschlossen, hat sie die Beweise zu würdigen. Im Ermittlungsverfahren gelten der Grundsatz der freien Beweiswürdigung, der Grundsatz der Unbeschränktheit und der Grundsatz der Gleichwertigkeit der Beweismittel. Da die Ausfertigung der Bescheide im Regelfall auf Basis der eingereichten Abgabenerklärungen erfolgt, kommt es im Regelfall erst im Außenprüfungsverfahren zu einer tatsächlichen Beweiswürdigung. *Freie Beweiswürdigung*

Soweit die Abgabenbehörde die Grundlagen für die Abgabenerhebung nicht ermitteln oder berechnen kann, hat sie diese zu schätzen (§ 184 BAO). Dies gilt etwa, wenn die Angaben des Abgabepflichtigen unvollständig sind oder die Bücher und Aufzeichnungen formelle Mängel aufweisen, die geeignet sind, die Richtigkeit der Bücher oder Aufzeichnungen anzuzweifeln. Das Schätzungsrecht gilt für sämtliche Abgaben. Die Behörde kann eine Voll- oder eine Teilschätzung vornehmen. *Schätzung*

Ist der Sachverhalt vollständig ermittelt oder hegt die Abgabenbehörde keine Zweifel an der Richtigkeit der Abgabenerklärung, erlässt die Abgabenbehörde einen Abgabenbescheid. *Abgabenbescheid*

9.3.4 Die Festsetzung der Abgaben – Der Abgabenbescheid

Die Festsetzung und Vorschreibung von Abgaben erfolgt grundsätzlich in Form von Bescheiden (Abgabenbescheide; § 198 BAO).

Bescheide sind grundsätzlich schriftlich zu erlassen. Damit eindeutig ein Bescheid vorliegt, hat er die in § 93 Abs 2 und Abs 3 BAO genannten Angaben zu enthalten (Bezeichnung als Bescheid; Bescheidspruch; Bescheidadressat; Begründung bei einem Abweichen vom Anbringen; Rechtsmittelbelehrung, -frist und Behörde, bei der das Rechtsmittel einzubringen ist; Hinweis, dass Rechtsmittel begründet sein müssen; Hinweis, dass eine Bescheidbeschwerde keine aufschiebende Wirkung hat). *Bescheid*

Vorläufige Abgabenbescheide ergehen, wenn die Sachlage für eine endgültige Festsetzung noch nicht hinreichend geklärt ist, zB der Um- *Vorläufige Abgabenbescheide* fang der Abgabepflicht noch ungewiss ist (§ 200 BAO). Nach Klärung des Sachverhaltes wird der vorläufige Abgabenbescheid durch einen endgültigen ersetzt.

Feststellungsbescheide

In bestimmten Fällen sind der Abgabenfestsetzung gesonderte Feststellungen vorgelagert (§§ 185 ff BAO). So werden etwa Feststellungen, die für mehrere Abgaben oder für mehrere Personen Bedeutung haben, aus verwaltungsökonomischen Gründen in Form eines Feststellungsbescheides getroffen, der selbständig anfechtbar ist. Derartige Feststellungsbescheide werden auch als Grundlagenbescheide bezeichnet. Sie sind den Abgabenbescheiden zugrunde zu legen; letztere werden daher auch als abgeleitete Bescheide bezeichnet.

Beispiele für Feststellungsbescheide: Einheitswertbescheid bei Grundstücken; Gewinnfeststellungsbescheid bei Personengesellschaften bzw allgemein in allen Fällen, in denen an Einkünften mehrere Personen beteiligt sind.

Zweck: Es muss nur einmal der Gewinn festgestellt werden; der Bescheid gilt dann für alle Beteiligten und wird deren Veranlagung zugrunde gelegt.

Abgeleitete Bescheide

Abgeleitete Bescheide können auch erlassen werden, wenn der Grundlagenbescheid noch nicht rechtskräftig ist. Im Fall der nachträglichen Änderung des Grundlagenbescheides ist der abgeleitete Bescheid von Amts wegen zu ändern (§ 295 Abs 1 BAO). Abgeleitete Bescheide können nicht mit der Begründung angefochten werden, dass der Grundlagenbescheid rechtswidrig ist (§ 252 Abs 1 BAO).

Bescheiderlassung bei Selbstbemessungsabgaben

Kein Bescheid ist grundsätzlich bei den Selbstbemessungsabgaben zu erlassen (zB Umsatzsteuervoranmeldung, Versicherungssteuer, Werbeabgabe). Eine erstmalige (bescheidmäßige) Festsetzung der Abgabe muss nach Maßgabe des § 201 Abs 3 BAO oder kann nach Maßgabe des § 201 Abs 2 BAO erfolgen, wenn der Abgabepflichtige, obwohl er dazu verpflichtet ist, keinen selbst berechneten Betrag der Abgabenbehörde bekannt gibt oder wenn sich die bekannt gegebene Selbstberechnung als unrichtig erweist. Landes- und Gemeindeabgaben können auch nachträglich berichtigt werden (§ 201a BAO).

Nach § 201 Abs 2 BAO **kann** (Ermessensbestimmung!) ein Bescheid erlassen werden:
- von Amts wegen innerhalb eines Jahres ab Bekanntgabe des selbstberechneten Betrages;
- auf Antrag des Abgabenschuldners, wenn der Antrag spätestens ein Jahr ab Bekanntgabe des selbstberechneten Betrages eingebracht ist;

- wenn kein selbstberechneter Betrag bekannt gegeben wurde oder wenn bei sinngemäßer Anwendung des § 303 BAO ein Grund für die Wiederaufnahme des Verfahrens vorliegen würde oder
- wenn bei sinngemäßer Anwendung des § 293b oder § 295a BAO die Voraussetzungen für eine Abänderung vorliegen würden.

Gem § 201 Abs 3 BAO **ist** (**Verpflichtung**!) ein Bescheid zu erlassen:
- wenn der Antrag auf Festsetzung binnen einer Frist von einem Monat ab Bekanntgabe des selbstberechneten Betrages eingebracht ist;
- wenn bei sinngemäßer Anwendung des § 295 BAO Gründe für eine Änderung vorliegen würden.

§ 201 BAO gilt sinngemäß, wenn die Selbstberechnung einer Abgabe einem abgabenrechtlich **Haftungspflichtigen** obliegt (zB dem Arbeitgeber iZm der Lohnsteuerabfuhr). Die Nachforderungen sind diesfalls mittels Haftungsbescheides geltend zu machen (§ 202 Abs 1 iVm § 224 Abs 1 BAO).

9.4 Rechtsschutz

9.4.1 Überblick

Im Rechtsmittelverfahren entscheidet das Bundesfinanzgericht (kurz: BFG) als Verwaltungsgericht gem Art 130 Abs 1 Z 1 bis Z 3 B-VG iVm § 1 Abs 1 BFGG über sämtliche Beschwerden
- gegen den Bescheid einer Abgaben- oder Finanzstrafbehörde wegen Rechtswidrigkeit,
- gegen die Ausübung unmittelbarer abgabenbehördlicher Befehls- und Zwangsgewalt,
- wegen Verletzung der Entscheidungspflicht durch eine Abgabenbehörde (Säumnisbeschwerde).

Das Bundesfinanzgericht hat seinen Sitz in Wien und hat Außenstellen in Feldkirch, Graz, Innsbruck, Klagenfurt, Linz und Salzburg (§ 2 BFGG). Es besteht aus der Präsidentin oder dem Präsidenten, der Vizepräsidentin oder dem Vizepräsidenten und den sonstigen Richterinnen und Richtern (§ 3 Abs 1 BFGG).

Bundesfinanzgericht

Das Bundesfinanzgericht entscheidet durch Einzelrichterinnen und Einzelrichter und durch Senate (§ 12 BFGG). Ein Senat besteht aus zwei Richtern und zwei fachkundigen Laienrichtern. Ein Laienrichter wird von der gesetzlichen Vertretung der selbständigen Berufe, der andere von der gesetzlichen Vertretung der unselbständigen Berufe entsandt (§ 12 Abs 6 BFGG). Nicht als Laienrichter kommen Notare, Rechtsanwälte und Wirtschaftstreuhänder in Betracht (§ 4

Abs 4 BFGG). Die Einzelrichterinnen und Einzelrichter sowie die Senate bearbeiten die Beschwerden nach Maßgabe der auf ein Kalenderjahr im Voraus zu bestimmenden Geschäftsverteilung (§ 13 Abs 1 BFGG).

Revision
Entscheidungen des Bundesfinanzgerichts können mit Revision beim Verwaltungsgerichtshof oder mittels Beschwerde beim Verfassungsgerichtshof angefochten werden. Das Bundesfinanzgericht hat über die Zulässigkeit der Revision an den VwGH in seinem Erkenntnis zu entscheiden. Ist die Revision zulässig und wendet sich der Abgabepflichtige an den VwGH, so erhebt er **ordentliche Revision**. Lässt das Bundesfinanzgericht die Revision nicht zu, ist der Weg zum VwGH nur im Wege der **außerordentlichen Revision** offen.

Rechtsgrundlagen
Die Bundesfinanzgerichtsbarkeit wurde durch Verfassungsgesetz eingerichtet. Die maßgeblichen Grundlagen befinden sich in Art 130 ff B-VG. Aufbau und Organisation des Bundesfinanzgerichts regelt das (einfache) Bundesfinanzgerichtsgesetz (kurz BFGG). Das Verfahren vor dem Bundesfinanzgericht wird in der BAO, im Zollrechts-Durchführungsgesetz und im Finanzstrafgesetz geregelt (§ 24 BFGG). Die Vollstreckung der Entscheidung des Bundesfinanzgerichts obliegt den Abgaben- oder Finanzstrafbehörden (§ 25 BFGG). Das Rechtsmittelverfahren selbst wird in der BAO und im FinStrG geregelt. Das Revisionsverfahren findet seine verfassungsrechtliche Grundlage in Art 133 B-VG und wird im Detail im Verwaltungsgerichtshofgesetz geregelt.

9.4.2 Die Bescheidbeschwerde

Bescheidbeschwerde
Gegen Abgabenbescheide sind grundsätzlich Beschwerden an die Verwaltungsgerichte – in den Abgabensachen des Bundes an das Bundesfinanzgericht, in den Abgabensachen der Länder und Gemeinden an das jeweils zuständige Landesverwaltungsgericht – zulässig (§ 243 BAO). Diese Beschwerden werden als Bescheidbeschwerden bezeichnet. Verfahrensleitende Verfügungen sind einer Beschwerde hingegen nicht zugänglich, sie können nur im Zuge der Beschwerde gegen den entsprechenden materiell-rechtlichen Bescheid bekämpft werden (§ 244 BAO).

Beschwerdelegitimation
Zur Einbringung einer Bescheidbeschwerde ist jeder befugt, an den der den Gegenstand der Anfechtung bildende Bescheid ergangen ist (§ 246 BAO). Dem nach den Abgabenvorschriften Haftungspflichtigen steht neben der Beschwerde gegen die Inanspruchnahme zur Haftung auch die Beschwerde gegen den der Haftungsinanspruchnahme zu Grunde liegenden Abgabenbescheid zu. Die Beschwerde kann innerhalb der für die Beschwerde gegen den Haftungsbescheid

maßgeblichen Frist erhoben werden (§ 248 BAO). Gegen Feststellungsbescheide und Grundsteuermessbescheide kann darüber hinaus jeder Beschwerde erheben, gegen den der Bescheid wirkt (vgl § 246 Abs 2 BAO).

Bescheidbeschwerden sind **innerhalb eines Monats** ab Zustellung des Bescheides zu erheben (§ 245 Abs 1 BAO). Aus berücksichtigungswürdigen Gründen hat die Abgabenbehörde die Beschwerdefrist, erforderlichenfalls auch wiederholt, auf Antrag zu verlängern. Bis zur Entscheidung über den Antrag wird der Lauf der Beschwerdefrist gehemmt (§ 245 Abs 3 BAO). *Beschwerdefrist*

Enthält ein Bescheid die Ankündigung, dass eine Begründung zum Bescheid noch ergehen wird, wird die Beschwerdefrist nicht vor Bekanntgabe der fehlenden Begründung oder der Mitteilung, dass die Ankündigung als gegenstandslos zu betrachten ist, in Gang gesetzt. Dies gilt auch, wenn ein Bescheid etwa auf einen Außenprüfungsbericht verweist (§ 245 Abs 1 BAO). Der Antrag auf Mitteilung einer ganz oder teilweise fehlenden Begründung hemmt den Fristenlauf (§ 245 Abs 2 BAO).

Die Bescheidbeschwerde ist bei der Abgabenbehörde einzubringen, die den angefochtenen Bescheid erlassen hat (§ 249 Abs 1 BAO). *Einbringungsort*

Die fristgerechte Einbringung beim Verwaltungsgericht gilt als rechtzeitige Einbringung. Das Verwaltungsgericht hat in diesem Fall die Beschwerde unverzüglich an die Abgabenbehörde weiterzuleiten. Be-schwerden des Haftungspflichtigen gegen den der Haftung zugrundeliegenden Bescheid können ordnungsgemäß auch bei der den Haftungsbescheid erlassenden Behörde eingebracht werden.

Die Beschwerde hat **keine aufschiebende Wirkung**, dh die Einbringung der Beschwerde ändert nichts an der Fälligkeit der Abgabe, die Abgabenschuld ist daher zu begleichen (§ 254 BAO). *Wirkung der Beschwerde*

Hängt die Erhebung einer Abgabe ihrer Höhe nach mittelbar oder unmittelbar von der Erledigung einer Bescheidbeschwerde ab, ist auf Antrag des Abgabepflichtigen die **Aussetzung der Einhebung** zu bewilligen (§ 212a Abs 1 BAO). Die Aussetzung darf nur verweigert werden, soweit *Zahlungsaufschub durch Aussetzung*

- die Bescheidbeschwerde nach der Lage des Falles wenig erfolgversprechend erscheint oder
- der Bescheid mit Beschwerde in Punkten angefochten wird, in denen er nicht von einem Anbringen des Abgabepflichtigen abweicht oder
- das Verhalten des Abgabepflichtigen auf eine Gefährdung der Einbringlichkeit der Abgabe gerichtet ist (§ 212a Abs 2 BAO).

Aussetzungszinsen Im Fall einer positiven Erledigung des Antrages wird die Einhebung bis zur Entscheidung über das Beschwerdeverfahren aufgeschoben (vgl § 212a Abs 5 BAO). Im Fall der Ablehnung des Beschwerdebegehrens sind Aussetzungszinsen iHv 2% über dem jeweils geltenden Basiszinssatz pro Jahr zu entrichten (§ 212a Abs 9 BAO). Für Landes- und Gemeindeabgaben gelten andere Werte (§ 212b BAO).

Beschwerdezinsen Wurde ein Antrag auf Aussetzung nicht gestellt oder die Aussetzung nicht bewilligt und obsiegt der Abgabepflichtige im Bescheidbeschwerdeverfahren, stehen unter bestimmten Voraussetzungen Beschwerdezinsen zu (§ 205a BAO).

Inhalt der Bescheidbeschwerde Die Bescheidbeschwerde hat zu enthalten (§ 250 Abs 1 BAO):
- die Bezeichnung des Bescheides, gegen den sie sich richtet;
- die Erklärung, in welchen Punkten der Bescheid angefochten wird;
- die Erklärung, welche Änderungen beantragt werden (zB Berücksichtigung von Betriebsausgaben, Gewährung des Vorsteuerabzuges);
- eine Begründung. Sie hat aufzuzeigen, warum der angefochtene Bescheid in rechtlicher oder in sachverhaltsmäßiger Hinsicht unrichtig ist und durch einen anderen Bescheid zu ersetzen ist.

9.4.3 Beschwerdevorentscheidung

Regelfall Bescheidbeschwerden gelangen zunächst zu der Abgabenbehörde, die den angefochtenen Bescheid erlassen hat. Diese hat zunächst deren Zulässigkeit und rechtzeitige Einbringung zu überprüfen. Ist die Beschwerde weder als unzulässig noch als nicht fristgerecht eingebracht zurückzuweisen (§ 260 BAO), hat die Abgabenbehörde nach Durchführung der etwa noch erforderlichen Ermittlungen über die Beschwerde mit **Beschwerdevorentscheidung** zu entscheiden. Dabei handelt es sich um einen Bescheid (§ 262 Abs 1 BAO).

Entfall Eine Beschwerdevorentscheidung entfällt nur, wenn der Beschwerdeführer dies beantragt hat und wenn die Abgabenbehörde die Bescheidbeschwerde innerhalb von drei Monaten ab ihrem Einlangen dem Verwaltungsgericht vorlegt (§ 262 Abs 2 BAO). Beschwerden, die einzig die Gesetzwidrigkeit einer Verordnung, die Verfassungswidrigkeit von Gesetzen oder die Rechtswidrigkeit von Staatsverträgen behaupten, sind ohne Beschwerdevorentscheidung sofort dem Verwaltungsgericht vorzulegen (§ 262 Abs 3 BAO). Eine Beschwerdevorentscheidung ist auch nicht zulässig, wenn der angefochtene Bescheid vom Bundesminister für Finanzen erlassen wurde (§ 262 Abs 4 BAO).

Reichweite Ist die Bescheidbeschwerde nicht zurückzuweisen oder als zurückgenommen oder als gegenstandslos zu erklären, so ist der angefochtene Bescheid von der Abgabenbehörde durch Beschwerdevorentscheidung **nach jeder Richtung abzuändern**, aufzuheben oder als unbegründet abzuweisen (§ 263 Abs 1 BAO). Es besteht weder ein Verböserungsverbot noch ist die Abgabenbehörde an den vom Abgabepflichtigen vorgebrachten Beschwerdepunkt gebunden. Außerdem besteht **kein Neuerungsverbot**: Auf Tatsachen, Beweise und Anträge, die der Abgabenbehörde im Laufe des Beschwerdeverfahrens zur Kenntnis gelangen, ist von der Abgabenbehörde auch dann Bedacht zu nehmen, wenn dadurch das Beschwerdebegehren geändert oder ergänzt wird (§ 270 BAO).

Eine Beschwerdevorentscheidung hat die Wirkung eines Erkenntnisses oder eines Beschlusses des Verwaltungsgerichts (§ 263 Abs 3 BAO).

9.4.4 Vorlageantrag

Gegen die Beschwerdevorentscheidung kann der Beschwerdeführer einen Vorlageantrag stellen (§ 264 BAO). Dabei handelt es sich um einen Antrag auf Entscheidung über die Bescheidbeschwerde durch das zuständige Verwaltungsgericht. | Gegenstand

Der Vorlageantrag ist innerhalb eines Monats ab Bekanntgabe der Beschwerdevorentscheidung bei der Behörde, die die Beschwerdevorentscheidung getroffen hat, einzubringen. | Frist

Durch den Vorlageantrag gilt die Bescheidbeschwerde wiederum als unerledigt. Die Wirksamkeit der Beschwerdevorentscheidung wird dadurch allerdings nicht berührt (§ 264 Abs 3 BAO). | Wirkung

Hat die Abgabenbehörde keine Beschwerdevorentscheidung zu erlassen oder wurde gegen eine Beschwerdevorentscheidung ein Vorlageantrag eingebracht, so hat sie die Beschwerde ohne unnötigen Aufschub – aber nach Vornahme der etwa noch notwendigen Ermittlungen – dem Verwaltungsgericht vorzulegen (§ 265 Abs 1 BAO). Die Parteien sind vom Zeitpunkt der Vorlage unter Anschluss eines Vorlageberichts (Sachverhaltsdarstellung, Nennung der Beweismittel und Stellungnahme der Abgabenbehörde) zu verständigen (**Vorlageverständigung**; § 265 Abs 4 BAO). Kommt das Finanzamt seiner Verpflichtung zur Vorlage nicht binnen zwei Monaten ab Einreichung des Vorlageantrages nach, kann die Partei beim VwG eine Vorlageerinnerung einbringen. Diese wirkt wie die Vorlage der Beschwerde (§ 264 Abs 6 BAO idF AbgÄG 2016). | Vorlage durch die Abgabenbehörde

Mit der Einleitung des Verfahrens vor dem Verwaltungsgericht kommt der Abgabenbehörde, die den Bescheid erlassen hat, Parteistellung zu (sog **Amtspartei**; § 265 Abs 5 BAO). Ab diesem Zeitpunkt ist die Abgabenbehörde verpflichtet, das Verwaltungsgericht über | Befugnisse der Abgabenbehörde ab Vorlage

Änderungen aller für die Entscheidung maßgeblichen tatsächlichen und rechtlichen Verhältnisse unverzüglich zu verständigen. Diese Pflicht besteht ab der Verständigung über die Vorlage auch für den Beschwerdeführer (§ 265 Abs 6 BAO).

Außerdem sind die Abgabenbehörden dem Verwaltungsgericht gegenüber zur **Beistandsleistung** verpflichtet: Das Verwaltungsgericht kann das zur Feststellung des maßgeblichen Sachverhalts erforderliche Ermittlungsverfahren durch eine von ihm selbst zu bestimmende Abgabenbehörde durchführen oder ergänzen lassen (§ 269 Abs 2 BAO). Solche Ermittlungsaufträge sind weder Weisungen noch Amtshilfeersuchen iSd Art 22 B-VG oder des § 158 BAO. Ihnen ist jedenfalls zu entsprechen.

Abänderungsverbot

Ab Stellung des Vorlageantrages – in den Fällen, in denen keine Beschwerdevorentscheidung ergeht, ab Einbringung der Bescheidbeschwerde – können die Abgabenbehörden die beim Verwaltungsgericht mit Beschwerde angefochtenen Bescheide und Beschwerdevorentscheidungen bei sonstiger Nichtigkeit grundsätzlich weder abändern noch aufheben (§ 300 BAO). Das verwaltungsbehördliche Verfahren ist somit beendet. Eine Aufhebung solcher Bescheide kommt nur ausnahmsweise und nur unter der Mitwirkung des Verwaltungsgerichts unter den Voraussetzungen des § 300 BAO in Betracht.

9.4.5 Beschwerdeentscheidung durch das Verwaltungsgericht

9.4.5.1 Allgemeines

Befugnisse des BFG

Die Verwaltungsgerichte haben die Obliegenheiten und Befugnisse, die den Abgabenbehörden auferlegt und eingeräumt sind. Sie dürfen allerdings weder die Beschwerdefrist verlängern, noch eine Beschwerdevorentscheidung erlassen, noch sind sie an die für den aufhebenden Beschluss bzw das aufhebende Erkenntnis maßgebliche Rechtsanschauung gebunden (§ 269 Abs 1 BAO). Die Verwaltungsgerichte können sich einer (von ihnen selbst zu bestimmenden) Abgabenbehörde bedienen, um die zur Feststellung des maßgeblichen Sachverhalts erforderlichen Ermittlungen durchzuführen oder zu ergänzen (§ 269 Abs 2 BAO).

Erörterungstermin

Der Einzelrichter oder bei Senatszuständigkeit der Berichterstatter kann die Parteien zur Erörterung der Sach- und Rechtslage sowie zur Beilegung des Rechtsstreits laden (§ 269 Abs 3 BAO).

Kein Neuerungsverbot

Im Verfahren vor dem Bundesfinanzgericht besteht kein Neuerungsverbot (§ 270 BAO). Das Verwaltungsgericht hat daher auf neue Tatsachen, Anträge und Beweise, die der Abgabenbehörde im Laufe des Beschwerdeverfahrens oder ihm selbst durch die Partei oder durch andere Umstände zur Kenntnis gelangen, Bedacht zu nehmen. Das gilt auch dann, wenn dadurch das Beschwerdebegehren geändert oder ergänzt wird.

9.4.5.2 Das Verfahren vor dem Verwaltungsgericht

Nach dem Konzept des Beschwerdeverfahrens vor dem Verwaltungsgericht soll die Entscheidung der Beschwerde grundsätzlich dem Einzelrichter oder der Einzelrichterin obliegen. *Einzelrichterzuständigkeit*

Eine Senatsentscheidung ist nur unter bestimmten Voraussetzungen vorzunehmen, insb wenn dies in der Beschwerde oder im Vorlageantrag beantragt wird oder wenn es der Einzelrichter verlangt. Der Einzelrichter darf eine Senatsentscheidung nur verlangen, wenn der Entscheidung grundsätzliche Bedeutung zukommt. Dies ist insb dann der Fall, wenn die zu lösende Rechtsfrage in der bisherigen Rechtsprechung nicht einheitlich beantwortet worden ist oder wenn ein Antrag des Verwaltungsgerichts beim VfGH wegen Gesetzwidrigkeit von Verordnungen oder wegen Verfassungswidrigkeit von Gesetzen gestellt werden soll oder bei Annahme einer Verdrängung nationalen Rechts durch Unionsrecht (§ 272 Abs 3 BAO). *Senatsentscheidung*

Eine mündliche Verhandlung hat nur stattzufinden, wenn sie vom Beschwerdeführer beantragt wird oder wenn der Einzelrichter oder Berichterstatter sie für erforderlich hält. Obliegt die Entscheidung dem Senat, hat eine mündliche Verhandlung außerdem stattzufinden, wenn es der Senatsvorsitzende für erforderlich hält oder der Senat es auf Antrag eines Mitglieds beschließt. Von der mündlichen Verhandlung kann ungeachtet eines Antrags abgesehen werden, wenn die Beschwerde zurückzuweisen, als zurückgenommen oder als gegenstandslos zu erklären ist oder wenn eine Aufhebung unter Zurückverweisung der Sache an die Abgabenbehörde erfolgt (§ 274 Abs 3 BAO). *Mündliche Verhandlung*

Mündliche Verhandlungen sind grundsätzlich öffentlich. Die **Öffentlichkeit** kann jedoch unter bestimmten Voraussetzungen, insb auf Verlangen der Partei, ausgeschlossen werden (§ 275 Abs 3 BAO).

Beschlüsse des Senats sind mit einfacher Mehrheit zu fassen, bei Stimmengleichheit gibt die Stimme des Senatsvorsitzenden den Ausschlag (Dirimierungsrecht; § 277 Abs 2 BAO). Die mündliche Verhandlung endet – so sie nicht vertagt wird – mit der Verkündung der Entscheidung über die Beschwerde oder mit dem Beschluss, dass die Entscheidung der schriftlichen Ausfertigung vorbehalten bleibt (§ 277 Abs 4 BAO). *Beschlussfassung im Senat*

Das Verwaltungsgericht entscheidet mit Beschluss, wenn *Beschluss*
- die Beschwerde als unzulässig oder nicht rechtzeitig eingebracht zurückzuweisen ist (§ 278 Abs 1 lit a BAO);

- die Beschwerde als zurückgenommen oder gegenstandslos zu erklären ist (§ 278 Abs 1 lit b BAO);
- wenn der angefochtene Bescheid aufzuheben und die Sache an die Abgabenbehörde zurückzuverweisen ist, weil Ermittlungen unterlassen wurden, bei deren Durchführung ein anders lautender Bescheid hätte erlassen werden oder eine Bescheiderteilung hätte unterbleiben können (§ 278 Abs 1 BAO);

Erkenntnis

In allen übrigen Fällen hat das Verwaltungsgericht in der Sache selbst mit Erkenntnis zu entscheiden (§ 279 Abs 1 BAO). Dabei ist das Verwaltungsgericht sowohl im Spruch als auch in der Begründung nicht an die Anschauung der Abgabenbehörde gebunden. Es ist befugt, den Abgabenbescheid nach jeder Richtung abzuändern, aufzuheben und seine Entscheidung an die Stelle jener der Abgabenbehörde zu setzen oder die Bescheidbeschwerde als unbegründet abzuweisen (kein Verböserungsverbot, keine Bindung an den Beschwerdepunkt; § 279 Abs 1 BAO).

Wirkung eines Beschlusses

Wird der angefochtene Bescheid durch Beschluss unter Zurückverweisung an die Abgabenbehörde zur neuerlichen Entscheidung aufgehoben, tritt das Verfahren in die Lage zurück, in der es sich vor der Erlassung des Bescheides befunden hat (§ 278 Abs 2 BAO). Die Vollstreckung des Beschlusses hat durch die Abgabenbehörde zu erfolgen (§ 25 BFGG, § 282 BAO). Dabei ist sie an die für die Aufhebung maßgebliche im Beschluss dargelegte Rechtsanschauung gebunden (§ 278 Abs 3 BAO).

Wirkung eines Erkenntnisses

Auch wenn ein Bescheid durch Erkenntnis aufgehoben wird, tritt das Verfahren in die Lage zurück, in der es sich vor Erlassung des angefochtenen Bescheides befunden hat (§ 279 Abs 2 BAO). Entscheidet das Verwaltungsgericht in der Sache selbst, tritt das Erkenntnis an die Stelle des Bescheides. Es ersetzt den Bescheid (zur Gänze oder zum Teil) und ist von der Abgabenbehörde zu vollstrecken.

9.4.5.3 Maßnahmenbeschwerde

Unmittelbare behördliche Befehls- und Zwangsgewalt

Gegen die Ausübung unmittelbarer verwaltungsbehördlicher Befehls- und Zwangsgewalt durch Abgabenbehörden kann wegen Rechtswidrigkeit Maßnahmenbeschwerde erhoben werden. Dazu berechtigt ist, wer durch derartige Handlungen in seinen Rechten verletzt zu sein behauptet (§ 283 Abs 1 BAO). Die Beschwerde ist innerhalb eines Monats ab dem Zeitpunkt, zu dem der Beschwerdeführer von der Ausübung unmittelbarer behördlicher Befehls- und Zwangsgewalt Kenntnis erlangt oder durch sie nicht mehr gehindert ist, beim Verwaltungsgericht einzubringen. Die fristgerechte Einbringung bei einer Abgabenbehörde gilt auch als rechtzeitige Einbringung (§ 283 Abs 2 BAO). Erweist sich die Ausübung unmittelbarer behördlicher Befehls- und Zwangsgewalt als rechtswidrig oder als unbegründet, ist darüber mit Erkenntnis zu entscheiden. Ist die Beschwerde unzulässig, nicht fristgerecht eingebracht, als zurückgenommen oder gegenstandslos zu erklären, so ist darüber ein Beschluss zu fällen (§ 283 Abs 4 BAO). Wird der Beschwerde stattgegeben und dauert der Akt behördlicher Befehls- und Zwangsgewalt im Zeitpunkt der Fällung des Erkenntnisses noch an, hat die Abgabenbehörde den dem Erkenntnis entsprechenden Rechtszustand unverzüglich herzustellen.

9.4.5.4 Säumnisbeschwerde

Säumnisbeschwerde kann wegen Verletzung der Entscheidungspflicht erhoben werden, wenn Bescheide der Abgabenbehörde nicht innerhalb von sechs Monaten nach Einlangen der Anbringen oder nach Eintritt zur Verpflichtung ihrer amtswegigen Erlassung bekanntgegeben werden. Beschwerdelegitimiert ist jeder, an den der Bescheid zu ergehen hat (§ 284 Abs 1 BAO). Nach Einlangen der Säumnisbeschwerde wird die Abgabenbehörde vom Verwaltungsgericht beauftragt, innerhalb von drei Monaten zu entscheiden oder darzulegen, warum eine Säumnis nicht vorliegt. Die Frist kann einmalig aus wichtigem Grund verlängert werden. Das Verwaltungsgericht selbst hat erst zu entscheiden, wenn die der Abgabenbehörde eingeräumte Frist tatenlos verstrichen ist oder die Abgabenbehörde erklärt hat, ihre Entscheidungspflicht nicht verletzt zu haben. Ist die Verspätung nicht auf ein überwiegendes Verschulden der Abgabenbehörde zurückzuführen, sind Säumnisbeschwerden mit Erkenntnis abzuweisen (§ 284 Abs 4 BAO). Das Verwaltungsgericht kann sein Erkenntnis zunächst auf die Entscheidung einzelner maßgeblicher Rechtsfragen beschränken und der Abgabenbehörde auftragen, den versäumten Bescheid unter Zugrundelegung der festgelegten Rechtsanschauung binnen maximal acht Wochen zu erlassen (§ 284 Abs 5 BAO). Partei im Säumnisbeschwerdeverfahren ist auch die Abgabenbehörde, deren Säumnis geltend gemacht wird.

Verletzung der Entscheidungspflicht

Sofern nicht überwiegende Interessen der Partei entgegenstehen, kann das Verwaltungsgericht das Säumnisverfahren aussetzen, wenn wegen der gleichen oder ähnlichen Rechtsfrage ein Verfahren vor einem Gericht oder einer Verwaltungsbehörde schwebt und wenn der Ausgang dieses Verfahrens von wesentlicher Bedeutung für die Entscheidung in der Angelegenheit ist (§ 286 BAO).

Aussetzung

9.4.5.5 Vorabentscheidungsverfahren beim EuGH

Anträge auf Vorabentscheidung durch den EuGH sind in § 290 BAO geregelt. Danach ist ein Beschluss des Verwaltungsgerichts über die Einleitung eines Vorabentscheidungsverfahrens nach Art 267 AEUV den Parteien zuzustellen. Nach Vorlage an den EuGH dürfen keine Amtshandlungen vorgenommen werden, die durch die Vorabentscheidung beeinflusst werden können oder die die Frage abschließend regeln. Erachtet das Verwaltungsgericht die noch nicht ergangene Vorabentscheidung nicht mehr für erforderlich für seine Entscheidung in der Sache, hat es den Antrag unverzüglich zurückzuziehen und die Parteien darüber in Kenntnis zu setzen.

9.4.5.6 Entscheidungspflicht der Verwaltungsgerichte

Die Verwaltungsgerichte haben über Anträge der Parteien und über Beschwerden ohne unnötigen Aufschub, spätestens aber sechs Monate nach deren Einlangen zu entscheiden (§ 291 Abs 1 BAO). In die Frist werden Zeiten des Verfahrens vor dem VfGH oder eines Vorabentscheidungsverfahrens vor dem EuGH nicht eingerechnet. Gegen die Verletzung der Entscheidungspflicht durch ein Verwaltungsgericht ist ein **Fristsetzungantrag** an den VwGH gem Art 133 Abs 1 Z 2 B-VG zulässig.

9.4.5.7 Formalerfordernisse an Erkenntnisse und Beschlüsse

Vollstreckung

Ausfertigungen von Erkenntnissen und Beschlüssen haben insb den Namen des Richters, bei Senatszuständigkeit die Namen der Senatsmitglieder und den Namen des etwaig beigezogenen Schriftführers, die Namen der Parteien und ihrer Vertreter, die Bezeichnung des angefochtenen Bescheides, den Spruch einschließlich der Entscheidung, ob eine ordentliche Revision beim VwGH zulässig ist, und eine Begründung zu enthalten (§ 280 Abs 1 und Abs 2 BAO iVm § 25a VwGG). Erkenntnisse und Beschlüsse sind im Namen der Republik auszufertigen (§ 280 Abs 3 BAO). Sie haben eine Belehrung über die Möglichkeit einer Beschwerde beim VfGH und einer ordentlichen oder außerordentlichen Revision beim VwGH zu enthalten. In diesem Zusammenhang hat das Verwaltungsgericht auf die einzuhaltenden Fristen, den jeweils maßgeblichen Vertretungszwang und die zu entrichtenden Eingabegebühren hinzuweisen (§ 280 Abs 4 BAO). Erkenntnisse des Verwaltungsgerichts treten an die Stelle des angefochtenen Bescheides und sind als solche vollstreckbar.

Die Vollstreckung des Erkenntnisses hat durch die Abgabenbehörde zu erfolgen (§ 25 BFGG, § 282 BAO).

9.4.6 Das Verfahren vor dem VwGH

9.4.6.1 Überblick

Gegen Erkenntnisse des Verwaltungsgerichtes und grundsätzlich auch gegen dessen Beschlüsse kann wegen Rechtswidrigkeit ihres Inhaltes Revision beim VwGH erhoben werden (Art 133 Abs 1 Z 1 B-VG). Wegen Verletzung der Entscheidungspflicht durch ein Verwaltungsgericht kann beim VwGH ein Fristsetzungsantrag gestellt werden (Art 133 Abs 1 Z 2 B-VG).

9.4.6.2 Revision

Die Revision ist beim Verwaltungsgericht innerhalb von sechs Wochen, beginnend mit dem Tag der Zustellung oder der Verkündung des Erkenntnisses (elektronisch) einzubringen (§ 25a Abs 5 und § 26 Abs 1 VwGG). **Revisionsfrist**

Zu unterscheiden ist zwischen der ordentlichen und außerordentlichen Revision. Die ordentliche Revision setzt deren Zulassung durch das Verwaltungsgericht voraus. Diese ist zuzulassen, wenn sie von der Lösung einer Rechtsfrage abhängt, der grundsätzliche Bedeutung zukommt, insb weil das Erkenntnis von der Rechtsprechung des VwGH abweicht, eine solche Rechtsprechung fehlt oder die zu lösende Rechtsfrage in der bisherigen Rechtsprechung des VwGH nicht einheitlich beantwortet wird (Art 133 Abs 4 B-VG). Die Inhaltserfordernisse an die Revision entsprechen im Wesentlichen jenen an die Beschwerde und sind in § 28 Abs 1 VwGG geregelt. **Ordentliche Revision**

Hat das Verwaltungsgericht ausgesprochen, dass eine Revision nicht zulässig ist, so kann gegen diese Entscheidung außerordentliche Revision erhoben werden. In diesem Fall hat der Revisionswerber zusätzlich zu den allgemeinen Inhaltsanforderungen die Gründe anzuführen, aus denen entgegen dem Ausspruch des Verwaltungsgerichts die Revision für zulässig erachtet wird (§ 28 Abs 3 VwGG). **Außerordentliche Revision**

Zur Einbringung einer Revision in Abgabensachen sind berechtigt, wer durch ein Erkenntnis oder einen Beschluss in seinen Rechten verletzt zu sein behauptet und die belangte Abgabenbehörde des Verfahrens vor dem Verwaltungsgericht (Art 133 Abs 6 Z 1 und Z 2 B-VG). **Revisionslegitimation**

In Kommunalsteuersachen ist auch der BMF zur Erhebung der Revision berechtigt (§ 15a Abs 2 KommStG idF AbgÄG 2016; problematisch).

9 Abgabenverfahrensrecht

Parteistellung — Parteien im Revisionsverfahren sind der Revisionswerber und die belangte Behörde des Verfahrens vor dem Verwaltungsgericht, wenn gegen dessen Erkenntnis oder Beschluss nicht von ihr selbst Revision erhoben wird (§ 21 Abs 1 Z 1 und Z 2 VwGG). Der BMF kann bei Rechtssachen, die zur unmittelbaren Bundesverwaltung gehören, jederzeit in das Verfahren eintreten (§ 22 Satz 1 VwGG).

Neuerungsverbot — Im Verfahren vor dem VwGH besteht – anders als im behördlichen Verfahren und im Verfahren vor den Verwaltungsgerichten – ein Neuerungsverbot: Der VwGH prüft den angefochtenen Bescheid nur „auf Grund des vom Verwaltungsgericht angenommenen Sachverhaltes" (§ 41 VwGG). Tatsachen und Beweise, die nicht bereits im gerichtlichen Verfahren vorgebracht worden sind, können daher im Verfahren vor dem VwGH nicht mehr berücksichtigt werden. Das gilt ebenso für Rechtsausführungen, die zusätzliche Sachverhaltsfeststellungen erfordern.

Prüfung der Beweiswürdigung — Der VwGH überprüft die vom Verwaltungsgericht vorgenommene Beweiswürdigung nur dahingehend, ob der Sachverhalt genügend erhoben ist und die bei der Beweiswürdigung vorgenommenen Erwägungen schlüssig sind, dh den Denkgesetzen bzw dem allgemeinen menschlichen Erfahrungsgut entsprechen.

Entscheidungsfindung — Der VwGH erledigt die bei ihm anhängigen Rechtssachen grundsätzlich mit Erkenntnis (§ 42 Abs 1 VwGG). Er kann
- die Revision als unbegründet abweisen;
- das angefochtene Erkenntnis oder den angefochtenen Beschluss aufheben wegen Rechtswidrigkeit des Inhaltes, wegen Rechtswidrigkeit infolge Unzuständigkeit des Verwaltungsgerichts oder wegen Rechtswidrigkeit infolge Verletzung von Verfahrensvorschriften;
- in der Sache selbst entscheiden.

Klaglosstellung durch das Verwaltungsgericht — Unter bestimmten Voraussetzungen hat das Verwaltungsgericht die Möglichkeit (Ermessen!), seine Erkenntnisse und Beschlüsse pro Beschwerdeverfahren einmal nachträglich aufzuheben (sog Klaglosstellung gem § 289 BAO). Die Aufhebung ist bis zum Ablauf von fünf Jahren ab Bekanntgabe des angefochtenen Erkenntnisses oder Beschlusses zulässig.

Das Verwaltungsgericht kann Erkenntnisse oder Beschlüsse **aufheben**, die beim VwGH mit Revision oder beim VfGH mit Beschwerde angefochten sind,
- wegen Rechtswidrigkeit ihres Inhaltes oder

- wenn sie von einem unzuständigen Verwaltungsgericht, von einem hiezu nicht berufenen Organ oder von einem nicht richtig zusammengesetzten Senat erlassen wurden, oder
- wenn der ihnen zugrunde gelegte Sachverhalt in einem wesentlichen Punkt unrichtig festgestellt oder aktenwidrig angenommen wurde, oder
- wenn Verfahrensvorschriften außer Acht gelassen wurden, bei deren Einhaltung ein anders lautendes Erkenntnis oder ein anders lautender Beschluss hätte erlassen werden können.

Durch die Aufhebung tritt das Verfahren in die Lage zurück, in der es sich vor Erlassung des aufgehobenen Erkenntnisses bzw Beschlusses befunden hat (§ 289 Abs 3 BAO).

9.4.6.3 Sonstige Entscheidungen

Der VwGH erkennt auch über Anträge auf Fristsetzung wegen Verletzung der Entscheidungspflicht durch ein Verwaltungsgericht (**Fristsetzungsantrag**, Art 133 Abs 1 Z 2 B-VG) und über **Kompetenzkonflikte** zwischen Verwaltungsgerichten oder zwischen einem Verwaltungsgericht und dem VwGH (Art 133 Abs 1 Z 3 B-VG). **Ermessensentscheidungen**, die sich im Rahmen des Gesetzes bewegen, unterliegen nicht der Kontrolle durch den VwGH (Art 133 Abs 3 B-VG).

9.4.7 Beschwerde an den Verfassungsgerichtshof

9.4.7.1 Überblick

Gegen Erkenntnisse und Beschlüsse des Verwaltungsgerichts kann wegen Verletzung in verfassungsrechtlich gewährleisteten Rechten ein Rechtsbehelf an den VfGH erhoben werden. In Betracht kommen in Abgabensachen va die Erkenntnisbeschwerde (Art 144 B-VG) und der Individualantrag auf Normenkontrolle (Art 139 Abs 1 Z 3 B-VG, Art 140 Abs 1 Z 1 lit c B-VG).

9.4.7.2 Erkenntnisbeschwerde

Bei einer Erkenntnisbeschwerde gem Art 144 B-VG muss der Abgabepflichtige behaupten, durch das Erkenntnis oder den Beschluss eines Verwaltungsgerichtes in einem verfassungsgesetzlich gewährleisteten Recht oder wegen Anwendung einer gesetzwidrigen Verordnung, einer gesetzwidrigen Kundmachung über die Wiederverlautbarung eines Gesetzes (Staatsvertrages), eines verfassungswidrigen Gesetzes oder eines rechtswidrigen Staatsvertrages in seinen Rechten verletzt worden zu sein.

9.4.7.3 Individualantrag auf Normenkontrolle

In Ausnahmefällen kann der Abgabepflichtige einen **Individualantrag auf Normenkontrolle** gem Art 140 Abs 1 Z 1 lit c B-VG an den VfGH stellen. Voraussetzung ist, dass er durch die Verfassungswidrigkeit des Gesetzes unmittelbar in seinen Rechten verletzt zu sein behauptet und, dass das Gesetz für ihn ohne Fällung einer gerichtlichen Entscheidung oder ohne Erlassung eines Bescheides wirksam geworden ist. Entsprechendes gilt für Verordnungen (vgl Art 139 Abs 1 Z 3 B-VG).

Der ABC-Verein erhält am 1. 4. 2003 vom Finanzamt Graz-Stadt seinen Körperschaftsteuerbescheid für das Jahr 01. Der Verein hat demnach Steuern iHv EUR 75.000,– nachzuzahlen. In dem Bescheid werden vom ABC-Verein geltend gemachte Aufwendungen nicht als Betriebsausgaben anerkannt. Die Auffassung der Behörde wird von den Obleuten des Vereines in Bezug auf Aufwendungen iHv EUR 200.000,– nicht geteilt. Sie wollen daher gegen diesen Bescheid etwas unternehmen. Vor allem aber wollen sie die Steuern zu einem späteren Zeitpunkt entrichten, weil der Verein für eine Nachzahlung dieser Höhe einen Kredit aufnehmen müsste.
a) Welche Maßnahme kann der Verein innerhalb welcher Frist und bei welcher Behörde ergreifen?
b) Wie kann der Verein die Verpflichtung zur Steuerzahlung hinausschieben? In welchem Umfang kann je nach ergriffener Maßnahme eine Steuerzahlung hinausgeschoben werden? Gehen Sie auf die Voraussetzungen für die Erlangung eines Zahlungsaufschubes näher ein.
a) *Der Verein kann sich gegen diesen Bescheid wehren, indem er innerhalb eines Monats ab Zustellung des Bescheides Bescheidbeschwerde gem §§ 243 ff BAO erhebt. Die Beschwerde ist bei der Behörde einzubringen, die den Bescheid erlassen hat. Sie hat gem § 254 BAO keine aufschiebende Wirkung. Die EUR 75.000,– sind daher trotz Beschwerde zu entrichten.*
b) *Die Zahlungsverpflichtung kann durch einen Antrag auf Aussetzung der Einhebung (§ 212a BAO) hinausgeschoben werden. Diesem hat die Behörde stattzugeben, soweit die Beschwerde nicht nach der Lage des Falles wenig erfolgversprechend erscheint. Die Aussetzung betrifft die bescheidmäßig festgesetzte Steuer jedoch nur insoweit, als sie im Beschwerdebegehren Deckung findet. Das wären im vorliegenden Bei-*

spiel EUR 50.000,– (25% KöSt von EUR 200.000.–). Wird der Beschwerde des Abgabepflichtigen nicht oder nicht vollständig Folge geleistet, so sind Aussetzungszinsen iHv 2% über dem Basiszinssatz zu entrichten.

Alternativ könnte der Verein einen Antrag auf Stundung oder ratenweise Entrichtung der Abgabenschuld stellen (§ 212 BAO). Voraussetzung für die Gewährung dieser Zahlungserleichterungen ist, dass die sofortige Entrichtung für den Abgabenschuldner mit erheblichen Härten verbunden wäre und dass die Einbringlichkeit durch den Zahlungsaufschub nicht gefährdet wird. Wird ein Zahlungsaufschub iSd § 212 BAO gewährt, so sind dafür Zinsen zu entrichten, die 4,5% über dem jeweils geltenden Basiszinssatz liegen.

9.5 Änderungen von Bescheiden außerhalb des Rechtsmittelverfahrens

9.5.1 Formelle und materielle Rechtskraft

Als **formelle Rechtskraft** wird die Unanfechtbarkeit eines Bescheides mit ordentlichen Rechtsmitteln (iSd BAO) verstanden. Die Unanfechtbarkeit tritt ein:
- mit Erlassung eines letztinstanzlichen Bescheides,
- mit ungenütztem Ablauf der Rechtsmittelfrist,
- mit Zurückziehung eines bereits eingebrachten ordentlichen Rechtsmittels oder
- mit Verzicht auf das ordentliche Rechtsmittel.

Die **materielle Rechtskraft** umfasst verschiedene Bescheidwirkungen:
- die Unwiderrufbarkeit und Unabänderlichkeit des Bescheides,
- die Unwiederholbarkeit sowie
- die Verbindlichkeit des Bescheides.

Die Rechtskraft eines Bescheides darf nicht mit der Wirksamkeit eines Bescheides verwechselt werden. Letztere, insb die Fälligkeit der Abgaben, tritt unabhängig von der Rechtskraft ein (§ 254 BAO). Bis zur Rechtskraft kann jedoch die Aussetzung der Einhebung beantragt werden (§ 212a BAO). Vom Eintritt der Rechtskraft unabhängig ist die Änderung des Abgabenbescheides durch die Abgabenbehörde außerhalb des Rechtsmittelverfahrens.

9.5.2 Änderung nach den § 293 bis § 299 BAO

Die Abgabenbehörden dürfen Abgabenbescheide unter bestimmten Voraussetzungen auf Antrag oder von Amts wegen ändern. Im Folgenden werden einzelne Abänderungsrechte aufgezählt. Es handelt sich dabei in der Regel um Ermessensentscheidungen.

Bei einer Ermessensentscheidung wird der Behörde ein Entscheidungsspielraum eingeräumt, der nicht uneingeschränkt ist. Nach § 20 BAO ist das Ermessen nach Billigkeit (Parteieninteresse) und Zweckmäßigkeit (Interesse des Gesetzgebers) zu üben (gebundenes Ermessen). Behördliches Ermessen ergibt sich aus dem Zweck der Norm und aus dem Wortlaut, wie etwa „kann", „darf" oder „ist zulässig". Beispiele für Ermessensentscheidungen innerhalb der BAO: § 110 BAO (Verlängerbarkeit behördlicher Fristen), § 111 BAO (Zwangsstrafen), § 112 BAO (Ordnungsstrafen), § 112a BAO (Mutwillensstrafen), § 135 BAO (Verspätungszuschläge), §§ 293 ff BAO.

9.5.2.1 Berichtigung von Schreib-, Rechen- und EDV-Fehlern (§ 293 BAO)

Die Berichtigung von Schreib-, Rechen- und offenkundigen EDV-Fehlern kann auf Antrag der Partei oder von Amts wegen durch die Abgabenbehörde (§ 293 BAO) innerhalb eines Jahres ab Rechtskraft des Bescheides vorgenommen werden (§ 302 Abs 2 lit a BAO).

9.5.2.2 Unrichtiger Bescheidspruch (§ 299 BAO)

Die Abgabenbehörde erster Instanz kann einen Bescheid, dessen Spruch sich als nicht richtig erweist, von Amts wegen oder auf Antrag der Partei innerhalb eines Jahres ab Bekanntgabe des Bescheides (§ 302 Abs 1 BAO) in jede Richtung abändern.

9.5.2.3 Begünstigende Bescheide (§ 294 BAO)

Die Aufhebung von begünstigenden Bescheiden ist bei Änderung der Verhältnisse unter bestimmten Voraussetzungen (§ 294 BAO) innerhalb der Verjährungsfrist (§ 302 Abs 1 BAO) zulässig.

9.5.2.4 Anpassung abgeleiteter Bescheide (§ 295 BAO)

Die Anpassung abgeleiteter Bescheide bei Änderung des Grundlagenbescheides (§ 295 BAO) ist innerhalb der Verjährungsfrist zulässig.

9.5.2.5 Ereignis mit abgabenrechtlicher Wirkung für die Vergangenheit (§ 295a BAO)

Nach § 295a BAO können Bescheide auf Antrag der Partei oder von Amts wegen insoweit abgeändert werden, als ein Ereignis eintritt, das abgabenrechtliche Wirkung für die Vergangenheit auf den Bestand oder den Umfang eines Abgabenanspruches hat. Die Änderung ist innerhalb der absoluten Verjährungsfrist von zehn Jahren möglich.

9.5.3 Die Wiederaufnahme des Verfahrens (§§ 303 ff BAO)

Überblick

Eine durch Bescheid, Erkenntnis oder Beschluss erledigte Rechtssache soll auch in einem neuerlichen Verfahren sachlich geprüft werden können, wenn das erledigte Verfahren durch bestimmte neu hervorgekommene Umstände auf der Sachverhaltsebene in seinen Grundlagen erschüttert wurde. Eine solche **Wiederaufnahme des Verfahrens** kann – wie auch die übrigen Maßnahmen – von Amts wegen oder auf Antrag des Abgabepflichtigen erfolgen (§ 303 BAO). Die größte praktische Bedeutung hat die amtswegige Wiederaufnahme im Rahmen der Außenprüfungen (Betriebsprüfungen).

Zuständige Behörde

Die Entscheidung über die Wiederaufnahme steht der Behörde zu, die für die Erlassung des durch Wiederaufnahme aufzuhebenden Bescheides zuständig war (§ 305 BAO) oder vor Übergang der Zuständigkeit als Folge einer Bescheid- oder einer Säumnisbeschwerde zuständig gewesen wäre (§ 305 iVm § 93a BAO).

Wiederaufnahmegrund

Voraussetzung ist, dass ein Wiederaufnahmegrund gegeben ist. Ein solcher liegt gem § 303 Abs 1 BAO vor, wenn
- der rechtskräftige Bescheid durch eine gerichtlich strafbare Tat herbeigeführt wurde oder sonstwie erschlichen worden ist (**Erschleichungstatbestand**) oder
- Tatsachen oder Beweismittel im abgeschlossenen Verfahren neu hervorgekommen sind (**Neuerungstatbestand**) oder
- der Bescheid von Vorfragen (§ 116 BAO) abhängig war und nachträglich über eine solche Vorfrage von der (dem) hierfür zuständigen Behörde (Gericht) in wesentlichen Punkten anders entschieden worden ist (**Vorfragentatbestand**).

Neben dem Vorliegen eines Wiederaufnahmegrundes setzt die Wiederaufnahme voraus, dass die Kenntnis des Wiederaufnahmegrundes „allein oder in Verbindung mit dem sonstigen Ergebnis des Verfahrens einen im Spruch anders lautenden Bescheid herbeigeführt hätte" (§ 303 Abs 1 BAO). Es handelt sich somit nur um **relative Wiederaufnahmegründe**.

Ermessen

Die Wiederaufnahmegründe lauten für die Wiederaufnahme von Amts wegen und jene auf Antrag gleich. In beiden Fällen steht die Vornahme der Wiederaufnahme auch im Ermessen der Abgabenbehörde. Der Bundesminister für Finanzen wird ermächtigt, durch Verordnung die für die Ermessensübung bedeutsamen Umstände zu bestimmen (§ 303 Abs 3 BAO). Ein Antrag auf Wiederaufnahme hat das Verfahren, dessen Wiederaufnahme beantragt wird und die Umstände, auf die sich der Antrag stützt, zu bezeichnen (§ 303 Abs 2 BAO).

Wiederaufnahmebescheid

Mit dem die Wiederaufnahme verfügenden (bewilligenden) Bescheid ist die Sachentscheidung zu verbinden, mit der das wiederaufgenommene Verfahren abgeschlossen wird (§ 307 Abs 1 BAO). Es handelt sich dabei um zwei getrennte Bescheide, die getrennt anzufechten sind und getrennt rechtskräftig werden können.

Verjährungsfrist

Nach Eintritt der Verjährung ist eine amtswegige Wiederaufnahme des Verfahrens ausgeschlossen. Auf Antrag kann eine Wiederaufnahme nur verfügt werden, wenn ein entsprechender Antrag vor Eintritt der Verjährung eingebracht worden ist (§ 304 BAO). – Zur Verjährung siehe vorher 8.2.5.

9.5.4 Wiedereinsetzung in den vorigen Stand (§ 308 BAO)

Die Wiedereinsetzung in den vorigen Stand kann beantragt werden, wenn eine Frist versäumt und die Partei durch ein unabwendbares oder unvorhergesehenes Ereignis an der Einhaltung dieser Frist gehindert wurde. Der Antrag auf Wiedereinsetzung ist innerhalb einer Frist von drei Monaten nach Aufhören des Hindernisses bei der Abgabenbehörde einzubringen, bei der die Frist wahrzunehmen war.

1. Ein Abgabepflichtiger X hat gegen seinen Umsatzsteuerbescheid kein Rechtsmittel erhoben. Sechs Monate nach der Zustellung des Bescheides ergeht ein Urteil des EuGH (in einem einen anderen Abgabepflichtigen betreffenden Fall), aus dem hervorgeht, dass der Umsatzsteuerbescheid des X zu Ungunsten des X gegen Unionsrecht verstößt. Kann X eine Berichtigung des Umsatzsteuerbescheides erwirken?
2. Eine Abgabepflichtige Y hat einen Einkommensteuerbescheid erhalten, in dem bestimmte von ihr geltend gemachte Aufwendungen nicht als Betriebsausgaben anerkannt wurden. Y möchte gegen diesen Bescheid Beschwerde erheben, fährt jedoch davor auf Schiurlaub und wird eingeschneit, sodass sie nicht vor Ablauf der Beschwerdefrist nach Hause kommt, um die Beschwerde zu verfassen. Kann Y dennoch Beschwerde erheben?

3. Das Finanzamt entdeckt im Zuge einer Außenprüfung, dass das geprüfte Unternehmen diverse Grundstückstransaktionen durchgeführt hat, ohne Grunderwerbsteuer zu erklären und zu entrichten. Kann es die Grunderwerbsteuer nachträglich festsetzen?

9.6 Änderung von Erkenntnissen und Beschlüssen des Verwaltungsgerichts

Nach § 93a BAO sind die für Bescheide geltenden Bestimmungen (insb die §§ 198 Abs 2, 200 Abs 2, 210, 295, 295a, 303 BAO), soweit nichts anderes angeordnet ist, auch auf Erkenntnisse und Beschlüsse des Verwaltungsgerichts (im Regelfall des BFG) sowie auf in der Sache selbst ergangene Entscheidungen des VwGH anwendbar.

Erkenntnisse des BFG können daher vom BFG unter den Voraussetzungen des § 293 BAO geändert werden. Änderungen nach § 200 Abs 2 (Endgültigerklärung vorläufiger Entscheidungen), § 294 (Zurücknahme begünstigender Entscheidungen), § 295 (Änderung abgeleiteter Bescheide), § 295a (Änderung wegen Eintritts eines rückwirkenden Ereignisses) und § 303 BAO (Wiederaufnahme des Verfahrens) sind jedoch auch dann von der Abgabenbehörde vorzunehmen, wenn sie Erkenntnisse oder Beschlüsse des Verwaltungsgerichts oder Erkenntnisse des VwGH in der Sache selbst betreffen (§ 93a letzter Satz BAO).

Ein Erkenntnis oder ein Beschluss des Verwaltungsgerichts kann außerdem durch das Verwaltungsgericht selbst aufgehoben oder geändert werden, wenn es durch Revision angefochten ist und die Aufhebung eine Klaglosstellung bewirkt (§ 289 BAO).

9.7 Verfahrenskosten

9.7.1 Abgabenverfahren und Verfahren vor dem Verwaltungsgericht

Im Abgabenverfahren und im Verfahren vor dem Verwaltungsgericht tragen die Parteien die Kosten des Verfahrens grundsätzlich selbst (§§ 312 ff BAO). Im Beschwerdeverfahren ist auf Antrag der Partei unter den Voraussetzungen des § 292 BAO Verfahrenshilfe (FETT) zu gewähren (ab 1.1.2017).

Zeugen und Sachverständigen gebührt ein Kostenersatz (§§ 176 und 181 BAO), diese Kosten trägt in der Regel die Behörde (§ 312 BAO). Beweise mit unverhältnismäßigem Kostenaufwand muss die Behörde jedoch nur dann aufnehmen, wenn der Abgabepflichtige „sich zur Tragung der Kosten bereit erklärt" (§ 183 Abs 3 BAO).

9.7.2 Beschwerden bzw Revisionen an die Gerichtshöfe öffentlichen Rechts

Bei **Beschwerden bzw Revisionen an die Gerichtshöfe des öffentlichen Rechts** ist eine Gebühr von EUR 240,– zu entrichten (§ 24a VwGG; § 17a VfGG). Die übrigen Verfahrenskosten sind weitgehend pauschaliert. Im Fall des Obsiegens erfolgt ein pauschaler Kostenersatz.

Herr S ist geschäftsführender Gesellschafter seines Elektrounternehmens, das in der Form einer GmbH geführt wird. Bei der Außenprüfung gelangt der Prüfer zu der Auffassung, dass für Herrn S zu Unrecht keine Beiträge nach dem FLAG entrichtet wurden. Herr S erhält einen entsprechenden Abgabenbescheid. Er möchte sich gegen diesen Bescheid wehren.
a) Als sein(e) Steuerberater(-in) haben Sie nun die Aufgabe, ihm den Gang des Rechtsmittelverfahrens zu erklären. Skizzieren Sie in kurzen Worten, wie das Rechtsmittelverfahren in Abgabensachen abläuft. Folgende Fragen sollen Ihnen dabei eine Hilfestellung sein:
   – Welche Schritte sind innerhalb welcher Fristen zu setzen?
   – Wie wirken sich diese Schritte auf die Verpflichtung zur Zahlung der Abgabenschuld aus?
   – Wer kommt als Rechtmittelbehörde in Betracht? Ist ihre Entscheidung kassatorisch oder meritorisch?
b) Informieren Sie Herrn S auch über die möglichen Schritte im Falle einer abweisenden Entscheidung durch die Rechtsmittelbehörden.
c) Kann sich Herr S auch an die Höchstgerichte wenden? – Wenn ja, an welches, mit welcher Begründung und innerhalb welcher Fristen?

9.8 Exkurs: Finanzstrafrecht

9.8.1 Sachlicher Anwendungsbereich

Das Finanzstrafgesetz regelt das Strafrecht und Strafverfahrensrecht in Angelegenheiten der bundesrechtlich oder durch Rechtsvorschriften der Europäischen Union geregelten Abgaben und Monopole (vgl im Detail § 2 FinStrG). Nicht vom Finanzstrafgesetz erfasst sind die Kommunalsteuer und die Stempel- und Rechtsgebühren. Für die Kommunalsteuer enthält das KommStG eigene Strafbestimmungen, für die Stempel- und Rechtsgebühren ist im Gebührengesetz im Fall der Verkürzung eine Gebührenerhöhung vorgesehen.

9.8.2 Finanzvergehen

Als Finanzvergehen werden die in § 33 bis § 52 mit Strafe bedrohten Taten bezeichnet. Darüber hinaus werden bestimmte Taten in Materiengesetzen als Finanzvergehen bezeichnet (zB der Verstoß gegen die Übermittlung von Daten nach dem GMSG, vgl §§ 107 f GMSG).

9.8.3 Strafbarer Personenkreis

Finanzvergehen können nur von natürlichen Personen begangen werden (§ 1 Abs 1 FinStrG). Obwohl juristische Personen, Vermögensmassen und nicht rechtsfähige Personenvereinigungen selbständig abgabepflichtig sind und Finanzvergehen auch zu ihren Gunsten begangen werden können, können sie als solche nicht bestraft werden. Da nur natürliche Personen deliktsfähig sind, werden in solchen Fällen diejenigen natürlichen Personen bestraft, die als Organ der juristischen Person die strafbare Handlung begangen haben.

Natürliche Personen

Unter den Voraussetzungen des § 28a FinStrG können jedoch Verbände für die strafbaren Handlungen ihrer Organe nach dem Verbandsverantwortlichkeitsgesetz zur Verantwortung gezogen werden.

Verbandsverantwortlichkeit

Das Finanzstrafgesetz folgt – wie das allgemeine Strafrecht – dem Einheitstätersystem. Als Täter kommen der unmittelbare Täter, der Bestimmungstäter und der Beitragstäter in Betracht (§ 11 FinStrG).

Einheitstätersystem

9.8.4 Allgemeine Grundsätze des Strafrechts

Im Finanzstrafrecht gelten die allgemeinen Grundsätze des Strafrechts. Insb gilt Art 6 EMRK. Es gilt daher ein strenges Legalitätsprinzip und daraus abgeleitet das Rückwirkungsverbot (die Tat muss bereits zur Zeit der Tatbegehung unter Strafe gestellt gewesen sein; § 4 Abs 1 FinStrG) und ein Analogieverbot (nulla poena sine lege). Strafbar sind außerdem grundsätzlich nur Finanzvergehen, die im Inland begangen wurden (§ 5 Abs 1 FinStrG, zu den Ausnahmen siehe § 5 Abs 2 FinStrG).

9.8.5 Allgemeine Voraussetzungen für die Strafbarkeit

Wie im allgemeinen Strafrecht ist nur strafbar, wer tatbestandsmäßig, rechtswidrig und schuldhaft gehandelt hat (vgl § 6 bis § 10 FinStrG). Die Strafdrohungen gelten nicht nur für die vollendete Tat, sondern auch für den Versuch und die Beteiligung daran (§ 13 FinStrG; zum Rücktritt vom Versuch vgl § 14 FinStrG).

9.8.6 Strafformen

Als Strafformen kommen Vermögensstrafen (Geldstrafe, Verfall bei Schmuggel, Wertersatz) und Freiheitsstrafen in Betracht. Außerhalb des Betruges und der gewerblichen Abgabenhinterziehung sind Freiheitsstrafen nicht zwingend zu verhängen. Auf sie darf nur erkannt werden, wenn es ihrer aus general- oder spezialpräventiven Gründen bedarf.

Freiheitsstrafen dürfen grundsätzlich nur vom Gericht verhängt werden, bis zum Höchstmaß von drei Monaten auch durch Spruchsenate (§ 15 FinStrG). Im übrigen sind Ersatzfreiheitsstrafen für den Fall der Uneinbringlichkeit der Geldstrafe zu verhängen (§ 20 FinStrG).

9.8.7 Verjährung

Die Strafbarkeit eines Finanzvergehens erlischt durch Verjährung. Die Verjährungsfrist beginnt, sobald die mit Strafe bedrohte Tätigkeit abgeschlossen ist oder das mit Strafe bedrohte Verhalten endet. Bei Erfolgsdelikten beginnt die Verjährung mit Eintritt des Erfolges zu laufen. Sie beginnt jedoch nicht früher zu laufen als die Verjährung für die Festsetzung der Abgabe, gegen die sich die Straftat richtet (§ 31 Abs 1 FinStrG).

Die Verjährungsfrist beträgt für Finanzordnungswidrigkeiten je nach Straftat entweder ein Jahr oder drei Jahre, für die übrigen Finanzvergehen fünf Jahre (§ 31 Abs 2 FinStrG). Für behördlich zu ahndende Finanzvergehen gilt die absolute Verjährungsfrist von grundsätzlich zehn Jahren (§ 31 Abs 5 FinStrG). Für gerichtlich zu ahndende Finanzvergehen gibt es keine absolute Verjährung.

X hat im Jahr 2005 – obwohl er von seiner Verpflichtung wusste – keine Einkommensteuererklärung abgegeben. Anlässlich einer Betriebsprüfung im Jahr 2014 entdeckt die Abgabenbehörde, dass für das Jahr 2005 keine ESt entrichtet wurde.

1. Hat X ein finanzstrafrechtliches Vergehen begangen?
2. Kann die Abgabenbehörde die ESt noch einheben?
3. Ist Strafbarkeit gegeben?

Ad 1. *Da X wissentlich keine ESt-Erklärung abgegeben und eine Abgabenverkürzung bewirkt hat, hat er eine Abgabenhinterziehung iSd § 33 Abs 1 FinStrG begangen.*

Ad 2. *Die Einhebung der ESt-Schuld aus 2005 ist möglich, sofern das Recht zur Festsetzung der Abgabenschuld noch nicht verjährt ist.*

> *Die Verjährungsfrist beträgt bei hinterzogenen Abgaben gem § 207 Abs 2 BAO zehn Jahre und beginnt gem § 208 Abs 1 lit a BAO mit Ablauf des Jahres 2005 zu laufen (der Abgabenanspruch ist Ende 2005 entstanden). Daher kann im Jahr 2014 die ESt aus 2005 noch festgesetzt und eingehoben werden.*
>
> Ad 3. *Strafbarkeit ist nur dann gegeben, wenn das vollendete Delikt noch nicht verjährt ist. Die Strafbarkeit verjährt gem § 31 Abs 2 FinStrG bei hinterzogenen Abgaben nach fünf Jahren. Sie beginnt gem § 31 Abs 1 FinStrG mit Vollendung der strafbaren Handlung, jedoch nie früher als die Verjährungsfrist für die Abgabenfestsetzung zu laufen, dh hier mit Ablauf des Jahres 2005. Die Strafbarkeit ist daher im Jahr 2014 bereits verjährt.*

X kann somit nicht mehr bestraft, jedoch sehr wohl zur Entrichtung der ESt-Schuld verpflichtet werden.

9.8.8 Straftatbestände (§ 33 bis § 52 FinStrG)

Zu den wichtigsten Straftatbeständen zählen die vorsätzliche Abgabenhinterziehung (§ 33 FinStrG), ihre Qualifizierungen, nämlich die gewerbsmäßige Abgabenhinterziehung (§ 38 FinStrG) und der Abgabenbetrug (§ 39 FinStrG), die fahrlässige Abgabenhinterziehung (§ 34 FinStrG), der Schmuggel und die Hinterziehung von Eingangs- und Ausgangsabgaben (§ 35 und § 36 FinStrG) sowie die Finanzordnungswidrigkeiten nach § 49 bis § 52 FinStrG.

9.8.9 Besondere Strafaufhebungsgründe

Nach § 29 FinStrG führt die Selbstanzeige gegenüber einem (beliebigen) Finanzamt unter den folgenden Voraussetzungen zur Straffreiheit:
- Darlegung der für die Feststellung der Verkürzung bedeutsamen Umstände;
- Entrichtung des Verkürzungsbetrages binnen eines Monats ab Bekanntgabe des Abgaben- oder Haftungsbescheides (bei Veranlagungsabgaben), bei Selbstbemessungsabgaben mit der Selbstanzeige (Zahlungserleichterungen sind zulässig);
- Rechtzeitigkeit der Selbstanzeige (bevor Verfolgungshandlungen gesetzt werden, die Tat ganz oder zum Teil entdeckt war und dies dem Abgabepflichtigen bewusst war).

Selbstanzeige

Werden Selbstanzeigen noch vor der Entdeckung der Tat, aber anlässlich einer finanzbehördlichen Nachschau, Beschau, Abfertigung oder Prüfung von Büchern oder Aufzeichnungen erstattet, tritt strafbefrei-

Selbstanzeige anlässlich Außenprüfung

ende Wirkung erst ein, wenn eine Abgabenerhöhung, die sich je nach Verkürzungsbetrag und Schwere des Verstoßes auf 5 % bis 30 % des Verkürzungsbetrages beläuft, nach bescheidmäßiger Festsetzung entrichtet wurde (§ 29 Abs 6 FinStrG).

Verkürzungszuschlag — Die Abgabenbehörden sind unter bestimmten Voraussetzungen berechtigt, eine Abgabenerhöhung von pauschal 10 % der im Zuge einer abgabenbehördlichen Überprüfungsmaßnahme festgestellten Nachforderungen festzusetzen, soweit hinsichtlich dieser Unrichtigkeiten der Verdacht eines Finanzvergehens besteht. Voraussetzung ist unter anderem, dass der Verkürzungsbetrag für ein Jahr insg EUR 10.000,–, für den gesamten Prüfungszeitraum in Summe jedoch EUR 33.000,– nicht übersteigt. Wird der einvernehmlich festgesetzte Verkürzungszuschlag entrichtet, tritt Straffreiheit hinsichtlich der im Zusammenhang mit den Abgabennachforderungen begangenen Finanzvergehen ein (vgl im Detail § 30a FinStrG).

9.8.10 Überblick über das Finanzstrafverfahren

Zuständigkeit — Für die Ahndung von Finanzvergehen sind einerseits die Finanzstrafbehörden, andererseits die ordentlichen (Straf-)Gerichte zuständig. Die Zuständigkeitsabgrenzung richtet sich nach § 53 FinStrG. Für vorsätzliche Finanzvergehen mit grundsätzlich strafbestimmendem Wertbetrag über EUR 100.000,– sind die ordentlichen Gerichte zuständig, in allen übrigen Fällen die Finanzstrafbehörden (§ 53 FinStrG).

Die konkrete Zuständigkeit der Finanzstrafbehörden richtet sich nach § 58 FinStrG. Örtlich zuständig ist im Regelfall die Finanzstrafbehörde bei jenem Finanzamt, das für die Erhebung der verkürzten Abgaben zuständig ist.

Entscheidung durch die Finanzstrafbehörde — Die Finanzstrafbehörde entscheidet grundsätzlich nach Durchführung einer mündlichen Verhandlung durch Erkenntnis. Die Entscheidung und die Durchführung der mündlichen Verhandlung obliegen einem **Spruchsenat** als Organ der Finanzstrafbehörde, wenn der strafbestimmende Wertbetrag EUR 33.000,– überschreitet oder wenn der Beschuldigte es beantragt (§ 58 Abs 2 FinStrG; zur Besetzung der Spruchsenate im Detail §§ 65 ff FinStrG). Unter bestimmten Voraussetzungen ist die Entscheidung im vereinfachten Verfahren mittels **Strafverfügung** zulässig (§ 143 FinStrG).

Rechtsmittel — Über Rechtsmittel gegen finanzstrafbehördliche Erkenntnisse entscheiden beim Bundesfinanzgericht eingerichtete Senate für Finanzstrafrecht (§ 71a FinStrG).

Rechtsschutz

Der Rechtsmittelweg ist ähnlich dem Rechtsmittelweg im Abgabenverfahren. Anders als im Abgabenverfahren gilt jedoch das **Verböserungsverbot** (Verbot der reformatio in peius). – Zu den Details siehe §§ 150 ff FinStrG.

Verfahrensgrundsätze

Im **behördlichen Finanzstrafverfahren** gilt der Anklagegrundatz nicht. Es gilt die **Inquisitionsmaxime,** bei schweren Delikten vertritt jedoch ein Amtsbeauftragter die Interssen der Finanzstrafbehörde. Es gilt der Grundsatz der **Amtswegigkeit** des Verfahrens. Außerdem gilt die **Unschuldsvermutung**. Belastende und entlastende Umstände sind gleichermaßen zu ermitteln (§ 57 Abs 1 und Abs 2, § 115 und § 157 FinStrG). Für das Verfahren vor den Senaten gilt der Grundsatz der **Öffentlichkeit**, das Verfahren vor dem Einzelbeamten ist stets nichtöffentlich. Grundsätzlich sind **mündliche** Verhandlungen vorgesehen.

Nemo-tenetur-Grundsatz

Da den Abgabenschuldner im Abgabenverfahren umfassende Mitwirkungspflichten treffen, im Strafverfahren aber der Grundsatz gilt, dass niemand gezwungen werden darf, sich selbst zu bezichtigen (sog **nemo-tenetur-Grundsatz**), dürfen das Abgaben- und das Finanzstrafverfahren nicht gemeinsam geführt werden. Wenngleich dasselbe Finanzamt für die Festsetzung der Abgabenschuld und für die Ahndung des Finanzvergehens zuständig ist, müssen Straf- und Abgabenverfahren auch personell getrennt durchgeführt werden.

Die Finanzstrafbehörde ist wegen der völlig unterschiedlichen Verfahrensgarantien, die für den Steuerpflichtigen im Abgabenverfahren und für den Beschuldigten im Finanzstrafverfahren gelten, nicht an rechtskräftige Abgabenbescheide gebunden. Nichtsdestotrotz haben die in den Abgabenbescheiden getroffenen Feststellungen nach Auffassung der Höchstgerichte die Qualität einer qualifizierten Vorprüfung für das Finanzstrafverfahren. Eine Abweichung von diesen abgabenbehördlichen Feststellungen im Finanzstrafverfahren bedarf daher einer eingehenden Begründung.

Anzeigepflichten

Die Abgabenbehörde trifft gegenüber der Finanzstrafbehörde in Verdachtsfällen eine Anzeigepflicht und das Recht (auch ohne Verdacht) die Ergebnisse von Prüfungs-, Kontroll- und Überwachungsmaßnahmen zur finanzstrafrechtlichen Würdigung zu übermitteln (§ 80 FinStrG). Darüber hinaus treffen die Dienststellen anderer Gebietskörperschaften mit behördlichem Aufgabenbereich, die Gebietskrankenkassen und das Arbeitsmarktservice Verpflichtungen zur Mitteilung von wahrgenommenen Finanzvergehen an die Finanzstrafbehörde (§ 81 FinStrG).

Verfolgung der Finanzvergehen

Für die Verfolgung von Finanzvergehen sind folgende Normen einschlägig: Einleitung eines Finanzstrafverfahrens bei genügenden Verdachtsgründen (§ 82 und § 83 FinStrG; Beschuldigten- und Nebenbeteiligtenvernehmung (§ 84 FinStrG); Festnahme, Vorführung, vorläufige Verwahrung und Untersuchungshaft (§ 85 bis § 88 FinStrG); Beschlagnahme (§ 89 bis § 92 FinStrG); Haus- und Personendurchsuchung (§ 93 bis § 96 FinStrG).

Beweise Es gelten die Grundsätze der Gleichwertigkeit und der Unbeschränktheit der Beweismittel sowie der Grundsatz der freien Beweiswürdigung (§ 98 FinStrG); der Zweifelsgrundsatz „in dubio pro reo" (§ 98 Abs 3 FinStrG); bestimmte Beweisverwertungsverbote (§ 98 Abs 4 FinStrG; § 9 Abs 5 KontRegG); der nemo-tenetur-Grundsatz (§ 84 FinStrG).

Verteidigung Im gerichtlichen Strafverfahren ist ein Verteidiger zwingend, im verwaltungsbehördlichen Finanzstrafverfahren besteht dagegen das Recht, sich selbst zu verteidigen.

Sonderbestimmungen für das gerichtliche Verfahren Für das gerichtliche Finanzstrafverfahren gilt grundsätzlich die StPO. § 195 bis § 245 FinStrG enthalten jedoch ergänzende oder ersetzende Sonderbestimmungen.

Stichwortverzeichnis

A

Abgaben, gleichartige 18
Abgaben kraft freien Beschlussrechtes 18
Abgabenbegriff 7 f
Abgabenbescheid
– vorläufiger 415
– abgeleiteter 416
Abgabenerfindungsrecht 16
Abgabenhinterziehung 35, 413
Abgabenhoheit 16
Abgabenquote 3
Abgabentypen 16
Abgeltungswirkung 144, 164
Abschnittssteuer 9
Abschreibung
– außerplanmäßige 88, 92, 9, 109
– Gebäude 155, 167
– Kapitalanlagen 150
– Körperschaftsteuer 246 f, 251 f
– planmäßige 73, 86, 88, 94, 96, 105 f
Absetzung für Abnutzung 72
Absetzbetrag 197
Abwicklungs-Endvermögen 259
Abwicklungsgewinn 259, siehe auch *Liquidationsgewinn*
Abzugssteuer 282 ff
Abzug von Werbungskosten 138
AfA, siehe *Abschreibung*
Aktiva 85
Alleinerzieher 191
Alleinerzieherabsetzbetrag 196
Alleinverdienerabsetzbetrag 196
Allphasenumsatzsteuer 308
Alteisen und Altmetalle 350
Amtswegigkeit des Verfahrens 408
Amtspartei 421
Analogie, im Steuerrecht 39
Analogieverbot, Finanzstrafrecht 437

Angehörige 191 f
Angehörigenjudikatur 238
Anknüpfung
– direkte wirtschaftliche 39
– rechtliche (indirekte) 39 f
Anlagevermögen 69, 87, 88, 96, 99, 109
Anlageverzeichnis 66, 72, 109
Anrechnungshöchstbetrag 299
Anrechnungsvortrag 248
Ansässigkeitsstaat 291
Anschaffungskosten 73, 94, 139
Anschaffungskostenprinzip 94
Anteilsübertragung 389
Anteilsvereinigung 390
Anwendungsvorrang des Unionsrechts 27
Anzahlungen 351, 356
Anzeigepflicht 411, 441
Arbeit
– selbständige 63, 277, 301
– unselbständige 124 ff, 278, 297
– an beweglichen körperlichen Gegenständen 327
Arbeitnehmerveranlagung 201
Arbeitszimmer 75
argumentum a fortiori 39
Aufenthalt, gewöhnlicher 53, 292
Aufgabegewinn 176
Aufsichtsrat 64, 228, 283, 329
Aufteilung des Abgabenertrages 19
Aufwandseigenverbrauch 366
Aufwendungen, nichtabzugsfähig 74, 227
Ausfertigungen 426
Ausfuhrlieferung 343
Auskünfte 31 f
Auslandsumsätze 368
Ausnahmen vom besonderen Steuersatz 137
Ausnahmen von der Abzugspflicht 144
Außenprüfung 410
Außensteuerrecht 276 ff

443

Stichwortverzeichnis

außergewöhnliche Belastung
- Behinderung, körperliche geistige 191
- Katastrophenschäden 191
- Kindebetreuungskosten 193
- Berufsausbildung des Kindes 192
- Selbstbehalt 190

Aussetzung der Einhebung 419
Aussetzungszinsen 420
AVOG 2010 397 ff

B

B2B-Regel 324
B2C-Regel 324
Bankgeheimnis 409
Bankkontoinformationen 409
- Kontenregister 409 f
- Konteneinschau 410

Bauleistungen 350
Übergang der Steuerschuld, siehe auch
  Reverse-Charge 349 ff
Bedarfszuweisungen 15
Bedenkenvorhalt 415
Befehls- und Zwangsgewalt, unmittelbare
  behördliche 424
Beförderungsnachweis 344
Befreiung
- unechte 345 ff
- echte 343 ff

Behörde, zuständige 397 ff
Beistandsleistung 422
Beiträge 8
Belastung, außergewöhnlich 191 ff
Belegenheitsprinzip 293
Berufsausbildung eines Kindes 192
Bescheid 415
Bescheidbeschwerde 213, 418 f
Beschluss 423 f
beschränkte Steuerpflicht,
- ESt 277, 288
- KöSt 270 ff, 286, 288

Beschwerdefrist 419
Beschwerdezinsen 420
Besorgungsleistungen 331
Beteiligungsertragsbefreiung
- international 287
- Privatstiftungen 268

Beteiligungsholding 313
Beteiligungen, Steuerneutralität 246
Beteiligungsertragsbefreiung
- international 250
- national 245

Betrachtungsweise, wirtschaftliche 40
Betrieb gewerblicher Art
- KöSt 220, 224, 270
- USt 314

Betriebsaufgabe 176
Betriebsausgaben
- Begriff 71
- nichtabzugsfähige 74

Betriebsausgabenabzugsverbot 147, 167
Betriebseinnahmen 71
Betriebsfinanzamt 400
Betriebsstätte
- DBA 292
- Lohnsteuer- 285
- national 284

Betriebsstättenregel 294
Betriebsübergang
- entgeltlich 175 ff
- unentgeltlich 181

Betriebsveräußerung 175
Betriebsvermögen 69
- gewillkürtes 70, 106
- notwendiges 70

Betriebsvermögensvergleich 66 f
Betriebswirtschaftliche Steuerlehre 3
Buchführungspflicht 67
Rechnungslegungspflicht 67
Bevölkerungsschlüssel, abgestufter 19
Beweiswürdigung 415, 428
Bewertungsstetigkeit 93
Bewertungsstichtag 93
Bewertungsmaßstab 94 ff
Bezüge
- sonstige 126
- wiederkehrende 157

BgA siehe *Betrieb gewerblicher Art*
Bilanzzusammenhang 94
Binnenmarktregelung 369 ff
Buchnachweis 344

D

DBA 289 ff
DBA-Entlastungs-VO 302
dealing at arms length 294
Derivate 138
Dienstgeberbeitrag zum Familienlastenausgleichsfonds 131
Dienstnehmer, freier 125
Dienstverhältnis
- international 278
- ESt 124 f
- KommSt 130
- Dienstgeberbeitrag FLAG 131
- Wohnbauförderungsbeitrag 129
- freies 128
Differenzbesteuerung 340
Dirimierungsrecht 423
Diskriminierungsverbot 25 f
Doppelbesteuerungsabkommen 289 ff
Schrankenwirkung 293
Doppelwohnsitz 292
Dualismus der Unternehmensbesteuerung 226
Durchgriffsprinzip 206

E

EAS 32
EDV-Fehler 432
Eigenheim 57, 160
Eigentum, wirtschaftliches 44
Eigentumswohnung 57, 160
Eigenkapital
- offenes 87
- verdecktes 235
Eigenverbrauch 309, 363 ff
Eigenverbrauch von Grundstücken 382
Einfuhrumsatzsteuer 323, 336 f, 348, 357, 368
Einfuhr 309, 336 f
Eingriff, behördlicher 160
Einheitlichkeit der Leistung 319 f
Einheitstätersystem 437
Einheitswert 392
Einkommen 224, 266, 289, 324, 333, 364, 372
Einkommensteuerbescheid 198, 202
Einkommensteuervorauszahlung 202

Einkommensverwendung 233, 236
Einkünfte aus
- Gewerbebetrieb 64, 227, 278
- Kapitalvermögen 133 ff, 279
- Land- und Forstwirtschaft 62, 277
- nichtselbständiger Arbeit 124 ff, 278
- privaten Grundstücksveräußerungen 281, 282
- realisierten Wertsteigerungen 135
- selbständiger Arbeit 63, 277, 281
- Vermietung und Verpachtung 154 ff, 281
Einkunftsarten 59
Einlage 82, 101, 153, 167, 231
Einlagenrückzahlung 233
Einnahmen 56
Einstimmigkeit 26
Einzelbewertung 93
elektronische Dienstleistungen 328 f
elektronische Rechnung 354
elektronische Signatur 387
elektronische Steuererklärung 200, 352
elektronische Zahlungsformen 387
elektronisches Portal 200, 380
Endbesteuerungsgesetz 147
Entnahme 80 f, 101, 152, 167
Entnahmeeigenverbrauch 363
Entrichtung, ratenweise 404
Erdgas oder Elektrizität 350, 378
Erforschung der materiellen Wahrheit 408
Erkenntnis 424
Erkenntnisbeschwerde 429 f
Erlass 30
Ermessen 21
Eröffnungsbilanz 84, 94
Ersatzbeurkundung 388
Ertragshoheit 18 ff
Erwerb, innergemeinschaftlicher 333 ff
Erwerbsschwelle 334
Express-Antwort-Service 32
Existenzminimum 49
Extension, teleologische 39

F

Faires Verfahren 24
Fahrtkosten 77
Familienheimfahrt 76

Fahrzeugeinzelbesteuerung 377 f
Fälligkeit 403 f
Feststellungsbescheid 416
Festwertmethode 93
fiktive Betriebe gewerblicher Art 314
fiktiver Dienstnehmer 124
fiktive Lieferung und fiktive sonstige Leistung 309
Finanzausgleich, paktierter 15
FinanzOnline 200
Finanzordnungswidrigkeit 413, 438
Finanzpolizei 411
Finanzstrafbehörden 401, 409, 440
Finanzwissenschaften 3
Fiskalzweck 4
Forderung 88
Forderungsabschreibung 105
Forderungsverzicht 231
Förderungsdarlehen 272
Freibetrag 197
Freibetragsbescheid 202
Freibetrag für begünstigte Zwecke 262
Freigrenze 171
Freiheit der Erwerbsbetätigung 23
Freiheitsstrafe 438
Fremdfinanzierungszinsen 228 f
Fremdvergleich 240
Fremdüblichkeit 238

G

Gebäude
- Entnahme 167
- Veräußerung 166
- Instandsetzung 156
- Absetzung für Abnutzung 73, 155
- Einlage 82
- selbst hergestelltes 109, 160

Gebühren 8
Gebührenerhöhung 436
Gebühren nach dem GebG 387 ff
Gegenleistungsrenten 157
Geldbuße 75, 228
Geld- und Sachzuwendungen 228
Gemeinschaftsgebiet, übriges 321

Gemischte Nutzung
- allgemein 357
- von Grundstücken 383

Gesamtbetrag der Einkünfte 183
Gesamtgewinn 57
Gesamtrechtsnachfolge 181
Gesamtüberschuss 57
Gesellschafter, stiller 135
Gesellschafter-Geschäftsführer 64, 124
Gesetzesbegriffe, unbestimmte 21
Gesetz im formellen Sinn 28
Gewerbebetrieb 64
Gewinnausschüttung
- offene 236
- verdeckte 239
Gewinnermittlung 66
Gewinnpauschalierung 66
Gewinnrücklage 87
Gewinn- und Verlustrechnung 84, 86
Gleichheitssatz 21
Gleichmäßigkeit der Besteuerung 22
GmbH & Co KG 206
Going-Concern-Prinzip 93
Grenzsteuersatz 195
Gruppenbesteuerung 254 f
Grundfreibetrag 120
Grundlagenbescheid 416
Grundsatz der Rechtsrichtigkeit 22
Grundsatz der Rechtssicherheit 21
Grundsatz der richtlinienkonformen Auslegung 27
Grundsatz der unionsrechtskonformen Auslegung 27
Grundsatz der unmittelbaren Anwendbarkeit 27
Grundstück 177
Grundstückshandel, gewerblicher 166
Grundstücksleistungen 325
Gruppenbesteuerung 254 ff
Güterbeförderungsleistungen 326
Gutschriften 354
Gebührenverkürzung 388
Grunderwerbsteuer 389 ff
Grundstückswert 391

H

Haftung
- des Parteienvertreters 164
- des Geschäftsführers 262

Halbsatzbegünstigung 176
Handelswareneinsatz 89
Harmonisierungsgebot 25
Hauptwohnsitz 160
Herstellungskosten 73, 95
Höchstbeitragsgrundlage 128
Höchstwertprinzip 96
Hoheitsbetrieb 221
Hoheitsverwaltung 313
Hundertsatzgebühr 387

I

Imparitätsprinzip 94
Individualantrag auf Normenkontrolle 430
Individualauskünfte 31
Individualbesteuerung 51
Informationsaustausch 379
Innenumsätze 316
Inquisitionsprinzip 408, 441
Instandhaltungsaufwendungen 156
Instandsetzungsaufwendungen 155
Interpretation 36 f
Inventar 84, 92
Inventur 84
Investitionsbegünstigung 109
Istbesteuerung 351

J

Jahresabschluss 84
Juristische Personen (Körperschaften) des öffentlichen Rechts 313

K

Kapitalerträge, inländische 143
Kapitalertragsteuer 143
Kapitalrücklage 87
Katalogleistungen 329
Kaufpreisrente 188
Kilometergeld, amtliches 77
Klaglosstellung 428
Kleinbetragsrechnungen 354
Kleinunternehmer 345
Kommissionsgeschäfte 331
Kommunalsteuer 130
Kompetenz-Kompetenz 15
Konnexitätsgrundsatz 15
Konsumsteuer 305
Konsumverhalten 363, 364
Körperschaften öffentlichen Rechts 220 f, 314
- Freibetrag für begünstigte Zwecke 262
- Trennungsprinzip 225
- unbeschränkte 220

Kostenabwälzungen 15
Kostenübernahmen 15

L

Lagefinanzamt 401
Landesumlage 15
Land- und Forstwirtschaft 62
Legalitätsprinzip 20
Leistungsort, sonstige USt 324 ff
Leistungsaustausch 338
Leistungsfähigkeitsprinzip 47, 286, 308
Leistungsfähigkeit, wirtschaftliche 190
Lenkungsabgaben 4
Liebhaberei
- ESt 57, 183, 230
- USt 312

Lieferkonditionen verzollt und versteuert 323
Lieferschwelle 371, 375
Lieferung
- fiktive 364
- innergemeinschaftliche 343
- unter Eigentumsvorbehalt 350
- von Grundstücken 381

Liquidation 258
Lohnsteuerbetriebsstätte 285
Lohnsteuertarif 126
Lohnveredelung 344
Lückenschließung 39
Luxuswirtschaftsgüter 74, 227

M

Managergehalt 77, 228
Mantelkauf 230
Maßgeblichkeit des Unternehmensrechts 116, 225
Maßgeblichkeitsprinzip 95
Maßnahmenbeschwerde 424 f
Massenphänomen 4
Mehr-Weniger-Rechnung 96
Messen 326
Methodenartikel 298
Methodenwechsel 248
Mindestbemessungsgrundlage 339
Mindest-Istbesteuerung 351
Mitgliedsbeitrag 338
Mittelpunkt der Lebensinteressen 292
Missbrauch 36, 41 f
Mobilfunkgerät 350
Mutwillensstrafe 412
Mutter-Tochter-Richtlinie 295

N

Nachhaltigkeit 312
Nachversteuerung 121
Nemo-tenetur-Grundsatz 441
Nennkapital 87
Nettoprinzip 49
Neuerungstatbestand 433
Neuerungsverbot 421
Nichtigkeit 43
Niederstwertprinzip 96
Normalwert 339
Nutzungsdauer, betriebsgewöhnliche 73
Nutzungseigenverbrauch 365
Nutzungseinlagen 82, 235

O

Objektsteuern 9
Öffentlichkeit 423, 441
Offizialmaxime 408
Option auf Steuerpflicht der Grundstücksveräußerung 382
Option auf Steuerwirksamkeit der Beteiligung 247

Option für die Steuerpflicht 346
Ordnungsstrafe 412
Ort der Lieferung 321
Ort der sonstigen Leistung 323 f
Ort des innergemeinschaftlichen Erwerbs 336, 374

P

Parteiengehör 413
Parteistellung 421
Passivseite 87
Pauschalierung 66
Pendlerpauschale 76
Pensionen 124
Pensionistenabsetzbetrag 197
Personenbeförderung 344
Personensteuern 9, 76, 228
Portfoliobeteiligung 245
Posten, durchlaufender 339
Prinzip der wirtschaftlichen Zurechnung 87
Privateigentum 23
Privatsphäre 23
Privatstiftung 266 ff
Privatvermögen, notwendiges 70
Protektionistische Abgaben 25
Progressionsermäßigung 176

Q

Quellenstaat 291

R

Ratenzahlung 404
Realisationsprinzip 93
Rechenfehler 432
Rechnung 349
Rechnungsabgrenzungsposten 91
Rechnungsausstellung 354
Rechtsformneutralität 316
Rechtsfortbildung 39
Rechtsgeschäftsgebühren 387 ff
Rechtskraft 22, 431
Rechtsprechung 29
Reduktion, teleologische 39
Regelbesteuerung 145, 147, 162

Reisekosten 77
Rente 157
Repräsentationsaufwendungen 75, 228
Restaurant- und Verpflegungs-
 dienstleistungen 327
Reverse-Charge 349 f
Revision 426 f
Revisionsfrist 427
Richtlinien, EU 26
Richtlinien, BMF 30
Rücklage 87
Rückstellungen 87, 104
Rückwirkung 22

S

Sachbezug 123
Sanierungsgewinn 262
Säumnisbeschwerde 425
Schachtelbeteiligung 245
Schadenersatz, USt 338
Schadensrenten 157
Schedulenbesteuerung 49, 134, 147, 161, 166
Scheingeschäft 42
Scheinhandlungen 42
Schlüsselzuweisungen 15
Schrankenwirkung 293
Schreibfehler 432
Schrott 350
Schwellenerwerber 334, 372, 376
Selbstanzeige 439
Selbstbehalt 190
Selbstbemessungssteuern 10
Selbstberechnung 198
Sollbesteuerung 356
Sonderausgaben
 – Wohnraumbeschaffung 188
 – dauernde Lasten 187
 – Personenversicherungen 188
 – Verlustabzug 189
Sonderbetriebsausgaben 209
Sonderbetriebsvermögen 209 f
Spekulationsfrist 171
Spekulationsgeschäfte 170
Spenden 74, 228, 338

Spruchsenat 440
Staatsbürgerschaft 292
Staffeltarif 195
Steuerabgeltung 144
Steuerausgleich 258
Steuerausweis
 – unberechtigter 355
 – unrichtiger 355
Steuerbefreiungen, USt 341 ff
Steuerbefreiung für Portfoliodividenden 243
Steuererklärung 9, 144
Steuern 7
 – allgemeine 11
 – direkte 10
 – einmalige 9
 – indirekte 10
Steuerplanung 35
Steuerschuld auf Grund der Rechnung 355
Steuerschuldner, USt 348 ff
Steuerumgehung, siehe *Missbrauch*
Steuerumlage 258
Stichtagsbewertung 93
Stiftungseingangssteuer 266
Stiller Gesellschafter 60, 134, 135, 186, 279, 283
Strafe, gerichtliche 228
Strafverfügung 440
Stundung 404
Subjektsteuern 9
Subsidiarität 133
Substanzauszahlung 269
Subsumtion 35
Synthetische Besteuerung 49

T

Tagesgeld 77
Tarifermäßigungen 126
Tausch 101, 339
Teilwert 80, 95
Teilwertabschreibung 94, 99, 109, 167 f, 251 ff
Territorialitätsprinzip 320
Transparenzprinzip 207
Treibhausgasemissionszertifikate 350
Trennungsprinzip 238
Treu und Glauben 22, 31

Stichwortverzeichnis

U

Übergang der Steuerschuld 349
Übergangsgewinn 116
Übergangsverlust 116
Überlassung von Kapital 138
Übertragung stiller Reserven 269
Umkehrschluss 39
Umlaufvermögen 69, 87, 96, 99
Umsatzsteuererklärung
Umsatzsteuer-Identifikationsnummer (UID) 379
Umsatzsteuervoranmeldung 351
Umverteilung 4
Urkundenprinzip 387
Unbedenklichkeitsbescheinigung 394
Unbilligkeit der Einhebung 30
Universalität, Prinzip 47
Unterhaltsabsetzbetrag 196
Unschuldsvermutung 441
Unterhaltsrente 76
Unterkunftskosten 77
Unternehmenseinheit 316
Unternehmer nach dem UGB 68
Untersuchungsmaxime 408
Unverbindlichkeitsvorbehalt 30

V

Veranlagung 9, 145, 198, 219
Veranlagungsoption 163
Veranlagungsverfahren 202
Veranlagungszeitraum 199
Veranstalter 326
Veräußerungskosten 176
Verbandsverantwortlichkeit 437
Verbindlichkeit 88, 96, 100
Verböserungsverbot 421, 441
Verbrauchsteuer 309
Verbringen 344
verdeckte Einlage 235
verdecktes Eigenkapital 235
Verfahrenskosten 435 f
Verhandlung 423
Verhaltenssteuerung 4
Verhalten, verbotenes 43

Verjährung 434, 438
Verkauf von Wirtschaftsgütern des Anlagevermögens 109
Verkehrsabsetzbetrag 197
Verlustausgleich 145, 230
– Einschränkungen 183 ff
– horizontaler 182
– innerbetrieblicher 182
– vertikaler 183
Verlustausgleichsoption 140
Verluste aus Leistungen 183
Verlustvortrag 230
Vermietung
– beweglicher körperlicher Gegenstände 330
– kurzfristige 328
– langfristige 328
– von Beförderungsmitteln 328
Vermietung und Verpachtung 154
Vermögensstrafe 438
Verordnung, national 29
Verordnung, EU 26
Verpflegungsmehraufwand 77
Verrechnungspreisleitlinien 294
Versandhandelsregelung 375
Verschaffung der Verfügungsmacht 321
Versendungslieferung 321
Versorgungsbetrieb 221
Verspätungszuschlag 412
Verständigungsverfahren 292
Vertragsverletzungsverfahren 28
Vertrauensschutz 30
Verwaltungshoheit 16
Verwaltungskostenbeitrag 33
Verwendungseigenverbrauch 365
Völkerrecht 29
Volkszahl 19
Vollstreckung 426
Vorabentscheidungsverfahren 28, 305, 426
Vorauszahlung 108, 123, 162
Vorauszahlungsbescheid 202
Vorfragentatbestand 433
Vorgruppenverluste 257
Vorlageverständigung 421
Vorsichtsprinzip 93
Vorsteuerabzug 356 ff
Vorsteuererstattung 379
Vorsteuerkorrektur 360 f

W

Waren, verbrauchsteuerpflichtige 334
Wartetastenverlust 186, 135
Wechsel der Gewinnermittlungsart 115
Wegzugsbesteuerung 136
Werbungskosten 123
Werbungskostenabzugsverbot 138
Werklieferung 319
Werkvertrag 125
Wertaufholung 94 f
Wertberichtigung, pauschale 105
Wert, gemeiner 95
Wertminderungen 88
Wertneutralität der Beteiligung 246
Wertsteigerung, realisierte 138
Wertzusammenhang
- eingeschränkter 99
- im Konzern 251
- uneingeschränkter 97
Wiederaufnahme des Verfahrens 433
Wiederbeschaffungskosten 364
Wiederholungsabsicht 312
Wirtschaftsgut 70 f
Wirtschaftsjahr, abweichendes 106

Wohnbauförderungsbeitrag 129
Wohnraumbeschaffung 188
Wohnsitz 52
Wohnsitzfinanzamt 400
Wortlautinterpretation 36

Z

Zahllast 203
Zahlungserleichterung 404 f
Zeuge 410
Zusammenfassende Meldung (ZM) 379
Zollsachen 24
Zuständigkeit 401
Zufluss-Abfluss-Prinzip 108, 123
Zusammenfassende Meldung 379
Zu- und Abschläge 116
Zuwendungen von Privatstiftungen 135
Zwangsstrafe 412
Zwangsversteigerungsverfahren 350
Zwecksteuern 11
Zweckzuweisungen 15
Zwischensteuer 268
Zwischenschaltung 56

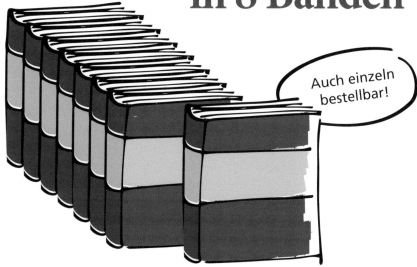

Der Prüfungstrainer ist wieder da – ideal zur Vorbereitung auf die Diplomprüfung!

Thoß/Haas/Schwarzenegger (Hrsg)
Prüfungstrainer Zivilrecht
Lernsystem auf Karteikartenbasis

3. Auflage
397 Karteikarten
ISBN 978-3-7046-6707-6
Erscheinungsdatum: 12.10.2015

€ 49,–
Versandkostenfrei in Österreich
bei Onlinebestellung auf:
www.verlagoesterreich.at

Der Prüfungstrainer Zivilrecht ist ein bewährtes Karteikarten-Lernsystem zur schnellen und systematischen Überprüfung und Vertiefung des eigenen Wissens. Auf 397 Karten wird der relevante Lernstoff für die Prüfung „Bürgerliches Recht" kompakt und gleichzeitig fundiert dargestellt. Die 3. Auflage des Prüfungstrainers wurde vollständig überarbeitet und befindet sich auf dem Stand Juli 2015, beinhaltet aber auch Hinweise auf die Neuerungen durch das ErbRÄG 2015.
Die Aufbereitung des Lernstoffes ist an den Erfordernissen der juristischen Falllösung orientiert: Es finden sich Prüfschemata zu allen wichtigen Ansprüchen, Beispiele zur korrekten Anspruchsformulierung und Hinweise auf häufige Fehler.
Kurz vor der Prüfung erleichtert das System mit Übersichtskarten und Detailkarten die rasche Wiederholung des Gelernten. Das Autorenteam besteht aus Richtern, Anwälten und Lehrenden an den Unis Graz, Innsbruck, Linz, Wien und der WU Wien.

Tel: +43-1-680 14-122   order@verlagoesterreich.at
Fax: +43-1-680 14-140   www.verlagoesterreich.at